U0216104

吉林人民出版社

简体字本二十六史

金史

卷一——卷四三

（一）

[元] 脱　脱等　撰

张彦博　崔文辉　标点

目　录

金史卷一　本纪第一

世纪…………………………………………………… 1

　始祖…………………………………………………… 1

　德帝…………………………………………………… 2

　安帝…………………………………………………… 2

　献祖…………………………………………………… 2

　昭祖…………………………………………………… 3

　景祖…………………………………………………… 3

　世祖…………………………………………………… 5

　肃宗…………………………………………………… 5

　穆宗…………………………………………………… 5

　康宗…………………………………………………… 11

金史卷二　本纪第二

　太祖………………………………………………… 12

金史卷三　本纪第三

　太宗………………………………………………… 28

金史卷四　本纪第四

　熙宗………………………………………………… 41

金史卷五　本纪第五

　海陵………………………………………………… 54

金史卷六　本纪第六

　世宗上……………………………………………… 73

金史卷七　本纪第七

　世宗中 ……………………………………………………… 93

金史卷八　本纪第八

　世宗下 ……………………………………………………… 108

金史卷九　本纪第九

　章宗一 ……………………………………………………… 125

金史卷一〇　本纪第一〇

　章宗二 ……………………………………………………… 138

金史卷一一　本纪第一一

　章宗三 ……………………………………………………… 150

金史卷一二　本纪第一二

　章宗四 ……………………………………………………… 161

金史卷一三　本纪第一三

　卫绍王 ……………………………………………………… 174

金史卷一四　本纪第一四

　宣宗上 ……………………………………………………… 180

金史卷一五　本纪第一五

　宣宗中 ……………………………………………………… 195

金史卷一六　本纪第一六

　宣宗下 ……………………………………………………… 210

金史卷一七　本纪第一七

　哀宗上 ……………………………………………………… 224

金史卷一八　本纪第一八

　哀宗下 ……………………………………………………… 235

金史卷一九　本纪第一九

　世纪补 ……………………………………………………… 243

　　景宣皇帝 ………………………………………………… 243

　　睿宗 ……………………………………………………… 243

　　显宗 ……………………………………………………… 245

金史卷二〇　志第一

天文…………………………………………………… 250
　日薄食晕珥云气…………………………………… 250
　月五星凌犯及星变………………………………… 253
金史卷二一　志第二
历上…………………………………………………… 262
　步气朔……………………………………………… 263
　步卦候……………………………………………… 264
　步日躔……………………………………………… 267
　步晷漏……………………………………………… 279
金史卷二二　志第三
历下…………………………………………………… 286
　步月离……………………………………………… 286
　步交会……………………………………………… 294
　步五星……………………………………………… 298
　浑象………………………………………………… 312
金史卷二三　志第四
五行…………………………………………………… 316
金史卷二四　志第五
地理上………………………………………………… 325
　上京路……………………………………………… 325
　咸平路……………………………………………… 328
　东京路……………………………………………… 329
　北京路……………………………………………… 330
　西京路……………………………………………… 335
　中都路……………………………………………… 339
金史卷二五　志第六
地理中………………………………………………… 344
　南京路……………………………………………… 344
　河北东路…………………………………………… 351

　　河北西路……………………………………… 353

　　山东东路……………………………………… 357

　　山东西路……………………………………… 359

金史卷二六　　志第七

　地理下………………………………………… 363

　　大名府路…………………………………… 363

　　河东北路…………………………………… 364

　　河东南路…………………………………… 367

　　京兆府路…………………………………… 371

　　凤翔路……………………………………… 373

　　鄜延路……………………………………… 375

　　庆原路……………………………………… 376

　　临洮路……………………………………… 378

金史卷二七　　志第八

　河渠…………………………………………… 381

　　黄河………………………………………… 381

　　漕渠………………………………………… 390

　　卢沟河……………………………………… 392

　　滹沱河……………………………………… 393

　　漳河………………………………………… 394

金史卷二八　　志第九

　礼一…………………………………………… 395

　　郊…………………………………………… 395

　　南北郊……………………………………… 396

　　仪注………………………………………… 397

金史卷二九　　志第一〇

　礼二…………………………………………… 407

　　方丘仪……………………………………… 407

　　朝日夕月仪………………………………… 414

高禖……………………………………………………414

金史卷三〇　志第一一

礼三………………………………………………416

宗庙…………………………………………416

禘祫…………………………………………418

朝享仪………………………………………419

时享仪………………………………………426

金史卷三一　志第一二

礼四………………………………………………430

奏告仪………………………………………430

皇帝恭谢仪…………………………………432

皇后恭谢仪…………………………………435

皇太子恭谢仪………………………………436

荐新…………………………………………436

功臣配享……………………………………436

陈设宝玉……………………………………438

杂仪…………………………………………439

金史卷三二　志第一三

礼五………………………………………………442

上尊谥………………………………………442

金史卷三三　志第一四

礼六………………………………………………450

原庙…………………………………………450

朝谒仪………………………………………453

朝拜仪………………………………………454

别庙…………………………………………455

金史卷三四　志第一五

礼七………………………………………………459

社稷…………………………………………459

　　　风雨雷师 ……………………………………………… 463

　　　岳镇海渎 ……………………………………………… 463

金史卷三五　志第一六

　　礼八 ……………………………………………………… 466

　　　宣圣庙 ………………………………………………… 466

　　　武成王庙 ……………………………………………… 468

　　　诸前代帝王 …………………………………………… 468

　　　长白山等诸神杂祠 …………………………………… 468

　　　祈禜 …………………………………………………… 472

　　　拜天 …………………………………………………… 472

　　　本国拜仪 ……………………………………………… 473

金史卷三六　志第一七

　　礼九 ……………………………………………………… 474

　　　国初即位仪 …………………………………………… 474

　　　受尊号仪 ……………………………………………… 474

　　　元日圣诞上寿仪 ……………………………………… 479

　　　朝参常朝仪 …………………………………………… 480

　　　肆赦仪 ………………………………………………… 482

　　　臣下拜赦诏仪 ………………………………………… 483

金史卷三七　志第一八

　　礼十 ……………………………………………………… 485

　　　册皇后仪 ……………………………………………… 485

　　　奉册皇太后仪 ………………………………………… 489

　　　册皇太子仪 …………………………………………… 491

　　　正旦生日皇太子受贺仪 ……………………………… 492

　　　皇太子与百官相见仪 ………………………………… 494

金史卷三八　志第一九

　　礼十一 …………………………………………………… 495

　　　外国使入见仪 ………………………………………… 495

曲宴仪 …………………………………………………… 496

朝辞仪 …………………………………………………… 496

新定夏使仪注 …………………………………………… 498

金史卷三九　志第二〇

乐上 ……………………………………………………… 505

雅乐 ……………………………………………………… 505

散乐 ……………………………………………………… 510

鼓吹乐 …………………………………………………… 510

本朝乐曲 ………………………………………………… 511

郊祀乐歌 ………………………………………………… 512

方丘乐歌 ………………………………………………… 514

金史卷四〇　志第二一

乐下 ……………………………………………………… 516

宗庙乐歌 ………………………………………………… 516

殿庭乐歌 ………………………………………………… 524

鼓吹导引曲 ……………………………………………… 529

采茨曲 …………………………………………………… 530

金史卷四一　志第二二

仪卫上 …………………………………………………… 532

常朝仪卫 ………………………………………………… 532

内外立仗 ………………………………………………… 532

行仗 ……………………………………………………… 532

法驾 ……………………………………………………… 532

黄麾仗 …………………………………………………… 532

金史卷四二　志第二三

仪卫下 …………………………………………………… 548

大驾卤簿 ………………………………………………… 548

皇太后皇后卤簿 ………………………………………… 551

皇太子卤簿 ……………………………………………… 553

　　亲王傔从 ……………………………………… 555

　　诸妃嫔导从 …………………………………… 555

　　百官仪从 ……………………………………… 555

　　内外官傔从 …………………………………… 557

金史卷四三　　志第二四

　舆服上 …………………………………………… 560

　　天子车辂 ……………………………………… 561

　　皇后妃嫔车辇 ………………………………… 561

　　皇太子车制 …………………………………… 561

　　王公以下车制及鞍勒饰 ……………………… 561

　舆服中 …………………………………………… 564

　　天子衮冕 ……………………………………… 564

　　视朝之服 ……………………………………… 566

　　皇后冠服 ……………………………………… 566

　　皇太子冠服 …………………………………… 567

　　宗室外戚及一品命妇服用 …………………… 567

　　臣下朝服 ……………………………………… 567

　　祭服 …………………………………………… 568

　　公服 …………………………………………… 569

　舆服下 …………………………………………… 570

　　衣服通制 ……………………………………… 570

金史卷四四　　志第二五

　兵 ………………………………………………… 573

　　兵制 …………………………………………… 573

　　禁军之制 ……………………………………… 579

　　大将府治之称号 ……………………………… 580

　　诸群牧马政 …………………………………… 582

　　养兵之法 ……………………………………… 582

金史卷四五　　志第二六

刑 …………………………………………… 586

金史卷四六 志第二七

食货一 ……………………………………… 595

户口 ……………………………………… 597

通检推排 ………………………………… 601

金史卷四七 志第二八

食货二 ……………………………………… 606

田制 ……………………………………… 606

租赋 ……………………………………… 614

牛头税 …………………………………… 619

金史卷四八 志第二九

食货三 ……………………………………… 621

钱币 ……………………………………… 621

金史卷四九 志第三○

食货四 ……………………………………… 636

盐 ………………………………………… 636

酒 ………………………………………… 644

醋税 ……………………………………… 645

茶 ………………………………………… 645

诸征商税 ………………………………… 647

金银之税 ………………………………… 648

金史卷五○ 志第三一

食货五 ……………………………………… 649

榷场 ……………………………………… 649

和籴 ……………………………………… 651

常平仓 …………………………………… 653

水田 ……………………………………… 655

区田之法 ………………………………… 655

入粟鬻度牒 ……………………………… 656

金史卷五一　志第三二

选举一 …………………………………………………… 658

总叙 …………………………………………………… 658

进士诸科 ……………………………………………… 661

律科 …………………………………………………… 670

经童科 ………………………………………………… 671

制举 …………………………………………………… 672

武举 …………………………………………………… 672

试学士院官 …………………………………………… 673

司天医学试科 ………………………………………… 673

金史卷五二　志第三三

选举二 …………………………………………………… 674

文武选 ………………………………………………… 674

金史卷五三　志第三四

选举三 …………………………………………………… 684

右职吏员杂选 ………………………………………… 684

金史卷五四　志第三五

选举四 …………………………………………………… 695

部选 …………………………………………………… 695

省选 …………………………………………………… 697

廉察 …………………………………………………… 701

举荐 …………………………………………………… 703

功酬亏永 ……………………………………………… 706

金史卷五五　志第三六

百官一 …………………………………………………… 708

三师 …………………………………………………… 709

三公 …………………………………………………… 709

尚书省 ………………………………………………… 709

都元帅府 ……………………………………………… 722

枢密院 …………………………………………………… 722

大宗正府 ………………………………………………… 723

御史台 …………………………………………………… 724

宣抚司 …………………………………………………… 724

劝农使司 ………………………………………………… 724

司农司 …………………………………………………… 725

三司 ……………………………………………………… 725

国史院 …………………………………………………… 726

翰林学士院 ……………………………………………… 726

审官院 …………………………………………………… 726

太常寺 …………………………………………………… 727

金史卷五六　志第三七

百官二 …………………………………………………… 729

殿前都点检司 …………………………………………… 729

宣徽院 …………………………………………………… 731

秘书监 …………………………………………………… 738

国子监 …………………………………………………… 739

太府监 …………………………………………………… 740

少府监 …………………………………………………… 741

军器监 …………………………………………………… 742

都水监 …………………………………………………… 742

谏院 ……………………………………………………… 744

大理寺 …………………………………………………… 744

弘文院 …………………………………………………… 744

登闻鼓院 ………………………………………………… 744

登闻检院 ………………………………………………… 744

记注院 …………………………………………………… 745

集贤院 …………………………………………………… 745

益政院 …………………………………………………… 745

武卫军都指挥使司 …………………………… 745

卫尉司 ………………………………………… 746

六部所辖诸司 ………………………………… 746

三路检察司及外路仓库圈牧等职 …………… 749

金史卷五七　志第三八

百官三 ………………………………………… 751

　内命妇品 …………………………………… 751

　宫人女官 …………………………………… 752

　皇后位下女职 ……………………………… 754

　东宫官 ……………………………………… 754

　亲王府属官 ………………………………… 755

　太后两宫官属 ……………………………… 756

　大兴府 ……………………………………… 756

　诸京留守司及诸京城宫苑提举都监等职 … 757

　按察司 ……………………………………… 758

　诸路总管府 ………………………………… 760

　诸节镇防御刺史县镇等职 ………………… 761

　诸转运泉谷等职 …………………………… 764

　诸府镇兵马巡检关津边将等职 …………… 768

　诸猛安部族及群牧等职 …………………… 771

金史卷五八　志第三九

百官四 ………………………………………… 773

　符制 ………………………………………… 773

　印制 ………………………………………… 774

　铁券 ………………………………………… 775

　官诰 ………………………………………… 775

　百官俸给 …………………………………… 776

金史卷五九　表第一

宗室 …………………………………………… 787

金史卷六〇 表第二

交聘上 ……………………………………………… 804

金史卷六一 表第三

交聘中 ……………………………………………… 823

金史卷六二 表第四

交聘下 ……………………………………………… 847

金史卷六三 列传第一

后妃上 ……………………………………………… 869

　始祖明懿皇后 ……………………………………… 870

　德帝思皇后 ………………………………………… 870

　安帝节皇后 ………………………………………… 870

　献祖恭靖皇后 ……………………………………… 870

　昭祖威顺皇后 ……………………………………… 870

　景祖昭肃皇后 ……………………………………… 871

　世祖翼简皇后 ……………………………………… 871

　肃宗靖宣皇后 ……………………………………… 872

　穆宗贞惠皇后 ……………………………………… 872

　康宗敬僖皇后 ……………………………………… 872

　太祖圣穆皇后 ……………………………………… 872

　光懿皇后 …………………………………………… 872

　钦宪皇后 …………………………………………… 872

　宣献皇后 …………………………………………… 872

　崇妃萧氏 …………………………………………… 872

　太宗钦仁皇后 ……………………………………… 873

　熙宗悼平皇后 ……………………………………… 873

　海陵嫡母徒单氏 …………………………………… 874

　大氏 ………………………………………………… 875

　徒单氏 ……………………………………………… 876

　昭妃阿里虎等诸嬖 ………………………………… 877

金史卷六四　　列传第二

后妃下······882

　睿宗钦慈皇后······882

　贞懿皇后······883

　世宗昭德皇后······883

　元妃张氏······885

　元妃李氏······886

　显宗孝懿皇后······886

　昭圣皇后······888

　章宗钦怀皇后······888

　元妃李氏······888

　卫绍王后徒单氏······891

　宣宗皇后王氏······892

　明惠皇后······893

　哀宗皇后徒单氏······893

金史卷六五　　列传第三

始祖以下诸子上······895

　斡鲁······895

　辈鲁······895

　谢库德······896

　谢夷保······896

　谢里忽······896

　献祖六子······897

　乌古出······897

　跋黑······898

　劾孙······898

　麻颇······899

　谩都诃······900

　斡带······900

斡赛 ·· 901

斡者 ·· 902

昂 ·· 905

金史卷六六　列传第四

始祖以下诸子下 ······································ 907

　勖 ·· 907

　隈可 ·· 909

宗室 ·· 910

　胡十门 ·· 910

　合住 ·· 910

　掴保 ·· 911

　衷 ·· 911

　齐 ·· 912

　术鲁 ·· 912

　胡石改 ·· 912

　宗贤 ·· 913

　挞懒 ·· 914

　卞 ·· 914

　曹 ·· 915

　弈 ·· 915

　阿喜 ·· 915

金史卷六七　列传第五

石显 ·· 917

桓赧 ·· 918

散达 ·· 918

乌春 ·· 920

温敦蒲剌 ·· 920

腊醅 ·· 922

麻产 ·· 922

钝恩·· 923

留可·· 924

阿疏·· 924

奚王回离保·· 926

金史卷六八　　列传第六

欢都·· 928

冶诃·· 930

金史卷六九　　列传第七

太祖诸子·· 935

宗隽·· 935

宗傑·· 935

宗强·· 935

宗敏·· 938

金史卷七〇　　列传第八

撒改·· 941

习不失·· 944

石土门·· 946

金史卷七一　　列传第九

斡鲁·· 951

斡鲁古勃堇·· 953

婆卢火·· 955

阇母·· 957

金史卷七二　　列传第一〇

娄室·· 962

银术可·· 967

麻吉·· 971

拔离速·· 972

习古乃·· 973

金史卷七三　　列传第一一

阿离合懑 …………………………………………… 975

宗道 ………………………………………………… 979

宗雄 ………………………………………………… 979

完颜希尹 …………………………………………… 983

金史卷七四　列传第一二

宗翰 ………………………………………………… 990

宗望 ………………………………………………… 995

金史卷七五　列传第一三

卢彦伦 ……………………………………………… 1004

毛子廉 ……………………………………………… 1006

李三锡 ……………………………………………… 1006

孔敬宗 ……………………………………………… 1007

李师夔 ……………………………………………… 1007

沈璋 ………………………………………………… 1008

左企弓 ……………………………………………… 1008

虞仲文 ……………………………………………… 1010

左泌 ………………………………………………… 1010

金史卷七六　列传第一四

太宗诸子 …………………………………………… 1013

宗磐 ………………………………………………… 1013

宗固 ………………………………………………… 1014

宗本 ………………………………………………… 1014

昊 …………………………………………………… 1018

宗幹 ………………………………………………… 1021

襄 …………………………………………………… 1024

衮 …………………………………………………… 1025

金史卷七七　列传第一五

宗弼 ………………………………………………… 1026

张邦昌 ……………………………………………… 1031

刘豫 ………………………………………… 1031

昌 ………………………………………… 1033

金史卷七八　列传第一六

刘彦宗 ……………………………………… 1036

时立爱 ……………………………………… 1040

韩企先 ……………………………………… 1041

金史卷七九　列传第一七

郦琼 ………………………………………… 1043

李成 ………………………………………… 1044

孔彦舟 ……………………………………… 1045

徐文 ………………………………………… 1045

施宜生 ……………………………………… 1046

张中孚 ……………………………………… 1047

张中彦 ……………………………………… 1048

宇文虚中 …………………………………… 1050

王伦 ………………………………………… 1051

金史卷八〇　列传第一八

熙宗二子 …………………………………… 1053

斜卯阿里 …………………………………… 1054

突合速 ……………………………………… 1056

乌延蒲卢浑 ………………………………… 1057

赤盏晖 ……………………………………… 1058

大臬 ………………………………………… 1059

阿离补 ……………………………………… 1061

金史卷八一　列传第一九

鹘谋琶 ……………………………………… 1064

迪姑迭 ……………………………………… 1065

阿徒罕 ……………………………………… 1065

夹谷谢奴 …………………………………… 1065

阿勒根没都鲁 ……………………………………… 1066

黄掴敌古本 ………………………………………… 1066

蒲察胡盏 …………………………………………… 1067

夹谷吾里补 ………………………………………… 1067

王伯龙 ……………………………………………… 1068

高彪 ………………………………………………… 1069

温迪罕蒲里特 ……………………………………… 1070

伯德特里补 ………………………………………… 1071

耶律怀义 …………………………………………… 1071

萧王家奴 …………………………………………… 1072

田颢 ………………………………………………… 1073

赵隩 ………………………………………………… 1073

金史卷八二　列传第二〇

郭药师 ……………………………………………… 1075

耶律涂山 …………………………………………… 1077

乌延胡里改 ………………………………………… 1077

乌延吾里补 ………………………………………… 1078

萧恭 ………………………………………………… 1078

完颜习不主 ………………………………………… 1079

纥石烈胡剌 ………………………………………… 1079

耶律恕 ……………………………………………… 1080

郭企忠 ……………………………………………… 1080

乌孙讹论 …………………………………………… 1081

颜盏门都 …………………………………………… 1081

仆散浑坦 …………………………………………… 1082

郑建充 ……………………………………………… 1083

乌古论三合 ………………………………………… 1083

移剌温 ……………………………………………… 1084

萧仲恭 ……………………………………………… 1085

高松 ……………………………………………… 1086

海陵诸子 ………………………………………… 1087

金史卷八三　列传第二一

张通古 …………………………………………… 1090

张浩 ……………………………………………… 1092

张玄素 …………………………………………… 1096

耶律安礼 ………………………………………… 1098

纳合椿年 ………………………………………… 1098

祁宰 ……………………………………………… 1099

金史卷八四　列传第二二

杲 ………………………………………………… 1101

耨盌温敦思忠 …………………………………… 1103

昂 ………………………………………………… 1106

高桢 ……………………………………………… 1109

白彦敬 …………………………………………… 1109

张景仁 …………………………………………… 1110

金史卷八五　列传第二二

世宗诸子 ………………………………………… 1112

　永中 …………………………………………… 1112

　永蹈 …………………………………………… 1114

　永功 …………………………………………… 1115

　永德 …………………………………………… 1117

　永成 …………………………………………… 1118

　永升 …………………………………………… 1119

金史卷八六　列传第二四

李石 ……………………………………………… 1120

完颜福寿 ………………………………………… 1123

独吉义 …………………………………………… 1124

乌延蒲离黑 ……………………………………… 1125

乌延蒲辖奴 …………………………………… 1125

李师雄 ………………………………………… 1126

尼厖古钞兀 …………………………………… 1127

字术鲁定方 …………………………………… 1128

夹谷胡剌 ……………………………………… 1128

蒲察斡论 ……………………………………… 1128

夹谷查剌 ……………………………………… 1129

金史卷八七　列传第二五

纥石烈志宁 …………………………………… 1131

仆散忠义 ……………………………………… 1135

徒单合喜 ……………………………………… 1139

金史卷八八　列传第二六

纥石烈良弼 …………………………………… 1143

完颜守道 ……………………………………… 1148

石琚 …………………………………………… 1149

唐括安礼 ……………………………………… 1152

移剌道 ………………………………………… 1155

金史卷八九　列传第二七

苏保衡 ………………………………………… 1158

翟永固 ………………………………………… 1159

魏子平 ………………………………………… 1160

孟浩 …………………………………………… 1161

梁肃 …………………………………………… 1164

移剌愭 ………………………………………… 1167

移剌子敬 ……………………………………… 1168

金史卷九〇　列传第二八

赵元 …………………………………………… 1170

移剌道 ………………………………………… 1171

高德基 ………………………………………… 1172

马讽 ·· 1173

完颜兀不喝 ··· 1173

刘徽柔 ··· 1174

贾少冲 ··· 1174

移剌斡里朵 ··· 1175

阿勒根彦忠 ··· 1176

张九思 ··· 1177

高衎 ·· 1177

杨邦基 ··· 1178

丁暐仁 ··· 1179

金史卷九一　列传第二九

完颜撒改 ·· 1181

庞迪 ·· 1182

温迪罕移室懑 ·· 1182

神土懑 ··· 1183

移剌成 ··· 1184

石抹卞 ··· 1186

杨仲武 ··· 1186

蒲察世杰 ·· 1187

萧怀忠 ··· 1188

移剌按答 ·· 1189

孛术鲁阿鲁罕 ·· 1189

赵兴祥 ··· 1190

石抹荣 ··· 1191

敬嗣晖 ··· 1192

金史卷九二　列传第三○

毛硕 ·· 1193

李上达 ··· 1194

曹望之 ··· 1194

大怀贞 …………………………………………… 1198

卢孝俭 …………………………………………… 1198

卢庸 ……………………………………………… 1198

李偲 ……………………………………………… 1199

徒单克宁 ………………………………………… 1200

金史卷九三　列传第三一

显宗诸子 ………………………………………… 1207

　琮 ……………………………………………… 1208

　瓘 ……………………………………………… 1208

　从彝 …………………………………………… 1208

　从宪 …………………………………………… 1209

　玠 ……………………………………………… 1209

章宗诸子 ………………………………………… 1209

　洪裕 …………………………………………… 1209

　洪靖 …………………………………………… 1209

　洪熙 …………………………………………… 1210

　洪衍 …………………………………………… 1210

　洪辉 …………………………………………… 1210

　忒邻 …………………………………………… 1210

卫绍王子 ………………………………………… 1210

　按辰 …………………………………………… 1210

　从恪 …………………………………………… 1210

宣宗诸子 ………………………………………… 1211

　庄献太子 ……………………………………… 1211

　玄龄 …………………………………………… 1211

　守纯 …………………………………………… 1211

独吉思忠 ………………………………………… 1213

承裕 ……………………………………………… 1213

仆散揆 …………………………………………… 1215

抹捻史扢搭 ……………………………………… 1217

宗浩 …………………………………………………… 1218

金史卷九四　列传第三二

夹谷清臣 …………………………………………… 1224

襄 ……………………………………………………… 1225

夹谷衡 ……………………………………………… 1230

完颜安国 …………………………………………… 1231

瑶里孛迭 …………………………………………… 1232

金史卷九五　列传第三三

移剌履 ……………………………………………… 1234

张万公 ……………………………………………… 1235

蒲察通 ……………………………………………… 1238

粘割斡特剌 ………………………………………… 1239

程辉 ………………………………………………… 1241

刘玮 ………………………………………………… 1242

董师中 ……………………………………………… 1243

王蔚 ………………………………………………… 1245

马惠迪 ……………………………………………… 1246

马琪 ………………………………………………… 1246

杨伯通 ……………………………………………… 1247

尼庞古鉴 …………………………………………… 1247

金史卷九六　列传第三四

黄久约 ……………………………………………… 1249

李晏 ………………………………………………… 1250

李愈 ………………………………………………… 1253

王贲 ………………………………………………… 1254

许安仁 ……………………………………………… 1254

梁襄 ………………………………………………… 1255

路伯达 ……………………………………………… 1259

金史卷九七　　列传第三五

裴满亨 ……………………………………………… 1261

斡勒忠 ……………………………………………… 1262

张大节 ……………………………………………… 1262

张亨 ………………………………………………… 1264

韩锡 ………………………………………………… 1264

邓俨 ………………………………………………… 1265

巨构 ………………………………………………… 1266

贺扬庭 ……………………………………………… 1266

阎公贞 ……………………………………………… 1267

焦旭 ………………………………………………… 1267

刘仲洙 ……………………………………………… 1268

李完 ………………………………………………… 1268

马百禄 ……………………………………………… 1269

杨伯元 ……………………………………………… 1269

刘玑 ………………………………………………… 1269

康元弼 ……………………………………………… 1271

移剌益 ……………………………………………… 1271

金史卷九八　　列传第三六

完颜匡 ……………………………………………… 1273

完颜纲 ……………………………………………… 1280

金史卷九九　　列传第三七

徒单镒 ……………………………………………… 1287

贾铉 ………………………………………………… 1291

孙铎 ………………………………………………… 1292

孙即康 ……………………………………………… 1293

李革 ………………………………………………… 1295

金史卷一〇〇　　列传第三八

孟铸 ………………………………………………… 1297

宗端脩 ……………………………………………… 1298

完颜闾山 …………………………………………… 1299

路铎 ………………………………………………… 1299

完颜伯嘉 …………………………………………… 1302

术虎筠寿 …………………………………………… 1306

张炜 ………………………………………………… 1306

高竑 ………………………………………………… 1307

李复亨 ……………………………………………… 1308

金史卷一〇一　　列传第三九

承晖 ………………………………………………… 1310

抹捻尽忠 …………………………………………… 1313

仆散端 ……………………………………………… 1315

耿端义 ……………………………………………… 1317

李英 ………………………………………………… 1317

孛术鲁德裕 ………………………………………… 1319

乌古论庆寿 ………………………………………… 1319

金史卷一〇二　　列传第四〇

仆散安贞 …………………………………………… 1321

田琢 ………………………………………………… 1324

完颜弼 ……………………………………………… 1327

蒙古纲 ……………………………………………… 1329

必兰阿鲁带 ………………………………………… 1333

金史卷一〇三　　列传第四一

完颜仲元 …………………………………………… 1335

完颜阿邻 …………………………………………… 1337

完颜霆 ……………………………………………… 1338

乌古论长寿 ………………………………………… 1339

完颜佐 ……………………………………………… 1340

石抹仲温 …………………………………………… 1341

乌古论礼 …………………………………… 1341

蒲察阿里 …………………………………… 1342

奥屯襄 ……………………………………… 1342

完颜蒲剌都 ………………………………… 1342

夹谷石里哥 ………………………………… 1343

术甲臣嘉 …………………………………… 1343

纥石烈桓端 ………………………………… 1344

完颜阿里不孙 ……………………………… 1345

完颜铁哥 …………………………………… 1346

纳兰胡鲁剌 ………………………………… 1347

金史卷一〇四 列传第四二

纳坦谋嘉 …………………………………… 1348

邹谷 ………………………………………… 1349

高霖 ………………………………………… 1349

孟奎 ………………………………………… 1350

乌林答与 …………………………………… 1351

郭俣 ………………………………………… 1351

温迪罕达 …………………………………… 1352

王扩 ………………………………………… 1353

移剌福僧 …………………………………… 1354

奥屯忠孝 …………………………………… 1355

蒲察思忠 …………………………………… 1356

纥石烈胡失门 ……………………………… 1357

完颜寓 ……………………………………… 1357

斡勒合打 …………………………………… 1358

蒲察移剌都 ………………………………… 1358

金史卷一〇五 列传第四三

程寀 ………………………………………… 1360

任熊祥 ……………………………………… 1362

孔璠 …………………………………………… 1362

范拱 …………………………………………… 1363

张用直 ………………………………………… 1364

刘枢 …………………………………………… 1365

王脩 …………………………………………… 1365

杨伯雄 ………………………………………… 1366

萧贡 …………………………………………… 1368

温迪罕缔达 …………………………………… 1369

张翰 …………………………………………… 1370

任天宠 ………………………………………… 1370

金史卷一〇六　　列传第四四

张晖 …………………………………………… 1372

贾益谦 ………………………………………… 1376

刘炳 …………………………………………… 1378

术虎高琪 ……………………………………… 1380

移剌塔不也 …………………………………… 1385

金史卷一〇七　　列传第四五

高汝砺 ………………………………………… 1386

张行信 ………………………………………… 1394

金史卷一〇八　　列传第四六

胥鼎 …………………………………………… 1401

侯挚 …………………………………………… 1408

把胡鲁 ………………………………………… 1412

师安石 ………………………………………… 1414

金史卷一〇九　　列传第四七

完颜素兰 ……………………………………… 1416

陈规 …………………………………………… 1419

许古 …………………………………………… 1426

金史卷一一〇　　列传第四八

杨云翼 …………………………………………… 1431

赵秉文 …………………………………………… 1434

韩玉 ……………………………………………… 1436

冯璧 ……………………………………………… 1437

李献甫 …………………………………………… 1439

雷渊 ……………………………………………… 1440

程震 ……………………………………………… 1441

金史卷一一一 列传第四九

古里甲石伦 ……………………………………… 1442

完颜讹可 ………………………………………… 1446

撒合辇 …………………………………………… 1447

强伸 ……………………………………………… 1449

乌林答胡土 ……………………………………… 1450

思烈 ……………………………………………… 1452

纥石烈牙吾塔 …………………………………… 1453

金史卷一一二 列传第五○

完颜合达 ………………………………………… 1457

移剌蒲阿 ………………………………………… 1461

金史卷一一三 列传第五一

完颜赛不 ………………………………………… 1466

白撒 ……………………………………………… 1469

赤盏合喜 ………………………………………… 1475

金史卷一一四 列传第五二

白华 ……………………………………………… 1480

斜卯爱实 ………………………………………… 1487

石抹世勣 ………………………………………… 1489

金史卷一一五 列传第五三

完颜奴申 ………………………………………… 1492

崔立 ……………………………………………… 1494

聂天骥 ·· 1497

赤盏尉忻 ······································ 1498

金史卷一一六 列传第五四

　徒单兀典 ···································· 1499

　石盏女鲁欢 ································ 1502

　蒲察官奴 ···································· 1504

　承立 ·· 1507

金史卷一一七 列传第五五

　徒单益都 ···································· 1510

　粘哥荆山 ···································· 1511

　王宾 ·· 1512

　国用安 ·· 1514

　时青 ·· 1516

金史卷一一八 列传第五六

　苗道润 ·· 1519

　王福 ·· 1521

　移剌众家奴 ································ 1522

　武仙 ·· 1523

　张甫 ·· 1526

　靖安民 ·· 1527

　郭文振 ·· 1528

　胡天作 ·· 1530

　张开 ·· 1531

　燕宁 ·· 1532

金史卷一一九 列传第五七

　粘葛奴申 ···································· 1533

　完颜娄室三人 ···························· 1534

　乌古论镐 ···································· 1536

　张天纲 ·· 1538

完颜仲德 ………………………………………… 1539

金史卷一二〇 列传第五八

世戚 ……………………………………………… 1544

石家奴 ………………………………………… 1544

裴满达 ………………………………………… 1545

徒单恭 ………………………………………… 1546

乌古论蒲鲁虎 ………………………………… 1547

唐括德温 ……………………………………… 1547

乌古论粘没曷 ………………………………… 1548

蒲察阿虎迭 …………………………………… 1548

乌林答晖 ……………………………………… 1548

蒲察鼎寿 ……………………………………… 1549

徒单思忠 ……………………………………… 1549

徒单绎 ………………………………………… 1550

乌林答复 ……………………………………… 1550

乌古论元忠 …………………………………… 1550

唐括贡 ………………………………………… 1552

乌林答琳 ……………………………………… 1552

徒单公弼 ……………………………………… 1552

徒单铭 ………………………………………… 1553

徒单四喜 ……………………………………… 1554

金史卷一二一 列传第五九

忠义一 …………………………………………… 1556

胡沙补 ………………………………………… 1557

特虎 …………………………………………… 1557

仆忽得 ………………………………………… 1557

粘割韩奴 ……………………………………… 1558

曹珪 …………………………………………… 1559

温迪罕蒲睨 …………………………………… 1559

讹里也 …………………………………………………… 1560
纳兰绰赤 …………………………………………………… 1560
魏全 …………………………………………………… 1560
鄯阳 …………………………………………………… 1561
夹谷守中 …………………………………………………… 1561
石抹元毅 …………………………………………………… 1562
伯德梅和尚 …………………………………………………… 1563
乌古孙兀屯 …………………………………………………… 1563
高守约 …………………………………………………… 1564
和速嘉安礼 …………………………………………………… 1564
王维翰 …………………………………………………… 1564
移剌古与涅 …………………………………………………… 1565
宋扆 …………………………………………………… 1566
乌古论荣祖 …………………………………………………… 1566
乌古论仲温 …………………………………………………… 1566
九住 …………………………………………………… 1567
李演 …………………………………………………… 1567
刘德基 …………………………………………………… 1567
王毅 …………………………………………………… 1567
王晦 …………………………………………………… 1568
齐鹰扬等三人 …………………………………………………… 1568
术甲法心等四人 …………………………………………………… 1568
高锡 …………………………………………………… 1569
金史卷一二二　列传第五三
忠义二 …………………………………………………… 1570
吴僧哥 …………………………………………………… 1570
乌古论德升 …………………………………………………… 1571
张顺 …………………………………………………… 1571
马骧 …………………………………………………… 1572

伯德窊哥 ……………………………………… 1572

奥屯丑和尚 …………………………………… 1572

从坦 …………………………………………… 1572

孛术鲁福寿 …………………………………… 1574

吴邦杰 ………………………………………… 1574

纳合蒲剌都 …………………………………… 1574

女奚烈斡出 …………………………………… 1575

时茂先 ………………………………………… 1575

温迪罕老儿 …………………………………… 1575

梁持胜 ………………………………………… 1576

贾邦献 ………………………………………… 1576

移剌阿里合 …………………………………… 1576

完颜六斤 ……………………………………… 1577

纥石烈鹤寿 …………………………………… 1577

蒲察娄室 ……………………………………… 1578

女奚烈资禄 …………………………………… 1578

赵益 …………………………………………… 1579

侯小叔 ………………………………………… 1579

王佐 …………………………………………… 1580

黄掴九住 ……………………………………… 1580

乌林答乞住 …………………………………… 1580

陀满斜烈 ……………………………………… 1581

尼庞古蒲路虎 ………………………………… 1581

兀颜畏可 ……………………………………… 1581

兀颜讹出虎 …………………………………… 1581

粘割真 ………………………………………… 1581

金史卷一二三　列传第六一

忠义三 ………………………………………… 1583

徒单航 ………………………………………… 1583

完颜陈和尚 …………………………………………… 1583

杨沃衍 …………………………………………………… 1585

乌古论黑汉 …………………………………………… 1587

驼满胡土门 …………………………………………… 1588

姬汝作 …………………………………………………… 1589

爱申 ……………………………………………………… 1590

禹显 ……………………………………………………… 1591

金史卷一二四　列传第六二

忠义四 …………………………………………………… 1593

马庆祥 …………………………………………………… 1593

商衡 ……………………………………………………… 1594

术甲脱鲁灰 …………………………………………… 1595

杨达夫 …………………………………………………… 1596

冯延登 …………………………………………………… 1596

乌古孙仲端 …………………………………………… 1597

乌古孙奴申 …………………………………………… 1598

蒲察琦 …………………………………………………… 1598

蔡八儿 …………………………………………………… 1599

毛佺 ……………………………………………………… 1599

温敦昌孙 ……………………………………………… 1599

完颜绛山 ……………………………………………… 1600

毕资伦 …………………………………………………… 1600

郭虾蟆 …………………………………………………… 1602

金史卷一二五　列传第六三

文艺上 …………………………………………………… 1604

韩昉 ……………………………………………………… 1604

蔡松年 …………………………………………………… 1605

吴激 ……………………………………………………… 1607

马定国 …………………………………………………… 1608

　　任询 …………………………………………… 1608

　　赵可 …………………………………………… 1608

　　郭长倩 ………………………………………… 1608

　　萧永祺 ………………………………………… 1608

　　胡砺 …………………………………………… 1609

　　王竞 …………………………………………… 1610

　　杨伯仁 ………………………………………… 1610

　　郑子聃 ………………………………………… 1611

　　党怀英 ………………………………………… 1612

金史卷一二六　列传第六四

　　文艺下 ………………………………………… 1614

　　赵沨 …………………………………………… 1614

　　周昂 …………………………………………… 1614

　　王庭筠 ………………………………………… 1615

　　刘昂 …………………………………………… 1616

　　李经 …………………………………………… 1616

　　刘从益 ………………………………………… 1616

　　吕中孚 ………………………………………… 1617

　　李纯甫 ………………………………………… 1617

　　王蟿 …………………………………………… 1618

　　宋九嘉 ………………………………………… 1618

　　庞铸 …………………………………………… 1618

　　李献能 ………………………………………… 1618

　　王若虚 ………………………………………… 1619

　　王元节 ………………………………………… 1620

　　麻九畴 ………………………………………… 1620

　　李汾 …………………………………………… 1621

　　元德明 ………………………………………… 1622

金史卷一二七　列传第六四

孝友 ……………………………………………… 1624

　温迪罕斡鲁补 ………………………………… 1625

　陈颜 …………………………………………… 1625

　刘瑜 …………………………………………… 1625

　孟兴 …………………………………………… 1625

　王震 …………………………………………… 1625

　刘政 …………………………………………… 1625

隐逸 ……………………………………………… 1626

　褚承亮 ………………………………………… 1626

　王去非 ………………………………………… 1626

　赵质 …………………………………………… 1626

　杜时昇 ………………………………………… 1627

　郝天挺 ………………………………………… 1627

　薛继先 ………………………………………… 1627

　高仲振 ………………………………………… 1628

　张潜 …………………………………………… 1628

　王汝梅 ………………………………………… 1628

　宋可 …………………………………………… 1628

　辛愿 …………………………………………… 1629

　王予可 ………………………………………… 1629

金史卷一二八　列传第六六

　循吏 …………………………………………… 1631

　　卢克忠 ……………………………………… 1631

　　牛德昌 ……………………………………… 1632

　　范承吉 ……………………………………… 1632

　　王政 ………………………………………… 1633

　　张奕 ………………………………………… 1633

　　李瞻 ………………………………………… 1634

　　刘敏行 ……………………………………… 1634

傅慎微 …………………………………………… 1635

刘焕 ……………………………………………… 1635

高昌福 …………………………………………… 1636

孙德渊 …………………………………………… 1637

赵鉴 ……………………………………………… 1637

蒲察郑留 ………………………………………… 1638

女奚烈守愚 ……………………………………… 1638

石抹元 …………………………………………… 1639

张彀 ……………………………………………… 1639

赵重福 …………………………………………… 1640

武都 ……………………………………………… 1640

纥石烈德 ………………………………………… 1641

张特立 …………………………………………… 1641

王浩 ……………………………………………… 1642

金史卷一二九　列传第六七

酷吏 ……………………………………………… 1643

　高闾山 ………………………………………… 1643

　蒲察合住 ……………………………………… 1644

佞幸 ……………………………………………… 1644

　萧肄 …………………………………………… 1644

　张仲轲 ………………………………………… 1645

　李通 …………………………………………… 1647

　马钦 …………………………………………… 1651

　高怀贞 ………………………………………… 1651

　萧裕 …………………………………………… 1652

　胥持国 ………………………………………… 1654

金史卷一三〇　列传第六八

列女 ……………………………………………… 1656

　阿邻妻沙里质 ………………………………… 1656

李宝信妻 ……………………………………………… 1657

韩庆民妻 ……………………………………………… 1657

雷妇师氏 ……………………………………………… 1657

康住住 ………………………………………………… 1657

李文妻 ………………………………………………… 1657

李英妻 ………………………………………………… 1657

相琪妻 ………………………………………………… 1658

阿鲁真 ………………………………………………… 1658

独吉氏 ………………………………………………… 1658

许古妻 ………………………………………………… 1659

冯妙真 ………………………………………………… 1659

蒲察氏 ………………………………………………… 1659

乌古论氏 ……………………………………………… 1659

完颜素兰妻 …………………………………………… 1660

温特罕氏 ……………………………………………… 1660

尹氏 …………………………………………………… 1660

白氏 …………………………………………………… 1660

聂舜英 ………………………………………………… 1661

完颜仲德妻 …………………………………………… 1661

哀宗宝符李氏 ………………………………………… 1661

张凤奴 ………………………………………………… 1661

金史卷一三一　　列传第六九

宦者 …………………………………………………… 1662

　　梁珫 ……………………………………………… 1663

　　宋珪 ……………………………………………… 1663

方伎 …………………………………………………… 1664

　　刘完素 …………………………………………… 1664

　　张从正 …………………………………………… 1664

　　李庆嗣 …………………………………………… 1665

纪天锡 …………………………………… 1665

张元素 …………………………………… 1665

马贵中 …………………………………… 1665

武祯 ……………………………………… 1666

李懋 ……………………………………… 1667

胡德新 …………………………………… 1667

金史卷一三二　列传第七〇

逆臣 ……………………………………… 1668

秉德 ……………………………………… 1668

唐括辩 …………………………………… 1669

言 ………………………………………… 1670

大兴国 …………………………………… 1671

徒单阿里出虎 …………………………… 1672

仆散师恭 ………………………………… 1673

徒单贞 …………………………………… 1674

李老僧 …………………………………… 1675

完颜元宜 ………………………………… 1676

纥石烈执中 ……………………………… 1678

金史卷一三三　列传第七一

叛臣 ……………………………………… 1684

张觉 ……………………………………… 1684

耶律余睹 ………………………………… 1686

移剌窝斡 ………………………………… 1688

金史卷一三四　列传第七二

外国上 …………………………………… 1696

西夏 ……………………………………… 1696

金史卷一三五　列传第七三

外国下 …………………………………… 1705

高丽 ……………………………………… 1705

金史卷一

本纪第一

世　纪

始祖　德帝　安帝　献祖　昭祖
景祖　世祖　肃宗　穆宗　康宗

　　金之先，出靺鞨氏。靺鞨本号勿吉。勿吉，古肃慎地也。元魏时，勿吉有七部：曰粟末部、曰伯咄部、曰安车骨部、曰拂涅部、曰号室部、曰黑水部、曰白山部。隋称靺鞨，而七部并同。唐初，有黑水靺鞨、粟末靺鞨，其五部无闻。

　　粟末靺鞨始附高丽，姓大氏。李勣破高丽，粟末靺鞨保东牟山。后为渤海，称王，传十余世。有文字、礼乐、官府、制度。有五京、十五府、六十二州。

　　黑水靺鞨居肃慎地，东濒海，南接高丽，亦附于高丽。尝以兵十五万众助高丽拒唐太宗，败于安市。开元中，来朝，置黑水府，以部长为都督、刺史，置长史监之。赐都督姓李氏，名献诚，领黑水经略使。其后渤海盛强，黑水役属之，朝贡遂绝。五代时，契丹尽取渤海地，而黑水靺鞨附属于契丹。其在南者籍契丹，号熟女直；其在北者不在契丹籍，号生女直。生女直地有混同江、长白山，混同江亦号黑龙江，所谓"白山、黑水"是也。

　　金之始祖讳函普，初从高丽来，年已六十余矣。兄阿古乃好佛，留高丽不肯从，曰："后世子孙必有能相聚者，吾不能去也。"独与弟保活里俱。始祖居完颜部仆干水之涯，保活里居耶懒。其后胡十门以曷苏馆归太祖，自言其祖兄弟三人相别而去，盖自谓阿古乃之后。石土门、迪古乃，保活里之裔也。及太祖败辽兵于境上，获耶律谢十，乃使梁福、斡答剌招谕渤海人曰："女直、渤海本同一家。"盖其初皆勿吉之七部也。

始祖至完颜部，居久之，其部人尝杀它族之人，由是两族交恶，哄斗不能解。完颜部人谓始祖曰："若能为部人解此怨，使两族不相杀，部有贤女，有六十而未嫁，当以相配，仍为同部。"始祖曰："诺。"乃自往谕之曰："杀一人而斗不解，损伤益多。曷若止诛首乱者一人，部内以物纳偿汝，可以无斗而且获利焉。"怨家从之。仍为约曰："凡有杀伤人者，征其家人口一、马十偶、牸牛十、黄金六两，与所杀伤之家，即两解，不得私斗。"曰："谨如约。"女直之俗，杀人偿马牛三十自此始。既备偿如约，部众信服之，谢以青牛一，并许归六十之妇。始祖乃以青牛为聘礼而纳之，并得其资产，后生二男，长曰乌鲁，次曰斡鲁，一女曰注思板，遂为完颜部人。天会十四年，追谥景元皇帝，庙号始祖。皇统四年，号其藏曰光陵。五年，增谥始祖懿宪景元皇帝。

子德帝，讳乌鲁。天会十四年，追谥德皇帝。皇统四年，号其藏曰熙陵。五年，增谥渊穆玄德皇帝。

子安帝，讳跋海。天会十四年，追谥安皇帝。皇统四年，号其藏建陵。五年，增谥和靖庆安皇帝。

子献祖，讳绥可。黑水旧俗无室庐，负山水坎地，梁木其上，覆以土，夏则出随水草以居，冬则入处其中。迁徙不常。献祖乃徙居海古水，耕垦树艺，始筑室，有栋宇之制，人呼其地为纳葛里。"纳葛里"者，汉语居室也。自此遂定居于安出虎水之侧矣。天会十四年，追谥定昭皇帝,庙号献祖。皇统四年,号其藏曰辉陵。五年,增谥献祖纯烈定昭皇帝。

子昭祖,讳石鲁,刚毅质直。生女直无书契,无约束,不可检制。昭祖欲稍立条教,诸父、部人皆不悦,欲坑杀之。已被执,叔父谢里忽知部众将杀昭祖,曰:"吾兄子,贤人也,必能承家,安辑部众,此辈奈何辄欲坑杀之。"亟往,弯弓注矢射于众中,劫执者皆散走,昭祖乃得免。

昭祖稍以条教为治,部落浸强。辽以惕隐官之。诸部犹以旧俗,不肯用条教。昭祖耀武至于青岭、白山,顺者抚之,不从者讨伐之,入于苏滨、耶懒之地,所至克捷。还经仆聱水。"仆聱",汉语恶疮也。昭祖恶其地名,虽已困惫,不肯止。行至姑里甸,得疾。迫夜,寝于村舍。有盗至,遂中夜启行,至逼刺纪村止焉。是夕,卒。载枢而行,遇贼于路,夺枢去。部众追贼与战,复得枢。加古部人蒲虎复来袭之,垂及,蒲虎问诸路人曰:"石鲁枢去此几何?"其人曰:"远矣,追之不及也。"蒲虎遂止。于是乃得归葬焉。生女直之俗,至昭祖时稍用条教,民颇听从,尚未有文字,无官府,不知岁月晦朔,是以年寿修短莫得而考焉。天会十五年,追谥成襄皇帝,庙号昭祖。皇统四年,藏号安陵。五年,增谥昭祖武惠成襄皇帝。

子景祖,讳乌古乃。辽太平元年辛酉岁生。自始祖至此,已六世矣。景祖稍役属诸部,自白山、耶悔、统门、耶懒、土骨论之属,以至五国之长,皆听命。是时,辽之边民有逃而归者。及辽以兵徙铁勒、乌惹之民,铁勒、乌惹多不肯徙,亦逃而来归。辽使曷鲁林牙将兵来索逋逃之民。景祖恐辽兵深入,尽得山川道路险易,或将图之,乃以计止之曰:"兵若深入,诸部必惊扰,变生不测,逋户亦不可得,非计也。"曷鲁以为然,遂止其军,与曷鲁自行索之。

是时,邻部虽稍从,孩懒水乌林答部石显尚拒阻不服。攻之,不克。景祖以计告于辽主。辽主遣使责让石显。石显乃遣其子婆诸刊入朝。辽主厚赐遣还。其后石显与婆诸刊入见辽主于春搜。辽主乃留石显于边地，而遣婆诸刊还所部。景祖之谋也。

既而五国蒲聂部节度使拔乙门畔辽，鹰路不通。辽人将讨之，先遣同干来谕旨。景祖曰："可以计取。若用兵，彼将走保险阻，非岁月可平也。"辽人从之。盖景祖终畏辽兵之入其境也，故自以为功。于是景祖阳与拔乙门为好，而以妻子为质，袭而擒之，献于辽主。辽主召见于寝殿，燕赐加等，以为生女直部族节度使。辽人呼节度使为太师，金人称"都太师"者自此始。辽主将刻印与之。景祖不肯系辽籍，辞曰："请俟他日。"辽主终欲与之，遣使来。景祖诡使部人扬言曰："主公若受印系籍，部人必杀之。"用是以拒之，辽使乃还。既为节度使，有官属，纪纲渐立矣。

生女直旧无铁，邻国有以甲胄来鬻者，倾赀厚贾以与贸易，亦令昆弟族人皆售之。得铁既多，因之以修弓矢，备器械，兵势稍振。前后愿附者众。斡泯水蒲察部、泰神忒保水完颜部、统门水温迪痕部、神隐水完颜部，皆相继来附。

景祖为人宽恕，能容物，平生不见喜愠。推财与人，分食解衣，无所吝惜。人或忤之，亦不念。先时，有畔去者，遣人谕诱之。畔者曰："汝主，活罗也。活罗，吾能获之，吾岂能为活罗屈哉。""活罗"，汉语慈乌也，北方有之，状如大鸡，善啄物，见马牛橐驼脊间有疮，啄其脊间食之，马牛辄死，若饥不得食，虽砂石亦食之。景祖嗜酒好色，饮啖过人，时人呼曰活罗，故彼以此讪之，亦不以介意。其后讪者力屈来降，厚赐遣还。曷懒水有率众降者，录其岁月姓名，即遣去，俾复其故。人以此益信服之。

辽咸雍八年，五国没撚部谢野勃堇畔辽，鹰路不通。景祖伐之，谢野来御。景祖被重铠，率众力战。谢野兵败，走拔里迈泺。时方十月，冰忽解，谢野不能军，众皆溃去。乃旋师。道中遇逋亡，要遮险阻，昼夜拒战，比至部已愈。即往见辽边将达鲁骨，自阵败谢野功。行次来流水，未见达鲁骨，疾作而复，卒于家，年五十四。天会十四年，追谥惠桓皇帝，庙号景祖。皇统四年，藏号定陵。五年，增谥景祖英烈惠桓皇帝。

第二子袭节度使，是为世祖，讳劾里钵。生女直之俗，生子年长即异居。景祖九子，元配唐括氏生劾者，次世祖，次劾孙，次肃宗，次穆宗。及当异居，景祖曰：“劾者柔和，可治家务。劾里钵有器量智识，何事不成。劾孙亦柔善人耳。”乃命劾者与世祖同居，劾孙与肃宗同居。景祖卒，世祖继之。世祖卒，肃宗继之。肃宗卒，穆宗继之。穆宗复传世祖之子，至于太祖，竟登大位焉。

世祖，辽重熙八年己卯岁生。辽咸雍十年，袭节度使。景祖异母弟跋黑有异志，世祖虑其为变，加意事之，不使将兵，但为部长。跋黑遂诱桓赧、散达、乌春、窝谋罕为乱，及间诸部使贰于世祖。世祖犹欲抚慰之，语在跋黑、桓赧等传中。世祖尝买加古部锻工乌不屯被甲九十，乌春欲托此以为兵端，世祖还其甲，语在《乌春传》。部中有流言曰：“欲生则附于跋黑，欲死则附于劾里钵、颇剌淑。”世祖闻之，疑焉，无以察之，乃佯为具装，欲有所往者，阴遣人扬言曰：“寇至。”部众闻者莫知虚实，有保于跋黑之室者，有保于世祖之室者，世祖乃尽得兄弟部属向背彼此之情矣。

间数年，乌春来攻，世祖拒之。时十月已半，大雨累昼夜，冰澌覆地，乌春不能进。既而悔曰：“此天也。”乃引兵去。乌春舍于阿里矮村滓不乃家，而以兵围其弟胜昆于胡不村。兵退，胜昆执其兄滓不乃，而请莅杀于世祖，且请免其孥戮。从之。

桓赧、散达亦举兵，遣肃宗拒之。当是时，乌春兵在北，桓赧兵在南，其势甚盛。戒之曰：“可和则与之和，否则决战。”肃宗兵败。会乌春以久雨解去，世祖乃以偏师涉舍很水，经贴割水，覆桓赧、散达之家。明日，大雾晦冥，失道，至婆多吐水乃觉。即还至舍很、贴割之间，升高阜望之，见六骑来，大呼，驰击之。世祖射一人毙，生获五人，问之，乃知卜灰、撒骨出使助桓赧、散达者也。世祖至桓赧、散达所居，焚荡其室家，杀百许人，旧将主保亦死之。比世祖还，与肃宗会，肃宗兵又败矣。世祖让肃宗失利之状。遣人议和。桓赧、散达曰：“以尔盈歌之大赤马、辞不失之紫骝马与我，我则和。”二马皆女直名马，不许。

桓赧、散达大会诸部来攻，过裴满部，以其附于世祖也，纵火焚之。蒲察部沙衹勃堇、胡补答勃堇使阿喜来告难，世祖使之诡从以自全，曰：“战则以旗鼓自别。”世祖往御桓赧之众，将行，有报者曰：“跋黑食于爱妾之父家，肉张咽，死矣。”乃遣肃宗求援于辽，遂率众出。使辞不失取海姑兄弟兵，已而乃知海姑兄弟贰于桓赧矣，欲并取其众，径至海姑。侦者报曰：“敌已至。”将战，世祖戒辞不失曰：“汝先阵于脱豁改原，待吾三扬旗，三鸣鼓，即弃旗决战。死生惟在今日，命不足惜。”使裴满胡喜牵大紫骝马以为贰马，驰至阵。时桓赧、散达盛强，世祖军吏未战而惧，皆植立无人色。世祖阳阳如平常，亦无责让之言，但令士卒解甲少憩，以水沃面，调麦水饮之。有顷，训励之，军势复振。乃避众独引穆宗，执其手密与之言曰：“今日之事，若胜则已，万一有不胜，吾必无生。汝今介马遥观，勿预战事。若我死，汝勿收吾骨，勿顾恋亲戚，亟驰马奔告汝兄颇剌淑，于辽系籍受印，乞师以报此仇。”语毕，祖袖，不被甲，以缊袍垂襟护前后心，帐弓提剑，三扬旗，三鸣鼓，弃旗搏战，身为军锋，突入敌阵，众从之。辞不失从后奋击，大败之，乘胜逐之，自阿不弯至于北隘甸，死者如仆麻，破多吐水水为之赤，弃车甲马牛军实尽获之。世祖曰：“今日之捷，非天不能及此，亦可以知足矣。虽纵之去，败军之气没世不振。”乃引军还。世祖视其战地，驰突成大路，阔且三十陇。手杀九人，自相重积，人皆异之。桓赧、散达自此不能复聚，未几，各以其属来降，辽大安七年也。

初，桓赧兄弟之变，不术鲁部卜灰、蒲察部撒骨出助之。至是，招之，不肯和。卜灰之党石鲁遂杀上灰来降。撒骨出追蹑亡者，道傍人潜射之，中口而死。自是旧部悉归。景祖时，斡勒部人盃乃来属，及是，有他志。会其家失火，因以纵火诬欢都，世祖征偿如约。盃乃不自安，遂结乌春、窝谋罕举兵。使肃宗与战，败之，获盃乃，世祖献之于辽。

腊醅、麻产侵掠野居女直，略来流水牧马。世祖击之，中四创，久之疾愈。腊醅等复略穆宗牧马，交结诸部。世祖复伐之，腊醅等绐降，乃旋。腊醅得姑里甸兵百十有七人，据暮棱水守险，石显子婆诸刊亦在其中。世祖围而克之，尽获姑里甸兵。麻产遁去。遂擒腊醅及婆诸刊，皆献之辽。既已，复请之，辽人与之，并以前后所献罪人归之。

欢都大破乌春等于斜堆，故石、拔石皆就擒。世祖自将与欢都合兵岭东，诸军皆至。是时，乌春已前死，窝谋罕请于辽，愿和解。既与和，复来袭，乃进军围之。窝谋罕弃城遁去。破其城，尽俘获之，以功差次分赐诸军。城始破，议渠长生杀，众皆长跪，辽使者在坐。忽一人佩长刀突前咫尺，谓世祖曰："勿杀我。"辽使及左右皆走匿。世祖色不少动，执其人之手，语之曰："吾不杀汝也。"于是罚左右匿者，曰："汝等何敢失次耶。"罚既已，乃徐使执突前者杀之。其胆勇镇物如此。

师还，寝疾，遂笃。元婆挐懒氏哭不止，世祖曰："汝勿哭，汝惟后我一岁耳。"肃宗请后事，曰："汝惟后我三年。"肃宗出，谓人曰："吾兄至此，亦不与我好言。"乃叩地而哭。俄呼穆宗谓曰："乌雅束柔善，若办集契丹事，阿骨打能之。"辽大安八年五月十五日卒。袭位十九年，年五十四。明年，挐懒氏卒。又明年，肃宗卒。肃宗病笃，叹曰："我兄真多智哉。"

世祖天性严重，有智识，一见必识，暂闻不忘。凝寒不缩栗，动止不回顾。每战未尝被甲，先以梦兆候其胜负。尝乘醉骑驴入室中，明日见驴足迹，问而知之，自是不复饮酒。袭位之初，内外溃叛，缔交为寇。世祖乃因败为功，变弱为强。既破桓赧、散达、乌春、窝谋罕，基业自此大矣。天会十五年，追谥圣肃皇帝，庙号世祖。皇统四年，号其藏曰永陵。五年，增谥世祖神武圣肃皇帝。

母弟颇剌淑袭节度使，景祖第四子也，是为肃宗。辽重熙十一年壬午岁生。在父兄时号国相。国相之称不知始何时。初，雅达为国相。雅达者，桓赧、散达之父也。景祖以币马求之于雅达，而命肃宗为之。

　　肃宗自幼机敏善辩。当其兄时，身居国相，尽心匡辅。是时，叔父跋黑有异志，及桓赧、散达、乌春、窝谋罕、石显父子、腊醅、麻产作难，用兵之际，肃宗屡当一面。尤能知辽人国政人情。凡有辽事，一切委之肃宗专心焉。凡白事于辽官，皆令远跪陈辞，译者传致之，往往为译者错乱。肃宗欲得自前委曲言之，故先不以实告译者。译者惑之，不得已，引之前，使自言。乃以草木瓦石为筹，枚数其事而陈之。官吏听者皆愕然，问其故，则为卑辞以对曰："鄙陋无文，故如此。"官吏以为实然，不复疑之，是以所诉无不如意。

　　桓赧、散达之战，部人赛罕死之，其弟活罗阴怀忿怨。一日，忽以剑脊置肃宗项上曰："吾兄为汝辈死矣，到汝以偿，则如之何？"久之，因其兄枢至，遂怒而攻习不出，习不出走避之。攻肃宗于家，矢注次室之裙，著于门扉。复攻欢都，欢都衷甲拒于室中，既不能入，持其门旗而去，往附盃乃。盃乃诱乌春兵度岭，世祖与遇于苏素海甸。世祖曰："予昔有异梦，今不可亲战。若左军中有力战者，则大功成矣。"命肃宗及斜列、辞不失与之战。肃宗下马，名呼世祖，复自呼其名而言曰："若天助我当为众部长，则今日之事神祇监之。"语毕再拜。遂炷火束缊。顷之，大风自后起，火益炽，是时八月，并青草皆焚之，烟焰涨天。我军随烟冲击，大败之。遂获盃乃，囚而献诸辽，并获活罗。肃宗释其罪，左右任使之，后竟得其力焉。

　　大安八年，自国相袭位。是时，麻产尚据直屋铠水，缮完营堡，诱纳亡命。招之，不听，遣康宗伐之。太祖别军取麻产家属，锜釜无遗。既获麻产，杀之，献馘于辽。陶温水民来附。

　　二年癸酉，遣太祖以偏师伐泥庞古部帅水抹离海村跋黑、播立开，平之，自是寇贼皆息。

　　三年八月，肃宗卒。天会十五年，追谥穆宪皇帝。皇统四年，藏号泰陵。五年，增谥肃宗明睿穆宪皇帝。

　　母弟穆宗，讳盈歌，字乌鲁完，景祖第五子也。南人称"扬割太师",又曰扬割追谥孝平皇帝,号穆宗,又曰扬割号仁祖。金代无号仁祖者,穆宗讳盈歌,谥孝平,"盈"近"扬","歌"近"割",南北音讹。辽人呼节度使为"太师",自景祖至太祖皆有是称。凡《丛言》、《松漠记》、张棣《金志》等书皆无足取。

穆宗,辽重熙二十二年癸巳岁生。肃宗时擒麻产。辽命穆宗为详稳。大安十年甲戌,袭节度使,年四十二。以兄劾者子撒改为国相。

三年丙子,唐括部跋葛勃堇与温都部人跋忒有旧,跋葛以事往,跋忒杀跋葛。使太祖率师伐跋忒,跋忒亡去,追及,杀之星显水。纥石烈部阿疏、毛睹禄阻兵为难,穆宗自将伐阿疏,撒改以偏师攻钝恩城,拔之。阿疏初闻来伐,乃自诉于辽。遂留劾者守阿疏城,穆宗乃还。会陶温水、徒笼古水纥石烈部阿阁版及石鲁阻五国鹰路,执杀辽捕鹰使者。辽诏穆宗讨之,阿阁版等据险立栅。方大寒,乃募善射者操劲弓利矢攻之。数日,入其城,出辽使存者数人,俾之归。

统门、浑蠢水之交乌古论部留可、诈都与苏滨水乌古论敌库德起兵于米里迷石罕城,纳根涅之子钝恩亦亡去。于是两党作难。八月,撒改为都统,辞不失、阿里合懑、斡带副之,以伐留可、诈都、坞塔等。谩都诃、石土门伐敌库德。撒改欲先平边地城堡,或欲先取留可,莫能决,乃命太祖往。钝恩将援留可,乘谩都诃兵未集而攻之。石土门军既与谩都诃会,迎击钝恩,大败之,降米里迷石罕城,获钝恩、敌库德,释弗杀。太祖度盆搦领,与撒改会,攻破留可城,留可已先往辽矣,尽杀其城中渠长。还围坞塔城。坞塔先已亡在外,城降于军,诈都亦降于蒲家奴,于是抚宁诸路如旧时。太祖因致穆宗,教统门、浑蠢、耶悔、星显四路及岭东诸部自今勿复称都部长。命胜管、丑阿等抚定乙离骨岭注阿门水之西诸部居民,又命斡带及偏裨悉平二涅囊虎、二蠢出等路寇盗而还。

七年庚辰,劾者尚守阿疏城,毛睹禄来降。阿疏犹在辽,辽使来罢兵。未到,穆宗使乌林荅石鲁往佐劾者,戒之曰:"辽使来罢兵,

但换我军衣服旗帜与阿疏城中无辨,勿令辽使知之。"因戒劾者曰:
"辽使可以计却。勿听其言遽罢兵也。"辽使果来罢兵。穆宗使蒲察
部胡鲁勃堇、邈逊孛堇与俱至阿疏城。劾者见辽使,诡谓胡鲁、邈逊
曰:"我部族自相攻击,干汝等何事?谁识汝之太师?"乃援创刺杀胡
鲁、邈逊所乘马。辽使惊骇遽走,不敢回顾,径归。居数日,破其城。
狄故保还自辽,在城中,执而杀之。阿疏复诉于辽。辽遣奚节度使
乙烈来。穆宗至来流水兴和村,见乙烈。问阿疏城事,命穆宗曰:
"凡攻城所获,存者复与之,不存者备偿。"且征马数百匹。穆宗与僚
佐谋曰:"若偿阿疏,则诸部不复可号令任使也。"乃令主隈、秃荅
两水之民阳为阻绝鹰路,复使鳖故德部节度使言于辽曰:"欲开鹰
路,非生女直节度使不可。"辽不知其为穆宗谋也,信之,命穆宗讨
阻绝鹰路者,而阿疏城事遂止。穆宗声言平鹰路,畋于土温水而归。
是岁,留可来降。

　　八年辛巳,辽使使持赐物来赏平鹰路之有功者。

　　九年壬午,使蒲家奴以辽赐,给主隈、秃荅之民,且修鹰路而
归。冬,萧海里叛,入于系案女直阿典部,遣其族人斡达剌来结和,
曰:"愿与太师为友,同往伐辽。"穆宗执斡达剌。会辽命穆宗捕讨海
里,穆宗送斡达剌于辽,募军得甲千余。女直甲兵之数,始见于此,
盖未尝满千也。军次混同水,萧海里再使人来,复执之。既而与海
里遇,海里遥问曰:"我使者安在?"对曰:"与后人偕来。"海里不信。
是时,辽追海里兵数千人,攻之不能克。穆宗谓辽将曰:"退尔军,我
当独取海里。"辽将许之。太祖策马突战。流矢中海里首,海里堕马
下,执而杀之,大破其军。使阿离合懑献首于辽。金人自此知辽兵
之易与也。是役也,康宗最先登,于是以先登并有功者为前行,次以
诸军护俘获归所部。穆宗朝辽主于渔所,大被嘉赏,授以使相,锡予
加等。

　　十年癸未,二月,穆宗还。辽使使授从破海里者官赏。高丽始
来通好。十月二十九日,穆宗卒,年五十有一。

　　初,诸部各有信牌,穆宗用太祖议,擅置牌号者置于法,自是号

令乃一,民听不疑矣。自景祖以来,两世四主,志业相因,卒定离析,一切治以本部法令,东南至于乙离骨、曷懒、耶懒、土骨论,东北至于五国、主隈、秃答,金盖盛于此。天会十五年,追谥孝平皇帝,庙号穆宗。皇统四年,号其藏曰献陵。五年,增谥章顺孝平皇帝。

兄子康宗,讳乌雅束,字毛路完,世祖长子也。辽清宁七年辛丑岁生。乾统三年癸未,袭节度使,年四十三。穆宗末年,阿疏使达纪诱扇边民,曷懒甸人执送之。穆宗使石适欢扶纳曷懒甸,未行,穆宗卒,至是遣焉。先是,高丽通好,既而颇有隙,高丽使来请议事,使者至高丽,拒而不纳。五水之民附于高丽,执团练使十四人,语在《高丽传》中。

二年甲申,高丽再来伐,石适欢再破之。高丽复请和,前所执团练十四人皆遣归,石适欢抚定边民而还。苏滨水民不听命,使斡带等至活罗海川,召诸官僚告谕之。含国部苏滨水居斡豁勃堇不至。斡准部、职德部既至,复亡去。坞塔遇二部于马纪岭,执之而来。遂伐斡豁,克之。斡带进至北琴海,攻拔泓忒城,乃还。

四年丙戌,高丽遣黑欢方石来贺袭位,遣盃鲁报之。高丽约还诸亡在彼者,乃使阿聒、胜昆往受之。高丽背约,杀二使,筑九城于曷懒甸,以兵数万来攻。斡赛败之。斡鲁亦筑九城,与高丽九城相对。高丽复来攻,斡赛复败之。高丽约以还逋逃之人,退九城之军,复所侵故地。九月,乃罢兵。

七年己丑,岁不登,减盗贼征偿,振贫乏者。

十一年癸酉,康宗卒,年五十三。天会十五年,追谥恭简皇帝。皇统四年,号其藏曰乔陵。五年,增谥康宗献敏恭简皇帝。

赞曰:金之厥初,兄弟三人,亦微矣。熙宗追帝祖宗,定著始祖、景祖、世祖庙,世世不祧。始祖娶六十之妇而生二男一女,岂非天耶。景祖不受辽籍辽印,取雅达"国相"以与其子。世祖既破桓赧、散达,辽政日衰,而以太祖属之穆宗。其思虑岂不深远矣夫。

金史卷二
本纪第二

太　祖

太祖应乾兴运昭德定功仁明庄孝大圣武元皇帝，讳旻，本讳阿骨打，世祖第二子也。母曰翼简皇后拏懒氏。辽道宗时有五色云气屡出东方，大若二千斛囷仓之状，司天孔致和窃谓人曰："其下当生异人，建非常之事。天以象告，非人力所能为也。"咸雍四年戊申，七月一日，太祖生。幼时与群儿戏，力兼数辈，举止端重，世祖尤爱之。世祖与腊醅、麻产战于野鹊水，世祖被四创，疾困，坐太祖于膝，循其发而抚之，曰："此儿长大，吾复何忧。"十岁，好弓矢，甫成童，即善射。一日，辽使坐府中，顾见太祖手持弓矢，使射群乌，连三发皆中。辽使矍然曰："奇男子也。"太祖尝宴纥石烈部活离罕家，散步门外，南望高阜，使众射之，皆不能至。太祖一发过之，度所至逾三百二十步。宗室谩都诃最善射远，其不及者犹百步也。天德三年，立射碑以识焉。

世祖伐卜灰，太祖因辞不失请从行。世祖不许而心异之。乌春既死，窝谋罕请和。既请和，复来攻，遂围其城。太祖年二十三，被短甲，免胄，不介马，行围号令诸军。城中望而识之。壮士太峪乘骏马持枪出城，驰刺太祖。太祖不及备，舅氏活腊胡驰出其间，击太峪，枪折，刺中其马。太峪仅得免。尝与沙忽带出营杀略，不令世祖知之。且还，敌以重兵追之。独行隘巷中，失道，追者益急。值高岸与人等，马一跃而过，追者乃还。

世祖寝疾。太祖以事如辽统军司。将行，世祖戒之曰："汝速了此事，五月未半而归，则我犹及见汝也。"太祖往见曷鲁骚古统军，既毕事，前世祖没一日还至家。世祖见太祖来，所请事皆如志，喜甚，执太祖手，抱其颈而抚之，谓穆宗曰："乌雅束柔善，惟此子足了契丹事。"穆宗亦雅重太祖，出入必俱。太祖远出而归，穆宗必亲迓之。世祖已擒腊醅，麻产尚据直屋铠水。肃宗使太祖先取麻产家属，康宗至直屋铠水围之。太祖会军，亲获麻产，献馘于辽。辽命太祖为详稳，仍命穆宗、辞不失、欢都皆为详稳。久之，以偏师伐泥庞古部跋黑、播立开等，乃以达涂阿为乡导，沿帅水夜行袭之，卤其妻子。

初，温都部跋忒杀唐括部跋葛，穆宗命太祖伐之。太祖入辞，谓穆宗曰："昨夕见赤祥，此行必克敌。"遂行。是岁，大雪寒甚。与乌古论部兵沿土温水过末邻乡，追及跋忒于阿斯温山北泺之间，杀之。军还，穆宗亲迓太祖于霭建村。

撒改以都统伐留可，谩都诃合石土门伐敌库德。撒改与将佐议，或欲先平边地部落城堡，或欲径攻留可城，议不能决，愿得太祖至军中。穆宗使太祖往，曰："事必有可疑。军之未发者止有甲士七十，尽以畀汝。"谩都诃在米里迷石罕城下，石土门未到，土人欲执谩都诃以与敌，使来告急，遇太祖于斜堆甸。太祖曰："国兵尽在此矣。使敌先得志于谩都诃，后虽种诛之，何益也。"乃分甲士四十与之。太祖以三十人诣撒改军。道遇人曰："敌已据盆搦岭南路矣。"众欲由沙偏岭往，太祖曰："汝等畏敌邪？"既度盆搦岭，不见敌，已而闻敌乃守沙偏岭以拒我。及致撒改军，夜急攻之，迟明破其众。是时留可、坞塔皆在辽。既破留可，还攻坞塔城，城中人以城降。初，太祖过盆搦岭，经坞塔城下，从骑有后者，坞塔城人攻而夺之釜。太祖驻马呼谓之曰："毋取我炊食器。"其人谩言曰："公能来此，何忧不得食。"太祖以鞭指之曰："吾破留可，即于汝乎取之。"至是，其人持釜而前曰："奴辈谁敢毁详稳之器也。"遣蒲家奴招诈都，诈都乃降，释之。

穆宗将伐萧海里，募兵得千余人。女直兵未尝满千，至是，太祖勇气自倍，曰：“有此甲兵，何事不可图也。”海里来战，与辽兵合，因止辽人，自为战。勃海留守以甲赠太祖，太祖亦不受。穆宗问何为不受。曰：“被彼甲而战，战胜则是因彼成功也。”穆宗末年，令诸部不得擅置信牌驰驿讯事，号令自此始一，皆自太祖启之。

康宗七年，岁不登，民多流莩，强者转而为盗。欢都等欲重其法，为盗者皆杀之。太祖曰：“以财杀人，不可。财者，人所致也。”遂减盗贼征偿法为征三倍。民间多逋负，卖妻子不能偿。康宗与官属会议，太祖在外庭以帛系杖端，麾其众，令曰：“今贫者不能自活，卖妻子以偿债。骨肉之爱，人心所同。自今三年勿征，过三年徐图之。”众皆听令，闻者感泣，自是远近归心焉。

岁癸巳十月，康宗梦逐狼，屡发不能中，太祖前射中之。旦日，以所梦问僚佐，众皆曰：“吉。兄不能得而弟得之之兆也。”是月，康宗即世，太祖袭位为都勃极烈。

辽使阿息保来，曰：“何以不告丧？”太祖曰：“有丧不能吊，而乃以为罪乎？”他日，阿息保复来，径骑至康宗殡所，阅赗马，欲取之。太祖怒，将杀之，宗雄谏而止。既而辽命久不至。辽主好畋猎，淫酗怠于政事，四方奏事往往不见省。纥石烈阿疏既奔辽，穆宗取其城及其部众。不能归，遂与族弟银术可、辞里罕阴结南江居人浑都仆速欲与俱亡入高丽。事觉，太祖使夹古撒喝捕之，而银术可、辞里罕先为辽戍所获，浑都仆速已亡去，撒喝取其妻子而还。

二年甲午，六月，太祖至江西，辽使使来致袭节度之命。初，辽每岁遣使市名鹰“海东青”于海上，道出境内，使者贪纵，征索无艺，公私厌苦之。康宗尝以不遣阿疏为言，稍拒其使者。太祖嗣节度，亦遣蒲家奴往索阿疏，故常以此二者为言，终至于灭辽然后已。至是，复遣宗室习古迺、完颜银术可往索阿疏。习古迺等还，具言辽主骄肆废弛之状。于是召官僚耆旧，以伐辽告之，使备冲要，建城堡，修戎器，以听后命。辽统军司闻之，使节度使挞哥来问状，曰：“汝等有异志乎？修战具，饬守备，将以谁御？"太祖答之曰："设险自守，又何问哉。"辽复遣阿息保来诘之。太祖谓之曰："我小国也，事大国不敢废礼。大国德泽不施，而逋逃是主，以此字小，能无望乎？若以阿疏与我，请事朝贡。苟不获已，岂能束手受制也。"阿息保还，辽人始为备，命统军萧挞不野调诸军于宁江州。

太祖闻之，使仆聒剌复索阿疏，实观其形势。仆聒剌还言："辽兵多，不知其数。"太祖曰："彼初调兵，岂能遽集如此。"复遣胡沙保往，还言："惟四院统军司与宁江州军及渤海八百人耳。"太祖曰："果如吾言。"谓诸将佐曰："辽人知我将举兵，集诸路军备我，我必先发制之，无为人制。"众皆曰："善。"乃入见宣靖皇后，告以伐辽事，后曰："汝嗣父兄立邦家，见可则行。吾老矣，无贻我忧，汝必不至是也。"太祖感泣，奉觞为寿。即奉后率诸将出门，举觞东向，以辽人荒肆，不归阿疏，并己用兵之意，祷于皇天后土。酹毕，后命太祖正坐，与僚属会酒，号令诸部。使婆卢火征移懒路迪古乃兵，斡鲁古、阿鲁抚谕斡忽、急赛两路系辽籍女直，实不迭往完睹路执辽障鹰官达鲁古部副使辞列、宁江州渤海大家奴。于是达鲁古部实里馆来告曰："闻举兵伐辽，我部谁从？"太祖曰："吾兵虽少，旧国也，与汝邻境，固当从我。若畏辽人，自往就之。"

九月，太祖进军宁江州，次寥晦城。婆卢火征兵后期，杖之，复遣督军。诸路兵皆会于来流水，得二千五百人。致辽之罪，申告于天地曰："世事辽国，恪修职贡，定乌春、窝谋罕之乱，破萧海里之众，有功不省，而侵侮是加。罪人阿疏，屡请不遣。今将问罪于辽，天地其鉴佑之。"遂命诸将传梃而誓曰："汝等同心尽力，有功者，奴婢部曲为良，庶人官之，先有官者叙进，轻重视功。苟违誓言，身死梃下，家属无赦。"师次唐括带斡甲之地，诸军襄射，介而立，有光如烈火，起于人足及戈矛之上，人以为兵祥。明日，次扎只水，光见如初。

将至辽界，先使宗干与督士卒夷堑。既度，遇渤海军攻我左翼七谋克，众少却，敌兵直犯中军。斜也出战，哲垤先驱。太祖曰："战不可易也。"遣宗干止之。宗干驰出斜也前,控止哲垤马,斜也遂与俱还。敌人从之,耶律谢十坠马,辽人前救。太祖射救者毙,并射谢十中之。有骑突前,又射之,彻扎洞胸。谢十拔箭走,追射之,中其背,饮矢之半,偾而死。获所乘马。宗干数骑陷辽军中,太祖救之,免胄战。或自傍射之,矢拂于颡。太祖顾见射者,一矢而毙。谓将士曰:"尽敌而止。"众从之,勇气自倍。敌大奔,相蹂践死者十七八。撒改在别路,不及会战,使人以战胜告之,而以谢十马赐之。撒改使其子宗翰、完颜希尹来贺,且称帝,因劝进,太祖曰:"一战而胜,遂称大号,何示人浅也。"

进军宁江州,诸军填堑攻城。宁江人自东门出,温迪痕阿徒罕邀击,尽殪之。十月朔,克其城,获防御使大药师奴,阴纵之,使招谕辽人。铁骊部来送款。次来流城,以俘获赐将士。召渤海梁福、斡苔剌使之伪亡去,招谕其乡人曰:"女直、渤海本同一家,我兴师伐罪,不滥及无辜也。"使完颜娄室招谕系辽籍女直。

师还,谒宣靖皇后,以所获颁宗室耆老,以实里馆资产给将士。初命诸路以三百户为谋克,十谋克为猛安。酬斡等抚定谗谋水女直。鳖古酋长胡苏鲁以城降。

十一月,辽都统萧糺里、副都统挞不野将步骑十万会于鸭子河北。太祖自将击之。未至鸭子河,既夜,太祖方就枕,若有扶其首者三,寤而起,曰:"神明警我也。"即鸣鼓举燧而行。黎时及河,辽兵方坏凌道,选壮士十辈击走之。大军继进,遂登岸。甲士三千七百,至者才三之一。俄与敌遇于出河店,会大风起,尘埃蔽天,乘风势击之,辽兵溃。逐至斡论泺,杀获首虏及车马甲兵珍玩不可胜计,遍赐官属将士,燕犒弥日。辽人尝言女直兵若满万则不可敌,至是始满万云。

斡鲁古败辽兵,斩其节度使挞不野。仆虺等攻宾州。拔之。兀惹雏鹊室来降。辽将赤狗儿战于宾州,仆虺、浑黜败之。铁骊王回离保以所部降。吾睹补、蒲察复败赤狗儿,萧乙薛军于祥州东。斡忽、急塞两路降。斡鲁古败辽军于咸州西,斩统军实娄于阵。完颜娄室克咸州。

是月，吴乞买、撒改、辞不失率官属诸将劝进，愿以新岁元日恭上尊号。太祖不许。阿离合懑、蒲家奴、宗翰等进曰："今大功已建，若不称号，无以系天下心。"太祖曰："吾将思之。"

收国元年正月壬申朔，群臣奉上尊号。是日，即皇帝位。上曰："辽以宾铁为号，取其坚也。宾铁虽坚，终亦变坏，惟金不变不坏。金之色白，完颜部色尚白。"于是国号大金，改元收国。

丙子，上自将攻黄龙府，进临益州。州人走保黄龙，取其余民以归。辽遣都统耶律讹里朵、左副统萧乙薛、右副统耶律张奴、都监萧谢佛留，骑二十万、步卒七万戍边。留娄室、银术可守黄龙。上率兵趋达鲁古城，次宁江州西。辽使僧家奴来议和，国书斥上名，且使为属国。庚子，进师，有火光正圆，自空而坠。上曰："此祥征，殆天助也。"酹白水而拜，将士莫不喜跃。进逼达鲁古城。上登高望辽兵若连云灌木状，顾谓左右曰："辽兵心贰而情怯，虽多不足畏。"遂趋高阜为阵。宗雄以右翼先驰辽左军，左军却。左翼出阵后，辽右军皆力战。娄室、银术可冲其中坚，凡九陷阵，皆力战而出。宗翰请以中军助之。上使宗干往为疑兵。宗雄已得利，击辽右军，辽兵遂败。乘胜追蹑，至其营，会日已暮，围之。黎明，辽军溃围出，逐北至阿娄冈。辽步卒尽殪，得其耕具数千以给诸军。是役也，辽人本欲屯田，且战且守，故并其耕具获之。

二月，师还。

三月辛未朔，猎于寥晦城。

四月，辽耶律张奴以国书来。上以书辞慢侮，留其五人，独遣张奴回报，书亦如之。

五月庚午朔，避暑于近郊。甲戌，拜天射柳。故事，五月五日、七月十五日、九月九日拜天射柳，岁以为常。

六月己亥朔，辽耶律张奴复以国书来，犹斥上名，上亦斥辽主名以复之，且谕之使降。

七月戊辰，以弟吴乞买为谙班勃极烈，国相撒改为国论勃极烈，辞不失为阿买勃极烈，弟斜也为国论吴勃极烈。甲戌，辽使辞刺以书来，留之不遣。九百奚营来降。

八月戊戌，上亲征黄龙府。次混同江，无舟，上使一人道前，乘赭白马径涉，曰："视吾鞭所指而行。"诸军随之，水及马腹。后使舟人测其渡处，深不得其底。熙宗天眷二年，以黄龙府为济州，军曰利涉，盖以太祖涉济故也。

九月，克黄龙府，遣辞刺还，遂班师。至江，径渡如前。丁丑，至自黄龙府。己卯，黄龙见空中。癸巳，以国论勃极烈撒改为国论忽鲁勃极烈，阿离合懑为国论乙室勃极烈。

十一月，辽主闻取黄龙府，大惧，自将七十万至驼门。驸马萧特末、林牙萧查剌等将骑五万、步四十万至斡邻泺。上自将御之。

十二月己亥，行次爻剌，会诸将议。皆曰："辽兵号七十万，其锋未易当。吾军远来，人马疲乏，宜驻于此，深沟高垒以待。"上从之。遣迪古乃、银术可镇达鲁古。丁未，上以骑兵亲候辽军，获督饷者，知辽主以张奴叛，西还二日矣。是日，上还至熟结泺，有光见于矛端。戊申，诸将曰："今辽主既还，可乘怠追击之。"上曰："敌来不迎战，去而追之，欲以此为勇邪？"众皆悚愧，愿自效。上复曰："诚欲追敌，约赏以往，无事馈馕。若破敌，何求不得？"众皆奋跃，追及辽主于护步荅冈。是役也，兵止二万。上曰："彼众我寡，兵不可分。视其中军最坚，辽主必在焉。败其中军，可以得志。"使右翼先战；兵数交，左翼合而攻之。辽兵大溃。我师驰之，横在其中。辽师败绩，死者相属百余里。获舆辇帟幄兵械军资，他宝物马牛不可胜计。是战，斜也援矛杀数十人，阿离本被围，温迪罕、迪忽迭以四谋克兵出之，完颜蒙刮身被数创，力战不已，功皆论最。萧特末等焚营遁去。遂班师。夹谷撒喝取开州。婆卢火下特邻城，辞里罕降。

二年正月戊子，诏曰："自破辽兵，四方来降者众，宜加优恤。自今契丹、奚、汉、渤海、系辽籍女直、韦室、达鲁古、兀惹、铁骊诸部官民，已降或为军所俘获，逃遁而还者，勿以为罪，其酋长仍官之，且使从宜居处。”

闰月，高永昌据东京，使挞不野来求援。高丽遣使来贺捷，且求保州。诏许自取之。二月己巳，诏曰：“比以岁凶，庶民艰食，多依附豪族，因为奴隶；及有犯法，征偿莫办，折身为奴者；或私约立限，以人对赎，过期则为奴者，并听以两人赎一为良。若元约以一人赎者，即从元约。

四月乙丑，以斡鲁统内外诸军，与蒲察、迪古乃会咸州路都统斡鲁古讨高永昌。胡沙补等被害。

五月，斡鲁等败永昌，挞不野擒永昌以献，戮之于军。东京州县及南路系辽女直皆降。诏除辽法，省税赋，置猛安谋克一如本朝之制。以斡鲁为南路都统、迭勃极烈。阿徒罕破辽兵六万于照散城。

九月己亥，上猎近郊。乙巳，南路都统斡鲁来见于婆卢买水。始制金牌。

十二月庚申朔，谙班勃极烈吴乞买及群臣上尊号曰大圣皇帝，改明年为天辅元年。

天辅元年正月，开州叛，加古撒喝等讨平之。国论吴勃极烈斜也以兵一万取泰州。

四月，辽秦晋国王耶律捏里来伐，迪古乃、娄室、婆卢火将兵二万，会咸州路都统斡鲁古击之。

五月丁巳，诏自收宁江州已后同姓为婚者，杖而离之。

七月戊申，以完颜斡论知东京事。

八月癸亥，高丽遣使来请保州。

十二月甲子，斡鲁古等败耶律捏里兵于蒺藜山，拔显州，乾、懿、豪、徽、成、川、惠等州皆降。是月，宋使登州防御使马政以国书来，其略曰：日出之分，实生圣人。窃闻征辽，屡破劲敌。若克辽之后，五代时陷入契丹汉地，愿畀下邑。

二年正月庚寅，辽双州节度使张崇降。使散睹如宋报聘，书曰：“所请之地，今当与宋夹攻，得者有之。”

二月癸丑朔，辽使耶律奴哥等来议和。辛酉，勃堇迪古乃、娄室来见。上以辽主近在中京，而敢辄来，皆杖之。劾里保、双古等言，咸州都统斡鲁古知辽主在中京而不进讨，刍粮丰足而不以实闻，攻显州时所获生口财畜多自取。

三月癸未朔，命阇哥代为都统而鞫治之，斡鲁古坐降谋克。壬辰，辽使耶律奴哥以国书来。庚子，以娄室言黄龙府地僻且远，宜重戍守，乃命合诸路谋克，以娄室为万户镇之。

四月辛巳，辽使以国书来。

五月丙申，命胡突衮如辽。

六月甲寅，诏有司禁民凌虐典雇良人，及倍取赎直者。甲戌，辽通、祺、双、辽等州八百余户来归，命分置诸部，择膏腴之地处之。

七月癸未，诏曰："匹里水路完颜术里古、渤海大家奴等六谋克贫乏之民，昔尝给以官粮，置之鱼猎之地。今历日已久，不知登耗，可具其数以闻。"胡突衮还自辽。耶律奴哥复以国书来。丙申，胡突衮如辽。辽户二百来归，处之泰州。诏遣阿里骨、李家奴、特里底招谕未降者，仍诏达鲁古部勃堇辞列："凡降附新民，善为存抚。来者各令从便安居，给以官粮，毋辄动扰。"

八月，胡突衮还自辽。耶律奴哥、突迭复以国书来。

九月戊子，诏曰："国书诏令，宜选善属文者为之。其令所在访求博学雄才之士，敦遣赴阙。"

闰月庚戌朔，以降将霍石、韩庆和为千户。九百奚部萧宝、乙辛，北部讹里野，汉人王六儿、王伯龙，契丹特末、高从祐等，各率众来降。辽耶律奴哥以国书来。

十月癸未，以龙化州降者张应古、刘仲良为千户。乙未，咸州都统司言，汉人李孝功、渤海二哥率众来降。命各以所部为千户。

十二月甲辰，遣字堇术字以定辽地谕高丽。耶律奴哥以国书来。辽懿州节度使刘宏以户三千并执辽候人来降，以为千户。川州寇二万已降复叛，纥石烈照里击破之。

三年正月甲寅,东京人为质者永吉等五人结众叛。事觉,诛其首恶,余皆杖百,没入在行家属资产之半。诏知东京事斡论,继有犯者并如之。丙辰,诏鳖古勃堇酬斡曰:"胡鲁古、迷八合二部来送款,若等先时不无交恶,自今毋相侵扰。"

三月,耶律奴哥以国书来。

四月丙子朔,日有食之。

五月壬戌,诏咸州路都统司曰:"兵兴以前,曷苏馆、回怕里与系辽籍、不系辽籍女直户民,有犯罪流窜边境或亡入于辽者,本皆吾民,远在异境,朕甚悯之。今既议和,当行理索,可明谕诸路千户、谋克,遍与询访其官称、名氏、地里,具录以上。

六月辛卯,辽遣太傅习泥烈等奉册玺来,上插册文不合者数事复之。散睹还自宋。宋使马政及其子宏来聘。散睹受宋团练使,上怒,杖而夺之。宋使还,复遣孛堇辞列、曷鲁等如宋。

七月辛亥,辽人杨询卿、罗子韦各率众来降,命各以所部为谋克。

八月己丑,颁女直字。

九月,以辽册礼使失期,诏诸路军过江屯驻。

十一月,习泥烈等复以国书来。曷懒甸长城,高丽增筑三尺。诏胡剌古、习显慎固营垒。

四年二月,辞列、曷鲁还自宋。宋使赵良嗣、王晖来议燕京、西京地。

三月甲辰,上谓群臣曰:"辽人屡败,遣使求成,惟饰虚辞,以为缓师之计,当议进讨。其令咸州路统军司治军旅、修器械,具数以闻。"辛酉,诏咸州路都统司曰:"朕以辽国和议无成,将以四月二十五日进师。"令斜葛留兵一千镇守,阇母以余兵来会于浑河。辽习泥烈以国书来。

四月乙未,上自将伐辽。以辽使习泥烈、宋使赵良嗣等从行。

五月甲辰,次浑河西,使宗雄先趋上京,遣降者马乙持诏谕城中。壬子,至上京,诏官民曰:"辽主失道,上下同怨。朕兴兵以来,所过城邑负固不服者即攻拔之,降者抚恤之,汝等必闻之矣。今尔国和好之事,反覆见欺,朕不欲天下生灵久罹涂炭,遂决策进讨。比遣宗雄等相继招谕,尚不听从。今若攻之,则城破矣。重以吊伐之义,不欲残民,故开示明诏,谕以祸福,其审图之。"上京人恃御备储蓄为固守计。甲寅,亟命进攻,上谓习泥烈、赵良嗣等曰:"汝可观吾用兵,以卜去就。"上亲临城,督将士诸军鼓噪而进。自旦及巳,阇母以麾下先登,克其外城,留守挞不野以城降。赵良嗣等奉觞为寿,皆称万岁。是日,赦上京官民。诏谕辽副统余睹。壬戌,次沃黑河。宗干率群臣谏曰:"地远时暑,军马罢乏,若深入敌境,粮馈乏绝,恐有后艰。"上从之,乃班师,命分兵攻庆州。余睹袭阇母于辽河,完颜背苔、乌塔等战却之,完颜特虎死焉。

七月癸卯,上至自伐辽。

九月,烛隈水部实里古达等杀孛堇酬斡、仆忽得以叛。

十月戊辰朔,日有食之。戊寅,命斡鲁分胡剌古、乌春之兵以讨实里古达。

十一月,东京留守司乞本京官民质子增数番代,上不许,曰:"诸质子已各受田庐,若复番代,则往来动摇,可并仍旧。"

十二月,宋复使马政来请西京之地。

五年春正月,斡鲁败实里古达于合挞剌山,诛首恶四人,余悉抚定。

二月,遣昱及宗雄分诸路猛安谋克之民万户屯泰州,以婆卢火统之,赐耕牛五十。

四月乙丑朔,宗翰请伐辽。诏诸路预戒军事。

五月,辽都统耶律余睹等诣咸州降。

闰月辛巳,国论胡鲁勃极烈撒改薨。

六月癸巳,余睹与其将吏来见。丙申,千户胡离苔坐擅署部人为蒲里衍,杖一百,罢之。庚子,诏谙版勃极烈吴乞买贰国政。以吴勃极烈斜也为忽鲁勃极烈,蒲家奴为吴勃极烈,宗翰为移赉勃极烈。

七月庚辰,诏咸州都统司曰:"自余觇来,灼见辽国事宜,已决议亲征,其治军以俟师期。"寻以连雨罢亲征。命吴勃极烈昱为都统,移赉勃极烈宗翰副之,帅师而西。

十二月辛丑,以忽鲁勃极烈杲为内外诸军都统,以昱、宗翰、宗干、宗望、宗盘等副之。甲辰,诏曰:"辽政不纲,人神共弃。今欲中外一统,故命汝率大军以行讨伐。尔其慎重兵事,择用善谋,赏罚必行,粮饷必继;忽扰降服,勿纵俘掠;见可而进,无淹师期。事有从权,毋须申禀。"戊申,诏曰:"若克中京,所得礼乐仪仗图书文籍,并先次津发赴阙。"

六年正月癸酉,都统杲克高、恩、回纥三城。乙亥,取中京,遂下泽州。

二月庚寅朔,日有食之。己亥,宗翰等败辽奚王霞末于北安州,降。奚部西节度使讹里剌以本部降。壬寅,都统杲遣使来奏捷,并献所获货宝。诏曰:"汝等提兵于外,克副所任,攻下城邑,抚安人民,朕甚嘉之。所言分遣将士招降山前诸部,计悉已抚定,续遣来报。山后若未可往,即营田牧马,俟及秋成,乃图大举。更当熟议,见可则行。如欲益兵,具数来上,不可恃一战之胜,辄有驰慢。新降附者当善抚存。宣谕将士,使知朕意。"宗翰驻北安,遣希尹等略地,获辽护卫耶律习泥烈,知辽主猎鸳鸯泺,以其子晋王贤而有人望,恶而杀之,众益离心。虽有西北、西南两路兵马,皆赢弱。遂遣耨盌温都等报都统杲进兵袭之。

三月,都统杲出青岭,宗翰出瓢岭,追辽主于鸳鸯泺。辽主奔西京。宗翰复追至白水泺,不及,获其货宝。己巳,至西京。壬申,西京降。希尹追辽主于乙室部,不及。乙亥,西京复叛。是月,辽秦晋国王耶律捏里即位于燕。

四月辛卯,复取西京。壬辰,遣徒单吴甲、高庆裔如宋。戊戌,都统杲自西京趋白水泺，吴勃极烈昱袭毗室部于铁吕川，为敌所败。还会察剌兵，追至黄水北，大破之。耶律坦招徕西南诸部，西至夏，其招讨使耶律佛顶降。金肃、西平二郡汉军四千余人叛去，耶律坦等袭取之。阇母、娄室招降天德、云内、宁边、东胜等州，获阿疏而还。是时，山西城邑诸部虽降，人心未固，辽主保阴山，耶律捏里在燕京，都统杲遣宗望入奏，请上临军。

五月辛酉，宗望来奏捷，百官入贺，赐宴欢甚。先是，获辽枢密使得里底，节度使和尚、雅里斯、余里野等，都统杲使阿隣护送赴阙。得里底道亡，阿隣坐诛。耶律捏里遣使请罢兵。戊寅，使杨勉以书谕捏里，使之降。谋葛失遣其子萓泥刮失贡方物。

六月戊子朔，上亲征辽，发自上京。谙班勃极烈吴乞买监国。辛亥，诏谕上京官民曰："朕顺天吊伐，已定三京，但以辽主未获，兵不能已。今者亲征，欲由上京路进，恐抚定新民，惊疑失业，已出自笃密旵。其先降后叛逃入险阻者，诏后出首，悉免其罪。若犹拒命，孥戮无赦。"是月，耶律捏里卒。斡鲁、娄室败夏人于野谷。

七月甲子，诏诸将无得远迎，以废军务。乙丑，上京汉人毛八十率二千余户降，因命领之，丙寅，以斡苔剌招降者众，命领八千户，以忽薛副之。壬午，希尹以阿疏见，杖而释之。八月己丑，次鸳鸯泺，都统杲率官属来见。癸巳，上追辽主于大鱼泺。昱、宗望追及辽主于石辇铎，与战，败之，辽主遁。己亥，次居延北。辛丑，中京将完颜浑黜败契丹、奚、汉六万于高州，字堇麻吉死之；得里得满部降。昱、宗望追辽主于乌里质铎，不及。

九月庚申，次草泺。阇母平中京部族之先叛者，及招抚沿海郡县。节度使耶律慎 思领诸部入内地。乙丑，诏六部奚曰："汝等既降复叛，扇诱众心，罪在不赦。尚以归附日浅，恐缓怀之道有所未孚，故复令招谕。若能速降，当释其罪，官皆仍旧。"归化州降。戊辰，次归化州。甲戌，宗雄薨。丁丑，奉圣州降。

十月丙戌朔，次奉圣州。诏曰："朕屡敕将臣，安辑怀附，无或侵扰。然愚民无知，尚多逃匿山林，即欲加兵，深所不忍。今其逃散人民,罪无轻重,咸与矜免。有能率众归附者,授之世官。或奴婢先其主降,并释为良。其布告之,使谕朕意。"蔚州降。庚寅,余覩等遣蔚州降臣翟昭彦、徐兴、田庆来见。命昭彦、庆皆为刺史,兴为团练使。诏曰:"比以幽、蓟一方招之不服,今欲帅师以往,故先安抚山西诸部。汝等既已怀服,宜加抚存。官民未附已前,罪无轻重及系官通负,皆与释免,诸官各迁叙之。"丁酉,蔚州翟昭彦、田庆杀知州事萧观宁等以叛。丙午,复降。

十一月,诏谕燕京官民,王师所至,降者赦其罪,官皆仍旧。

十二月,上伐燕京。宗望率兵七千先之,迪古乃出得胜口,银术哥出居庸关,娄室为左翼,婆卢火为右翼,取居庸关。丁亥,次妫州。戊子,次居庸关。庚寅,辽统军都监高六等来送款。上至燕京,入自南门,使银术哥、娄室阵于城上,乃次于城南。辽知枢密院左企弓、虞仲文,枢密使曹勇义,副使张彦忠,参知政事康公弼,金书刘彦宗奉表降。辛卯,辽百官诣军门叩头请罪。诏一切释之。壬辰,上御德胜殿,群臣称贺。甲午,命左企弓等抚定燕京诸州县。诏西京官吏曰:"乃者师至燕都,已皆抚定,唯萧妃与官属数人遁去,已发兵追袭,或至彼路,可执以来。"黄龙府叛,宗辅讨平之。

七年正月丁巳,辽奚王回离保僭称帝。甲子,辽平州节度使时立爱降。诏曲赦平州。又诏谕班勃极烈曰:"比遣昂徙诸部民人于岭东,而昂悖戾,骚动烦扰,致多怨叛。其违命失众,当置重典。若或有疑,禁锢以待。"庚午,诏中京都统斡论曰:"闻卿抚定人民,各安其业,朕甚嘉之。回离保聚徒逆命,汝宜计画,无使滋蔓。"壬申,诏招谕回离保。癸酉,以时立爱言招抚诸部。己卯,宋使来议燕京、西京地。庚辰,宜、锦、乾、显、成、川、豪、懿等州皆降。甲申,诏曰:"诸州部族归附日浅,民心未宁。今农事将兴,可遣分谕典兵之官,无纵军士动扰人民,以废农业。"

二月乙酉朔,命撒八诏谕兴中府,降之。辽来州节度使田颢、隰州刺史杜师回、迁州刺史高永福、润州刺史张成皆降。壬辰,诏谕版勃极烈曰:"郡县今皆抚定,有逃散未降者,已释其罪,更宜招谕之。前后起迁户民,去乡未久,岂无怀土之心? 可令所在有司,深加存恤,毋辄有骚动。衣食不足者,官赈贷之。"癸巳,诏曰:"顷因兵事未息,诸路关津绝其往来。今天下一家,若仍禁之,非所以便民也。自今显、咸、东京等路往来,听从其便。其间被虏及鬻身者,并许自赎为良。"仍令驰驿布告。兴中、宜州复叛。宋使赵良嗣来,请加岁币以代燕税,及议画疆与遣使贺正旦生辰、置榷场交易,并计议西京等事。癸卯,银术哥、铎剌如宋。乙巳,诏都统杲曰:"新附之民有材能者,可录用之。"戊申,诏平州官与宋使同分割所与燕京六州之地。癸丑,大赦。是月,改平州为南京,以张觉为留守。

三月甲寅朔,将诛昂,以习不失谏,杖之七十,仍拘泰州。戊午,都统杲等言耶律麻哲告余睹、吴十、铎剌等谋叛,宜早图之。上召余睹等,从容谓之曰:"朕得天下,皆我君臣同心同德以成大功,固非汝等之力。今闻汝等谋叛,若诚然耶,必须鞍马甲胄器械之属,当悉付汝,朕不食言。若再为我擒,无望免死。欲留事朕,无怀异志,吾不汝疑。"余睹等皆战栗不能对,命杖铎剌七十,余并释之。宋使卢益、赵良嗣、马宏以国书来。

四月丁亥,遣斡鲁、宗望袭辽主于阴山。壬辰,复书于宋。师初入燕,辽兵复犯奉圣州,林牙大石壁龙门东二十五里。都统斡鲁闻之,遣照立、娄室、马和尚等率兵讨之,生获大石,悉降其众。癸巳,诏曰:"自今军事若皆中覆,不无留滞。应此路事务申都统司,余皆取决枢密院。"契丹九斤聚党兴中府作乱,擒之,九斤自杀。命习古乃、婆卢火监护长胜军,及燕京豪族工匠,由松亭关徙之内地。己亥,次儒州。斡鲁、宗望等袭辽权六院司喝离质于白水泺,获之。其宗属秦王、许王等十五人降。闻辽主留辎重青冢,以兵万人往应州,遣照里、背苔、宗望、娄室、银术哥等追袭之。宗望追及辽主,决战,大败之,获其子赵王习泥烈及传国玺。

五月甲寅,南京留守张觉据城叛。丙寅,次野狐岭。己巳,次落藜泺。斡鲁等以赵王习泥烈、林牙大石、驸马乳奴等来献,并上所获国玺。宗隽以所俘辽主子秦王、许王，女奥野等来见。奚路都统挞懒攻速古、啜里、铁尼所部十三岩，皆平之。又遣奚马和尚攻下品、达鲁古并五院司诸部，执其节度乙列。回离保为其下所杀。辛巳，诏谕南京官民。

六月壬午朔，次鸳鸯泺。日是，阇母败张觉于营州。丙申，上不豫，将还上京，命移赉勃极烈宗翰为都统，吴勃极烈昱、迭勃极烈斡鲁副之，驻兵云中，以备边。己酉，次斡独山驿，召谙班勃极烈吴乞买。

七月辛酉，次牛山。宗翰还军中。

八月辛巳朔，日有食之。乙未，次浑河北。谙班勃极烈吴乞买率宗室百官上谒。戊申，上崩于部堵泺西行宫，年五十六。

九月癸丑，梓宫至上京。乙卯，葬宫城西南，建宁神殿。丙辰，谙班勃极烈即皇帝位。天会三年三月，上尊谥曰武元皇帝，庙号太祖，立原庙于西京。天会十三年二月辛酉，改葬和陵，立开天启祚睿德神功之碑于燕京城南尝所驻跸之地。皇统四年，改和陵曰睿陵。五年十月，增谥应乾兴运昭德定功睿神庄孝仁明大圣武元皇帝。贞元三年十一月，改葬于大房山，仍号睿陵。

赞曰：太祖英谟睿略，豁达大度，知人善任，人乐为用。世祖阴有取辽之志，是以兄弟相授，传及康宗，遂及太祖。临终以太祖属穆宗，其素志盖如是也。初定东京，即除去辽法，减省租税，用本国制度。辽主播越，宋纳岁币，以幽、蓟、武、朔等州与宋，而置南京于平州。宋人终不能守燕、代，卒之辽主见获，宋主被执。虽功成于天会间，而规摹运为实自此始。金有天下百十有九年，太祖数年之间算无遗策，兵无留行，底定大业，传之子孙。呜呼，雄哉！

金史卷三
本纪第三

太　宗

　　太宗体元应运世德昭功哲惠仁圣文烈皇帝,讳晟,本讳吴乞买,世祖第四子,母曰翼简皇后拏懒氏,太祖母弟也。辽大康元年乙卯岁生。初为穆宗养子,收国元年七月,命为谙班勃极烈。太祖征伐,常居守。天辅五年,赐诏曰:"汝惟朕之母弟,义均一体,是用汝贰我国政。凡军事违者,阅实其罪,从宜处之。其余事无大小,一依本朝旧制。"

　　天辅七年六月,太祖次鸳鸯泺,有疾。至斡独山驿,召赴行在。诏曰:"今辽主尽丧其师,奔于夏国。辽官特列、遥设等劫其子雅里而立之,已留宗翰等措画。朕亲巡已久,功亦大就;所获州部,政须绥抚,是用还都。八月中旬,可至春州,汝率内戚迎我,若至豹子崖尤善。"

　　八月乙未,会于浑河北。戊申,太祖崩。

　　九月乙卯,葬太祖于宫城西。国论勃极烈杲、郯王昂、宗峻、宗干率宗亲百官请正帝位,不许,固请,亦不许。宗干率诸弟以赭袍被体,置玺怀中。丙辰,即皇帝位。己未,告祀天地。丙寅,大赦中外。改天辅七年为天会元年。癸酉,发春州粟,赈降人之徙于上京者。戊寅,诏诸猛安赋米,给户口在内地匮乏者。南路军帅阇母,败张觉于楼峰口。

十月壬辰，诏以空名宣头百道给西南、西北两路都统宗翰，曰：今寄尔以方面，如当迁授必待奏请，恐致稽滞，其以便宜从事。"己亥，上京庆元寺僧献佛骨，却之。阇母及张觉战于兔耳山，阇母败绩。

十一月壬子，命宗望问阇母罪，以其兵讨张觉。壬戌，复以空名宣头及银牌给上京路军帅实古乃、婆卢火等。癸亥，宗望以阇母军发广宁，下濒海诸郡县。诏谕南京，割武、朔二州入于宋。娄室破朔州西山，擒其帅赵公直；勃堇斡鲁别及勃剌速破走乙室白答于归化。己巳，徙迁、润、来、隰四州之民于沈州。庚午，宗望及张觉战于南京东，大败之。张觉奔宋，城中人执其父及二子以献，戮之军中。壬申，张忠嗣、张敦固以南京降，遣使与张敦固入谕城中，复杀其使者以叛。己卯，诏女直人，先有附于辽，今复虏获者，悉从其所欲居而复之。其奴婢部曲，昔虽逃背，今能复归者，并听为民。

十二月辛巳，蠲民间贷息。诏以咸州以南，苏、复州以北，年谷不登，其应输南京军粮免之。甲午，诏曰："比闻民间乏食，至有鬻其子者，其听以丁力等者赎之。"是日，以国论勃极烈杲为谙班勃极烈，宗干为国论勃极烈。遣勃堇李靖如宋告哀。

二年春正月庚戌朔，以谩都诃为阿舍勃极烈，参议国政。壬子，命赏宗望及将士克南京之功，赦阇母罪。甲寅，以空名宣头五十、银牌十给宗望。戊午，诏勃堇完颜阿实赉曰："先帝以同姓之人有自鬻及典质其身者，命官为赎。今闻尚有未复者，其悉阅赎之。"癸亥，以东京比岁不登，诏减田租、市租之半。甲戌，西南、西北两路都统宗翰、宗望请勿割山西郡县与宋，上曰："是违先帝之命也，其速与之。"夏国奉表称藩，以下寨以北、阴山以南、乙室耶剌部吐禄泺西之地与之。丙子，贻宋书，索俘虏叛亡。丁丑，始自京师至南京每五十里置驿。

二月，诏有盗发辽诸陵者，罪死。庚寅，诏命给宗翰马七百匹、田种千石、米七千石，以赈新附之民。丁酉，命徙移懒路都勃堇完颜

忠于苏濒水。乙巳，诏谕南京官僚，小大之事，必关白军帅，无得专
达朝廷。丙午，宗翰乞济师，诏有司选精兵五千给之。丁未，命宗望，
凡南京留守及诸阙员，可选勋贤有人望者就注拟之，具姓名官阶以
闻。

三月己酉朔，命宗望以宋岁币银绢分赐将士之有功者。庚戌，
叛人活字带降，诏释之。宗望请选良吏招抚迁、润、来、隰之民保山
寨者，从之。己未，宗望以南京反覆，凡攻取之计，乞与知枢密院事
刘彦宗裁决之。刘公肸、王永福弃家逾城来降，以公肸为广宁尹，永
福为奉先军节度使。辛未，夏国王李乾顺遣使上誓表。

闰月戊寅朔，赐夏国誓诏。辛巳，命置驿上京、春、泰之间。己
丑，乌虎里、迪烈底两部来降。丙午，既许割山西诸镇与宋，以宗翰
言罢之。是月，斜野袭遥辇昭古牙，走之，获其妻孥群从及豪族。勃
堇浑啜等破奚七岩而抚其民人。

四月己酉，以宗翰经略西夏及破辽功，赐以十马，使自择其二，
余以分诸帅。赈上京路、西北路降者及新徙岭东之人。戊午，以实
古乃所筑上京新城名会平州。乙亥，诏赎上京路新迁宁江州户口卖
身者六百余人。宋遣使来吊丧。以高术仆古等充遗留国信使，高兴
辅、刘兴嗣等充告即位国信使如宋。

五月丁丑朔，上京军帅实古乃以所获印绶二十二及银牌来上。
癸未，诏曰："新降之民，诉讼者众，今方农时，或失田业，可俟农隙
听决。"丁亥，婆速路猛安仆卢古以赃罢，以谋克习泥烈代之。乙巳，
曷懒路军帅完颜忽剌古等言："往者岁捕海狗、海东青、鸦、鹘于高
丽之境，近以二舟往，彼乃以战舰十四要而击之，尽杀二舟之人，夺
其兵仗。"上曰："以小故起战争，甚非所宜。今后非奉命，毋辄往。"
阇母克南京，杀都统张敦固。

七月壬午，皇子宗峻薨。丙戌，禁外方使介冗从多者。壬辰，鹘
实答言："高丽纳吾叛亡，增其边备，必有异图。"诏曰："纳我叛亡而
弗归，其曲在彼。凡有通问，毋违常式。或来侵略，整尔行列，与之
从事。敢先犯彼，虽捷必罚。"乙未，以乌虎部及诸营叛，以吴勃极烈

昱等讨平之。

八月乙巳朔，以勃堇乌爪乃等为贺宋生辰使。丁巳，撒离改部猛安雏思以赃罢，以奚金家奴代之。六部都统挞懒击走昭古牙，杀其队将曷鲁燥、白撒曷等。又破降骆驼山、金源、兴中诸军，诏增给银牌十。

十月甲辰朔，夏国遣使谢誓诏。戊午，天清节，宋、夏遣使来贺。甲子，诏发宁江州粟，赈泰州民被秋潦者。遥辇昭古牙率众来降。兴中府降。丙寅，诏有司运米五万石于广宁，以给南京、润州戍卒。命南路军帅阇母以甲士千人益合苏馆路孛堇完颜阿实赉，以备高丽。戊辰，西南、西北两路权都统斡鲁言："辽详稳挞不野来奔，言耶律大石自称为王，置南北官属，有战马万匹。辽主从者不过四千户，有步骑万余，欲趋天德，驻余都谷。"诏曰：'追袭辽主，必酌事宜；其讨大石，则俟报下。"

十一月癸未，阇母下宜州，拔权栘山，杀节度使韩庆民。癸卯，诏以米五万石给挞懒、实古廼。

十二月戊申，以勃堇高居庆等为贺宋正旦使。

三年正月癸酉朔，宋、夏遣使来贺。戊子，同知宣徽院事韩资正加尚书左仆射，为诸宫都部署。乙未，夏国遣使奠币及贺即位。宋遣使贺即位。

二月壬戌，娄室获辽主于余睹谷。丁卯，以庞葛城地分授所徙乌虎里、迪烈底二部及契丹民。

三月乙亥，阿舍勃极烈谩都诃薨。丙子，赈奚、契丹新附之民。辛巳，建乾元殿。斡鲁献传国宝，以谋葛失来附，请授印绶。是日，赐完颜娄室铁券。

四月壬寅朔，诏以辽主赴京师。丁巳，南路军帅察剌以罪罢。

五月己丑，萧八斤获辽玉宝来献。

六月庚申，以获辽主，遣李用和等充告庆使如宋。

七月壬申，禁内外官、宗室毋私役百姓。己卯，南京帅以锦州野

蚕成茧，奉其丝绵来献，命赏其长史。诏权势之家毋买贫民为奴。其
胁买者一人偿十五人。诈买者一人偿二人。皆杖一百。甲申，诏南
京括官豪牧马，以等第取之，分给诸军。以耶律固等为宋报谢使。

八月癸卯，斡鲁以辽主至京师。甲辰，告于太祖庙。丙午，辽主
延禧入见，降封海滨王。壬子，诏有司拣阅善射勇健之士以备宋。

九月壬午，广宁府献嘉禾。癸巳，保州路都孛堇加古撒曷有罪
伏诛，以孛堇徒单乌烈代之。

十月甲辰，诏诸将伐宋。以谙班勃极烈杲兼领都元帅，移赉勃
极烈宗翰兼左副元帅先锋，经略使完颜希尹为元帅右监军，左金吾
上将军耶律余睹为元帅右都监，自西京入太原；六部路军帅挞懒为
六部路都统，斜也副之，宗望为南京路都统，阇母副之，知枢密院事
刘彦宗兼领汉军都统，自南京入燕山。诏建太祖庙于西京。召耶鲁
赴京师教授女直字。戊申，有司言权南路军帅鹘实苔官吏贪纵，诏
鞫之。壬子，天清节，宋、夏遣使来贺。丁巳，以阇母为南京路都统，
垩喝副之，宗望为阇母、刘彦宗两军监战。壬戌，诏曰：“今大有年，
无储蓄则何以备饥馑，其令牛一具赋粟一石，每谋克为一廪贮之。”
宋易州戍将韩民毅以军降，处之蔚州。

十一月庚辰，以降封辽主为海滨王诏中外。辛卯，南路军帅司
请禁契丹、奚、汉人挟兵器，诏勿禁。以张忠嗣权签南京中书枢密院
事。

十二月庚子，宗翰下朔州。甲辰，宗望诸军及宋郭药师、张企
徽、刘舜仁战于白河，大破之。蒲苋败宋兵于古北口。丙午，郭药师
降，燕山州县悉平。戊申，宗翰克代州。乙卯，中山降。丙辰，宗望
破宋兵五千于真定。戊午，宗翰围太原。耶律余睹破宋河东、陕西
援兵于汾河北。甲子，宗望克信德府。

四年春正月丁卯朔，始朝日。降臣郭药师、董才皆赐姓完颜氏。
戊辰，宗弼取汤阴，大杲攻下浚州，迪古补取黎阳。已巳，诸军渡河。
庚午，取滑州。宗望使吴孝民等入汴，问宋取首谋平山者童贯、谭

积、詹度及张觉等。宋太上皇帝出奔。癸酉,诸军围汴。甲戌,宋使李棁来谢罪,且请修好。宗望许宋修好,约质,割三镇地,增岁币,载书称伯侄。戊寅,宋以康王构、少宰张邦昌为质。辛巳,宋上誓书、地图,称侄大宋皇帝、伯大金皇帝。癸未,诸军解围。

二月丁酉朔,夜,宋将姚平仲兵四十万来袭宗望营,败之。己亥,复进师围汴。宋使宇文虚中以书来,改以肃王枢为质,遣康王构归。师还。壬子,以滑、浚二州与宋。宗翰定威胜军,攻下隆德府。丁巳,次泽州。海滨王家奴诬其主欲亡去,诏诛其首恶,余并杖之。

三月癸未,银术可围太原,宗翰还西京。

四月癸卯,宗望使宗弼来奏捷。乙丑,耿守忠等大败宋兵于西都谷。

五月辛未,宋种师中以兵出井陉。癸酉,完颜活女败之于杀熊岭,斩师中于阵。是日,拔离速败宋姚古军于隆州谷。

六月丙申朔,高丽国王王楷奉表称藩。庚戌,宗望献所获三象。庚申,以宗望为右副元帅。

七月丙寅,遣高伯淑等宣谕高丽。壬申,出金牌,命孛堇大昊以所领渤海军八猛安为万户。戊子,以铁勒部长夺离剌不从其兄夔里本叛,赐马十一、豕百、钱五百万。萧仲恭使宋还,以所持宋帝与耶律余睹蜡书自陈。

八月庚子,诏左副元帅宗翰、右副元帅宗望伐宋。宋张灏率兵出汾州,拔离速击走之。

刘臻以兵出寿阳,娄室破之。庚戌,宗翰发西京。辛亥,娄室等破宋张灏军于文水。癸丑,宗望发保州。是日,耶律铎破宋兵于雄州,那野等败宋兵于中山。甲寅,新城县进白乌。庚申,突撚取新乐。

九月丙寅,宗翰克太原,执经略使张孝纯。鹘沙虎取平遥、灵石、孝义、介休诸县。己巳,复以南京为平州。辛未,宗望破宋种师闵军于井陉,取天威军,克真定,杀其守李邈。

十月,娄室克汾州,石州降。蒲察克平定军,辽州降。丁未,天清节,高丽、夏遣使来贺。中京进嘉禾。

十一月甲子,宗翰自太原趋汴。丙寅,宗望自真定趋汴。戊辰,宗翰下威胜军。癸酉,撒刺荅破天井关。乙亥,宗翰克隆德府。活女渡盟津。西京、永安军、郑州皆降。庚辰,宗翰克泽州。宗望诸军渡河,临河、大名二县、德清军、开德府皆下。丙戌,克怀州。是日,宗望至汴。

闰月壬辰朔,宋出兵拒战,宗望等击败之。癸巳,宗翰至汴。丙辰,克汴城。庚申,以高随充高丽生日使。辛酉,宋主桓出居青城。

十二月癸亥,宋主桓降,是日,归于汴城。庚辰,诏曰:"朕惟国家,四境虽远而兵革未息,田野虽广而畎亩未辟,百工略备而禄秩未均,方贡仅修而宾馆未赡。是皆出乎民力。苟不务本业而抑游手,欲上下皆足,其可得乎。其令所在长吏,敦劝农功。

五年正月辛卯朔,高丽、夏遣使来贺。癸巳,宗翰、宗望使使以宋降表来上。乙未,知枢密院事刘彦宗上表,请复立赵氏,不听。丁巳,回鹘喝里可汗遣使入贡。

二月丙寅,诏降宋二帝为庶人。

三月丁酉,立宋太宰张邦昌为大楚皇帝。割地赐夏国。

四月乙酉,克陕府,取虢州。丙戌,以六部路都统挞懒为元帅左监军,南京路都统阇母为元帅左都监。宗翰、宗望以宋二帝归。己丑,诏曰:"合苏馆诸部与新附人民,其在降附之后同姓为婚者,离之。"

五月庚寅朔,宋康王构即位于归德。宋杀张邦昌。娄室降解、绛、慈、隰、石、河中、岢岚、宁化、保德、火山诸城。挞懒徇地山东,下密州。迪虎下单州,广信军降。

六月庚申,诏曰:"自河之北,今既分画,重念其民或见城邑有被残者,不无疑惧,遂命坚守。若即讨伐,生灵可悯。其申谕以理,招辑安全之。傥执不移,自当致讨。若诸军敢利于俘掠辄肆荡毁者,底于罚。"庚辰,右副元帅宗望薨。汉国王宗杰继薨。

七月甲午,赐宗翰券书,除反逆外,咸贳勿论。以石州戍将乌虎弃城丧师,杖之,削其官。

八月戊寅,以宋捷,遣耶律居谨等充宣庆使使高丽。丙戌,以宗辅为右副元帅。诏曰:"河北、河东郡县职员多阙,宜开贡举取士,以安新民。其南北进士,各以所业试之。"

九月丁未,诏曰:"内地诸路,每耕牛一具赋粟五斗,以备歉岁。"辛亥,赐元帅右监军完颜希尹、万户银术可券书,除赦所不原,余并勿论。阇母取河间,大败宋兵于莫州,雄州降。挞懒克祁州,永宁军、保州、顺安军皆降。

冬十月丁卯,沙州回鹘活刺散可汗遣使入贡。辛未,天清节,高丽、夏遣使来贺。宋二帝自燕徙居于中京。

十二月丙寅,右副元帅宗辅伐宋,徇地淄、青。乌林荅泰欲败宋将李成于淄州。赵州降。阿里刮徇地凌州,败敌兵,遂取滑州。乙亥,西南路都统斡鲁薨。己卯,赛里下汝州。

六年正月丙戌朔,高丽、夏遣使来贺。宗弼破宋郑宗孟军于青州、银术可取邓州、萨谋鲁入襄扬、拔离速入均州、马五取房州。癸巳,克青州。癸卯,阇母克潍州。丁未,迪古补败宋将赵子昉兵。撒离喝败宋兵于河上。甲寅,宋将马括兵次乐安,宗辅击败之,闻宋主在维扬,以农时还师。宗弼败宋兵于河上。

二月乙卯朔,拔离速取唐州,癸亥,取蔡州。己巳,移剌古败宋将台宗隽等兵于大名。庚午,再破其军,获台宗隽及宋忠。甲戌,拔离速取陈州。癸未,克颍昌府。郑州叛入于宋,复取郑州。迁洛阳、襄阳、颍昌、汝、郑、均、房、唐、邓、陈、蔡之民于河北。宗翰复遣娄室攻下同、华、京兆、凤翔,擒宋经制使傅亮。阿邻破河中。斡鲁入冯翊。

三月壬辰,命南路军帅实古廼,籍节度使完颜慎思所领诸部及未置猛安谋克户来上。己酉,挞懒下恩州。

五月戊戌,移沙土古思以本部来附。

六月己未,诏求祖宗遗事。挞懒遣兵徇下磁州、信德府。真定贼自称元帅、秦王,撒离喝讨平之。

七月乙巳,宋主遣使奉表请和,诏进兵伐之。以宋二庶人赴上京。

八月乙卯,娄室败宋兵于华州,讹特剌破敌于渭水,遂取下邽。丁丑,以宋二庶人素服见太祖庙,遂入见于乾元殿。封其父昏德公、子重昏侯。是日,告于太祖庙。以州郡职员名称及俸给因革诏中外。

九月辛丑,绳果等败宋兵于蒲城。甲申,又破敌于同州。乙丑,取丹州。

十月丙寅,天清节,高丽、夏遣使来贺。癸酉,知枢密院事刘彦宗薨。丁丑,蒲察、娄室败宋兵于临真。戊寅,徙昏德公、重昏侯于韩州。庚辰,宗翰、宗辅会于濮,伐宋。

十一月庚寅,蒲察、娄室取延安府。壬辰,赈移懒路。乙未,取濮州。绥德军降。娄室再攻晋宁军,其守徐徽言固守,不能克。

十二月丙辰,宗弼取开德府。丁卯,宗辅克大名府。鹘沙虎败宋兵于巩。

七年正月庚辰朔,高丽、夏遣使来贺。辛巳,吴国王阇母薨。甲午,以南京留守韩企先同中书门下平章事、知枢密院事。

二月戊辰,宋麟府路安抚使折可求以麟、府、丰三州降。己巳,娄室、塞里、鹘沙虎等破晋宁军,其守徐徽言据子城拒战。庚午,率众溃围走,擒之。使之拜,不拜,临之以兵。不动,命降将折可求谕之降,指可求大骂,出不逊语,遂杀之。其统制孙昂及士卒皆不屈,尽杀之。甲戌,诏禁医巫闾山辽代山陵樵采。

三月己卯朔,日中有黑子。壬寅,诏军兴以来,良人被略为驱者,听其父母夫妻子赎之。尚书左仆射高桢罢。

四月,蒲察娄室取鄜、坊二州。

五月乙卯,拔离速等袭宋主于扬州。

九月丙午朔,日有食之。庚午,宗弼败宋兵于睢阳。辛未,降其城。是月,曹州降。

十月丙子朔，京兆府降。丁丑，巩州降。庚寅，天清节，高丽、夏遣使来贺。丁酉，阿里、当海、大㚟破敌于寿春。己亥，安抚使马世元以城降。甲辰，庐州降。

十一月庚戌，徙曷苏馆都统司治宁州。乙卯，高丽遣使来贡。丙辰，宗弼取和州。壬戌，宗弼渡江，败宋副元帅杜充军于江宁。丁卯，守臣陈邦光以城降。

十二月丙戌，宗弼取湖州。丁亥，克杭州。阿里、蒲卢浑追宋主于明州。越州降。大㚟败宋枢密使周望于秀州，又败宋兵于杭州东北。戊戌，阿里、蒲卢浑败宋兵于东关，遂济曹娥江。壬寅，败宋兵于高桥。宋主入于海。

八年正月甲辰朔，高丽、夏遣使来贺。丁巳，以同中书门下平章事韩企先为尚书左仆射兼侍中。己未，阿里、蒲卢浑克明州，执其守臣赵伯谔。庚申，诏曰："避役之民，以微直鬻身权贵之家者，悉出还本贯。"阿鲁补、斜里也下太平、顺昌及濠州。是月，宋副元帅杜充以其众降。

二月乙亥，宗弼还自杭州。庚寅，取秀州。戊戌，取平江。

汴京乱，三月丁卯，大迪里复取之。宗弼及宋韩世忠战于镇江，不利。

四月丙申，复战于江宁，败之。诸军渡江。是日，阿鲁补战于拓皋，己亥，周企战于寿春，辛丑，娄室战于淳化，皆胜之。醴州降，遂克邠州。

五月癸卯，禁私度僧尼及继父继母之男女无相嫁娶。戊申，诏曰："河北、河东签军，其家属流寓河南被俘掠为奴婢者，官为赎之，俾复其业。"

六月壬申，诏遣辽统军使耶律曷礼质、节度使萧别离剌等十人，分治新附州镇。癸酉，诏以昏德公六女为宗妇。

七月辛亥，诏给泰州都统婆卢火所部诸谋克甲胄各五十。先遣娄室经略陕西，所下城邑叛服不常，其监战阿卢补请益兵。帅府会诸将议曰："兵威非不足,绥怀之道有所未尽。诚得位望隆重、恩威兼济者以往,可指日而定。若以皇子右副元帅宗辅往,为宜。"以闻。诏曰："娄室往者所向辄克,今使专征陕西,淹延未定,岂倦于兵而自爱耶?关、陕重地,卿等其戮力焉。"丁卯,上如东京温汤。徙昏德公、重昏侯于鹘里改路。

九月戊申,立刘豫为大齐皇帝,世修子礼,都大名府。辛酉,谙班勃极烈、都元帅杲薨。癸亥,宗辅等败宋张浚军于富平。耀州降。乙丑,凤翔府降。

十月乙亥,上至自东京。齐帝刘豫遣使谢封册。甲申,天清节,齐、高丽、夏遣使来贺。以铁骊突离剌同中书门下平章事。诏辽、宋官上本国诰命,等弟换授。

十一月甲辰,宗辅下泾州。丁未,渭州降。败宋刘倪军于瓦亭。戊申,原州降。宋泾原路统制张中孚、知镇戎军李彦琦以众降。马五等击宋吴玠军于陇州。庚戌,以遥镇节度使乌克寿等为齐刘豫生日使。癸亥,宗辅以陕西事状闻,诏奖谕之。

十二月丁丑,完颜娄室薨。乙酉,宗辅败宋刘维辅军。壬辰,熙州降。

九年正月己亥朔,齐、高丽、夏遣使来贺。戊申,命以徒门水以西,浑疃、星显、僻蠢三水以北闲田,给曷懒路诸谋克。辛亥,蒲察鹘拔鲁、完颜忒里讨张万敌于白马湖,陷于敌。癸丑,以同中书门下平章事时立爱为侍中,知枢密院张忠嗣为宣政殿大学士、知三司事。宗弼、阿卢补抚定巩、洮、河、乐、西宁、兰、廓、积石等州。泾原、熙河两路皆平。

四月己卯,诏"新徙戍边户,匮于衣食,有典质其亲属奴婢者,官为赎之。户计其口而有二三者,以官奴婢益之,使户为四口。又乏耕牛者,给以官牛,别委官劝督田作。戍户及边军资粮不继,籴粟于民而与赈恤。其续迁戍户在中路者,姑止之,即其地种艺,俟毕获而行,及来春农时,以至戍所。"

五月丙午,分遣使者诸路劝农。

六月壬辰,赐昏德公、重昏侯时服各两袭。

八月辛巳,回鹘隈欲遣使来贡。

九月己酉,和州回鹘执耶律大石之党撒八、迪里、突迭来献。

十月戊寅,天清节,齐、高丽、夏遣使来贺。撒离喝攻下庆阳。慕洧以环州降。宗弼与宋吴玠战于和尚原,败绩。

十一月己未,迁赵氏疏属于上京。以陕西地赐齐。

十年正月癸巳朔,齐、高丽、夏遣使来贺。己酉,齐表谢赐地。壬子,诏曰:"昔辽人分士庶之族,赋役皆有等差,其悉均之。"

二月庚午,赈上京路戍边猛安民。

四月丁卯,诏"诸良人知情嫁奴者,听如故为妻;其不知而嫁者,去往悉从所欲。"移赉勃极烈、左副元帅宗翰朝京师。庚午,以太祖孙亶为谙班勃极烈,皇子宗磐为国论忽鲁勃极烈,国论勃极烈宗干为国论左勃极烈,移赉勃极烈、左副元帅宗翰为国论右勃极烈兼都元帅,右副元帅宗辅为左副元帅。庚寅,闻鸭渌、混同江暴涨,命赈徙戍边户在混同江者。

闰月辛卯,诏分遣鹘沙虎等十三人阅诸路丁壮,调赴军。

七月甲午,赈泰州路戍边户。上如中京。

九月,元帅右都监耶律余睹谋反,出奔。其党燕京统军使萧高六伏诛,蔚州节度使萧特谋葛自杀。

十月壬寅,天清节,大赦。齐、高丽、夏遣使来贺。上如兴中府。齐使使来告母丧。

十一月癸亥,以武良谟为齐吊祭使。癸未,撒离喝请取剑外十三州,从之。部族节度使土古斯捕斩余睹及其诸子,函其首来献。

十二月庚子,撒离喝克金州。上至自兴中府。

十一年正月丁巳朔,齐、高丽、夏遣使来贺。丁卯,撒离喝败吴玠于饶峰关。戊辰,取洋州。甲戌,入兴元府。

二月己亥，元帅府言：“承诏赈军士，臣恐有司钱币将不继，请自元帅以下有禄者出钱助给之。”诏曰：“官有府库而取于臣下，此何理耶。其悉从官给。”

八月甲申，黄龙府置钱帛司。戊子，赵桷诬告其父昏德公谋反，桷及其婿刘文彦伏诛。戊戌，诏曰：“比以军旅未定，尝命帅府自择人授官，今并从朝廷选注。”

十月丙申，天清节，齐、高丽、夏遣使来贺。

十一月丙寅，赈移懒路。宗弼克和尚原。

十二月癸未，赈曷懒路。

十二年正月辛亥朔，齐、高丽、夏遣使来贺。甲子，初改定制度，诏中外。丙寅，如东京。

二月丁酉，撒离喝败宋吴玠军于固镇。

四月，至自东京。

六月甲午，以阿卢补为元帅右都监。

十月庚寅，天清节，齐、高丽、夏遣使来贺。

十三年正月丙午朔，日有食之。己巳，上崩于明德宫，年六十一。庚午，谙班勃极烈即皇帝位于枢前。三月庚辰，上尊谥曰文烈皇帝，庙号太宗。乙酉，葬和陵。皇统四年，改号恭陵。五年，增上尊谥曰体元应运世德昭功哲惠仁圣文烈皇帝。贞元三年十一月戊申，改葬于大房山，仍号恭陵。

赞曰：天辅草创，未遑礼乐之事。太宗以斜也、宗干知国政，以宗翰、宗望总戎事。既灭辽举宋，即义礼制度，治历明时，缀以武功，述以文事，经国规摹，至是始定。在位十三年，宫室苑御无所增益。末，听大臣计，传位熙宗，使太祖世嗣不失正绪，可谓行其所甚难矣。

金史卷四
本纪第四

熙　宗

熙宗弘基缵武庄靖孝成皇帝，讳亶，本讳合剌，太祖孙，景宣皇帝子。母蒲察氏。天辅三年己亥岁生。

天会八年，谙班勃极烈杲薨，太宗意久未决。十年，左副元帅宗翰、右副元帅宗辅、左监军完颜希尹入朝，与宗干议曰：“谙班勃极烈虚位已久，今不早定，恐授非其人。合剌，先帝嫡孙，当立。”相与请于太宗者再三，乃从之。四年庚午，诏曰：“尔为太祖之嫡孙，故命尔为谙班勃极烈。其无自谓冲幼，狎于童戏，惟敬厥德。”谙班勃极烈者，太宗尝居是官，及登大位，以命弟杲。杲薨，帝定议为储嗣，故以是命焉。

十三年正月己巳，太宗崩。庚午，即皇帝位。甲戌，诏中外。诏公私禁酒。癸酉，遣使告哀于齐、高丽、夏及报即位，仍诏齐自今称臣勿称子。

二月乙巳，追谥太祖后唐括氏曰圣穆皇后，裴满氏曰光懿皇后。追册太祖妃仆散氏曰德妃，乌古论氏曰贤妃。辛酉，改葬太祖于和陵。

三月己卯，齐、高丽使来吊祭。庚辰，谥大行皇帝曰文烈，庙号太宗。乙酉，葬太宗于和陵。甲午，以国论右勃极烈、都元帅宗翰为太保，领三省事，封晋国王。戊戌，诏诸国使赐宴，不举乐。

四月戊午，齐、高丽遣使贺即位。丙寅，昏德公赵佶薨，遣使致祭及赙赠。是月，甘露降于熊岳县。

五月甲申，左副元帅宗辅薨。

九月壬申，追尊皇 考丰王为景宣皇帝，庙号徽宗，皇妣蒲察氏为惠昭皇后。戊寅，尊太祖后纥石烈氏、太宗后唐括氏皆为太皇太后，诏中外。乙酉，改葬徽宗及惠昭后于兴陵。

十一月，以尚书令宋国王宗盘为太师。乙亥，初颁历。己卯，以元帅左监军完颜希尹为尚书左丞相兼侍中，太子少保高庆裔为左丞，平阳尹萧庆为右丞。己丑，建天开殿于爻剌。

十二月癸亥，始定齐、高丽、夏朝贺、赐宴、朝辞仪。以京西鹿囿赐农民。

十四年正月己巳朔，上朝太皇太后于两宫。齐、高丽、夏遣使来贺。癸酉，颁历于高丽。丁丑，太皇太后纥石烈氏崩。乙酉，万寿节，齐、高丽、夏遣使来贺。上本七月七日生，以同皇考忌日，改用正月十七日。

二月癸卯，上尊谥曰钦宪皇后，葬睿陵。

三月壬午，以太保宗翰，太师宗盘、太傅宗干并领三省事。丁酉，高丽遣使来吊。

八月丙辰，追尊九代祖以下曰皇帝、皇后，定始祖、景祖、世祖、太祖、太宗庙皆不祧。癸亥，诏齐国与本朝军民诉讼相关者，文移署年，止用天会。

十月甲寅，以吴激为高丽王生日使，萧仲恭为齐刘豫回谢并生日正旦使。

十五年正月癸亥朔，上朝太皇太后于明德宫。齐、高丽、夏遣使来贺。初用《大明历》。己卯，万寿节，齐、高丽、夏遣使来贺。

六月庚戌，尚书左丞高庆裔、转运使刘思有罪伏诛。

七月辛巳，太保、领三省事、晋国王宗翰薨。丙戌夜，京师地震。

封皇叔宗隽、宗固，叔祖晕皆为王。丁亥，汰兵兴滥爵。

十月乙卯，以元帅左监军挞懒为左副元帅，封鲁国王。宗弼右副元帅，封潘王，知枢密院事兼侍中时立爱致仕。

十一月丙午，废齐国，降封刘豫为蜀王，诏中外。置行台尚书省于汴。

十二月戊辰，刘豫上表谢封爵。癸未，诏改明年为天眷元年。大赦。命韩昉、耶律绍文等编修国史。以勖为尚书左丞、同中书门下平章事。徙蜀王刘豫临潢府。

天眷元年正月戊子朔，上朝明德宫。高丽、夏遣使来贺。颁女直小字。封大司空昱为王。甲辰，万寿节，高丽、夏遣使来贺。

二月壬戌，上如爻剌春水。乙丑，幸天开殿。己巳，诏罢来流水、混同江护逻地，与民耕牧。

三月庚寅，以禁苑隙地分给百姓。戊申，以韩昉为翰林学士。

四月丁卯，命少府监卢彦伦营建宫室，止从俭素。壬午，朝享于天元殿。立裴满氏为贵妃。

五月己亥，诏以经义、词赋两科取士。

六月戊午，上至自天开殿。

秋七月辛卯，左副元帅挞懒、东京留守宗隽来朝。丁酉，按出浒河溢，坏庐舍，民多溺死。壬寅，左相希尹罢。

八月甲寅朔，颁行官制。癸亥，回鹘遣使朝贡。己卯，以河南地与宋。以右司侍郎张通古等使江南。以京师为上京，府曰会宁，旧上京为北京。

九月甲申朔，以爽为会宁牧，封邓王。乙未，诏百官诰命，女直、契丹、汉人各用本字，渤海同汉人。丁酉，改燕京枢密院为行台尚书省。戊戌，上朝明德宫。甲辰，以奕为平章政事。己酉，省燕中西三京，平州东、西等路州县。辛亥，权行台左丞相张孝纯致仕。

十月甲寅朔，以御前管勾契丹文字李德固为参知政事。丙寅，封叔宗强为纪王，宗敏邢王，太宗子斛鲁补等十三人为王。己巳，始禁亲王以下佩刀入宫。辛未,定封国制。癸酉,以东京留守宗隽为尚书左丞相兼侍中,封陈王。

十一月丙辰,以康宗以上画像工毕,奠献于乾元殿。

十二月癸亥,新宫成。甲戌,高丽遣使入贡。丁丑,立贵妃裴满氏为皇后。

二年正月壬午朔,高丽、夏遣使来贺。戊戌,万寿节,高丽、夏遣使来贺。以左丞相宗隽为太保、领三省事,进封兖国王。兴中尹完颜希尹复为尚书左丞相兼侍中。

二月乙未,上如天开殿。

三月丙辰,命百官详定仪制。

四月甲戌,百官朝参,初用朝服。己卯,宋遣使谢河南地。

五月戊子,太白昼见。乙巳,上至自天开殿。

六月己酉朔,初御冠服。辛亥,吴十谋反,伏诛。己未,上从容谓侍臣曰:“朕每阅《贞观政要》,见其君臣议论,大可规法。”翰林学士韩昉对曰:“皆由太宗温颜访问,房、杜辈竭忠尽诚。其书虽简,足以为法。”上曰:“太宗固一代贤君,明皇何如?”昉曰:“唐自太宗以来,惟明皇、宪宗可数。明皇所谓有始而无终者。初以艰危得位,用姚崇、宋璟,惟正是行,故能成开元之治;末年怠于万机,委政李林甫,奸谀是用,以致天宝之乱。苟能慎终如始,则贞观之风不难追矣。”上称善。又曰:“周成王何如主昉?”对曰:“古之贤君。”上曰:“成王虽贤,亦周公辅佐之力。后世疑周公杀其兄,以朕观之,为社稷大计,亦不当非也。”

七月辛巳,宋国王宗盘、兖国王宗隽谋反,伏诛。丙戌,以右副元帅宗弼为都元帅,进封越国王。丁亥,以诛宗盘等诏中外。己丑,以左副元帅挞懒为行台左丞相,杜充为行台右丞相,萧宝、耶律晖行台平章政事。甲午,咸州详稳沂王晕坐与宗盘谋反,伏诛。辛丑,以太傅、领三省事宗干为太师,领三省如故,进封梁宋国王。

八月辛亥,行台左丞相挞懒、翼王鹘懒及活离胡土、挞懒子斡带、乌达补谋反，伏诛。丁丑，太白昼见。

九月戊寅朔，降封太宗诸子。大司空昱罢。丙申，初居新宫。立太祖原庙于庆元宫。壬寅，宋遣王伦等乞归父丧及韦氏等，拘伦不遣。以温都思忠诸路廉问。

十月癸酉，夏国使来告丧。

十二月，豫国公昱薨。

三年正月丁丑朔，高丽、夏遣使来贺。癸巳，万寿节，高丽、夏遣使来贺。以都元帅宗弼领行台尚书省事。

四月乙巳朔，漫都思忠廉问诸路，得廉吏杜遵晦以下百二十四人，各进一阶，贪吏张钤以下二十一人皆罢 之。癸丑，蜀国公完颜银术哥薨。丁卯，上如燕京。

五月丙子，诏元帅府复取河南、陕西地。己卯，诏册李仁孝为夏国王。命都元帅宗弼以兵自黎阳趋汴，右监军撒离合出河中趋陕西。是月，河南平。

六月，陕西平。上次凉陉。大旱。使萧彦让、田珏决西京囚。

秋七月癸卯，日有食之。乙卯，宗弼遣使奏河南、陕西捷。丁卯，诏文武官五品以上致仕，给俸禄之半，职三品者仍给兼人。

八月辛巳，招抚谕陕西五路。壬午，初定公主、郡县主及驸马官品。

九月壬寅朔，宗弼来朝。戊申，上至燕京。己酉，亲飨太祖庙，庚申，宗弼还军中。夏国遣使谢赗赠。癸亥，杀左丞相完颜希尹、右承萧庆及希尹子昭武大将军把搭、符宝郎漫带。戊辰，夏国遣使谢封册。

十一月癸丑，以孔子四十九代孙璠袭封衍圣公。癸亥，以都点检萧仲恭为尚书右丞，前西京留守昂为平章政事。甲子，行台尚书右丞相杜充薨。

十二月乙亥，都元帅宗弼上言宋将岳飞、张俊、韩世忠率众渡江，诏命击之。丁丑，地震，己亥，以元帅左监军阿离补为左副元帅，右监军撒离合为右副元帅。

皇统元年正月辛丑朔,高丽、夏遣使来贺。庚戌,群臣上尊号曰崇天体道钦明文武圣德皇帝。初御衮冕。癸丑,谢太庙。大赦,改元。丁巳,万寿节,高丽、夏遣使来贺。己未,初定命妇封号。夏国请置榷场,许之。己巳,封平章政事昂为漆水郡王。

二月戊寅,诏诸致仕官职俱至三品者,俸禄人力各给其半。宗弼克庐州。乙酉,改封海滨王耶律延禧为豫王,昏德公赵佶为天水郡王,重昏侯赵桓为天水郡公。戊子,上亲祭孔子庙,北面再拜。退谓侍臣曰:"朕幼年游侠,不知志学,岁月逾迈,深以为悔。孔子虽无位,其道可尊,使万世景仰。大凡为善,不可不勉。"自是颇读《尚书》、《论语》及《五代》、《辽史》诸书,或以夜继焉。

三月己未,上宴群臣于瑶池殿,适宗弼遣使奏捷,侍臣多进诗称贺。帝览之曰:"太平之世,当尚文物,自古致治,皆由是也。"

四月丙子,以济南尹韩昉参知政事。辛巳,宗弼请伐江南。从之。

五月己酉,太师、领三省事、梁宋国王宗干薨。庚戌,上亲临。日官奏,戊、亥不宜哭泣。上曰:"君臣之义,骨肉之亲,岂可避之。"遂哭之恸,命辍朝七日。

六月甲戌,诏都元帅宗弼与宰执同入奏事。庚寅,行台平章政事耶律晖致仕。壬辰,有司请举乐,上以宗干新丧不允。甲午,卫王宗强薨,上亲临,辍朝如宗干丧。

七月癸卯,以景宣皇帝忌辰,命尚食彻肉。丙午,以宗弼为尚书左丞相兼待中,都元帅,领行台如故。己酉,宗弼还军中。辛亥,参知政事耶律让罢。

九月戊申,上至自燕京。朝太皇太后于明德宫。诏赐鳏寡孤独不能自存者,人绢二匹、絮三斤。

是秋,蝗。都元帅宗弼伐宋,渡淮。以书让宋,宋复书乞罢兵,宗弼以便宜画淮为界。

十一月己酉,高丽国贺受尊号。稽古殿火。

十二月癸巳,夏国贺受尊号。天水郡公赵桓乞本品俸,诏周济之。左丞勖进先朝《实录》三卷,上焚香立受之。

二年正月乙未朔,高丽、夏遣使来贺。己亥,上猎于来流河。乙巳,命封高丽。丁未,上至自来流河。辛亥,万寿节,高丽、夏遣使来贺。壬子,衍圣公孔璠薨,子拯袭。

二月丁卯,上如天开殿。甲戌,赈熙河路。戊子,皇子济安生。辛卯,宋使曹勋来许岁币银、绢二十五万两、匹,画淮为界,世世子孙,永守誓言。改封蜀王刘豫为曹王。壬辰,以皇子生,赦中外。

三月辛丑,还自天开殿。大雪。丙午,以宗弼为太傅。丙辰,遣左宣徽使刘筈以衮冕圭册册宋康王为帝。归宋帝母韦氏及故妻邢氏、天水郡王并妻郑氏丧于江南。戊午,立子济安为皇太子。

四月丙寅,以臣宋告中外。庚午,五云楼、重明等殿成。

五月癸巳朔,不视朝。上自去年荒于酒,与近臣饮,或继以夜。宰相入谏,辄饮以酒,曰:"知卿等意,今既饮矣,明日当戒。"因复饮。乙卯,赐宋誓诏。辛酉,宴群臣于五云楼,皆尽醉而罢。

七月甲午,回鹘遣使来贡。北京、广宁府蝗。丁酉,赐宗弼金券。

八月丁卯,诏归朱弁、张邵、洪皓于宋。辛未,复太宗子胡卢为王。赈陕西。

九月壬辰,诏给天水郡王子、侄、婿、天水郡公子俸给。

十一月甲寅,平章政事漆水郡王昂薨,追封郓王。

十二月乙丑,高丽王遣使谢封册。庚午,宋遣使谢归三丧及母韦氏。壬申,上猎于核耶呆米路。癸未,还宫。甲申,皇太子济安薨。

三年正月己丑朔,以皇太子丧不御正殿,群臣诣便殿称贺。宋、高丽、夏使诣皇极殿遥贺。乙巳,万寿节,如正旦仪。

三月辛卯,以尚书左丞勖为平章政事,殿前都点检宗宪为尚书左丞。丁酉,太皇太后唐括氏崩。己酉,封子道济为魏王。

五月丁巳朔,京兆进瑞麦。癸亥,上致祭太皇太后。甲申,初立太庙、社稷。

六月己酉,初置骁毅军。

七月丙寅,上致祭太皇太后。庚辰,太原路进獬豸并瑞麦。

八月辛卯,诏给天水郡王孙及天水郡公婿俸禄。丙申,老人星见。乙巳,谥太皇太后曰钦仁皇后。戊申,葬恭陵。

十二月癸未朔,日有食之。

四年正月癸丑朔,宋、高丽、夏遣使来贺。甲寅,诏以去年宋币赐始祖以下宗室。己未,以宋使王伦为平州转运使,既受命,复辞,罪其反覆,诛之。乙丑,陕西进嘉禾十有二茎,茎皆七穗。己巳,万寿节,宋、高丽、夏遣使来贺。乙亥,上祭钦仁皇后,哭尽哀。

二月癸未,上如东京。丙申,次百泊河春水。丁酉,回鹘遣使来贺,以粘合韩奴报之。

五月辛亥朔,次薰风殿。

六月辛巳朔,日有食之。

七月庚午,建原庙于东京。

八月癸未,杀魏王道济。

九月乙酉,上如东京。壬子,畋于沙河,射虎获之。乙卯,遣使祭辽主陵。辛酉,诏薰风殿二十里内及巡幸所过五里内,并复一岁。癸酉,行台左丞相张孝纯薨。

十月壬辰,立借贷饥民酬赏格。甲辰,以河朔诸郡地震,诏复百姓一年,其压死无人收葬者,官为敛藏之。陕西、蒲、解、汝、蔡等处因岁饥,流民典雇为奴婢者,官给绢赎为良,放还其乡。

十一月己酉,上猎于海岛。

十二月甲午,至东京。

五年正月丁未朔,宋、高丽、夏遣使来贺。癸亥,万寿节,宋、高丽、夏遣使来贺。

二月乙未,次济州春水。

三月戊辰,次天开殿。

五月戊午,初用御制小字。壬申,以平章政事勖谏,上为止酒,仍布告廷臣。

六月乙亥朔,日有食之。

八月戊戌,发天开殿。

九月庚申,至自东京。

十月辛卯,增谥太祖。

闰月戊寅,大名府进牛生麟。壬辰,怀州进嘉禾。

十二月戊申,增谥始祖以下十帝及太宗、徽宗。丁巳,赦。

六年正月辛未朔,宋、高丽、夏遣使来贺。壬申,封太祖诸孙为王。乙亥,畋于谋勒。甲申,还京师。丁亥,万寿节,宋、高丽、夏遣使来贺。庚寅,以边地赐夏国。壬辰,如春水。帝从禽,导骑误入大泽中,帝马陷,因步出,亦不罪导者。乙未,封偎喝为王。

二月丙寅,右丞相韩企先薨。

三月壬申,以阿离补为行台右丞相。

四月庚子朔,上至自春水。以同判大宗正事宗固为太保、右丞相兼中书令。戊午,行台右丞相阿离补薨。

五月壬申,高丽王楷薨。辛卯,以左宣徽使刘筈为行台右丞相。

六月乙巳,杀宇文虚中及高士谈。乙丑,遣使吊祭高丽,并起复嗣王晛。

九月戊辰朔,以许王破汴,睿宗平陕西,郑王克辽及娄室、银术可皆有大功,并为立碑。戊寅,曹王刘豫薨。

是岁,遣粘割韩奴招耶律大石,被害。

七年正月乙丑朔,宋、高丽、夏遣使来贺。辛巳,万寿节,宋、高丽、夏遣使来贺。癸未,以西京鹿囿为民田。丁亥,太白经天。

三月戊寅,高丽遣使谢吊祭、起复。

四月戊午，宴便殿，上醉酒，杀户部尚书宗礼。

六月丁酉，杀横海军节度使田珏、左司郎中奚毅、翰林待制邢具瞻及王植、高凤廷、王傚、赵益兴、龚夷鉴等。

七月己巳，太白经天，曲赦畿内。

九月，太保、右丞相宗固薨。以都元帅宗弼为太师、领三省事，都元帅、行台尚书省事如故，平章政事勖为左丞相兼侍中，都点检宗贤为右丞相兼中书令，行台右丞相刘筈、右丞萧仲恭为平章政事，李德固为尚书右丞，秘书监萧肄为参知政事。

十月壬子，平章行台尚书省事奚宝薨。

十一月癸酉，以工部侍郎仆散太弯为御史大夫。乙亥，兵部尚书秉德进三角羊。己卯，诏减常膳羊豕五之二。癸未，以尚书左丞宗宪为行台平章政事，同判大宗正事亮为尚书左丞。

十二月戊午，参知政事韩昉罢。兵部尚书秉德为参知政事。

八年正月庚申朔，宋、高丽、夏遣使来贺。丙子，万寿节，宋、高丽、夏遣使来贺。

二月壬子，以哥鲁葛波古等为横赐高丽、夏国使。甲寅。以大理卿宗安等为高丽王晛封册使。乙卯，上如天开殿。

四月戊子朔，日有食之。辛丑，遣参知政事秉德等廉察官吏。庚戌，至自天开殿。甲寅，《辽史》成。

六月乙卯，平章政事萧仲恭为行台左丞相，左丞亮为平章政事，都点检唐括辩为尚书左丞。高丽王遣使谢封册。

七月乙亥，御史大夫仆散太弯罢，以侍卫亲军都指挥使阿鲁带为御史大夫。戊寅，以尚书左丞唐括辩奉职不谨，杖之。

八月戊戌，宗弼进《太祖实录》。上焚香立受之。庚子，以尚书左丞相勖领行台尚书省事，右丞相宗贤为太保、尚书右丞相。丙午，以行台左丞相萧仲恭为尚书右丞相。

闰月庚申，宰臣以西林多鹿，请上猎，上恐害稼，不允。丙寅。太庙成。

九月丙申，尚书左丞唐括辩罢，以左宣徽使禀为尚书左丞。

十月辛酉，太师、领三省事、都元帅、越国王宗弼薨。

十一月壬辰，太白经天。乙未，左丞相宗贤、左丞禀等言，州郡长吏当并用本国人。上曰："四海之内，皆朕臣子，若分别待之，岂能致一。谚不云乎，'疑人勿使，使人勿疑。'自今本国及诸色人，量才通用之。"辛丑，以尚书左丞相宗贤为左副元帅，平章政事亮为尚书右丞相兼侍中，参知政事秉德为平章政事。庚戌，左副元帅宗贤复为太保，左丞相、左副元帅如故。

十二月乙卯，以右丞相萧仲恭为太傅、领三省事，左丞相亮为尚书右丞相。乙亥，以左丞相宗贤为太师、领三省事兼都元帅。

九年正月甲申朔，宋、高丽、夏遣使来贺。戊戌，太师、领三省事、都元帅宗贤罢。领行台尚书省事勖为太师、领三省事，同判大宗正事充为尚书左丞相，右丞相亮兼都元帅。庚子，万寿节，宋、高丽、夏遣使来贺。壬寅，左丞相充薨。丙午，以右丞相亮为左丞相，判大宗正事宗本为尚书右丞相，左副元帅宗敏为都元帅，南京留守宗贤为左副元帅兼西京留守。己酉，宗贤复为太保、领三省事。

二月甲寅，会宁牧唐括辩复为尚书左丞，尚书左丞禀为行台平章政事。

三月癸未朔，日有食之。辛丑，以司空宗本为尚书右丞相兼中书令，左丞相亮为太保、领三省事。

四月壬申夜，大风雨，雷电震坏寝殿鸱尾，有火入上寝，烧帏幔，帝趋别殿避之。丁丑，有龙斗于利州榆林河水上。大风坏民居、官舍，瓦木人畜皆飘飏十数里，死伤者数百人。

五月戊子，以四月壬申、丁丑天变，肆赦。命翰林学士张钧草诏，参知政事萧肆揑其语以为诽谤，上怒，杀钧。是日，曲赦上京囚。庚寅，出太保、领三省事亮领行台尚书省事。戊申，武库署令耶律八斤妄称上言宿直将军萧荣与胙王元为党，诛之。

六月己未，以都元帅宗敏为太保、领三省事兼左副元帅，左丞相宗贤兼都元帅。

八月庚申，以刘筈为司空，行台右丞相如故。宰臣议徙辽阳、勃海之民于燕南，从之。侍从高寿星等当迁，诉于后，后以白上，上怒议者，杖平章政事秉德，杀左司郎中三合。

九月丙申，以领行台尚书省事亮复为平章政事。戊戌，以右丞相宗本为太保、领三省事，左副元帅宗敏领行台尚书省事，平章政事秉德为尚书左丞相兼中书令，司空刘筈为平章政事。庚子，以御史大夫宗甫为参政知事。

十月乙丑，杀北京留守胙王元及弟安武军节度使查剌、左卫将军特思。大赦。癸酉，以翰林学士京为御史大夫。

十一月癸未，杀皇后裴满氏。召胙王妃撒卯入宫。戊子，杀故邓王子阿懒、达懒。癸巳，上猎于忽剌浑土温。遣使杀德妃乌古论氏及夹谷氏、张氏。

十二月己酉朔，上至自猎所。丙辰，杀妃裴满氏于寝殿。而平章政事亮因群臣震恐，与所亲驸马唐括辩、寝殿小底大兴国、护卫十人长忽土、阿里出虎等谋为乱。丁巳，以忽土、阿里出虎当内直，命省令史李老僧语兴国。夜二鼓，兴国窃符，矫诏开宫门，召辩等。亮怀刀与其妹夫特斯随辩入至宫门，守者以辩驸马，不疑，内之。及殿门，卫士觉，抽刃劫之，莫敢动。忽土、阿里出虎至帝前，帝求榻上常所置佩刀，不知已为兴国易置其处，忽土、阿里出虎遂进弑帝，亮复前手刃之，血溅满其面与衣。帝崩，时年三十一。左丞相秉德等遂奉亮坐，罗拜呼万岁，立以为帝。降帝为东昏王，葬于皇后裴满氏墓中。贞元三年，改葬于大房山蓼香甸，诸王同兆域。大定初，追谥武灵皇帝，庙号闵宗，陵曰思陵。别立庙。十九年，升祔于太庙，增谥弘基缵武庄靖孝成皇帝。二十七年，改庙号熙宗。二十八年，以思陵狭小，改葬于峨眉谷，仍号思陵，诏中外。

赞曰：熙宗之时，四方无事，敬礼宗室大臣，委以国政，其继体守文之治，有足观者。末年酗酒妄杀，人怀危惧，所谓前有谗而不见,后有贼而不知,驯致其道,非一朝一夕故也。

金史卷五
本纪第五

海　陵

　　废帝海陵庶人亮,字元功,本讳迪古乃,辽王宗干第二子也,母大氏,天辅六年壬寅岁生。

　　天眷三年,年十八,以宗室子为奉国上将军,赴梁王宗弼军前任使,以为行军万户,迁骠骑上将军。

　　皇统四年,加龙虎卫上将军,为中京留守,迁光禄大夫。为人僄急,多猜忌,残忍任数。初,熙宗以太祖嫡孙嗣位,亮意以为宗干太祖长子,而己亦太祖孙,遂怀觊觎。在中京,专务立威,以厌伏小人。猛安萧裕倾险敢决,亮结纳之,每与论天下事。裕揣知其意,因劝海陵举大事,语在《裕传》。

　　七年五月,召为同判大宗正事,加特进。十一月,拜尚书右丞,务揽持权柄,用其腹心为省台要职,引萧裕为兵部侍郎。一日因召对,语及太祖创业艰难,亮因呜咽流涕,熙宗以为忠。

　　八年六月,拜平章政事。十一月,拜右丞相。

　　九年正月,兼都元帅。熙宗使小底大兴国赐亮生日,悼后亦附赐礼物,熙宗不悦,杖兴国百,追其赐物,海陵由此不自安。三月,拜太保、领三省事,益邀求人誉,引用势望子孙,结其欢心。四月,学士张钧草诏忤旨死,熙宗问:"谁使为之?"左丞相宗贤对曰:"太保实然。"熙宗不悦,遂出为领行台尚书省事。过中京,与萧裕定约而去,至良乡召还。海陵莫测所以召还之意,大恐。既至,复为平章政事,由是益危迫。

熙宗尝以事杖左丞唐括辩及右丞相秉德,辩乃与大理卿乌带谋废立,而乌带先以此谋告海陵。他日,海陵与辩语及废立事,曰:"若举大事,谁可立者?"辩曰:"胙王常胜乎?"问其次,曰:"邓王子阿懒。"亮曰:"阿懒属疏,安得立?"辩曰:"公岂有意邪?"海陵曰:"果不得已,舍我其谁!"于是旦夕相与密谋。护卫将军特思疑之,以告悼后曰:"辩等公余每窃窃聚语,窃疑之。"后以告熙宗。熙宗怒,召辩谓曰:"尔与亮谋何事,将如我何。"杖之。亮因此忌常胜、阿懒,且恶特思。因河南兵士孙进自称皇弟按察大王,而熙宗之弟止有常胜、查剌,海陵乘此构常胜、查剌、阿懒、达懒。熙宗使特思鞫之,无状。海陵曰:"特思鞫不以实。"遂俱杀之。

护卫十人长仆散忽土旧受宗干恩;徒单阿里出虎与海陵姻家;大兴国给事寝殿,时时乘夜从主者取符钥归家,以为常。兴国尝以李老僧属海陵,得为尚书省令史,故使老僧结兴国为内应,而兴国亦以被杖怨熙宗,遂与亮约。十二月丁巳,忽土、阿里出虎内直。是夜,兴国取符钥启门纳海陵、秉德、辩、乌带、徒单贞、李老僧等入至寝殿,遂弑熙宗。秉德等未有所属。忽土曰:"始者议立平章,今复何疑。"乃奉海陵坐,皆拜,称万岁。诈以熙宗欲议立后,召大臣,遂杀曹国王宗敏,左丞相宗贤。是日,以秉德为左丞相兼侍中、左副元帅,辩为右丞相兼中书令,乌带为平章政事,忽土为左副点检,阿里出虎为右副点检,贞为左卫将军,兴国为广宁尹。于是自太师、领三省事勖以下二十人进爵增职各有差。

己未,大赦。改皇统九年为天德元年。参知政事萧肄除名。镇南统军字极为尚书左丞。赐左丞相秉德、右丞相辩、平章政事乌带、广宁尹兴国、点检忽土、阿里出虎、左卫将军贞、尚书省令史老僧、辩父刑部尚书阿里等钱绢马牛羊有差。甲子,誓太祖庙,召秉德、辩、乌带、忽土、阿里出虎、兴国六人赐誓券。丙寅,以燕京路都转运使刘麟为参知政事。癸酉,太傅、领三省事萧仲恭,尚书右丞禀罢。以行台尚书左丞温都思忠为右丞。乙亥,追谥皇考太师宪古弘道文

昭武烈章孝睿明皇帝,庙号德宗,名其故居曰兴圣宫。宋、高丽、夏
贺正旦使中道遣还。

　　二年正月辛巳,以同知中京留守事萧裕为秘书监。癸巳,尊嫡
母徒单氏及母大氏皆为皇太后,名徒单氏宫曰永寿,大氏宫曰永
宁。乙巳,以励官守、务农时、慎刑罚、扬侧陋、恤穷民、节财用、审才
实七事诏中外。遣侍卫亲军步军都指挥使完颜思恭等以废立事报
谕宋、高丽、夏国。以左丞相兼左副元帅秉德领行台尚书省事。

　　二月戊申朔,封子元寿为崇王。庚戌,降前帝为东昏王。给天
水郡公孙女二人月俸。甲子,以兵部尚书完颜元宜等充贺宋生日
使。戊辰,群臣上尊号曰法天膺运睿武宣文大明圣孝皇帝,诏中外。
永寿、永宁两太后父祖赠官有差。以右丞相唐括辩为左丞相,平章
政事乌带为右丞相。

　　三月丙戌,宋、高丽遣使贺即位。以弟衮为司徒兼都元帅。诏
以天水郡王玉带归宋。

　　四月戊午,杀太傅、领三省事宗本,尚书左丞相唐括辩,判大宗
正府事宗美。遣使杀领行台尚书省事秉德,东京留守宗懿,北京留
守卞及太宗子孙七十余人,周宋国王宗翰子孙三十余人,诸宗室五
十余人。辛酉,以尚书省译史萧玉为礼部尚书,秘书监萧裕为尚书
左丞,司徒衮领三省事、封王,都元帅如故,右丞相乌带为司空、左
丞相兼侍中,平章政事刘筹为尚书右丞相兼中书令,左丞宗义、右
丞温都思忠为平章政事,参知政事刘麟为尚书右丞,殿前左副点检
仆散忽土为殿前都点检。

　　五月戊子,以平章行台尚书省事、右副元帅大㚖为行台尚书右
丞相,元帅如故。壬辰,以左副元帅撒离喝为行台尚书左丞相,元帅
如故。同判大宗正事宗安为御史大夫。

　　六月丙午朔,高丽遣使贺即位。甲子,太庙初设四神门及四隅
罘罳。

　　七月己丑,司空、左丞相兼侍中乌带罢。以平章政事温都思忠

为左丞相,尚书左丞萧裕为平章政事,右丞刘麟为左丞,侍卫亲军步军都指挥使完颜思恭为右丞。参知政事张浩丁忧,起复如故。戊戌,夏国遣使贺即位及受尊号。

八月戊申,以司徒充为太尉,领三省事、都元帅如故。以礼部尚书萧玉为参知政事。

九月甲午,立惠妃徒单氏为皇后。

十月癸卯,太师、领三省事勖致仕。辛未,杀太皇太妃萧氏及其子任王偎喝。使使杀行台左丞相、左副元帅撒离喝于汴,并杀平章政事宗义、前工部尚书谋里野、御史大夫宗安,皆夷其族。以魏王斡带之孙活里甲好修饰,亦族之。

十一月癸未,尚书右丞相刘筈罢。以会宁牧徒单恭为平章政事。尚书左丞刘麟、右丞完颜思恭罢。以参知政事张浩为尚书右丞。乙酉,以行台尚书左丞张通古为尚书左丞。丙戌,白虹贯日。丁亥,以太后旨称令旨。戊子,以十二事戒约官吏。己丑,命庶官许求次室二人,百姓亦许置妾。

十二月癸卯朔,诏去群臣所上尊号。丙午,初定袭封衍圣公俸格。命外官去所属百里外者不许参谒,百里内者往还不得过三日。癸丑,立太祖射碑于纥石烈部中,上及皇后致奠于碑下。甲寅,野人来献异香,却之。乙卯,有司奏庆云见,上曰:“朕何德以当此。自今瑞应毋得上闻。若有妖异,当以谕朕,使自警焉。”己未,罢行台尚书省,改都元帅府为枢密院,诏改定继绝法。以右副元帅大㚖为尚书右丞相兼中书令,参知行台尚书省事张中孚为参知政事,都元帅充为枢密使,太尉、领三省事如故,元帅左监军昂为枢密副使,刑部尚书赵资福为御史大夫。

三年正月癸酉朔,宋、夏、高丽遣使来贺。乙亥,参知政事萧玉丁忧,起复如故。癸未,立春,观击土牛。丁亥,初造灯山于宫中。戊子,生辰,宋、高丽、夏遣使来贺。甲午,初置国子监。谓御史大夫赵资福曰:“汝等多徇私情,未闻有所弹劾,朕甚不取。自今百官有不法者,必当举劾,无惮权贵。"乙未,上出猎,宰相以下辞于近郊。上驻马戒之曰:"朕不惜高爵厚禄以任汝等,比闻事多留滞,岂汝等苟图自安不以民事为念耶? 自今朕将察其勤惰,以为赏罚,其各勉之。"丁酉,白虹贯日。

二月丁巳,还宫。

三月庚寅,以翰林学士刘长言等为宋生日使。壬辰,诏广燕城,建宫室。己亥,谓侍臣曰:"昨太子生日,皇后献朕一物,大是珍异,卿试观之。"即出诸绛囊中,乃田家稼穑图。"后意太子生深宫之中,不知民间稼穑之艰难,故以为献,朕甚贤之。

四月丙午,诏迁都燕京。辛酉,有司图上燕城宫室制度,营建阴阳五姓所宜。海陵曰:"国家吉凶,在德不在地。使桀、纣居之,虽卜善地何益。使尧、舜居之,何用卜为。"丙寅,罢岁贡鹰隼。沂州男子吴真犯法,当死,有司以其母老疾无侍为请,命官与养济,著为令。

闰月辛未朔,命尚书右丞张浩调选燕京,仍谕浩无私徇。丙子,命太官常膳惟进鱼肉,旧贡鹅鸭等悉罢之。丁丑,罢皇统间苑中所养禽兽。归德军节度使阿鲁补以撤官舍材木构私第,赐死。戊戌,诏朝官称疾不治事者,尚书省令监察御史与太医同诊视,无实者,坐之。

五月壬子,以戒敕宰相以下官,诏中外。戊辰,宰臣请益嫔御以广嗣续。上命徒单贞语宰臣,前所诛党人诸妇人中多朕中表亲,欲纳之宫中。平章政事萧裕不可,上不从。遂纳宗本子莎鲁唦,宗固子胡里剌、胡失打,秉德弟乣里等妻宫中。

六月丙子,杀太府监完颜冯六。宋遣使祈请山陵,不许。

九月庚戌,赐燕京役夫帛,人一匹。以东京路兵马都总管府判官萧子敏为高丽生日使,修起居注萧彭哥为夏国生日使。

十月己巳,杀兰子山猛安萧拱。以右副点检不术鲁阿海为宋正旦使。

十一月癸亥,诏罢世袭万户官,前后赐姓人各复本姓。

十二月戊辰,杖寿宁县主徐辇。癸酉,猎于近郊。乙酉,还宫。

是岁,子崇王元寿薨。

四年正月丁酉朔,宋、高丽、夏遣使来贺。群臣请立皇太子,从之。戊戌,初定东宫官属;立捕盗赏格。癸卯,太白经天。壬子,生辰,宋、高丽、夏遣使来贺。癸亥,朝谒世祖、太祖、太宗、德宗陵。甲子,还宫。

二月丁卯,立子光英为皇太子,庚午,诏中外。甲戌,如燕京。昭义军节度使萧仲宣家奴告其主怨谤。上曰:“仲宣之侄迪辇阿不近以诽谤诛,故敢妄诉。”命杀告者。迪辇阿不者,萧拱也。戊子,次泰州。

三月丙申朔,以刑部尚书田秀颖等为宋生日使。

四月丙寅朔,有司请今岁河南、北选人并赴中京铨注,从之。壬辰,上自泰州如京陉。

五月丁酉,猎于立列只山。甲寅,赐猎士,人一羊。己卯,次临潢府。丁巳,太白经天。

六月甲子朔,驻绵山。戊寅,权楚底部猛安那野伏诛。

七月癸卯,命崇义军节度使乌带之妻唐括定哥杀其夫而纳之。

八月癸亥朔,猎于途你山。甲戌,以侍御史保鲁鞠事不实,杖之。丙子,次于铎瓦。

九月甲午,次中京。丙午,尚书右丞相大臬罢。杀太府少监刘景。以都水使者完颜麻泼为高丽生日使,吏部郎中萧中立为夏国生日使。

十月壬戌朔,使使奉迁太庙神主。御史大夫赵资福罢。甲申,以太子詹事张用直等为贺宋正旦使。杀太祖长公主兀鲁,杖罢其夫平章政事徒单恭,封其侍婢忽挞为国夫人。恭之兄定哥初尚兀鲁,定哥死,恭强纳焉,而不相能,又与侍婢忽挞不协。忽挞得幸于后,遂谮于上,故见杀,而并罢恭。

十一月戊戌,以咸平尹李德固为平章政事。辛丑,买珠于乌古迪烈部及蒲与路,禁百姓私相贸易,仍调两路民夫,采珠一年。戊申，以前平章政事徒单恭为司徒。

十二月甲子，斩妄人敲仙于中京市。辛未，以汴京路都转运使左瀛等为贺宋正旦使。

庚寅，大尉、领三省事、枢密使宛薨。

贞元元年正月辛卯朔，上不视朝。诏有司受宋、高丽、夏、回纥贡献。丙午，生辰，宋高丽、夏遣使来贺；以中京留守高桢为御史大夫。

二月庚申，上自中京如燕京。

三月辛亥，上至燕京，初备法驾。甲寅。亲选良家子百三十余人充后宫。乙卯，以迁都诏中外，改元贞元。改燕京为中都，府曰大兴，汴京为南京，中京为北京。丙辰，以司徒徒单恭为太保、领三省事，平章政事萧裕为右丞相兼中书令，右丞张浩、左丞张通古为平章政事，参知政事张中孚为左丞，萧玉为右丞，平章政事李德固为司空，左宣徽使刘筶为参知政事，枢密副使昂为枢密使，工部尚书仆散师恭为枢密副使。

四月辛酉，以右宣徽使纥石烈撒合辇等为贺宋生日使。辛未，特封唐括定哥为贵妃。戊寅，皇太后大氏崩。

五月辛卯，杀弟西京留守蒲家。西京兵马完颜谟卢瓦、编修官圆福奴、通进字迭坐与蒲家善，并杀之。乙卯，以京城隙地赐朝官及卫士。

六月乙丑，以安国军节度使耶律恕为参知政事。

七月戊子朔，元赐朝官京城隙地，征钱有差。

八月壬戌，司空李德固薨。禁中都路捕射獐兔。戊寅，赐营建宫室工匠及役夫帛。

九月丁亥朔，以翰林待制谋良虎为夏国生日使，吏部郎中窊合山为高丽生日使。

十月丁巳，猎于良乡。封料石冈神为灵应王。初，海陵尝过此祠，持杯珓祷曰："使吾有天命，当得吉卜。"投之，吉。又祷曰："果如所卜,他日当有报,否则毁尔祠宇。"投之,又吉,故封之。戊午,还宫。壬戌,有司言,太后园陵未毕,合停冬享及祫祭,从之。丙子,命内外官闻大功以上丧,止给当日假;若父母丧,听给假三日,著为令。

十一月丙戌朔,定州献嘉禾,诏自今不得复进。己丑,瑶池殿成。丙申,以户部尚书蔡松年等为贺宋正旦使。戊戌,左丞相耨碗温都思忠致仕。庚戌,以枢密使昂为左丞相,枢密副使仆散师恭为枢密使。

十二月,太白经天。戊午,特赐贵妃唐括定哥家奴孙梅进士及第。壬戌,以签书枢密院事南撒为枢密副使。辛未,封所纳皇叔曹国王宗敏妃阿懒为昭妃。丙子,贵妃唐括定哥坐与旧奴奸,赐死。

闰月乙酉朔,杀护卫特谟葛。癸巳,定社稷制度。太白经天。癸卯,以太保、领三省事徒单恭为太师,领三省事如故。命西京路统军挞懒、西北路招讨萧怀忠、临潢府总管马和尚、乌古迪烈司招讨斜野等北巡。

二年正月甲寅朔,上不豫,不视朝。赐宋、高丽、夏使就馆燕。庚申,太白经天。尚书右丞相萧裕与前真定尹萧冯家奴、前御史中丞萧招折、博州同知遥设等谋反,伏诛,诏中外。己巳,生辰,宋、高丽、夏遣使来贺。

二月甲申朔,以平章政事张浩为尚书右丞相兼中书令。甲午,以尚书右丞萧玉为平章政事,前河南路统军使张晖为尚书右丞,西北路招讨使萧好胡为枢密副使。

三月戊辰,夏遣使贺迁都。

四月丙戌,幸大兴府及都转运使司。遣荐舍桃于衍庆宫。

五月癸丑朔,日有食之,避正殿,敕百官勿治事。己未,诏自今每月上七日不奏刑名,尚食进馔不进肉。丁卯,始置交钞库,设使副员。丁丑,太原尹徒单阿里出虎伏诛,复命其子术斯剌乘传焚其骨掷水中。

七月庚申，初设盐钞香茶文引印造库使副。丙子，参知政事耶律恕罢。

八月丙午，以左丞相昂去衣杖其弟妇，命杖之。戊申，以御史大夫高桢为司空，御史大夫如故。

九月己未，常武殿击鞠，令百姓纵观。辛酉，以吏部尚书萧赜为参知政事。癸亥，猎于近郊。丁卯，次顺州。太师、领三省事徒单恭麂。是夜，还宫。乙亥，复猎于近郊。

十月庚辰朔，杀广宁尹韩王亨。庚寅，还宫。庚子，以左丞相致仕温都思忠起为太傅、领三省事。以刑部侍郎白彦恭等为贺宋正旦使。

十一月戊辰，上命诸从姊妹皆分属诸妃出入禁中，与为淫乱；卧内遍设地衣，裸逐为戏。是月，初置惠民局。高丽遣使谢赐生日。

十二月乙酉，以太傅温都思忠为太师，领三省事如故，平章政事张通古为司徒，平章政事如故。

三年正月己酉朔，宋、高丽、夏遣使来贺。辛酉，以判东京留守大臭为太傅。领三省事。甲子，生辰，宋、高丽、夏遣使来贺。

二月壬午，以左丞相昂为太尉、枢密使，右丞相张浩为左丞相兼侍中，枢密使仆散师恭为右丞相兼中书令。尚书左丞张中孚罢，右丞张晖为平章政事。参知政事刘筹为左丞，参知政事萧赜为右丞，吏部尚书蔡松年为参知政事。

三月壬子，以左丞相张浩、平章政事张晖每见僧法宝必坐其下，失大臣体，各杖二十。僧法宝妄自尊大，杖二百。乙卯，命以大房山云峰寺为山陵，建行宫其麓。庚午，以左司郎中李通为贺宋生日使。

夏四月丁丑朔，昏雾四塞，日无光，凡十有七日。

五月丁未朔，日有食之。癸丑，南京大内火。乙卯，命判大宗正事京等如上京，奉迁太祖、太宗梓宫。丙寅，如大房山，营山陵。

六月丙戌，登宝昌门观角抵，百姓纵观。乙未，命右丞相仆散师恭、大宗正丞胡拔鲁如上京,奉迁山陵及迎永寿宫皇太后。

七月癸丑,太白昼见。辛酉,如大房山,杖提举营造官吏部尚书耶律安礼等。乙亥,还宫。

八月壬午,如大房山。甲申,启土,赐役夫,人绢一匹。是日,还宫。甲午,遣平章政事萧玉迎祭祖宗梓宫于广宁。乙未,增置教坊人数。庚子,杖左宣徽使敬嗣晖、同知宣徽事乌居仁及尚食官。

九月戊申,平章政事张晖迎祭梓宫于宗州。乙卯,上谓宰臣及左司官曰:"朝廷之事,尤在慎密。昨授张中孚、赵庆袭官,除书未到,先已知之,皆汝等泄之也。敢复尔者,杀无赦。"己未,如大房山。庚申,还宫。丙寅,以殿前都点检纳合椿年为参知政事。丁卯,上亲迎梓宫及皇太后于沙流河,命左右持杖二束,跽太后前曰:"某不孝,久失温清,愿痛笞之。"太后掖起之,曰:"凡民有子克家,犹爱之,况我有子如此。"叱持杖者退。庚午,猎,亲射獐以荐梓宫。壬申,至自沙流河。

十月丙子,皇太后至中都,居寿康宫。戊寅,权奉安太庙神主于延圣寺,致奠梓宫于东郊,举哀。己卯,梓宫至中都,以大安殿为丕承殿,安置。壬午,命省部诸司便服治事,不奏死刑一月。辛卯,告于丕承殿。乙未,如葂宫,册谥永宁皇太后曰慈宪皇后。丁酉,大房山行宫成,名曰盘宁。戊戌,还宫。己亥,以翰林学士承旨耶律归一等为贺宋正旦使。

十一月乙巳朔,梓宫发丕承殿。戊申,山陵礼成。甲寅,诏内外大小职官覃迁一重,贞元四年租税并与放免,军士久于屯戍不经替换者,人赐绢三匹、银三两。群臣称贺。丙辰,燕百官于泰和殿。丁卯,奉安神主于太庙。戊辰,群臣称贺。辛未,猎于近郊。

十二月己丑,还宫。木水。乙未,上朝太后于寿康宫。乙亥,太傅、领三省事大㚖矗,亲临哭之,命有司废务及禁乐三日。

正隆元年正月癸卯朔,宋、高丽、夏遣使来贺。己酉,群臣奉上尊号曰圣文神武皇帝。上自九月废朝,常数月不出。有急奏,召左右司郎中省于卧内。庚戌，始视朝。戊午，生辰，宋、高丽、夏遣使来贺。乙丑，观角抵戏。罢中书、门下省。以太师、领三省事温都思忠为尚书令，太尉、枢密使昂为太保，右丞相仆散师恭为太尉、枢密使。左丞刘萼、右丞萧赜罢，参知政事蔡松年为尚书右丞。枢密副使萧怀忠罢，吏部尚书耶律安礼为枢密副使。平章政事萧玉为右丞相，平章政事张晖罢，不置平章政事官。

二月癸酉朔，改元正隆，大赦。庚辰，御宣华门观迎佛，赐诸寺僧绢五百匹、彩五十段、银五百两。辛巳，改定内外诸司印记。乙未，司徒张通古致仕。庚子，谒山陵。辛丑，还都。

三月壬寅朔，始定职事官朝参等格，仍罢兵卫。庚申，以左宣徽使敬嗣晖等为贺宋生日使。

四月，太尉、枢密使仆散师恭以父忧，起复如故。

五月辛亥，修容安氏阁女御为妖所凭，舞噪宫中，命杀之。是月，颁行正隆官制。

六月庚辰，天水郡公赵桓薨。丙戌，以尚书右丞相蔡松年为左丞，枢密副使耶律安礼为右丞，驸马都尉乌古论当海为枢密副使。

七月己酉，命太保昂如上京，奉迁始祖以下梓宫。

八月丁丑，如大房山行视山陵。

十月乙酉，葬始祖以下十帝于大房山。丁酉，还宫。

闰月己亥朔，山陵礼成，群臣称贺。甲辰，回鹘使使寅术乌笼骨来贡。庚寅，杖右丞相萧玉、左丞蔡松年、右丞耶律安礼、御史中丞马讽等。

十一月己巳朔，以右司郎中梁銶等为贺宋正旦使。癸巳，禁二月八日迎佛。

二年正月戊辰朔，宋、高丽、夏遣使来贺。庚辰，太白昼见。癸未，生辰，宋、高丽、夏遣使来贺。庚寅，以工部侍郎韩锡同知宣徽院事，锡不谢，杖百二十，夺所授官。

二月辛丑，初定太庙时享牲牢礼仪。癸卯，改定亲王以下封爵等弟。命置局追取存亡告身,存者二品以上,死者一品,参酌削降。公私文书,但有王爵字者,皆立限毁抹,虽坟墓碑志并发而毁之。

三月丙寅朔,高丽遣使贺受尊号。

四月戊戌,追降景宣皇帝为丰王。以签书宣徽院事张哲为横赐高丽使,宿直将军温敦斡喝为横赐夏国使。

六月乙未,参知政事纳合椿年薨。以礼部尚书耶律守素等为贺宋生日使。

八月癸卯,始置登闻院。甲寅,罢上京留守司。

九月乙丑,以宿直将军仆散乌里黑为夏国生日使。戊子,罢护驾车,置龙翔虎步军。罢尚书省文资令史出为外官。

是秋,中都、山东、河东蝗。

十月壬寅,命会宁府毁旧宫殿、诸大族第宅及储庆寺,仍夷其址而耕种之。丁未,禁卖古器入他境。乙卯,初铸铜钱。

十一月辛未,以侍卫亲军副指挥使高助不古等为贺宋正旦使。

十二月己亥,以侍卫亲军都指挥使纥石烈良弼为参知政事。

三年正月壬戌朔,宋、高丽、夏遣使来贺。丙寅,子矧思阿不死,杀太医副使谢友正及其乳母等。丁丑,生辰,宋、高丽、夏遣使来贺。己卯,杖右谏议大夫杨伯雄。

二月壬辰朔,都城及京兆初置钱监。甲午,遣使检视随路金银铜铁冶。

三月辛酉朔,司天奏日食,候之不见。命自今遇日食,面奏,不须颁告。辛巳,以兵部尚书萧恭等为贺宋生日使。

四月丙辰,枢密副使乌古论当海罢,以北京留守张晖为枢密副使。

六月壬辰,蝗入京师。

七月庚申,封子广阳为滕王。甲申,以右丞相萧玉为司徒,尚书左丞蔡松年为右丞相,右丞耶律安礼为左丞,参知政事纥石烈良弼为右丞,左宣徽使敬嗣晖、吏部尚书李通为参知政事。

九月己未，太白经天。甲子，滕王广阳薨。庚午，以宿直将军阿鲁保为夏国生日使。丁丑，以教坊提点高存福为高丽生日使。辛巳，迁中都屯军二猛安于南京，遣吏部尚书李惇等分地安置。

十月戊戌，诏尚书省："凡事理不当者，许诣登闻检院投状，院类奏览讫，付御史台理问。"

十一月辛酉，以工部尚书苏保衡等为贺宋正旦使。癸亥，诏有司勤政安民。癸未，尚书左丞耶律安礼罢。参知政事李通以忧制，起复如故。诏左丞相张浩、参知政事敬嗣晖营建南京宫室。

十二月乙卯，以枢密副使张晖为尚书左丞。归德尹致仕高召和式起为枢密副使。

四年正月丙辰朔，宋、高丽、夏遣使来贺。上朝太后于寿康宫。丁巳，御史大夫高桢薨。庚申，更定私相越境法，并论死。辛酉，罢凤翔、唐、邓、颍、蔡、巩、洮、胶西诸榷场，置场泗州。辛未，生辰，宋、高丽、夏遣使来贺。

二月己丑，以左宣徽使许霖为御史大夫。丁未，修中都城，造战船于通州。诏谕宰臣以伐宋事，调诸路猛安谋克军年二十以上、五十以下者，皆籍之，虽亲老丁多亦不许留侍。

三月丙辰朔，遣兵部尚书萧恭经画夏国边界。遣使分诣诸道总管府督造兵器。

四月辛丑，命增山东路泉水、毕括两营兵士廪给。庚戌，诏诸路旧贮军器并致于中都。时方建宫室于南京，又中都与四方所造军器材用皆赋于民，箭翎一尺至千钱，村落间往往椎牛以供筋革，至于乌鹊狗彘无不被害者。辛亥，尚书左丞张晖、御史大夫许霖罢。以大兴尹徒单贞为枢密副使。以秘书监王可道等为贺宋生日使。

八月，诏诸路调马，以户口为差，计五十六万余匹，富室有至六十匹者，仍令户自养饲以俟。己卯，尚书右丞相蔡松年薨。

九月，以翰林待制完颜达纪为高丽生日使，宿直将军加古挞懒为夏国生日使。

十月乙亥，猎于近郊，观造船于通州。赐尚书右丞纥石烈良弼、枢密副使徒单贞佩刀入宫。

十一月甲辰，以翰林侍讲学士施宜生等为贺宋正旦使。

十二月乙卯，宋遣使告母韦氏哀。甲子，太白昼见。乙丑，以左副点检大怀忠等为宋吊祭使。乙亥，太医使祁宰上疏谏伐宋，杀之。

五年正月庚辰朔，宋、高丽、夏遣使来贺。乙未，生辰，宋、高丽、夏遣使来贺。

二月壬子，宋遣使献母后遗留物。丁卯，太白昼见。辛未，河东、陕西地震，镇戎、德顺军大风，坏庐舍，人多压死。甲戌，遣引进使高植、刑部郎中海狗分道监视所获盗贼，并凌迟处死，或锯灼去皮截手足。仍戒屯戍千户谋克等，后有获者，并处死，总管府官亦决罚。

三月辛巳，东海县民张旺、徐元等反，遣都水监徐文、步军指挥使张弘信、同知大兴尹事李惟忠、宿直将军萧阿窊率舟师九百，浮海讨之，命之曰："朕意不在一邑，将试舟师耳。"庚子，以司徒判大宗正事萧玉为御史大夫，司徒如故，尚书右丞纥石烈良弼为左丞，横海军节度使致仕刘长言起为右丞。

四月庚戌，昭妃蒲察阿里忽有罪赐死。甲寅，宿州防御使耶律翼使宋失体，杖二百，除名。甲戌，太白昼见。

六月，徐文等破贼张旺、徐元，东海平。

七月辛巳，诏东海县徐元、张旺违误者，并释之。壬午，以张弘信被命讨贼，称疾逗遛莱州，与妓乐饮燕，杖之二百。癸卯，遣使签诸路汉军。

八月丙午朔，日有食之。辛亥，命榷货务并印造钞引库起赴南京。己巳，枢密副使徒单贞罢，以太子少保徒单永年为枢密副使。辛未，谒山陵，见田间获者，问其丰耗，以衣赐之。

九月己卯，还宫。

十月庚午，遣护卫完颜普连等二十四人督捕山东、河东、河北、中都盗贼；籍诸路水手得三万人。

十一月乙酉,以济南尹仆散乌者等为贺宋正旦使。尚书右丞刘长言罢。命亲军司以所掌付大兴府。置左右骁骑都副指挥使,隶点检司。步军都副指挥使,隶宣徽院。

十二月癸丑,禁中都、河北、山东、河南、河东、京兆军民网捕禽兽及畜养雕隼者。戊辰,禁朝官饮酒,犯者死,三国人使燕饮者非。

六年正月甲戌朔,宋、高丽、夏遣使来贺。丁丑,判大宗正徒单贞、益都尹京、安武军节度使爽、金吾卫上将军阿速饮酒,以近属故杖贞七十,余皆杖百。壬午,上将如南京,以司徒、御史大夫萧玉为大兴尹,司徒如故。枢密副使徒单永年罢,以都点检纥石烈志宁为枢密副使。己丑,生辰,宋、高丽、夏遣使来贺。癸巳,命参知政事李通谕宋使徐度等曰:“朕昔从梁王军,乐南京风土,常欲巡幸。令营缮将毕功,期以二月末先往河南。帝王巡守,自古有之,以淮右多隙地,欲校猎其间,从兵不逾万人。况朕祖宗陵庙在此,安能久于彼乎。汝等归告汝主,令有司宣谕朕意,使淮南之民无怀疑惧。”庚子,诏自中都至河南府所过州县调从猎骑士二千。辛丑,杀蒲察阿虎迭女义察。义察,庆宜公主出幼鞠宫中,上屡欲纳之,太后不可。至是,以罪杀之。

二月乙巳,杖卫王襄之妃及左宣徽使许霖。甲寅,以参知政事李通为尚书右丞。己未,禁扈从纵猎扰民。庚申,征诸道水手运战船。癸亥,发中都。丙寅,次安肃州。

三月己卯,改河南北邙山为太平山,称旧名者以违制论。丁亥,将至获嘉,有男子上书言事,斩之,所言莫得闻。癸巳,次河南府,因出猎,幸汝州温汤,视行宫地。自中都至河南,所过麦皆为空。复禁扈从毋辄离次及游赏饮酒,犯者罪皆死,而莫有从者。诏内地诸猛安赴山后牧马,俟秋并发。弟兖之妻乌延氏有罪,赐死。乌延氏之弟南京兵马副都指挥使习泥烈亦以罪诛。

四月丁未,诏百官先赴南京治事,尚书省、枢密院、大宗正府、劝农司、太府、少府皆从行,吏、户、兵、刑部,四方馆,都水监,大理

司官各留一员。以签书枢密院事高景山等为贺宋生日使。戊申,诏
汝州百五十里内州县,量遣商贾赴温汤置市。诏有司移问宋人,蔡、
颍、寿诸州对境创置堡戍者。庚戌,发河南府。契丹不补自山驰下,
伏道左,自陈破东海贼有功,为李惟忠所抑,立命斩之。丁卯,次温
汤。诚扈从毋辄过汝水。上猎,奔鹿突之堕马,呕血数日。遣使征
诸道兵。

五月庚辰,太师、尚书令耨碗温都思忠薨。契丹诸部反,遣右卫
将军萧秃剌等讨之。

六月癸卯,命枢密使仆散师恭、西京留守萧怀忠将兵一万讨契
丹诸部。上自汝州如南京。壬戌,次南京近郊,左丞相张浩率百官
迎谒。是夜,大风,坏承天门鸱尾。癸亥,上备法驾入于南京。

七月丁亥,以左丞相张浩为太傅、尚书令,司徒、大兴尹萧玉为
尚书左丞相,吏部尚书白彦恭为枢密副使,枢密副使纥石烈志宁为
开封尹,安武军节度使徒单贞为御史大夫。己丑,赐从驾、从行、从
军及千户谋克钱帛。大括天下骡马。杀亡辽耶律氏、宋赵氏子男凡
百三十余人。

八月壬寅,单州贼杜奎据城叛,遣都点检耶律湛、右骁骑副都
指挥使大盘讨之。以枢密副使白彦恭为北面兵马都统,开封尹纥石
烈志宁副之,中都留守完颜毅英为西北面兵马都统,西北路招讨使
唐括孛古的副之,讨契丹。癸丑,以谏伐宋弑皇太后徒单氏于宁德
宫,仍命即宫中焚之,弃其骨水中,并杀其侍婢等十余人。癸亥,杀
右卫将军萧秃剌、护卫十人长斡卢保,族枢密使仆散师恭、北京留
守萧赜、西京留守萧怀忠,杖尚书令张浩、左丞相萧玉。以太常博士
张崇为高丽生日使,萧谊忠为夏国生日使。甲子,封所幸太后侍婢
高福娘为郧国夫人。

九月庚午朔,以太保、判大宗正事昂为枢密使,太保如故。戊
子,杀前寿州刺史毛良虎。

庚寅,大名府贼王九据城叛,众至数万。所至盗贼蜂起,大者连
城邑,小者保山泽,或以十数骑张旗帜而行,官军莫敢近。上又恶闻

盗贼事,言者辄罪之。

上自将三十二总管兵伐宋,进自寿春。以太保、枢密使昂为左领军大都督,尚书右丞李通副之,尚书左丞纥石烈良弼为右领军大都督,判大宗正乌延蒲卢浑副之,御史大夫徒单贞为左监军,同判大宗正事徒单永年为右监军,左宣徽使许霖为左都监,河南尹蒲察斡论为右都监,皆从。工部尚书苏保衡为浙东道水军都统制,益都尹郑家副之,由海道径趋临安。太原尹刘萼为汉南道行营兵马都统制,济南尹仆散乌者副之,进自蔡州。河中尹徒单合喜为西蜀道行营兵马都统制,平阳尹张中彦副之,由凤翔取散关,驻军以俟后命。武胜、武平、武捷三军为前锋。徒单贞别将兵二万入淮阴。

甲午,上发南京,诏皇后及太子光英居守,尚书令张浩、左丞相萧玉、参知政事敬嗣晖留治省事。丙申,太白昼见。将士自军中亡归者相属于道。曷苏馆猛安福寿、东京谋克金住等始授甲于大名,即举部亡归,从者众至万余,皆公言于路曰:“我辈今往东京,立新天子矣。”

十月乙巳,阴迷失道,二鼓始达营所。丙午,庆云见。

东京留守曹国公乌禄即位于辽阳,改元大定,大赦。数海陵过恶:弑皇太后徒单氏,杀太宗及宗翰、宗弼子孙及宗本诸王,毁上京宫室,杀辽豫王、宋天水郡王、郡公子孙等数十事。

丁未,大军渡淮,将至庐州,获白鹿,以为武王白鱼之兆。汉南道刘萼,取通化军、蒋州、信阳军。徒单贞败宋将王权于盱眙,进取扬州。前锋军至段寨,宋戍兵皆遁去,败宋兵于蔚子桥,败宋兵于巢县,斩二百级,至和州。王权夜以兵千余来袭,射却之。翼日,雨。宋人夜焚其积聚遁去。诘旦追之,宋人逆战,猛安韩棠军却,遂失利。温都奥剌奔北,武捷军副总管阿散率猛安谋克力战,却之。王权退保南岸。癸亥,上次和州,阿散等进阶赏赉有差。西蜀道徒单合喜驻散关,宋人攻秦州腊家城、德顺州,克之。浙东道苏保衡与宋人战于海道,败绩,副统制郑家死之。

十一月庚午,左司郎中兀不喝等闻赦,入白东京即位改元事,上拊髀叹曰:"我本欲灭宋后改元大定,岂非天命乎。"出其书示之,即预志改元事也。

以劝农使完颜元宜为浙西道兵马都统制,刑部尚书郭安国副之。上驻军江北。遣武平总管阿邻先渡江至南岸,失利。上还和州,遂进兵扬州。甲午,会舟师于瓜洲渡,期以明日渡江。乙未,浙西兵马都统制完颜元宜等军反,帝遇弑,崩,年四十。

海陵在位十余年,每饰情貌以御臣下。却尚食进鹅以示俭,及游猎顿次不时需索,一鹅一鹑,民间或用数万售之,有以一牛易一鹑者。或以弊衾覆衣,以示近臣;或服补缀,令记注官见之。或取军士陈米饭与尚食同进,先食军士饭几尽。或见民车陷泥泽,令卫士下挽,俟车出然后行。与近臣燕语,辄引古昔贤君以自况。显责大臣,使进直言。使张仲轲辈为谏官,而祁宰竟以直谏死。比昵群小,官赏无度,左右有旷僚者,人或以名呼之,即授以显阶。常置黄金裀褥间,有喜之者,令自取之。而淫婪不择骨肉,刑杀不问有罪。至营南京宫殿,运一木之费至二千万,牵一车之力至五百人。宫殿之饰,遍傅黄金而后间以五采,金屑飞空如落雪。一殿之费以亿万计,成而复毁,务极华丽。其南征造战舰江上,毁民庐舍以为材,煮死人膏以为油,殚民力如马牛,费财用如土苴,空国以图人国,遂至于败。

都督府以其枢置之南京班荆馆。大定二年,降封为海陵郡王,谥曰炀。二月,世宗使小底娄室与南京官迁其枢于宁德宫。四月,葬于大房山鹿门谷诸王兆域中。二十年,熙宗既祔庙,有司奏曰:"炀王之罪未正。准晋赵王伦废惠帝自立,惠帝反正,诛伦,废为庶人,炀帝罪恶过于伦,不当有王封,亦不当在诸王茔域。"乃诏降为海陵庶人,改葬于山陵西南四十里。

赞曰:海陵智足以拒谏,言足以饰非。欲为君则弑其君,欲伐国则弑其母,欲夺人之妻则使之杀其夫。三纲绝矣,何暇他论。至于屠灭宗族,剪刈忠良,妇姑姊妹尽入嫔御。方以三十二总管之兵图一天下,卒之戾气感召,身由恶终,使天下后世称无道主以海陵为首。可不戒哉，可不戒哉。

金史卷六
本纪第六

世宗上

　　世宗光天兴运文德武功圣明仁孝皇帝,讳雍,本讳乌禄,太祖孙,睿宗子也。母曰贞懿皇后李氏。天辅七年癸卯岁,生于上京。体貌奇伟。美须髯,长过其腹,胸间有七子如北斗形。性仁孝,沉静明达。善骑射,国人推为第一,每出猎,耆老皆随而观之。

　　皇统间,以宗室子例授光禄大夫,封葛王,为兵部尚书。天德初,判会宁牧。明年,判大宗正事,改中京留守,俄改燕京,未几,为济南尹。贞元初,为西京留守,三年,改东京,进封赵王。正隆二年,例降封郑国公,进封卫国。三年,再任留守,徙封曹国。六年五月,居贞懿皇后丧。一日方寝,有红光照室,及黄龙见寝室上。又尝夜有大星流入留守第中。是岁,东梁水涨溢,暴至城下,水与城等,决女墙石罅中流入城,湍激如涌,城中人惶骇,上亲登城,举酒酹之,水退。

　　海陵南伐,天下骚动。是时,籍契丹部人丁壮为兵,部人不愿行,以告使者,使者燥合畏海陵不以告,部人遂反。至是,咸平府谋克括里攻陷韩州,据咸平,将犯东京。

　　八月,起复东京留守。婆速路兵四百来会讨括里,复得城中子弟愿为兵者数百人。帝舅兴中少尹李石以病免,家居辽阳。戊午,发东京,以石主留务。贼觇者闻鼙鼓声震天,见旌旗蔽野,传言国公兵十万且至,贼众至沈州,遁去。会乌延查剌等败贼兵,还至常安县,海陵使婆速路总管完颜谋衍来讨贼,以兵属之。

九月,至东京。副留守高存福,其女在海陵后宫,海陵使存福伺起居。适以造兵器余材造甲数十,存福宣言,留守何为造甲,密使人以白海陵,遂与推官李彦隆托为击球,谋不利。存福家人以其谋来告,平定知军李蒲速越亦言其事。海陵尝闻上有疾,即使近习来观动静,至是,又使谋良虎图淮北诸王。上知之,心常隐忧。及讨括里还至清河,遇故吏六斤乘传自南来,具言海陵杀其母,杀兄子檀奴、阿里白及枢密使仆散忽土等,又曰“且遣人来害宗室兄弟矣”。上闻之,益惧。及闻存福图己,事且有迹,李石劝上早图之。于是,以议备贼事,召官属会清安寺,彦隆先到,存福累召始来,并于座上执之。是月,复有云来自西,黄龙见云中。

十月辛丑,南征万户完颜福寿、高忠建、卢万家奴等自山东率所领兵二万,完颜谋衍自长安率兵五千皆来附。谋衍即以臣礼上谒。乙巳,诸军入城,共击杀存福等。是夜,诸军被甲环卫皇城。丙午,庆云见,官属诸军劝进。固让良久,于是亲告于太祖庙,还御宣政殿,即皇帝位。以完颜谋衍为右副元帅,高忠建元帅左监军,完颜福寿右监军,卢万家奴显德军节度使。丁未,大赦,改元大定。下诏暴扬海陵罪恶数十事。己酉,犒将士,赐官赏各有差,仍给复三年。会宁、胡里改、速频等路南伐诸军,会尚书省,奏请以从军来者补诸局司承应人及官吏阙员。上曰:“旧人南征者即还,何以处之。必不可阙者,量用新人可也。”辛亥,以利涉军节度使独吉义为参知政事。中都留守、西北面行营都统完颜毅英将兵三万驻归化,以为左副元帅。丁巳,出内府金银器物赡军,吏民出财物佐官用者甚众。壬戌,以前临潢尹晏为左丞相。癸亥,诏谕南京太傅、尚书令张浩。甲子,兴平军节度使张玄素上谒。尚书省奏,正隆军兴之余,进钱粟者宜量授以官,从之。诏遣移剌札八招契丹诸部为乱者。以前肇州防御使神土懑为元帅右都监。

十一月己巳朔,以左丞相晏兼都元帅。辛未,以户部尚书李石为参知政事。己卯,诏调民间马充军用,事毕还主,死者给价。阿琐、璋杀同知中都留守事沙离只，阿璪自称中都留守，璋自称同知留守事，使石家奴等来上表贺。辛巳，以如中都期日诏群臣。壬午，诏中都都转运使左渊曰："凡宫殿张设毋得增置，无役一夫以扰百姓，但谨围禁、严出入而已。"以尚书右司员外郎完颜兀古出为诏谕高丽使。癸未，遣权元帅左都监吾札忽、右都监神士懑、广宁尹仆散浑坦讨契丹诸部。甲申，追尊皇考幽王为皇帝，谥简肃，庙号睿宗，皇妣蒲察氏曰钦慈皇后，李氏曰贞懿皇后。群臣上尊号曰仁明圣孝皇帝。乙酉，追复东昏王帝号，谥武灵，庙号闵宗，诏中外。封子实鲁刺为许王，胡土瓦为楚王。戊子，辞谒太祖庙及贞懿皇后园陵。己丑，如中都。次小辽口。使中都留守宗宪先往。壬辰，次梁鱼务。枢密副使，北面行营都统白彦敬、南京留守北面行营副统纥石烈志宁以所统军数来上。安武军节度使爽来归。乙未，完颜元宜等弑海陵于扬州。丙申，次义州。丁酉，宋人破陕州，防御使折可直降，同知防御使事李柔立死之。

十二月乙卯，次三河县，左副元帅完颜豰英来朝。丙辰，次通州，延安尹唐括德温来朝。丁巳，至中都。戊午，谒太祖庙。己未，御贞元殿，受群臣朝。庚申，以元帅左监军高忠建等为报谕宋国使，壬戌。诏军士自东京扈从至京师者复三年。同知河间尹高昌福上书陈便宜，上览之再三。诏内外大小职官陈便宜。丙寅，诏左副元帅完颜豰英规措南边及陕西等路事。

二年正月戊辰朔，日有食之。伐鼓用币。上彻乐减膳，不视朝。庚午，上谓宰相曰："进贤退不肖，宰相之职也。有才能高于己者，或惧其分权，往往不肯引置同列，朕甚不取，卿等毋以此为心。"以前翰林学士承旨致仕瞿永固为尚书左丞，济南尹仆散忠义为右丞。都统斜哥、副统完颜布辉坐擅易置中都官吏，斜哥除名，布辉削两阶，罢之。辛未，御太和殿，宴百官，宗戚命妇赐赍有差。壬申，敕御史台检察六部文移，稽而不行，行而失当，皆举劾之。甲戌，除迎赛神佛禁令。乙亥，如大房山。丙子，献享山陵，礼毕，欲猎而还，左丞相晏等谏曰："边事未宁,不宜游幸。"戊寅,还宫。因谕晏等曰："朕常慕古之帝王,虚心受谏。卿等有言即言,毋缄默以自便。"辛巳,以兵部尚书可喜等谋反,伏诛,诏中外。是日,赐扈从猛安谋克甲士下至阿里喜有差。遣左副点检蒲察阿孛罕等赏赍河南将士。以前劝农使移剌元宜为御史大夫。诏前工部尚书苏保衡、太子少保高思廉振赐山东百姓粟帛,无妻者具姓名以闻。庚寅,行纳粟补官法。遣右副元帅完颜谋衍率师讨萧窝斡。壬辰,上谓宰执曰："朕即位未半年,可行之事甚多,近日全无敷奏。朕深居九重,正赖卿等赞襄,各思所长以闻,朕岂有倦息。"癸巳,太白昼见。甲午,上谓宰执曰："卿等当参民间利害,及时事之可否,以时敷奏不可公余辄从自便优游而已。"命河北、山东、陕西等路征南步军并放还家。咸平、济州军二万入屯京师。丙申,以西南路招讨使完颜思敬、兵部尚书阿邻督北边将士。

二月己亥,前翰林待制大颖以言盗贼忤海陵,杖而除名,起为秘书丞。补阙马钦以谄事海陵得幸,除名。庚子,诏前户部尚书梁铼、户部郎中耶律道安抚山东百姓。招谕盗贼或避贼及避徭役在他所者,并令归业,及时农种,无问罪名轻重,并与原免。壬寅,太傅、尚书令张浩来见。癸卯,以上初即位,遣辽阳主簿石抹移迭、东京曲院都监移剌葛补招契丹叛人,为白彦敬、纥石烈志宁所害,并赠镇国上将军,令其家各食五品俸,仍收录其子。甲辰,以张浩为太师,尚书令如故,御史大夫移剌元宜为平章政事。辛亥,定世袭猛安谋克迁授格。壬子,以太保、左领军大都督奔睹为都元帅,太保如故。癸丑,诏降萧玉、敬嗣晖、许霖等官,放归田里。甲寅,复用进士为尚书省令史。丙辰,嵩州刺史石抹术突剌等败宋兵于寿安县。丁巳,郑州防御使蒲察世杰取陕州。甲子,诏都元帅奔睹开府山东,经略边事。泽州刺史特末哥及其妻高福娘伏诛。

闰月甲戌,上谓宰臣曰："此闻外议言,奏事甚难。朕于可行者未尝不从。自今敷奏勿有所隐,朕固乐闻之。"戊子,上谓宰臣曰："臣民上书者,多敕尚书省详阅,而不即具奏,天下将谓朕徒受其言而不行也。其亟条具以闻。”庚寅，诏平章政事移剌元宜泰州路规措边事。辛卯，太和、厚德殿火。乙未，尚书兵部侍郎温敦术突剌等与窝斡战，败于胜州。

三月癸卯，参知政事独吉义罢。元帅左都监徒单合喜败宋将吴璘于德顺州。甲辰，追削李通官职。乙巳，免南京正隆丁夫贷役钱。辛亥，以廉平诚谕中外官吏。癸亥，诏河南、陕西、山东，昨因捕贼，良民被虏为贼者，厘正之。

四月己巳，右副元帅完颜谋衍等败窝斡于长泺。辛未，降废帝亮为海陵郡王。乙亥，诏减御膳及宫中食物之半，夏国遣使来贺即位，及进方物，及贺万春节。右副元帅完颜谋衍复败窝斡于霜淞河。辛巳，宴夏使贞元殿。故事，外国使三节人从皆坐庑下赐食。上察其食不精腆，曰：“何以服远人之心。”掌食官皆杖六十。癸未，夏使朝辞，乞互市，从之。己丑，以左丞相晏为太尉。壬辰，诏征契丹部将士曰：“应契丹与大军未战而降者，不得杀伤，仍安抚之；后招诱来降者，除奴婢以已虏为定，其亲属使各还其家，仍官为赎之。”

五月丁酉朔，以曷速馆节度使白彦敬为御史大夫。戊戌，遣元帅左监军高忠建会北征将帅讨契丹。己亥，以临海军节度使纥石烈志宁为元帅右监军。右副元帅完颜谋衍、元帅右监军完颜福寿坐逗遛，召还京师，皆罢之。壬寅，立楚王允迪为皇太子，诏中外。丁巳，押军万户裴满按剌、猛安移剌沙里剌败宋兵于华州。

六月戊辰，命御史大夫白彦敬西北路市马。庚午，以尚中右丞仆散忠义为平章政事兼右副元帅，经略契丹。诏出内府金银给征丹军用。戊寅，诏居庸关、古北口讥察契丹奸细，捕获者加官赏。己卯，诏守御古北口及石门关。庚辰，宋遣使贺即位。壬午，右副元帅仆散忠义与窝斡战于花道。戊子，以南京留守纥石烈良弼为尚书右丞。庚寅，右副元帅仆散忠义大败窝斡于袅岭西陷泉，获其弟袅。壬辰，以西南路招讨使完颜思敬为元帅右都监。

七月丁酉，复取原州。丙午，宋主传位于子眘。甲寅，诏谕契丹。丁巳，速频军士术里古等诬完颜谋衍子斜哥寄书其父谋反，并以其书之上。上览书曰："此诬也,止讯告者。"讯之,果诬也。术里古伏诛。庚申,太尉、尚书左丞相晏致仕。壬戌,诏发济州会宁府军在京师者,以五千人赴北京都统府。陕西都统璋败宋将吴璘于张义堡。

八月乙丑朔,奚抹白谋克徐列等降。左监军高忠建破奚于栲栳山,及招降旁近奚六营,有不降者,攻破之,尽杀其男子,以其妇女童孺分给诸军。丁卯,永兴县进嘉禾。壬申,万户温迪罕阿鲁带与奚战于古北口,败焉,诏同判大宗正事完颜谋衍等御之。癸酉,上谓宰臣曰："百姓上书陈时政,其言犹有所补。卿等位居机要,略无献替,可乎。夫听断狱讼,簿书期会,何人不能!唐、虞之圣,犹务兼览博照,乃能成治。正隆专任独见,故取败亡。朕早夜孜孜,冀闻谠论,卿等宜体朕意。"诏"百司官吏,凡上书言事或为有司所抑,许进表以闻,朕将亲览,以观人材优劣"。夏国遣使贺尊号。丁丑,免齐国妃、韩王亨、枢密忽土、留守赜等家亲属在宫籍者。诏元帅右都监完颜思敬以所部军与大军会讨窝斡。乙酉,诏左谏议大夫石琚、监察御史冯仲尹廉察河北东路。丁亥,诏御史台曰："卿等所劾,惟诸局行移稽缓,及缓于赴局者耳,此细事也。自三公以下,官僚善恶邪正,当审察之。若止理细务而略其大者,将治卿等罪矣。"契丹老和尚降。辛卯,罢诸关征税。

九月甲午朔,完颜谋衍擒奚猛安合住。元帅左都监徒单合喜大败宋将吴璘于德顺州。乙未,诏尚书右丞纥石烈良弼以便宜招抚奚、契丹之叛者。庚子,元帅右都监完颜思敬获契丹窝斡,余众悉平。以尚书左司员外郎完颜正臣为夏国生日使。壬寅,猎于近郊。乙巳,以移剌窝斡平,诏中外。庚戌,改葬睿宗皇帝。壬子,以元帅右都监完颜思敬为右副元帅。戊午,诏思敬经略南边。辛酉,奉迁睿宗皇帝梓宫于盘宁宫。癸亥,元帅左监军徒单合喜等败宋兵于德顺州。河南统军使宗尹复取汝州。

十月丁卯,以左副元帅完颜毅英为平章政事。戊辰,如山陵,谒睿宗皇帝梓宫,哭尽哀。平章政事、右副元帅仆散忠义等还自军,上谒。丙戌,以仆散忠义为尚书右丞相、元帅左监军纥石烈志宁为左副元帅。戊子，葬睿宗皇帝于景陵，大赦。己丑，诏左副元帅纥石烈志宁经略南边。壬辰，华州防御使蒲察世杰、丹州刺史赤盏胡速鲁改败宋兵于德顺州。

十一月癸巳朔，诏右丞相仆散忠义伐宋。丁酉，第职官，廉能、污滥、不职各为三等而黜陟之。

十二月乙酉，遣尚书刑部侍郎刘仲渊等廉察宣谕东京、北京等路。

三年正月壬辰朔，高丽、夏遣使来贺。庚子，太白昼见。壬子，遣客省使乌居仁赏劳河南军士。癸丑，复取德顺州。

二月甲子，诏太子少詹事杨伯雄等廉问山西路。庚午，上谓宰相曰："滦州饥民，流散逐食，甚可矜恤。移于山西富民赡济，仍于道路计口给食。"壬申，诏抚谕陕西。庚辰，太保、都元帅奔睹薨。丙戌，赵景元等以乱言伏诛。庚寅，高丽、夏遣使来贺万春节。高丽遣使贺即位。东京僧法通以妖术乱众，都统府讨平之。

三月丙申，中都以南八路蝗，诏尚书省遣官捕之。壬寅，诏户部侍郎魏子平等九人，分诣诸路猛安谋克劝农及廉问。诏临潢汉民逐食于会宁府济、信等州。庚戌，诏免去年租税。

四月辛酉朔，右副元帅完颜思敬薨。丁卯，平章政事完颜彀英、御史大夫白彦敬罢。以参知政事李石为御史大夫。丁丑，诏吏犯赃罪，虽会赦不叙。己卯，以引进使韩纲为横赐高丽使。乙酉，赈山西路猛安谋克贫民，给六十日粮。是月，取商、虢、环州，宋所侵一十六州至是皆复。

五月辛卯朔，右丞相仆散忠义朝京师。乙未，以重五，幸广乐园射柳，命皇太子、亲王、百官皆射，胜者赐物有差。上复御常武殿，赐宴击球。自是岁以为常。丙申，宋人攻破灵璧、虹县。己亥，罢河南、山东、陕西统军司，置都统、副统。以太子詹事完颜守道从皇太子，上召谕守道曰："卿任执政，所责非轻，自今毋从行。"辛丑，以右丞相仆散忠义兼都元帅。癸卯，仆散忠义还军。河南路都统奚挞不也

叛入于宋。丙午，宋人攻破宿州。辛亥，更定出征军逃亡法。尚书
省请籍天德间被诛大臣诸奴隶及从窝斡乱者为军。上以四方甫定，
民意稍苏，而复签军，非长策，不听。癸丑，诏谕契丹余党蒲速越等，
如能自新，并释其罪。若执蒲速越父子以来者仍官赏之。左副元帅
纥石烈志宁复取宿州，河南副统孛术鲁定方死于阵。乙卯，以北京
留守完颜思敬复为右副元帅。中都蝗。诏参知政事完颜守道按问
大兴府捕蝗官。

　　六月庚申朔，日有食之。以刑部尚书苏保衡为参知政事。丙子，
诏曰："正隆之末，济州路逃回军士为中都官军所邀杀者，官为收
葬。"己卯，观稼于近郊。甲申，太师、尚书令张浩罢。以宿直将军阿
勒根和衍为横赐夏国使。

　　七月庚戌，太白昼见。以太子太师宗宪为平章政事。以孔总为
袭封衍圣公。

　　八月丙寅，太白经天。庚午，诏曰："祖宗时有劳效未曾迁赏者，
五品以上闻奏，六品以下及无职事者尚书省约量升除。"甲戌，诏参
知政事完颜守道招抚契丹余党。戊寅，诏罢契丹猛安谋克，其户分
隶女直猛安谋克。命诸官员年老者，许存马一二匹，余并括买入官。
敕殿前都点检唐括德温："重九出猎，国朝旧俗。今扈从军二千，能
无扰民，可严为约束，仍以钱万贯分赐之。"乙酉，如大房山。丁亥，
荐享于睿陵。戊子，还宫。

　　九月癸巳，以宿直将军仆散习尼列为夏国生日使。丁酉，秋猎。
以重九，拜天于北郊。丙午，诏翰林待制刘仲诲等廉问车驾所经州
县。乙卯，还宫。

　　十月甲子，大享于太庙。丙寅，以许王府长史移剌天佛留为高
丽生日使。癸酉，冬猎。

　　十一月庚寅，太白昼见，经天。壬辰，还都，戊申，诏"求仕官辄
入权要之门，追一官，仍降除。以请求有所馈献及受之者，具状奏
裁"。庚戌，百官请上尊号，不允。诏"中都、平州及饥荒地并经契丹
剽掠，有质卖妻子者，官为收赎"。壬子，尚书左丞翟永固罢。癸丑，

罢贡金线段匹。甲寅,以尚书右丞纥石烈良弼为左丞,吏部尚书石
琚为参知政事。

十二月丁丑,腊,猎于近郊,以所获荐山陵。自是岁以为常。诏
流民未复业,增限招诱。己卯,参知政事苏保衡至自军,辛巳,以为
尚书右丞。

四年正月丁亥朔,高丽、夏遣使来贺。戊子,罢路府州元日及万
春节贡献。上谓侍臣曰:"秦王宗翰有功于国,何乃无嗣?"皆未知所
对。上曰:"朕尝闻宗翰在西京坑杀丐者千人,得非其报耶。"癸巳,
百官复请上尊号,不允。丁酉,如安州春水。壬寅,至安州,大雪。诏
扈从人舍民家者,人日支钱一百与其主。甲辰,元帅府言"宋遣审议
官胡昉致尚书右仆射书,来议和好。以其言失信,拘昉军中,以书答
之。"及以书进,上览之曰:"宋之失信,行人何罪,当即遣还。边事
令元帅府从宜措画。"乙巳,尚书省奏"徐州民曹圭讨贼江志,而子
弼亦在贼中,并杀之。法当补二官,叙杂班。"上以所奏未当,进一
官,正班用之。辛亥,获头鹅,遣使荐山陵,自是岁以为常。

二月丁巳,免安州今年赋役,及保塞县御城边吴二村凡扈从人
尝止其家者,亦复一年。辛酉,猎于高阳之北。庚午,还都。庚辰,
以北京粟价踊贵,诏免今年课甲。

三月丙戌朔,万春节,高丽、夏遣使来贺。诏免北京岁课段匹一
年。庚子,京师地震。壬寅,百官复请上尊号,不允。

四月丁巳,平章政事完颜元宜罢。甲戌,出宫女二十一人。

五月,旱。癸卯,敕有司审冤狱,禁宫中音乐,放球场役夫。乙
巳,诏礼部尚书王竞祷雨于北岳。己酉,命参知政事石琚等于北郊
望祭祷雨。壬子,雨。窝斡余党蒲速越伏诛。

六月甲寅朔,日有食之。壬戌,尚书左丞纥石烈良弼至自征南
元帅府。甲子,以雨足,命有司祭谢岳镇海渎于北郊。己巳,幸东宫,
视皇太子疾。庚午,初定祭五岳四渎礼。辛未,观稼于近郊。庚辰,
诏谕元帅府曰:"所请伐宋军万五千,今以骑三千、步四千赴之。"诏

陕西元帅府议入蜀利害以闻。

七月壬辰,故卫王襄妃及其子和尚以妖妄伏诛。庚子,以尚书左丞纥石烈良弼为平章政事。辛丑,大风雷雨,拔木。

八月甲寅朔,诏征南元帅府曰:"前所请收复旧疆,乞候秋凉进发,今已秋凉,复俟何时。"戊午,以参知政事完颜守道为尚书左丞,大兴尹唐括安礼为参知政事。壬申,上谓宰臣曰:"卿每奏皆常事,凡治国安民及朝政不便于民者未尝及也。如此,则宰相之任谁不能之。"己卯,如大房山。辛巳,致祭于山陵。

九月癸未朔,还都。乙酉、上谓宰臣曰:"形势之家,亲识诉讼,请属道达,官吏往往屈法徇情,宜一切禁止。"己丑,上谓宰臣曰:"北京、懿州、临潢等路尝经契丹寇掠,平、蓟二州近复蝗旱。百姓艰食,父母兄弟不能相保,多冒鬻为奴,朕甚悯之。可速遣使阅实其数,出内库物赎之。"乙未,幸鹰房,主者以鹰隼置内省堂上,上怒曰:"此宰相听事,岂置鹰隼处耶。"痛责其人,俾置他所。己亥,以宿直将军乌里雅为夏国生日使。辛亥,以太子少詹事乌古论三合为高丽生日使。

十月癸丑朔,猎于密云县。丙寅,还都。己卯,命泰宁军节度使张弘信等二十四人分路通检诸路物力。

十一月乙酉,征南都统徒单克宁败宋兵,取楚州。己丑,封子永功为郑王。辛卯,冬猎。乙未,诏进师伐宋。戊戌,次河间府。辛丑,尚书省火。甲辰,次清州。

闰月壬子朔,还都。

十二月丁亥,尚书省奏都统高景山取商州。己丑,腊,猎于近郊。辛卯,太白昼见,经天。是岁,大有年。断死罪十有七人。

五年正月辛亥朔,高丽、夏遣使来贺。乙卯,诏泰州、临潢接境设边堡七十,驻兵万三千。己未,宋通问使魏杞等以国书来。书不称"大",称"侄宋皇帝",称名,"再拜奉书于叔大金皇帝"。岁币二十万。辛未,诏中外。复命有司,旱、蝗、水溢之处,与免租赋。癸酉,命元帅府诸新旧军以六万人留戍,余并放还。以宋国岁币悉赏诸军。

二月壬午,以左副都点检完颜仲等为宋报问使。壬寅,罢纳粟补官令。戊申,万春节,宋、高丽、夏遣使来贺。

三月壬申,群臣奉上尊号曰应天兴祚仁德圣孝皇帝,诏中外。

四月癸卯,西京留守寿王京谋反,狱成,特免死,杖之,除名,岚州安置。乙巳,右副元帅完颜思敬罢。丁未,右丞相、都元帅仆散忠义还自军。

五月壬子,左副元帅纥石烈志宁以召入见。丁巳,以仆散忠义为尚书左丞相,纥石烈志宁为平章政事,还军。乙丑,以平章政事宗宪为尚书右丞相。癸酉,罢山东路都统府,以其军各隶总管府。

六月甲辰,芝产大安殿柱。丙午,京师地震,雨毛。

七月戊申朔,京师地复震。罢陕西都统府,复置统军司京兆,徙陕西元帅府河中。

八月己卯,前宿州防御使乌林答刺撒以与宋李世辅交通,伏诛。癸巳,宋、夏遣使贺尊号。

九月丁未朔,以吏部尚书高衎等为贺宋生日使。戊申,秋猎。庚戌,以宿直将军术虎蒲查为夏国生日使。甲戌,还都。

十月丁丑朔,地震。辛巳,以大宗正丞璋为高丽生日使。乙未,冬猎。辛丑,还都。

十一月丙午朔,上谓宰臣曰"朕在位日浅,未能遍识臣下贤否,全赖卿等尽公举荐。今六品以下殊乏人材,何以副朕求贤之意。"癸丑,幸东宫。戊午,以右副都点检乌古论粘没曷为贺宋正旦使。癸亥,立诸路通检地土等第税法。癸酉,大雾,昼晦。

十二月己丑,猎于近郊。高丽遣使贺尊号。

六年正月丙午朔,宋、高丽、夏遣使来贺。庚午,敕有司,宫中张设毋以涂金为饰。

二月丁亥,尚书左丞相兼都元帅沂国公仆散忠义薨。壬寅,万春节,宋、高丽、夏遣使来贺。

三月甲寅,上如西京。庚申,次归化州,西京留守唐括德温上谒。戊辰,至西京。庚午,朝谒太祖庙。壬申,击球,百姓纵观。

四月甲戌朔,诏月朔禁屠宰。戊戌,以尚书右司郎中移剌道为横赐高丽使,宿直将军斜卯掴剌为横赐夏国使。辛丑,太白昼见。

五月戊申,幸华严寺,观故辽诸帝铜像,诏主僧谨视之。壬子,诏云中大同县及警巡院给复一年。壬戌,诏将幸银山,诸扈从军士赐钱五万贯,有敢损苗稼者,并偿之。

六月辛巳,太白昼见。经天,丙戌,发自西京。庚子,猎于银山。

七月辛酉,次三叉口。

八月辛未朔,次凉陉。庚辰,猎于望云之南山。

九月辛丑朔,至自西京。丁未,以户部尚书魏子平为贺宋生日使。辛亥,以翰林待制移剌熙载为夏国生日使。泽州刺史刘德裕等以盗用官钱伏诛。壬子,太白昼见。癸丑,尚书右丞相宗宪薨。丙辰,太白昼见,经天。

十月己卯,以尚书兵部侍郎移剌按答为高丽生日使。甲申,朝享于太庙。诏免雄、莫等州今年租。壬辰,太白昼见,经天。丁酉,如安肃州,冬猎。

十一月丙午,还都。癸丑,以右副都点检乌古论元忠为贺宋正旦使。上谓宰臣曰:"朝官当慎选其人,庶可激励其余,若不当,则启觊觎之心。卿等必知人才优劣,举实才用之。"庚申,太白昼见,经天。丁卯,参知政事右琚以母忧罢。

十二月甲戌,诏有司,每月朔望及上七日毋奏刑名。戊子,太白昼见,经天。甲午,泰州民合住谋反,伏诛。丙申,以平章政事纥石烈良弼为尚书右丞相,纥石烈志宁为枢密使。

七年正月庚子朔,宋、高丽、夏遣使来贺。辛亥,石琚起复参知政事。壬子,上服衮冕,御大安殿,受尊号册宝礼。癸丑,大赦。庚申,以元帅左监军徒单合喜为枢密副使。

二月庚寅，尚书右丞苏保衡薨。丙申，以参知政事石琚为尚书右丞。

三月己亥朔，万春节，宋、高丽、夏遣使来贺。

四月戊辰朔，日有食之。壬辰，以御史大夫李石为司徒，大夫如故。

五月丙午，大兴府狱空，诏赐钱三百贯为宴乐之用，以劳之。甲寅，以北京留守耨碗温敦兀带为参知政事。

六月癸酉，命地衣用龙文者罢之。

七月戊申，禁服用金线，其织卖者，皆抵罪。丙辰，幸东宫。己未，幸东宫视皇太子疾。

闰月丁卯，观稼于近郊。戊辰，许王永中进封越王，郑王永功封随王，永成封沈王。甲戌，诏遣秘书监移剌子敬经略北边。戊寅，幸东宫。己卯，庆云环日。壬午，观稼于近郊。戊子，观稼于北郊。

八月辛亥，庆云环日。癸丑，尚书右丞相监修国史纥石烈良弼进《太宗实录》，上立受之。己未，如大房山。壬戌，致祭睿陵。

九月乙丑朔，还宫。己巳，右三部检法官韩赟以捕蝗受赂，除名。诏吏人但犯赃罪，虽会赦，非特旨不叙。以劝农使蒲察莎鲁窝等为贺宋生日使。辛未，参知政事唐括安礼罢。乙亥，以宿直将军唐括鹊鲁为夏国生日使。庚辰，地震。辛巳，以都水监李卫国为高丽生日使。乙酉，秋猎。庚寅，次保州。诏修起居注王天祺察访所经过州县官。

十月乙未朔，上谓侍臣曰：“近闻朕所幸郡邑，曾宴寝堂宇，后皆避之，此甚无谓，可宣谕令仍旧居止。”戊申，还都。丁巳，上谓宰臣曰：“海陵不辨人才优劣，惟徇己欲，多所升擢。朕即位以来，以此为戒，止取实才用之。近闻蠡州同知移剌延寿在官污滥，询其出身，乃正隆时鹰房子。如鹰房、厨人之类，可典城牧民耶？自今如此局分，不得授以临民职任。”以御史中丞孟浩为参知政事。是日，参知政事耨碗温敦兀带薨。辛酉，勅有司于东宫凉楼前增建殿位，孟浩谏曰：“皇太子虽为储贰，宜示以俭德，不当与至尊宫室相侔。”乃罢之。

十一月乙丑朔，上谓宰臣曰："闻县令多非其人，其令吏部察其善恶，明加黜陟。"辛未，以河间尹徒单克宁等为贺宋正旦使。壬申，太白昼见。丁丑，岁星昼见。丁亥，枢密副使徒单合喜罢。

十二月戊戌，东京留守徒单合喜、北京留守完颜谋衍、肇州防御使蒲察通朝辞，赐通金带，谕之曰："卿虽有才，然用心多诈。朕左右须忠实人，故命卿补外。赐卿金带者，答卿服劳之久也。"又顾谓左宣徽使敬嗣辉曰："如卿不可谓无才，所欠者纯实耳。"甲辰，以北京留守完颜思敬为平章政事。是岁，断死囚二十人。

八年正月甲子朔，宋、高丽、夏遣使来贺。乙丑，上谓宰臣曰："朕治天下，方与卿等共之，事有不可，各当面陈，以辅朕之不逮，慎毋阿顺取容。卿等致位公相，正行道扬名之时，苟或偷安自便，虽为今日之幸，后世以为何如。"群臣皆称万岁。辛未，谓秘书监移剌子敬等曰："昔唐、虞之时，未有华饰，汉惟孝文务为纯俭。朕于宫室惟恐过度，其或兴修，即损宫人岁费以充之，今亦不复营建矣。如宴饮之事，近惟太子生日及岁元尝饮酒，往者亦止上元、中秋饮之，亦未尝至醉。至于佛法，尤所未信。梁武帝为同泰寺奴，辽道宗以民户赐寺僧，复加以三公之官，其惑深矣。"庚辰，行皇太子册礼。

二月甲午朔，制子为改嫁母服丧三年。上谕左宣徽使敬嗣辉曰："凡为人臣，上欲要君之恩，下欲干民之誉，必亏忠节，卿宜戒之。"

三月癸亥朔，万春节，宋、高丽、夏遣使来贺。己巳，命以职官子补令史。丁丑，命护卫亲军百户、五十户，非直日不得带刀入宫。己丑，太白昼见。

四月丙午，诏曰："马者军旅所用，牛者农耕之资，杀牛有禁，马亦何殊，其令禁之。"戊申，击球常武殿，司天马贵中谏曰："陛下为天下主，系社稷之重，又春秋高，围猎击球危事也，宜悉罢之。"上曰："朕以示习武耳。"

五月甲子，北望淀太震、风、雨雹，广十里，长六十里。诏户、工两部，自今宫中之饰，并勿用黄金。乙丑，上如凉陉。丁卯，岁星昼见。庚寅，改旺国崖曰静宁山，曷里浒东川曰金莲川。

六月，河决李固渡，水入曹州。

七月甲子，制盗群牧马者死，告者给钱三百贯。戊辰，上谓平章政事完颜思敬等曰："朕思得贤士，寤寐不忘。自今朝臣出外，即令体访外任职官廉能者，及草莱之士可以助治者，具姓名以闻。"甲戌，秋猎。己卯，次三叉口。上谕点检司曰："沿路禾稼甚佳，其扈从人少有蹂践，则当汝罪。"

八月乙卯，至自凉陉。

九月辛酉，上谕尚书右丞石琚、参政孟浩曰："闻蔚州采地薹，役夫数百千人。朕所用几何，而扰动如此。自今差役凡称御前者，皆须禀奏，仍令附册。"癸亥，以右宣徽使移剌神独斡等为贺宋生日使。己巳，以引进使高希甫为夏国生日使。庚午，上幸东宫。癸酉，上谕宰臣曰："卿等举用人材，凡己所知识，必使他人举奏，朕甚不喜。如其果贤，何必以亲疏为避忌也。"以户部尚书魏子平为参知政事。辛巳，上谓御史大夫李石曰："台宪固在分别邪正，然内外百司岂谓无人。惟见卿等劾人之罪，不闻举善。自今宜令监察御史分路刺举善恶以闻。"上尝命左卫将军大盘访求良弓，而盘多自取，护卫娄室以告，上命点检司鞫盘。盘妹为宝林，盘属内侍僧儿言之宝林，宝林以闻，命杖僧儿百，出盘为陇州防御使。

十月己丑朔，以戒谕官吏贪墨，诏中外。乙未，命涿州刺史兼提点山陵，每以朔望致祭，朔则用素，望则用肉。仍以明年正月为首。及命图画功臣于太祖庙，其未立碑者立之。以翰林待制靖为高丽生日使。上谓宰臣曰："海陵时，修起居注不任直臣，故所书多不实。可访求得实，详而录之。"参政孟浩进曰："良史直笔，君举必书，自古帝王不自观史，意正在此。"辛亥，诏罢复州岁贡鹿筋。

十一月乙丑，幸东宫。以同签大宗正事辟合土等为贺宋正旦使。

十二月戊子朔，遣武定軍節度使移剌按等招諭阻䪁。

九年正月戊午朔，宋、高麗、夏遣使來賀。辛酉，上與宣徽使敬嗣暉、秘書監移剌子敬論古今事，因曰：“亡遼日屠食羊三百，亦豈能盡用，徒傷生耳。朕雖處至尊，每當食，常思貧民饑餒，猶在己也。彼身為惡而口祈福，何益之有？如海陵以張仲軻為諫議大夫，何以得聞忠言？朕與大臣論議一事，非正不言，卿等不以正對，豈人臣之道也。庚午，詔諸州縣和糴，毋得抑配百姓。戊寅，契丹外失剌等謀叛，伏誅。丙戌，制漢人、渤海兄弟之妻，服闋歸宗以禮續婚者，聽。

二月庚寅，制妄言邊關兵馬者，徒二年。丙申，詔改葬漢二燕王于城東。庚子，以中都等路水，免稅，詔中外。又以曹、單二州被水尤甚，給復一年。甲寅，詔女直人與諸色人公事相關，只就女真理問。

三月丁巳朔，萬春節，宋、高麗、夏遣使來賀。丁卯，以尚書省定綱捕走獸法，或至徒，上曰：“以禽獸之故而抵民以徒，是重禽獸而輕民命也，豈朕意哉。自今有犯，可杖而釋之。”詔御史中丞移剌道廉問山東、河南。辛未，禁民間稱言“銷金”，條理內舊有者，改作“明金”字。辛巳，以大名路諸猛安民戶艱食，遣使發倉廩減價出之。

四月己丑，謂宰臣曰：“朕觀在位之臣，初入仕時，競求聲譽以取爵位，亦既顯達，即徇默苟容為自安計，朕甚不取。宜宣諭百官，使知朕意。”癸巳，遣翰林修撰蒲察兀虎、監察御史完顏鶻沙分詣河北西路大名、河南、山東等路勸猛安謀克農。

五月丙辰朔，以符寶郎徒單懷貞為橫賜高麗使，宿直將軍完顏賽也為橫賜夏國使。戊辰，尚書省奏越王永中、隨王永功二府有所興造，發役夫。上曰：“朕見宮中竹有枯瘁者，欲令更植，恐勞人而止。二王府各有引從人力，又奴婢甚多，何得更役百姓。爾等但以例為請，海陵橫役無度，可盡為例耶。自今在都浮役，久為例者仍舊，余並官給傭直，重者奏聞。”

六月庚寅，冀州張和等反，伏誅。戊戌，以久旱，命宮中毋用扇。

庚子,雨。

七月乙卯朔,罢东北路采珠。壬申,观稼于近郊。

八月甲申朔,有司奏日食,以雨不见,伐鼓用币如常礼。

九月甲寅朔,以刑部尚书高德基等为贺宋生日使,宿直将军仆散守中为夏国生日使,提点司天台马贵中为高丽生日使。罢皇太子月料,岁给钱五万贯。上谓台臣曰:"比闻朝官内有揽中官物以规货利者,汝何不言?"皆对曰:"不知。"上曰:"朕尚知之,汝有不知者乎。朕若举行,汝将安用。"壬戌,秋猎。

十月丁亥,还都。辛丑,以尚书右丞相纥石烈良弼为左丞相,枢密使纥石烈志宁为右丞相。诏宗庙之祭,以鹿代牛,著为令。丙午,大享于太庙。辛亥,以平章政事完颜思敬为枢密使。

十一月己未,以尚书左丞完颜守道为平章政事,右丞石琚为左丞,参知政事孟浩为右丞。庚申,上幸东宫。辛酉,以京兆尹毅等为贺宋正旦使。壬戌,冬猎。丙子,还都。

十二月丙戌,诏赈临潢、泰州、山东东路、河北东路诸猛安民。以东京留守徒单合喜为平章政事。丁酉,太白昼见。辛丑,猎于近郊。丙午,制职官犯公罪,在官已承伏者,虽去官犹论。

十年正月壬子朔,宋、高丽、夏遣使来贺。甲子,命宫中元宵无得张灯。甲戌,以司徒、御史大夫李石为太尉、尚书令。

二月甲午,安化军节度使徒单子温、副使老君奴以赃罪伏诛。戊申,上谓近臣曰:"护卫以后皆是治民之官,其令教以读书"。

三月壬子朔,万春节,宋、高丽、夏遣使来贺。丙辰,上因命护卫中善射者押赐宋使射弓宴,宋使中五十,押宴者才中其七,谓左右将军曰:"护卫十年出为五品职官,每三日上直,役亦轻矣。岂徒令饱食安卧而已。弓矢不习,将焉用之。"戊午,以河南统军使宗叙为参知政事。庚午,上谓参政宗叙曰:卿昨为河南统军时,言黄河堤埽利害,甚合朕意。朕每念百姓差调,官吏互为奸弊,不早计料,临期星火率敛,所费倍蓰,为害非细。卿既参朝政,皆当革弊,择利行之。”又谕左丞石琚曰：“女直人径居达要，不知闾阎疾苦。汝等自丞簿至是，民间何事不知。凡有利害，宜悉敷陈。”

四月丁酉，制命妇犯奸，不用夫荫以子封者，不拘此法。

五月乙卯，如柳河川。

闰月庚辰，夏国任得敬胁其主李仁孝，使上表请中分其国。上问宰臣李石，石等以为事系彼国，不如许之。上曰：“彼劫于权臣耳。”诏不许，并却其贡物。

七月壬午，秋猎。戊戌，放围场役夫。诏扈从粮食并从官给。乙巳，勒扈从人纵畜牧蹂践禾稼者，杖之，仍偿其直。

八月己未，至自柳河川。壬申，遣参知政事宗叙北巡。

九月庚辰，尚书左丞相纥石烈良弼丁忧，起复如故。壬午，以签书枢密院事移剌子敬为贺宋生日使。庚寅，以户部郎中夹谷阿里补为夏国生日使。

十月己酉，以大宗正丞纠为高丽生日使。甲寅，如霸州，冬猎。乙丑，上谓大臣曰：“此因巡猎，闻固安县令高昌裔不职，已令罢之。霸州司候成奉先奉职谨恪，可进一阶，除固安令。”辛未，上谓宰臣曰：“朕凡论事有未能深究其利害者，卿等宜悉心论列，无为面从而退有后言。”

十一月辛巳，制盗太庙物者与盗宫中物论同。甲申，上幸东宫。丁亥，以太子詹事蒲察蒲速越等为贺宋正旦使。癸巳，夏国以诛任得敬遣使来谢，诏慰谕之。

十二月丙寅，上谓宰臣曰：“比体中不佳，有妨朝事。今观所奏事，皆依条格，殊无一利国之事。若一朝行一事，岁计有余，则其利博矣。朕居深宫。岂能悉知外事，卿等尤当注意。”

十一年正月丙子朔，宋、夏遣使来贺。丁丑，封子永升为徐王，永蹈为滕王，永济为薛王。壬午，诏职官年七十以上致仕者，不拘官品，并给俸禄之半。丙申，命赈南京屯田猛安被水灾者。戊戌，尚书省奏汾阳军节度辰副使牛信昌生日受馈献，法当夺官。上曰：“朝廷行事苟不自正，何以正天下。尚书省、枢密院生日节辰馈献不少，此而不问，小官馈献即加按劾，岂正天下之道。自今宰执枢密馈献亦宜罢去。”上谓宰臣曰：“往岁清暑山西，近路禾稼甚广，殆无畜牧之地，因命五里外乃得耕垦。今闻民皆去之他所，甚可矜悯，其令依旧耕种。事有类此，卿等宜即告朕。”

三月乙亥朔，万春节，宋、夏、遣使来贺。辛巳，命有司以天水郡公旅梓依一品礼葬于巩洛之原。

四月丁未，归德府民臧安儿谋反，伏诛。大理卿李昌图以廉问真定尹徒单贞、咸平尹石抹阿没剌受赃不法，既得罪状，不即黜罢，杖之四十。癸亥，参知政事魏子平罢。高丽国王睍弟皓，废其主自立，诈称让国，遣使以表来上。

五月辛卯，诏遣吏部侍郎靖使高丽问故。癸巳，以南京留守移剌成为枢密副使。

六月己酉，诏曰：“诸路常贡数内，同州沙苑羊非急用，徒劳民尔，自今罢之。朕居深宫，劳民之事岂能尽知，似此当具以闻。”戊午，观稼于近郊。甲子，平章政事徒单合喜薨。

七月甲申，参知政事宗叙薨。

八月癸卯朔，太白昼见。诏朝臣曰：“朕尝谕汝等，国家利便，治体遗阙，皆可直言。外路官民亦尝言事，汝等终无一语。凡政事所行，岂能皆当。自今直言得失，毋有所隐。”乙巳，上谓宰臣曰：“随朝之官，自谓历一考则当得某职，两考则当得某职。第务因循，碌碌而已。自今以外路官与内除者，察其公勤则升用之。但苟简于事，不须任满，便以本品出之。赏罚不明，岂能劝勉。”庚戌，诏曰：“应因窝斡被掠女直及诸色人未经刷放者，官为赎放；隐匿者，以违制论；其年幼不能称说住贯者，从便住坐。”上谓宰臣曰：“五品以下缺员甚多，而难于得人。三品以上朕则知之，五品以下不能知也。卿等曾无一言见举者。欲画久安之计，兴百姓之利，而无良辅佐，所行皆寻常事耳，虽日日视朝，何益之有。卿等宜勉思之。”己巳，以尚书刑部侍郎乌林荅天锡等为贺宋生日使，近侍局使刘琉为夏国生日使。

九月癸未,猎于横山。庚寅,还都。

十月壬寅朔,以左宣徽使敬嗣晖为参知政事。甲寅,上谓宰臣曰:"朕已行之事,卿等以为成命不可复更,但承顺而已,一无执奏。且卿等凡有奏,何尝不从。自今朕旨虽出,宜审而行。有未便者,即奏改之。或在下位有言尚书省所行未便,亦当从而改之,毋拒而不从。"丙寅,尚书左丞相纥石烈良弼进《睿宗实录》。戊辰,上谓宰臣曰:"衍庆宫图画功臣,已命增为二十人。如丞相韩企先,自本朝兴国以来,宪章法度,多出其手。至于关决大政,但与大臣谋议,终不使外人知觉。汉人宰相,前后无比,若褒显之,亦足示劝,慎无遗之。"

十一月丁丑,以西南路招讨使宗宁等为贺宋正旦使。戊寅,幸东宫。上谓皇太子曰:"吾儿在储贰之位,朕为汝措天下,当无复有经营之事。汝惟无忘祖宗纯厚之风,以勤修道德为孝,明信赏罚为治而已。昔唐太宗谓其子高宗曰:'吾伐高丽不克终,汝可继之。'如此之事,朕不以遗汝。如辽之海滨王,以国人爱其子,嫉而杀之,此何理也。子为众爱,愈为美事,所为若此,安有不亡。唐太宗有道之君,而谓其子高宗曰:'尔于李勣无恩。今以事出之,我死,宜即授以仆射,彼必致死力矣。'君人者,焉用伪为。受恩于父,安有忘报于子者乎。朕御臣下,惟以诚实耳。"群臣皆称万岁。丙戌,朝享于太庙。丁亥,有事于圆丘,大赦。癸巳,群臣奉上尊号曰应天兴祚钦文广武仁德圣孝皇帝,乙未,诏中外。

十二月癸卯,冬猎。乙卯,还宫。丙辰,参知政事敬嗣晖薨。辛酉,进封越王永中赵王,随王永功曹王,沈王永成豳王,徐王永升虞王,滕王永蹈徐王,薛王永济滕王。乙丑,赵王永中、曹王永功俱授猛安,仍命永功亲治事以习为政。

金史卷七
本纪第七

世宗中

十二年正月庚午朔，宋、高丽、夏遣使来贺。戊寅，诏有司，"凡陈言文字，皆国政利害，自今言有可行，以其本封送秘书监，当行者录副付所司。"丙申，以水旱，免中都、西京、南京、河北、河东、山东、陕西去年租税。

二月壬寅，上召诸王府长史谕之曰："朕选汝等，正欲劝导诸王，使之为善。如诸王所为有所未善，当力陈之。尚或不从，则具某日行某事以奏。若阿意不言，朕惟汝罪。"丙午，尚书省奏，廉察到同知城阳军事山和尚等清强官，上曰："此辈暗察明访皆著政声，可第其政绩，各进官旌赏。其速议升除。"庚戌，上如顺州春水。癸丑，还都。丙辰，诏"自今官长不法，其僚佐不能纠正又不言上者，并坐之"。户部尚书高德基滥支朝官俸钱四十万贯，杖八十。

三月己巳朔，万春节，宋、高丽、夏遣使来贺。乙亥，诏尚书省，"赃污之官，已被廉问，若仍旧职，必复害民。其遣使诸道，即日罢之。"丁丑，诏遣宿直将军乌古论思列，册封王晧为高丽国王。庚寅，雨土。癸巳，以前西北路招讨使移剌道为参知政事。回纥遣使来贡。丁酉，北京曹贵等谋反，伏诛。

四月，旱。癸卯，尚书右丞孟浩罢。丁巳，西北路纳合七斤等谋反，伏诛。癸亥，以久旱。命祷祠山川。诏宰臣曰："诸府少尹多缺员，当选进士虽资叙未至而有政声者，擢用之。"以宿直将军唐括阿忽里为横赐夏国使。乙丑,大名尹荆王文以赃罪夺王爵,降授德州防御使。回纥使使来贡。丙寅,尚书右丞相纥石烈志宁薨。丁卯,宋、高丽遣使贺尊号。阻䩪来贡。

五月癸酉,上如百花川。甲戌,命赈山东东路胡剌温猛安民饥。丁丑,次阻居。久旱而雨。戊寅,观稼。禁扈从蹂践民田,禁百官及承应人不得服纯黄油衣。癸未,谕宰臣曰:"朕每次舍,凡秣马之具皆假于民间,多亡失不还其主。此弹压官不职,可择人代之。所过即令询问,但亡失民间什物,并偿其值。"乙酉,诏给西北路人户牛。

六月甲寅,如金莲川。

九月丙子,至自金莲川。辛巳,以右副都点检夹谷清臣等为贺宋生日使,右卫将军粘割斡特剌为夏国生日使。丁亥,太白昼见,在日前。鄜州李方等谋反,伏诛。

十月,高丽国王王皓遣使谢封册。乙未,临奠故右丞相纥石烈志宁丧,志宁妻永安县主进铠甲、弓矢、鹰鹘、重采。壬子,召皇太子及赵王永中上殿,上顾谓宰臣曰:"京尝图逆,今不除之,恐为后患。"又曰:"天下大器归于有德,海陵失道,朕乃得之。但务修德,余何足虑。"皇太子及永中皆曰:"诚如圣训。"遂释之。丙辰,以德州防御使文资产赐其兄之子咬住,且谕其母:"文之罪,汝等皆当连坐。念宋王有大功于国,故置不问,仍以家产赐汝子。"

十一月甲戌,上谓宰臣曰:"宗室中有不任官事者,若不加恩泽,于亲亲之道,有所未弘。朕欲授以散官,量予廪禄,未知前代何如?"左丞石琚曰:"陶唐之亲九族,周家之内睦九族,见于《诗》、《书》,皆帝王美事也。"丙子,上以曹国公主家奴犯事,宛平令刘彦弼杖之,主乃折辱令,既深责公主,又以台臣徇势偷安,畏忌不敢言,夺俸一月。以陕西统军使璋为御史大夫。以户部尚书曹望之为贺宋正旦使。壬午,同州民屈立等谋反,伏诛。戊子,上屏侍臣,与宰臣议事,记注官亦退,上曰:"史官记人君善恶,朕之言动及与卿等所议,皆当与知,其于记录无或有隐。可以朕意谕之。"

十二月乙未朔,以济南尹刘蒨在定武军贪墨不道,命大理少卿张九思鞫之。丁酉，诏遣官及护卫二十人。分路选年二十以上四十以下有门地才行及善射者充护卫，不得过百人。冀州王琼等谋反，伏诛。德州防御使文以谋反，伏诛。辛丑，出宫女二十余人。巳酉，枢密副使移剌成罢。辛亥，禁审录官以宴饮废公务。诏金、银坑冶听民开采，毋得收税。癸丑，猎于近郊。以殿前都点检徒单克宁为枢密副使。己未，诏自今除名人子孙有在仕者并取奏裁。

十三年正月乙丑朔，宋、高丽、夏遣使来贺。癸酉，尚书省奏，南客车俊等因榷场贸易，误犯边界，罪当死。上曰："本非故意，可免罪发还，毋令彼国知之，恐复治其罪。"诏有司严禁州县坊里为民害者。

闰月壬子，诏太子詹事曰："东宫官属尤当选用正人，如行检不修及不称职者，具以名闻。"辛酉，太白昼见。洛阳县贼聚众攻卢氏县，杀县令李庭才，亡入于宋。

三月癸巳朔，万春节，宋、高丽、夏遣使来贺。乙卯，上谓宰臣曰："会宁乃国家兴王之地，自海陵迁都永安，女直人浸忘旧风。朕时尝见女直风俗，迄今不忘。今之燕饮音乐，皆习汉风，盖以备礼也，非朕心所好。东宫不知女直风俗，第以朕故，犹尚存之。恐异时一变此风，非长久之计。甚欲一至会宁，使子孙得见旧俗，庶几习效之。"太子詹事刘仲诲请增东宫牧人及张设，上曰："东宫诸司局人自有常数，张设已具，尚何增益。太子生于富贵，易入于侈，惟当导以淳俭。朕自即位以来，服御器物，往往仍旧，卿以此意谕之。

四月己巳，定出继子所继财产不及本家者，以所继与本家财产通数均分制。以有司言，特授洺州孝子刘政太子掌饮丞。乙亥，上御睿思殿，命歌者歌女直词。顾谓皇太子及诸王曰："朕思先朝所行之事，未常暂忘，故时听此词，亦欲令汝辈知之。汝辈自幼惟习汉人风俗，不知女直纯实之风，至于文字语言，或不通晓，是忘本也。汝辈当体朕意。至于子孙，亦当遵朕教诫也。"辛巳，更定盗宗庙祭物法。"

五月壬辰朔，日有食之。戊戌，禁女直人毋得译为汉姓。壬寅，真定尹孟浩薨。甲辰，尚书省奏，邓州民范三殴杀人当死，而亲老无侍。上曰："在丑不争谓之孝，孝然后能养。斯人以一朝之忿忘其身，而有事亲之心乎。可论如法，其亲。官与养济。"

六月，枢密使完颜思敬薨。

七月庚子，复以会宁府为上京。庚戌，罢岁课雉尾。

八月丁卯，以判大兴尹赵王永中为枢密使。诏赐诸猛安谋克廉能三等官赏。己卯，御史大夫璋罢。丙戌，以左副都点检襄等为贺宋生日使。丁亥，秋猎。

九月辛卯朔，以宿直将军胡什赉为夏国生日使。辛亥，还都。大名府僧李智究等谋反，伏诛。

十月乙丑，岁星昼见。丙子，以前南京留守唐括安礼为尚书右丞。

十一月，以大兴尹璋为贺宋正旦使，引进使大洞为高丽生日使。上谓宰臣曰："外路正五品职事多缺员，何也？"太尉李石对曰："资考少有及者。"上曰："苟有贤能，当不次用之。"壬子，吏部尚书梁肃请禁奴婢服罗绮。上曰："近已禁其服明金。行之以渐可也。且教化之行，当自贵近始。朕宫中服御，常自节约，旧服明金者，已减太半矣。近民间风俗，比正隆时闻稍淳俭。卿等当更务从俭素，使民知所效也。"

十四年正月己丑朔，宋、高丽、夏遣使来贺。

二月壬戌，以大兴尹璋使宋有罪，杖百五十，除名，仍以所受礼物入官。丙寅，以刑部尚书梁肃等为宋详问使。庚午，以太尉、尚书令李石为太保，致仕。戊寅，诏免去年被水旱百姓租税。

三月戊子朔，万春节，宋、高丽、夏遣使来贺。甲午，上谓大臣曰："海陵纯尚吏事，当时宰执止以案牍为功。卿等当思经济之术，不可狃于故常也。"又诏，"猛安谋克之民，今后不许杀生祈祭。若遇节辰及祭天日，许得饮会。自二月一日至八月终，并禁绝饮燕，亦不许赴会他所,恐妨农功。虽闲月亦不许痛饮,犯者抵罪。可遍谕之。"
又命,"应卫士有不闲女直语者,并勒习学,仍自后不得汉语。"辛
丑,太白、岁星昼见。甲辰,上更名雍,诏中外。丙辰,太白、岁星昼
见,经天。

四月乙丑,上谕宰臣曰:"闻愚民祈福,多建佛寺,虽已条禁,尚
多犯者,宜申约束,无令徒费财用。"戊辰,有事于太庙,以皇太子摄
行事。乙亥,以劝农副使完颜蒲涅为横赐高丽使。上御垂拱殿,顾
谓皇太子及亲王曰:"人之行,莫大于孝弟,孝弟无不蒙天日之佑。
汝等宜尽孝于父母,友于兄弟。自古兄弟之际,多因妻妾离间,以至
相违。且妻者乃外属耳,可比兄弟之亲乎?若妻言是听,而兄弟相
违,甚非理也。汝等当以朕言常铭于心。"戊子,以枢密副使徒单克
宁兼大兴尹。

五月丙戌朔,详问使梁肃等还自宋。甲午,如金莲川。

六月己未,太白昼见。

八月丁巳,次纠里舌。日中,白龙见御帐东小港中,须臾,乘云
雷而去。癸亥,猎于弥离补。己卯,太白昼见。

九月丁亥,还都。乙未,以兵部尚书完颜让等为贺宋生日使,宿
直将军崇肃为夏国生日使。癸卯,上退朝,谓侍臣曰:"朕自在潜邸
及践阼以至于今,于亲属旧知未尝欺心有徇。近御史台奏,枢密使
永中尝致书,河南统军使完颜仲,托以卖马。朕知而不问。朕之欺
心,此一事耳,夙夜思之,其如有疾。"己酉,宋遣使报聘。

十月乙卯朔,诏图画功臣二十人衍庆宫圣武殿之左右庑。

十一月甲申朔,日有食之。丙申,御史中丞刘仲诲等为贺宋正
旦使。戊戌,召尚食局使,谕之曰:"太官之食,皆民脂膏。日者品味
太多,不可遍举,徒为虚费。自今止进可口者数品而已。"戊申,以仪
鸾局使曹士元为高丽国生日使。

十二月戊寅,以平章政事完颜守道为右丞相,枢密副使徒单克
宁为平章政事。

十五年正月。此下阙。

七月丙午，粘拔恩与所部康里孛古等内附。

九月戊子，至自金莲川。辛卯，高丽西京留守赵位宠叛其君，请以慈悲岭以西，鸭渌江以东四十余城内附，不纳。丙申，幸新宫。

闰月己酉朔，定应禁弓箭枪刀路分品官家奴客旅等许带弓箭制。上谓左丞相良弼曰："今之在官者，须职位称惬所望，然后始加勉力。其或稍不如意，则止以度日为务，是岂忠臣之道耶！"丁巳，又谓良弼曰："海陵时，领省秉德、左丞相言皆有能名，然为政不务远图，止以苛刻为事。言及可喜等在会宁时，一月之间，杖而杀之者二十人，罪皆不至于死，于理可乎？海陵为人如虎，此辈尚欲以术数要之，以至卖直取死，得为能乎。"己未，以归德尹完颜王祥等为贺宋生日使，符宝郎斜卯和尚为夏国生日使。辛酉，高丽国王奏告赵位宠伏诛，诏慰答之。诏亲王、百官兼人所服红紫改为黑紫。甲戌，诏年老之人毋注县令。年老而任从政，其佐亦择壮者参用。

十月乙未，冬猎。丁未，还都。

十一月乙卯，上幸东宫。初，唐古部族节度使移剌毛得之子杀其妻而逃，上命捕之。至是，皇姑梁国公主请赦之。上谓宰臣曰："公主妇人，不识典法，罪尚可恕。毛得请讬至此，岂可贷宥。"不许。戊午，以右宣徽使靖等为贺宋正旦使。甲子，太白昼见。戊辰，以宿直将军阿典蒲鲁虎为高丽生日使。

十六年正月戊申朔，宋、高丽、夏遣使来贺。甲寅，诏免去年被水、旱路分租税。甲子，诏宗属未附玉牒者并与编次。丙寅，上与亲王、宰执、从官从容论古今兴废事，曰："经籍之兴，其来久矣，垂教后世，无不尽善。今之学者，既能诵之，必须行之。然知而不能行者多矣，苟不能行，诵之何益。女直旧风最为纯直，虽不知书，然其祭天地，敬亲戚，尊耆老，接宾客，信朋友，礼意款曲，皆出自然，其善与古书所载无异。汝辈当习学之，旧风不可忘也。"戊辰，宫中火。庚午，上按鹰高桥，见道侧醉人堕驴而卧，命左右扶而乘之，送至其家。辛未，皇姑邀上至私第，诸妃皆从，宴饮甚欢。公主每进酒，上立饮之。

二月庚寅，皇子邺王妃徒单氏以奸，伏诛。己亥，平章政事徒单克宁罢，以女故。

三月丙午朔，日有食之。是日，万春节，改用明日，宋、高丽、夏遣使来贺。戊申，雨豆于临潢之境。戊午，上御广仁殿，皇太子、亲王皆侍膳。上从容训之曰："大凡资用当务节省，如其有余，可周亲戚，勿妄费也。"因举所御服曰："此服已三年未尝更换，尚尔完好，汝等宜识之。"壬申，复置吾都碗部秃里。

四月丙戌，诏京府设学养士，及定宗室、宰相子程试等第。戊子，制商贾舟车不得用马。以东京留守崇尹为枢密副使。壬寅，如金莲川。

五月戊申，南京宫殿火。甲寅，太白昼见。庚申，遣使祷雨静宁山神，有顷而雨。

六月，山东两路蝗。

七月壬子，夏津县令移剌山住坐赃，伏诛。

八月辛巳，次霹雳泺。

九月乙巳，至自金莲川。己酉，谕左丞相纥石烈良弼曰："西边自来不备储蓄，其令所在和籴，以为缓急之备。"癸丑，以殿前都点检蒲察通等为贺宋生日使，宿直将军完颜觌古速为夏国生日使。谕左丞相良弼曰："海陵非理杀戮臣下，甚可哀悯。其字论出等遗骸，仰逐处访求，官为收葬。"辛酉，以南京宫殿火，留守、转运两司官皆抵罪。

十月丙申，诏谕宰执曰："诸王小字未尝以女直语命之，今皆当更易，卿等择名以上。"

十一月壬寅朔，参知政事王蔚罢。尚书省奏，河北东路胡剌温猛安所辖谋克学鲁舍厮，以谋克让其兄子蒲速列，上贤而从之。仍令议加舍厮恩赏。戊午，以同知宣徽院事刘珫等为贺宋正旦使。庚申，以吏部尚书张汝弼为参知政事。甲子，以粘割韩奴之子详古为尚辇局直长,娄室为武器直长。初,韩奴被旨招契丹大石,后不知所终。至是因粘拔恩部长撒里雅寅特斯等来,询知其死节之详,故录其后。遣兵部郎中移剌子元为高丽国生日使。

十二月壬申朔,诏诸科人出身四十年方注县令,年岁大远,今后仕及三十二年,别无负犯赃染追夺,便与县令。丙子,诏诸流移人老病者,官与养济。上谕宰臣曰:"凡已经奏断事有未当,卿等勿谓已行,不为奏闻改正。朕以万岁之繁,岂无一失,卿等但言之,朕当更改,必无吝也。"庚寅,定榷场香、茶罪赏法。

十七年正月壬寅朔,宋、高丽、夏遣使来贺。高丽并表谢不纳赵位宠。丙午,有司奏,高丽所进玉带乃石似玉者,上曰:"小国无能辨识者,误以为玉耳。且人不易物,惟德其物,若复却之,岂礼体耶。"戊申,诏于衍庆宫圣武殿西建世祖神御殿,东建太宗、睿宗神御殿。诏西北路招讨司契丹民户,其尝叛乱者已行措置,其不与叛乱及放良奴隶可徙乌古里石垒部,令及春耕作。尚书省奏,吾都碗部体土胡鲁雅里密斯请入献,许之。庚戌,诏诸大臣家应请功臣号者,既不许其子孙自陈,吏部考功郎其详考其劳绩,当赐号者即以闻。壬子,上谓宰臣曰:"宗室中年高者,往往未有官称。其先皆有功于国,朕欲稍加以官,使有名位可称,如何?"对曰:"亲亲报功,先王之令则。"丁巳,诏朝官嫁娶给假三日,不须申告。壬戌,诏宰臣:"海陵时,大臣无辜被戮家属籍没者,并释为良。辽豫王、宋天水郡王被害子孙,各葬于广宁、河南旧茔。"其后复诏"天水郡王亲属于都北安葬外,咸平所寄骨殖,官为葬于本处。辽豫王亲属未入本茔者,亦迁祔之。"

三月辛丑朔,宋、高丽、夏遣使来贺。辛亥,诏免河北、山东、陕西、河东、西京、辽东等十路去年被旱、蝗租税。赈东京、婆速、曷速馆三路。乙丑,尚书省奏,三路之粟,不能周给。上曰:"朕尝语卿等,遇丰年即广籴以备凶歉。卿等皆言天下仓廪盈溢。今欲赈济,乃云不给。自古帝王皆以蓄积为国家长计,朕之积粟,岂欲独用之耶。今既不给,可于邻道取之以济。自今预备,当以为常。"

四月甲戌,制世袭猛安谋克若出仕者,虽年未及六十,欲令子孙袭者,听。戊寅,谕宰臣曰:"郡县之官虽以罪解,一二岁后,亦须再用。猛安谋克皆太祖创业之际于国勤劳有功之人,其世袭之官,不宜以小罪夺免。"戊子,以滕王府长史徒单乌者为横赐高丽使。

五月,尚书省奏,定皇家祖免以上亲燕飨班次,并从唐制。癸卯,幸姚村淀,阅七品以下官及宗室子、诸局承应人射柳,赏有差。

六月己卯,谓宰臣曰:"朕年老矣。恐因一时喜怒,处置有所不当,卿等即当执奏,毋为面从,成朕之失。"乙未,以英王爽之子思列为忠顺军节度副使。爽入谢,上曰:"朕以卿疾故,特任卿子,所冀卿因喜而愈也。欲即加峻授,恐思列年幼,未闲政事。汝当训之,使有善可观,更当升擢。

七月壬子,尚书省奏,岁以羊三万赐西北路戍兵,上问如何运致,宰臣不能对。上曰:"朕虽退朝,留心政务,不遑安宁。卿等勿谓细事非帝王所宜问,以卿等于国家之事未尝用心,故问之耳。"是月大雨,河决。

八月己巳,观稼于近郊。壬申,以监察御史体察东北路官吏,辄受讼谍,为不称职,笞之五十。庚辰,上谓宰臣曰:"今之在官者,同僚所见,事虽当理,必以为非,意谓从之则恐人谓政非己出。如此者多,朕甚不取。今观大理寺所断,虽制有正条,理不能行者别具情见,朕惟取其所长。夫为人之理,他人之善者从之,则可谓善矣。"壬午,上谓宰臣曰:"今在下僚岂无人材,但在上者不为汲引,恶其材胜己故耳。"丙戌,上谓御史中丞纥石烈邈曰:"台臣纠察吏治之能否,务去其扰民,且冀其得贤也。今所至辄受讼谍,听其妄告,使为政者如何则可也。"

九月丁酉朔,日有食之。辛丑,封子永德,为薛王。以右副都点检完颜习尼烈等为贺宋生日使。癸卯,以兵部郎中石抹忽土为夏国生日使。戊申,秋猎。庚戌,岁星、荧惑、太白聚于尾。甲子,还都。

十月己巳,夏国进百头帐,诏却之境上。癸酉,有司奏,"衍庆宫所画功臣二十人,惟五人有谥,今考检余十五人功状,拟定谥号以进。"诏可。诏以羊十万付乌古里石垒部畜牧,其滋息以予贫民。丁丑,制诸猛安,父任别职,子须年二十五以上方许承袭。辛巳,上谓宰臣曰:"今在位不闻荐贤何也。昔狄仁杰起自下僚,力扶唐祚,使既危而安,延数百年之永。仁杰虽贤,非娄师德何以自荐乎。"癸未,更护送罪人逃亡制。上谓宰臣曰:"近观上封章者,殊无大利害。且古之谏者既忠于国,亦以求名;今之谏者为利而已。如户部尚书曹望之、济南尹梁肃皆上书言事,盖觊觎执政耳。其于国政竟何所补?达官如此,况余人乎。昔海陵南伐,太医使祁宰极谏,至戮于市,此本朝以来一人而已。"丁亥,上命宰臣曰:"监察御史田忠孺尝上书言事,今当升擢,以励其余。"

十一月戊戌,以南京留守徒单克宁为平章政事。庚戌,上谓宰臣曰:"朕常恐重敛以困吾民,自今诸路差科之烦细者,亦具以闻。"有司奏,夏国进御帐使因边臣恳求进入,乃许之。以尚书左丞石琚为平章政事。丙辰,以延安尹完颜蒲刺睹等为贺宋正旦使。

十二月戊辰,以渤海旧俗男女婚娶多不以礼,必先攘窃以奔,诏禁绝之,犯者以奸论。以宿直将军仆散怀忠为高丽生日使。己巳,太白昼见。壬申,以尚书右丞唐括安礼为左丞,殿前都点检蒲察通为右丞。上谓宰执曰:"朕今年已五十有五。若年逾六十,虽欲有为,而莫之能矣。宜及朕之康强,其女直人猛安谋克及国家政事之未完,与夫法令之未一者,宜皆修举之。凡所施行,朕不为怠。"

十八年正月丙申朔,宋、高丽、夏遣使来贺。壬寅,定杀异居周亲奴婢、同居卑幼,辄杀奴婢及妻无罪而辄殴杀者罪。庚戌,修起居注移剌杰上书言:"每屏人议事,虽史官亦不与闻,无由纪录。"上以问平章政事石琚、左丞唐括安礼,对曰:"古者,天子置史官于左右,言动必书,所以儆戒人君,庶几有所畏也。"庚申,免中都、河北、河东、山东、河南、陕西等路前年被灾租税。壬戌,如春水。

二月丙寅朔,次管庄。丙子,次华港。己丑,还宫。

三月乙未朔，万春节，宋、高丽、夏遣使来贺。乙巳，命戍边女直人遇祭祀、婚嫁、节辰许自造酒。丁未，上谓宰执曰：“县令之职最为亲民，当得贤材用之。迩来犯法者众，殊不闻有能者。比在春水，见石城、玉由两县令，皆年老，苟录而已。畿甸尚尔，远县可知。”平章政事石琚对曰：“良乡令焦旭、庆都令李伯达皆能吏，可任。”上曰：“审如卿言，可擢用之。”己酉，禁民间无得创兴寺观。献州人殷小二等谋反，伏诛。

四月己巳，上谓宰臣曰：“朕巡幸所至，必令体访官吏臧否。向玉田知主簿石抹杳乃能吏也，可授本县令。”己丑，以太子左赞善阿不罕德甫为横赐夏国使。

五月丙午，上如金莲川。

六月庚午，尚书左丞相纥石烈良弼薨。

闰月辛丑，命赈西南、西北两招讨司民，及乌古里石垒部转户饥。

七月丙子，上谓宰臣曰：“职官始犯赃罪，容有过误。至于再犯，是无改过之心。自今再犯不以赃数多寡，并除名。”

八月乙巳，至自金莲川。丙辰，以尚书右丞相完颜守道为左丞相，平章政事石琚为右丞相。

九月辛未，以大理卿张九思等为贺宋生日使，侍御史完颜蒲鲁虎为夏国生日使。癸酉，以尚书左丞唐括安礼为平章政事。乙亥，以右丞蒲察通为左丞，参知政事移剌道为右丞，刑部尚书粘割斡特剌为参知政事。

十月庚寅朔，陕州防御使石抹靳家奴以罪除名。甲午，御史中丞刘仲海、侍御史李瑜坐失纠察大长公主事，各削官一阶。

十一月庚申朔，尚书省奏，拟同知永宁军节度使事阿可为刺史，上曰：“阿可年幼，于事未练，授佐贰官可也。”平章政事唐括安礼奏曰：“臣等以阿可宗室，故拟是职。”上曰：“郡守系千里休戚，安可不择人而私其亲耶？若以亲亲之恩，赐与虽厚，无害于政。使之治郡而非其才，一境何赖焉！”壬申，以静难军节度使乌延查剌等为贺宋正旦使。丙子,尚书省奏,崇信县令石安节买车材于部民,三日不偿其直,当削官一阶,解职。上因言:“凡在官者,但当取其贪污与清白之尤者数人黜陟之,则人自知惩劝矣。夫朝廷之政,太宽则人不知惧,太猛则小玷亦将不免于罪。惟当用中典耳。”戊寅,上责宰臣曰:“近问赵承元何故再任,卿等言,曹王尝遣人言其才能干敏,故再任之。官爵拟注,虽由卿辈,予夺之权,当出于朕。曹王之言尚从之,假皇太子有所谕,则其从可知矣。此事因卿言始知,其不知者知复几何!且卿等公受请属,可乎?”盖承元前为曹王府文学,与王邸婢奸,杖百五十除名,而复用也。丙戌,以吏部尚书乌古论元忠为御史大夫,以东上阁门使左光庆为高丽生日使。

十二月庚戌,封孙吾都补温国公,麻达葛金源郡王,承庆道国公。壬子,群臣奉上“大金受命万世之宝。”

十九年正月庚申朔,宋、高丽、夏遣使来贺。丁卯,如春水。
二月己酉,还宫。乙卯,免去年被水旱民田租税。
三月己未朔,万春节,宋、高丽、夏遣使来贺。乙丑,尚书省奏,亏课院务官颜葵等六十八人,各合削官一阶。上曰:“以承荫人主榷沽,此辽法也。法弊则当更张,唐、宋法有可行者则行之。”己巳,上与宰臣论史事,且曰:“朕观前史多溢美。大抵史书载事贵实,不必浮辞谄谀也。辛未,上谓宰臣曰:“奸邪之臣,欲有规求,往往私其党与,不肯明言,托以他事,阳不与而阴为之力。朕观古之奸人,当国家建储之时,恐其聪明不利于己,往往风以阴事,破坏其议,惟择昏懦者立之,冀他日可弄权为功利也。如晋武欲立其弟,而奸臣沮之,竟立惠帝,以致丧乱,此明验也。”丁丑,上谓宰臣曰:“朕观前代人臣将谏于朝,与父母妻子诀,示以必死。同列目睹其死,亦不顾身,又为之谏。此尽忠于国者,人所难能也。”己卯,制纠弹之官知有犯法而不举者,减犯人罪一等科之,关亲者许回避。上谓宰臣曰:“人多奉释老,意欲徼福。朕早年亦颇惑之,旋悟其非。且上天立君,使之治民,若盘乐怠忽,欲以侥幸祈福,难矣。果能爱养下民,上当天心,福必报之。"

四月己丑朔,诏赈西南路招讨司所部民。己酉,以升祔闵宗,诏中外。丁巳,岁星昼见。

五月戊寅,幸太宁宫。

六月戊子朔,诏更定制条。

七月辛未,有司奏拟赵王子石古乃人从,上不从,谓宰相曰:"儿辈尚幼,若奉承太过,使侈心滋大,卒难节抑,此不可长。诸儿每入侍,当其语笑娱乐之际,朕必渊默,苃之以严。庶其知朕教戒之意,使常畏慎而寡过也。"癸酉,密州民许通等谋反,伏诛。丙子,太白昼见。庚辰,至自太宁宫。

八月壬辰,尚书右丞相石琚致仕。戊戌,以宋大观钱当五用。丙午,济南民刘溪忠谋反,伏诛。

九月戊午,以左宣微使蒲察鼎寿等为贺宋生日使,太子左卫率府率裴满胡剌为夏国生日使。癸亥,秋猎。癸未,还都。

十月辛卯,西南路招讨使哲典以赃罪,伏诛。辛亥,制知情服内成亲者,虽自首仍依律坐之。

十一月壬戌,改葬昭德皇后,大赦。以御史中丞移剌愠等为贺宋正旦使。戊辰,以西上阁门使卢拱为高丽生日使。壬申,上如河间冬猎。癸未,至自河间。

二十年正月甲寅朔,宋、高丽、夏遣使来贺。戊午,定试令史格。壬戌,命岁以钱五千贯造随朝百官节酒及冰、烛、药、炭,视品秩给之。己巳,如春水。丙子,幸石城县行宫。丁丑,以玉田县行宫之地偏林为御林,大淀泺为长春淀。

二月丁未,还都。

三月癸丑朔,万春节,宋、高丽、夏遣使来贺。己未,诏凡犯罪被问之官,虽遇赦不得复职。乙丑,以新定猛安谋克,诏免中都、西京、河北、山东、河东、陕西路去年租税。辛巳,以平章政事徒单克宁为尚书右丞相,御史大夫乌古论元忠为平章政事。

四月丁亥，定冒荫罪赏。己亥，制宗室及外戚并一品命妇，衣服听用明金。以西上阁门使郭喜国为横赐高丽使。太宁宫火。乙巳，上谓宰臣曰："女直官多谓朕食用太俭，朕谓不然。夫一食多费，岂为美事？况朕年高，不欲屠宰物命。贵为天子，能自节约，亦不恶也。朕服御或旧，常使浣濯，至于破碎方始更易。向时帐幕常用涂金为饰，今则不尔，但令足用，何必事纷华也。"庚戌，如金莲川。

五月丙寅，京师地震，生黑白毛。

七月，旱。

八月壬午，秋猎。

九月壬戌，至自金莲川。以太府监李佖等为贺宋生日使，少府少监赛补为夏国生日使。丙子，蒲速碗群牧老忽谋叛，伏诛。

十月庚辰朔，更定铨注县令丞簿格。诏西北路招讨司每进马驼鹰鹘等，辄率敛部内，自今并罢之。壬午，上谓宰臣曰："察问细微，非人君之体，朕亦知之。然以卿等殊不用心，故时或察问。如山后之地，皆为亲王、公主、权势之家所占，转租于民，皆由卿等之不察。卿等当尽心勤事，毋令朕之烦劳也。"诏徙遥落河、移马河两猛安于大名、东平等路安置。戊戌，上谓宰臣曰："凡人在下位，欲冀升进，勉为公廉，贤不肖何以知之。及其通显，观其施为，方见本心。如招讨哲典，初任定州同知，继为都司，未尝少有私徇，所至皆有清名。及为招讨，不固守。人心险于山川，诚难知也。"壬寅，上谓宰臣曰："近览《资治通鉴》，编次累代废兴，甚有鉴戒，司马光用心如此，古之良史无以加也。校书郎毛麾，朕屡问以事，善于应对，真该博老儒，可除太常职事，以备讨论。"甲辰，以殿前都点检襄为御史大夫。

十一月丁巳，尚书右丞移剌道罢。乙丑，以真定尹徒单守素等为贺宋正旦使。癸酉，以御史大夫襄为尚书右丞。乙亥，上谕宰臣曰："郡守选人，资考虽未及，廉能者则升用之，以励其余。"以太常少卿任俉为高丽生日使。

十二月辛巳，上谓宰臣曰："岐国用人，但一言合意便升用之，一言之失便责罚之。凡人言辞，一得一失，贤者不免。自古用人咸试以事，若止以奏对之间，安能知人贤否。朕之取人，众所与者用之，不以独见为是也。"己亥，河决卫州。辛丑，猎于近郊。癸卯，特授袭封衍圣公孔总兖州曲阜令，封爵如故。

金史卷八
本纪第八

世宗下

二十一年正月戊申朔，宋、高丽、夏遣使来贺。壬子，以夏国请，诏复绥德军榷场，仍许就馆市易。上闻山东、大名等路猛安谋克之民，骄纵奢侈，不事耕稼。诏遣阅实，计口授地，必令自耕，地有余而力不赡者，方许招人租佃，仍禁农时饮酒。丙辰，追贬海陵炀王亮为庶人，诏中外。甲子，如春水。丙子，次永清县。有移剌余里也者，契丹人也，隶虞王猛安，有一妻一妾。妻之子六，妾之子四。妻死，其六子庐墓下，更宿守之。妾之子皆曰"是嫡母也，我辈独不当守坟墓乎。"于是，亦更宿焉，三岁如一。上因猎，过而闻之，赐钱五百贯，仍令县官积钱于市，以示县民，然后给之，以为孝子之劝。

二月戊戌，太白昼见。庚子，还都。壬寅，以河南尹张景仁为御史大夫。乙巳，以元妃李氏之丧，致祭兴德宫，过市肆不闻乐声，谓宰臣曰："岂以妃故禁之耶。细民日作而食，若禁之是废其生计也，其勿禁。朕前将诣兴德宫，有司请由蓟门，朕恐妨市民生业，特从他道。顾见街衢门肆，或有毁撤，障以帘箔，何必尔也。自今勿复毁撤。

三月丁未朔，万春节，宋、高丽、夏遣使来贺。上初闻蓟、平、滦等州民乏食，命有司发粟粜之，贫不能籴或贷之。有司以贷贫民恐不能偿，止贷有户籍者。上至长春宫，闻之，更遣人阅实，赈贷。以监察御史石抹元礼、郑达卿不纠举，各笞四十，前所遣官皆论罪。甲子,太白昼见。乙丑,诏山后冒占官地十顷以上者皆籍入官,均给贫民。辽州民朱忠等乱言,伏诛。上谓宰臣曰:"近闻宗州节度使阿思懑行事多不法,通州刺史完颜守能既与招讨职事,犹不守廉。达官贵要多行非理,监察未尝举劾,斡睹只群牧副使仆散那也取部人二球杖。至细事也,乃便劾奏,谓之称职可乎?今监察职事修举者与迁擢,不称者,大则降罚,小则决责,仍不许去官。"

闰月己卯,恩州民邹明等乱言,伏诛。辛卯,渔阳令夹谷移里罕、司候判官刘居渐以被命赈贷,止给富户,各削三官,通州刺史郭邦杰总其事,夺俸三月。乙未,上谓宰臣曰:"朕观自古人君多进用谗谄,其间蒙蔽,为害非细,若汉明帝尚为此辈惑之。朕虽不及古之明君,然近习谗言,未尝入耳。至于宰辅之臣,亦未尝偏用一人私议也。"癸卯,以尚书左丞相完颜守道为太尉、尚书令,尚书左丞蒲察通为平章政事,右丞襄为左丞,参知政事张汝弼为右丞,彰德军节度使梁肃为参知政事。

四月戊申,以右丞相徒单克宁为左丞相,平章政事唐括安礼为右丞相。增筑泰州、临潢府等路边堡及屋宇。庚戌,奉安昭祖以下三祖三宗御容于衍庆宫,行亲祀礼。上谕宰臣曰:"朕之言行岂能无过,常欲人直谏而无肯言者。使其言果善,朕从而行之,又何难也。"戊辰,以滕王府长史把德固为横赐夏国使。壬申,幸寿安宫。

五月戊子,西北路招讨使完颜守能以赃罪,杖二百,除名。

七月丙戌,还都。丁酉,枢密使赵王永中罢。己亥。以左丞相徒单克宁为枢密使。辛丑,以太尉、尚书令完颜守道复为左丞相,太尉如故。

八月乙丑,以右副都点检胡什赉等为贺宋生日使,吏部郎中奚胡失海为夏国生日使。

二十二年三月辛未朔,万春节,宋、高丽、夏遣使来贺。丁丑,命尚书省申敕西北路招讨司勒猛安谋克官督部人习武备。甲申,谕户部,今岁行幸山后,所须并不得取之民间,虽所用人夫,并以官钱和雇，违者杖八十，罢职。癸巳，诏颁重修制条。以吏部尚书张汝霖为御史大夫。

四月乙卯，行监临院务官食直法。以削明肃尊号诏中外，从皇太子请也。甲子，上如金莲川。

五月甲申，太白昼见。

六月庚子朔，制立限放良之奴，限内娶良人为妻，所生男女即为良。丁巳，右丞相致仕石琚薨。

七月辛巳，宰臣奏事，上颇违豫，宰臣请退，上曰：“岂以朕之微爽于和，而倦临朝之大政耶。”使终其奏。甲午，秋猎。

八月戊辰，太白经天。

九月戊寅，至自金莲川。以左卫将军禅赤等为贺宋生日使，尚辇局使仆散曷速罕为夏国生日使。己丑，以同知东京留守司事裔在任专恣，失上下之分，谪授复州刺史。乙未，寿州刺史讹里也、同知查剌、军事判官孙绍先、榷场副使韩仲英等以受商赂纵禁物出界，皆处死。

十月辛丑，徙河间宗室于平州。庚戌，祫享于太庙。

十一月丙子，以吏部尚书孛术鲁阿鲁罕等为贺宋旦使。东京留守徒单贞以与海陵逆谋，伏诛。妻永平县主，子慎思并赐死。甲申，以宿直将军仆散忠佐为高丽生日使。玉田县令移剌查坐赃，伏诛。戊子，冬猎。

十二月庚子，还都。癸丑，猎近郊。辛酉，立强取诸部羊马法。

二十三年正月丁卯朔，宋、高丽、夏遣使来贺。庚午，诏有司但获强盗，迹状既明，赏随给之，勿得更待。丁丑，参知政事梁肃致仕。辛巳，广乐园灯山火。壬午，如春水，诏夹道三十里内被役之民与免今年租税，仍给佣直。甲午，大邦基伏诛。

二月乙巳，还都。戊申，以尚书右丞张汝弼摄太尉，致祭于至圣文宣王庙。庚戌，以户部尚书张仲愈为参知政事。御史台进所察州县官罪，上览之曰：“卿等所廉皆细碎事，又止录其恶而不举其善，审如是,其为官者不亦难乎?其并察善恶以闻。”

三月丙寅朔,万春节,宋、高丽、夏遣使来贺。丙子,初制“宣命之宝”,金、玉各一。尚书右丞相乌古论元忠罢。潞州涉县人陈圆乱言,伏诛。乙酉,雨土。丙戌,诏戒谕中外百官。

四月辛丑,更定奉使三国人从差遣格。祁州刺史大盘坐无罪掠死染工,安认良人二十五口为奴,削官四阶,罢之。癸丑,地生白毛。以大理正纥石烈术列速为横赐高丽使。壬戌,幸寿安宫。敕有司为民祷雨。是夕,雨。

五月庚午,县令大雏讹只等十人以不任职罢归。六十以上者进官两阶,六十以下者进官一阶,给半俸。甲戌,命应部除官尝以罪罢而再叙者,遣使按其治迹,如有善状,方许授以县令;无治状者,不以任数多少,并不得授。丁亥,雷,雨雹,地生白毛。

六月壬子,有司奏右司郎中段圭卒,上曰:“是人甚明正,可用者也。如知登闻检院巨构,每事但委顺而已。燕人自古忠直者鲜,辽兵至则从辽,宋人至则从宋,本朝至则从本朝,其俗诡随,有自来矣。虽屡经迁变而未尝残破者,凡以此也。南人劲挺,敢言直谏者多,前有一人见杀,后复一人谏之,甚可尚也。”又曰:“昨夕苦暑,朕通宵不寐,因念小民比屋卑隘,何以安处。”

七月乙酉,平章政事移剌道,参知政事张仲愈皆罢。御史大夫张汝霖坐失纠举,降授棣州防御使。

八月乙未,观稼于东郊。以女直字《孝经》千部付点检司分赐护卫亲军。癸卯,还都。乙巳,大名府猛安人马和尚谋叛,伏诛。括安猛安谋克户口田土牛具。以户部尚书程辉为参知政事。

九月己巳,以同金大宗正事方等为贺宋生日使,宿直将军完颜斜里虎为夏国生日使。译经所进所译《易》、《书》、《论语》、《孟子》、《老子》、《扬子》、《文中子》、《刘子》及《新唐书》。上谓宰臣曰:“朕所以令译《五经》者,正欲女直人知仁义道德所在耳。”命颁行之。辛未,秋猎。

十月癸巳,还都。庚戌,幸东宫,赐皇孙吾都补洗儿礼。己未,庆云见。辛酉，太白昼见。

十一月壬戌朔，日有食之。丙寅，平章政事蒲察通罢。丁卯，岁星昼见。壬申，以枢密副使崇尹为平章政事。

闰月甲午，上谓宰臣曰："帝王之政，固以宽慈为德，然如梁武帝专务宽慈，以至纲纪大坏。朕尝思之，赏罚不滥即是宽政也。余复何为。"以尚书左丞襄为平章政事，右丞张汝弼为左丞，参知政事粘割斡特剌为右丞，礼部尚书张汝霖为参知政事。以西京留守婆卢火等为贺宋正旦使。制外任官尝为宰执者，凡吏牍上省部，依亲王例，免书名。戊午，岁星昼见。上谓宰臣曰："女直进士可依汉儿进士补省令史。夫儒者操行清洁，非礼不行。以吏出身者，自幼为吏，习其贪墨。至于为官，习性不能迁改。政道兴废，实由于此。"庚申，尚书省左司员外郎徐伟奏事，上谓宰臣曰："斯人纯而干，右司郎中郭邦杰直而颇躁。"

十二月癸酉，上谓宰臣曰："海陵自以失道，恐上京宗室起而图之，故不问疏近，并徙之南。岂非以汉光武、宋康王之疏庶得继大统，故有是心。过虑若此，何其谬也。"乙酉，高丽以母丧来告。丁亥，以真定尹乌古论元忠复为尚书右丞相。

二十四年正月辛卯朔，宋、夏遣使来贺。徐州进芝草十有八茎，真定进嘉禾二本，六茎，异亩同颖。戊戌，如长春宫春水。

二月壬申，还都。癸酉，上曰："朕将往上京。念本朝风俗重端午节，比及端午到上京，则燕劳乡间宗室父老。"甲戌，制一品职事官庶孽子承荫，更不引见。丙戌，以东上阁门使完颜进儿等为高丽敕祭使，西上阁门使大仲尹为慰问使，虞王府长史永明为起复使，以器物局使向为横赐夏国使。

三月庚寅朔，万春节，宋、夏遣使来贺。甲午，以上将如上京，尚书省奏定"皇太子守国诸仪"。丙申，尚书省进"皇太子守国宝"，上召皇太子授之，且谕之曰："上京祖宗兴王之地，欲与诸王一到，或留三二年，以汝守国。譬之农家种田，商人营财，但能不坠父业，即为克家子,况社稷任重,尤宜畏慎。常时观汝甚谨,今日能纾朕忧,乃见中心孝也。"皇太子再三辞让,以不谙政务,乞备扈从。上曰:"政事无甚难,但用心公正,毋纳谗邪,久之自熟。"皇太子流涕,左右皆为之感动。皇太子乃受宝。丁酉,如山陵。己亥,还都。壬寅,如上京,皇太子允恭守国。癸卯,宰执以下奉辞于通州。上谓宰执曰:"卿辈皆故老,皇太子守国,宜悉心辅之,以副朕意。"又谓枢密使徒单克宁曰:"朕巡省之后,脱或有事,卿必亲之。毋忽细微,大难图也。"又顾六部官曰:"朕闻省部文字多以小不合而驳之,苟求自便,致累岁不能结绝,朕甚恶之。自今可行则行,可罢则罢,毋使在下有滞留之叹。"时诸王皆从,以赵王永中留辅太子。

四月己未朔,太白昼见。咸平尹移剌道薨。庚申,次广宁府。丙寅,次东京。丁卯,朝谒孝宁宫。给复东京百里内夏秋税租一年。在城随关年七十者补一官。曲赦百里内犯徒二年以下罪。乙酉,观渔于混同江。

五月己丑,至上京,居于光兴宫。庚寅,朝谒于庆元宫。戊戌,宴于皇武殿。上谓宗戚曰:"朕思故乡,积有日矣,今既至此,可极欢饮,君臣同之。"赐诸王妃、主,宰执百官命妇各有差。宗戚皆沾醉起舞,竟日乃罢。

六月辛酉,幸按出虎水临漪亭。壬戌,阅马于绿野淀。

七月乙未,上谓宰臣曰:"天子巡狩当举善罚恶,凡士民之孝弟姻睦者举而用之,其不顾廉耻无行之人则教戒之,不悛者则加惩罚。"丙午,猎于勃野淀。乙卯,上谓宰臣曰:"今时之人,有罪不问,既过之后则谓不知;有罪必责,则谓每事寻罪:风俗之薄如此。不以文德感化,不能复于古也。卿等以德辅佐,当使复还古风。"

八月癸亥,以太府监张大节等为贺宋生日使,侍御史遥里特末哥为夏国生日使。乙亥,诏免上京今年市税。

九月甲辰,岁星昼见。

十月丁卯,猎于近郊。

十一月辛卯,还宫。甲午,诏以上京天寒地远,宋正旦、生日,高丽、夏国生日，并不须遣使，令有司报谕。丙午，尚书省奏徙速频、胡里改三猛安二十四谋克以实上京。

十二月丙辰，猎于近郊。己卯，还宫。

二十五年正月乙酉朔。丁亥，宴妃嫔、亲王、公主、文武从官于光德殿，宗室、宗妇及五品以上命妇，与坐者千七百余人，赏赉有差。

二月癸酉，以东平尹乌古论思烈怨望，杀之。丁丑，如春水。

四月己未，至自春水。癸亥，幸皇武殿击球，许士民纵观。甲子，诏于速频、胡里改两路猛安下选三十谋克为三猛安，移置于率督畔窟之地，以实上京。壬申，曲赦会宁府，仍放免今年租税，百姓年七十以上者补一官。甲戌，以会宁府官一人兼大宗正丞，以治宗室之政。上谓群臣曰：“上京风物朕自乐之，每奏还都，辄用感怆。祖宗旧邦，不忍舍去。万岁之后，当置朕于太祖之侧，卿等无忘朕言。”丁丑，宴宗室、宗妇于皇武殿，大功亲赐官三阶，小功二阶，缌麻一阶，年高属近者加宣武将军，及封宗女，赐银、绢各有差。曰：“朕寻常不饮酒，今日甚欲成醉，此乐亦不易得也。”宗室妇女及群臣故老以次起舞，进酒。上曰：“吾来数月，未有一人歌本曲者，吾为汝等歌之。”命宗室子弟叙坐殿下者皆坐殿上，听上自歌。其词道王业之艰难，及继述之不易，至“慨想祖宗，宛然如睹”，慷慨悲激，不能成声，歌毕泣下。右丞相元忠率群臣宗戚捧觞上寿，皆称万岁。于是，诸夫人更歌本曲，如私家之会。既醉，上复续调，至一鼓乃罢。己卯，发上京。庚辰，宗室戚属奉辞。上曰：“朕久思故乡，甚欲留一二岁，京师天下根本，不能久于此也。太平岁久，国无征徭，汝等皆奢纵，往往贫乏，朕甚怜之。当务俭约，无忘祖先艰难。”因泣数行下，宗室戚属皆感泣而退。

五月庚寅，平章政事襄、奉御平山等射怀孕兔。上怒杖平山三十，召襄诫饬之，遂下诏禁射兔。壬寅，次天平山好水川。癸卯，遣使临潢、泰州劝农。丙午，命尚书省奏事衣窄紫。

六月甲寅，猎近山，见田垅不治，命笞田者。庚申，皇太子允恭薨。丙寅，尚书右丞相乌古论元忠罢。庚午，遣左宣微使唐括鼎诣京师，致祭皇太子。戊寅，命皇太子妃及诸皇孙执丧，并用汉仪。

七月戊申，发好水川。

九月辛巳朔，次辖沙河，赐百岁老妪帛。甲申，次辽水，召见百二十岁女直老人，能道太祖开创事，上嘉叹，赐食，并赐帛。己酉，至自上京。是日，上临奠宣孝皇太子于熙春园。

十月丙辰，尚书省奏亲军数多，宜稍减损，诏定额为三千。宰臣退，上谓左右曰："宰相年老艰于久立，可置小榻廊下，使少休息。"甲子，禁上京等路大雪及含胎时采捕。上谓宰臣曰："护卫年老出职而授临民，手字尚不能画，何以治民？人胸中明暗外不能知，精神昏耄已见于外，是强其所不能也。天子以兆民为子，不能家家而抚，在用人而已。知其不能而强授之，百姓其谓我何！"丁丑，命学士院、谏院、秘书监、司天台、著作局、阁门、通进、拱卫、直武器署等官，凡直宫中，午前许退。

十一月庚辰朔，诏曰："豺未祭兽，不许采捕。冬月，雪尺以上，不许用网及速撒海，恐尽兽类。"岁星昼见。壬午，太白昼见。甲午，以临潢尹仆散守中等为贺宋正旦使。丙申，夏国遣使问起居。戊戌，以曹王永功为御史大夫。壬寅，以礼部员外郎移剌履为高丽生日使。

十二月戊午，以皇孙金源郡王麻达葛判大兴尹，进封原王。甲子，太白昼见，经天。丙寅，左丞相完颜守道、左丞张汝弼、右丞粘割斡特剌、参知政事张汝霖坐擅增东宫诸皇孙食料，各削官一阶。甲戌，制增留守、统军、总管、招讨、都转运、府尹、转运、节度使月俸。上谓宰臣曰："太尉守道论事止务从宽，犯罪罢职者多欲复用。若惩其首恶，后来知畏。罪而复用，何以示戒？"是日，命范铜为"礼信之宝"，凡赐外方礼物，给信袋则用之。丙子，上问宰臣曰："原王大兴行事如何？"右丞斡特剌对曰："闻都人皆称之。"上曰："朕令察于民间，咸言见事甚明，予夺皆不失当，曹、豳二王弗能及也。又闻有女直人诉事,以女直语问之,汉人诉事,汉语问之。大抵习本朝语为善,不习,则淳风将弃。"汝弼对曰:"不忘本者,圣人之道也。"斡特刺曰:"以西夏小邦,崇尚旧俗,犹能保国数百年。"上曰:"事当任实,一事有伪则丧百真,故凡事莫如真实也。"

二十六年正月庚辰朔,宋、高丽、夏遣使来贺。甲辰,如长春宫春水。

二月癸酉,还都。乙亥,诏曰:"每季求仕人,问以疑难,令剖决之。其才识可取者,仍访察政迹,如其言行相副,即加升用。"

三月己卯朔,万春节,宋、高丽、夏遣使来贺。丁亥,以大理卿缺,上问谁可,右丞粘割斡特刺言,前吏部尚书唐括贡可,乃授以是职。己丑,尚书省拟奏除授,上曰:"卿等在省未尝荐士,止限资级,安能得人。古有布衣人相者,闻宋亦多用山东、河南流寓疏远之人,皆不拘于贵近也。以本朝境土之大,岂无其人。朕难遍知,卿又不举。自古岂有终身为相者。外官三品以上,必有可用之人,但无故得进耳。"左丞张汝弼曰:"下位虽有才能,必试之乃见。"参政程辉曰:"外官虽有声,一旦入朝,却不称任,亦在沙汰而已。"癸巳,香山寺成,幸其寺,赐名大永安,给田二千亩,粟七千株,钱二万贯。丁酉,以亲军完颜乞奴言,制猛安谋克皆先读女直字经史然后承袭。因曰:"但令稍通古今,则不肯为非。尔一亲军粗人,乃能言此,审其有益,何惮而不从。"

四月壬子,尚书省奏定院务监官亏兑陪纳法及横班格。因曰:"朕常日御膳亦从减省,尝有一公主至,至无余膳可与,当直官皆目睹之。若欲丰腆,虽日用五十羊亦不难矣,然皆民之脂膏,不忍为也。监临官惟知利己,不知其利自何而来。朕尝历外任,稔知民间之事,想前代之君,虽享富贵,不知稼穑艰难者甚多,其失天下,皆由此也。辽主闻民间乏食,谓何不食乾腊,盖幼失师保之训,及其即位,故不知民间疾苦也。隋炀帝时,杨素专权行事,乃不慎委任之过也。与正人同处,所知必正道,所闻必正言,不可不慎也。今原王府官属,当选纯谨秉性正直者充,勿用有权术之人。"戊午,尚书左丞张汝弼罢。己未,幸寿安宫。壬戌,太尉、左丞相完颜守道致仕。以客省使李盘为横赐高丽使。尚书省奏"北京转运使以赃除名"。尚书省奏事,上曰:"比有上书言,职官犯除名不可复用,朕谓此言极当。如军期急速,权可使用。今天下无事,复用此辈,何以戒将来?"又奏"年前以诸路水旱,于军民地土二十一万余顷内,拟免税四十九万余石",从之。诏曰:"今之税,考古行之,但遇灾伤,常加蠲免。"

五月甲申,以司徒、枢密院使徒单克宁为太尉、尚书左丞相,判大宗正事赵王永中复为枢密使,大兴尹原王麻达葛为尚书右丞相,赐名璟。参知政事程辉致仕。戊子,卢沟决于上阳村,湍流成河,遂因之。庚寅,御史大夫曹王永功罢,以豳王永成为御史大夫。戊戌,以尚书右丞粘割斡特剌为左丞,参知政事张汝霖为右丞。

六月癸亥,尚书省奏速频、胡里改世袭谋克事,上曰:"其人皆勇悍,昔世祖与之邻,苦战累年,仅能克复。其后乍服乍叛,至穆、康时,始服声教。近世亦尝分徙。朕欲稍迁其民上京,实国家长久之计。"己巳,上谓宰执曰:"齐桓中庸主也,得一管仲,遂成霸业。朕夙夜以思,惟恐失人。朕既不知,卿等又不荐,必俟全才而后举,盖亦难矣。如举某人长于某事,朕亦量材用之。朕与卿等俱老矣。天下至大,岂得无人!荐举人材,当今急务也。"又言:"人之有干能,固不易得,然不若德行之士最优也。"上谓右丞相原王曰:"尔尝读《太祖实录》乎?太祖征麻产,袭之,至泥淖马不能进,太祖舍马而步,欢都身中麻产,遂擒之。创业之难如此,可不思乎。"甲戌,诏曰:"凡陈言文字诣登闻检院送学士院闻奏,毋经省廷。"

七月壬午,诏给内外职事官兼职俸钱。丙申,御史中丞马惠迪为参知政事。庚子,上闻同知中都路都转运使事赵曦瑞,其在职应钱谷利害文字多不题署,但思安身,降授积石州刺史。

闰月己未,还都。

八月丁丑,上谓宰臣曰:"亲军虽不识字,亦令依例出职,若涉赃贿,必痛绳之。"太尉左丞相克宁曰:"依法则可。"上曰:"朕于女直人未尝不知优恤。然涉于赃罪，虽朕子弟亦不能恕。太尉之意，欲姑息女直人耳。"戊寅，尚书省奏，河决，卫州坏。命户部侍郎王寂、都水少监王汝嘉徙卫州胙城县。丁亥，尚书省奏，遣吏部侍郎李晏等二十六人分路推排诸路物力，从之。已丑，以宿直将军李达可为夏国生日使。辛卯，以益都尹宗浩等为贺宋生日使。甲午，秋猎。庚子，次蓟州。辛丑，幸仙洞寺。壬寅，幸香林、净名二寺。

九月甲辰朔，幸盘山上方寺，因遍历中盘、天香、感化诸寺。庚申，还都。丙寅，上谓宰臣曰："乌底改叛亡，已遣人讨之，可益以甲士，毁其船筏。"参知政事马惠迪曰："得其人不可用，有其地不可居，恐不足劳圣虑。"上曰："朕亦知此类无用，所以毁其船筏，欲不使再窥边境耳。"

十月戊寅，定职官犯赃同职相纠察法。庚寅，上谓宰臣曰："西南、西北两路招讨司地险，猛安人户无处围猎，不能闲习骑射。委各猛安谋克官依时教练，其弛慢过期及不亲监视，并决罚之。"甲午，诏增河防军数。戊戌，宁昌军节度使崇肃、行军都统忠道以讨乌底改不待克敌而还，崇肃杖七十，削官一阶，忠道杖八十，削官三阶。

十一月甲辰朔，定闵宗陵庙荐享礼。上谓宰臣曰："女直人中材杰之士，朕少有识者，盖亦难得也。新进士如徒单镒、夹古阿里补、尼庞古鉴辈皆可用之材也。起身刀笔者，虽才力可用，其廉介之节，终不及进士。今五品以上缺员甚多，必资级相当，至老有不能得者，况欲至卿相乎。古来宰相率不过三五年而退，罕有三二十年者，卿等特不举人，甚非朕意。"上顾修起居注崇璧曰："斯人孱弱，付之以事，未必能办。以其谨厚长者，故置诸左右，欲诸官效其为人也。"辛亥，以刑部尚书移剌子元等为贺宋正旦使。戊午，以左警巡副使鹘沙通敏善断，擢殿中侍御史兼右三部司正。庚申，立右丞相原王璟为皇太孙。甲子，上谓宰臣曰："朕闻宋军自来教习不辍，今我军专务游惰，卿等勿谓天下既安而无豫防之心，一旦有警，军不可用，顾不败事耶。其令以时训练。"丙寅，上谓侍臣曰："唐太子承乾所为多非度，太宗纵而弗检，遂至于废，如早为禁止，当不至是。朕于圣经不能深解,至于史传,开卷辄有所益。每见善人不忘忠孝,检身廉洁,皆出天性。至于常人多喜为非,有天下者苟无以惩之,何由致治。孔子为政七日而诛少正卯,圣人尚尔,况余人乎。"戊辰,上谓宰臣曰:"朕虽年老,闻善不厌。孔子云'见善如不及,见不善如探汤',大哉言乎。"右丞张汝弼对曰:"知之非艰,行之惟艰。"以拱卫直副都指挥使韩景懋为高丽生日使。以近侍局直长尼庞古鉴纯直通敏,擢皇太孙侍丞。己巳,猎近郊。庚午,上谓宰臣曰:"朕方前古明君,固不可及。至于不纳近臣谗言,不受戚里私谒,亦无愧矣。朕尝自思,岂能无过,所患过而不改,过而能改,庶几无咎。省朕之过,颇喜兴土木之工,自今不复作矣。"

十二月甲申,上退朝,御香阁,左谏议大夫黄久约言递送荔枝非是,上谕之曰:"朕不知也,今令罢之。"丙戌,上谓宰臣曰:"有司奉上,惟沽办事之名,不问利害如何。朕尝欲得新荔枝,兵部遂于道路特设铺递。比因谏官黄久约言,朕方知之。夫为人无识,一旦临事,便至颠沛。宫中事无大小,朕常亲览者,以不得人故也,如使得人,宁复他虑。"丁亥,上谓宰臣曰:"朕年来惟以省约为务,常膳止四五味,已厌饫之,比初即位十减七八。"宰臣曰:"天子自有制,不同余人。"上曰:"天子亦人耳,枉费安用。"丙申,上谓宰臣曰:"比闻河水泛溢,民罹其害者资产皆空。今复遣官于彼推排,何耶?"右丞张汝霖曰:"今推排皆非被灾之处。"上曰:"必邻道也。既邻水而居,岂无惊扰迁避者乎?计其资产,岂有余哉,尚何推排为。"又曰:"平时用人,宜尚平直。至于军职,当用权谋,使人不易测,可以集事。唐太宗自少年能用兵,其后虽居帝位,犹不能改,呎疮剪须,皆权谋也。"

二十七年正月癸卯朔,宋、高丽、夏遣使来贺。己酉,以襄城令赵沨为应奉翰林文字。沨入谢,上问宰臣曰:"此党怀英所荐耶?"对曰:"谏议黄久约亦尝荐之。"上曰:"学士院比旧殊无人材,何也?"右丞张汝霖曰:"人材须作养,若令久任练习,自可得人。"庚戌,如长春宫春水。

二月乙亥，还都。己卯，改闵宗庙号曰熙宗。癸未，命曲阳县置钱监，赐名"利通"。乙酉，上谓宰执曰："朕自即位以来，言事者虽有狂妄，未尝罪之。卿等未尝肯尽言，何也？当言而不言，是相疑也。君臣无疑，则谓之嘉会。事有利害，可竭诚言之。朕见缄默不言之人，不欲观之矣。"丁亥，命沿河京、府、州、县长贰官，并带管勾河防事。己丑，谕宰执曰："近侍局官须选忠直练达之人用之。朕虽不听谗言，使佞人在侧，将恐渐渍听从之矣。"上谓宰臣执曰："朕闻宝坻尉蒙括特末也清廉，其为政何如？"左丞斡特剌对曰："其部民亦称誉之，然不知所称何事。"上曰："凡为官但得清廉亦可矣，安得全才之人。可进官一阶，升为令。"又言："朕时或体中不佳，未尝不视朝。诸王、百官但有微疾，便不治事，自今宜戒之。"丙申，命罪人在禁有疾，听亲属入视。

三月癸卯朔，万春节，宋、高丽、夏遣使来贺。辛亥，皇太孙受册，赦。乙卯，尚书省言"孟家山金口闸下视都城百四十余尺，恐暴水为害，请闭之。"从之。上谓大臣曰："十室之邑，必有忠信。今天下之广，人民之众，岂得无人。唐之颜真卿、段秀实皆节义之臣也。终不升用，亦当时大臣固蔽而不举也。卿等当不私亲故，而特举忠正之人，朕将用之。"又言："国初风俗淳俭，居家惟衣布衣，非大会宾客，未尝辄烹羊豕。朕常念当时节俭之风，不欲妄费，凡宫中之官与赐之食者，皆有常数。"

四月丙戌，以刑部尚书宗浩为参知政事。丙申，上如金莲川。辛丑，京师地震。

五月壬子，诏罢曷懒路所进海葱及太府监日进时果。曰："葱、果应用几何，徒劳人耳。惟上林诸果，三日一进。"庚午，以所进御膳味不调适，有旨问之。尚食局直长言："臣闻老母病剧，私心愦乱，如丧魂魄，以此有失尝视，臣罪万死。"上嘉其孝，即令还家侍疾，俟平愈乃来。

六月戊寅，免中都、河北等路尝被河决水灾军民租税。庚辰，太白昼见。

七月丙午，太白昼见，经天。壬子，秋猎。

八月丙戌，次双山子。

九月己亥朔，还都。己酉，上谓宰臣曰："朕今岁春水所过州县，其小官多干事，盖朕前尝有赏擢，故皆勉力。以此见专任责罚，不如用赏之有激劝也。"以河中尹田彦皋等为贺宋生日使，武器署令斜卯阿土为夏国生日使。

十月乙亥，宋前主构殂。庚辰，祫享于太庙。庚寅，上谓宰臣曰："朕观唐史，惟魏征善谏，所言皆国家大事，甚得谏臣之体。近时台谏惟指摘一二细碎事，姑以塞责，未尝有及国家大利害者，岂知而不言欤，无乃亦不知也。"宰臣无以对。

十一月庚戌，以左副都点检崇安为贺宋正旦使。甲寅，诏"河水泛滥，农夫被灾者，与免差税一年。卫、怀、孟、郑四州塞河劳役，并免今年差税"。庚申，平章政事崇尹致仕。甲子，上谓宰臣曰："卿等老矣，殊无可以自代者乎，必待朕知而后进乎？"顾右丞张汝霖曰："若右丞者亦石丞相所言也。"平章政事襄及汝霖对曰："臣等苟有所知，岂敢不言，但无人耳。"上曰："春秋诸国分裂，土地褊小，皆称有贤。卿等不举而已。今朕自勉，庶几致治，他日子孙，谁与共治者乎。"宰臣皆有惭色。

十二月庚午，以翰林待制赵可为高丽生日使。丁丑，猎于近郊。壬午，宋遣使告哀。甲申，上谕宰臣曰："人皆以奉道崇佛设斋读经为福。朕使百姓无冤天下安乐，不胜于彼乎。尔等居辅相之任，诚能匡益国家，使百姓蒙利，不惟身享其报，亦将施及子孙矣。"左丞斡特剌曰："臣等敢不尽心，第才不逮，不能称职耳。"上曰："人亦安能每事尽善，但加勉励可也。"戊子，禁女直人不得改称汉姓，学南人衣装，犯者抵罪。

二十八年正月丁酉朔，宋、高丽、夏遣使来贺。癸卯，遣宣徽使蒲察克忠为宋吊祭使。甲辰，如春水。

二月乙亥，还都。己丑，宋遗使献先帝遗留物。癸巳，宋使朝辞，以所献礼物中玉器五，玻璃器二十，及弓剑之属使还遗宋，曰："此皆尔国前主珍玩之物，所宜宝藏，以无忘追慕。今受之，义有不忍，归告尔主，使知朕意也。"

三月丁酉朔，万春节，宋、高丽、夏遣使来贺。御庆和殿受群臣朝，复宴于神龙殿，诸王、公主以次捧觞上寿。上欢甚，以本国音自度曲。盖言临御久，春秋高，渺然思国家基绪之重，万世无穷之托；以戒皇太孙，当修身养德，善于持守；及命太尉、左丞相克宁尽忠辅导之意。于是，上自歌之，皇太孙及克宁和之，极欢而罢。戊申，命随朝六品、外路五品以上职事官，举进士已在仕、才可居翰苑者，试制诏等文字三道，取文理优赡者补充学士院职任。应赴部求仕人，老病昏昧者，勒令致仕，止给半俸，更不迁官。甲寅，幸寿安宫。

四月癸酉，命增外任小官及繁难局分承应人俸。丁丑，以陕西路统军使学术鲁阿鲁罕为参知政事。癸未，命建女直大学。

五月丙午，制诸教授必以宿儒高才者充，给俸与丞簿等。戊申，宋使来谢吊祭。

七月辛亥，尚书左丞粘割斡特剌罢。

八月甲子朔，日有食之。辛未，还都。庚辰，上谓宰臣曰："近闻乌底改有不顺服之意，若遣使责问，彼或抵捍不逊，则边境之事有不可已者。朕尝思之，招徕远人，于国家殊无所益。彼来则听之，不来则勿强其来，此前世羁縻之长策也。"参知政事学术鲁阿鲁罕罢。壬午，以山东路统军使完颜婆卢火为参知政事。甲申，上谓宰臣曰："用人之道，当自其壮年心力精强时用之。若拘以资格，则往往至于耄老，此不思之甚也。阿鲁罕使其早用，朝庭必得补助之力，惜其已衰老矣。凡有可用之材，汝等宜早思之。"

九月甲午朔，以鹰坊使崇夒为夏国生日使。丙申，以安武军节度使王克温等为贺宋生日使。己亥，秋猎。乙卯，还都。

十月乙丑，京、府及节度州增置流泉务，凡二十八所。禁糠禅、瓢禅，其停止之家抵罪。乙酉，尚书省奏拟除授而拘以资格，上曰：

"日月资考所以待庸常之人，若才行过人，岂可拘以常例。国家事务皆须得人，汝等不能随才委使，所以事多不治。朕固不知用人之术，汝等但务循资守格，不思进用才能，岂以才能见用，将夺己之禄位乎。不然，是无知人之明也。"群臣皆曰："臣等岂敢蔽贤，才识不逮耳。"上顾谓右丞张汝霖曰："前世忠言之臣何多，今日何少也？"汝霖对曰："世乱则忠言进，承平则忠言无所施。"上曰："何代无可言之事，但古人知无不言，今人不肯言耳。"汝霖不能对。

十一月戊戌，以改葬熙陵，诏中外。上谓侍臣曰："凡修身者喜怒不可太极，怒极则心劳，喜极则气散，得中甚难，是故节其喜怒，以思安身。今宫中一岁未尝责罚人也。"庚子，太白昼见。诏南京、大名府等处避水逃移不能复业者，官与津济钱，仍量地顷亩给以耕牛。甲辰，以河中尹田彦皋等为贺宋正旦使。戊申，上谓宰臣曰："制条以拘于旧律，间有难解之辞。夫法律历代损益而为之，彼智虑不及而有乖违本意者，若行删正，令众易晓，有何不可。宜修之，务令明白。"有司奏重修上京御容殿，上谓宰臣曰："宫殿制度，苟务华饰，必不坚固。今仁政殿辽时所建，全无华饰，但见它处岁岁修完，惟此殿如旧，以此见虚华无实者，不能经久也。今土木之工，灭裂尤甚，下则吏与工匠相结为奸，侵克工物，上则户工部官支钱度材，惟务苟办。至有工役才毕，随即欹漏者，奸弊苟且，劳民费财，莫甚于此。自今体究，重抵以罪。"庚戌，上谓宰臣曰："朕近读《汉书》，见光武所为，人有所难能者。更始既害其兄伯升，当乱离之际，不思报怨，事更始如平日，人不见戚容，岂非人所难能乎。此其度量盖将大有为者也，其他庸主岂可及哉。"右丞张汝霖曰："湖阳公主奴杀人，匿主车中，洛阳令董宣从车中曳奴下，杀之。主入奏，光武欲杀宣，及闻宣言，意遂解，使宣谢主，宣不奉诏。主以言激怒光武，光武但笑而已，更赐宣钱三十万。"上曰："光武闻直言而怒解，可谓贤主矣，令宣谢主，则非也。高祖英雄大度，驾驭豪杰，起自布衣，数年而成帝业，非光武所及，然及即帝位，犹有布衣粗豪之气，光武所不为也。"癸丑，幸太尉克宁第。

十二月丙寅，以大理正移剌彦拱为高丽生日使。乙亥，上不豫。庚辰，赦天下。乙酉，诏皇太孙璟摄政，居庆和殿东庑。丙戌，以太尉、左丞相徒单克宁为太尉兼尚书令，平章政事襄为尚书右丞相，右丞张汝霖为平章政事。参知政事完颜婆卢火罢，以户部尚书刘玮为参知政事。戊子，诏尚书令徒单克宁、右丞相襄、平章政事张汝霖宿于内殿。

二十九年正月壬辰朔，上大渐，不能视朝。诏遣宋、高丽、夏贺正旦使还。癸巳，上崩于福安殿，寿六十七。皇太孙即皇帝位。己亥，殡于大安殿。三月辛卯朔，上尊谥曰光天兴运文德武功圣明仁孝皇帝，庙号世宗。四月乙酉，葬兴陵。

赞曰：世宗之立，虽由劝进，然天命人心之所归，虽古圣贤之君，亦不能辞也。盖自太祖以来，海内用兵，宁岁无几。重以海陵无道，赋役繁兴，盗贼满野，兵甲并起，万姓盻盻，国内骚然。老无留养之丁，幼无顾复之爱，颠危愁困，待尽朝夕。世宗久典外郡，明祸乱之故，知吏治之得失。即位五载，而南北讲好，与民休息。于是躬节俭，崇孝弟，信赏罚，重农桑，慎守令之选，严廉察之责。却任得敬分国之请，拒赵位宠郡县之献，孳孳为治，夜以继日，可谓得为君之道矣。当此之时，群臣守职，上下相安，家给人足，仓廪有余，刑部岁断死罪，或十七人，或二十人，号称“小尧舜”，此其效验也。然举贤之急，求言之切，不绝于训辞，而群臣偷安苟禄，不能将顺其美，以底大顺，惜哉。

金史卷九
本纪第九

章宗一

　　章宗宪天光运仁文义武神圣英孝皇帝，讳璟，小字麻达葛，显宗嫡子也。母曰孝懿皇后徒单氏。大定八年，世宗幸金莲川，秋七月丙戌，次冰井，上生。翌日，世宗幸东宫，宴饮欢甚，语显宗曰："祖宗积庆而有今日，社稷之福也。"又谓司徒李石、枢密使纥石烈志宁等曰："朕子虽多，皇后止有太子一人。幸见嫡孙又生于麻达葛山，朕尝喜其地衍而气清，其以山名之。"群臣皆称万岁。

　　十八年，封金源郡王。始习本朝语言小字，及汉字经书，以进士完颜匡、司经徐孝美等侍读。

　　二十四年，世宗东巡，显宗守国，上奉表诣上京问安，仍请车驾还都，世宗嘉其意，赐敕书答谕。

　　二十五年三月，万春节，复奉表朝贺。六月，显宗崩，世宗遣滕王府长史臺、御院通进膏来护视。十二月，进封原王，判大兴府事。入以国语谢，世宗喜，且为之感动，谓宰臣曰："朕尝命诸王习本朝语，惟原王语甚习，朕甚嘉之。"谕旨曰："朕固知汝年幼，服制中未可付以职，然政事亦须学，京辇之任，姑试尔才，其勉之。"

　　二十六年四月，诏赐名璟。五月，拜尚书右丞相。世宗谓曰："宫中有舆地图，观之可以具知天下远近厄塞。"又谓宰臣曰："朕所以置原王于近辅者，欲令亲见朝廷议论，习知政事之体故也。"十一月，诏立为皇太孙，称谢于庆和殿。世宗谕之曰："尔年尚幼，以明德皇后嫡孙惟汝一人，试之以事，甚有可学之资。朕从正立汝为皇太孙，建立在朕，保守在汝。宜行正养德，勿近邪佞，事朕必尽忠孝，无失众望，则惟汝嘉。"

二十七年三月，世宗御大安殿，授皇太孙册，赦中外，丁巳，谒谢太庙及山陵。始受百官笺贺。

二十八年十二月乙亥，世宗不豫，诏摄政，听授五品以下官。丁亥，受"摄政之宝"。

二十九年春正月癸巳，世宗崩，即皇帝位于枢前。丙申，诏中外。赐内外官覃恩两重，三品已上者一重，免今岁租税并自来悬欠系官等钱，鳏寡孤独人绢一匹、米两石。己亥，迁大行皇帝梓宫于大安殿。癸卯，以皇太后命为令旨。甲辰，以大理卿王元德等报哀于宋、高丽、夏。乙卯，白虹贯日亘天。丁巳，参知政事宗浩罢。山东统军裔以私过都城不赴哭临、笞五十，降授彰化军节度使。戊午，名皇太后宫曰仁寿，设卫尉等官。

二月辛酉朔，日有食之。癸亥，始听政。追尊皇考为皇帝，尊母为皇太后。甲子，命学士院进呈汉、唐便民事，及当今急务。乙丑，白虹亘天。赦登闻鼓院所以达冤枉，旧尝锁户，其令开之。戊辰，更仁寿宫名隆庆。诏宫籍监户旧系睿宗及大行皇帝、皇考之奴婢者，悉放为良。己巳，赦御史台，自今监察令本台辟举，任内不称职亦从奏罢。丁丑，增定百官俸。乙酉，诏有司稽考典故，许引用宋事。是月，宋主内禅，子惇嗣立。

三月壬辰，朝于隆庆宫，是月凡五朝。己酉，诏以生辰为天寿节。癸丑，夏国遣使来吊。

夏四月己巳，夏国遣使来祭。辛未，宋遣使来吊祭。乙酉，葬世宗光天兴运文德劲武功圣明仁孝皇帝于兴陵。戊子，朝于隆庆宫。

五月庚寅朔，太白昼见。壬寅，宋主遣使来报嗣位。夏国遣使来贺即位。丙午，以祔庙礼成，大赦。丁未，地生白毛。庚戌，诏罢送宣钱；今后诸护卫考满。赐官钱二千贯。壬子，敕收录功臣子孙，量材于局分承应。戊午,朝于隆庆宫。以东北路招讨使温迪罕速可等为贺宋主即位使。河溢曹州。

闰月庚申朔,封兄琮为丰王,琼郓王,瑰瀛王,从彝沂王,弟从宪寿王,玠温王。辛酉,制诸饥民卖身已赎放为良,复与奴生男女,并听为良。丙寅,观稼于近郊。庚午,以枢密副使唐括贡为御史大夫。壬申,封乳母孙氏萧国夫人,姚氏莘国夫人。丙子,进封赵王永中汉王,曹王永功冀王,幽王永成吴王,虞王永升随王,徐王永蹈卫王,滕王永济潞王,薛王永德沈王。庚辰,宋遣使来贺即位,癸未,朝于隆庆宫。诏学士院,自今诰词并用四六。乙酉,诏诸有出身承应人系将来受亲民之职,可命所属谕使为学。其护卫、符宝、奉御、奉职,侍直近密,当选有德行学问之人为之教授。

六月己丑朔,有司言:"律科举人止知读律,不知教化之原,必使通治《论语》、《孟子》,涵养器度。遇府、会试,委经义试官出题别试,与本科通定去留为宜。"从之。诏有司,请亲王到任各给钱二十万。辛卯,修起居注完颜乌者、同知登闻检院孙铎皆上书谏罢围猎,上纳其言。拾遗马升上《俭德箴》。乙未,初置提刑司,分按九路,并兼劝农采访事,屯田、镇防诸军皆属焉。丁酉,幸庆寿寺。作泸沟石桥。己亥,朝于隆庆宫。甲辰,罢送赦礼物钱。朝于隆庆宫。乙卯,高丽国王晧遣使来吊祭及会葬。敕有司移报宋、高丽、夏,天寿节于九月一日来贺。丁巳,命提刑官除后于便殿听旨,每十月使副内一员入见议事,如止一员则令判官入见,其判官所掌烦剧可升同随朝职任。

秋七月辛酉,减民地税十之一,河东南、北路十之二,下田十之三。甲子,朝于隆庆宫。乙丑,敕近侍官授外任三品、四品,赐金带一,重币有差。丁卯,以太尉、尚书令东平郡王徒单克宁为太傅,改封金源郡王。辛未,高丽遣使来贺即位。甲戌,奉皇太后幸寿安宫。辛巳,诏京、府、节镇、防御州设学养士。初设经童科。御史大夫唐括贡罢。礼部尚书移剌履为参知政事。以刑部尚书完颜守贞等为贺宋生日使。

八月戊子朔，奉皇太后幸寿安宫。辛卯，敕有司，京、府、州、镇设学校处，其长贰幕职内各以进士官提控其事，仍具入衔。壬辰，初定品官子孙试补令史格，及提刑司所掌三十二条。左司谏郭安民上疏论三事：曰崇节俭，去嗜欲，广学问。丁酉，如大房山。戊戌，谒奠诸陵。己亥，还都。庚子，朝于隆庆宫，是月凡三朝。壬寅，制提刑司设女直、契丹、汉儿知法各一人。甲辰，参知政事刘玮罢。丙辰，宋、高丽、夏遣使来贺天寿节。

九月戊午朔，天寿节，以世宗丧，不受朝。庚申，诏增守山陵为二十丁，给地十顷。壬戌，诏罢告捕乱言人赏。甲子，制诸盗贼聚集至十人或骑五人以上，所属移捕盗官捕之，仍递言省部；三十人以上闻奏，违者杖百。是日，朝于隆庆宫，是月凡四朝。丁卯，制强族大姓不得与所属官吏交往，违者有罪。戊辰，以隆庆宫卫尉把思忠为夏国生日使。庚午，以尚辇局使崇德为横赐高丽使。丙子，猎于近郊。戊寅，监察御史焦旭劾奏太傅克宁、右丞相襄不应请车驾田猎，上曰："此小事，不须治之。"乙酉，如大房山。

冬十月丁亥朔，谒奠诸陵。己丑，还都。庚寅，朝于隆庆宫，是月凡四朝。辛卯，上顾谓宰臣曰"翰林阙人"，平章政事汝霖对曰："风翔治中郝俣可。"汝霖谏止田猎，诏答曰："卿能每事如此，朕复何忧。然时异事殊，得中为当。"丙申，冬猎。己亥，次罗山。庚子，次玉田。辛丑，沁州、丹州进嘉禾。丁未，次宝坻。庚戌，中侍石抹阿古误带刀入禁门，罪应死，诏杖八十。癸丑，至自宝坻。

十一月己未，朝于隆庆宫。辛酉，以右宣徽院使裴满余庆等为贺宋正旦使。癸亥，上谓宰臣曰："今之用人，太拘资历。循资之法，起于唐代，如此何以得人？"平章政事汝霖对曰："不拘资格，所以待非常之材。"上曰："崔祐甫为相，未逾年荐八百人，岂皆非常之材欤？"甲子，谕尚书省曰："太傅年高，每趋朝而又赴省，恐不易。自今旬休外，四日一居休，庶得调摄。常事他相理问，惟大事白之可也。"戊辰，谕尚书省，自今五品以上官各举所知，岁限所举之数，如不举者坐以蔽贤之罪。仍依唐制，内五品以上官到任即举自代，并从提刑司采访之。己巳，初制转递文字法。壬申，朝于隆庆宫。乙亥，命参知政事移剌履提控刊修《辽史》。丁丑，以西上阁门使移剌邴为高丽生日使。御史台奏："故事，台官不得与人相见。盖为亲王、宰执、形势之家，恐有私徇。然无以访知民间利病、官吏善恶。"诏自今许与四品以下官相见，三品以上如故。辛巳，诏有司，今后诸处或有饥馑。令总管、节度使或提刑司先行赈贷或赈济，然后言上。

十二月丙戌朔，朝于隆庆宫，是月凡五朝。诏罢铸钱。丁亥，密州进白雉。壬辰，谕有司，女直人及百姓不得用网捕野物及不得放群雕枉害物命，亦恐女直人废射也。戊戌，复置北京、辽东盐使司，仍罢西京、解盐巡捕使。以河东南、北路提刑司言，赈宁化、保德、岚州饥，其流移复业，给复一年。是日，禁宫中上直官及承应人毋得饮酒。乙巳，祭奠兴陵。壬子，谕台臣曰："提刑司所举劾多小过，行则失大体，不行则恐有所沮，其以此意谕之。"甲寅，宋、高丽、夏遣使来贺正旦。是冬，无雪。

明昌元年春正月丙辰朔，改元。以世宗丧，不受朝贺。上朝于隆庆宫，是月凡四朝。丁巳，制诸王任外路者许游猎五日，过此禁之，仍令戒约人从，毋扰民。辛酉，谕尚书省，宰执所以总持国家，不得受人馈遗。或遇生辰，受所献毋过万钱。若缌大功以上亲，及二品以上官，不禁。壬戌，以知河中府事王蔚为尚书右丞，刑部尚书完颜守贞为参知政事。甲子，如大房山。乙丑，奠谒兴陵、裕陵。丙寅，还都。戊辰，制禁自披剃为僧道者。敕外路求世宗御书。辛未，如近畿春水。己卯，如春水。

二月丁亥，太白昼见。丙申，遣谕诸王，凡出猎毋越本境。壬寅，谕有司寒食给假五日，著于令。甲辰，至自春水。朝于隆庆宫，是月凡四朝。癸丑，地生白毛。甲寅，如大房山。

三月乙卯朔，谒奠兴陵。丙辰，还都。朝于隆庆宫，是月凡六朝。乙未，敕点检司，诸试护卫人须身形及格，若功臣子孙善射出众，虽不及格亦令入见。癸亥，礼官言："民或一产三男，内有才行可用者可令察举,量材叙用。其驱婢所生,旧制官给钱百贯,以资乳哺,尚书省请更给钱四十贯,赎以为良。"制可。丙寅,有司言:"旧制,朝官六品以下从人输庸者听,五品以上不许输庸,恐伤礼体。其有官职俱至三品、年六十以上致仕者人力给半,乞不分内外,愿令输庸者听。"从之,己巳,击球于西苑,百僚会观。癸酉,诏内外五品以上,岁举廉能官一员,不举者坐蔽贤罪。乙亥,初设应制及宏词科。丁丑,制内外官并诸局承应人,遇祖父母、父母忌日并给假一日。辛巳,诏修曲阜孔子庙学。壬午,如寿安宫。

夏四月甲申朔,朝于隆庆宫,是月凡四朝。戊戌,如寿安宫。

五月,不雨。乙卯,祈于北郊及太庙。朝于隆庆宫,是月凡三朝。丙辰,以鹰坊使移剌宁为横赐夏国使。戊午,拜天于西苑。射柳、击球,纵百姓观。壬戌,祈雨于社稷。甲子,制省元及四举终场人许该恩。己巳,复祈雨于太庙。庚午,置知登闻鼓院事一人。丙子,以祈雨,望祭岳镇海渎于北郊。戊寅,命内外官五品以上,任内举所知才能官一员以自代。壬午,以参知政事移剌履为尚书右丞,御史中丞徒单镒为参知政事,尚书右丞相襄罢。

六月己丑,制定亲王家人有犯,其长史府掾失觉察、故纵罪。壬辰,奉皇太后幸庆寿寺。甲辰,敕僧、道三年一试。

秋七月己巳,以礼部尚书王脩等为贺宋生日使。庚午,朝于隆庆宫。丁丑,诏罢西北路虾蟆市场。

八月癸未朔,禁指讬亲王、公主奴隶占纲船、侵商旅及妄征钱债。乙酉,诏设常平仓。丁亥,至自寿安宫。戊子,朝于隆庆宫,是月凡三朝。乙丑,以判大睦亲府事宗宁为平章政事。壬辰,幸玉泉山,即日还宫。癸巳,罢诸府镇流泉务。选才干之官为诸州刺史,皆召见谕戒之。戊戌,上谕宰臣曰:"何以使民弃末而务本,以广储蓄?"令集百官议。户部尚书邓俨等曰:"今风俗侈靡,宜定制度,辨上下,使服用居室各有差等。抑昏丧过度之礼,禁追逐无名之费。用度有节,蓄积自广矣。"右丞履、参知政事守贞、镒曰:"凡人之情,见美则愿,若不节以制度,将见奢侈无极,费用过多,民之贫乏殆由此致。方今承平之际，正宜讲究此事，为经久法。"上是履议。壬寅，敕麻吉以皇家袒免之亲，特收充尚书省祗候郎君，仍为永制，丁未，猎于近郊。己酉，宋、高丽、夏遣使来贺天寿节。

九月壬子朔，天寿节，以世宗丧，不受朝。丙辰，以廉能进擢北海县令张翱等十八人官。己未，以武卫军副都指挥使乌林答谋甲为夏国生日使。庚申，朝于隆庆宫。壬戌，如秋山。

冬十月丁亥，至自秋山。戊子，朝于隆庆宫。丙申，诏赐贵德州孝子翟异、遂州节妇张氏，各绢十匹、粟二十石。戊戌，以有司言，登闻鼓院同记注院，忽有所隶。制民庶聘财为三等，上百贯，次五十贯，次二十贯。丁未，猎于近郊。

十一月乙卯，朝于隆庆宫，是月凡五朝。以惑众乱民，禁罢全真及五行毗卢。以金书枢密院事把德固等为贺宋正旦使。丁巳，制诸职官让荫兄弟子侄者，从其所请。戊辰，召礼部尚书王修、谏议大夫张晔诣殿门，谕之曰："朝廷可行之事，汝谏官、礼官即当辩析。小民之言，有可采者朕尚从之，况卿等乎。自今所议毋但附合于尚书省。"辛未，以西上阁门使移剌挞不也为高丽生日使。丙子，冬猎。己卯，次雄州。判真定府事吴王永成、判定武军节度使随王永升来朝。

十二月壬午，免猎地今年税。乙亥，次饶阳。己丑，平章政事张汝霖薨。丁酉，至自饶阳。甲辰，幸太傅徒单克宁第视疾。以克宁为太师、尚书令，封淄王，赐银千五百两，绢二千匹。乙巳，朝于隆庆宫。丙午，诏有司，正旦可先贺隆庆宫，然后进酒。丁未，宋、高丽、夏遣使来贺正旦。

二年春正月庚戌朔，以世宗丧，不受朝。癸丑，谕有司，夏国使可令馆内贸易一日。尚书省言，故事许贸易三日，从之。甲寅，始许宫中称圣主。乙卯，皇太后不豫，自是日往侍疾，丙夜乃还。辛酉，皇太后崩。丙寅，以左副都点检向等报哀于宋、高丽、夏。庚午，太师、尚书令淄王徒单克宁薨。甲戌，百官表请听政，不许。戊寅，诏赐陁括里部羊三万口、重币五百端、绢二千匹，以振其乏。吴王永成、随王永升以闻国丧奔赴失期,罚其俸一月,其长史笞五十。已卯,有司言,汉王永中以疾失期,上谕使回。

二月壬午,百官复请听政,不许。壬辰,上始视朝。敕亲王及三品官之家,毋许僧尼道士出入。谕有司进士程文但合格者即取之,毋限人数。丙申,以枢密副使夹谷清臣为尚书左丞。戊戌,更定奴诱良人法。丙午,初设王傅府尉官。

三月丁巳,夏国遣使来吊。癸亥,敕有司,国号犯汉、辽、唐、宋等名不得封臣下。有司议,以辽为恒,宋为汴,秦为镐,晋为并,汉为益,梁为邴,齐为彭,殷为谯,唐为绛,吴为鄂,蜀为夔,陈为宛,隋为泾,虞为泽。制可。丁卯,夏国遣使来祭。乙亥,高丽遣使来吊祭。丁丑,宋遣使来吊祭。

四月戊寅朔,尚书省言:“齐民与屯田户往往不睦。若令递相婚姻,实国家长久安宁之计。”从之。乙酉,葬孝懿皇太后于裕陵。戊子,制诸部内灾伤,主司应言而不言及妄言者杖七十,检视不以实者罪如之,因而有伤人命者以违制论,致枉有征免者坐赃论,妄告者户长坐诈不以实罪,计赃重从诈匿不输法。庚寅,禁民庶不得服纯黄银褐色,妇人勿禁,著为永制。辛卯,上幸寿安宫,谏议大夫张昕等上疏请止其行,不允。癸巳,谕有司,自今女直字直译为汉字,国史院专写契丹字者罢之。甲午,改封永中为并王,永功为鲁王,永成兖王,永升曹王,永蹈郑王,永济韩王,永德豳王。戊戌,增太学博士助教员。己亥,学士院新进唐杜甫、韩愈、刘禹锡、杜牧、贾岛、王建,宋王禹称、欧阳修、王安石、苏轼、张耒、秦观等集二十六部。庚子,改寿安宫名万宁。壬寅,如万宁宫。诏袭封衍圣公孔元措视四品秩。

五月庚戌,敕自今四日一奏事,仍免朝。戊辰,诏诸郡邑文宣王庙、风雨师、社稷神坛隳废者,复之。诏御史台令史并以终场举人充。

六月戊子,平章政事宗宁薨。癸巳,禁称本朝人及本朝言语为“蕃”,违者杖之。丙午,尚书右丞移剌履薨。

秋七月丁巳，以参知政事徒单镒为尚书右丞，御史中丞夹谷衡为参知政事。己未，观稼于近郊。己巳，禁职官元日、生辰受所属献遗，仍为永制。以同金大睦亲府事兖等为贺宋生日使。庚午，谕有司，自今外路公主应赴阙，其驸马都尉非奉旨，毋擅离职。

八月癸未，至自万宁宫。己亥，敕山东、河北缺食等处许纳粟补官。谕有司，自今亲王所领如有军处，令佐贰总押军事。乙巳，宋、高丽、夏遣使来贺天寿节。

九月丁未朔，天寿节，以皇太后丧，不受朝。甲寅，如大房山。乙卯，谒奠裕陵。丙辰，还都。丁巳，以西上阁门使白琬为夏国生日使。乙未，定诈为制书未施行制。以尚书左丞夹谷清臣为平章政事，封芮国公，参知政事完颜守贞为尚书左丞，知大兴府事张万公为参知政事。庚申，如秋山。

冬十月己丑，至自秋山。甲午，敕司狱毋得与府州司县官筵宴还往，违者罪之。禁以太一混元受箓私建庵室者。壬寅，以河北、山东旱，应杂犯及强盗已未发觉减死一等，释徒以下。

十一月丙午朔，制诸女直人不得以姓氏译为汉字。甲寅，禁伶人不得以历代帝王为戏，及称万岁，犯者以不应为事重法科。丁巳，以豳王傅宗璧等为贺宋正旦使。戊午，夏人杀我边将阿鲁带。甲子，制投匿名书者，徒四年。丙寅，以近侍局副使完颜匡为高丽生日使。壬申，敕提刑司官自今每十五日一朝。

十二月乙亥朔，勒三品致仕官所得兼从毋令输庸。己卯，定镇边守将致盗贼罪。甲申，猎于近郊。乙酉，诏罢契丹字。己丑，尚书右丞徒单镒罢。癸卯，宋、高丽、夏遣使来贺正旦。

三年春正月乙巳朔，以皇太后丧，不受朝。丙辰，以孝懿皇后小祥，尚书省请依明昌元年世宗忌辰例，诸王陪位服惨紫，去金玉之饰，百官不视事，禁音乐屠宰，从之。壬戌，如春水。

二月甲戌朔，敕猛安谋克许于冬月率所属户畋猎二次，每出不得过十日。壬辰，至自春水。丁酉，猎于近郊。辛丑，诏追复田珏等官爵。

闰月甲子，以山东路统军使乌林答愿为御史大夫。

三月乙亥，更定强盗征赃、品官及诸人亲获强盗官赏制。辛巳，初设左右卫副将军。癸未，泸沟石桥成。幸熙春园。丁亥，如万宁宫。辛卯，诏赐棣州孝子刘瑜、锦州孝子刘庆祐绢、粟，旌其门闾，复其身。上因问宰臣曰："从来孝义之人曾官使者几何？"左丞守贞对曰："世宗时有刘政者尝官之，然若辈多淳质不及事。"上曰："岂必尽然。孝义之人素行已备，稍可用即当用之，后虽有希觊作伪者，然伪为孝义，犹不失为善。可检勘前后所申孝义之人，如有可用者，可具以闻。"癸巳，尚书省奏："言事者谓，释道之流不拜父母亲属，败坏风俗莫此为甚。礼官言唐开元二年敕云：'闻道士、女冠、僧、尼不拜二亲，是为子而忘其生，傲亲而徇于末。自今以后并听拜父母，其有丧纪轻重及尊属礼数一准常仪。'臣等以为宜依典故行之。"制可。左丞守贞言："上尝命臣问忻州陈毅上书所言事，其一极论守令之弊，臣面问所以救之之道，竟不能言。"上曰："方今政欲知其弊也。彼虽无救弊之术，但能言其弊，亦足嘉矣。如毅言及随处有司不能奉行条制，为人佣雇尚须出力，况食国家禄而乃如是，得无亏臣子之行乎？其令检会前后所降条理举行之。"是日，温王玠薨。丁酉，命有司祈雨，望祀岳镇海渎于北郊。

四月壬寅朔，定宣圣庙春秋释奠，三献官以祭酒、司业、博士充，祝词称"皇帝谨遣"，及登歌改用太常乐工。其献官并执事与享者并法服，陪位学官公服，学生儒服。尚书省奏："提刑司察举涿州进士刘器博、博州进士张安行、河中府胡光谦，光谦年虽八十三，尚可任用。"敕刘器博、张安行特赐同进士出身，胡光谦召赴缺。甲辰，祈雨于社稷。丙午，罢天山北界外采铜。戊申，瀛王瑰薨。戊午，诏集百官议北边开壕事。诏赐云内孝子孟兴绢十匹、粟二十石；赐同州贞妇师氏谥曰："节"。丙寅，以旱灾，下诏责躬。丁卯，复以祈雨，望祀岳镇海渎山川于北郊。戊辰，敕亲王衣领用银褐紫缘。遣御史中丞吴鼎枢等审决中都冤狱，外路委提刑司处决。左丞守贞以旱，上表乞解职，不允。参知政事衡、万公皆入谢。上曰："前诏所谓罢不急之役、省无名之费、议冗官、决滞狱四事，其速行之。"

五月壬申朔，以尚书礼部员外郎孛术鲁子元为横赐高丽使。癸酉，罢北边开壕之役。甲戌，祈雨于社稷。是日，雨。戊寅，出宫女百八十三人。尚书省奏，近以山东、河北之饥，已委宣差所至安抚赈济，复遣右三部司正范文渊往视之。乙酉，以雨足，致祭于社稷。戊子，百官贺雨足。尚书左丞完颜守贞罢。己丑，以雨足，望祀岳镇海渎。

六月癸卯，宰臣请罢提刑司，上曰："诸路提刑司官止三十余员，犹患不得其人，州郡三百余处，其能尽得人乎？"弗许。甲寅，以久雨，命有司祈晴。丁巳，定提刑司条制。辛酉，诏定内外所司公事故作疑申呈罪罚格。乙丑，以知大名府事刘玮为尚书右丞。有司言，河州灾伤，民乏食，而租税有未输。诏免之。谕户部，可预给百官冬委俸，令就仓以时直粜与贫民，秋成各以其资籴之，其所得必多矣，而上下便之。其承应人不愿者，听。

秋七月戊寅，敕尚书省曰："饥民如至辽东，恐难遽得食，必有饥死者。其令散粮官问其所欲居止，给以文书，命随处官长计口分散，令富者出粟养之，限以两月，其粟充秋税之数。"己卯，祁州刺史顿长寿、安武军节度副使胡剌坐赈济不及四县，各杖五十。癸未，诏增北边军千二百人，分置诸堡。丁亥，胡光谦至阙，命学士院以杂文试之，称旨。上曰："朕欲亲问之。"辛卯，以殿前都点检仆散端等为贺宋生日使。己亥，上谓宰臣曰："闻诸王傅尉多苛细，举动拘防，亦非朕意。是职之设本欲辅导诸王，使归之正，得其大体而已。"平章政事清臣曰："请以圣意遍行之。"曰："已谕之矣。"

八月癸卯，敕诸职官老病不肯辞避，有司谕使休闲者，不在给俸之列，格前勿论。上以军民不和、吏员奸弊，诏四品以下、六品以上集议于尚书省，各述所见以闻。甲辰，集三品以下、六品以上官，问以朝政得失及民间利害，令各书所对。丁未，以有司奏宁海州文登县王震孝行，以尝业进士，并试其文，特赐同进士出身，仍注教授一等职任。辛亥，至自万宁宫。特赐胡光谦明昌二年进士第三甲及第，授将仕郎、太常寺奉礼郎。官制旧设是职，未尝除人，以光谦德行才能，故特授之。己未，以乌林答愿为尚书左丞。辛酉，猎于近郊。乙丑，上谓宰臣曰："朕欲任官，令久于其事。若今日作礼官，明日司钱谷，虽间有异材，然事能悉办者鲜矣。"对曰："使中材之人久于其职，事既熟，终亦得力。"上问太常卿张晞："古有三恪，今何无之？"晞具典故以闻。丁卯，宋、高丽、夏遣使来贺天寿节。

九月庚午朔，天寿节，以皇太后丧，不受朝。谕尚书省，去岁山东、河北被灾伤处所阁租税及借贷钱粟，若便征之，恐贫民未苏，俟丰收日以分数带征可也。又谕宰臣曰："随路提刑司旧止察老病不任职及不堪亲民者，如得其实，即改除他路。若他路提刑司覆察得实，勿复注亲民之职。卿等其议行之。"甲戌，以郊社署令唐括合达为夏国生日使。己卯，如秋山。免围场经过人户今岁夏秋租税之半，曾当差役者复一年。

冬十月壬寅，至自秋山。丙午，敕御史台，提刑司自今保申廉能官，勿复有乞升品语。壬子，有司奏增修曲阜宣圣庙毕，敕"党怀英撰碑文；朕将亲行释奠之礼，其检讨典故以闻"。甲寅，敕置常平仓处，并令州、府官以本职提举，县官兼管勾其事，以所籴多寡约量升降，以为永制。赐河南路提刑司所举逸民游总同进士出身，以年老不乐仕进，授登仕郎，给正八品半俸终身。戊午，谕尚书省访求博物多知之士。癸亥，遣谕诸王府傅尉曰："朕分命诸王出镇，盖欲政事之暇，安便优逸，有以自适耳。然虑其举措之间或违于理，所以分置傅尉，使劝导弥缝，不入于过失而已。若公余游宴不至过度，亦复何害。今闻尔等或用意太过，凡王门细碎之事无妨公道者，一一干与。赞助之道，岂当如是！宜各思职分，事举其中，无失礼体。仍就谕诸王，使知朕意。"丙寅，敕应保举官及试中书判者委官覆察，言行相副者量与升除，随朝及六品以上各随所长用之。己巳，猎于近郊。

十一月庚午朔，尚书省奏："翰林侍讲学士党怀英举孔子四十八代孙端甫，年德俱高，该通古学。济南府举魏汝翼有文章德谊，苦学三十余年,已四举终场。蔚州举刘震亨学行俱优,尝充举首。益都府举王枢博学善书,事亲至孝。"敕魏汝翼特赐进士及第,刘震亨等同进士出身,并附王泽榜。孔端甫俟春暖召之。丙子,诏臣庶名犯古帝王而姓复同者禁之,周公、孔子之名亦令回避。戊寅,升相州为彰德府。以前右副都点检温敦忠等为贺宋正旦使。壬午,尚书省奏,知河南府事程峰乞进封父祖。权尚书礼部郎中党怀英言:"凡宰执改除外任长官,其佐官以下相见礼仪皆与他长官不同,其子亦得试补省令史。其子且尔,父祖封赠理当不同,合与宰执一例封赠。"从之。甲申,改提刑司令史为书史。丙申,以有司言:"河州定羌民张显孝友力田,焚券已责,又献粟千石以赈饥。棣州民荣楫赈米七百石、钱三百贯,冬月散柴薪三千束。皆别无希觊。"特各补两官,仍正班叙。

十二月癸卯,以东上阁门使张汝猷为高丽生日使。辛亥,谕有司祈雪。癸丑,猎于近郊。丙辰,有赤气见于北方。丁巳,敕华州下邽县置武定镇仓,京兆栎阳县置粟邑镇仓,许州舞阳县置北舞渡仓,各设仓草都监一人,县官兼领之。乙丑,定到任告致仕格。丁卯,宋、高丽、夏遣使来贺正旦。

金史卷一○
本纪第一○

章宗二

四年春正月己巳朔，以皇太后丧，不受朝。辛未，以平章政事夹谷清臣为尚书右丞相，监修国史。丁丑，遣户部侍郎李献可等分路劝农事。癸未，尚书省奏大兴府推宫苏德秀为礼部主事，上曰："朕既尝语卿，百官当使久于其职。彼方任理官，复改户曹，寻又除礼部，人才岂能兼之。若久于其职，但中材胜于新人，事既经练，亦必有济。后不可轻易改除。"上又言："凡称政有异迹者，谓其断事有轶才也。若止清廉，此乃本分，以贪污者多，故显其异耳。宰臣又言：'近言事者谓，方今孝弟廉耻道缺，乞正风俗'。此盖官吏不能奉宣教化使然。今之察举官吏者，多责近效，以干办为上，其有秉心宽厚，欲行德化者，辄谓之迂阔。故人人皆以教化为余事。此孝悌所以废也。若谕所司，官吏有能务行德化者，擢而用之，则教化可行，孝弟可兴矣。今之所察举，皆先才而后德。巧猾之徒，虽有赃污，一旦见用，犹为能吏，此廉耻所以丧也。若谕所司，察举官吏，必审真伪，使有才无行者不能颉颃，非道求进者加之纠劾，则奔竞之俗息，而廉耻可兴矣。"辛卯，赈河北诸路被水灾者。癸巳，谕点检司，行宫外地及围猎之处悉与民耕，虽禁地，听民持农器出入。丙申，东京路副使三胜进鹰，遣谕之曰："汝职非轻。民间利害，官吏邪正，略不具闻，而乃以鹰进，此岂汝所职也！后毋复尔。"

二月戊戌朔，如春水。始以春、秋二仲月上戊日祭社稷。癸丑，猎于姚村淀。癸亥,至自春水。丙寅,参知政事张万公薨。

三月戊辰朔,诸路提刑司入见,各问以职事,仍诫谕曰:"朕特设提刑司,本欲安民,于今五年,效犹未著。盖多不识本职之体,而徒事细碎,以致州县例皆畏缩而不敢行事。乃者山东民艰于食,尝遣使赈济,盖卿等不职,故至于此。既往之失,其思悛改。"庚午,上将幸景明宫,御史中丞董师中等上书切谏,不报。壬申,章再上,补缺许安仁、拾遗路铎皆谏,乃止。制定民习角抵、枪棒罪。以工部尚书胥持国为参知政事。丙子,特赐有司孔端甫及第,授小学教授,寻以年老,命食主簿半俸致仕。甲申,幸香山永安寺及玉泉山。甲午,定配享功臣。敕自今御史台奏事,修起居注并令回避。

夏四月丁酉朔,幸兴陵崇妃第。是日,始举乐。自己亥至癸卯,百官三表请上尊号,上曰:"祖宗古先有受尊号者,盖有其德,故有其名。比年五谷不登,百姓流离,正当戒惧修身之日,岂得虚受荣名耶。"不许,仍断来章。戊申,亲禘于太庙。庚戌,如万宁宫。辛亥,右丞相清臣率百官及耆艾等复请上尊号,学官刘玑亦率六学诸生赵楷等七百九十五人诣紫宸门请上尊号,如唐元和故事,不许。丁巳,赈河州饥。敕女直进士及第后,仍试以骑射,中选者升擢之。乙丑,减尚厩食谷马。

五月丙寅朔,曹王永升及诸王请上尊号,不许。以尚厩局使石抹贞为横赐夏国使。己巳,上以群臣累上尊号不受,诏谕中外,徒罪以下递降一等,杖以下原之。甲戌,观稼于近郊。辛巳,谕左司,遍谕诸路,令月具雨泽田禾分数以闻。癸未,以久雨,祟。

六月癸丑,赐有司所举德行才能之士安州崔秉仁、兖州翟驹、锦州齐文乙、大名孙可久、陈信仁、应州董彀并同进士出身。丙辰,以晴,致祭岳镇海渎。壬戌,尚书右丞相夹谷清臣进封戴国公,西京留守完颜守贞为平章政事,封萧国公。尚书右丞刘玮薨。

秋七月辛巳,南京路提刑司自许州迁治南京。己丑,制三品以上官有故者、若亲、贤、勋、旧,尚书省即与闻奏,议加追赠。命以银改铸"礼信之宝",仍涂以金。以同判大睦亲府事襄为枢密使。以御史中丞董师中等为贺宋生日使。

八月己亥，枢密使襄帅百僚再请上尊号，不许。是日，岁星、太白昼见。庚子，大赦。甲辰，至自万宁宫。丁未，释奠孔子庙，北面再拜。辛亥，国史院进《世宗实录》，上服袍带，御仁政殿，降座，立受之。

九月甲子朔，天寿节，御大安殿，受亲王百官及宋、高丽、夏使朝贺。戊辰，以参知政事夹谷衡为尚书右丞，户部尚书马琪为参知政事。敕尚书省，大定二十九年以后士庶言事，或系国家或边关大利害已尝施行者，可特补一官；有益于官民，量给以赏。以西上阁门使大岜为夏国生日使。庚午，如山陵，次奉先县。辛未，拜天于县西。壬申，致奠诸陵。癸酉，如秋山。

十一月庚午，右丞相清臣、参知政事持国上表丐闲，优招不许。戊寅，以翰林直学士完颜匡等为贺宋正旦使，命匡权易名弼以避宋讳。壬午，木冰。丙戌，诏诸职官以赃污不职被罪、以廉能获升者，令随路、京、府、州、县列其姓名，揭之公署，以示劝惩。庚寅，夏国嗣子李纯祐遣使来讣告。

十二月甲午朔，夏国李纯祐遣使奉故王仁孝遗表以进。谕大兴府于暖汤院日给米五石，以赡贫者。戊戌，定武军节度使郑王永蹈以谋反，伏诛。己亥，谕有司，以郑王财产分赐诸王，泽国公主财物分赐诸公主。甲辰，诸王府增置司马一人。以纥石烈珵为高丽生日使，西上阁门使大岜等为夏国敕祭慰问使。庚戌，尚书省以科目近多得人，乞是举增取进士。上然之，诏有司，会试毋限人数。甲寅，册长白山之神为开天弘圣帝。丙辰，猎于近郊。

是岁，大有年。邢、洺、深、冀及河北西路十六谋克之地，野蚕成茧。

五年春正月癸亥朔，宋、高丽、夏遣使来贺。乙丑，昭容李氏进位淑妃。己巳，初用唐、宋典礼，皇后忌辰皆废务。尚书省进区田法，诏相其地宜，务从民便。又言遣官劝农之扰，命提刑司禁止之。乙亥,以叶鲁、谷神始制女直字,诏加封赠,依仓颉立庙盩厔例。祠于上京纳里浑庄。岁时致祭,令其子孙拜奠,本路官一人及本千户春秋二祭。辛巳,前中都路都转运使王寂荐三举终场人蔡州文商经明行修,足备顾问。前河北西路转运使李扬言庆阳府进士李奖纯德博学,乡曲誉之。绛州李天祺、应州康晋侯屡赴廷试,皆有才德。上曰:"文商可令召之。李奖给主簿半俸终身,余赐同进士出身。"遣国子祭酒刘玑册李纯祐为夏国王。丁亥,幸城南别宫。

二月丁酉,初定长吏劝课能否赏罚格。尚书省奏:"礼官言孝懿皇后祥除已久,宜易隆重庆宫为东宫,慈训殿为承华殿。"从之。诏购求《崇文总目》内所缺书籍。戊戌,祭社稷。以宣献皇后忌辰,用熙宁祀仪,乐县而不作。甲辰,郓王琮薨。己酉,宰臣请罢北边屯驻军马,不允。癸丑,以齐河县民张涓、济阳县王琛、河州李锜急义好施,诏复之终身,仍著于令。命宣徽使移剌敏、户部主事赤盏实理哥相视北边营屯,经画长久之计。

三月壬申,初定限钱禁。庚辰,初定日月风雨雷师常祀。戊子,置弘文院,译写经书。

夏四月壬辰朔,幸北苑。庚子,诏各路所举德行才能之士,涿州时琦、云中刘挚、郑州李升、恩州傅砺、济南赵挚、兴中田扈方六人,并特赐同进士出身。以文商为国子教授,特迁登仕郎。己酉,诏自今筐棂床榻之饰毋以金玉。壬子,特赐翰林待制温迪罕迪翰林学士承旨、中奉大夫。乙卯,幸景明宫,董师中、贾守谦、路铎先后凡两上封事切谏,不报。

五月庚午,次乌十撒八。戊子,桓、抚二州旱,遣使祷于缙山。

六月壬辰,如冰井。己亥,出猎。登胡土白山,酹酒再拜。曹王永升以下进酒。丙午,拜天,曲赦西北路。己未,如查沙秋山。是月,宋前主慎殂。

七月戊辰,猎于黦赤火,一发贯双鹿。是日,获鹿二百二十二,赐扈从官有差。辛巳,次鲁温谷失不。是日,上亲射,获黄羊四百七十一。乙酉,次冰井。丙戌,以天寿节,宴枢光殿,凡从官及承应人遇覃恩迁秩者，并受宣敕于殿前。时久雨初霁，有龙曳尾于殿前云间。戊子，御膳羹中有发，上举视而弃之，戒左右毋宣言。

八月辛亥，至自景明宫。壬子，河决阳武故堤，灌封丘而东。丁巳，赐从幸山后亲军银、绢有差。

九月戊午朔，天寿节，宋、高丽、夏遣使来贺。壬戌，命增定捕盗官被杀赙钱及官赏格。甲子，都水监官王汝嘉等坐河决，各削官两阶，杖七十，罢之。乙丑，上御睿思殿，诸路提刑使入见。戊辰，初令民买扑随处金、银、铜冶。命参知政事马琪往视河决，仍许便宜从事。壬申，宋主遣使来告哀。戊寅，以知大兴府事尼庞古鉴等为宋国吊祭使。敕尚书省，集百官议备边事。壬午，特推恩东宫旧人司经王伯温等八人官有差。甲申，命上京等九路并诸抹及纠等处选军三万，俟来春调发，仍命诸路并北阻䕌以六年夏会兵临潢。

冬十月庚寅，右丞相夹谷清臣等表请上尊号，不允。宋遣使献遗留物。壬寅，右丞相清臣复请上尊号，国子祭酒刘玑亦率六学诸生上表陈请，不允。遣户部员外郎何格赈河决被灾人户。庚戌，张汝弼妻高陀斡以谋逆，伏诛。壬子，尚书省奏，升提刑司所察廉官南皮县令史肃以下十有二人，而大兴主簿蒙括蛮都亦在选中，上知其人，曰：“蛮都浇浮人也，升之可乎？与其任浇浮，孰若用淳厚。况蛮都常才。才如过人犹不当用，恐败风俗，况常才耶！其再察之。”

闰月戊午朔，宋主遣使来报即位。甲子，亲王、百官各奉表请上尊号，不允。丙寅，以代国公欢都等五人配享世祖庙廷。甲戌，以河东南、北提刑使王启等为贺宋主即位使。乙亥，猎于近郊。戊寅，上问辅臣：“孔子庙诸处何如？”平章政事守贞曰：“诸县见议建立。”上因曰：“僧徒修饰宇像甚严，道流次之，惟儒者于孔子庙最为灭裂。”守贞曰：“儒者不能长居学校，非若僧道久处寺观。”上曰：“僧道以佛、老营利，故务在庄严闳侈，起人施利自多，所以为观美也。”庚辰，参知政事马琪自行省回，具奏河防利害，语载《琪传》中。丙戌，以翰林待制奥屯忠孝权户部侍郎，太府少监温昉权工部侍郎，行户、工部事，修治河防。以引进使完颜衷为夏国生日使。

十一月癸巳,诏罢紫荆岭所护围场。庚子,以右宣徽使移剌敏等为贺宋正旦使。癸丑,太白昼见。

十二月辛酉,平章政事完颜守贞罢。以知大兴府事尼庞古鉴为参知政事,以户部郎中李敬义为赐高丽生日使。丁卯,免被黄河水灾今年秋税。辛巳,敕减修内司备营造军千人,都城所五百人。癸未,敕尚书省,自今献灵芝嘉禾者赏。

六年春正月丁亥朔,受宋、高丽、夏使朝贺。庚寅,太白昼见。辛卯,敕有司给天水郡公家属田宅。壬辰,如春水。庚戌,罢陕西括地。辛亥,谕胥持国,河上役夫聚居,恐生疾疫,可廪医护视之。乙卯,次御林。

二月丁巳朔,敕有司,行宫侧及猎所有农者勿禁。己未,始祭高禖。庚午,至自春水。丁丑,京师地震。大雨雹,昼晦,震应天门右鸱尾。癸未,宋遣使来报谢。

三月丙戌朔,日有食之。甲午,以翰林直学士孛术鲁子元兼右司谏,监察御史田仲礼为左拾遗,翰林修撰仆散讹可兼右拾遗,谕之曰:"国家设置谏官,非取虚名,盖责实效,庶几有所裨益。卿等皆朝廷选擢,置之谏职,如国家利害、官吏邪正,极言无隐。近路铎左迁本以他罪,卿等勿以被责,遂畏缩不言,其悉心戮力,毋得缄默。"丙申,如万宁宫。戊戌,以北边粮运,括群牧所、三招讨司猛安谋克、随纠及迭剌、唐古部诸抹、西京、太原官民驼五千充之,惟民以驼载为业者勿括。以银五十万两、钱二十三万六千九百贯以备支给。银五万两、金盂二千八百两、金牌百两、银盂八千两、绢五万匹、杂彩千端、衣四百四十六袭以备赏劳。庚子,以郡举才行之士翟介然以下三人特赐进士及第,李贞固以下十五人同进士出身。

夏四月癸亥,敕有司,以增修曲阜宣圣庙工毕,赐衍圣公以下三献法服及登歌乐一部,仍遣太常旧工往教孔氏子弟,以备祭礼。甲子,以尚书左丞乌林答愿为平章政事,右丞夹谷衡为尚书左丞。丙子,幸玉泉山。戊寅,以修河防工毕,参知政事胥持国进官二阶,翰林待制奥屯忠孝以下三十六人各一阶，获嘉令王维翰以下五十六人各赐银币有差。庚辰，以尚书右丞相夹谷清臣为左丞相，监修国史，封密国公。枢密使襄为尚书右丞相，封任国公。参知政事胥持国为尚书右丞。壬午，赐宰臣手诏，以风俗不淳，官吏苟且，责之。

五月丙戌，命减万宁宫陈设九十四所。辛卯，以出师，遣礼部尚书张昉告于庙社。乙未，判平阳府事镐王永中以罪赐死，并及二子。丁酉，诏中外。乙巳，诏诸路猛安谋克农隙讲武，本路提刑司察其惰者罚之。庚戌，命左丞相夹谷清臣行省于临潢府。

六月丙辰，右谏议大夫贾守谦、右拾遗仆散讹可坐镐王永中事奏对不实，削官二阶，罢之。御史中丞孙即康、右补阙蒙括胡剌、右拾遗田仲礼各罚金二十斤。丙寅，以枢密副使唐括贡为枢密使。以久雨，祟。庚辰，太白经天。辛巳，左丞相清臣遣使来献捷。

七月丙申，幸曹王永升第。甲辰，始定文武官六贯石以上、承应人并及荫者、若在籍儒生章服制。

八月己未，命兖州长官以曲阜新修庙告成于宣圣。癸亥，至自万宁宫。己巳，以温敦伯英言，命礼部令学官讲经。辛未，以吏部尚书吴鼎枢等为贺宋生日使。壬申，行省都事独吉永中来报捷。乙亥，勑宫中承应人出职后三年内犯赃罪者，元举官连坐，不在去官之限，著为令。辛巳，木波进马。

九月壬午朔，天寿节，宋、高丽、夏遣使来贺。甲申，册静宁山神为镇安公，忽土白山神为瑞圣公。丙戌，知河间府事移剌仲方为御史大夫。辛卯，如秋山。以尚书左司郎中粘割胡上为夏国生日使。

冬十月丙辰，至自秋山，丁巳，以岁幸春水、秋山，五日一进起居表，自今可十日一进。乙亥，命尚书左丞夹谷衡行省于抚州，命选亲军、武卫军各五百人以从，仍给钱五千万。

十一月戊子，左丞相夹谷清臣罢，右丞相襄代领行省事。丙申，以刑部尚书纥石烈贞等为贺宋正旦使。壬寅，初定猛安谋克镇边后放免者授官格。禁射粮军应役但成队伍，不得持兵器及凡可以伤人者。甲辰，报败敌于望云。乙巳，以枢密使唐括贡、御史大夫移剌仲方、礼部尚书张玮等二十三人充计议官，凡军事则议之。戊申，初定县官增水田升除制。

十二月乙卯，诏招抚北边军民。以知登闻检院贾益为高丽生日使，户部员外郎纳兰昉为横赐使。戊午，礼部尚书张玮等进《大金仪礼》。丁卯，应奉翰林文字赵秉文上书论奸欺。乙亥，诏加五镇四渎王爵。庚辰，上幸后园阅军器。是月，右丞相襄率驸马都尉仆散揆等进军大盐泺，分兵功取诸营。

承安元年春正月辛巳朔，受宋、高丽、夏使朝贺。甲申，大盐泺群牧使移剌睹等为广吉剌部兵所败，死之。丁亥，国子学齐长张守愚上《平边议》三篇，特授本学教授，仍以其议付史馆。

二月甲子，命有司祀高禖如新仪。丁卯，右丞相襄、左丞衡至自军前。己巳，复命还军。幸都南行宫春水。甲戌，至自行宫。是月，初造虎符发兵。

三月丁酉，如万宁宫。不雨，遣官望祭岳镇海渎于北郊。癸卯，敕尚书省，刑狱虽已奏行，其间恐有疑枉，其再议以闻。人命至重，不可不慎也。甲辰，遣参知政事尼庞古鉴祈雨于社稷。丁未，复遣使就祈于东岳。

夏四月辛亥，命尚书右丞胥持国祈雨于太庙。壬子，遣使审决冤狱。京城禁伞扇。戊午，初行区种法，民十五以上、六十以下有土田者，丁种一亩。乙丑，命御史大夫移剌仲方祈雨于社稷。壬申，命参知政事马琪祈雨于太庙。甲戌，尚书省以赵承元言，请追上孝懿皇太后册宝，然后行谥册礼。礼官执奏尊皇太后已诏示中外，无追册礼，从之。戊寅，上以久不雨，命礼部尚书张玮祈于北岳。己卯，遣官望祭岳镇海渎于北郊。

五月庚辰朔，观稼于近郊，因阅区田。乙酉，以久旱，徙市。庚寅，诏复市如常。壬辰，以尚药局副使粘割忠为横赐夏国使。乙未，参知政事尼庞古鉴薨。庚子，雨足。

六月甲寅，上以百姓艰食，诏出仓粟十万石减价以粜之。乙丑，平晋县民利通家蚕自成绵段，长七尺一寸五分，阔四尺九寸，诏赐绢十疋。丁卯，敕自今长老、大师、大德不限年甲，长老、大师许度弟子三人，大德二人，戒僧年四十以上者度一人。其大定十五年附籍沙弥年六十以上并令受戒，仍不许度弟子。尼、道士、女冠亦如之。御史大夫移剌仲方罢。庚午，幸环秀亭观稼。癸酉，诏应禁军器路分，步弓手拟于射粮军内选之，马弓手拟于猛安谋克军户余丁内选之。其有为百姓害，从本州县断遣。无猛安户，于二百里内屯驻军余丁内取之，依步弓手月给二贯石。

七月庚辰，御紫宸殿，受诸王、百官贺，赐诸王、宰执酒。敕有司，以酒万尊置通衢，赐民纵饮。乙酉，敕今后高丽、夏使入见敷奏，令新设各国通事具公服与阁门使上殿监听。命有司收瘗西北路阵亡骸骨。

八月己酉，猎于近郊。癸丑，幸玉泉山。甲子，以郊祀日期诏中外。戊辰，至自万宁宫。以陕西西路转运使董师中为御史大夫。癸酉，左丞衡丁父忧。

九月丁丑朔，天寿节，宋、高丽、夏遣使来贺。幸天长观。辛巳，以右丞相襄为左丞相，监修国史，封常山郡王。壬午，赐襄酒百尊。太白昼见。癸未，都人进酒三千一百瓶，诏以赐北边军吏。以吏部尚书张嗣等为贺宋生日使。癸巳，左丞衡起复。丁酉，知大兴府卞、同知郭铸以擅逮问宰臣，各笞四十。辛丑，西南路招讨使仆散揆至自军。乙巳，以国子监丞乌古论达吉不为夏国生日使。

冬十月丙午朔，诏选亲军八百人戍抚州。庚戌，命左丞相襄行省于北京，签书枢密院事完颜匡行院于抚州。丙辰，祫享于太庙。

十一月戊子，参知政事马琪罢。庚寅，特满群牧契丹陁锁、德寿反，泰州军击败之。御史大夫董师中、北京留守裔并为参知政事。甲午，以陕西路统军使崇道等为贺宋正旦使。丁酉，朝享于太庙。戊戌，有事于南郊，大赦改元。己亥，曹王永升率亲王、百官贺。癸卯，命有司祈雪，仍遣官祈于东岳。

十二月丙午，枢密使唐括贡率百官请上尊号，不允。己酉，遣提点太医近侍局使李仁惠劳赐北边将士，授官者万一千人，授赏者几二万人，凡用银二十万两、绢五万匹、钱三十二万贯。庚戌，以同知登闻检院阿不罕德刚为高丽国生日使。壬子，枢密使唐括贡复率百官请上尊号，不允。

二年春正月乙亥朔，宋、高丽、夏遣使来贺。乙酉，敕职官犯赃私不得诉于同官。丁亥，如安州春水。丁酉，至自春水。辛丑，宋主以母后丧，遣使告哀。

二月丁巳，敕自今职官犯赃，每削一官殿一年。是日，太白昼见，经天。是月，特命袭封衍圣公孔元措世袭兼曲阜令。

三月己卯，亲王、百官复请上尊号，不允。壬午，命尚书户部侍郎温昉佩金符，行六部尚书于抚州。庚寅，幸西园阅军器。辛卯，始定保举德行才能格。癸巳，平章政事乌林答愿罢。丁酉，枢密使唐括贡率百官请上尊号，不允。以参知政事裔代左丞相襄行省于北京。

夏四月甲寅，如万宁宫。丙辰，命有司祈雨，望祭岳镇海渎于北郊。甲子，祈雨于社稷。尚书省奏，比岁北边调度颇多，请降僧道空名度牒紫褐师德号以助军储，从之。癸酉，亲王宣敕始用女直字。

五月甲戌朔，谕宰臣曰：“比以军须，随路赋调。司县不度缓急，促期征敛，使民费及数倍，胥克又乘之以侵暴。其令提刑司究察之。”丙子，集官吏于尚书省，诏谕之曰：“今纪纲不立，官吏弛慢，迁延苟简，习以成弊。职官多以吉善求名，计得自安，国家何赖焉。至于徇情卖法，省部令史尤甚。尚书省其戒谕之。”丁丑，北京行省参知政事裔移驻临潢府。庚辰，升抚州为镇宁军。以雨足，报祭于社稷。甲申，望祭岳镇海渎于北郊。丁亥，左丞相襄诣临潢府。己丑，皇子生，庚寅，诏中外，降死罪，释徒以下。

六月乙巳，命礼部尚书张昉报祀高禖。丙午，雨雹。戊申，以澄州刺史王遵古为翰林直学士，仍敕无与撰述，入直则奏闻；或霖雨，免入直，以遵古年老且尝侍讲读也。庚戌，诏罢瑶光殿工作。甲寅，置全州盘安军节度使，治安丰县。乙卯，封皇子为寿王。

闰月甲午,出西横门观稼。

秋七月壬寅朔,幸天长观,建普天大醮,禁屠宰七日,无奏刑,百司权停决罚。己未,命西上阁门使刘颁赐参知政事裔宴于行省。戊辰,天寿节,御紫宸殿受朝。

八月庚辰,敕计议官所进奏帖,可直言利害勿用浮辞。辛巳,以边事未宁,诏集六品以上官于尚书省,问攻守之计。应中外臣僚不以职位高下,或有方略材武,或长于调度,各举三五人以备选用,无有顾望不尽所怀,期五日封章以进。议者凡八十四人,言攻者五,守者四十六,且攻且守者三十三,召对睿思殿,论难久之。癸未,至自万宁宫。丙戌,以左丞相襄为左副元帅,参知政事董师中尚书左丞,左宣徽使裔尚书右丞,启部尚书杨伯通参知政事。尚书左丞夹谷衡罢。右丞胥持国致仕。庚寅,参知政事裔罢。枢密使唐括贡致仕。壬辰,以左副元帅襄为枢密使兼平章政事。

九月辛丑朔,天寿节,宋、高丽、夏遣使来贺。壬寅,遣官分诣上京、东京、北京、咸平、临潢、西京等路招募汉军,不足则签捕之。乙巳,以夏使朝辞,诏答许复保安、兰州榷场。丁未,以知归德府事完颜愈为贺宋生日使。癸丑,以上京留守粘割斡特剌为平章政事。辛酉,以枢密使兼平章政事襄,知大兴府事胥持国为枢密副使、权参知政事,行省于北京。乙丑,始置军器监,掌治戎器,班少府监下,设甲坊、利器二署隶焉。丁卯,分遣官于东、西、北京,河北等路,中都二节镇,买牛五万头。

冬十月庚午朔,初设讲议所官十员共议钱谷,以中都路转运使孙铎、户部侍郎高汝砺等为之。庚辰,尚书省奏,高丽国牒报,其王以老疾,令母弟晫权国事。壬午,尚书省行推排。丁亥,皇子寿王慤。壬辰,诏奖谕西南路招讨使仆散揆等有功将士。甲午,大雪,以米千石赐普济院,令为粥以食贫民。丙申,以礼部员外郎蒙括仁本为夏国生日使。

十一月甲辰,冬至,有事于南郊。乙巳,以薪贵,敕围场地内无禁樵采。壬子,谕尚书省,猛安谋克既不隶提刑司,宜令监察御史察其臧否。庚申，北京留守裔以行省失职，杖一百除名。右谏议大夫纳兰盷杖九十，削官二阶，罢之。甲子，谕宰臣曰："朕居九重，民间难以遍知，宰相不见宾客，何以得知民间利害。"

十二月己巳朔，敕御史台纠察谄佞趋走有实迹者。己卯，始铸"承安宝货"。癸未，遣户部侍郎上官瑜体究西京逃亡，劝率沿边军民耕种，户部郎中李敬义规措临潢等路农务。乙酉，谕宰臣，今后水潦旱蝗、盗贼窃发，命提刑司预为规画。戊子，谕西南路将士。庚寅，豫王永成进马八十匹，赐诏奖谕，称皇叔豫王而不名。

金史卷一一
本纪第一一

章宗三

　　三年春正月乙亥朔，日有食之。辛丑，宋、夏遣使来贺。癸卯，谕有司，凡馆接伴并奉使者，毋以语言相胜，务存大体。奉使者亦必得其人乃可。乙卯，诏罢讲议所。丙辰，如城南春水。丁巳，并上京、东京两路提刑司为一，提刑使、副兼安抚使、副，安抚专掌教习武事，毋令改其本俗。己未，以都南行宫名建春。甲子，至自春水。己丑，宋主以祖母丧，遣使告哀。

　　二月己巳朔，幸建春宫。辛巳，谕宰臣曰："自今内外官有缺，有才能可任者，虽资历未及亦具以闻。虽亲故，毋有所避。"以武卫军都指挥使乌林答天益等为宋吊祭使。甲申，至自建春宫。丙戌，斜出内附。辛卯，平章政事粘割斡特剌薨。

　　三月戊戌，以礼部尚书张晖为御史大夫。壬寅，复榷醋。甲寅，如万宁宫。丁巳，敕随处盗贼，毋以强为窃，以多为少，以有为无。啸聚三十人以上奏闻。违者杖百。丙寅，高丽王王晧以弟晫权国事，遣使奉表来告。

　　夏四月戊辰朔，谕有司，宰相遇雨，可循殿庑出入。丙申，谕御史台曰："随朝大小官虽有才能，率多苟简，朕甚恶之，其察举以闻。提刑司所察廉能污滥官皆当殿奏，余事可转以闻。"以侍御史孙俣为宣问高丽王王晧使。

　　五月庚子，右宣徽使张汝方以漏泄廷议，削官两阶。壬寅，射柳、击球，纵百姓观。戊申，以客省使移剌郁为夏国生日使。甲子，参知政事杨伯通表乞致仕，不许。

秋七月丙午，幸香山。己酉，如万宁宫。甲寅，还宫。

八月辛未，猎于近郊。癸酉，猎于香山。戊寅，如万宁宫。庚辰，以护卫石和尚为押军万户，率亲军八百人、武卫军千六百人戍西北路。癸未，还宫。宋遣使来报谢。

九月丙申朔，天寿节，宋、夏遣使来贺。以中都路都转运使孙铎等为贺宋生日使。乙巳，猎于近郊。庚戌，参知政事杨伯通再表乞致政，不许。戊午，木波进马。

冬十月庚午，猎于近郊。癸未，行枢密院言斜出等请开榷场于辖里袭，从之。丁亥，定官民存留见钱之数，设回易务，更立行用钞法。

十一月丁酉，枢密使兼平章政事襄至自军，癸卯，以为尚书左丞相，监修国史。丁未，以太常卿杨庭筠等为贺宋正旦使。戊申，诏奖谕枢密副使夹谷衡以下将士。辛亥，定属托法，定军前官吏迁赏格。以边事定，诏中外，减死罪，徒已下释之。赐左丞相襄以下将士金币有差。甲寅，冬猎。

十二月甲子朔，猎于酸枣林。大风寒，罢猎，冻死者五百余人。己巳，还都。丙戌，尚书右丞膏罢。高丽权国事王晫遣使奉表来告。

四年春正月癸巳朔，宋、夏遣使来贺。乙巳，尚书左丞董师中致仕。辛酉，监察御史姬端修以妄言下吏。尚书左丞相襄为司空，职如故。枢密副使夹谷衡为平章政事，封英国公。前知济南府事张万公起复为平章政事，封寿国公。杨伯通为尚书左丞。签枢密院事完颜匡为尚书右丞。

二月乙丑，如建春宫春水。己巳，还宫。庚午，御宣华门，观迎佛。辛未，如建春宫。赦姬端修罪，令居家俟命。司空襄言，西南路招讨使仆散揆治边有功，召赴阙，以知兴中府事纥石烈子仁代之。壬申，谕有司，自三月一日为始，每旬三品至五品官各一人转对，六品亦以次对。台谏勿与,有应奏事,与转对官相见,无面对者上章亦听。乙亥,还宫。戊寅,如建春宫。庚辰,上谕点检司曰:"自蒲河至长河及细河以东,朕常所经行,官为和买其地,令百姓耕之,仍免其租税。"甲申,还宫。乙酉,以西南路招讨使仆散揆为参知政事。起姬端修为太学博士。如建春宫。戊子,还宫。

三月丁酉,同判大睦亲府事宗浩为枢密使,封崇国公。己亥,如建春宫。遣使册王晫为高丽国王。户部尚书孙铎、郎中李仲略、国子祭酒赵忱始转对香阁。丁未,敕尚书官员必须改除者议之,其月日浅者毋数改易。乙卯,尚书省奏减亲军武卫军额及太学女直、汉儿生员,罢小学官及外路教授。诏学校仍旧,武卫军额再议,余报可。司空襄、右丞匡、参知政事揆请罢诸路提点刑狱,从之。戊午,雨雹。

夏四月癸亥,改提刑司为按察使司。戊辰,如万宁宫。壬申,左丞杨伯通致仕。御史大夫张晖以奏事不实,追一官,侍御史路铎追两官,俱罢之。姬端修杖七十,赎。壬午,英王从宪进封瀛王。诏同州、许州节度使罢兼陕西、河南副统军。

五月壬辰朔,以旱,下诏责躬,求直言,避正殿,减膳,审理冤狱,命奏事于泰和殿。戊戌,命有司望祭岳渎祷雨。己亥,应奉翰林文字陈载言四事:其一,边民苦于寇掠;其二,农民困于军须;其三,审决冤滞,一切从宽,苟纵有罪;其四,行省官员,例获厚赏,而沿边司县,曾不沾及,此亦干和气,致旱灾之所由也。上是之。壬寅,以兵部郎中完颜撒里合为夏国生日使。戊申,宰臣以京畿雨,率百官请御正殿复常膳,不从。尚书省奏上更定给发虎符制,著于令。庚戌,谕宰臣曰:"诸路旱,或关执政。今惟大兴、宛平两县不雨,得非其守令之过欤?"司空襄、平章政事万公、参知政事揆上表待罪。上以罪己答之,令各还职。诏颁铜杖式。壬子,祈雨于太庙。乙卯,更定军功赏格。戊午,司空襄以下再请御正殿,复常膳。不从。庚申,平章政事夹谷衡薨。以宿直将军徒单仲华为横赐夏国使。

六月丁卯,雨。司空襄以下复表请御正殿,复常膳。从之。甲戌,以雨足,命有司报谢于太庙。丁丑,右补缺杨庭秀言:"自转对官外,复令随朝八品以上、外路五品以上及出使外路有可言者,并许移检院以闻,则时政得失、民间利病可周知矣。"从之。己卯,以雨足,报祭社稷。辛巳,遣官报祀岳渎。癸未,奉职丑和尚进《浮漏水称影仪简仪图》,命有司依式造之。丁亥,定宫中亲戚非公事传达语言、转递诸物及书简出入者罪。

七月甲辰,更定尚药、仪鸾局学者格。辛亥,敕宣徽院官,天寿节凡致仕宰执悉召与宴。丙辰,以久雨,令大兴府祈晴。

八月己巳,猎于近郊。壬申,猎于香山。甲戌,以皇嗣未立,命有司祈于太庙。丁丑,猎于近郊。庚辰,还宫。

九月庚寅朔,天寿节,宋、高丽、夏遣使来贺。己亥,如蓟州秋山。己未,以知东平府事仆散琦等为贺宋生日使。

冬十月丙寅,至自秋山。壬午,初定百官休假。甲申,初置审官院。

十一月乙未,敕京、府、州、县设普济院,每岁十月至明年四月设粥,以食贫民。丙申,平章政事张万公表乞致政,不许。庚戌,命有司祈雪。甲寅,定护卫改充奉御格。以知济南府事范楫等为贺宋正旦使。

十二月己未,除授文字初送审官院。辛酉,更定考试随朝检、知法条格。右补缺杨庭秀请类集太祖、太宗、世宗三朝圣训,以时观览。从之,仍诏增熙宗为四朝。癸未,更定科举法。增设国史院女直、汉人同修史各一人。定亲军及承应人退闲迁赏格。是月,淑妃李氏进封元妃。

五年春正月戊子朔,宋、高丽、夏遣使来贺。乙未,以尚书省言,会试取策论、词赋、经义不得过六百人,合格者不及其数则缺之。丙申,如春水。庚子,命左右司五日一转奏事。辛丑,谕点检司,车驾所至,仍令百姓市易。庚戌,定猛安谋克军前急慢罢世袭制。

二月辛未,至自春水。辛巳,有司奏:"应奉翰林文字温迪罕天兴与其兄直学士思齐同僚学士院,定撰制诰文字,合无回避?"诏不须避,仍为定制。

闰月癸卯,定进纳粟补官之家存留弓箭制。丁未,上与宰臣论置相曰:"徒单镒,朕志先定。贾铉如何?"皆曰:"知延安府事孙即康可。"平章政事万公亦曰:"即康及第,先铉一榜。"上曰:"至此安问榜次,特以贾才可用耳。"尚书省奏:"右补缺杨庭秀言,乞令尚书省及第左右官一人,应人史事者编次日历,或一月,或一季,封送史院。"上是其言,仍令送著作局润色,付之。

三月庚申,大睦亲府进重修《玉牒》。平章政事张万公乞致政,不许。壬戌,命有司祷雨。癸亥,雨。户部尚书孙铎、大理卿完颜撒剌、国子司业蒙括仁本召对便殿。丙寅,如万宁宫。戊辰,定妻亡服内婚娶听离制。亲王、宰执、百官再请上尊号。不许。庚午,以知大兴府事卞为御史大夫。丙子,尚书省奏,拟同知商州事蒲察西京为济南府判官。上曰:"宰相岂可止徇人情,要当重惜名爵。此人不堪,朕常记之,止与七品足矣。"庚辰,以上京留守徒单镒为平章政事,封济国公。辛巳,定本国婚聘礼制。改山东东路旧皇城猛安名曰合里哥阿邻。

四月丙戌朔,文武百官再请上尊号。不许。丙午,尚书省进《律义》。

五月乙卯朔,定猛安谋克斗殴杀人遇赦免死罢世袭制。以雨足,遣使报祭社稷。丁巳,定策论进士及承荫人试弓箭格。戊午,敕来日重五拜天,服公裳者拜礼仍旧,诸便服者并用女直拜。已敕诸路按察司,纠察亲民官以大杖箠人者。乙亥,亲王、文武百官、六学各上表请上尊号。不许。庚辰,地震。诏定进纳官有犯决断法。

六月乙巳,遣有司祈晴,望祭岳渎。

七月乙卯朔,以晴,遣官望祭岳镇海渎。癸亥,定居祖父母丧婚娶听离法;初置蒲思衍群牧。辛未,平章政事万公特赐告两月。甲戌,猎于近郊。

八月壬辰,幸香山。乙未,至自香山。丁未,敕审官院奏事,其院官皆许升殿。戊申,更定镇防军犯徒配役法。

九月甲寅朔,天寿节,宋、高丽遣使来贺。戊午,命枢密使宗浩、礼部尚书贾铉佩金符行省山东等路括地。己未,尚书省奏:"西北路招讨使独吉思忠言,各路边堡墙隍,西自坦舌,东至胡烈公,几六百里,向以起筑忽遽,并无女墙副堤。近令修完,计工七十五万,止役戍军,未尝动民,今已毕功。"上赐诏奖谕。修《玉牒》成。定皇族收养异姓男为子者徒三年,姓同者减二等,立嫡违法者徒一年。癸亥,如蓟州秋山。

冬十月庚寅,至自秋山。庚子,风霾。宋遣使来告哀。辛丑,集百官于尚书省,问:"间者亢旱,近则久阴,岂政有错谬而致然欤?"各以所见对。以礼部郎中刘公宪为高丽生日使。丁未,猎于近郊。以宿直将军完颜观音奴为夏国生日使。

十一月癸丑朔,日有食之。乙卯,以国史院编修官吕卿云为左补缺兼应奉翰林文字。审官院以资浅驳奏,上谕之曰:"明昌间,卿云尝上书言宫掖事辞甚切直,皆他人不能言者。卿辈盖不知也。臣下言事不令外人知,乃是谨密,正当显用,卿宜悉之。"以工部尚书乌古论谊等为宋吊祭使。初定品官过缺则下制。己巳,宋复遣使来告哀。辛未,以殿前右副点检纥石烈忠定为贺定正旦使。

十二月癸未朔,诏改明年为泰和元年。以河南路统军使充等为宋吊祭使。乙未,定管军官受所部财物辄放离役及令人代役法。辛丑,诏宫籍监户,百姓自愿以女为婚者听。癸卯,定造作不如法,三年内有损坏者罪有差。

泰和元年正月壬子朔,宋、高丽、夏遣使来贺。壬戌,宋遣使献先帝遗留物。己巳,以太府监孙复言:"方今在仕者三万七千余员,而门荫补叙居三之二,诸司待缺,动至累年。盖以补荫猥多,流品混淆,本末相舛。至于进纳之人,既无劳绩,又非科第,而亦荫及子孙,无所分别。欲流之清,必澄其源。"乃更定荫叙法而颁行之。尚书省奏:"今杖式轻细,民不知畏,请用大杖。"诏不许过五分。庚午,如长春宫春水。辛未，上以方春，禁杀含胎兔，犯者罪之，告者赏之。甲戌，初命文武官官职俱至三品者许赠其祖。

二月壬辰，去造土茶律。丁未，至自春水。

三月乙丑，夏国遣使来谢。壬申，幸天长观。癸酉，如万宁宫。乙亥，宋遣使来报谢。丁丑，更定镇防千户谋克放老入除格。辛巳，敕官司、私文字避始祖以下庙讳小字，犯者论如律。

夏四月甲辰，诏谕契丹人户，累经签军立功者，官赏恩列与女直人同，仍许养马、为吏。

五月甲寅，击球于临武殿，令都民纵观。丙辰，枢密使宗浩罢。壬戌，幸玉泉山。戊寅，削尊长有罪卑幼追捕律。以直东上合门刘颎为横赐高丽使。

六月己卯，幸香山。乙酉，平章政事张万公表乞致仕。不许。辛卯，祈雨于北郊。己亥，用尚书省言，申明旧制：猛安谋克户每田四十亩树桑一亩，毁树木者有禁，鬻地土者有刑。其田多污莱，人户缺乏，并坐所临长吏。按察司以时劝督，有故慢者量决罚之，仍减牛头税三之一。敕尚书省举行风俗奢僭之禁。乙巳，初许诸科征铺马、黄河夫、军须等钱，折纳银一半，愿纳钱钞者听。丁未，诏有司修莲花漏。

七月辛酉，禁放良人不得应诸科举，子孙不在禁限。甲子，谕刑部官，凡上书人言及宰相者不得申省。乙丑，更定右选注县令丞簿格。己巳，初禁庙讳同音字。

八月庚辰，初命户绝者田宅以三分之一付其女及女孙。戊子，特改授司空襄河间府路算注海世袭猛安。乙未，至自万宁宫。丙申，宋遣使来报谢。壬寅，制猛安谋克并隶按察司，监察御史止按部纠举，有罪则并坐监临之官。诏推排西、北京、辽东三路人户物力。

九月戊申朔，天寿节，宋、高丽、夏遣使来贺。更定赡学养士法：生员，给民佃官田人六十亩，岁支粟三十石；国子生，人百八亩，岁给以所入，官为掌其数。以右宣徽使徒单怀忠等为贺宋生日使。甲寅，如秋山。丙子，至自秋山。

冬十月乙酉，祫享于太庙。戊子，平章政事张万公乞致仕，不许。壬辰，御史台奏："在制，按察司官比任终遣官考核，然后尚书省命官覆察之。今监察御史添设员多，宜分路巡行，每路女直、汉人各一人同往。"从之，仍敕分四路。丙申，御史大夫卞乞致仕，不许。戊戌，以武卫军都指挥使句判官纳合铉为高丽生日使。壬寅，敕有司，购遗书宜尚其价，以广搜访。藏书之家有珍惜不愿送官者，官为誊写，毕复还之，仍量给其值之半。甲辰，以刑部员外郎完颜纲为夏国生日使。

十一月庚戌，司空襄以下文武百官复请上尊号。不许。辛亥，敕尚书省，凡役众劳民之事，勿轻行之。丁巳，谕工部曰："比闻怀州有橙结实，官吏检视，已尝扰民。今复进柑，得无重扰民乎。其诫所司，遇有则进，无则已。"庚申，以殿前右卫将军纥石烈七斤等为贺宋正旦使。

十二月辛巳，敕改原庙春秋祭祀称朝献。司空襄以下复请上尊号。诏不允，仍断来章。丁酉，司空襄等进《新定律令敕条格式》五十二卷，辛丑，诏颁行之。壬寅，猎于近郊。乙巳，初定廉能官升注格。

二年春正月丁未朔，宋、高丽、夏遣使来贺。乙卯，始朝献于衍庆宫。庚申，幸芳苑观灯。癸酉，归德军节度副使韩琛以强市民布帛，削一官，罢之。甲戌，如建春宫。

二月戊戌，初置内侍寄禄官。乙巳，还宫。

三月甲寅，初置宫苑司都、同监各一人。甲子，蔡王从彝母充等大师卒，诏有司定丧礼葬仪，事载《从彝传》。

四月庚辰，幸升国长公主第问疾。己亥，定迁三品官格。复扑买河渫法。辛丑，谕御史台，诸诉事于台，当以实上闻，不得辄称察知。癸卯，如万宁宫。命有司祈雨。

五月甲辰朔，日有食之。戊申，如泰和宫。辛亥，初荐新于太庙。壬戌，谕有司曰："金井捺钵不过二三日留，朕之所止，一凉厦足矣。

若加修治，徒费人力。其藩篱不急之处，用围幕可也。"甲子，更泰和宫曰庆宁，长乐川曰云龙。己巳，敕御史台，京师拜庙及巡幸所遇州县，止令洒扫，不得以黄土覆道，违者纠之。

六月辛卯，谕尚书省，诸路禾稼及雨多寡，令州郡以闻。

七月辛亥，有司奏还宫日请用黄麾仗。不许。乙卯，朝献于衍庆宫。

八月丙申，凤凰见于磁州武安县鼓山石圣台。丁酉，还宫。皇子生。

九月壬寅朔，天寿节，宋、高丽、夏遣使来贺。甲寅，以拱卫直都指挥使完颜瑭等为贺宋生日使，且戒之曰："两国和好久矣，不宜争细故，伤大体。"癸亥，以皇子生，亲谢南北郊。庚午，封皇子为葛王。

冬十月戊寅，报谢于太庙及山陵。甲申，以凤凰见诏中外。丙戌，猎近郊。壬辰，遣尚辇局副使李仲元为高丽国生日使。以宿直将军纥石烈毅为夏国生日使，瀛王府司马独吉温为横赐使。

十一月甲辰，更定德运为土，腊用辰。以西京留守宗浩为枢密使。戊申，以更定德运，诏中外。庚申，初命外官三品到任进表称谢。甲子，幸玉虚观，遣使报谢于太清宫。

十二月癸酉，以皇子晬日，放僧道戒牒三千。以武安军节度使徒单公弼等为贺宋正旦使。戊寅，冬猎。庚辰，报谢于高禖。丁酉，还都。

闰月庚戌，司空襄薨。癸丑，初命监察御史非特旨不许举官。辛酉，遣使报谢于北岳。定人户物力随时推收法。丁卯，遣使报谢于长白山。冬，无雪。

三年春正月辛未朔，宋、高丽、夏遣使来贺。癸酉，遣官祈雪于北岳。丁丑，朝献于衍庆宫。己卯，以枢密使宗浩为尚书右丞相，右丞完颜匡为左丞，参知政事仆散揆为右丞，御史中丞孙即康、刑部尚书贾铉并为参知政事。庚辰，如建春宫。

二月癸丑，还宫。甲子，定诸职官省亲拜墓给假例。

三月壬申,平章政事张万公致仕。庚辰,如万宁宫。丁亥,定从人铜牌卖毁罪赏制。庚寅,定职官应迁三品格,刺史以上及随朝资历在刺史以上身故者,每半年一次敷奏。甲午,如玉泉山。丙申,以殿前都点检仆散端为御史大夫。

四月乙巳,祎于太庙。敕点检司,致仕官入宫,年高艰于步履者,并听策杖,仍令舍人护卫扶之。丁巳,敕有司祈雨,仍颁土龙法。己未,命吏部侍郎李炳、国子司业蒙括仁本、知登闻检院乔宇等再详定《仪礼》。庚申,谕省司,宫中所用物如民间难得,勿强市之。癸亥,尚书省奏,遣官分路覆实御史所察事。

五月壬午,以重五,拜天,射柳,上三发三中。四品以上官侍宴鱼藻殿。以天气方暑,命兵士甲者释之。丙戌,以定律令、正土德、凤凰来、皇嗣建,大赦。辛卯,皇子葛王薨。壬辰,定擅增减宫门锁钥罪。丙申,作太极宫。

六月己亥,太白昼见。壬寅,诏选聪明方正之士为修起居注。又诘点检司,诸亲军所设教授及授业人若干,其为教何法,通大义者几人,各具以闻。戊申,定职官追赠法,惟尝犯赃罪者不在追赠之列。壬戌,遣官行视中都田禾雨泽分数。

七月壬申,朝献于衍庆宫。乙亥,定大臣薨百官奉慰礼。庚辰,猎于近郊。丁亥,上谕宰臣:"凡奏事,朕欲徐思或如己者,若除授事,可俟三五日再奏,余并二十日奏之。"

八月丙辰,还宫。庚申,命编修官左容充宫教,赐银、币。

九月丙寅朔,天寿节,宋、高丽、夏遣使来贺。壬申,以刑部尚书承晖等为贺宋生日使。戊子,以万宁宫提举司隶工部。壬辰,诏定千户谋克受随处捕盗官公移,盗急,不即以众应之者罪有差。召右丞相宗浩还朝。

冬十月戊戌,日将暮,赤如赭。己亥,大风。甲辰,申、酉间天大赤,夜将旦亦如之。壬子,右丞仆散揆至自北边,丙辰,召王香阁慰劳之。以尚食局使师孝为高丽生日使。庚申,尚书左丞完颜匡等进《世宗实录》。上降座,立受之。壬戌,以蓟州刺史完颜太平为夏国

生日使。奉御完颜阿鲁带以使宋还，言宋权臣韩侂胄市马厉兵，将
谋北侵。上怒，以为生事，笞之五十，出为彰德府判官。及淮平陷，
乃擢为安国军节度副使。丁卯，谕尚书省，士庶陈言皆从所司以闻，
自今可悉令诣阙，量与食直，仍给官舍居之。其言切直及系利害重
者，并三日内奏闻。

十一月辛未，以签枢密院事独吉思忠等为贺宋正旦使。丁丑，
冬猎，以获兔，荐山陵。甲午，诏监察等察事可二年一出。

十二月庚子，谕宰臣曰："贺正宋使且至，可令监察随之，以为
常。"壬寅，还都。己酉，赐天长观额为太极宫。辛亥，诏诸亲王、公
主每岁寒食、十月朔听朝谒兴、裕二陵，忌辰亦如之。癸丑，诏遣监
察御史分按诸路，所遣者女直人即以汉人朝臣偕，所遣者汉人即以
女直朝臣偕。戊午，敕行宫名曰光春，其朝殿曰兰皋，寝殿曰辉宁。

金史卷一二
本纪第一二

章宗四

　　四年春正月乙丑朔,宋、高丽、夏遣使来贺。丁卯,谕外方使人不得佩刀入宫。庚午,幸豫王永成第视疾。辛未,如光春宫春水。壬申,阴雾,木冰。丁丑,行尚书省奏,宋贺正使还至庆都卒。诏遣防御使女奚烈元往祭,致赙绢布各二百二十匹,仍命送伴使张云护丧以归。豫王永成薨。辛卯,高丽国王王晫没,嗣子英遣使来告哀。

　　二月乙未朔,还宫。丁酉,以山东、河北旱,诏祈雨东、北二岳。已亥,命购豫王永成遗文。庚戌,始祭三皇、五帝、四王。癸丑,诏刺史,州郡无宣圣庙学者并增修之。

　　三月丁卯,日昏无光,大风毁宣阳门鸱尾。癸酉,命大兴府祈雨。戊寅,幸太极宫。诏定前代帝王合致祭者。尚书省奏:"三皇、五帝、四王,已行三年一祭之礼。若夏太康,殷太甲、太戊、武丁,周成王、康王、宣王,汉高祖、文、景、武、宣、光武、明帝、章帝,唐高祖、文皇一十七君致祭为宜。"从之。乙酉,祈雨于北郊。丁亥,如万宁宫。壬辰,祈雨于社稷。辽阳府判官斜卯刘家以上书论列朝臣,削官一阶,罢之。

　　夏四月丙申,诏定县令以下考课法。乙亥,祈雨于太庙。庚子,增定关防奸细格。丙午,定衣服制。以祈雨,望祀岳镇海渎于北郊。癸丑,祈雨于社稷。甲寅,以久旱下诏责躬,求直言,避正殿,减膳撤乐,省御厩马,免旱灾州县徭役及今年夏税。遣使审系囚,理冤狱。

乙卯，宰臣上表待罪。诏答曰：“朕德有愆，上天示异。卿等各趋及职，思副朕怀。”戊午，以西上阁门使张称等为故高丽国王王晫敕祭使，东上阁门使石悫等为高丽国王王英慰问起复横赐使。庚申，祈雨于太庙。壬戌，万宁宫端门灾。

五月乙丑，祈雨于北郊。有司请雩，诏三祷岳渎社稷宗庙，不雨，乃行之。癸酉，平章政事徒单镒、尚书左丞完颜匡罢。甲戌，雨。乙亥，百官上表请御正殿，复常仪。乙酉，谢雨于宗庙。丁亥，报祀社稷。汰随朝冗官。定省令史关决公务，诡称已禀，擅退六部、大理寺法状及妄有所更易者罪。辛卯，报谢岳镇海渎。

六月壬辰朔，罢兼官俸给。壬寅，复行吏目移转法。乙巳，始祭中溜。戊申，罢惠、川、高三州，秀岩、涞阳、徽川、咸宁、全安、利民六县，及北京宫苑使，诸群牧提举，居庸、紫荆、通会三关使，西北路镇防十三千户，诸路医学博士。壬子，司天台长行张翼进《天象传》。

秋七月丁卯，定申报盗贼制。戊辰，朝献于衍庆宫。庚午，幸望京甸。壬申，如万宁宫。甲戌，罢限钱法。甲申，改葬镐王永中于威州。

八月，大理丞姬端修、司直温敦按带论奏知大兴府事纥石烈执中，坐所言不当，各削一官，罢职。丁酉，以尚书右丞相宗浩为左丞相，右丞仆散揆为平章政事，参知政事孙即康为尚书右丞，御史大夫仆散端为左丞，吏部尚书独吉思忠为参知政事。庚子，诏完颜纲、乔宇、宋元吉等编类陈言文字，其言涉宫庭若大臣、省台、六部，各以类从，凡二千卷。辛丑，以西京留守崇肃为御史大夫。癸卯，更定阁门祗候出职格。先是以天旱诏求直言。至是尚书省奏：“河南府卢显达、汝州王大材所陈言涉不逊，请以情理切害论其罪。”从之，仍遍谕中外。命诸路学校生徒少者罢教授，止以本州、府文资官提控之。丁未，以安州军事判官刘常言，诸按察司体访不实，辄加纠劾者，从故出入人罪论，仍勒停。若事涉私曲，各从本法。辛亥，还宫。乙卯，以知真定府事完颜昌等为贺宋生日使。丁巳，幸太极宫。弛围场远地禁，纵民耕捕樵采。减教坊长行五十人，渤海教坊长行三十人,文绣署女工五十人。出宫女百六十人。

九月庚申朔,天寿节,宋、高丽、夏遣使来贺。丙寅,如蓟州秋山。壬申,定屯田户自种及租佃法。

冬十月甲午,定私碱法。丙申,诏亲军三十五以下令习《孝经》、《论语》。癸卯,至自秋山。甲寅,以提点尚衣局完颜燮为夏国生日使。

十一月丁卯,以殿前右副都点检乌林答毅等为贺宋正旦使。癸酉,木冰,凡三日。丁丑,定收补承应人格。

十二月己丑朔,新平等县蚼蚄虫生。己亥,左丞相宗浩等请上尊号。不许。辛丑,敕陕西、河南饥民所鬻男女,官为赎之。乙卯,百官再表乞受尊号。不许。

五年春正月己未朔,大雪。宋、高丽、夏遣使来贺。庚申,谒衍庆宫。乙丑,幸大极宫。丁卯,如光春宫春水。壬申,朝献于衍庆宫。乙亥,诏有司,自泰和三年郡县三经行幸、民尝供亿者,赐今年租税之半。丁丑,次霸州。调山东、河北军夫改治漕渠。

二月己丑朔,谕按察司:“近制以镇静而知大体为称职,苛细而暗于大体为不称。由是各路按察以因循为事,莫思举刺,郡县以贪黩相尚,莫能畏戢。自今若纠察得实,民无冤滞,能使一路镇静者为称职。其或烦紊使民不得伸诉者,是为旷废。”癸巳,定鞫勘官受饮宴者罪。己亥,如建春宫。甲寅,制盗用及伪造都门契者罪,视宫城门减一等。

三月庚申,还宫。癸亥,更定两税输限。乙丑,宋兵入秦川界。庚午,亲王、百官请上尊号,不许。甲戌,谕有司,进士名有犯孔子讳者避之,仍著为令。命给米诸寺,自十月十五日至次年正月十五日作糜以食贫民。戊寅,罢狱空钱。辛巳,宋兵入巩州来远镇。唐州得宋谍者,言韩侂胄屯兵鄂、岳,将谋北侵。

四月戊子朔,如万宁宫。癸巳,命枢密院移文宋人,依誓约撤新兵,毋纵入境。壬子,定随路转运司及府官每季检视库物法。

五月甲子，以平章政事仆散揆为河南宣抚使，籍诸道兵以备宋。癸酉，诏定辽东邑社人数。戊寅，更定检、知法勒留格。己卯，如庆宁宫。制司属丞凡遭父母丧止给卒哭假，为永制。甲申，宋人入涟水县。

六月戊子，复涟水县。丁酉，制定本朝婚礼。更定鬻米面入外界法。己酉，制镇防军逃亡致边事失错、陷败户口者罪。甲寅，诏拜礼不依本朝者罚。召诸大臣问备宋之策，皆以设备养恶为言。上以南北和好四十余载，民不知兵，不忍先发。

七月戊辰，如锦屏山。壬申，朝献于衍庆宫。乙亥，宣抚使揆奏定奸细罪赏法。丙子，定围场误射中人罪。壬午，诏诸县盗贼多所选注巡尉。

八月辛卯，诏罢宣抚司。时宋殿帅郭倪、濠州守将田俊迈诱虹县民苏贵等为间，河南将臣亦屡纵谍，往往利俊迈之赂，反为游说。皆言宋之增戍本虞他盗，及闻行台之建，益畏詟不敢去备；且兵皆白丁，自裹粮糒，穷蹙饥疫，死者十二三，由是中外信之。宣抚司以宋三省、枢密院及盱眙军牒来上，又皆镌点边臣为辞。宣抚使揆因请罢司，从之。揆又奏罢临洮、德顺、秦、巩新置弓箭手。

闰月乙卯朔，罢典卫司。丙子，还宫。

九月甲申朔，天寿节，宋、高丽、夏遣使来贺。戊子，西北方黑云间有赤气如火色，次及西南、正南、东南方皆赤，有白气贯其中，至中夜，赤气满天，四更乃散。以河南路统军使纥石烈子仁等贺宋生日使。戊戌，宋兵三百攻比阳寺庄，副巡检阿里根寺家奴死之。甲辰，宋人焚黄涧，虏巡检高颢。

冬十月庚申，以刑部员外郎李元忠为高丽生日使。丁丑，宋人袭比阳，唐州军事判官撒睹死之。

十一月乙酉，宋人入内乡，攻洛南之固县，商州司狱寿祖追至丹河，击败之。己丑，以太常卿赵之杰等为贺宋正旦使。癸巳，山东缺食，赐钱三万贯以赈之。乙未，初定武举格。丁酉，诏山东、陕西帅臣训练士卒，以备非常。仍以银十五万两分给边帅，募民侦伺。复遣武卫军副都指挥使完颜太平、殿前右卫副将军蒲察阿里赴边,伺其人,伏兵掩之。戊戌,大雪,免朝参。己亥,更定宫中局、署承应收补格。宋吴曦拥众兴元,欲窥关、陇,皇甫斌益募兵扰淮北,所掠即以与之,使自为战。

六年春正月癸未朔,宋、高丽、夏遣使来贺。丁亥,宋使陈克俊等朝辞。遣御史大夫孟铸就馆谕克俊等曰:"大定初,世宗皇帝许宋世为侄国,朕遵守遗法,和好至今。岂意尔国屡有盗贼犯我边境,以此遣大臣宣抚河南军民。及得尔国有司公移,称已罢黜边臣,抽去兵卒,朕方以天下为度,不介小嫌,遂罢宣抚司。未几,盗贼甚于前日。比来群臣屡以尔国渝盟为言,朕惟和好岁久,委曲涵容。恐侄宋皇帝或未详知。若依前不息,臣下或复有云,朕虽兼爱生灵,事亦岂能终已。卿等归国,当以朕意具言之汝主。"辛卯,朝享于衍庆宫。丙申,宋兴元守将吴曦遣兵围抹熟龙堡,部将蒲鲜长安击走之,斩其将。辛丑,更定保五法。癸卯,始以沿河县官兼管勾漕河事,州、府官兼提控。丁未,如春水。庚戌,宋人入撒牟谷。陕西统军判官完颜捆剌、巩州兵马钤辖完颜七斤约宋西和州守将会境上。俄伏发,为所袭,木波部长赵彦雄等七人死焉。捆剌马陷淖中,中流矢,七斤仅以身免。

二月甲戌,御史中丞孟铸言:"提刑改为按察司,又差官覆察,权削而望轻,非便。"参知政事贾铉曰:"按察司既差监察体访,复遣官覆察之,诚为繁冗。请自今差监察时即遣官与俱,更不覆察。"从之。

三月甲午,尚书省奏,商州刺史乌古论兖州请赙押军官与南兵战没者,又奏迁右振肃蒲察五斤官,皆从之。明昌初,五斤尝为奉御,出使山东,至河间,以百姓饥,辄移提刑司开仓赈之,还具以闻。上初甚悦。太傅徒单克宁言:"陛下始亲大政,不宜假近侍人权,乞正专擅之罪。"诏杖之二十。克宁又以为言,乃罢。后上思之,由泰州都军召为振肃。己亥,如万宁宫。甲辰,敕尚书省:"祖父母、父母无人侍养,而子孙远游至经岁者,甚伤风化,虽旧有徒二年之罪,似涉太轻。其考前律,再议以闻。"己酉,宋人攻灵璧,南京按察使行部至县,匿民舍得免。

四月丙辰,宋人围寿春。寿春告急于亳,同知防御使贤圣奴将步骑六百赴之,乃退。癸亥,尚书省奏:"河南统军司言,统军使纥石烈子仁等遣严整、阎忠、周秀辈入襄阳,觇敌阴事。还言皇甫斌遣兵四万规取邓,以我叛人田元为向导;三万人规取唐,以张真、张胜为向导,俱授统领官,故不敢无备。乃聚郑、汝、阳翟之兵于昌武,以南京副留守兼兵马副都总管纥石烈毅统之;聚亳、陈、襄邑之兵于归德,以河南路副统军徒单铎统之,而自以所部兵驻卞。及拟山东东、西路军七千付统军纥石烈执中驻大名,河北东、西路军万七千屯河南,皆给以马,有老弱者易其人。"皆从之。甲子,宋人攻天水界,乙丑,入东柯谷,部将刘铎战败之。丙寅,诏平章政事仆散揆领行省于汴,许以便宜从事。升诸道统军司为兵马都统府,以山东东、西路统军使纥石烈执中为山东西路兵马都统使,定海军节度使、副都统军使完颜撒剌副之,陕西统军使充为陕西五路兵马都统使,通远军节度使胡沙、知临洮府事石抹仲温副之。河南皆听揆节制如故。尽征诸道籍兵。辛未,宋吴曦攻来远镇之兰家岭。丙子,诏内外职官纳马各有数。丁丑,宋人入新息、内乡,又入泗州。戊寅,入褒信。己卯,入虹县。庚辰,入颍上。

五月壬午,宋李爽围寿州,田俊迈入蕲县,秦说攻蔡州。防御使完颜佛住败之。又入金城海口,杀长山尉,执二巡检以去。甲申,太白昼见。丙戌,以宋畔盟出师,告于天地太庙社稷。丁亥,亲告于衍庆宫。戊子,平章政事仆散揆兼左副元帅,陕西兵马都统使充为元帅右监军,知真定府事乌古论谊为元帅左都监。辛卯,以征南诏中外。赐唐州刺史吾古孙兀屯、总押邓州军马事完颜江山爵各二级,蔡州防御使完颜佛住爵一级,余赏赉有差。又以非严整上变,必为所误,授整嵩州巡检使,赐爵八级,钱二百万。上以宋兵方炽,东北新调之兵未集,河南之众不足支,命河北、大名、北京、天山之兵万五千屯真定、河间、清、献等以为应。壬辰，谕尚书省："今国家多故，凡言军国利害，五品以上官以次奏陈，朕将亲问之。六品以下则具帖子以进。"癸巳，山东路灾，赦死罪已下。以枢密副使完颜匡为右副元帅。宋田俊迈攻宿州，安国军节度副使纳兰邦烈等出兵击之。邦烈中流矢，宋郭倬、李汝翼及众继至，遂围宿州。壬寅纳兰邦烈等击败之，俊迈退保于蕲。癸卯，执俊迈于蕲。甲辰，皇甫斌攻唐州，刺史吾古孙兀屯拒之，行省遣泌阳副巡检纳合军胜来援，遂击败之，庚戌，太白经天。

六月辛亥朔，左丞仆散端以母忧罢。平章政事揆报蕲之捷，并送所获宋将田俊迈至阙。上降诏褒谕，赐纥石烈贞、纳兰邦烈、史扢搭等爵赏有差。宋将李爽以兵围寿州，刺史徒单羲拒守，逾月不能下。壬子，河南统军判官乞住及买哥等以兵来援，羲出兵应之，爽大败，同知军州事蒲烈古中流矢死。乙卯，初置急递铺，腰铃转递，日行三百里，非军期、河防不许起马。定军前差发受赃罪。除飞蝗入境虽不损苗稼亦坐罪法。丁巳，诏彰德府，宋韩侂胄祖琦坟毋得损坏，仍禁樵采。庚申，右翼都统完颜赛不败宋曹统制于溱水。辛酉，诏有司，有宋宗族所居，各具以闻。长官常加提控。壬戌，平章政事揆报寿州之捷。戊辰，诏升寿州为防御，免今年租税诸科名钱，释死罪以下。以徒单羲为防御使。赠蒲烈古昭勇大将军，赐钱三百贯，官其子图剌。擢乞住同知昌武军节度使事，买哥河南路统军判官。都统赛不、副统蒲鲜万奴各进爵一级，赐金币有差。辛未，木星昼见，至七月戊申，经天。乙亥，宋吴曦攻盐川，戍将完颜王喜败之。

秋七月癸未，宋商荣复攻东海，县令完颜卜僧复败之。还，中伏矢死，赠海州刺史，以银五百两，绢百匹给其家，仍官其一子。甲申，朝献于衍庆宫。丁亥，敕翰林直学士陈大任妨本职专修《辽史》。甲午，宋统制戚春以舟师攻邳州，刺史完颜从正败之，春赴水死，斩其副夏统制。吴曦兵五万入秦州，陕西路都统副使承裕等败之。丙申，夏国王李纯祐废，侄安全立，遣使奉表来告。诏禁卖马入外境，但至界欲卖而为所捕即论死。

八月庚戌,山东帅来报邳州之捷。辛亥,木星晨见。乙卯,以羌酋青宜可为叠州副都总管。己未,太白昼见。丙寅,左丞仆散端起复前职。诏设平南诸将军。辛未,宋程松袭取方山原,蒲察贞破走之。壬申,太白昼见,经天。甲戌,至自万宁宫。乙亥,赦唐、邓、颍、蔡、宿、泗六州,免来年租税三分之一。

九月己卯朔,天寿节,高丽遣使来贺。辛巳,元帅右都监蒲察贞取和尚原,临洮蕃部遵宁献刍粟、战马以助军。乙酉,将五鼓,北方有赤白气数道,起于王良之下,行至北斗开阳、摇光之东。丙戌,幸香山。庚寅,敕行尚书省,有方略出众、武艺绝伦、才干办事、工巧过人者,其招选之。甲午,参知政事贾铉乞致政,不许。戊戌,尚书左丞仆散端行省于汴。己亥,尚书户部侍郎梁镗行六部尚书事于山东。辛丑,遣尚书左司郎中温迪罕思敬册李安全为夏国王。甲辰,宋吴曦将冯兴、杨雄、李圭等入秦州,陕西都统副使承裕等击破之,斩杨雄、李圭。

冬十月戊申朔,平章政事仆散揆督诸道兵伐宋。庚戌,揆以行省兵三万出颍、寿,河南路统军使纥石烈子仁以兵三万出涡口,元帅匡以兵二万五千出唐、邓,左监军纥石烈执中以山东兵二万出清口,右监军充以关中兵一万出陈仓,右都监蒲察贞以岐、陇兵一万出成纪,蜀汉路安抚使完颜纲以汉、蕃步骑一万出临潭,临洮路兵马都总管石抹仲温以陇右步骑五千出盐川,陇州防御使完颜璘以本部兵五千出来远。甲子,猎于近郊。

十一月戊寅朔,诏定诸州府物力差役式。壬午,完颜匡攻下枣阳。乙酉,诏屯田军户与所居民为婚姻者听。丁亥,仆散揆克安丰军,取霍丘县。纥石烈执中克淮阴,遂围楚州。己丑,尚书省奏,减朝官及承应人月俸折支钱。庚寅,完颜匡克光化军及神马坡。壬辰,仆散揆次庐江。宋督视江淮兵马事丘崇遣刘祐来乞和。纥石烈子仁克定远县。乙未,完颜匡取随州。丙申,纥石烈子仁克滁州。戊戌,诏诸路行用小钞。完颜匡围德安,别以兵徇下安陆、应城、云梦、孝感、汉川、荆山等县。庚子,日斜,有流星二,光芒如炬,几及一丈,起东北没东南。初定茶禁。完颜纲围佑州,降之。宋丘崇遣林拱持书乞和。辛丑,完颜匡攻襄阳,破其外城。仆散揆克含山,蒲察贞克天水,纥石烈子仁徇下来安、全椒二县。壬寅,完颜纲徇下荔川、阆川等城。癸卯,丘崇复遣宋显等以书币乞和。乙巳,完颜纲克宕昌。丙午,蒲察贞克西和州。

十二月丁未朔,完颜匡克宜城,仆散揆攻和州,史扢搭中流矢死。壬子,完颜纲次大潭县,降之。蒲察贞克成州。癸丑,宋太尉、昭信军节度使、四川宣抚副使吴曦纳款于完颜纲。戊午,右监军充攻下大散关。己未,纥石烈子仁克真州,丘崇复遣陈璧等奉书乞和。辛酉,右监军充遣兀颜抄合以兵趣凤州,城溃入焉。完颜纲遣京兆录事张仔会吴曦于兴州之置口。曦具言所以归朝之意,仔请以告身为报,尽出以付之,仍献阶州。乙丑,初设都提控急递铺官。平章政事仆散揆班师。完颜纲以朝命,假太仓使马良显赍诏书、金印立吴曦为蜀王。戊辰,蒲察贞以西和、天水等捷来报。完颜匡进所掠女子百人。己巳,曦遣其果州团练使郭澄、提举仙人关使任辛奉表及蜀地图志、吴氏谱牒来上。壬申,诏完颜匡权尚书右丞,行省事、右副元帅如故。以纥石烈执中纵下虏掠,遣近臣杖其经历阿里不孙等,仍诏放还所掠。

七年春正月丁丑朔,高丽、夏遣使来贺。完颜匡进攻襄阳。戊寅,敕宰臣举材干官同议南征事。辛巳,诏御史大夫崇肃、同判大睦亲府事徒单怀忠、吏部尚书范楫、户部尚书高汝砺、礼部尚书张行简、知大兴府事温迪罕思齐等十有四人同对于庆和殿。壬午,诏百官及前十四人同对于广仁殿。甲申,朝献于衍庆宫。乙酉,赠故寿州死节军士魏全宣武将军、蒙城令,封其妻乡君,子俟年至十五收充八贯石正班局分承应,仍赐钱百万。初,李爽围寿州,刺史羲募人往斫敌营,全在选中,而为敌所执。敌令骂羲则免,全阳许,乃至城下,反骂敌,遂杀之。至死骂不绝声,故有是恩。戊子,召完颜纲赴阙。庚寅,仆散揆还驻下蔡而病。丙申,以左丞相崇浩兼都元帅,行省于南京以代摄。己亥，有司奏更定茶禁。辛丑，完颜匡取谷城。

二月丙辰，赦凤、成、西和、阶、山五州。丁巳，诏追复永中、永蹈王爵。宋知枢密院张岩遣方信孺以书诣平章政事揆、左丞端乞和。己未，猎于近郊。完颜匡克荆门军。癸亥，如建春宫。吴曦遣使奉三表来：谢封爵，陈誓言，贺全蜀内附。丙寅，还宫。戊辰，平章政事兼左副元帅仆散揆薨于军。癸酉，遣同知府事术虎高琪等册吴曦为蜀国王。判平阳府事卫王永济改武定军节度使，兼奉圣州管内观察使。是月，蜀国王吴曦为宋臣安丙所杀。

三月戊子，幸太极宫。庚寅，诏抚谕陕西军士。壬辰，初定虫蝻生发地主及邻主首不申之罪。宋复攻破阶州。癸巳，复攻破西和州。乙未，宣抚副使完颜纲至凤翔，诏撤五州之兵分保要害，纲召诸军还。庚子，以完颜匡为左副元帅。壬寅，如万宁宫。甲辰，幸西园。

夏四月壬子，遣宫籍副监杨序为横赐高丽王使。癸丑，宋人攻破散关，巩州钤辖兀颜阿失死之。丙辰，以纥石烈子仁为右副元帅。戊辰，诏元帅府分遣诸将游奕淮南诸州。癸酉，复下散关。

五月己卯，幸束园射柳。己丑，幸玉泉山。丙申，宋知枢密院事张岩复遣方信孺以书至都元帅府，增岁币乞和。四川安抚使安丙遣西和州安抚使李孝义率步骑三万攻秦州，围皂角堡。术虎高琪以兵赴之，七战而解其围。是月，放宫女二十人。

六月乙巳朔，诏朝官六品、外官五品以上，及亲王举通钱谷官一人。不举者罚，举不当者论如律。己酉，以山东盗，制同党能自杀捕出首官赏法。戊午，乌古论谊为元帅左监军，完颜撒剌为元帅左都监。乙丑，遣使捕蝗。

秋七月庚辰，朝献于衍庆宫。壬午，诏民间交易、典质一贯以上并用交钞，毋用钱。乙酉，敕尚书省，自今初受监察者令进利害帖子，以待召见。甲午，左副元帅匡至自许州。乙未，诏核西夏人口，尽赎放还，敢有藏匿者以违制论。

八月戊申，宋张岩复遣方信孺赍其主誓书薬来乞和。庚戌，割汝州襄城县于许州。戊辰，至自万宁宫。

九月甲戌朔，天寿节，高丽、夏遣使来贺。左丞相兼都元帅宗浩薨于军。甲申，定西、北京、辽东盐司判官诸场管勾增亏升降格。以尚书左丞仆散端为平章政事，封申国公；左副元帅完颜匡为平章政事兼左副元帅，封定国公。丙戌，猎于近郊。壬辰，还宫。戊戌，更定受制忘误及误写制书事重加等罪。壬寅，敕女直人不得改为汉姓及学南人装束。

冬十月甲辰，诏应荫之家，旁正荫足；其正荫者未出官而亡，许补荫一人。辛亥，以武库令术甲法心为高丽生日使。丙辰，猎于近郊。己巳，诏定随军迁赏格。辛未，陕西宣抚使徒单镒分遣副统把回海攻下苏岭关。是月，定南征将士功赏格。

十一月癸酉，诏新定学令内削去薛居正《五代史》，止用欧阳修所撰。是日，都统押剌拔鹘岭关、新道口，副统回海取小湖关、敖仓，进至营口镇，遂取其城。丙子，宋韩侂胄遣左司郎中王楠以书来乞和，请称伯，复增岁币、犒军钱，诛苏师旦函首以献。丙戌，上闻陕州防御使纥石烈宇孙禁民枭，命尚书省罪之。壬辰，宋参知政事钱象祖以诛韩侂胄移书行省。甲午，，猎于近郊。戊戌，参知政事贾铉罢。诏完颜匡檄宋，函侂胄首以赎淮南故地。

十二月壬寅朔，《辽史》成。丙午，以符宝郎乌古论福龄为夏国生日使。戊午，诏策论进士免试弓箭、击球。庚申，以尚书右丞孙即康为左丞，参知政事独吉思忠为右丞，中都路都转运使孙铎为参知政事。

八年春正月辛未朔，高丽、夏遣使来贺。壬申，朝谒于衍庆宫。癸酉，收毁大钞，行小钞。以元帅左都监完颜撒剌为参知政事。乙亥，宋安丙遣兵袭鹘岭关，副统把回海、完颜掴剌击走之，斩其将景统领。丙子，左司郎中刘昂、通州刺史史肃、监察御史王宇、吏部主事曹元、吏部员外郎徒单永康、太仓使马良显、顺州刺史唐括直思白坐与蒲阴令大中私议朝证，皆杖之。癸未，如春水。丙戌，如光春宫。

二月乙巳，宋参知政事钱象祖遣王楠来以书上行省，复请川、陕关隘。甲寅，如建春宫。庚甲，谕有司曰：“方农作时，虽在禁地亦令耕种。”己巳，还宫。

三月丁亥，幸瀛王第视疾。庚寅，以与宋和，谕尚书省。壬辰，宰臣上表谢罪。甲午，瀛王从宪薨。乙未，上亲临祭。

夏四月癸卯，日晕三重，皆内黄外赤。戊申，禘于太庙。庚戌，如万宁宫。甲寅，以北边无事，敕尚书省，命东北路招讨司还治泰州，就兼节度使，其副招讨仍置于边。诏谕有司，以苗稼方兴，宜速遣官分道巡行农事，以备虫蝻。诏更定猛安谋克承袭程试格。宋钱象祖复遣王楠以书上行省。庚申，诏诸路按察司岁赐公用钱。

闰月辛未，谕尚书省曰：“翰林侍讲学士蒲察畏也言，使宋官当选人，其言甚当。彼通谢使虽未到阙，其报聘人当先议择。此乃更始，凡有礼数，皆在奉使。今既行之，遂为永例，不可不慎也。”甲戌，制诸州府司县造作不得役诸色人匠，违者准私役之律，计佣以受所监临财物论。甲申，定承应人收补年甲格。甲午，雨雹。定保甲军杀获南军官赏。乙未，宋献韩侂胄等首于元帅府。

五月丁未，御应天门，备黄麾立仗，亲王文武合班起居。中路兵马提控、平南抚军上将军纥石烈贞以宋贼臣韩侂胄、苏师旦首献，并奉元帅府露布以闻。悬其首并画像于市，以露布颁中外。丙辰，平章政事匡至自军。己未，更元帅府为枢密院。癸亥，诏移天寿节于十月十五日。丁卯，遣使分路捕蝗。

六月癸酉，宋通谢使朝议大夫、试礼部尚书许奕，福州观察使、右武卫上将军吴衡等奉其主书入见。甲戌，谒谢于衍庆宫。癸未，以许宋平，诏中外。免河南、山东、陕西等六路今年夏税，河东、河北、大名等五路半之。丁亥，以元帅左都监乌古论谊为御史大夫。戊子，飞蝗入京畿。乙未，定服饰明金象金制。丁酉，以左副都点检颜侃为宋谕成使，礼部侍郎乔宇副之。

秋七月戊戌朔，太白昼见。庚子，诏更定蝗虫生发坐罪法。乙巳，朝献于衍庆宫。诏颁《捕蝗图》于中外。戊申，宋使朝辞，致答通谢书及誓书于宋主。

八月壬申，更定辽东行使钞法。癸酉，如建春宫。己丑，以户部尚书高汝砺等为宋生日使。庚寅，如秋山。

九月甲子，遣吏部尚书贾守谦等一十三人与各路按察司官推排民户物力。乙丑，至自秋山。

冬十月辛未，以吏部郎中郭郛为高丽生日使。辛巳，宋、高丽、夏遣使来贺。夏国有兵，遣使来告。癸未，更定安泊强窃盗罪格。辛卯，以军民共誉为廉能官条附善最法。

十一月丁酉朔，诏诸路按察使并兼转运使。初设三司使，掌判盐铁、度支、劝农事。以枢密使纥石烈子仁兼司三司使。癸卯，诏戒谕尚书省曰："国家之治，在于纪纲，纪纲所先，赏罚必信。今乃上自省部之重，下逮司县之间，律度弗循，私怀自便，迁延旷岁，苟且成风，习此为恒，从何致理。朝迁者百官之本，京师者诸夏之仪。其勖自今，各惩已往，遵绳奉法，竭力赴功。无枉挠以循情，无依违而避势，壹归于正，用范乃民。"是日，御临武殿试护卫。丁未，敕谕临潢泰州路兵马都总管承裔等修边备。

乙卯，不上豫。丙辰，崩于福安殿，年四十一。大安元年春正月，谥曰宪天光运仁文义武神圣英孝皇帝，庙号章宗。二月甲申，葬道陵。

赞曰：章宗在位二十年，承世宗治平日久，宇内小康，乃正礼乐，修刑法，定官制，典章文物粲然成一代治规。又数问群臣汉宣综核名实、唐代考课之法，盖欲跨辽、宋而比迹于汉、唐，亦可谓有志于治者矣。然嬖宠擅朝，冢嗣未立，疏忌宗室而传授非人。向之所谓维持巩固于久远者，徒为文具，而不得为后世子孙一日之用。金源氏从此衰矣。昔扬雄氏有云："秦之有司负秦之法度，秦之法度负圣人之法度。"盖有以夫。

金史卷一三
本纪第一三

卫绍王

　　卫绍王，讳永济，小字兴胜，更讳允济，章宗时避显宗讳，诏改
"允"为"永"。世宗第七子，母曰元妃李氏。卫王长身，美髯须，天资
俭约，不好华饰。大定十一年，封薛王。是岁，进封滕王。十七年，
授世袭猛安。二十五年，加开府仪同三司。二十六年，为秘书监。明
年，转刑部尚书。又明年，改殿前都点检。二十九年，世宗崩，章宗
即位，进封潞王。起复，判安武军节度使。五月，至冀州，以到任表
谢，赐诏优答。明昌二年，进封韩王。四年，改判兴平军。五年，改
沁南军。承安二年，改封卫王。三年，改昭义军。

　　泰和元年，改判彰德府事。五年，改判平阳府。初，章宗诛郑王
永蹈、赵王永中，久颇悔之。七年，下诏追复旧封，仍赐谥。而永蹈
无后，乃以卫王子按陈为郑王后，赐卫王诏曰："朕念郑王自弃天
常，以干国宪，藁瘗旷野，忽诸不祀。历岁既久，深用怆然。亲亲之
情，有怀难置。已诏追复旧爵，改葬如仪。稽考古礼，以卿之子按陈
为郑王后，谨其祭祀，卿其悉之。"已而改武定军节度使。

　　八年十一月，自武定军入朝。是时，章宗已感嗽疾，卫王且辞
行，而章宗意留之。章宗初年，雅爱诸王，置王傅府尉官以傅导德
义。及永中、永蹈之诛，由是疏忌宗室，遂以王傅府尉检制王家，苛
问严密，门户出入皆有籍。而卫王乃永蹈母弟，柔弱鲜智能，故章宗

爱之。既无继嗣,而诸叔兄弟多在,章宗皆不肯立,惟欲立卫王,故于辞行留之。无何,章宗大渐,元妃李氏、黄门李新喜、平章政事完颜匡定策。章宗崩,匡等传遗诏,立卫王。卫王固让,乃承诏举哀,即皇帝位于枢前。明日,群臣朝见于大安殿。诏路府州县为大行皇帝服七日。

大安元年正月辛丑,飞星如火,起天市垣,有尾,迹若赤龙。壬戌,改元,大赦。立元妃徒单氏为皇后。

二月乙丑朔,太白昼见,经天。壬辰,章宗内人范氏损其遗腹,以诏内外。初,章宗遗诏:"内人有娠者两人,生男则立为储贰。"至是平章政事仆散端等奏:"承御贾氏当以十一月免乳,今则已出三月。范氏产期合在正月,医称胎气有损。用药调治,脉息虽和,胎形已失。范氏愿削发为尼。"封皇子六人为王。

三月甲辰,道陵礼成,大赦。诏曰:"自今于朕名不连续,及昶、咏等字,不须别改。"以平章政事仆散端为右丞相。

四月庚辰,杀章宗元妃李氏及承御贾氏。以平章政事完颜匡为尚书令。

五月,高丽贺即位。试宏词科。

七月,幸海王庄,临奠鲁国公主。

八月,万秋节,宋遣使来贺。

九月,如大房山,谒奠睿陵、裕陵、道陵。百官表请建储,不允。

十月,岁星犯左执法。己卯,诏戒励风俗。

十一月,平阳地震,有声如雷,自西北来。

十二月,诏平阳地震,人户三人死者免租税一年,二人及伤者免一年;贫民死者给葬钱五千,伤者三千。尚书令申王完颜匡薨。右丞相仆散端为左丞相,进封兄郐王永功为谯王,御史大夫张行简为太保。

二年正月庚戌朔,日中有流星出,大如盆,其色碧,向西行,渐如车轮,尾长数丈,没于浊中,至地复起,光散如火。

二月,客星入紫微垣,光散为赤龙。地大震,有声如雷。以礼部侍郎耿端义为参知政事。

四月,校《大金仪礼》。北方有黑气,如大道,东西亘天。徐、邳州河清五百余里,以告宗庙社稷。

五月,诏儒臣编《续资治通鉴》。

六月,大旱。下诏罪己,振贫民缺食者。曲赦西京、太原两路杂犯,死罪减一等,徒以下免。丙寅,地震。

七月,地震。

八月,地震。乙丑,立子胙王从恪为皇太子。万秋节,宋遣使来贺。猎于近郊。夏人侵葭州。

九月,地大震。乙未,诏求直言,招勇敢,抚流亡。庚子,遣使慰抚宣德行省军士。丙午,京师戒严。上日出巡抚,百官请视朝,不允。辛亥,宣德行省罢。癸丑,诏抚谕中都、西京、清、沧被兵民户。

十一月,猎于近郊。中都大悲阁东渠内火自出,逾旬乃灭。阁南刹竿下石罅中火自出,人近之即灭,俄复出,如是者复旬日。中都火燉民居。

十二月乙卯朔,日有食之。

是岁大饥。禁百姓不得传说边事。

三年正月乙酉朔,宋、高丽、夏遣使来贺。荧惑入氐中。

二月,荧惑犯房宿。有大风从北来,发屋折木,通玄门重关折,东华门重关折。

闰月,荧惑犯键闭星。

三月,大悲阁灾,延及民居。有黑气起北方,广长若大堤,内有三白气贯之,如龙虎状。括民间马,令职官出马有差。

四月,我大元太祖法天启运圣武皇帝来征。遣西北路招讨使粘合合打乞和,平章政事独吉千家奴、参知政事胡沙行省事备边,西京留守纥石烈胡沙虎行枢密院事,参知政事奥屯忠孝为尚书右丞、户部尚书梁瑝为参知政事。

六月壬寅，更定军前赏罚格。

八月，诏奖谕行省官，慰抚军士。千家奴、胡沙自抚州退军，驻于宣平。河南大名路军逃归，下诏招抚之。

九月，千家奴、胡沙败绩于会河堡，居庸关失守。禁男子不得辄出中都城门。大元前军至中都，中都戒严。参知政事梁瑝镇抚京城。

十月，每夜初更正，东、西北天明如月初出，经月乃灭。荧惑犯垒壁阵。上京留守徒单镒遣同知乌古孙兀屯将兵二万卫中都。泰州刺史术虎高琪屯通玄门外。上巡抚诸军。罢宣德行省。

十一月，杀河南陈言人郝赟。以上京留守徒单镒为右丞相。签中都在城军。纥石烈胡沙虎弃西京走还京师，即以为右副元帅、权尚书左丞。是时，德兴府、弘州、昌平、怀来、缙山、丰润、密云、抚宁、集宁，东过平、滦，南至清、沧，由临潢过辽河，西南至忻、代，皆归大元。初，徒单镒请徙桓、昌、抚百姓入内地。上信梁瑝议，以责镒曰："是自蹙境土也。"及大元已定三州，上悔之。至是，镒复请置行省事于东京，备不虞。上不悦曰："无故遣大臣，动摇人心。"未几，东京不守，上乃大悔。右副元帅胡沙虎请兵二万屯宣德，诏与三千人屯妫川。平章政事千家奴、参知政事胡沙坐覆全军，千家奴除名，胡沙责授咸平路兵马总管。万户佉头屯古北口。

十二月，签陕西两路汉军五千人赴中都。太保张行简、左丞相仆散端宿禁中议军事。左丞相仆散端罢。

崇庆元年正月己酉朔，改元，赦。宋、夏遣使来贺。右副元帅胡沙虎请退军屯南口，诏数其罪，免之。

三月，大旱。遣使册李遵顼为夏国王。以御史大夫福兴为参知政事。参知政事孟铸为御史大夫。夏人犯葭州，延安路兵马总管完颜奴婢御之。

五月，签陕西勇敢军二万人，射粮军一万人，赴中都。括陕西马。安武军节度使致仕贾铉起复参知政事。参知政事福兴为尚书左丞。诏卖空名救牒。河东、陕西大饥，斗米钱数千，流莩满野。以南京留守仆散端为河南、陕西安抚使，提控军马。

七月，有风自东来，吹帛一段，高数十丈，飞动如龙形，坠于拱辰门。

八月，万秋节，以兵事不设宴。

十月，曲赦西京、辽东、北京。

十一月，赈河东南路、南京路、陕西东路、山东西路、卫州旱灾。

十二月，夏国王李遵项谢封册。

至宁元年正月，赈河东、陕西饥。

二月，诏抚谕辽东。知大名府事乌古论谊谋不轨，伏诛。

三月，太阴、太白与日并见，相去尺余。

五月，改元。诏谕咸平路契丹部人之啸聚者。起胡沙虎复为右副元帅，领武卫军三千人屯通玄门外。陕西大旱。

六月，夏人犯保安州，杀刺史，犯庆阳府，杀同知府事。以户部尚书胥鼎、刑部尚书王维翰为参知政事。

八月，尚书左丞完颜元奴将兵备边。诏军官、军士赐赍有差。大雾，昼晦。治中福海别将兵屯城北。辛卯，胡沙虎矫诏以诛反者，招福海执而杀之，夺其兵。壬辰，自通玄门入，杀知大兴府徒单南平、刑部侍郎徒单没撚于广阳门西。福海男符宝鄯阳、都统石古乃率众拒战，死之。胡沙虎叩东华门，遣人呼守直亲军百户冬儿、五十户蒲察六斤，不应。许以世袭猛安三品官职，亦不应。都点检徒单谓河缒而出，护卫斜烈掊锁启门，胡沙虎以兵入宫，尽逐卫士，代以其党，自称监国都元帅。癸巳，逼上出宫，以素车载至故邸，以武卫军二百人锢守之。尚宫左夫人郑氏为内职，掌宝玺，闻难，端居玺所待变。胡沙虎遣黄门入收玺，郑曰：“玺，天子所用。胡沙虎人臣，取将何为？”黄门曰：“今天时大变，主上犹且不保，况玺乎。御侍当思自脱计。”郑厉声骂曰：“若辈宫中近侍，恩遇尤隆，君难不以死报之，反为逆竖夺玺耶？我死可必，玺必不与。”遂瞑目不语。黄门出，胡沙虎卒取“宣命之宝”，伪除其党丑奴为德州防御使、乌古论夺刺顺

天军节度使、提控宿直将军徒单金寿永定军节度使，及其余党凡数
十人，皆迁官。遂使宦者李思中害上于邸。诱奉御和尚使作书急召
其父左丞元奴议事，元奴以军来，并其子皆杀之。

　　九月甲辰，宣宗即位。丁未，诣邸临奠，伏哭尽哀。敕以礼改葬。
胡沙虎请废为庶人，诏百官议于朝堂，议者二百余人。太子少傅奥
屯忠孝、侍读学士蒲察思忠请从废黜，户部尚书武都、拾遗田庭芳
等三十人请降为王侯，太子太保张行简请用汉昌邑王、晋海西公故
事，侍御史完颜讹出等十人请降复王封。胡沙虎固执前议，宣宗不
得已，乃降封东海郡侯。昭雪道陵元妃李氏、承御贾氏。

　　十月辛亥，元帅右监军术虎高琪杀胡沙虎于其第。胡沙虎者，
纥石烈执中也。宣宗乃下诏削其官爵。赠石古乃顺州刺史，鄙阳顺
天军节度副使，凡从二人拒战者，千户赏钱五百贯，谋克三百贯，蒲
辇散军二百贯，各迁官两阶，战没者赠赏付其家。冬儿加龙虎卫上
将军，再迁宿直将军。蒲察六斤加定远大将军、武卫军钤辖。石古
乃子尚幼，给俸八贯石，敕有司，俟其年十五以闻。贞祐四年，诏追
复卫王谥曰绍。

　　赞曰：卫绍王政乱于内，兵败于外，其灭亡已有征矣。身弑国
蹙，记注亡失，南迁后不复记载。皇朝中统三年，翰林学士承旨王鹗
有志论著，求大安、崇庆事不可得，采摭当时诏令；故金部令史窦祥
年八十九，耳目聪明，能记忆旧事，从之得二十余条。司天提点张正
之写灾异十六条，张承旨家手本载旧事五条，金礼部尚书杨云翼日
录四十条，陈老日录三十条，藏在史馆。条件虽多，重复者三之二。
惟所载李妃、完颜匡定策，独吉千家奴兵败，纥石烈执中作难，及日
食、星变、地震、氛祲，不相背盭。今校其重出，删其繁杂。《章宗实
录》详其前事，《宣宗实录》详其后事。又于金掌奏目女官大明居士
王氏所纪，得资明夫人援玺一事，附著于篇，亦可以存其梗概云尔。

金史卷一四
本纪第一四

宣宗上

　　宣宗继天兴统述道勤仁英武圣孝皇帝讳珣,本名吾睹补,显宗长子,母曰昭华刘氏。大定三年癸未岁生,世宗养于宫中。十八年,封温国公加特进。二十六年,赐今名。二十九年,进封丰王加开府仪同三司,累判兵、吏部,又判永定、彰德等军。承安元年,进封翼王。泰和五年,改赐名从嘉。八年,进封邢王,又封升王。所至著祥异。

　　至宁元年八月,卫绍王被弑,徒单铭等迎于彰德府。既至京,亲王、百官上表劝进。

　　九月甲辰,即皇帝位于大安殿。以纥石烈胡沙虎为太师、尚书令兼都元帅,封泽王。乙巳,谕尚书省,事有规画者皆即规画,悉依世宗所行行之。丙午,以驸马雄名第赐胡沙虎。丁未,谕宰臣曰:"朕即大位,群臣凡有所见,各直言勿隐。"临奠于卫绍王第。有司奏,旧礼当设坐哭。上命撤坐,伏哭尽哀。敕有司,以礼改葬。戊申,御仁政殿视朝。赐胡沙虎坐,胡沙虎不辞。辛亥,封皇子守礼为遂王,守纯为濮王,皇女温国公主。夔王永升薨,上亲临奠。大元遣乙里只来。壬子,改元贞祐,大赦。恩赉中外臣民有差。丙辰,左谏议大夫张行信上章言崇节俭、广听纳、明赏罚三事。尚书右丞相徒单镒进左丞相,封广平郡王。庚申,泽王胡沙虎等议废故卫王为庶人,上曰："朕徐思之，以谕卿等。"壬戌，授胡沙虎中都路和鲁忽土世袭猛安。丙寅，诏谕六品以下官，事有可言者言之无隐。

闰月戊辰朔，拜日于仁政殿，自是每月吉为常。授尚书左丞相徒单镒中都路迭鲁猛安。庚午，上复旧名珣，诏所司，告天地庙社。前所更名二字，自今不须回避。辛未，诏追尊皇姊为皇太后。是日，皇妃皇子至自彰德府。遣使使宋。己卯，左谏议大夫张行信上疏请立皇太子。甲申，立子守忠为皇太子。丙戌，诏降故卫王为东海郡侯。甲午，减定监察御史为十二员。

冬十月丁酉朔，京师戒严。辛丑，大元乙里只来。乙巳，诏应迁加官赏，诸色人与本朝人一体。庚戌，敕有司，皇太子册礼，俟边事息然后举行。辛亥，元帅右监军术虎高琪战于城北，凡两败绩而归，就以兵杀胡沙虎于其第，持者首诣阙待罪。赦之，仍授左副元帅。壬子，殿前都点检纥石烈特末也等补外。甲寅，张行信上封事，言正刑赏、择将帅，及鄜阳、石古乃之冤。大元兵下涿州，设京城镇抚弹压官。置招贤所。癸亥，放宫女百三十人。

十一月戊辰，夏人攻会州，徒单丑儿出兵击走之。庚午，将乞和于大元，诏百官议于尚书省。以横海军节度使承晖为尚书右丞，耿端义为参知政事。癸未，诏赠死事裴满福兴及鄜阳、石古乃官。大元兵徇观州，刺史高守约死之。又徇河间府、沧州。乙未，定亡失告身文凭格。

十二月丁酉朔，上御应天门，诏谕军士，仍出银以赐之。平章政事徒单公弼进尚书右丞相，尚书右丞承晖进都元帅兼平章政事，左副元帅术虎高琪进平章政事兼前职。

二年春正月丁卯朔，以边事未息，诏免朝贺。辛未，大元兵徇彰德府，知府事黄掴九住死之。宋人攻秦州，统军使石抹仲温击却之。癸未，有司奏，请权止今年禘享朝献原庙及皇太后册礼，从之。乙酉，征处士王浍，不至。大元兵徇益都府。命有司复议本朝德运。乙未，大元兵徇怀州，沁南军节度使宋宸死之。二月丙申朔。壬子，大元乙里只扎八来。丙辰，罢按察司。壬戌，大元乙里只复来。

三月辛未，遣承晖诣大元请和。丁丑，赦国内。癸未，京师大括粟。甲申，大元乙里只扎八来。诏百官议于尚书省。戊子，以濮王守纯为殿前都点检兼侍卫亲军都指挥使，权都元帅府事。庚寅，奉卫绍王公主归于大元太祖皇帝，是为公主皇后。辛卯，诏许诸人纳粟买官。京师戒严。壬辰，大元兵下岚州，镇西军节度使乌古论仲温死之。

夏四月乙未朔，以知大兴府事胥鼎为尚书右丞。戊戌，奉迁昭圣皇后柩于新寺。时山东、河北诸郡失守，惟真定、清、沃、大名、东平、徐、邳、海数城仅存而已，河东州县亦多残毁。兵退，命仆散安贞等为诸路宣抚使，安集遗黎。至是以大元允和议，大赦国内。癸卯，权厝昭圣皇后于新寺。甲辰，诏有司具阵亡人子孙以备录用。丁未，以都元帅承晖为右丞相。庚戌，左丞相、监修国史广平郡王徒单镒薨。乙卯，尚书省奏巡幸南京，诏从之。己未，葬卫绍王。

五月癸酉，承晖加金紫光禄大夫，封定国公。尚书左丞抹捻尽忠加崇进，封申国公。甲戌，霍王从彝薨。乙亥，辍朝。上决意南迁，诏告国内。太学生赵昉等上章极论利害，以大计已定，不能中止，皆慰谕而遣之。诣原庙奉辞。戊寅，将发，雨，不果行。以南京留守仆散端等尝请临幸，及行，先诏谕之。辛巳，诏迁卫绍、镐厉王家属于郑州。壬午，车驾发中都。是日雨，至甲中止。丙戌，次定兴。禁有司扈从践蹂民田。丁亥，次安肃州，元帅右监军完颜弼以兵迎见。癸巳，次中山府，敕扈从军所践禾稼，计值酬之。

六月甲午朔，以按察转运使高汝砺为参知政事。癸丑，次内丘县。大元乙里只来。戊午，次彰德府，曲赦其境内。庚申，次巨桥镇。是日，南京行宫宝镇阁灾。壬戌，次宜村。黄龙见西北。

秋七月，车驾至南京。诏立元妃温敦为皇后。

八月甲午，以立后，百官上表称贺。庚子，皇太子至自中都。丁未，夏人入边，命移文责之。甲寅，罢经略司。应奉翰林文字完颜素兰上书言事。

九月壬戌朔，日有食之。皇孙生。癸亥，山东路报莱州之捷。辛未，立监察御使升黜格。庚辰，诏训练军士。丁亥，谕宣徽院，正旦生辰不须进物。太白昼见于轸。戊子，禁军官畋猎。

冬十月甲午，诏遣官市木波、西羌马。陕西军户战死者给粮赡其家。丁酉，大元兵徇顺州，劝农使王晦死之。壬寅，左副元帅兼尚书左丞抹捻尽忠进平章政事。以御史中丞孛术鲁德裕为参知政事兼签枢密院事。曲赦中都路。乙卯，遣参知政事孛术鲁德裕行尚书省于大名府。丙辰，大元兵收成州。谕大名行省，贬损用度。德州防御使完颜丑奴伏诛。

十一月丁卯，以御史大夫仆散端为尚书左丞相。曲赦山东路。辛未，诏赐卫绍王家属既禀。诏有司答夏国牒。丙子，许诸色人试武举。兰州译人程陈僧叛，西结夏人为援。辛巳，荧惑犯房宿钩钤星。癸未，曲赦辽东路。敕罢宣抚司辄，拟官。

十二月戊戌，遣真定行元帅府事永锡等援中都。颁劝农诏。丁未，以和议既定，听民南渡。乙卯，登州刺史耿格伏诛，流其妻孥。大元兵徇懿州，节度使高闾山死之。

三年春正月辛酉朔，宋遣使来贺。壬戌，遣内侍谕永锡防边，毋以和议为辞。癸亥，曲宴群臣、宋使。定文武五品以上侍坐员，遂为常制。乙丑，诏宣抚阿海、总管合住讨贼刘二祖、张汝楫。戊辰，尚书省言：“内外军人入粟补官者多，行伍浸虚。请俟平定，应监差者与三酬，门户有职事者升一等，其子弟应荫者罢之。”上可其奏。乙亥，夏人犯环州。北京军乱，杀宣抚使奥屯襄。丁丑，右副元帅蒲察七斤以其军降于大元。辛巳，皇太子疾。辍朝。乙酉，皇太子薨。

二月辛卯，环州刺史乌古论延寿及斜卯毛良虎等败夏人于州境，诏进官有差。大元乙里只来。壬辰，上临奠皇太子殡所。有司奏辰日不哭，上曰：“父子至亲，何可拘忌？”命御史中丞李英、元帅左都监乌古论庆寿领兵护饷中都，付以空名宣敕，许视功迁叙，逗挠者治以军律。乙未，改宁边州隶岚州。丁酉，诏诸色人迁官并视女直人，有司妄生分别，以违制论，从户部郎中奥屯阿虎请也。辛丑，敕宰臣馈乙里只酒馔。壬寅，颁奖谕官吏军民诏，曲赦，招抚北京作乱者。丙午，尚书省以南迁后，吏部秋冬置选南京，春夏置选中都，赴调者不便，请并选于南京。从之，武清县巡检梁佐、柳口巡检李咬住以诛纠贼张晖、刘永昌等功进官有差，皆赐姓完颜。丁未，山东宣抚使仆散安贞遣提控仆散留家等破贼杨安儿步骑三万，歼其众，降伪头目三百余人、协从民三万余户。戊申，减沿边州府官资考有差。壬子，立保城无虞及捕获奸叛迁赏格。乙卯，敕奏急事不拘假日。丁巳，日初出赤如血，欲没复然。戊午，大风，隆德殿鸱尾坏。

三月壬戌，诏河北县官，令文武五品以上辟举，不听以它事差占，仍勒终任。有劳绩者但升遥领之职，应降罚者亦止本处居住。时河北残毁，吏治多苟且以求代易，故著是令。癸亥，诏百官各陈防边利害，封章以闻。丙寅，敕河东、河北、大名长贰官训练随处义兵，邻境有警，责其求援。降人自拔归国者迁职，仍列其姓名，以招谕来者。沿河州县官罢软不胜职任者汰去，令五品已上官公举，仍许今季到部人内先择能者量缓急易之。丁卯，安武军节度使张行信上书言急务四事。庚午，谕辽东宣抚使蒲鲜万奴选精锐屯沈州、广宁，以俟进止。壬申，长春节，宋遣使来贺。戊寅，谕尚书省，岁旱，议弛诸处碾磑，以其水溉民田。己卯，雨。自去冬不雨雪，至是始雨。劝农使李革言：“河北州县官吏多求河南差占以避难，宜发元任领戍兵者。不可离则别注以往。”庚辰，御史台言：“在京军官及委差官刍粮券例悉同征行，乞减其给。枢密院委差有俸人吏，非征行不必给。”皆从之。敕尚书省，入粟补官者毋括其户为军。有司议赏军功，毋有所沮格。壬午，山东宣抚司报大沫堌之捷，夹谷石里哥及没烈擒贼渠刘二祖等斩之，前后殪贼万计。西京军民变，遣官抚谕之。巳丑，禁州县置刃于杖以决罪人。前年，京兆治中李友直私逃华州，结同知防御使冯朝、河州防御判官郝遵甫、平凉府同知致仕杨庭秀、水洛县主簿宿徽等团集州民，号“忠义扈驾都统府”相挺为乱，杀其防御判官完颜八斤及城中女直人，以书约都统场圭，为府兵所得。

圭讳之，请自效，诱友直等执之，縻所招千余人纳仗坑诸城下。时京师道路隔绝，安抚司以便宜族友直等，至是以状闻。乃赠八斤及被害官军十余人各一官，赙钱三百贯。

夏四月癸巳，河东宣抚使胥鼎言利害十三事。长胜军都统杨圭伏诛。丙申，河南路蝗，遣官分捕。上谕宰臣曰：“朕在潜邸，闻捕蝗者止及道傍，使者不见处即不加意，当以此意戒之。”权参知政事德升言：“旧制夏至后免朝，四日一奏事。”上曰：“此在平时可耳。方今多故，勿谓朕劳，遂云当免，但使国事无废则善矣。”己亥，曲赦山东路。癸卯，籍赴选监当官为军。乙巳，罢都南行尚书六部。侯挚言九事。曲赦蒲察七斤协从之党，募能杀获七斤者，以其官官之。丙午，以调度不给，凡随朝六品以下官及承应人，罢其从己人力输佣钱，经兵州、府其吏减半，司、县吏减三之一。其余除开封府、南京转运司外，例减三之一。有禄官吏被差不出本境者并罢给券，出境者以其半给之。修内司军夫亦减其半。丁未，故皇太子启菆，赐谥曰庄献，戊申，权葬迎朔门外。诏自今策论词赋进士，第一甲第一人特迁奉直大夫，第二人以下、经义第一人并儒林郎，第二甲以下征事郎，同进士从仕郎，经童将仕郎。壬子，芮国公从厚薨。诏遣使同山西宣抚司选其民勇健者为军。谕有司，勿拒河北避兵之民，所至加存恤。用山东西路宣抚副使完颜弼言，招大沫堌渠贼孙邦佐、张汝楫以五品职，下诏涮洗其罪。己卯，诏检核朝廷差遣官券历，无故稽留中道者罪之。丙辰，谕田琢留山西流民少壮者充军，老幼者令就食于邢、洺等州，欲趣河南者听。上议遣亲军六千余及所募二千七百人援中都。宰臣以为行宫单弱，亲军不可遣，遂止。

五月庚申，招抚山西军民，仍降诏谕之。是日，中都破，尚书右丞相兼都元帅定国公承晖死之。户部尚书任天宠、知大兴府事高霖皆及于难。壬戌，降空名宣敕、紫衣师德号度牒，以补军储。辛未，立皇孙铿为皇太孙。癸酉，刘炳上书言十事。辛巳，上谕宰臣：“多事之秋，陈言者悉送省。恐卿等不暇，朕于宫中置局，命方正官数员择可取者付出施行，何如？”宰臣请如圣谕。诏削纳马补官恩例。戊子,谋伐西夏,遣大臣镇抚京兆。

秋七月戊午朔,大元兵收济源县。己未,征弓箭于内外品官,三品以上三副,四品、五品二副,余以等级征之。庚申,置陈、颍漕运提举官,以户部勾当官往来督察。有星如太白,色青白,有尾,出紫微垣北极旁,入贯索中。上闻河北讥察官有要求民财始听民渡河者,避兵民至或饿死、自溺,特命御史台体访之。又禁随朝职官夺民碾硙以自营利。诏河间孤城,移其军民就粟清州,括民间骡付诸军,与马参用。辛酉,议括官田及牧马地以赡河北军户之徙河南者,已为民佃者俟获毕日付之。群臣迭言其不便,遂寝。癸亥,诏河北郡县军须并减河南之半。定尚书所造诸符:枢密院鹿,宣抚司鱼,统军司虎。丙寅,遣参知政事高汝砺往河南,便宜措置粮储。制品官纳弓箭之令,丁忧致仕者免。甲戌,借平阳民租一年。诏职官更兵亡失告身,见任者保识即重给之,妄冒者从诈伪法。丙子,尚书省奏给皇太孙岁赐钱。上不从,曰:“襁褓儿安所用之。”诏致仕官俸给比南征时减其半。丁丑,肃宗神主至自中都,奉安于明俊殿。戊寅,月入毕宿中,戊夜犯毕大星。己卯,明德皇后神主至自中都。裁损宫中岁给有差。甲申,诏尚书省,行六部太多,其令各路运司兼之。改交钞名“贞祐宝券”。

八月戊子朔,以陕西统军使完颜合打签枢密院事。己丑,制军府庶事枢密院官须与经历官裁决,经历议是而院官不从,许直以闻。癸巳,诏遣官体究京西路新迁军户。丙申,谕尚书省,职官犯罪,大者即施行之,小者籍之,事定始论其罪。谕枢密院,撒合辇所签军有具戒僧人,可罢遣之。己亥,诏武举官非见任及已从军者,随处调赴京师,别为一军,以备用。被荐未授官者,量才任之。庚子,上虑平阳城大,兵食不足,议弃之,宰臣持不可。赏前冀州教授粘割贰邻集义兵,出方略,遏土寇,兵后摄州,复立州治,积刍粮,招徕民户至五万;特迁三官,升正五品职。置山东西路总管府于归德府及徐、亳二州。以太常卿侯挚为参知政事,行尚书省于河北东、西两路。太祖御容至自西京,奉安于启庆宫。甲辰,置行枢密院于徐州、归德府。诏诸职官不拘何从出身,其才可大用者尚书省具以闻。丙午,山东西路宣抚使完颜弼表:“遥授同知东平府事张汝楫将谋复叛,密遣人招同知益都府事孙邦佐。邦佐斩其人,驰报弼,弼杀汝楫及其党万余。承制升邦佐德州防御使,余立功者赏有差。”上嘉弼功,加崇进,封密国公,诏奖谕之。丁未,诏近臣举良将,加孙邦佐昭毅大将军、泰定军节度使,仍官其子。戊申,东平、益都、太原、潞州置元帅府。大赦。己酉,监察御使许古献恢愎中都之策。红袄贼掠成武,宣抚副使颜盏天泽讨走之,斩首数百级。进天泽一官,将校有功者命就迁赏。命侯挚招邢州贼程邦杰以官,不从则诱其党图之。减户部干办官四员及委差官有差。壬子,置行省于陕西。乙卯,增沿河阑籴之法,十取其八,以抑贩粟之弊,仍严禁私渡。增步军万人,戍京以西,四万人戍京以东。先陕西骑兵二千,增京畿之卫。谕陕西,坚守延安、临洮、环、庆、兰、会、保安、绥德、平凉、德顺、镇戎、泾原、鄜、坊、邠、宁、乾、耀等处要害。分渭南州郡步兵屯平凉,令宣抚使治邠州,副使治同州之澄城以统之。更以步骑守沿谓诸津。丙辰,元帅左监军兼知真定府事永锡坐援中都失律,削官爵,杖之八十。

九月丁巳朔,户部侍郎奥屯阿虎言:“国家多故,职官往往不仕。乞限以雨季,违者勿复任用。”上嫌其太重,命违限者止夺三官,降职三等,仍永不升注。辛酉,除名永锡特迁信武将军、息州刺史。甲子,谕宰臣,沿淮塘路以南地旸授民业,今为豪势据夺者,其令有司察之。丙寅,枢密院言:“陕西、河东世袭蕃部巡检,昨与世袭猛安谋克例罢其俸。今边有事方急,宜仍给之。庶获其用。又西边弓箭手有才武出众,获功未推赏者,令宣抚司核实以闻。”从之。丁卯,以秋稼未获,禁军官围猎。诏授隐士王浍太中大夫、右谏议大夫,充辽东宣抚司参谋官。戊辰,遥授武宁军节度副使徒单吾典告平章政事抹捻尽忠逆谋,诏有司鞫之。设潼关提控总领军马等官。辛未,置河北东路行总管府于原武、阳武、封丘、陈留、延津、通许、杞诸县,以治所徙单户。命司属令和尚等护治巩国公按辰第。上谓宰臣曰:“按辰所为不慎,或至犯法。舍之则理所不容,治之则失亲亲之道,但当设官第以防之耳。"按辰寻以不法，谪博州防御使。黜卫绍王母李氏光献皇后尊谥，神主在太庙，画像在启庆宫，并迁出之。陈州镇防军段仲连进羊三百，诏迁三官。命右丞汝砺诣陈州规画粮储。壬申，以苏门县为辉州。癸酉，朝谒世祖、太祖御容于启庆宫，行献享礼，始用乐。赐东永昌姓为温敦氏，包世显、包疙疸为乌古论氏，睹令孤为和速嘉氏，何定为必兰氏，马福德、马柏寿为夹谷氏，各迁一官。甲戌，朝谒太宗、熙宗、睿宗御容，行献享礼。诏开、滑、浚、济、曹、滕诸州置连珠寨，如卫州。乙亥，诏河北、山东等路及平凉、庆阳、临洮府、泾、邠、秦、巩、德顺诸州经兵，四品以下职事官并以二十月为满。募随处主帅及官军、义军将校，有能率众复取中都者封王，迁一品阶，授二品职。能战却敌、善诱降人、取附都州县者，予本处长官、散官，随职迁授，余州县递减二等。

红袄贼周元儿陷深、祁州、束鹿、安平、无极等县，真定帅府以计破之，斩元儿及杀其党五百余人。丁丑，诏司、县官能募民进粮五千石以上，减一资考，万石以上，迁一官，减二资考，二万石以上迁一官，升一等，注见阙。诸色人以功赐国姓者，能以千人败敌三千人，赐及缌麻以上亲，二千人以上，赐及大功以上亲，千人以上，赐止其家。庚辰，陕西宣抚司来上第五将城万户杨再兴击走夏人之捷。壬午，以空名宣敕付陕西宣抚司，凡夏人入寇，有能临阵立功者，五品以下并听迁授。乙酉，置大名府行总管府于柘城县，以治所徙军户。

冬十月丙戌朔，翰林侍读学士、权参知政事乌古论德升出为集庆军节度使兼亳州管内观察使。丁亥，尚书右丞汝砺言："河北军户之徙河南者，宜以系官闲田及牧马草地之可耕者赐之，使自耕以食，而罢其月粮。"上从其请。命右司谏冯开随处按视，人给三十亩。夏人入保安，都统完颜国家奴破之；攻延安，戍将又败之。是日，捷至。戊子，以御史中丞徒单思忠为参知政事。己丑，平章抹捻尽忠下狱既久，监察御史许古言："尽忠逮系有司，此必重罪，而莫知其由，甚骇众听。乞遣公正重臣鞫之。如得其实，明示罪目，以厌中外之心。"书上,不报。庚寅,逐诛尽忠。癸巳,罪状尽忠告中外。诏枢密副使仆散安贞行枢密院于徐州。戊戌,辽东宣抚司报败留哥之捷。甲辰,诏求广平郡王承晖之后,得其犹子历亭县丞永怀,以为器物直长。丙午,夏人陷临洮,陕西宣抚副使完颜胡失剌被执。庚戌,诏尚书左丞相仆散端兼都元帅,行尚书省于陕西。辛亥,蒙古纲奏:"昨被旨权山东路宣抚副使,屯东平。行至徐北岸,北兵已逼徐,不可往。"诏枢密副使仆散安贞权于沿河任使之。壬子,以同、华旧屯陕西兵及河南所移步骑旧隶陕州宣抚司者,改隶陕西行省。召中奉大夫、袭封衍圣公孔元措为太常博士。上初用元措于朝,或言宣圣坟庙在曲阜,宜遣之奉祀。既而上念元措圣人之后,山东寇盗纵横,恐罹其害,是使之奉祀而反绝之也,故有是命。辽东贼蒲鲜万奴僭号,改元天泰。

　　十一月丙辰朔,河北行尚书省侯挚入见。诏河北西路宣抚副使田琢自浚徙其兵屯陕。戊午,枢密院进王世安取盱眙、楚州之策,遂以世安为招抚使,与泗州元帅府所遣人同往淮南计度其事。戊辰,夏人犯绥德之克戎寨,官军败之,犯绥平,又败之。赏有功将士及来告捷者。参知政事徒单思忠言:"今陈言者多掇拾细故,乞不送省,止令近侍局度其可否发遣。"上曰:"若尔,是塞言路。凡系国家者,岂得不由尚书省乎?"庚午,上与尚书右丞汝砺商略遣官括田赐军之利害,汝砺言不便者数端。乃诏有司罢其令,仍给军粮之半,其半给诣实之价。壬申,遣参知政事侯挚祭河神于宜村。甲戌,移剌塔不也以军万人破夏人数万于熟羊寨。丙子,诏市民间挽车羸疾牝马置群牧中,以图滋息。知临洮府陀满胡土门破夏人八万于城下。丁丑,监察御史陈规劾参知政事侯挚,上不允所言,而慰答之。庚辰,上谓宰臣曰:"朕恐括地扰民,罢其令矣。官荒牧马地军户愿耕者听,已为民承种者勿夺。旧例点检左右将军、近侍局官、护卫、承应人秩满皆赐匹帛,虽所司为之制造,然不免赋取于民,近亦罢之,止给宝券。至于朕所服御,亦以官丝付太府监织之,自今勿复及民也。"大元兵徇彰德府,知府陀满斜烈死之。

十二月乙酉朔，徙朔州民分屯岚、石、隰、吉、绛、解等州。戊子，以军事免枢密院官朝拜。己丑，侯挚复行尚书省于河北。庚寅，太白昼见。壬辰，诏免元日朝贺。乙未，敕赠昭圣皇后三代官爵。太康县人刘全、时温、东平府民李宁谋反，伏诛。戊戌，陕西行元帅府乞益兵，以田琢之众隶之，仍奖谕以诏。壬寅，诏林州刺史惟宏与都提控从坦同经理边事。诸将功赏次第便宜行之。乙巳，大元兵徇大名府。癸丑，皇太孙薨，以殇，无祭享之制，戒勿劳民。谕宣徽院免元日亲王、公主进酒。甲寅，礼官奏，正旦宋遣使来贺不宜辍朝。命举乐、服色如常仪。诏临洮路兵马都总管陀胡土门进官三阶，再任。

四年春正月癸亥，监察御史田迥秀条陈五事。丙寅，红袄贼犯泰安、德、博等州，山东西路行元帅府败之。丁卯，谕御史台曰：“今旦视朝，百官既拜之后，始闻开封府报衙声。四方多故之秋，弛慢如此，可乎？中丞福兴号素谨于官事者，当一诘之。”己巳，尚书右丞高汝砺进左丞。庚午，大元兵收曹州。辛亥，参知政事侯挚进尚书右丞。壬申，太原元帅左监军乌古论德升招其民降北者，得四千三百余人。癸酉，诏赐故皇太孙谥曰冲怀。更定捕获伪造宝券者官赏。乙亥，以殿前都点检皇子遂王守礼为枢密使，枢密使濮王守纯为平章政事。己卯，立遂王守礼为皇太子。庚辰，诏免逃户租。壬午，言者请遣官劝农，至秋成，考其绩以甄赏。宰臣言：“民恃农以生，初不待劝，但宽其力，勿夺其时而已。遣官不过督州县计顷亩、严期会而已。吏卒因为奸利，是乃妨农，何名为劝。”上是其言，不遣。

二月甲申朔，日有食之。上不视朝，诏皇太子控制枢密院事。大元兵围太原。乙酉，以信武将军、宣抚副使永锡签枢密院事，权尚书右丞。皇太子既总枢务，诏有司议典礼，以金铸“抚军之宝”授太子，启禀之际用之。平章政事高琪表乞致仕，不允，召枢密院官问所以备御之策。丁亥，以河东南路宣抚使胥鼎为枢密副使，权尚书左丞，行省于平阳。鼎方抗表求退，诏勉谕就职，因有是命。行省左丞相仆散端先亦告老，遣太医往镇护视其疾。戊子，宰臣以皇太子既立，服御仪物悉与已受册同，今边事未宁，请少缓册宝之礼，从之。戊戌，免亲王、公主长春节入贺致礼。己亥，大元兵攻下霍山诸隘。甲辰，命参知政事李革为修奉太庙使，礼部尚书张行信提控修奉社稷。权祔肃宗神主于世祖室，奉始祖以下神主于随室，祭器以瓦代铜，献官以公服行事，供张等物并从简约。庚戌，诏凡死节之臣籍其数，立庙致祭。壬子，任国公玮薨，辍朝。是月，同知观州军州事张开复河间府沧、献等州并属县十有三，表请赦旁郡胁从之臣。又请以宣抚司空名宣敕二百道付之，从权署补，仍以粮继其军食。诏枢密措画。

三月乙卯，以将修太庙，遣李革奏告祖宗神主于明俊殿。丁巳，曲赦中都、河北等路。议军户给地事。乙丑，延州刺史温撒可喜上疏言：“皇太子宜选正人为师保。”丙寅，长春节，宋遣使来贺。己巳，以将修社稷，遣太子少保张行信预告。沧州经略副使张文破赵福，复恩州。丙子，曲赦辽东路。己卯，处士王浍以右谏议大夫复迁中奉大夫、翰林学士，仍赐诏褒谕。庚辰，复邢州捷至。

夏四月己丑，陕西行省来报秦州官军破妖贼赵用、刘高二之捷。遣官鞫单州防御使仆散倬之罪，罢其城单州之役。癸巳，张开奏复清州等十有一城，诏迁官两阶。赏将士有差。甲午，改赐皇太子名守绪。诏谕陕西路军民。丙申，河北行省侯挚言：“北商贩粟渡河，官遮籴其什八，商遂不行，民饥益甚，请罢其令。”从之。河南、陕西蝗。丁酉，太白昼见于奎。己亥，夏人葩俄族都管汪三郎率其蕃户来归，以千羊进，诏纳之，优给其值。辛丑，侯挚言：“红袄贼掠临沂、费县之境，官军败之。获其党讯之，知其渠贼郝定僭号署官，已陷滕、兖、单诸州，莱芜、新泰等十余县。”时道路不通，宰臣请谕挚为备。仍诏枢密院招捕。蔡、息行元帅府兵拔木陡关，斩首千级。甲辰，有司言，扶风、郿县有蟊伤麦。

五月癸丑朔，礼官言：“太庙既成，行都礼虽简约，惟以亲行祔享为敬，请权不用卤簿仪仗及宫县乐舞。”从之。山东行省上沂州之捷。甲寅，凤翔及华、汝等州蝗。辛酉，以尚书右丞侯挚行省事于东平。己巳，来远镇获夏谍者陈岂等，知夏人将图临洮、巩州，窥长安。命陕西行省严为之备。丙子，上将以七月行祫享礼，虑时雨有妨，诏改用十月。夏人修来羌城界河桥。元帅右都监完颜赛不遣兵焚之，俘馘甚多。戊寅，京兆、同、华、邓、裕、汝、亳、宿、泗等州蝗。

六月戊子，诏凡进奏帖及申尚书省、枢密院关应密大事，私发视者绞，误者减二等，制书应密者如之。壬辰，辽西伪瀛王张致遣完颜南合、张顽僧上表来归。诏授致特进，行北京路元帅府事，兼本路宣抚使，南合同知北京兵马总管府，顽僧同知广宁府。丙申，木星昼见于奎，百有一日乃伏。癸卯，诏有司祈雨。丁未，河南大蝗伤稼，遣官分道捕之。罢河北诸路宣抚司，更置经略司。壬子，以旱，诏参知政事李革审决京师冤狱。

秋七月癸丑朔，昭义军节度使必兰阿鲁带复威州及获鹿县。飞蝗过京师。甲寅，山东行省槛贼郝定等至京师，伏诛。乙卯，以旱蝗，诏中外。己未，敕减尚食数品及后宫岁给缣帛有差。辛酉，监察御史陈规上章条陈八事。

闰月壬午朔，日有食之。辛卯，复深州。癸巳，翰林学士完颜字迭进《中兴事迹》。甲午，命掌军官举奇才绝力之人，提控、都副统等官互举其属。颁举官赏罚格，许功过相除。品官及草泽人有才武者，举荐升降亦如之。庚子，诏河南、陕西镇防军应荫及纳粟补官者，当役如旧，俟事定乃听赴铨。

八月甲寅，太子少保兼礼部尚书张行信定祫享亲祀之仪以进。上嘉纳之。三原县僧广惠进僧道纳粟多寡与都副威仪及监寺等格，从其言鬻之。夏人入安塞堡，元帅左监军乌古论庆寿遣军败之。壬戌，赐张行信宝券二万贯、重币十端，旌其议礼之当。乙亥，诏谕中都民，命大名招抚使募人持诏以往。丙子，大元兵攻延安。己卯，夏人入结耶觜川，官军击走之。

九月辛巳朔，大元兵攻坊州。以签枢密院事永锡为御史大夫，领兵赴陕西，便宜从事。壬辰，大元兵攻代州。经略使奥屯丑和尚战没。以中尉卫完颜奴婢等充贺宋生日使。

　　冬十月己未,亲王、百官奉迎祖宗神主于太庙。招射生猎户练习武艺知山径者分屯陕、虢要地。命元帅左监军必兰阿鲁带守潼关,遥授知归德府事完颜仲元军卢氏。大元兵攻潼关。西安军节度使泥庞古蒲鲁虎战没。辛酉,上亲行祫享礼。甲子,祫享礼成。赦。乙丑,诏谕河南官吏军民,以赏格募立功之士。命参知政事徒单思忠提控镇抚京师,移剌周剌阿不屯关、陕。丙寅,诏京师具防城器械,多凿坎阱,筑垣墙于隙地。徙卫绍及镐厉王家属于京师。丁卯,以奉安社稷,遣官预告。戊辰,命张行信摄太尉,奉安社稷,礼乐咸絾其数。诏吏、礼、兵、工四部尚书董防城之役。大元兵徇汝州。己巳,沿河唯存通报小舟,余皆焚之。庚午,诏宿粮州县屯兵,其签民为兵者就署队长,以自防遏。河东行省胥鼎,遣潞州元帅左监军必兰阿鲁带以军一万,孟州经略使徒单百家以军五千,由便道济河趣关、陕,自将平阳精兵援京师。命枢府督军应之。辛未,置官领招贤所事。命内外官采访有才识勇略能区画防城者具以闻,得实超任,仍赏举主。内负长才不为人所知者,听赴招贤所自陈。壬申,以龙虎卫上将军裴满羊哥知归德府事,行枢密院事。癸酉,诏罢遣有司所拘民间输税车牛以运军士衣粮者。甲戌,谕附京民尽徙其刍粮入城,官储并运之。丙子,行枢密院知河南府事完颜合打以征兵失应,坐诛。户部郎中魏琦以没王事,官其子。己卯,议禁京师靡谷,近侍以宝券方行,恐滞其用,不果。吏部令史韩希祖陈言,曾以战功致身者尽拘京师备用,从之。

　　十一月庚辰朔,增定守御官及军人迁赏格。辛巳,诏止附京农民自撤其庐舍。壬午,河东行省胥鼎入援京师,用其言以知平阳府王质权元帅左监军,同知完颜僧家奴权右监军,代镇河东。拜鼎为尚书左丞兼枢密副使,知归德府完颜伯嘉签枢密院事。以完颜合打伏诛,诏中外。乙酉,元帅右都监完颜赛不来献其提控石盏合喜、杨斡烈等大败夏人于定西之捷,命行省视其功赏之。大元兵至渑池,右副元帅蒲察阿里不孙军溃而逃,失其所佩虎符。丙戌,前临潢府推官权元帅右监军完颜合达率官军老幼自北归国,升镇南军节度使,进官三阶。诏出公帑绵绢付有司偿所括民服以衣军者。是夕,月晕木星,木在奎,月在壁。己丑,定毁防城器具法。辛卯,诏立功五品以上官赐馔御前,六品以下官赐馔近侍局。癸巳,上谕皇太子:"京城提控官有以文资充者,彼岂知兵?其速易之。"甲午,放免诸职官傔从及诸司局射粮兵卒尝选充军者。戊戌,敕诸州县签籍军民,以备土寇。华州元帅府复潼关。庚子,罢在京防城民军。遣御史陈规等充河南宣差安抚捕盗官。河南路统军使纥石烈扫合以发兵后期,坐诛。甲辰,以尚书工部侍郎和尚等充贺宋正旦使。丙午,河南行枢密院从坦言,其族人道哥愿隶行伍以自效。上嘉其忠,许之。内族承立进所获马驼。上曰:"此军士所得,即以予之可也,朕安用哉。"因遍谕诸道将帅,后勿复如是。

十二月辛亥,平章政事术虎高琪加崇进、尚书右丞相。参知政事李革罢。癸亥,大元兵攻平阳。丙寅,皇太子议伐西夏。大元兵徇大名府。壬申,大元兵进自代州神仙横城及平定承天镇诸隘,攻太原府。宣抚使乌古论礼遣人间道赍矾书至京师告急。诏发潞州元帅府,平阳、河中、绛、孟宣抚司兵援之。乙亥,高琪请修南京里城。上曰:"民力已困,此役一兴,病滋甚矣。城虽完固,朕亦何能独安此乎。"

金史卷一五
本纪第一五

宣宗中

兴定元年春正月己卯朔，宋遣使来贺。癸未，宋使朝辞。上谓宰臣曰："闻息州南境有盗，此乃彼界饥民沿淮为乱耳。宋人何故攻我。"高琪请伐之，以广疆土。上曰："朕意不然，但能守祖宗所付足矣，安事外讨。"乙未，诏中都、西京、北京等路策论进士及武举人权试于南京、东平、婆速、上京等四路。丙申，东平行省言："调兵以来，吏卒因劳进爵多至五品，例获封赠，及民年七十并该覃恩。若人往自陈，公私俱费。请令本路为制诰敕，类赴朝廷，以求印署。使受命者量输诸物而给之。人力不劳，兵食少济。"从之。皇子平章政事濮王守纯授世袭东平府路三屯猛安。尚书左丞胥鼎进平章政事，封莘国公。癸卯，议减庶官冗员。乙巳，大元兵攻观州。

二月戊申朔，初用"贞祐通宝"，凡一贯当"贞祐宝券"千贯。己酉，命枢密院汰罢软军士。谕尚书省，用官马给驿传以纾民力。庚戌，皇后生辰，诏百官免贺，仍谕旨曰："时方多难，将来长春节亦免贺礼。"辛亥，以崇进、元帅右都监完颜赛不签枢密院事。癸丑，罢招贤所。乙卯，皇孙生，宣徽请称贺，诏无用乐。己未，大元兵徇忻、代。诏定州、县官虽积阶至三品，坐乏军储者，听行部决遣。壬戌，尚书省以军储不继，请罢州府学生廪给。上曰："自古文武并用，向在中都，设学养士犹未尝废，况今日乎？其令仍旧给之。"丙子，议置庄献太子庙。

三月戊寅，敕事关刑名，当面议之，勿听转奏。以绛阳军节度使李革知平阳府，兼河东南路兵马都总管，权参知政事，行尚书省。壬午，定民间收溃军亡马之法及以马送官酬直之格。乙酉，上宫中见蝗，遣官分道督捕，仍戒其勿以苛暴扰民。庚寅，长春节，宋遣使来贺。辛卯，诏罢平阳、河中元帅。乙未，先征山东兵接应苗道润共复中都，而石海据真定叛，虑为所梗，乃集粘割贞、郭文振、武仙所部精锐与东平军为掎角之势，图之。己亥，大元兵攻新城。庚子，攻霸州。甲辰，威州刺史武仙率兵斩石海及其党二百余人，降葛仲、赵林、张立等军，尽获海僭拟之物。寻进仙权知真定府事。

夏四月丁未朔，以宋岁币不至，命乌古论庆寿、完颜赛不等经略南边。戊申，孟州经略司万户宋子玉率所部叛，斩关而出，经略使从坦等追败之。庚戌，花帽军作乱于滕州，诏山东行省讨之。南阳五朵山盗发，众至千余人，节度副使移剌羊哥出讨，遇之方城，招之不从，乃进击之，杀其众殆尽。癸丑，以安化军节度使完颜寓权元帅左都监，行元帅府事，督经略使苗道润进复都城，且令和辑河间招抚使移剌铁哥等军。铁哥与道润不协，互言其有异志，故命重臣临镇之。戊午，单州雨雹伤稼，诏遣官劝谕农民改莳秋田，官给其种。平定州贼阎德用之党阎显杀德用，以其众降。

己未，以权参知政事辽东路行省完颜阿里不孙为参知政事，行尚书省、元帅府于婆速路。以权辽东路宣抚使蒲察五斤权参知政事，行尚书省、元帅府于上京。庚申，李革请罢义军总领使副，以畀州县。尚书省以秋防在迩，改法非便，姑如旧制，州县各司察之。甲子，元帅完颜赛不破宋兵于信阳，使来奏捷。乙丑，济南、泰安、滕、兖等州贼并起，侯挚遣棣州防御使完颜霆讨平之，降其壮士二万人、老幼五万人。完颜赛不复奏，败宋军于陇山等处，俘馘甚众。戊辰，太白昼见于井。辛未，权孟州经略使从坦追贼宋子玉至辉州境上，其党邢福杀子玉，以众来归。壬申，以万奴叛逆未殄，诏谕辽东诸将。完颜赛不军渡淮破光州两关，获军实分给将士。

五月戊寅，陕西行省破夏人于大北岔，是日捷至。丁亥，民苑汝济上书陈利害,上以示宰臣曰:"卑贱小人,犹能尽言如此,有可采者即行之。"己丑,贼宋子玉余党家属悉放归农。尚书右丞蒲察移剌都弃官擅赴京师,降知河南府事,行枢密院兼行六部事。壬辰,延州原武县雨雹伤稼,诏官贷民种改莳。癸巳,宋人攻颍州,焚掠而去。戊戌,行枢密院兵败宋人于泥河湾,又败之樊城县。山东行元帅府事蒙古纲擅械转运使李秉钧,法当决,秉钧返晋纲,应论赎,诏两释之。宋人取涟水县。癸卯,兰州水军千户李平等若提控蒲察燕京贪暴,杀之。构夏人以叛,胁其徒张宸俱行,宸以计尽获之。陕西行省便宜迁宸官四阶,授同知兰州事,赏士卒有差,以其事上闻。甲辰,大元兵下沔城县,军官任福死之。丙午,定河北求仕官渡河之法,曾经总兵者白枢密院,余验据听渡。行枢密院事乌古论庆寿南伐还,奏不以实,诏鞫之。

六月己酉,苗道润表归国人李琛复以众叛,琛亦表道润异谋,诏山东行省察之。修潼关,遣中使持诏及暑药劳夫匠。权参知政事张行信进参知政事。庚戌,诏捕治辽东受伪署官家属,得按察使高礼妻子,皆戮之。壬子,制郿、坊、丹州四品以下州县官视环、庆例,以二十月终更。甲寅,招抚使惟宏言彰德府守臣擅徙民山寨避兵,上曰:"难保之城,守之何益,徒伤吾民耳。勿治。"乙卯,显宗忌日,谒奠于启庆宫。丙辰,诏枢密院遣经历官分谕行院,严兵利器以守冲要,仍禁饮宴,违以军律论。宋人合土寇攻东海境。戊午,以宋遣兵数犯境,及岁币不至,诏谕沿边罪宋。己未,诏凡上书人其言已采用者,上其姓名。辛酉,以进士朱盖、草泽人李维岳论议可取,诏给八贯石俸。乙丑,设潼关使、副,及三门、集津提举官。尚书左丞相兼都元帅仆散端薨,辍朝。置南京流泉务。辽东行省遣使来上正月中败契丹之捷。

秋七月丙子朔,日有食之。辛巳,宋人围泗州。壬午,围灵璧县。癸未,奥州振威军万户马宽逐其刺史李策,据城叛。遣使招之,乃降。已而复谋变,州吏擒戮之,夷其族。甲申,诏谕辽东诸路。乙酉,宋人袭破东海县。丙申,置提举仓场使、副。癸卯,太社坛产嘉禾,

一茎十有五穗。甲辰，夏人犯黄鹤岔，官军败之。乙巳，初置集贤院
知院事、同知院事等官。宋人及土寇攻海州，经略使击破其众。夏
人围羊狼寨，帅府发诸镇兵击走之。

八月戊申，陕西行省报木波贼犯洮州败绩，遁去。木星昼见于
昴，六十有七日乃伏。己酉，海州经略司表官军与宋人战石湫南，战
涟水县，战中土桥，宋兵败绩。壬子，削御史大夫水锡官爵，有司论
失律当斩，上以近族，特贷其死。癸丑，宋人攻确山县，为官军所败，
诏谕国内军士，使知宋人渝盟之故，仍命大臣议其事。乙卯，集贤院
咨议官朱盖上书陈御敌三策。壬戌，海州经略使阿不罕奴失剌败宋
人于其境。提控李元与宋人战，屡捷，多所俘获。徙栏通渡经略司
于黄陵坬。乙丑，制增定擒捕逃军赏格及居停人罪。丙寅，左司谏
仆散毅夫乞更开封府号，赐美名，以尉氏县为刺郡，睢州为防御使，
与郑、延二州左右前后辅京师。上曰：“山陵在中都，朕岂乐久居此
乎？”遂止。癸酉，太祖忌日，谒奠于启庆宫。甲戌，元帅左都监承裔，
遣其部将纳兰记僧等，合麲俄族都管尼庞古，以兵掩袭瓜黎余族诸
蕃帐，屡破之，斩馘士卒，禽其首领，俘获人畜甚多，是日捷至。

九月丁丑，更定监察御史失察法。以元帅左监军必兰阿鲁带权
参知政事，行省于益都。戊寅，夏人犯绥德之克戎寨，都统罗世晖逆
击，却之。己卯，蔡州帅府侦宋人将窥息州，以轻兵诱其进，别以锐
师邀击之，虏其将沈俊。壬午，以改元兴定，赦国内。甲申，罢规运
所，设行六部。辛卯，大元兵徇隰州及汾西县，癸巳，攻沁州。辽东
行省完颜阿里不孙为叛人伯德胡土所杀。月犯东井西扇北第二星。
乙未，大元兵攻太原簸箕掌寨。丁酉，薄太原城，攻交城、清源、癸
卯，立沿河冰墙鹿角。

冬十月丁未，以霖雨，诏宽农民输税之限。庚戌，以将有事于
宋，诏帅臣整厉师徒。辛亥，遣官括市民马，红赏格以示劝。甲寅，
命高汝砺、张行简同修《章宗实录》。息州帅府献破宋人于中渡之
捷。乙卯，大元兵徇中山府及新乐县。丙辰，丹州进嘉禾，异亩同颖。
辛酉，制定州府司县官失觉奸细罪。壬戌，右司谏兼侍御史许古上

疏,请先遣使与宋议和。乙丑,大元兵下磁州。丙寅,定职官不求仕及规避不赴任法。高汝砺上疏言,和议先发于我,恐自示弱,非便。戊辰,上命许古草通宋议和牒,既进以示宰臣,宰臣以其言有祈哀之意,徒示微弱,无足取者,议遂寝。辛未,罢流泉务。大元兵收邹平、长山及淄州。壬申,改郓国号为管,避上嫌名。高汝砺表致仕,不允。

十一月壬午,从宜移剌买奴言:"五朵山贼鱼张二等若悉诛之,屡诏免罪,恐乖恩信。且其亲属沦落宋境,近在均州,或相构乱。乞贷其死,徙之归德、睢、陈、钧、许间为便。"诏许之。癸未,月晕木、火二星,木在胃,火在昴。丙戌,太白昼见,遣翰林侍讲学士杨云翼荣之。大元兵收山东滨、棣、博三州,己丑,下淄州。庚寅,下沂州。甲午,河西掬纳、筷纳等族千余户来归。丁酉,诏唐、邓、蔡州行元帅府举兵伐宋。戊戌,大元兵攻太原府。庚子,上谓宰臣曰:"朕闻百姓流亡,逋赋皆配见户,人何以堪?又添征军须钱太多,亡者讵肯复业。其并议除之。"宰臣请命行部官阅实蠲贷,已代纳者给以恩例,或除他役,或减本户杂征四之一。上曰:"朕于此事未尝去怀,其亟行之。"

十二月甲辰朔,大元兵攻潞州,都统马甫死之。戊申,既墨移风寨于大舶中得日本国太宰府民七十二人,因籴遇风,飘至中国。有司覆验无他,诏给以粮,俾还本国。庚戌,元帅监左军蒲察五斤进右副元帅,权参知政事,充辽东行省。是日,大元兵平益都府。辛亥,陕西行省胥鼎谏伐宋,不报。甲寅,海州经略使报提控韩璧败宋人于盐仓。己未,大元兵复攻沂州,官民弃城遁,辛酉,下密州,节度使完颜寓死之。壬戌,侯挚兼三司使。庚午,免逃户复业者差赋。

二年春正月乙亥,诏议赈恤。辛巳,敕南征将帅所至毋纵杀掠。壬午,宋人攻淮北,唐州元帅府击败之,获统领李雄韬、陈皋以归。癸未,近侍局副使讹可遣使报南师之捷。乙酉,陕西行省获归国人,言大元兵围夏王城,李遵顼命其子居守而出走西凉。诏谕诸帅府明斥候，严守备。戊子，唐、邓元帅完颜赛不报连破宋人之捷。宋人攻泗州，又战却之。

二月癸卯，宋人侵青口，行枢密院遣兵败之。甲辰，免中京、嵩、汝等州逋租。谕胥鼎，克宋散关，可保则保，不可保则焚毁而还。定奴婢救主法。丙午，诏可败宋人于防山。纥石烈桓端亦遣使来上光州、信阳之捷。庚戌，海州经略败宋兵于胊山，表请继其军储，督东平帅府发兵护送资粮以应之。许州长社县何冕等谋反，伏诛。辛亥，张行信出为彰化军节度使兼泾州管内观察使。壬子，御使以北兵退，请汰各处行枢密院、元帅府冗官。尚书以为非便，上从尚书言，仍旧制。完颜赛不报枣阳之捷，癸丑，完颜阿邻报皂郊堡之捷。丁巳，寿州行枢密院破宋人高柳桥水寨，夷其寨而还。壬戌，诏可遣兵拔宋栅棋盘岭，又破其众于裴家庄、寒山岭、龙门关等处，得粟二千余石。乙丑，谕枢密曰："中京商、虢诸州军人愿耕屯田，比括地授之。闻徐、宿军独不愿受，意谓于田必绝其廪给也。朕肯尔耶。其以朕意晓之。"丙寅，谕尚书省曰："闻中都纳粟官多为吏部缴驳，殊不思方阙乏时，利害为如何。又立功战阵人，必责保官，若辈皆义军白丁，岂识职官，苟文牒可信，既当兴之。至若在都时，规运薪炭入城者，朕尝植恩授以官。此岂容伪，而间亦为所沮格。其悉谕之。勿复若是。"纥石烈牙吾塔破宋人于盱眙军，上俘获之数。己巳，以侯挚行省河北，兼行三司安抚司事。

三月庚辰，尚书集文资官杂议进士之选，诏依泰和例行之。癸未，诏可败宋人于光化军。甲申，长春节。戊子，谕宰臣曰："旧制，廷试进士日晡后出宫。近欲复旧，恐能文而思迟者，不得尽其才，其令日没乃出。"以御史中丞把胡鲁为参知政事。陕西行六部尚书杨贞削五官，累杖一百七十，解职。诏可表言，官军自桐柏入宋境。所向多克捷。癸巳，宋人争皂郊堡，击官军，军溃，主将完颜阿邻战没。丙申，更定京城捕告强盗官赏制。辛丑，上京行省蒲察五斤表，左监军哥不霭诬坊州宣抚副使纥石烈按敦将叛而杀之。事下尚书省，宰臣以为按敦之死徐议恤典，哥不霭亦姑牢笼使之，上勉从其言。

夏四月壬寅朔，蒲察五斤表，辽东便宜阿里不孙贷粮高丽不应，辄以兵掠其境。上命五斤遣人以诏往谕高丽，使知兴兵非上国意。乙巳，诏河南路行总管府节镇以上官，充宣差捕盗使，以防御刺史以上长贰官，及世袭猛安之才武者为之副，又命濮王府尉完颜毛良虎为宣差提控，以巡督之。是日，曲赦辽东等路。以户部尚书夹谷必兰为翰林学士承旨，权参知政事，行省于辽东。丁未，承裔败宋人于皂郊堡。庚戌，御史劾集贤院咨议官李维岳本中山府无极县进士赵孝选家奴，乞正其事。上曰："国家用人，奚择贵贱。"命以官银五十两赎放为良，任使仍旧。壬子，遣侍御史完颜素兰、近侍局副使讹可同赴辽东，察访叛贼万奴事体。行省侯挚督兵复密州。提控朱琰复高密县。癸丑，完颜素兰请宣谕高丽复开互市，从之。乙卯，特赐武举温迪罕缴住以下一百四十人及第。丁巳，陕西行省兵破宋鸡公山，取和州、成州，至河池县黑谷关，守者皆遁，前后获粮九万斛，钱数千万，军实不可胜计。戊午，红袄贼犯徐、邳，行枢密院兵大破之。己未，阿里不孙自潼关之败，失其所在，变姓名匿居柘城，为御使觉察，系其家属，将穷治之，乃遣子上书诣吏待罪。台臣力请诛之，以惩不忠。上卒赦其罪，谕以自效。癸亥，遣重臣审理京师冤狱。丁卯，河南诸郡蝗。临洮路报败宋人之捷。东平行省败黑旗贼，拔胶西县，渠贼李全来援，并破之。戊辰，河北行省败红袄贼，进至密州，降伪将校数十人，士卒七百人，悉复其业。

五月辛未朔，凤翔元帅完颜闾山破宋人步落坞、香炉堡诸屯。甲戌，招抚副使黄掴阿鲁答袭破李全于莒州及日照县之南，三道击之，追奔四十里。丙子，夏人自葭州入鄜延，元帅承立遣兵败之马吉峰，是日捷至。诏遣词官督捕河南诸路蝗。辛巳，策论词赋经义进士及武举人入见，赐告命章服。莱州民曲贵杀节度经略使内族转奴，自称元帅，构宋人据城叛。山东招抚司遣提控王庭玉、招抚副使黄掴阿鲁答等讨平之，斩伪统制白珍及牙校数十人，生擒贵及伪节度使吕忠等十余人，诛之。乃命庭玉保莱，朱琰保密，阿鲁答保宁海，以安辑其民。丙戌，陕西行省言："四月中，巩州行元帅承裔遣提控乌古论长寿、纳兰记僧分道伐宋。长寿山盐川镇，记僧出铁城堡，皆克捷而还。"辛卯，寿州行枢密院南城军攻辛城镇，一军趣史河，与宋人战，胜之。壬辰，河北行省复黄县。乙未，第凤翔、秦、巩三道南征将士功，各迁其官。丙申，增随朝官及诸承应人俸。戊戌，陕西行省连报承裔等人宋境之捷。己亥，大元兵徇锦州，元帅刘仲亨死之。庚子，陕西群狼伤百余人，立赏募人捕杀。

六月甲辰，枢密院言："诸道表称大元集兵应州、飞狐，将分道南下，观其意不在河北，而在陕西。河东各路义士、土兵、蕃汉弓箭手，宜于农隙教阅，以备缓急。东平、单州冲要，豫徙其农民粮畜，置可守之城，修近城水寨，因以为固。潼谷远连商、虢，宜令两帅府选官按视厄塞。"又言"贾瑀等刺杀苗道润，乞治瑀等专杀之罪。余州郡各以正职授头目，使分治一方。"上谕之曰："道润之众亟收集之，瑶等是非未明，姑置勿问。诸头目各制一方，利害至重，更审处之。"石州贼冯天羽众数千，据临泉县为乱。帅府命将讨捕之，为贼所败，旁郡县将谋应之。州刺史纥石烈公顺赴以兵，天羽等数十人迎降，公顺杀之。余贼走保积翠山，遣将王九思攻之，不下。诏国史院编修官马季良持告敕金币往招之。比至，九思先破栅，杀贼二千人，余复走险。已而，其党安国用等诣季良降者五千余人，就署国用同知孟州防御使事，以次迁擢有差。分其众于绛、霍间。

丁未，以参知政事把胡鲁权左副元帅，与平章政事胥鼎协力防秋。己酉，苗道润所部军请隶潞州元帅府，诏河北行省审处之。壬子，红袄贼犯沂州，官军败之，追至白里港，都提控齐信没于阵，诏有司议赠恤。丙辰，遣监察御使粘割梭失往河中、绛、解等郡，同守土官商度可保城池。丁巳，上以久旱，谕宰臣治京狱冤。因及京城小民，中纳石炭，既给其价，御史劾以过请官钱，并系之狱。有论至极刑者，欲悉从宽宥，何如？高琪对不然，遂止。壬戌，御史言户部员外郎臧伯升供亿息州，偶遇官军战胜，亦冒迁一官，乞论其罪。上曰："军前如此者，何止伯升，今遽见罪，余皆不安。且诘所从来，势连及帅府。多故之秋，岂为一官，遂忘大计，但令厘正之。"癸亥，遣高汝砺、徒单思忠祷雨。

秋七月庚午朔，日有食之。辛未，诏赏南伐将士有差。夏人犯龛谷，提控夹谷瑞及其副赵防击走之。甲戌，以旱灾，诏中外。己卯，遣官望祀岳镇海渎于北郊，享太庙，祭太社、太稷，祭九宫贵神于东郊，以祷雨。遣太子太保阿不罕德刚、礼部尚书杨云翼分道审理冤狱。癸未，大雨。太子、亲王、百官表请御正殿，复常膳。庚寅，择明干官提控铨选无违失者兴升擢，令译史不任事者，验已历俸月放满，别选能者。甲午，夏人复犯龛谷，夹谷瑞大破之。用点检承玄言，遣官诣诸道选寄居守阙丁忧官及亲军入仕才堪总兵者，得一百六人，付枢密任使。

八月庚子朔，江北行省以苗道润军隶涿州刺史李瘸驴，副以张甫、张柔。戊申，敕亲军百户以下授职待阙者给本俸，仍充役，俟当赴任遣之。己酉，诏河北行省完颜霆进军援山东招抚使田琢，自今将士立功听琢先赏以闻。大元遣木华里等帅步骑数万自太和岭徇河东。乙卯，大元兵收代州。辛酉，棣州提控纥石烈丑汉讨贼张聚，大破其众，复滨、棣二州。奸人李宜伏诛。复禁北归民渡河。戊辰，大元兵收隰州。

九月乙亥，下太原府，元帅左监军兼知枢府事乌古论德升死之。丙戌，谕皇太子曰："军务之速，动关机会，悉从中覆，则或稽缓。自今有当亟行者，先行后闻。"以户部尚书纳合蒲剌都为元帅右监军，行元帅府事于潞州。戊子，置秦关等处九守御使，命完颜蒲察等分戍诸厄。议迁海州，侯挚言不便，止。大元兵徇汾州，节度使兀颜讹出虎死之。庚寅李全破密州，执招抚副使黄掴阿鲁答、同知节度使夹谷寺家奴。辛卯，大元兵下孝义县。乙未，设随处行六部官，以京府节镇长官充尚书，次侍郎、郎中、员外郎；防刺长官侍郎，次郎中、员外郎、主事；勾当官听所属任使。州府官并充劝农事，防刺长官及京府节镇同知以下充副使。丙申，李全破寿光县。

冬十月甲辰，李全破邹平县，戊申，破临朐县。己酉，大元兵徇绛、路。壬子，攻平阳，提控郭用死之。癸丑，下平阳，知府事、权参知政事、行尚书省李革及从坦死之。甲寅，权平定州刺史范铎以弃城，伏诛。诏诸郡录囚官，凡坐军期者皆奏谳。山东路转运副使兼同知沂州防御使程戬及邳州副提控王汝霖等通宋人为变，伏诛。宋人攻涟水县，提控刘瑛败之。丁巳，大元兵攻泽州。戊午，尚书省言获奸细叛亡，率多僧道。诏沿边诸州，惟本处受度听依旧居止，来自河北、山东遣入内郡，讥其出入。己未，李全据安丘，提控王政屯昌乐俟王庭玉兵同进讨。宣差太府少临伯德玩擅率政兵攻全，为全所败，提控王显死焉。田琢上言乞正玩罪。癸亥，月犯轩辕左角之少民星。甲子，诏河东北路忻、代、宁化、东胜诸州并受岚州帅府节制。

十一月庚午，大赦。庚辰，御登贤门召致政旧臣赐食，访以时政得失。辛巳，以行元帅府纥石烈桓端权签枢密院事，行院于徐州，权右都监讹可行元帅府事于息州。甲申，河东南路隰、吉等州听绛州元帅府节制。大元兵收潞州，元帅右监军纳合蒲剌都、参议官修起居注王良臣死之。戊子，兖谷提控夹谷瑞败夏人于质孤堡。河北行省报海州之捷。壬辰，定经兵州县职官子孙非本贯理荫及过期不荫等格。丙申，大元兵下太原之韩村寨。定京师失火法。

十二月己亥朔，以御史中丞完颜伯嘉权参知政事、元帅左监军，行河中府尚书省元帅府，控制河东南、北路便宜从事。升绛州为晋安府，总管河东南路兵，降平阳为散府。辛丑，签枢密院事蒲察移剌都伏诛。壬寅，前山东西路转运使致仕移剌福僧上章言时事。癸卯，诏大理卿温迪罕达权同签枢密院事，行院于许州。甲辰，以诛移剌都。诏中外。乙巳，命徒单思忠祈雪，已而，大雪。甲寅，以开封府治中吕子羽等使宋讲和。红袄贼攻彭城之胡材寨，徐州兵讨败之。乙卯，以礼部侍郎抹捻胡鲁剌为汾阳军节度使，权元帅右监军，与岚州元帅古里甲石伦完复河东。丁巳，籍濒河埚兵。癸亥，尚书省言：“枢密掌天下兵，皇太子抚军，而诸道又设行院。其有功及失律者，须白院，启东宫，至于奏可，然后诛赏，有司但奉行而已。自今军中号令关赏罚者，皆明注诏旨、教令，毋容军司售其奸欺。”上从之。以枢密副使驸马都尉仆散安贞为左副元帅，权参知政事，行尚书省元帅府事，伐宋。甲子，上谕旨有司：“京师丐食死于祁寒，朕甚悯之。给以后苑竹木，令居获燠所。”

三年春正月庚午，吕子羽至淮，宋人不纳而还。诏伐宋。丙子，税民种地亩，议行均输。戊寅，敕和市边城军需，无至配民。定镇戍征行军官减资历月日格。壬午，大雪。上闻东掖有撤瓦声，问左右，知为丁夫茸器库庑舍，上恻然，谕主者曰：“雪寒役人不休，可乎？姑止。”丙戌，绗石烈牙吾塔上濠州香山村之捷。丁亥，谕宣徽，皇后生日免百官贺。壬辰，以大元兵已定太原，河北事势非复向日，集百官议备御长久之计。伐宋捷至，上谓侍臣曰：“此事岂得已哉。近日遣使实欲讲和，彼既不从，安得不用兵也？免单丁民户月输军需钱。甲午，有司请立价以买南征军士所获马，上恐失众心，因至败事，不听。乙未，敕尚书省，自今六部禀议常事，但可再送，不得趣召辨正。余应入法寺定断而再送，犹未当者具以闻，下吏治之。宰相执政以下皆不得召部寺官，部寺官亦不得诣省，犯者论违制。丁酉，邓州元帅府提控娄室有罪，减死削爵。

二月庚子，上与太子谋南征帅，不得其人，叹曰：“天下之广，缓急无可使者，朕安得不忧？绗石烈牙吾塔败宋人于滁。甲辰，胥鼎言：“军中诛赏，近制须闻朝廷。赏由中出，示恩有归，可。部分失律，主将不得即治其罪，不可。”诏尚书枢密杂议。宰臣请城守野战将校有罪，从七品以下许便宜决罚，余悉奏裁。上曰：“七品以下财令治之，将权太轻，或至误事。自今四品以下听决。”乙巳，攻宋光山县，俘其统制蔡从定等，光州以兵来援，复败之。丙午，上谓宰臣：“江淮之人，号称选懦，然官军攻蔓菁峄，其众困甚，胁之使降，无一肯从者。我家河朔州郡，一遇北警，往往出降，此何理也？”丁未，敕凡立功将士有居丧者特起复迁授。

戊申，拔宋小江寨，杀其统制王大蓬。己酉，取宋武休关。庚戌，元帅左都监承立，以绥德、保安之境，各获夏人统军司文移来上，其辞虽涉不逊，而皆有保境息民之言，诏尚书省议之。宰臣言：“镇戎、灵平等镇近耗，夏人数犯疆场，此文正缓我耳，宜严备御，以破奸计。"上然其言。又曰："顷近侍还自陕西，谓白撒已得凤州，如得武休关，将遂取蜀。朕意殊不然，假令得之，亦何可守？此举盖为宋人渝盟，初岂贪其土地耶？朕重惜生灵，惟和议早成为佳耳。"高汝砺乞致事，优诏不允。甲寅，诏陕西行省，从七品以下官许注拟，有罪许决罚，丁忧待阙随宜任使。军官徒以上罪及军事怠慢者，巡按御史治之。己未，行省安贞入宋境，破梁县等军，擒统制李申之。右副元帅完颜赛不、左都监牙吾塔，白石关、平山寨之捷俱至。

三月丁卯朔，陕西兵破宋虎头关，取兴元、洋州。捷至，上大悦。庚午，破宋人于七口仓。甲戌，高丽先请朝贡，因遗使抚谕之，使还，表言道路不通，俟平定后议通款。命行省姑示羁縻，勿绝其好。戊寅，蔡州行元帅府右都监完颜合达破宋人于海林关，擒统制张时。己卯，长春节，免朝贺。提控奥屯吾里不败宋人于上津县，军还至濠州，宋人来拒，牙吾塔击走之。乙酉，河南路节镇以上立军器库，设使、副各一员，防刺郡设都监、同监各一员。完颜合达败宋人于马岭堡。丙戌，行省安贞破宋人于石埚山。己丑，追赐皇后父太尉汴国公彦昌姓温敦。庚寅，攻宋麻城县，拔之，获其令张倜等。辛卯，行省安贞破宋兵于涂山。壬辰，赛不败宋兵于老口镇，又败宋人于石鹘崖。甲午，录用罪废官副元帅蒲察阿里不孙、御史大夫永锡等七十人。诏大原等路，州县阙正授官，令民推其所爱为长，从行省量与职任。及运解盐入陕西，以济调度，命胥鼎兼领其事。

闰三月丙申朔。申明屠宰牛罪律。以雄、霸以东付权中都经略李瘸驴，易州以西付权中都西路经略靖安民治之。遥授金安军节度使完颜和尚、故行军副提控夹古吾典皆除名。庚子，皇子平章政事濮王守纯进封英王。壬寅，叛贼王公喜构宋人取沂州。甲辰，以沂国公主薨，辍朝。丙午，给空名宣敕及金银符，付岚州帅古里甲石伦，许便宜迁注，以招胁从。丁未，谕枢密院议晋安、东平、河中诸郡备兵之策。庚戌，行省左副元帅仆散安贞至自军前，入见于仁安殿。辛亥，少府少监粘割梭失言利害七事。甲寅，以南伐师还，罢南边州郡籍民为兵者。戊午,夏人破葭州之通泰寨,刺史纥石烈王家奴战没。壬戌,治书侍御史蒲鲁虎上书,请选太子师傅。甲子,胥鼎等各迁官,赏南伐之功。

夏四月丙寅朔,裕、宿等州置元帅府,选陕西步骑精锐六千人实京兆。戊辰,选精锐六万分屯平凉、泾、邠、乾、耀等州。庚午,以秦州防御使女奚烈古里间行元帅府于平凉。罢募民运解盐。筑京师里城,命侯挚董役,高琪总监之。甲戌,以知临洮府事石盏合喜为元帅左都监,行元帅府事于巩州。壬午,遣近侍四人巡视筑城丁夫,时其饮食,听其更休,督吏惨酷悉禁止之。癸未,陕西黑风昼起,有声如雷,地大震。甲申,诏河北州县官止令土著推其所爱者充,朝廷已授者别议任使。乙酉,夏人据通秦寨,提控纳合买住击败之。

己丑,林州都统霍成以疑贰诬杀降人,论罪当死,元帅惟良不欲以杀敌人诛边将,请宽其罚,仍请立护送降民赏格,以杜后患。上为之赦成,而命有司班赏格焉:护送十人以上至者迁一官,不及者名赏钱二百缗,五十人以上两官,百人以上两官杂班任使。庚寅,以时暑,诏朝臣四日一奏事。高汝砺请备防秋之粮,宜及年丰于河南州郡验直立式,募民入粟。上与议定其法而行之。同提举榷货司王三锡请榷油,岁可入银数万两,高琪主之,众以为不便,遂止。辛卯,夏人犯通秦寨,元帅完颜合达出兵安塞堡以捣其巢。至隆州,夏人逆战,官军击之,众溃,进薄城,俄陷其西南隅,会日暮,还。壬辰,以同知平阳府事胡天作充便宜招抚使。

五月乙未朔,凤翔元帅府遣兵败宋人于黄牛等堡。壬子,太白昼见于参。

六月甲子朔,时暑,给修城夫病者药饵。遣谕元帅合达曰:“以卿干局,故有唐、邓之委。或有侵轶,战退不宜远追,第固吾圉。”以骠骑上将军河南路统军使石盏女鲁欢为元帅右都督监,行平凉元帅府事。诏付辽东等处行省金银符及空名宣敕,听便宜处置。壬申,制沿河戍兵逃亡罪并同征行军人例。诏御史中丞完颜伯嘉行枢密院于许州。甲戌,定防秋将校击球饮燕之罚。李全寇日照、博兴、纥

石烈万奴败之；寇即墨，完颜僧寿又败之，复莱州。戊寅，诏陕西签
军如河南例，曲赦河东南、北路。丁亥，命防御使徒单福定等帅所部
义军，兴沂州民老幼尽徙于邳。戊子，辽州总领提控唐括狗儿帅师
复太原府。平凉等处地震，诏右司谏郭著抚谕其军民。

秋七月丁酉，籍邳、海等州义军及胁从归国充军者，人给地三
十亩，有力者五十亩，仍蠲差税，日支粮二升，号"决胜军"。戊戌，上
进枢密臣僚谕之曰："里城久未毕功，尚书欲增调民，朕虑妨农。况
粮储不继，将若之何，盖改图之。"枢臣言："是役之兴，实为大计，今
功已过半，偶值霖潦，成功差迟。尚书议增丁夫，势必验口，不令妨
业。比及防秋，当告成矣。"上曰："卿等善为计画，无贻朕忧。"庚子，
以地震，曲赦陕西路。甲辰，置京东、西、南三路行三司。乙卯，曲赦
山东西路。丁巳，遣徒单思忠以地震祭地祇于上清宫。

八月丙寅，补阙许古等削官解职。丁卯，木星犯舆鬼东南星。戊
辰，遣礼部尚书杨云翼祭社稷，翰林侍读学士赵秉文祭后土于河中
府。西京行三司李复亨言汝、邓冶铁，河南、北食盐之利。木星昼见
于柳，百有九日乃灭。壬申，上敕台臣："朕处分尚书事，或至数日不
奉行，及再问则巧饰次第以对。大臣容有遗忘，左右司玩弛，台臣当
纠。今后复尔，并罪卿等。"乃定御史上下半月勾检省中制敕文字。
大元兵下武州，军事判官郭秀死之。丁丑，缓在京差徭。中山治中
王善杀权知府事李仲等以叛。大元兵下合河县，县令乔天翼等死
之。乙酉，命枢密遣官简岭外诸军之武健者，养之彰德、邢、洺、卫、
浚、怀、孟等城，弱者罢遣。戊子，敕侯挚谕三司行部官劝民种麦，无
种粒者贷之。

九月甲午，诏单州经略使完颜仲元屯宿州，与右都监纥石烈德
同行帅府事。丙申，唐州从宜夹谷天成败宋人于桐柏。丁酉，尚书
省请申命侯挚广营积贮，上不许，曰："征敛已多。今更规画，不过复
取于民耳。防秋稍缓，当量减戍兵，用度幸足。何至是耶。"甲辰，大
元兵徇东胜州，节度使伯德洼哥死之。庚戌，命行省胥鼎领兵赴河
中。壬子，真定招抚使武仙请给金银符赏有功，从之。沿河造战舰，

付行院帅府。

冬十月癸亥朔,定保举县令能否升黜举主制。乙丑,用蒙古纲言,招集义军各置都统、副统等官,如贞祐三年制。平凉府以先地震被命醮祭,方行事,庆云见,以图来上。遣官核验得实,是日,百官奉表称贺。丁卯,以完颜开权元帅左都监,郭文振权右都监,并行元帅府事,谋复太原。壬申,定赃吏计罪以银为则。癸酉,以庆云遣官告太庙。甲戌,以庆云诏国内。己卯,大元兵次单州境,诏诸路民应迁避兵而不欲者,及遣人以利害晓之,癸未,里城毕工,百官称贺。宴宰臣便殿。迁右挚官一阶,赐右丞相琪、左丞汝砺、参知政事思忠金鼎各一,重币三。是役,上虑扰民,募人能致氅五十万者迁一官,百万仍升一等。平阳判官完颜阿剌、左厢讥察霍定和发宋蔡京故居,得二百万有奇,准格迁赏。甲申,宰臣请以里城之功建碑会朝门,从之。丁亥,大元兵屯绵上。壬辰,命有司葺间舍。给薪米,以济贫民,期明年二月罢,俟时平则赡之以为常。

十一月癸巳朔,前岚州仓使张祐自夏国来归。以枢密副使仆散安贞、同签院事讹可行院事于河北。乙未,以官驴借朝士之无马者乘之,仍给刍豆。己亥,大元兵徇彰德府。辛丑,诏朝官七品、外路六品以上官,二岁举县令一人。户部令史苏唐催租封丘,期限迫促,民有生刈禾输租者。上闻之,遣吏按问,杖唐五十,县令高希隆减二等。尚书以希隆罚轻,上曰:"使臣至外路,自非刚者孰能不从。其依前诏。甲寅,徐州总领纳合六哥大破红袄至贼于狄山。礼部郎中抹捻胡鲁剌上疏言时事。丁巳,右丞相高琪下狱。泰安军副使张天翼为贼张林所执以归宋,縶之楚州。至是逃归,授睢州刺史,超两官。进职一等。戊午,大元兵平晋安府,行元帅府事、工部尚书粘割贞死之。

十二月,诛高琪。

金史卷一六
本纪第一六

宣宗下

　　四年春正月壬辰朔，诏免朝。丙申，金安军节度使行元帅府事古里甲石伦除名。丁酉，大元兵下好义堡，霍州刺史移阿里合等死之。诏赠官有差。庚戌，宋步骑十余万围邓州，闻援军至，夜焚营去，招抚副使术虎移剌答追及之，夺其俘还。壬子，昼晦，有顷大雷电，雨以风。癸丑，户部侍郎张师鲁上书，请遣骑兵数千，及春，淮、蜀并进，以挠宋。丙辰，以武仙遥领中京留守，进官一阶。

　　三月辛丑，议迁睢州，治书侍御史蒲鲁虎奉诏相视京东城池，还言勿迁便，乃止。癸卯，长春节，诏免朝。乙巳，林州元帅惟良擒叛人单仲、李俊，诛之，降其党庐广。己酉，以吏部尚书李复亨参知政事，南京兵马使术甲赛也行怀、孟帅府事。辛亥，进平章政事高汝砺为尚书右丞相，监修国史，封寿国公。参知政事李复亨兼修国史。平章政事、陕西行尚书省胥鼎进封温国公，致仕。壬子，红袄贼于忙儿袭据海州，经略使完颜陈儿以兵击败忙儿，复取之。甲寅，木星犯鬼宿积尸气。

　　夏四月庚申朔，诏御史中丞完颜伯嘉提防城事。癸亥，安武军节度使柴茂破红袄贼于枣强、祁州。经略使段增顺破叛贼甄全于唐县。夏人犯边，元帅石盏合喜破之。乙丑，以彰德、卫、辉、滑、浚、诸州隶河南路转运司。以河南路转运司为都转运，视中都，增置官吏。戊辰，禘于太庙。大元遣赵瑞以兵攻孟州。提控鲁德、王安复大名府。以参知政事把胡鲁权尚书右丞、左副元帅,元帅左都监承立为右监军权参知政事,同行尚书省元帅府于京兆。庚辰,东平元帅府总领提控蒲察山儿破红袄贼于聊城。壬午,命六部检法以法状亲白部官,听其面议,大理寺如之。

五月壬辰,定二品至三品立功迁官格。癸巳,红袄贼寇乐陵、盐山,横海军节度使王福连击败之,张聚来寇,又败之。甲午,上击鞠于临武殿。丙申,以时暑,免常朝,四日一奏事。丁酉,谕工部署月停工役。癸卯,大元兵徇陕州。丙辰,大元兵徇兖州,泰定军节度使兀颜畏可死之。

六月丙寅,遣人招张柔。丁卯,诏减监察御史四员。戊辰,山东民侨居者募壮士五百人,益东莒公燕宁军。月犯土星。己巳,太白昼见于张,百八十有四日乃伏。甲戌,制诸仓场库院巡护军,受提举仓场司及监支纳官弹压。京畿不雨,敕有司阅狱,杂犯死罪以下皆释之。丁丑,大元遣杨在攻下大名,又攻开州及东明、长垣等县。己卯,祈雨。庚辰,宋人方子忻来归,有司处之郑州。上曰:"吾民奔宋者,彼例衣食之。彼来归者,不善视之,或复逃归,漏泄机事。"命增子忻廪给,有司优遇之。元帅右监军、权参知政事承立上封事。

秋七月辛卯,宋人及红袄贼犯河朔,诸郡皆降,独沧州经略使王福固守。会益都贼张林来攻,福乃叛降林,帅府请讨之。是日,雨。癸丑,林州行元帅府遣总领严禄等讨红袄贼于彰德府,生擒伪安抚使王九。诏参知政事李复亨为宣慰使,御史中丞完颜伯嘉副之,循行郡县劝农。以乌古论仲端等使大元。

八月戊午朔,严实、成江、王赟据济南,山东招抚高居实遣人招严实于青崖寨,获其款以闻。李全犯东平府,监军王庭玉败之,擒其伪安化军节度使张林。庚申,高阳公张甫请增兵守冀州。上谕枢密,颍州民渡淮为宋军者凡十村,可追索主者,惩一二以诫其余。庚午,敕掌兵官不听举县令。夏人陷会州,刺史乌古论世显降。甲戌,陕西行省报㑩谷败夏人之捷。乙亥,上谕宰臣,河南水灾,唐、邓尤甚。其被灾州县,已除其租。余顺成之方,止责正供,和籴、杂征并免。仍自今岁九月始,停周岁桑皮故纸折输。流民佃荒田者如上优免。丙子,陕西行省与夏人议和。戊寅,定选补亲军法。己卯,罢葭州招抚司。壬午,陕西路行省承裔报定西州之捷。丙戌,以随路诸军户徙河南、京东、西、南路,各设检察使、副。恒山公武仙降大元。

九月戊子,诏遣官于河南、陕西选亲军。辛卯,进《章宗实录》。戊戌,大元木华里屯军真定。置总领元帅府于归德,以寿州、陈留两镇兵属之。庚子,夏人入定西州。壬寅,宋人屯皂郊堡,行军提控完颜益都击败之。大元遣塔忽等来。癸卯,夏人来侵。甲辰,滕州招捕提控夏义勇讨红袄贼,败之。乙巳,诏参知政事李复亨提控刍粮事。己酉,夏人陷西宁州,尚书省都事仆散奴失不坐诛,驸马都尉徒单寿春夺官一阶,杖六十。癸丑,更定安泊逃亡出征军人罪及捕获赏格。甲寅,宋人出秦州,及夏人来侵。丙辰,巩州行元帅府事石盏合喜报定西州之捷。

冬十月壬戌,大元遣蒙古塔忽、讹里剌等来。己卯,陕西东路行省报绥德州之捷。泗州元帅府言:红袄贼一月四入寇,掠人畜而去。庚辰,上击鞠于临武殿。辛巳,授红袄贼时青滕阳公、本处兵马总领、元帅兼宣抚。癸未,京西山寨各设守御使、副,令本路帅府总之。谕陕西行省图复会州。上击鞠于临武殿。

十一月丁亥朔,免越王永功朔望朝参。易水公靖安民为其下所杀。戊子,黄陵岗经略使乌古论石虎等以战阵失律,伏诛。壬辰,木星昼见于翼,积六十有七日伏,夜又犯灵台北第一星。甲午,河南水,遣官劝课,更浮山县名忠孝。戊戌,诏复卫绍王王爵,仍加开府仪同三司。壬寅,山东东路军户徙许州,命行东平总管府治之,判官一人分司临颍。乙巳,诏柴茂权元帅左都监,盖仁贵摄右都监,同行元帅府于真定。是月,大元木华里国王以兵围东平。

十二月甲戌,祈雪。礼部郎中权左司谏抹捻胡鲁剌上封事。戊寅,诏军官许月击声鞠者三次,以习武事。庚辰,腊,享于太庙。乙酉,镇南军节度使温迪罕思敬上书言钱币、税赋二事。

五年春正月丙戌朔,免朝。丁亥,世宗忌日,谒奠于启庆宫。戊子,括南京诸州逋户旧耕官田,给军户。壬辰,议御西夏及征南事。谕皇太子以东平御敌方略。甲午,谕枢密院,南伐事重,当详议其便。撰故卫王事迹,如海陵庶人例。丁酉,大元兵攻天井关。戊戌,宋人袭泗州西城,提控王禄死之。辛丑,太白昼见于牛,二百三十有二日伏。乙巳,诏诸道兵集蔡州。己酉,伐宋。庚戌,山东行省报东平之捷。

二月丙辰朔,置招抚司于单州。曲赦东平府。庚申,下诏伐宋。以内族惟弼权同签枢密院事,行院于中京;斡勒合打权元帅府右都监,行元帅府于蔡、息;纳合降福权签枢密院事,行院于宿州;孛术鲁达阿权元帅右都监,完颜讹论副右都监,行元帅府于唐、邓。戊辰,罢怀州行元帅府,复置招抚司,与孟州经略司并受中京行枢密院节制。辛未,仆散安贞以兵出息州,破宋人于净居山寺,拔黄土关。癸酉,以旱灾,曲赦河南路。丙子,禁京城兵器。元帅纥石烈牙吾塔破宋兵,复泗州。进逼濠州,至涡口,乏粮而还西城。癸未,以旱灾,诏中外。

三月丙戌朔,上御仁安殿,祈雨,仍望祭于北郊。庚寅,宋人围唐、邓,行元帅府事完颜讹论力战却之。前邓州千户孛术鲁毛良虎自拔归国,讹论便宜迁其官三阶,授同知唐州事,乞正授以示信,从之。乙未,罢河南路行三司。丙申,参知政事徒单思忠进尚书右丞、兼修国史,以太子詹事仆散毅夫为参知政事。谕宰曰:"今奉御、奉职多不留心采访外事。闻章宗时近侍人秩满,以所采事定升降。今亦宜预为考核之法,以激劝之。"戊戌,长春节,免朝。己亥,夏因叛人窦赵儿之招,入据来羌城,孛术鲁合住以重赏诱胁从人为内应,督兵急攻城,拔之。省试经义进士,考官于常额外多放乔松等十余人。有司奏请驳放,上已允,寻复遣谕松等曰:"汝等中选而复黜,不能无动于心。方今久旱,恐伤和气,今特恩放汝矣。"庚子,赐林州行元帅府经历官康琚进士及第。琚以武阶乞赴廷试,故有是命。丙午,以旱筑坛祀雷雨师。壬子,雨。

四月己未,山东行省蒙古纲言:"东莒公燕宁战败而死。宁所居天胜寨据险,宁亡,众无所归,变在朝夕。权署其提控孙邦佐为招抚使,黄掴兀也为总领,以抚其众。"遣使请命,敕有司议之。辛酉,祷雨于太庙。丙寅,仆散安贞破宋黄、蕲等州。壬申,俘宋宗室男女七十余口献于京师。癸酉,诏亲军中武举第而授职需次者,仍执旧役,廪给循常,阙至发遣,辛巳,监察御史刘从益以弹劾失当。夺官一阶,罢之。诏定进士中下甲及监官散阶至明威者举充县令法。

五月甲申朔,日有食之。戊戌,宋人据楚丘,官军复之。庚子,纳兰记僧伏诛,告人赵锐升职四等。壬寅,陕西元帅完颜赛不遣使来献晋安、平阳之捷,方议其实,御史乌古论胡鲁劾其纵将士卤掠,不副主上除乱拯民之意,乞正其罪。上以赛不有功,诏勿问,赏议亦寝。癸卯,唐州守将讹论为元帅赛不犹子,与宋人战唐州境上,为宋人所败,死者七百余人,匿之而以捷闻。御史纳兰发其事。上以赛不故,亦不之罪,而以是意谕之。乃称纳兰敢言,录其功付有司,秩满考最。癸丑,东平内徙,命蒙古纲行省于邳州,王庭玉行帅府于黄陵岗。

六月甲寅朔,尚书省奏驸马都尉安贞反状,上阅奏虑其不实,谓平章政事英王守纯曰:"国家诛一大臣,必合天下后世公议。其令复按之。"乙丑,遣使谕晋阳公郭文振、上党公完颜开各守疆土,同心济难,毋以细故启衅端,误国事。戊寅,仆散安贞坐谋反,并其三子,皆伏诛。己卯,越王永功薨。庚辰,辍朝。壬午,上亲奠于殡所。

秋七月己亥,义勇军叛,据砀山县。庚子,诏增给徐州、清口等处戍兵衣粮。己酉,砀山贼夜袭永城县,行军副总领高琬败之,命蒙古纲并力讨捕。辛亥,单州招抚刘琼乞移河南粮济其军,诏给之。

八月壬子朔,罢黄陵岗招抚司。上谕尚书省,砀山叛军家属因归德,旬余不给粮,恐伤其生。宰臣奏,已给之矣。又谕枢密,河北艰食,民欲南来者日益多,速令渡之,毋致殍死。癸亥,林、怀帅府邀击红袄贼于伏恩村,败之,甲子,诏南征溃军复归而能力战者,依出界立功格赏之。乙丑,宋人掠沈丘,杀县令。甲戌,命有司除遍户负租,毋征见户。

九月甲申,以京东岁饥多盗,遣御史大夫纥石烈胡失门为宣慰使,往抚安之。更定监察御史违犯的决法。丁亥,诏州府及军官捕盗慢职,四品以下宣慰使决之,三品以上奏裁。戊子,增授隰州招抚使轩成官,改受陕西省节制。乙巳,崇进、驸马都尉定国公徒单公弼薨。庚戌,岁星犯左执法。右丞相高汝砺表乞致仕,诏温留之。

冬十月癸丑,进汝砺官荣禄大夫。命仆散毅夫行尚书省于京东,督诸军刍粮。乙卯,太医侯济、张子英治皇孙疾,用药瞑眩,皇孙不能任,遂不疗。罪当死。上曰:“济等所犯诚宜死,然在诸叔及弟兄之子,便应准法行之,以朕孙故杀人,所不忍也。”命杖七十,除名。尚书省言:“司、县官贪暴不法,部民逃亡,既有决罚,他县停匿亦宜定罪。随处土民久困徭役,客户贩鬻坐获厚利,官无所敛,亦宜稍及客户,以宽土民。行院帅府幕职,虽无部众,亦尝赞画戎功,而推赏止进官一阶,宜听主将保奏,第功行赏。”上皆从其请。戊午,遣亲军讨河南群盗。辛酉,大元兵攻绥德州,壬戌,夏人复侵龛谷。甲子,敕监察所弹事,同列不可预闻,著为令。丁卯,夏人犯定西、积石之境。戊寅,分京畿戍卒万二千,河中民兵八千,以许州元帅纥石烈鹤寿将之,屯潼关西。

十一月癸未,陕西东路行省报安塞堡败夏人之捷,甲申,谕太府减损食品。庚寅,募民兴南阳水田。壬辰,太子、亲王、百官表贺安塞堡之捷,却之。乙未,夏人攻龛谷。宋人攻蕲县。红袄贼掠宿州。辛丑,诏蠲徐、邳、宿、泗等州逋租,官民有能垦辟闲田。除来年科征。归德、亳、寿、颍停阁逋户租外,仍蠲三之一。逋户田庐有司募民承业,禁其毁损,以俟来复。蒲城县民李文秀等谋反,伏诛。壬寅,宋人焚颍州,执防御判官而去。是日,相国寺火。大元兵攻延安。

十二月辛亥朔,以大元兵下潼关、京兆,诏省院议之。壬子,罢辟举县令法。丁巳,礼部侍郎乌古孙仲端,翰林待制安庭珍使北还,各迁一阶。庚申,罢河南义军。丁卯,诏罢新签民军,减枢密院掌兵官及京城戍兵,仍谕行院帅府,毋擅增设补签。辛未,罢行总管府及招讨统军检察等司。定宋人来归赏格及诈诱征防军人逃亡罪法。癸酉，元帅合达、买住及其将士以延安功特赏赍之，仍下诏奖谕。

闰月己辛朔，大元兵徇鄜州，保大军节度使完颜六斤、权元帅左都监纥石烈鹤寿、右都监蒲察娄室、遥授金安军节度使女奚烈资禄皆死之。乙酉，提控术甲咬住破沈丘贼于陈瓦。丙戌，颁诏抚谕河南土寇。戊子，荧惑犯轩辕。己丑，孙珝及捕盗官吾古出招降泰和县贼二千人，诏斩其首恶，余皆释之。同知保静军节度使郭澍以征粮失期，诬杀平民，坐诛。辛卯，官军复葭州。癸巳，通远军节度使孛术鲁合住削官。甲午，月犯荧惑。丙申，红袄贼夜入蒙城县，县官失其符印，军民死者甚众，贼大掠而去。戊戌，镇星昼见于轸。己亥，发兵捕京东盗。太白昼见于室。壬寅，发上林署粟赈贫民。陈、亳等州，鹿邑、城父诸县，盗蜂起。趣枢府遣官讨之。捕盗军亳所过残民，遣御史一人按视。军所获牛，有司以官钱收赎。戊申，诏定招捕土寇官赏格。己酉，更造"兴定宝泉"，每人一贯当"通宝"四百贯。

元光元年春正月庚戌朔，免朝。辛亥，世宗忌辰，谒奠于启庆宫。元帅惟弼破红袄贼于张骞店。壬子，遣官垦种京东、西、南三路水田。甲寅，禁非边关急速事无弛传，既滥乘者州县径白省部，四方馆从御史台，外路从分按御史治之。诏陕西西路行省徙京兆者，兵退远治平凉。坊州刺史把移失剌以弃城，伏诛。郑州防御使裴满羊哥，同知防御使古里甲石伦除名。平西节度使把古咬住夺官一阶。丁卯，诏抚谕京东百姓。

二月壬午，诏徙中京、唐、邓、商、虢、许、陕等州屯军及诸军家属赴京兆、同、华就粮屯。乙酉，陕西西路行省请以厚赏募河西诸蕃部族寺僧，图复大通城，命行省枢密院筹之。癸巳，上谕宰臣，宋人以重兵攻平舆、褒信，我师力战却之，又侦知其事状之详。若俟帅府上功推赏，岂急于劝奖之道，其遣清望官，赍空名宣敕，核实给之。乙未，诏谕河南、陕西。大元兵屯葭州，壬寅，权定行省、枢府、元帅府辄杖左右司、经历司官罪法。甲辰，上念鄜延被兵，又延安受围，尝发民粟给军。诏除延安、鄜、坊、丹、葭、绥德税租，仍令有司偿其粟直，不足者许补官。戊申，恒州军变，万户呼延械等千余人杀掠城中，焚庐舍而去。己酉，遣元帅左监军讹可行元帅府事，节制三路军马伐宋，同签枢密院事时全行院事，副之。

三月辛酉，宋人掠确山县之刘村。丙寅，岁星犯太微左执法。戊辰，枢密院委差官贾天安上书言利害。壬申，尚书右丞徒单思忠以病马输官，冒取高价，御史劾之。有司以监主自盗论死，上顾惜大体，降授陈州防御使。癸酉，提控李师林败夏人于永木岭。郭文振表，近得俘者言。南北合兵将攻河南、陕西。诏枢密备御。

夏四月辛巳，以金吾卫上将军、劝农使讹可签枢密院事。置大司农司、设大司农卿、少卿、丞，京东、西、南三路置行司，并兼采访事。壬午，大元兵攻陵川县。丁酉，林怀路行元帅府事惟良削官两阶，罢之。更定辟举县令之法，而复行之。戊戌，籍丁忧待阙、追殿等官，备防秋。丁未，行枢密院报淮南之捷。

五月戊申朔，大元兵屯隰、吉、翼等州。壬戌，讹可、时全军大败。甲子，讹可以败绩当死，上面数而责之，勉其后效命，朘官两阶。丁卯，召致政胥鼎等赴省议利害。壬申，时全伏诛。

六月戊寅朔，造舟运陕西粮，由大庆关渡抵湖城。癸未，大赦。陈州防御使吕子羽坐乏军兴，自尽。制诸监官及八品以下职事，丁尤、待阙、任满、遥授者，试补侍卫亲军。命各路司农司捕盗方略。丁酉，红袄贼掠柳子镇，驱百姓及驿马而去，提控张瑀追击，夺所掠还。伪监军王二据黎阳县，提控王泉讨之，复其城。

秋七月庚戌，大元将按察儿以其众屯晋安、冀州之境。丙辰，上党公完颜开复泽州。己未，归德行枢密院王庭玉报曹州破红袄贼之捷。庚申，定监当官选法。河北群盗犯封丘、开封界，令枢密院御捕。甲子，京东总帅纥石烈牙吾塔请自今行院帅府幕职，有过得自决之。不允。戊辰，红袄贼袭徐州之十八里寨，又袭古城、桃园，官军破之。乙亥，太白昼见经天，与日争光。

八月丁丑，定西征将士官赏有差，己卯，彗星见西方。甲申，增定藏匿逃亡亲军罪及告捕赏格。积石州蕃族叛附于夏,巩州提控尼庞古三郎讨之,获羊千口,进尚膳,诏却之。以彗星见,改元,大赦。谕旨宰臣曰:"赦书已颁,时刻之间人命所系。其令将命者速往,计期而至。"以大司农把胡鲁为参知政事。癸巳,河间公移剌众家奴、高阳公张甫兵复河间府,是日,报捷者始达。上以道途梗塞,报者艰虞,命厚赏之。夏人入德顺。壬寅,祈雨。

九月丙午朔,以左右警巡使兼弹压。谕陕西行省备边。壬子,牙吾塔请以兵由寿州渡淮,捣宋人巢穴,不从。乙卯,议经略淮南。己巳,宋人掠遂平县之石寨店,复侵南阳、唐州,提控夹谷九住败之。

冬十月丁丑,夏人掠德顺之神林堡。壬午,宋张惠攻零子镇,为斡鲁朵所败,虏其裨将二人。河中府万户孙仲威执其安抚使阿不罕胡鲁剌据城叛,陕西行省遣将讨平之。癸未,复曹州。甲申,上猎于近郊,诏免百官送迎,且勿令治道,以劳百姓。庚寅,徙彰德招抚使杜先军于卫州。乙未,大元兵下荥州胡壁堡及临晋。庚子,诏所司巡护避兵民资产。甲辰,以京兆官民避兵南山者多至百万,诏兼同知府事完颜霆等安抚其众。

十一月丁未,大元兵徇同州,定国军节度使李复亨、同知定国军节度使讹可皆自尽。甲寅,京东总帅牙吾塔报临淮破宋兵之捷。戊辰,大元蒙古蒲花攻凤翔府。

十二月乙亥朔,上谓皇太子曰:"吾尝夜思天下事,必索烛以记,明而即行,汝亦当然。"以河中治中侯小叔权元帅右都监便宜行事。乙酉,迁同知平阳府事史咏龙虎卫上将军,赐号"守节忠臣"权行平阳公府事。丁亥,叠州总管青宜行可卒,特命其子角袭职。诏谕近侍局官曰:"奉御、奉职皆少年,不知书。朕忆曩时置说书人,日为讲论自古君臣父之教,使知所以事上者,其复置。"己丑,兰州提控唐括昉败夏人于质孤堡。大元以大军攻凤翔。

二年春正月甲辰朔,诏免朝贺。乙巳,世宗忌日,谒奠于启庆官。右丞相汝砺乞致政，上面谕使留。大元兵下河中府，权元帅右都监侯小叔复之。壬子，寿州防御使完颜乃剌夺官四阶。甲寅，上谕宰臣曰："向有人言便宜事，卿等屡奏乞作中旨行之。帝王从谏足矣，岂可掠人之美以为己出哉。"戊午，四方馆使李癞驴以罪罢，宰臣请以散地羁縻之，上曰："此辈豪杰，正须诚待，若以术制，适使自疑。但不畀军政，外补何害？"授癞驴恒州刺史。又谓："鬻爵恩例有丁忧官得起复者，是教人以不孝也，何为著此令哉？"丁卯，大元兵复下河中府。

二月申戌朔，皇后生辰，诏免贺礼。己卯，丞相汝砺朝会，免拜，设榻殿下，久立赐休。壬午，诏军官犯罪，旧制更不任用。今多故之秋，人才难得，朕欲除大罪外，徒刑追配有武艺善掌兵者，量才复用。其令尚书省议以闻。丁亥，大赦。己亥，凤翔围解。石盏合喜加金紫光禄大夫，升左监军，特授大名府海谷忽申猛安，完颜仲元加光禄大夫，升右监军，特授河北东路洮委必剌猛安，各赐金盘带有差。

三月甲辰朔，宋人袭汝阳。壬子，诫谕平章英王守纯崇饮。癸丑，以河中府推官籍阿外权元帅右都监，代领侯小叔军。甲寅，上谓宰臣："人有才堪任事，其心不正者，终不足贵。"丞相汝砺对曰："其心不正而济之以才，所谓虎而翼者也。虽古圣人亦未易知。"上以为然。丙辰，长春节，免朝。以户部尚书石盏畏忻为参知政事，兼修国史。辛酉，禁茶。壬戌，诏以凤翔战功及颁赏等级遍谕诸郡。甲子，以守完颜伯嘉权参知政事，行尚书省于河中府。辛未，诏职官犯罪非死罪除名，遇赦幸免，有才干者中外并用。

夏四月癸酉朔，复霍州汾西县，诏给空名宣敕，迁赏将士之有功者。丙子，设京兆南山安抚司。丁丑，故凤翔万户完颜丑和以死节赠怀远大将军，授剌史职。其父恕除以功例赏外，迁两官，升职二等。己卯，遣官阅河南帅府见兵，籍闲官豪右亲丁及辽东、河北客户为军。庚子，募西山猎户为军。

五月癸卯朔，始造"元光重宝"。丙午，复河中府及荣州，遣人持橄招前恒山公武仙。乙卯，权平阳公史咏复霍州及洪洞县。丁巳，始造"元光珍货"，同银行用。戊午，以橄招东平严实。己未，参知政事毅夫言："胁从人号'忠孝军'，而置沿淮者所为多不法，请防闲之。"上曰："人心无常，顾驭之何如耳。驭之有术，远方犹且听命，况此辈乎？不然，虽左右亦难防闲。正在廓开大度而已。若是而不能致太平者，命也。"庚申，签河南路寄居官民充军。辛酉，徙晋阳公郭文振兵于孟州。甲子，徙权平阳公史咏兵于解州、河中府。

六月乙亥，京东总帅牙吾塔报淮南之捷。丁亥，罢行省所置监察御史兼弹压之职。戊子，议遣人招李全、严实、张林。甲午，诏罢河中行省，置元帅府。辛丑，遥授静难军节度使颜盏虾蟆等以保凤翔功进官。

秋七月壬寅朔，夏人犯积石州，羌界寺族多陷没，惟桑通寺僧看通、昭逋、厮没，及答那寺僧奔鞠等拒而不从。诏赏诸僧钤辖正将等官，而给以廪禄。乙巳，遣兵守卫解州盐池。庚戌，以空名宣敕迁赏诸部降人。壬子，除市易用银及银与宝泉私相易之禁。癸丑，敕诸御史曰："琐细事非人主所宜诘，然凡涉奸弊靡不有关国政者。比闻朝官及承应人月给俸粮，多杂糠土。有司所收岂尝有是物哉。至于出纳斗斛亦小大不一。此皆理所不容者，而台官初不问。事事须朕言之，安用汝曹也。"乙卯，丹凤门坏。丁巳，阴坡族之骨鞠门等叛归夏，元帅夹谷瑞发兵讨之，以捷闻。御史中丞师安石言制敌二事。戊午，宰臣方对次，有司奏前奉御温敦太平卒。上大骇曰："朕屡欲授太平一职，每以事阻，今仅授之未数日而亡，岂非天耶！"因谓宰臣曰："海陵时有护卫二人私语，一曰富贵在天，一曰由君所赐。海陵窃闻之，诏授言由君所赐者以五品职，意谓诚由己也，而其人以疾竟不及授。章宗秋猎，闻平章张万公薨，叹曰："朕回将拜万公丞相，而遂不起，命也。"乙丑，诏籍陕西路侨居官民为军。

八月辛未朔，邳州从宜经略使纳合六哥等率都统金山颜俊以沂州百余人，晨入省署，杀行尚书省蒙古纲，据州反。壬申，诏赏京兆路官军保全南山诸谷之功，以所全人数多寡为等第，千人以上官一阶,三千人以上两阶,五千人以上三阶,仍升职一等,能以力战护之者又增一阶,战没者就以赠之。甲戌,遣官持空名宣敕,谕以重赏招纳合六哥,拒命,即命牙吾塔合行院兵讨灭之。乙亥,火星入鬼宿中,掩积尸气。乙酉,诏能捕获反贼六哥者,除见定官外,仍与世袭谋克。丙戌,遣官分行蔡、息、陈、亳、唐、邓、裕诸州,洎司农司州县吏同议,凡民丁相聚立寨避兵,与各巡检军相依者,五十户以上置寨长一员,百户增副一员,仍先迁一官,能安民弭盗劝农者论功注授。

九月庚子朔,日有食之。宋人入寿州,女奚烈蒲乃力战却之。壬寅,枢密院奏提控术甲埒只罕破宋人之功。甲辰,宋人功南阳。丙午,牙吾塔报桃园、淮阳之捷,并以纳合六哥结搆李全之状来告。戊申,降人孙邦佐自李全军中归,遥授知东平府兼山东西路兵马都总管。官军与宋人力战于胡陂而却之,提控术虎春儿为所杀。癸丑,纳合六哥所署伪都统乌古论赛汉、夹谷留住等来归。己未,赠术虎春儿银青荣禄大夫。丙寅,扎也胡鲁等拔邳州南城。丁卯,权御史中丞师安石等劾英王守纯不实,付有司鞫治,寻诏免罪,而犹责谕之。

冬十月癸酉,徙晋阳公郭文振等兵于卫州。乙亥,制行枢密院及元帅府,农隙之月分番巡徼校猎,月不过三次。丁丑,上猎于近郊。己卯,祫于太庙。壬午,火星犯灵台。乙酉,上猎于近郊。辛卯,诏石壕店、渑池、永宁县各屯兵千人。壬辰,滕州人时明谋反,伏诛。戊戌,唐、邓行元帅报淮南之捷。

十一月己亥,红袄贼伪监军徐福等来降。诏进牙吾塔官一阶,赐金币有差。辛丑,总帅牙吾塔报邳州之捷。函叛人六哥首以献。开封县境有虎晭人,诏亲军百人射杀之,赏射获者银二十两,而以内府药赐伤者。丙午,邳州红袄贼三千来降,初拟置诸陈、许之间,上以为若辈虽降,家属尚在河朔,余党必杀之,所得者寡而被害者众,亦复安忍?不若命使抚谕,加以官赏而遣之还。果忠于我,虽处河朔岂负我耶?且余众从感恩,将有效顺者矣。戊午,以上党公完颜开之请,谕开及郭文振、史咏、王遇、张道、卢芝等各与所邻帅府相视可耕土田,及濒河北岸之地,分界而种之,以给军饷。辛酉,巩州行元帅府报曾州破夏人之捷。

十二月己巳朔,徙沿淮巡检边军于内地。癸酉,以空名宣命金银符给完颜开赏功。辛巳,诏延安土人充司县官义军使者选人代之,量免其民差税。邠州民丁死战阵者各赠官一阶。归德、徐、邳、宿、泗、永、亳、颍、寿等州复业及新地民,免差税二年,见户一年,尝供给邠州者复免一年之半,睢州、陈留、杞县免三分之一。

丁亥,上不豫,免朝。戊子,皇太子率百官及王妃、公主入问起居。己丑,复入问起居。庚寅,上崩于宁德殿,寿六十有一。上疾大渐,暮夜,近臣皆出,惟前朝资明夫人郑氏年老侍侧,上知其可托,诏之曰:“速召皇太子主后事。”言绝而崩。夫人秘之。是夜,皇后及贵妃庞氏问安寝阁。庞氏阴狡机慧,常以其子守纯年长不得立,心鞅鞅。夫人恐其为变,即绐之曰:“上方更衣,后妃可少休他室。”伺其入。遽钥之,急召大臣,传遗诏立皇太子,始启户出后妃,发丧。皇太子方入宫,英王守纯已先入,皇太子知之,分遣枢密院官及东宫亲卫军官移剌蒲阿集军三万余于东华门街。部署既定,命护卫四人监守纯于近侍局,乃即皇帝位于枢前。壬辰,宣遗诏。是日,诏赦中外。明年正月戊戌朔,改元正大,谥大行曰继天兴统述道勤仁英武圣孝皇帝,庙号宣宗。三月庚申,葬德陵。

赞曰:宣宗当金源末运。虽乏拨乱反正之材,而有励精图治之志。迹其勤政忧民,中兴之业盖可期也,然而卒无成功者何哉? 良由性本猜忌,崇信嬖御,奖用吏胥,苛刻成风,举措失当故也,执中元恶,此岂可相者乎,顾乃怀其援立之私,自除廉陛之分,悖礼甚矣。高琪之诛执中,虽云除恶,律以《春秋》之法,岂逃赵鞅晋阳之责,既不能罪而遂相之,失之又失者也。迁汴之后,北顾有道之朝日益隆盛,智识之士孰不先知。方且狃于余威,牵制群议,南开宋衅,西启夏侮,兵力既分,功不补患。曾未数年,昔也日辟国百里,今也日蹙国百里，其能济乎。再迁遂至失国，岂不重可叹哉。

金史卷一七
本纪第一七

哀宗上

　　哀宗讳守绪,初讳守礼,又讳宁甲速,宣宗第三子。母曰明惠皇后王氏,赐姓温敦氏,仁圣皇后之女兄也。承安三年八月二十三日生于翼邸,仁圣无子,养为己子。泰和中,授金紫光禄大夫。宣宗登极,进封遂王,授秘书监,改枢密使。贞祐初,庄献太子守忠薨,立皇孙铿为皇太孙,寻又薨。四年正月己卯,立守礼为皇太子,仍控制枢密院事,诏略曰:"子以母贵,遂王守礼地邻家嫡,庆集元妃,立为皇太子。其典礼,有司条具以闻。"四月甲午,用太子少保张行信言,更赐名守绪。元光二年十二月庚寅,宣宗崩。辛卯,奉遗诏即皇帝位于枢前。壬辰,诏大赦,略曰:"朕述先帝之遗意,有便于时欲行而未及者,悉奉而行之。国家已有定制,有司往往以情破法,使人罔遭刑宪,今后有本条而不遵者,以故入人罪罪之。草泽士庶,许令直言军国利害,虽涉讥讽无可采取者,并不坐罪。"

　　正大元年春正月戊戌朔,诏改元正大。庚子,上居庐,百官始奏事。秘书监、权吏部侍郎蒲察合住改恒州刺史,左司员外郎泥庞古华山同知桢州军州事,逐二奸臣,大夫士相贺。邠州节度使移剌术纳阿卜贡白兔,诏曰:"得贤臣辅佐,年谷丰登,此上瑞也,焉事此为。令有司给道里费,纵之本土。礼部其遍谕四方,使知朕意。"丁巳,诏朝臣议修复河中府。礼部尚书赵秉文、太常卿杨云翼等言,陕西民方疲敝,未堪力役。遂止。戊午,上始视朝。大司农、守汝州防御使李蹊为太常卿,权参知政事。平章政事荆王守纯罢,判睦亲府。参知政事仆散五斤罢,充大行山陵使。尊皇后温敦氏、元妃温敦氏皆为皇太后,号其宫一曰仁圣,一曰慈圣。百官入贺于隆德殿。是日,大风飘端门瓦。赤盏合喜权枢密副史。有男子服麻衣,望承于门且笑且哭。诘之,则曰:“吾笑,笑将相无人。吾哭,哭金国将亡。”群臣请置重典,上持不可。曰:“近诏草泽诸人直言,虽涉讥讪不坐。”法司唯以君门非笑哭之所,重杖而遣之。南阳民布陈谋反,伏诛。

三月荧惑犯左执法。戊申,奉安宣宗御容于孝严寺。辛亥,丞相高汝砺薨。癸丑,葬宣宗于德陵。甲寅,起复邠州节度使致仕张行信为尚书左丞。以延安臣完颜合达战御有功,授金虎符,权参知政事,行尚书省事于京兆,兼统河东两路。

夏四月癸酉,宣宗祔庙,大赦中外。荧惑犯右执法。

五月戊戌,平章政事把胡鲁薨。癸卯,枢密副使完颜赛不为平章政事,权参知政事石盏尉忻为尚书右丞,太常卿李蹊为翰林承旨,仍权参政。甲辰,赐策论进士孛术论长河以下十余人及第,经义进士张介以下五人及第。戊申,赐词赋进士王鹗以下五十人及第。诏刑部,登闻检、鼓院,毋锁闭防护,听有冤者陈诉。

六月甲戌,宰执请击鞠,上以心丧不许。辛卯,立妃徒单氏为皇后。遣枢密判官移剌蒲阿率兵至光州,榜谕宋界军民更不南伐。

秋七月己亥,诏谕百官各勤乃职。癸卯,补修大乐。

九月,枢密判官移剌蒲阿复泽、潞、获马千匹。

冬十月戊午,夏国遣使来修好。

十二月乙巳,恒州刺史蒲察合住有罪,伏诛。甲寅,宣宗小祥,烧饭于德陵。改定辟举县令法,以六事课县令。京东、西、南,陕西设大司农,兼采访公事,京师大司农总之。左丞张行信言:“先帝诏国内刑不上大夫,治以廉耻。丞相高琪所定职官犯罪的决百余条,乞改依旧制。”上不欲彰先帝之过,略施行之。

二年春正月甲申,有黄黑之祲。

夏四月辛卯朔,恒山公武仙自真定府来奔。起复平章政事致仕莘国公胥鼎为平章政事,行省事于卫州,进封英国公。甲午,以京畿旱,遣使虑囚。钧、许州大雨雹。丁酉,宿、郑州雨伤麦。

五月丁丑,以旱甚责己,避正殿,减常膳,赦罪。苏椿自大名来奔,诏置椿许州。

秋七月,都水蒲察毛花辇杀人,免死除名。

八月,巩州元帅田瑞反,行省军围之,其母弟十哥杀瑞出降,赦其罪,以为泾州节度使,世袭猛安。

九月,夏国和议定,以兄事金,各用本国年号,遣使来聘,奉国书称弟。

冬十月,以夏国修好,诏中外。新军政改总领为者都尉。己酉,以诛田瑞诏中外。癸亥,遣礼部尚书奥敦良弼、大理卿裴满钦甫、侍御史乌古孙弘毅为夏国报成使,国书称兄。乙亥,面谕台谏完颜素兰、陈规曰:"宋人轻犯边界,我以轻骑袭之,冀其惩创通好,以息吾民耳。夏人从来臣属我朝,今称弟以和,我尚不以为辱。果得和好,以安吾民,尚欲用兵乎。卿等宜悉朕意。"移剌蒲阿及宋人战于光州,获马数千,杀人千余而还。内族王家奴故杀鲜于主簿,权贵多救之者,上曰:"英王朕兄,敢妄挞一人乎?朕为人主,敢以无罪害一人乎?国家衰弱之际,生灵有几何,而族子恃势杀一主簿,吾民无主矣。"特命斩之。诏有司为死节士十有三人立褒忠庙。禁宿、泗、青口巡边官兵,毋复擅杀过淮红袄军。诏赵秉文、杨云翼《作龟镜万年录》。

三年春正月丁巳朔,夏国遣使来贺。

三月,陕西旱。平章政事胥鼎复请致仕,不许。诏尚书省议省减用度。

夏四月辛卯,亲享于太庙。郕国夫人车经御路,过庙前,驭者乘马、二婢坐车中俱不下,诏系狱杖之。辛丑,以旱,遣官祷于济渎。癸卯,祈于太庙。禁伞扇。河南大雨雹。己酉,遣使虑囚,遣使捕蝗。

五月己未,大雨。宋兵掠寿州境。癸亥,永州桃园军失利。死者四百人。乙丑,大雨。壬申,诏谕奥州赵甫等,能以土地来归,当任使之。

六月辛卯,京东大雨雹,蝗尽死。壬子,诏谕高丽及辽东行省葛不蔼,讨反贼万家奴,赦胁从者。

秋七月庚午,平章政事英国公胥鼎薨。

八月,移剌蒲阿复曲沃及晋安。辛卯,诏设益政院于内廷,以礼部尚书杨云翼等为益政院说书官,日二人直,备顾问。

冬十月丁酉,夏使来报哀。

十一月庚申,议与宋修好。戊辰,又议之。己巳,宋忠义军夏全自楚州来归,楚州王义深、张惠、范成进以城降,封四人为郡王。辛未,改楚州为平淮府,以夏全等来降,赦诸路从宋及淮、楚官吏军民并其家属。甲戌,遣使夏国贺正旦。丙子,夏以兵事方殷来报,各停使聘。大元兵征西夏,平中兴府。召陕西行省及陕州总帅完颜讹可、灵宝总帅纥石烈牙吾塔赴汴议兵事。诏谕陕西两省,凡戎事三品以下官听以功过赏罚之,银二十五万两从其给赏。遣中大夫完颜履信等为吊祭夏国使。

四年春正月辛亥朔。壬戌,增筑中京城,浚汴城外濠。

二月,蒲阿、牙吾塔复平阳。执知府李七斤,获马八千。

三月,签劳效官充军,有怨言,不果用。以银赎平阳虏男女,分赐官军者听自便。大元兵平德顺府,节度使爱申、摄府判马肩龙死之。大元兵复下平阳。己巳,征夏税二倍。

夏五月丁丑,议乞和于大元。大元兵平临洮府,总管陁满胡土门死之。陕西行省进三策:上策自将出战,中策幸陕州,下策弃秦保潼关。不从。

六月戊申朔,遣前御史大夫完颜合周为议和使。丙辰,地震。太白入井。赐词赋经义卢亚以下进士第。

秋七月，大元兵自凤翔徇京兆。关中大震。工部尚书师安石为尚书右丞。壬辰，以中丞乌古孙卜吉、祭酒裴满阿虎带兼司农卿，签民军，劝率富民入保城聚，兼督秋税，令百姓知避迁之计。丁酉，赦陕西东、西两路，赐民今年租。

八月庚戌，诏有司罢遣防备丁壮、修城民夫，军须差发应不急者权停。己巳，万年节，同知集贤院史公奕进《大定遗训》，待制吕造进《尚书要略》。是日，大风落左掖门鸱尾，坏丹凤门扉。陨霜，禾尽损。李全自益都复入楚州据之，遣总帅完颜讹可、元帅庆山奴守盱眙，与全战于龟山，败绩。

冬十月辛酉，右拾遗李大节、右司谏陈规劾同判睦亲府事撒合辇奸赃，不报。壬戌，外台监察御史谏猎，上怒，以邀名卖直责之。诏赠德顺府死事爱申、马肩龙等官。以谁南王爵招李全。

十一月乙未，未时，日上有二白虹贯之。丁酉，猎于近郊。

十二月，真授李蹊参知政事。大元兵下商州。壬子，遣使安抚陕西。以牛千头赐贫民。

五年春正月丁丑，亲祭三庙。庚辰，遣知开封府事完颜麻斤出如大元吊慰。丙戌，议击盱眙。辛卯，以龟山之败，降元帅庆山奴为定国军节度使。

二月乙巳朔，大寒，雷，雨雪，木之华者尽死。癸丑，诏有司以临洮总管陁满胡土门塑像入褒忠庙。书死节子孙于御屏，量材官使之。

三月甲戌朔，群臣请依祖宗故事，枢密院听尚书省节制，不从。乙酉，监察御史乌古论不鲁剌劾近侍张文寿、张仁寿、李麟之受馈遗，曲赦其罪而出之。

夏四月甲辰朔，以御史言三奸不已，凡四日不视朝。八日，议放还西夏人口。丙寅，右丞师安石薨。亲卫军王咬儿酗酒杀其孙，大理寺当以徒刑，特命斩之。

五月癸巳，定国军节度使庆山奴以受赂，夺一官。

六月壬戌，以旱，赦杂犯死罪已下。

秋七月戊子，同判睦亲府事撒合辇出为中京留守，行枢密院事。

八月乙卯，以旱，遣使祷于上清宫。甲子，参知政事白撒为尚书右丞，太常卿颜盏世鲁权参知政事。增筑归德行枢密院，拟工役数百万，诏遣枢密院判官白华喻以农夫劳苦，减其工三分之二。以节制不一，并卫州帅府于恒州山公府，命白华往经画之。

九月庚寅，雨足，始种麦。

冬十一月辛巳，进《宣宗实录》。

十二月庚子朔，日有食之。完颜麻斤出以奉使不职，免死除名。壬子，完颜奴申改侍讲学士，充国信使。以陕西大寒，赐军士柴炭银有差。京兆、凤翔府司竹监退竹，令分给之。

六年春二月丙辰，枢密院判官移剌蒲阿权枢密副使。耀州刺史李兴有战功，诏赐玉兔鹘带、金器。以丞相完颜赛不行尚书省事于关中，召平章政事完颜合达还朝。移剌蒲阿率忠孝军总领完颜陈和尚忠孝军一千骑驻邠州。遣白华驰喻蒲阿以用兵之意。诏枢密更给忠孝军马匹，以渐调发都尉司步卒及孝马军屯京西。以白华专备军须。

三月乙亥，忠孝军总领陈和尚有战功，授定远大将军、平凉府判官，世袭谋克。

夏五月，陇州防御使石抹冬儿进黄鹦鹉，诏曰："外方献珍禽异兽，违物性，损人力，令勿复进。"

秋七月，罢陕西行省军中浮费。

八月，移剌蒲阿再复泽、潞。

九月，洮、河、兰、会元帅颜盏虾蟆进西马二匹，诏曰："卿武艺超绝，此马可充战用，朕乘此岂能尽其力，即入进，既尚厩物也，今以赐卿，其悉朕意。"

冬十月，移剌蒲阿东还，令陈和尚率陕西归顺马军屯钧、许。大元兵驻庆阳界。诏陕西行省遣使奉羊酒币帛乞缓师请和。

十一月,遣使钧、许选试陕西归顺人,得军二千,以艺优者充忠孝军,次充合里合军。

十二月,诏副枢蒲阿、总帅纥石烈牙吾塔、权签枢密院事完颜讹可救庆阳。罢附京猎地百里,听民耕稼。

七年春正月,副枢蒲阿、总帅牙吾塔、权签院事讹可解庆阳之围。以讹可屯邠州,蒲阿、牙吾塔还京兆。

夏五月,诏释清口宋败军三千人,愿留者五百人,以屯许州,余悉纵遣之。赐经义词赋李璘以下进士第。

秋七月,以平章政事合达权枢密副使。

八月,赐陕西死事之孤盐引及绢,仍量材任使。大元兵围武仙于旧卫州。

冬十月,平章合达、副枢蒲阿引兵救卫州。卫州围解,上登承天门犒军,合达、蒲阿并世袭谋克。移剌蒲阿权参知政事,同合达行省事于闵乡,以备潼关。

八年春正月,大元兵围凤翔府。遣枢密院判官白华、右司郎中夹谷八里门谕闵乡行省进兵,合达、蒲阿以未见机会不行。复遣白华谕合达、蒲阿将兵出关以解凤翔之围,又不行。

夏四月丁巳朔,赦。全免京西路军需用钱一年。旱灾州县,差税从实减贷。大元兵平凤翔府。两行省弃京兆,迁居民于河南,留庆山奴守之。

五月,李全妻杨妙真以全陷没于宋,构浮梁楚州北,欲复宋仇。遣合达、蒲阿屯桃源界激河口,以备侵轶。宋八里庄人拒其主将,纳合达、蒲阿。诏改八里庄为镇淮府。

秋七月,宋将焚浮梁。

九月丙申,慈圣宫皇太后温敦氏崩,遗诰园陵制度务从俭约。大元兵驻河中府。庆山奴弃京兆东还。召合达、蒲阿赴汴,议引兵趋河中府,惧不敢行,还陕州,出师至冷水谷而归。大元兵攻河中府,合达、蒲阿遣元帅王敢率万人救之。

冬十月,右丞相赛不致仕。

十一月丁未,大元进兵峣峰关,由金州而东。省院议以逸待劳,未可与战。上谕之曰:"南渡二十年,所在之民,破田宅,鬻妻子,竭肝脑以养军。今兵至不能逆战,止以自护,京城纵存,何以为国,天下其谓我何。朕思之熟矣,存与亡有天命,惟不负吾民可也。"乃诏诸将屯军襄、邓。

十二月己未,葬明惠皇后。河中府破,权签枢密院事草火讹可死之,元帅板子讹可提败卒三千走阌乡。诏赦将佐以下,杖讹可二百以死。合达、蒲阿率诸军入邓州,杨沃衍、陈和尚、武仙皆引兵来会,出屯顺阳。戊辰,大元兵渡汉江而北,丙子,毕渡。合达、蒲阿将兵御于禹山之前。大元兵分道趋汴京,京师戒严。是夜二鼓,合达、蒲阿引军还邓州。大元兵蹑其后,尽获其辎重。

天兴元年,是年本正大九年,正月改元开兴,四月又改元天兴。春正月壬午朔,日有两珥。大元兵道唐州,元帅完颜两娄室与战襄城之汝坟,败绩。两娄室走汴京。遣完颜麻斤出等部民丁万人,决河水卫京城。癸未,置尚书省、枢密院于宫中,以便召问。起前元帅古里甲石伦权昌武军节度使,行元帅府事。合达、蒲阿引军自邓州赴汴京。乙酉,以点检夹谷撒合为总帅,将步骑三万巡河渡,权近侍局使徒单长乐监其军。起近京诸色军家属五十万口入京。丙戌,大元兵既定河中,由河清县白坡渡河。丁亥,长乐、撒合引兵至封丘而还。戊子,左司郎中斜卯爱实上书请斩长乐、撒合以肃军政,不从。都尉乌林答胡土一军自潼关入援,至偃师闻大元兵渡河,遂走登封少室山。壬辰,卫州节度使完颜斜捻阿不弃城走汴。甲午,修京城楼橹及守御备。大元兵薄郑州,与白坡兵合,屯军元帅马伯坚以城降,防御使乌林答咬住死之。乙未,大元游骑至汴城。丁酉,大雪。大元兵及两省军战钧州之三峰山,两省军大溃,合达、陈和尚、杨沃衍走钧州,城破皆死之。枢密副使蒲阿就执,寻亦死。武仙走密县,自是,兵不复振。己亥,徐州行省完颜庆山奴引兵入援,义胜军校候进、杜正、张兴率所部北降,庆山奴入睢州。庚子,御端门肆赦,改元开兴。辛丑,潼关守将李平以关降大元。壬寅,扶沟民钱大亨、李钧叛,杀县令王浩及其簿尉。庚戌,许州军变,杀元帅古里甲石伦、粘合同周、苏椿等,以城降大元。

二月壬子朔,庆山奴谋走归德,至阳驿店遇大元兵,徐帅完颜兀里力战而死,庆山奴被擒,使招京城,不从。睢州刺史张文寿弃城从庆山奴,皆死之。甲寅,大元兵徇临涣,摄县令张若愚死之。戊午,次卢氏。关、陕行省总帅两军及秦、蓝帅府军弃潼关而东,与之遇,天又大雪,未战而溃。行省徒单兀典,总帅纳合合闰败死,完颜重喜降,斩于马前。都尉郑偶杀都尉苗英亦降。秦、蓝总帅府经历商衡死之。大元兵下睢州。庚申,翰林待制冯延登使北来归。乙丑,大元兵攻归德。庚午,起复右丞相致仕赛不为左丞相。括京师民军二十万分隶诸帅,人月给粟一石有五斗。

三月丁亥,大元军平中京,留守撒合辇投水死。甲午,命平章政事白撒宿上清宫,枢密副使合喜宿大佛寺以备缓急。大元遣使自郑州来谕降,使者立出国书以授译史,译史以授宰相,宰相跪进,上起立受之,以付有司。书索翰林学士赵秉文、衍圣公孔元措等二十七家,及归顺人家属,蒲阿妻子、绣女、弓匠、鹰人又数十人。庚子,封荆王子讹可为曹王,议以为质。密国公璹以曹王幼,请代行,上慰遣之,不听其代。壬寅,尚书左丞李蹊送曹王出质,谏议大夫裴满阿虎带、太府监国世荣为讲和使。户部侍郎杨慥权参知政事。分军防守四城,大元兵攻汴城,上出承天门抚西面将士。千户刘寿语不逊,诏释勿问。癸卯,上复出抚东面将士,亲传战伤者药于南薰门下,仍赐卮酒。出内府金帛器皿以赏战士。乙巳,凤翔府炮军万户王阿驴、樊乔来归。己酉,造革车三千两,已而不用。置局养无家俘民。

夏四月癸丑,兵士李新有功,擢四方馆。元帅刘益叱其子战死。丁巳,遣户部侍郎杨居仁奉金帛诣大元兵乞和。戊午,又以珍异往谢许和。癸亥,明惠皇后陵被发,失枢所在,遣中官往视之,至是始得。以兵护宫女十人出迎朔门奉柩至城下，设御幄安置，是夜复葬之。戮郑偶妻子。甲子，御端门肆赦，改元天兴。诏内外，官民能完复州郡者功赏有差。出金帛酒饮炙犒军士。减御膳，罢冗员，放宫女。上书不得称圣，改圣旨为制旨。释镐厉王、卫绍王二族禁锢，听自便。乙丑，百官初起居于隆德殿前。丙寅，以尚书省兼枢密院事。丁卯，放宫女，听以衣装自随，金珠留犒士卒。汴京解严，步军始出封丘门采薪蔬。己巳，建威都尉完颜兀论同大元使没忒入城。庚午，见使臣于隆德殿。放宫女如前。辛未，开郑门听百姓男子出入。甲戌，御承天门大飨将士，闻有声屈者乃还宫。乙亥，有诏止奏事。许州进樱桃。

五月辛巳，迁民告出城者以万数，赛不、白撒不听。乙酉，以南阳郡王子思烈行尚书省于邓州，召援兵。丙戌，拜天于大庆殿。诏白撒致仕。放京城四面军，李辛不奉诏。丁亥，凿洧川漕渠，寻罢之。冯延登以奉使有劳，授礼部侍郎。戊子，裕州镇防军将领贺都喜率西军二千人入援。放迁民出京。辛卯，大寒如冬。密国公璹薨。汴京大疫，凡五十日，诸门出死者九十余万人，贫不能葬者不在是数。癸巳，杨春入据亳州，观察判官刘均死之。辛丑，上御香阁。面责宰相。乙巳，将相受保城爵赏。

六月庚戌朔，诏百官举大将，众与刘益，不能用。癸丑，飞虎军二百人夺封丘门出奔。甲寅，以出师锢门禁。乙卯，白撒开渠于私第东。丙辰，阅官马，择瘠者杀以食。丁巳，封仙据徐州，徙单益都走宿州，推张兴行省事。庚申，塞京城京四门，以便守御。壬戌，国安用入徐州，杀张兴，推封仙为元帅，以主州事。己巳，诏赠御侮中郎将完颜陈和尚镇南军节度使。立褒忠庙碑。权参知政事杨慥罢。辛未，复修汴城。以疫后，园户、僧道、医师、鬻棺者擅厚利，命有司倍征之，以助其用。甲戌，宿州镇防千户高腊哥、李宣杀节度使纥石烈阿虎父子，请行省徙单益都主帅事，益都不从，率其将吏西走，至谷熟遇大元军，死之。乙亥，左丞李蹊送曹王与其子同俱还。丁丑，恒山公武仙杀士人李汾。

七月庚辰朔,兵刃有火。辛巳,军士挝登闻鼓乞将刘益。癸未,尚书右丞颜盏世鲁罢。吏部尚书完颜奴申为参知政事。甲申,飞虎军士申福、蔡元擅杀北使唐庆等三十余人于馆,诏贳其罪,和议遂绝。乙酉,都人扬言欲杀白撒,密诏遣卫士护其家。丙戌,军士毁白撒别墅。斜捻阿不安杀市人之过其门者,以靖乱。丁亥,拜天于承天门下,出内府及两宫物赐军士。戊子,下令招军。辛卯,签民为兵。巩昌民百二十人赴援。乙未,宿州帅众僧奴称国安用降,遣近侍直长因世英等持诏封安用为兖王,行京东等路尚书省事,赐姓完颜,改名用安。新军有挝登闻鼓者,杖杀之。乙巳,金、木、火、太阴会于轸、翼。丙午,参知政事完颜思烈、恒山公武仙、巩昌总帅完颜忽斜虎率诸将兵自汝州入援,以合喜为枢密使,将兵一万应之,命左丞李蹊劝谕出师,乃行。八月己酉朔,合喜屯杏花营,又益兵五千人,始进屯中牟故城。庚戌,发丁壮五千人运粮,饷合喜军。辛亥,完颜思烈遇大元兵于京水,遂溃,武仙退保留山,思烈走御寨,中京元帅左监军任守贞死之。合喜弃辎重奔至郑门,聚兵乃入。甲寅,免合喜为庶人,籍其家以赐军士。降监军长乐为符宝郎。丁巳,释奠孔子。戊午,括民间粟。己未,籍徒单兀典、完颜重喜、纳合合闰家资。前仪封令魏璠上言,巩昌帅完颜仲德沉毅有远谋,臣请奉命往召。不报。戊辰,免府试。起复前大司农侯挚为平章政事,进封萧国公,行京东路尚书省事。己巳,挚帅兵行至封丘,将士将溃,挚止之,乃与众还汴。壬申,听无军家口戍京。甲戌,金木星交。乙亥,卖官及许买进士第。丙子,诏罢括粟,复以进献取之。丁丑,京城民杨兴入资,授延州刺史。戊寅,刘仲温入资,授许州刺史。

金史卷一八
本纪第一八

哀宗下

九月戊寅朔，诏减亲卫军。己丑，军士杀郑门守者出奔。壬辰，起上党公张开及临淄郡王王义深、广平郡王范成进为元帅。以前御史大夫完颜合周权参知政事。乙未，以榜召民卖放下年军需钱，上户田租如之。辛丑，夜大雷，工部尚书蒲乃速震死。

闰月戊申朔，遣使以铁券一、虎符六、大信牌十、织金龙文御衣一、越王玉鱼带一、弓矢二赐兖王用安，其父母妻皆赠封之。又以世袭宣命十、郡王宣命十、玉兔鹘带十，付用安，其同盟可赐者即赐之。辛亥，遣张开、温撒辛、刘益、高显率步军护陈留、通许粮道。罢贫民进献粮。戊午，招乡导。己未，有箭射入宫中，书奸臣姓名，两日而再得之。辛酉，再括京城粟，以御史大夫合周、点检徒单百家等主之。丙寅，括粟使者兵马都总领完颜九住以粟有蓬稗，杖杀孝妇于省门。

十月，以前司农卿李浃飞语，诏左丞李蹊、户部侍郎杨憎系狱，将以军储失计坐罪。俄蹊、憎并除名，而止籍憎家资。浃遂权户部尚书。寻赦残欠粮，其应以粮事系者皆释之。诏征诸道军，期以十二月一日入援。

十一月丁未朔，赐贫民粥。平章政事侯挚致仕。左司郎中斜卯爱实以言事忤近侍，送有司，寻释之。己酉，卫州军校白昼取丰备仓米。壬子，京城人相食。癸丑，诏曹门、宋门放士民出就食。壬戌，

召诸将相入议事。兖王用安率兵至徐州,元帅王德全闭城不纳。会
刘安国与宿帅众僧奴引兵入援,至临涣,用安使人劫杀之。攻徐州
久不能下,退保涟水。制使因世英以用安不赴援,还至宿州西,遇大
元兵,死之。丙寅,河、解元帅权兴宝军节度使赵伟袭据陕州以叛,
杀行省阿不罕奴十剌以下凡二十一人。诬阿不罕奴十剌等反状以
闻。上知其冤,不能直其事,就授伟元帅左监军,兼西安军节度使,
行总帅府事。伟寻亦归北。

十二月丙子朔,以事势危急,遣近侍即白华问计,华对以纪季
以酅入齐之义,遂以为右司郎中。甲申,诏议亲出。乙酉,再议于大
庆殿,上欲以官奴、高显、刘益为元帅,不果。是日,除拜扈从及留守
京城官。以右丞相、枢密使兼左副元帅赛不,平章政事、权枢密使兼
右副元帅白撒,右副元帅兼枢密副使权参知政事讹出,兵部尚书权
尚书左丞李蹊,元帅左监军行总帅府事徒单百家等率诸军扈从。参
知政事兼枢密院副使完颜奴申,枢密副使兼知开封府权参知政事
习捏阿不,里城四面都总领、户部尚书完颜珠颗,外城东面元帅把
撒合,南面元帅术甲咬住,西面元帅崔立,北面元帅孛术鲁买奴等
留守。除拜既定,以京城付之。擢魏璠为翰林修撰,如邓州招武仙
入援。丁亥,上御端门,发府库及两府器皿宫人衣物赐将士。戊戌,
官奴、阿里合谋立荆王不果,朝廷知其谋,置不问。庚子,上发南京,
与太后、皇后、诸妃别,大恸。行次公主苑,太后遣中官持米肉遍犒
军士。辛丑,至开阳门外,麾百官退。诏谕戍兵曰:“社稷宗庙在此,
汝等壮士也,毋以不预进发之数,便谓无功,若保守无虞,将来功赏
顾岂在战士下?”闻者皆洒泣。是日,巩昌元帅完颜忽斜虎至自金
昌,为上言京西三百里之间无井灶,不可往。东行之议遂决,以为尚
书右丞从行,遂次陈留。壬寅,次杞县。癸卯,次黄城。丞相完颜赛
不之子按春有罪,伏诛。甲辰,次黄陵冈。乙巳,诸将请幸河朔,从
之。

二年正月丙午朔,济河,北风大作,后军不克济。丁未,大元兵

追击于南岸，元帅完颜猪儿、贺都喜死之，建威都尉完颜兀论出降。己酉，上哭祭战死士于河北岸，皆赠官，斩兀论出二弟以殉。赦河朔，招集兵粮议取卫州。元帅蒲察官奴将忠孝军千人，东面元帅高显、果毅都尉粘哥咬住领军万人为前锋，至蒲城。庚戌，上次沤麻冈，平章政事白撒，元帅和速嘉兀底不继至。辛亥，白撒引兵攻卫州，不克。乙卯，闻大元兵自河南渡河至卫之西南，遂退师。丁巳，战于白公庙，白撒败绩，弃军东遁。元帅刘益、上党公张开亦遁，并为民家所杀。益部曲王全降。戊午，上进次蒲城，复还魏楼村。李辛自汴京出奔，伏诛。己未，上以白撒谋，夜弃六军渡河，与副元帅、合里合六七人走归德。庚申，诸军始知上已往，遂溃。辛酉，司农大卿蒲察世达、元帅完颜忽土出归德西门，奉迎上入归德。赦在府囚。军民普覃一官。赐进士终场王辅以下十六人出身。遣奉御术甲塔失不、后弟徒单四喜往汴京奉迎两宫。白撒还自蒲城，聚兵于大桥不敢入。壬戌，遣使召白撒至，数其罪，下之狱，仍籍其家财以赐将士，曰：“汝辈宜竭忠力，毋如斯人误国。”人予金一两。七日，白撒及其子忽土邻皆死狱中。右丞相赛不致仕。右丞完颜忽斜虎行省事于徐州。官奴再请率兵北渡，女鲁欢不可。遣归德知府行户部尚书蒲察世达、都转运使张俊民如陈、蔡取粮，以元帅李琦、王璧护之。戊辰，安平都尉、京城西面元帅崔立，与其党韩铎、药安国等举兵为乱，杀参知政事完颜奴申、枢密副使完颜斜捻阿不，勒兵入见太后，传令召卫王子从恪为梁王、监国。即自为太师、军马都元帅、尚书令，寻自称左丞相、都元帅、尚书令、郑王。弟倚平章政事，侃殿前都点检，其党字术鲁长河御史中丞，韩铎副元帅兼知开封府，折希颜、药安国、张军奴、完颜合答并元帅，师肃左右司郎中，贾良兵部郎中兼右司都事，又署工部尚书温迪罕二十、吏部侍郎刘仲周并为参知政事，宣徽使奥屯舜卿为尚书左丞，户部侍郎张正伦为尚书右丞，左右司都事张节为左右郎中，尚书省掾元好问为左右司员外郎，都转运知事王天祺、怀州同知康璘并为左右都事。开封判官李禹翼弃官去。户部主事郑著召不起。是日，左副点检温敦阿里，左右司员外郎聂天骥,御史大夫裴满阿虎带,谏议大夫、左右司郎中乌古孙奴申,左副点检完颜阿散,奉御忙哥,讲议蒲察琦并死之。遂送款大元军前。癸酉,大元将碎不觯进兵汴京。甲戌,立阅随驾官属军民子女于省署,及禁民间嫁娶,括京城财。两宫值变不果行,答失不以其父咬住、四喜以其妻夺门而出,庚午至归德。上怒二人,皆斩于市。乙亥,遣右宣徽提点近侍局事移剌粘古如徐州,相地形,察仓库虚实。白华如邓州召兵。

二月丙子朔。鱼山张瓛杀元帅完颜忽土,行省忽斜虎自率兵讨之,会从宜严禄诛瓛,乃还。括城中粮。知归德府事石盏女鲁欢为枢密副使、权参知政事。留元帅官奴忠孝军四百五十人,都尉马用军二百八十余人,发余军赴宿、徐、陈三州就粮。

三月乙丑,石盏女鲁欢乞尽散卫兵出城就食。官奴私与国用安谋,邀上幸海州,不从。蔡帅乌古论镐以粮四百余斛至归德,表请临幸,上遣学士乌古论蒲鲜以幸蔡之意谕其州人。戊辰,官奴以忠孝军为乱,攻杀马用,遂杀尚书左丞李蹊、参知政事石盏女鲁欢、点检徒单长乐,从官右丞已下三百余人。上赦官奴,暴女鲁欢罪状。以官奴为枢密副使、权参知政事,左右司郎中张天纲为户部侍郎、权参知政事。辛卯,官奴真授参知政事,兼左副元帅。官奴以上居照碧堂,禁近诸臣无一人敢奏对者。上日悲泣言曰:"自古无不亡之国、不死之主,但恨朕不知用人,致为此奴所囚耳。"遂与内局令宋圭等谋诛官奴。

夏四月壬午,徐州行省完颜忽斜虎执王德全并其子诛之,及其党王琳、杨璚、斜卯延寿。召经历商瑀用之。鱼山从宜严禄叛归涟水。庚寅,陈州都尉李顺儿杀行省粘葛奴申及招抚使刘天起,送款于崔立。张俊民、李琦奔汴京。王璧还归德。癸巳,崔立以梁王从恪、荆王守纯及诸宗室男女五百余人至青城,皆及于难。甲午,两宫北迁。甲辰,邓州节度使移剌瑗以其城叛,与白华俱亡入宋。

六月己卯,官奴及其党阿里合、白进皆伏诛。上御双门,赦忠孝军,以安反侧。遂决策迁蔡,诏蔡、息、陈、颍各以兵来迓。中京留守、权参政乌林答胡土弃城奔蔡。壬午，中京破，留守兼便宜总帅强伸死之。戊子，召徐州行省完颜忽斜虎赴行在所，以抹捻兀典代行省事，郭恩为总帅兼节度使。辛卯，上发归德，留元帅王璧守之。壬辰，次亳州。癸巳，以亳州节度使王进、同知节度使王宾征民丁运铁甲糗粮，留权参政张天纲董之。就迁有功将士。临淄郡王王义深据灵璧望口寨以叛，遣近侍直长女奚烈完出将徐、宿兵讨之，义深败走涟水，入宋。丙申，亳州镇防军崔复哥杀守臣王宾等，张天纲以便宜授复哥节度使，罢运铁甲糗粮，州人乃安。己亥，上入蔡州。诏尚书省为书召武仙会兵入援。徐州行省抹捻兀典赴蔡州。起复右丞相致仕赛不代行省事。

七月癸卯朔，曲赦蔡州管内杂犯死罪以下。官吏军民普覃两官，经应办者更迁一官。弛门禁，通众货，蔡人便之。乙巳，以乌古论镐为御史大夫，总帅如故，张天纲为御史中丞，仍权参政，完颜药师为镇南军节度使，兼蔡州管内观察使。戊申，左右司郎中乌古论蒲鲜兼息州刺史，权元帅右都监行帅府事。征行元帅权总帅娄室签枢密院事。己酉，选室女备宫中使令，已得数人，以右丞忽斜虎谏，留识文义者一人，余听自便。乙卯，遣魏璠征武仙兵。丁巳，护卫蒲鲜石鲁负祖宗御容至自汴，敕有司奉安于乾元寺。前御史中丞蒲察世达、西面元帅把撒合自汴来归。辛酉，武仙劫将士，谋取宋金州，至淅水众溃。行六部尚书卢芝、侍郎石玠谋归蔡州，仙追芝不及，遂杀玠。丁卯，定进马迁赏格，又定括马罪格，以签枢密院事权参政抹捻兀典领其事。遣使分诣诸道，选兵会于蔡。己巳，以蒲察世达为吏部侍郎，权行六部尚书。

八月癸酉朔，以秦州元帅粘哥完展权参知政事，行省事于陕西。谕以蜡书，期九月中征兵与上会与饶丰关，欲出宋不意，以取兴元。甲戌，大元使王楫谕宋还，宋以军护其行，青山招抚庐进得逻吏言以闻，上为之惧。丁丑，上阅兵于见山亭。癸未，元帅楚琲复立寿州于蒙城，诏迁赏有差，州县官皆令真授。乙酉，大元召宋兵攻唐州，元帅右监军乌古论黑汉死于战，主帅蒲察某为部曲兵所食。城破,宋人求食人者尽戮之,余无所犯。宋人驻兵息州南。丙戌,诏权参政抹捻兀典、签枢密院事娄室行省、院于息州。丁亥,乌古论镐权参知政事,兀林答胡土为殿前都点检。庚寅,初设四隅机察官。壬辰,息州行省抹捻兀典以兵袭宋人于中渡店,斩获甚众。乙未,万年节,州郡以表来贺二十余所。辛丑,设四隅和籴官及惠民司,以太医数人更直,病人官给以药,仍择年老进士二人为医药官。是月,假蔡州都军致仕内族阿虎带同金大睦亲府事,使宋借粮,入辞,上谕之曰:"宋人负朕深矣。朕自即位以来,戒饬边将无犯南界。边臣有自请征讨者,未尝不切责之。向得宋一州,随即付与。近淮阴来归,彼多以金币为赎,朕若受财,是货之也,付之全城,秋毫无犯。清口临阵生获数千人,悉以资粮遣之。今乘我疲敝,据我寿州,诱我邓州,又攻我唐州,彼为谋亦浅矣。大元灭国四十,以及西夏,夏亡及于我,我亡必及于宋。唇亡齿寒,自然之理。若与我连和,所以为我者亦为彼也。卿其以此晓之。"至宋,宋不许。

戊申,鲁山元帅元志率兵入援,赐以大信牌,升为总帅。庚戌,以重九拜天于节度使厅,群臣陪从成礼,上面谕之曰:"国家自开创涵养汝等百有余年。汝等或以先世立功,或以劳效起身,被坚执锐,积有年矣。今当厄运,与朕同患,可谓忠矣。比闻北兵将至,正汝等立功报国之秋,纵死王事,不失为忠孝之鬼。往者汝等立功,常虑不为朝廷所知,今日临敌,朕亲见之矣,汝等勉之。"因赐卮酒。酒未竟,逻骑驰奏,敌兵数百突至城下。将士踊跃咸请一战,上许之。是日,分军防守四面及子城,以总帅孛术鲁娄室守东面,内族承麟副之;参知政事乌古论镐守南面,总帅元志副之;殿前都点检兀林答胡土守西面,忠孝军元帅蔡八儿副之;忠孝军元帅、权殿前右副点检王山儿守北面,元帅纥石烈柏寿副之;遥授西安军节度使兼殿前右卫将军、行元帅府事女奚烈完出守东南,元帅左都监夹谷当哥副之;殿前右卫将军,权左副都点检内族斜烈守子城,都尉王爱实副之。殿前右卫将军、权左副都点检内族斜烈守子城,都尉王爱实副之。辛亥,大元兵筑长垒围蔡城。己未,括蔡城粟。辛酉,禁公私酿酒。

十月戊辰，更造"天兴宝会。"辛巳，纵饥民老稚羸疾者出城。癸未，徐州守臣郭恩杀逐官吏以叛，行省赛不死之。甲申，给饥民船，听采城壕菱芡水草以食。戊子，征诸道兵。辛卯，上阅射于子城，中者赏麦有差。丙申，殿前左副都点检温敦昌孙战殁。戊戌，赐义军战殁被创者麦。

十一月辛丑朔，以右副都点检阿勒根移失剌为宣差镇抚都弹压，别设弹压四员副之，四隅机察亦隶焉。宋遣其将江海、孟珙帅兵万人，献粮三十万石助大元兵攻蔡。

十二月甲戌，尽籍民丁防守，括妇人壮捷者假男子衣冠，运大石。上亲出抚军。丁丑，大元兵决练江，宋兵决柴潭入汝水。己卯，大元兵破外城，宿州副总帅高剌哥战殁。辛巳，以总帅孛术鲁娄室、殿前都点检兀林答胡土皆权参政，都尉完颜承麟为东面元帅，权总帅。己丑，大元兵堕西城，上谓侍臣曰："我为金紫十年，太子十年，人主十年，自知无大过恶，死无恨矣。所恨者祖宗传祚百年，至我而绝，与自古荒淫暴乱之君等为亡国，独此为介介耳。"又曰："古无不亡之国，亡国之君往往为人囚絷，或为俘献，或辱于阶庭，闭之空谷。朕必不至于此。卿等观之，朕志决矣。"都尉王爱实战殁。炮军总帅王锐杀元帅夹谷当哥，率三十人降大元。庚寅，以御用器皿赏战士。甲午，上微服率兵夜出东城谋遁，及栅不果，战而还。乙未，杀尚厩马五十匹，官马一百五十匹犒将士。

三年正月壬寅，册柴潭神为护国灵应王。甲辰，以近侍分守四城。戊申，夜，上集百官，传位于东面元帅承麟，承麟固让。诏曰："朕所以付卿者岂得已哉。以肌体肥重，不便鞍马驰突。卿平日趫捷有将略，万一得免，祚胤不绝，此朕志也。"己酉，承麟即皇帝位。百官称贺，礼毕驱出捍敌，而南面已立宋帜。俄顷，四面呼声震天地。南面守者弃门，大军入，与城中军巷战，城中军不能御。帝自缢于幽兰轩。末帝退保子城，闻帝崩，率群臣入哭，谥曰哀宗。哭奠未毕,城溃,诸禁近举火焚之,奉御绛山收哀宗骨瘗之汝水上。末帝为乱兵所害,金亡。

赞曰:金之初兴,天下莫强焉。太祖、太宗威制中国,大概欲效辽初故事,立楚、立齐,委而去之,宋人不竞,遂失故物。熙宗、海陵济以虐政,中原觖望,金事几去。天压南北之兵,挺生世宗,以仁易暴,休息斯民。是故金祚百有余年,由大定之政有以固结人心,乃克尔也。章宗志存润色,而秕政日多,诛求无艺,民力浸竭,明昌、承安盛极表衰始。至于卫绍,纪纲大坏,亡征已见。宣宗南度,弃厥本根,外狃余威,连兵宋、夏,内致因瘝,自速土崩。哀宗之世无足为者。皇元功德日盛,天人属心,日出爝息,理势必然。区区生聚,图存于亡,力尽乃毙,可哀也矣。虽然,在《礼》"国君死社稷",哀宗无愧焉。

金史卷一九
本纪第一九

世纪补

景宣皇帝　睿宗　显宗

景宣皇帝讳宗峻,本讳绳果,太祖第二子。母曰圣穆皇后唐括氏,太祖元妃。宗峻在诸子中最嫡。

天辅五年,忽鲁勃极烈杲都统诸军取中京,帝别领合扎猛安,受金牌,既克中京,遂与杲俱袭辽主于鸳鸯泺。辽主走阴山,耿守忠救西京,帝与宗翰等击走之。西京城南有浮图,敌先据之,下射,士卒多伤。帝曰:"先取是,则西京可下。"既而攻浮图,克之,遂下西京。太祖崩,帝与兄宗干率宗室群臣立太宗。天会二年,薨。

熙宗即位,追上尊谥曰景宣皇帝,庙号徽宗,改葬兴陵。海陵弑立,降熙宗为东昏王,降帝为丰王。世宗复尊熙宗庙谥,尊帝为景宣皇帝。子合剌、常胜、查剌。合剌是为熙宗。

睿宗立德显仁启圣广运文武简肃皇帝讳宗尧,初讳宗辅,本讳讹里朵,大定上尊谥,追上今讳,魁伟尊严,人望而畏之。性宽恕,好施惠,尚诚实。太祖征伐四方,诸子皆总戎旅,帝常在帷幄。

天辅六年,大祖亲征,太宗居守黄龙府,安福哥诱新降之民以叛,帝与乌古乃讨平之。南路军帅鹘实答以赃败,帝往阅实之,咸称平允。

天会五年,宗望薨,帝为右副元帅,驻兵燕京。十一月,分遣诸将伐宋,帝发自河间,徇地淄、青。六年正月,宋马括兵二十万至乐安,帝率师击破之。闻宋主在扬州,时东作方兴,留大军夹河屯田而还,军山西。二月,移剌古破宋台宗隽、宋忠军五万于大名,明日再破之,获宗隽、忠而还。冀州人乘夜兵袭照里营。照里击败之。宋主奉表请和,密书以诱契丹、汉人。诏伐宋,帝发自河北,降滑州,取开德府,攻大名府,克之,河北平。

初,伐宋,河北、河东诸将议不决,或欲先定河北,或欲先平陕西,太宗两用其策。而宗翰来会于濮,既平河北,遂取东平及徐州,尽得宋人江淮运至金币在徐州官库者,分给诸军,而刘豫遂以济南降。使拔离速等袭宋主于扬州,而宋主闻之,比拔离速至扬州,前夕已渡江矣。宋主乃贬去帝号,再以书来请存社稷,语在《宗翰传》中。既而宗弼追宋主,宋主渡江,入于杭州,复遁入海,宗弼乃还。

于是,娄室所下陕西城邑辄叛,宗翰等曰:"前讨宋,故分西师合于东军,而陕西五路兵力雄劲,当并力攻取。今挞懒抚定江北,宗弼以精兵二万先往洛阳。以八月往陕西,或使宗弼遂将以行,或宗辅、宗干、希尹中以一人往。"上曰:"娄室往者所向辄办,今专征陕右,岂倦于兵而自爱邪?卿等其戮力焉!"由是诏帝往。

是时,宋张浚兵取陕西,帝至洛水治兵,张浚骑兵六万,步卒十二万壁富平。帝至富平,娄室为左翼,宗弼为右翼,两军并进,自日中至于昏暮,凡六合战,破之。耀州、凤翔府皆来降。遂下泾、渭二州。败宋经略使刘倪军于瓦亭,原州降。撒离喝破德顺军静边寨,宋泾原路统制张中孚、知镇戎军李彦琦以城降。宋秦凤路都统制吴玠军于陇州境上,招讨都监马五击走之,降一县而还。帝进兵降甘泉等三堡,取保川城,破宋熙河路副总管军三万,获马千余,拔安西等二寨,熙州降。分遣左翼都统阿卢补,右翼都统宗弼招抚城邑之未下者,遂得巩、洮、河、乐、西宁、兰、廓、积石等州,定远、和政、甘峪、宁洮、安陇等城寨,及镇堡蕃汉营部四十余,于是泾原、熙河两路皆平。撒离喝降庆阳府,慕洧以环州降。既定陕西五路,乃选骑兵六千,使撤离喝列屯冲要。于是班师,与宗翰俱朝京师,立熙宗为谙版勃极烈,帝为左副元帅。

十三年,行次妫州薨,年四十,陪葬睿陵,追封潞王,谥襄穆。皇统六年,进冀国王!正隆二年,追赠太师、上柱国,改封许王。世宗即位,追上尊谥立德显仁启圣广运文武简肃皇帝,庙号睿宗。二年,改葬于大房山,号景陵。

显宗体道弘仁英文睿德光孝皇帝,讳允恭,本讳胡土瓦,世宗第二子,母曰明德皇后乌林答氏。皇统六年丙寅岁生。体貌雄伟,孝友谨厚。

大定元年十一月,世宗即位于东京。乙酉,封楚王,置官属。十二月,从至中都。

二年四月己卯,赐名允迪。五月壬寅,立为皇太子,世宗谓之曰:"在礼贵嫡,所以立卿。卿友于兄弟,接百官以礼,勿以储位生骄慢。日勉学问,非有召命,不须侍食。"帝上表谢。专心学问,与诸儒臣讲议于承华殿。燕闲观书,乙夜忘倦,翼日辄以疑字付儒臣校证。九月庚子,诏东宫三师对皇太子称名,少师以降称臣。十一月庚子,生辰,百官贺于承华殿。世宗赐以袭衣良马,赐宴于仁政殿,皇族百官皆与。自后生辰,世宗或幸东宫,或宴内殿,岁以为常。十二月辛卯,奏曰:"东宫贺礼,亲王及一品皇族皆北面拜伏,臣但答揖。伏望天慈听臣答拜,庶惇亲亲友爱之道。"世宗从之,以为定制。

世宗闻儒者郑松贤,松先为同知博州防御事致仕,起为左谕德,诏免朝参,令辅太子读书。松以友谕自处,帝尝顾松使取服带,松对曰:臣忝谕德,不敢奉命。"帝改容称善,自是益加礼遇。每出猎获鹿,辄分赐之。

四年九月,纳妃徒单氏,行亲迎礼。故事,大驾卤簿天子乘玉路,皇太子卤簿乘金路。六年,世宗行自西京还都,礼官不知皇太子自有卤簿金路乃请太子就乘大驾缀路,行在天子之前。上疑其非礼,详阅旧典,礼官始觉其误。于是礼部郎中李邦直、员外郎李山削一阶,太常少卿武之才、太常丞张子羽、博士张矩削两阶。

顷之,礼官议受册谒谢太庙,服常朝服,乘马,世宗曰:“此与外官礼上后谒诸神庙无异,海陵一时率意行之,何足为法? 大册与三岁祫享当用古礼为是。孔子曰:“‘礼与其奢也宁俭。’不当轻易如此。”又曰:“右丞苏保衡虽汉人不通经史,参政石琚通经史而不言,前日礼官既已削夺,犹不惧邪? 其具前代典礼以闻,朕将择而处之。”久之,将受太子册宝,仪注备仪仗告太庙。上曰:朕受尊号谒谢,乃用故宋真宗故事,常朝服乘马。皇太子乃用备礼,前后不称,甚无谓也。”谓右丞相良弼、左丞守道曰:此卿等不用心所致。”良弼等谢曰:“臣愚虑不及此。”上复曰:“此文臣因循故也。”是年十月甲申,祫享于太庙,行亚献礼。

七年,帝有疾,诏左丞守道侍汤药,徙居琼林苑临芳殿调治。

八年正月甲戌,改赐名允恭。庚辰,受皇太子册宝,帝上表谢。

九年五月,世宗命避暑于草泺,隋王惟功从行,其应从行者皆给道路费。帝奏曰:远去阙廷,独就凉地,非臣子所安,顾罢行。世宗曰:“汝体羸弱,山后高凉,故命汝往。”丁丑,百官奉辞于都城之北,再拜,帝答拜。是月,百官承诏具笺问起居。六月,百官问起居如前。八月乙酉,至自草泺,百官迎谒于都城之北,如送仪。丙戌,入见,世宗曰:“吾儿相别经夏,极甚思忆也。九月,诏皇太子供膳勿月支,岁给五千万。

十年八月,帝在承华殿经筵,太子太保寿王爽启曰:“殿下颇未熟本朝语,何不屏去左右汉官,皆用女直人。”帝曰:“谕德、赞善及侍从官,曷敢辄去?”爽乃揖而退。帝曰:“宫官四员谓之谕德、赞善,义可见矣,而反欲去之,无学故也。”有使者自山东还,帝问民间何所苦,使者曰:“钱难最苦。官库钱满有露积者,而民间无钱,以此苦之。”帝曰:“贮之空室,虽多奚为。”谓户部尚书张仲愈曰:“天子富藏天下,何必独在府库也。”因奏曰:“钱在府库,何异铜矿在野。乞流转,使公私俱利。”世宗嘉纳,诏有司议行之。

十一月丁亥,有事于圆丘,帝行亚献礼。

十二年五月，世宗闻德州防御使胡剌谋叛，因曰："朕于亲亲之道未尝不笃，而辄敢如此。"帝徐奏曰："叔胡剌性荒纵，耽娱乐，而无子嗣，忽如此狂谋，望更阅实之。"十月己未，祫享于太庙。帝摄行祀事。

十三年十月，承诏与赵王惟中、曹王惟功猎于保州、定州。十一月甲午，还京师。

十四年四月乙亥，世宗御垂拱殿，帝及诸王侍侧。世宗论及兄弟妻子之际，世宗曰："妇言是听而兄弟相违，甚哉。"帝对曰："《思齐》之诗曰'刑于寡妻，至于兄弟，以御于家邦。'臣等愚昧，顾相励而修之。"因引《常棣》华萼相承，脊令急难之义，为文见意，以诫兄弟焉。

十五年世宗诏五品职事官谢见皇太子。

十七年五月甲辰，侍宴于常武殿，典食令涅合进粥。帝将食，有蜘蛛在粥碗中，涅合恐惧失措，帝从容曰："蜘蛛吐丝乘空，忽堕此中尔，岂汝罪哉。"十月己卯，祫享于太庙，摄行祀事。

十九年四月戊申，有事于太庙，摄行祀事。丁巳，詹事乌林答愿入谢，帝命取幞头腰带，官属请曰："此见宰相师傅之礼也。"帝曰："愿事陛下久，以此加敬耳。"皆曰："非臣等所及。"十一月，改葬明德皇后于坤厚陵，帝徒行挽灵车，遇大风雪，左右进雨具，帝却之，比至顿所，衣尽沾湿，观者无不下泪。海陵虽贬黜为庶人，宗干尚称明肃皇帝，议者以为未尽，帝具表奏论。世宗嘉纳之。于是宗干削去帝号，降封辽王。

二十四年，世宗将幸上京，诏帝守国，作"守国之宝"以授之。其遣使、祭享、五品以上官及事利害重者遣使驰奏，六品以下官、其余常事，并听裁决。每三日一次于集贤殿受尚书省启事。京朝官遇朔望具朝服问候。车驾在路，每二十日一遣使问起居。已达上京，每三十日一问起居。世宗曰："今巡幸或能留一二年，以汝守国。譬之农家种田，商人营利，但能不坠父业，即为克家子也。"帝对曰："臣在东宫二十余年，过失甚多，陛下以明德皇后之故未尝见责。臣诚愚昧,不克负荷,乞备扈从。"世宗曰:"凡人养子皆望投老得力。朕留太尉、左右丞、参政辅汝,彼皆国家旧人,可与商议。且政事无难,但用心公正,无纳谗邪,一月之后政事自熟。"帝流涕坚辞,左右为之感动。三月,世宗如上京,帝守国留中都。初,帝在东宫,或携中侍步于芳苑。中侍出入禁中,未尝限阻。此辈见帝守国,各为得意,帝知之,谓诸中侍曰:"我向在东宫不亲国政,日与汝辈语话。今既守国,汝等有召命然后得入。"五月,世宗至上京,赐敕书曰:"朕以前月八日到辽阳,此月二日达上京,翌日祀庆元庙。省方观氏,古之制也。汝守国任重,夏暑方炽,益当自爱,无贻朕忧。"帝谓徒单克宁曰:"车驾巡幸,以国事见属,刑名最重,人之死生系焉。凡有可议,当尽至公,比主上还都,勿有废事。"自是,凡启禀刑名,帝自披阅召都事委曲折正,移晷忘倦,或赐之食。近侍报瑶池位莲开,当设宴。帝曰:"圣上东巡,命我守国,何敢宴游废事? 采至数花足矣。"七月遣子金源郡王麻达葛奉表问起居,请世宗还都。十一月壬寅,帝冬猎。辛亥,还都。

二十五年正月乙酉朔,免群臣贺礼。帝自守国,深怀谦抑,宫臣不庭拜,启事时不侍立,免朔望礼。京朝朔望日当具公服问候,并停免。至是,群臣当贺,亦不肯受。甲寅,帝如春水。二月庚申,还都。丁卯,遣子金源郡王麻葛奉表贺万春节。四月,久不雨,帝亲祷,即日沾足。

六月甲寅,帝不豫。庚申,崩于承华殿。世宗自上京还,次天平山好水川,讣闻,为位临奠于行宫之南,大恸者久之。亲王百官、皇族、命妇及侍卫皆会哭,世宗号泣还宫,比至中都,为位奠哭者凡七焉。世宗以豳王永成为中都留守,来护丧,遣滕王府长史再兴、御院通进阿里剌来保护金源郡王,遣左宣徽使唐括鼎来致祭,诏妃徒单氏及诸皇孙丧服并如汉制。帝在储位久,恩德在人者深,每日三时哭临,侍卫军士皆争入临,伏哭于承华殿下,声音如雷。中都百姓市门巷端为位恸哭。七月壬午朔,赐谥宣孝太子。九月庚寅,殡于南园熙春殿。己酉,世宗至自上京,未入国门,先至熙春殿致奠,恸哭久之。比葬，亲临者六。帝事世宗，凡巡幸西京，凉陉，及上陵、祭庙，谒衍庆宫，田猎观稼，拜天射柳，未尝去左右。上有事于圆丘，及亲享于太庙，则行亚献礼，不亲祀则摄行祀事。国有大庆则率百官上表贺，正旦，万春节则班上寿。冬十月庚戌朔，宰相以下朝见于庆和殿，太尉完颜守道上寿，世宗追悼凄怆者久之。十一月甲申，灵驾发引，世宗路祭于都城之西。庚寅，葬于大房山。世宗欲加帝号，以问群臣，翰林修撰赵可对曰："唐高宗追谥太子弘为孝敬皇帝。"左丞张汝弼曰："此盖出于武后。"遂止。乃建庙于衍庆宫后，祭用三献，乐用登歌。

二十六年，立子璟为皇太孙。二十九年，世宗崩。太孙即位，是为章宗。五月甲午，追谥体道弘仁英文睿德光孝皇帝，庙号显宗。丁酉，祔于太庙，陵曰裕陵。

帝天性仁厚，不忍刑杀。梁檀儿盗金银叶，怜其母老，李福兴盗段匹，值坤厚陵礼成，家令本把盗银器，值万春节，皆委曲全活之。亡失物者，责其偿而不加罪。闻四方饥饿，辄先奏，加赈赡。因田猎出巡，所过问民间疾苦。敬礼大臣，友爱兄弟。葬明德皇后于坤厚陵，诸妃皆祔，自盘宁宫发引，赵王惟中以其母辂车先发，令张黄盖者前行，帝呼报盖者不应，少府监张仅言欲奏其事，帝止之。尝作《重光座铭》，及刻座右铭于小玉牌，并刻其碑阴，皆深有理致。最善射而不殚物，尝奉诏拜陵，先猎，射一鹿获之，即命罢猎，曰："足奉祀事，焉用多杀？"好生盖其天性云。

赞曰：辽王呆取中京，宗翰、宗望皆从，景宣别领合扎猛安者，太祖之猛安也。宗翰请立熙宗，宗干不敢违，太宗不能拒，其义正其理直矣。旧史称睿宗宽恕好施惠，熙宗不终，海陵陨毙，自时厥后，得大位者皆其子孙，有以夫。显宗孝友惇睦，在东宫二十五年，不闻有过。承意开导，四方阴受其赐。天不假之年，惜哉。

金史卷二〇
志第一

天　文

日薄食晕珥云气
月五星凌犯及星变

　　自伏羲仰观俯察,黄帝迎日推策,重黎序天地,尧历象日月星辰,舜齐七政,周武王访箕子,陈洪范,协五纪,而观天之道备矣。易曰:"天垂象见吉凶,圣人象之。"故孔子因鲁史作《春秋》,于日星风雨霜雹霆雷皆书变而不书常,所以明天道、验人事也。秦汉而下,治日患少,阴阳愆违,天象错迕,无代无之。金百有十九年,而日食四十二,星辰风雨霜雹雷霆之变不知其几。金九主,莫贤于世宗,二十九年之间,独日食者十有一,日珥虹贯者四五。然终金之世,庆云环日者三,皆见于世宗之世。

　　羲、和之后,汉有司马,唐有袁、李,皆世掌天官,故其说详。且六合为一,推步之术不见异同。金、宋角立,两国置历,法能差殊,而日官之选亦有精粗之异。今奉诏作《金史》,于志天文,各因其旧,特以《春秋》为准云。

　　太祖天辅三年夏四月丙子朔,日食。四年冬十月戊辰朔,日食。六年春二月庚寅朔,日食。七年秋八月辛巳朔,日食。

　　太宗天会七年三月己卯朔,日中有黑子,九月丙午朔,日食。十三年正月丙午朔，日食。

熙宗天会十四年十一月丙寅，日中有黑子，斜角交行。

天眷三年七月癸卯塑，日食。

皇统三年十二月癸未朔，日食。四年六月辛巳朔，日食。五年六月乙亥朔，日食。八年四月戊子朔，日食。九年三月癸未朔，日食。

海陵庶人天德二年正月甲辰，日有晕珥，白虹贯之。十一月丙戌，白虹贯之。十二月乙卯，庆云见，状如鸾凤，五彩。三年正月丁酉，白虹贯日。

贞元二年五月癸丑朔，日食。三年四月丁丑朔，昏雾四塞，日无光，凡十有七乃霁。五月丁未朔，日食。

正隆三年三月辛酉朔，司天奏日食，候之不见。海陵敕，自今日食皆面奏，不须颁告中外。五年八月丙午朔，日食。庚午，日中有黑子，状如人。六年二月甲辰朔，日有晕珥，戴背。十月丙午，庆云见。

世宗大定二年正月戊辰朔，日食，伐鼓用币，命寿王京代拜行礼。为制，凡遇日月亏食，禁酒、乐、屠宰一日。三年六月庚申朔，日食，上不视朝，命官代拜。有司不治务，过时乃罢。后为常。四年六月甲寅朔，日食。七年四月戊辰朔，日食，上避正殿、减膳，伐鼓应天门内，百官各于本司庭立，明复乃止。闰七月己卯午刻，庆云环日。八月辛亥午刻，庆云环日。九年八月甲申朔，有司奏日当食，以雨不见。为近奉安太社，乃伐鼓于社，用币于应天门内。十三年五月壬辰朔，日食。十四年十一月甲申朔，日食。十六年三月丙午朔，日食。十七年九月丁酉朔，日食。二十三年十月己未，庆云见于日侧。十一月壬午朔，日食。二十八年八月甲子朔，日食。二十九年正月乙卯巳初，日有晕，左右有珥，上有背气两重，其色青赤而厚。复有白虹贯之亘天，其东有戟气长四尺余，五刻而散。丁巳巳初，日有两珥，上有背气两重，其色青赤而淡。顷之，背气于日上为冠，已而俱散。二月辛酉朔，日食。甲子辰刻，日上有重晕两珥，抱而复背，背而复抱，凡二三次。乙丑，日晕两珥，有负气承气，而白虹亘天，左右有戟气。

　　章宗明昌三年十二月丙辰，北方微有赤气。四年九月癸未，日上有抱气二，戴气一，俱相连。左右有珥，其色鲜明。六年三月丙戌朔，日食。

　　承安三年正月己亥朔，日食。阴云不见。五年十一月癸丑，日食。《宋史》作六月乙酉朔。

　　秦和二年五月甲辰朔，日食。三年十月戊戌，日将没，色赤如赭。甲辰，申酉间，天色赤，夜将旦复然。四年三月丁卯，日昏无光。五年九月戊子戌时，西北方黑云间有赤气如火，次及西南、正南、东南方皆赤，中有白气贯彻，乍隐乍见。既而为雨，随作风。至二更初，黑云间赤气复起于西北方，及正西、正东、东北，往来游曳，内有白气数道，时复出没。其赤气又满中天，约四更皆散。六年正月，北京申，龙山县西见有云结成车牛行帐之状，或如前后摧损之势，晡时乃散。二月壬子朔，日食。七月癸巳，申刻，日上有背气一，内赤外青，须臾散。九月乙酉，夜将曙，北方有赤白气数道，历王良下，徐行至北斗开阳、摇光之东而散。八年四月癸卯，巳刻，日晕二重，内黄外赤，移时而散。

　　卫绍王大安元年四月壬申，北方有黑气如大道，东西竟天，至五更散。十一月辛酉朔，日食。三年三月辛酉辰刻，北方有黑气如堤，内有白气三，似龙虎之状。十月己卯，东北、西北每至初更如月将出之状，明至夜半而减，经月乃已。

　　宣宗贞祐元年十月丙午，夜有白气三，冲紫微而不贯。十一月丙申，白气东西竟天，移时散。二年九月壬戌朔，日食，大星皆见。三年正月壬戌，日有左右珥，上有冠气，移刻散。二月丁巳，日初出赤如血，将没复然。六月戊申，夜有黑气，广如大路，自东南至于西北，其长竟天。四年二月甲申朔，日食。闰七月壬午朔，日食。

　　兴定元年七月丙子朔，日食。二年七月庚午朔，日食。三年七月庚申，五色云见。十月乙丑，平凉府庆云见，遣官验实，以告太庙，诏国中。五年正月，山东行省蒙古纲奏庆云见，命图以进。四月丙子，日正午，有黄晕四匝，其色鲜明。五月甲申朔，日食。六月戊寅，日将出,有气如大道,经丑未,历虚危,东西不见首尾,移时没。十二月己巳,北方有白气,广三尺余。东西亘天。

元光元年十一月丁未,东北有赤云如火。二年五月辛未,日晕不匝而有背气。九月庚子朔,日食。

哀宗正大二年正月甲申,有黄黑祲。三年三月庚午,省前有气微黄,自东北亘西南,其状如虹,中有白物十余,往来飞翔,又有光倏见如二星,移时方灭。四年十一月乙未,日上有虹,背而向外者二,约长丈余,两旁俱有白虹贯之。是年六月丙辰,有白气经天,或云太白入井。五年十二月庚子朔,日食。八年三月庚戌酉正,日忽白而失色,乍明乍暗,左右有气似日而无光,与日相凌,而日光四出摇汤至没。

天兴元年正月壬午朔,日有两珥。三年正月己酉,日大赤无光,京、索之间雨血十余里。是日,蔡城陷,金亡。

太宗天会七年十一月甲寅,天旗明,河鼓直。十年闰四月丙申,荧惑入氐。八月辛亥,彗星出于文昌。十一年五月乙丑,月忽失行而南,顷之复故。七月己巳昏,有大星陨于东南,如散火。十二月丙戌,月食昴。

熙宗天会十三年十一月乙酉,月食命有司用币以救,著为令。十四年正月辛巳,太白昼见,凡四十余日伏。壬辰,荧惑入月。三月丁酉夜,中星摇。九月癸未,有星大如缶,起西南,流于正西。十一月己巳,狼星摇。十五年正月戊辰,岁星犯积尸气。

天眷二年三月辛巳朔,岁星留逆在太微。五月戊子,太白昼见。八月丁丑,太白昼见;九月辛巳,犯轩辕左星;乙巳,犯左执法;十一月戊寅,入氐。三年七月壬戌,月犯毕。十二月壬午,月掩东井东辕南第一星。

皇统元年二月甲戌,月掩毕大星。二年十一月己酉,月犯轩辕大星。甲寅,月犯氐东北星。三年正月己丑,荧惑逆犯轩辕次北一星。二月乙丑,月犯毕大星。闰四月癸巳,月掩轩辕左角星。八月

丙申,老人星见。九月丁丑,月犯轩辕大星。四年八月癸未,荧惑入
舆鬼。五年四月丙申,彗星见于西北,长丈余,至五月壬戌始灭。六
月甲辰,荧惑犯左执法。六年九月戊寅,荧惑犯西垣上将。己丑,月
犯轩辕第二星。七年正月辛未,彗星出东方。长丈余,凡十五日灭。
丁亥,太白经天。七月己巳,太白经天。庚辰,荧惑犯房第二星。十
一月壬戌,岁星逆犯井东扇第二星。八年闰八月丙子,荧惑入太微
垣。十月甲申,太白昼见;十一月壬辰,经天。十二月丙寅,太白昼
见。九年二月癸亥,月掩轩辕第二星。七月甲辰,太白、辰星、岁星
合于张。丁未,荧惑犯南斗第四星。八月壬子,又历南斗第三星。

海陵天德元年十二月甲子,土犯东井东星。二年正月乙酉,月
犯昴;壬辰,犯木;乙未犯角;二月丙寅。犯心大星。九月乙亥,太白
昼见。至明年正月辛卯后不见。丁酉,月犯轩辕左角;十月乙丑,犯
太微上将;十二月癸丑,犯昴。三年二月丙辰,月食。十月丁亥,月
犯轩辕左角。四年正月癸卯,太白经天。二月乙亥,月掩鬼。犯镇
星。五月己亥,太白经天;丁巳,又经天,六月癸巳,太白犯井东第二
星。八月辛未,太白犯轩辕大星。十一月甲辰,荧惑犯钩钤。丙午,
月犯井北第一星。十二月乙卯朔,太白经天。丙子,月食。闰月己
亥,太白经天。

贞元二年正月辛丑,月犯井东第一星。四月戊寅,有星如杯,自
氐入于天市,其光烛地。十二月乙卯,太白经天。庚午,月食。闰月
乙酉,太白经天。二年正月庚申,太白经天。是夜,月掩昴;二月辛
丑,犯心前星,三月辛巳,食。七月癸丑,太白昼见,凡三十有三日
伏。八月戊戌,荧惑入井,凡十一日而出。十一月甲子,月食。三年
八月乙酉,月犯牛;九月辛亥,犯建星;十一月戊牛,掩井钺星。

正隆二年正月庚辰,太白昼见,凡六十七日伏。三年正月丁亥,
有流星如杯,长二丈余,其光烛地,出太微,没于梗河之北。二月乙
卯,荧惑入鬼。辛巳,月食。甲午,月掩岁星;六月丁酉,犯氐。九月
己未,太白经天,至明年正月二十一日不见。十二月戊申,月入氐。
四年九月壬寅,月掩轩辕右角;十一月壬辰,入毕。犯大星,十二月。

太白昼见,凡七日。五年正月,海陵问司天提点马贵中曰:"朕欲自
将伐宋,天道如何?"贵中对曰:"去年十月甲戌,荧惑顺入太微,至
屏星,留退西出。占书荧惑常以十月入太微庭,受制出伺无道之国。
又去年十二月,太白昼见经天,占为兵丧,为不臣,为更主。又主有
兵兵罢,无兵兵起。"甲午,月食。二月丁卯,太白昼见。四月甲戌,
复见,凡百六十有九日乃伏。六年七月乙酉,月食。九月丙申,太白
昼见。先是,海陵问司天马贵中曰:"近日天道何如?"贵中曰:"前年
八月二十九日太白入太微右掖门,九月二日至端门,九日至左掖门
出,并历左右执法。太微为天子南宫,太白兵将之象,其占:兵入天
子之庭。"海陵曰:"今将征伐,而兵将出入太微,正其事也。"贵中又
言:"当端门而出,其占为受制,历左右执法为受事,此当有出使者,
或为兵,或为贼。"海陵曰:"兵兴之际,小贼固不能无也。"是岁,海
陵南伐,遇弒。

　　世宗大定元年十月丙午,荧惑入太微垣,在上将东。丁巳,月犯
井西扇北第二星。二年正月癸巳,太白昼见。闰二月戊寅,月掩轩
辕大星;三月戊申,掩太微东藩南第一星;八月乙酉,犯井西扇北第
二星;九月庚戌,犯毕距星。十月戊辰,有大星如太白,起室壁间,没
于羽林军,尾迹长丈余。三年正月庚子,太白昼见。凡百有十日乃
伏。五月辛丑,月入氐。七月庚戌,太白昼见,百二十有七日乃伏。
八月丁未,月犯井距星。丙寅,太白昼见,经天。十月庚辰,月犯太
微垣西上将星。十一月庚寅,太白昼见,经天。岁星入氐,凡二十四
日伏。壬子,月入氐。四年正月戊子,荧惑、岁星同居氐。己丑,荧
惑出氐。二月壬午,岁星退入氐,凡二十九日。九月丙午,月犯轩辕
大星北次星。十一月丙申,月食,既。十二月辛亥,太白昼见经天。
癸卯,月掩房北正第一星。五年正月癸亥,月掩轩辕大星北次星;八
月丁酉,犯井东扇第一星。十一月癸丑。荧惑入氐,凡二十一日。六
年二月丙申,月犯南斗东南第二星;三月己未,入氐。四白辛丑,太
白昼见,八十有八日伏。六月辛巳,太白昼见;经天。九月壬子,太
白昼见,百有三日乃伏;丙辰,经天;十月壬辰,复昼见,经天。十一

月辛亥，金入氐，凡七日。庚申，太白昼见，经天；十二月戊子。复见，经天。癸巳，月犯房北第二星。七年十月乙巳，火入氐，凡四日。十一月壬申，太白昼见，九十有一日伏。丁丑，岁星昼见，二日。八年正月癸未，月掩心大星；三月庚午，掩轩辕大星北一星。己丑，太白昼见，百五十有八日乃伏。五月丁卯，岁星昼见。八月甲午，太白犯轩辕大星。十月庚子，月掩荧惑；十一月庚午，犯昴。九年正月戊寅，月掩心后星；四月庚子，掩心前星；八月癸卯，掩昴；十二月丙戌，犯土。丁酉，太白昼见，十有六日伏。十年正月丙寅，月掩轩辕大星；七月庚子，犯五车东南星。八月戊申朔，木星掩荧惑，在参毕间。十一年二月壬戌，荧惑犯井东扇北第一星。八月癸卯，太白昼见。十二年五月辛巳，月犯心后星；八月癸卯，惑心大星。辛亥，荧惑掩井东扇北第二星。丁亥，太白昼见，在日前，九十有八日伏。十月己酉，荧惑掩鬼西北星。岁星昼见，在日后，四十有七日伏。十三年闰正月辛酉，太白昼见，四十有九日伏。二月己丑，荧惑犯鬼西北星；三月癸巳朔，入鬼；次日，犯积尸气。六月辛未，月犯心前星。十月乙丑，岁星昼见于日后，五十有三日伏。十四年三月辛丑，太白岁星昼见，十有八日伏；丙辰，二星经天，凡二日。六月己未，太白昼见，三十有九日；八月己卯，昼见，又百三十二日乃伏。庚辰，荧惑犯积尸气。十月丙寅，岁星昼见，六日。十五年十一月甲子，太白昼见，八十有六日伏。十二月乙丑，月掩井西扇北第一星。十六年三月庚申，月食。五月甲寅，太白昼见，五十有四日伏。庚午，月掩太白；七月丁未，犯角宿距星；甲子，掩毕宿距星。八月丙子，太白犯轩辕大星。九月丁巳，月食。十月丁丑，荧惑入太微。十一月甲寅，月掩毕距星。戊辰，荧惑犯太微上将。十二月己丑，月掩太微左执法。十七年春正月丙寅，荧惑犯太微西藩上相。九月庚戌，岁星、荧惑、太白聚于尾。十二月己巳，太白昼见，四十有四日伏。十八年七月庚辰，土星犯井东扇北第二星。九月己丑，荧惑犯左执法。十二月甲午，镇星掩井西扇北第一星，凡十日。十九年正月甲戌，月食，既。三月甲戌。荧惑犯氐距星。四月丁巳，岁星昼见，凡七日。七月丙子，太白昼见，四十有五日伏;八月癸卯,犯轩辕御女。辛亥,荧惑掩南斗杓第二星。九月壬申,月掩毕大星。十一月辛未,荧惑掩岁星。十二月丁亥,月犯岁星。二十年二月己丑,月掩毕大星;三月丙辰,掩毕西第二星。二十一年二月戊子,月犯镇星。戊戌,太白昼见。三月甲子,太白昼见,四月壬申,荧惑掩斗魁第二星,十有四日。六月甲戌,客星见于华盖,凡百五十有六日灭。七月乙亥朔,荧惑顺入斗魁中,五日。以下史阙。二十二年五月甲申,太白昼见,六十有四日伏。七月戊子,岁星昼见,二日。八月戊辰,太白昼见,百二十有八日,其经天者六十四日。十一月辛未,荧惑行氐中。乙亥,太白入氐。辛巳夜,月食,既。癸未,荧惑太白皆出氐中。十二月戊戌,荧惑犯钩钤。二十三年五月己卯,月食,既。九月甲申,岁星昼见,五十有五日伏。十月辛酉,太白昼见,百四十有九日乃伏。十一月丁卯,岁星昼见,三十有三日伏。闰十一月庚申,岁星昼见,九十日伏。二十四年四月己未朔,太白昼见,百四十有五日乃伏。甲申,月掩太白。九月庚子,岁星犯轩辕太星,甲辰昼见,凡五十二日伏。十月壬申,太白、辰星同度。二十五年三月乙酉,太白与月相犯。九月丁亥,月在斗魁中,犯西第五星。十一月庚辰朔,岁星昼见,在日后,凡七十四日。壬午,太白昼见,在日后,百十有一日乃伏。十二月己未,月犯荧惑。甲子,太白昼见经天。二十六年三月丙戌,荧惑入井。镇星犯太微东藩上相。壬辰,月食。四月丁丑,荧惑犯鬼西南星。七月丙申,月掩心前星。八月乙亥朔,日月五星会于轸。十二月乙未,月掩心前大星,又犯于后星。二十七年五月壬子,月犯心太星。六月庚辰,太白昼见,百七十有三日乃伏。癸巳,月掩昴;七月丙午,犯房南第一星。是日,太白昼见经天。十月己丑,太白入氐。十二月丁丑,月掩昴。二十八年正月己未,岁星留于房;甲子,守房北第一星。十一月丙申,镇星入氐。庚子,太白昼见,在日前,四十有九日伏。十二月壬申,月掩昴。二十九年正月丁酉,土星留氐中,三十有七日逆行,后七十九日出氐。五月庚寅朔,太白昼见,在日后。六月丙辰,月犯太白,月北星南,同在柳宿。十一月己未,荧惑守轩辕,至戊辰退行,其色稍怒。十二月辛丑,月食,既。

章宗明昌元年二月丁亥,太白昼见。六月丁酉,月食,既。十二月乙未,月食。二年六月壬辰,月食。十一月乙丑,金木二星见在日前,十三日方伏而顺,行危宿在羽林军上、垒壁阵下,光芒明大。十二月戊子,木金相犯,有光芒。三年三月戊戌,荧惑顺行犯太微西藩上将。四月丁巳,月食。己未,荧惑掩右执法,色怒而稍赤。四年正月丙子,月有晕,白虹贯其中。八月己亥,卯初三刻,岁星见,未正二刻,太白见,俱在午位。其夜岁星留胃十三度。守天廪。九月戊申,月食。五年十月癸卯,月食。十一月癸丑,太白昼见,在日前,三十有三日伏。六年正月庚寅,太白昼见,在日前,百有二日乃伏。六月庚辰,复昼见,在日后。百六十七日,唯是日经天。

承安元年四月,司天奏河津星象事,上谕宰相曰:"天道不测,当预防之。"八月壬戌,月食。九月壬午,太白昼见,在日前,百有七日乃伏。二年二月丁巳,太白昼见,在日后,百九十有五日乃伏;己未,经天。是夜,月食,既。三年正月甲寅,月食。七月庚戌,月食。五年五月庚午,月食。六月庚戌,月掩太白。

泰和元年十一月辛酉,月食。二年五月己未,月食。三年三月癸未,月食。六月戊戌,太白昼见,在日后,百有十日乃伏。四年九月乙亥,月食。五年三月壬申,月食。闰八月己巳,月食。六年五月甲申,太白昼见,在日前,七十有六;庚戌,经天。六月辛未,岁星昼见,在日后;七月戊申,经天。八月癸卯,月晕围太白、荧惑二星。辛亥,岁星辰见,至夜五更,与东井距星相去七寸内。癸丑,夜半有流星如太白,其色赤,起于娄宿。己未卯正初刻,太白昼见,在日前。其夜五更,荧惑与舆鬼、积尸气相犯,在七寸之内。庚申卯正初刻,太白昼见,在日后,其夜五更初,荧惑在舆鬼、积尸气中,壬申,太白昼见,经天,在日后。十月丙午,岁星犯东井距星。十一月壬午,太白入氐。七年正月丙戌初更,月有晕围岁、镇二星,在参毕间。辛卯,月食。三月癸丑,月掩轩辕大星。七月戊子,月食。九月己卯初更,月在南斗魁中。且,岁星在舆鬼中。八年正月丙戌,月食。七月戊戌朔,太白昼见,在日后。八月壬戌,太白、岁星光芒相及,同在张一度。十一月庚子未刻,有流星如太白者二,光芒如炬,几一丈,起东北没东南。

卫绍王大安元年正月辛丑,有飞星如火,起天市垣,尾迹如赤龙之状,移刻散。二月乙丑朔,太白昼见,经天。六月丁丑,月食。十月乙丑,月食荧惑。丙寅,岁星犯左执法。二年正月庚戌朔,日中有流星出,大如盘,其色碧,西行,渐如车轮,尾长数丈,没于浊中,至地复起,光散如火,移刻灭。二月,客星入紫微中,其光散如赤龙之状。三年正月乙酉,荧惑入氐中,凡十有一日乃出。二月,荧惑犯房;闰月,犯键闭星;十月癸巳,犯垒壁阵。

崇庆元年春三月,日正午,日、月、太白皆相去咫尺。

宣宗贞祐元年十一月丙子,荧惑入垒壁阵。二年二月庚戌,月食。八月丁未,月食。九月丁亥,太白昼见于轸。十一月庚辰,镇星犯太微东垣上相。辛巳,荧惑犯房、钩钤。

三年七月庚申,有流星如太白,其色青白,有尾出紫微垣北极之旁,入贯索中。己卯,月入毕,至戊夜犯毕大星。八月辛丑,月食,既。十二月庚寅,太白昼见于危,八十有五日伏。四年正月乙卯夜,中天有流星大如十,色赤长丈余,坠于西南,其声如雷。二月己亥,月食。四月丁酉,太白昼见于奎,百九十有六日乃伏。六月丙申,岁星昼见于奎,百有一日乃伏。闰七月乙未,月食;辛丑,犯毕。十一月丙戌,月晕岁星,岁在奎,月在壁;己丑,犯毕大星;十二月戊午,复犯毕大星。

兴定元年正月乙酉,月犯毕左股第二星。四月戊辰,太白昼见于井,百六十有二日乃伏。八月戊申,岁星昼见于昴,六十有七日伏。九月癸巳,月犯东井西扇第二星。十月癸丑,夜有流星大如杯,尾长丈余,自轩辕起贯太微,没于角宿之上。十一月癸未,月晕岁星、荧惑二星,木在胃,火在昴。丙戌,太白昼见。十二月戊午,月食。二年六月乙卯,月食。八月壬戌,有流星大如杯,尾长丈余,其光烛地,起建星没尾中。一云自东北至西北而坠,其先如塔状,先有声如风，后若雷者三，片纸皆震。十月庚申，月犯轩辕左角之少民星。十二月壬子，月食，既。三年五月庚戌，月食。既。壬子，太白昼见于参，三十有六日经天，又百八十四日乃伏。七月壬寅初昏，有星自西南来，其光烛地，状如月而稍不圆，色青白，有小星千百环之，若迸火然，坠于东北，少顷有声如鼓。八月丁卯，岁星犯舆鬼东南星。己巳，岁星昼见于柳，百有九日乃伏。十一月乙巳，月食。癸丑，白虹二，夹月。寻复贯之。四年正月庚子，月犯东井。三月甲寅，岁星犯鬼、积尸气。五月甲辰，月食；六月戊辰，犯镇星。己巳，太白昼见于张，百八十有四日乃伏。十一月壬辰，岁星昼见于翼，六十有七日，夜又犯灵台北第一星。五年正月辛丑，太白昼见于牛，二百三十有二日乃伏。司天夹谷德玉等奏以为臣强之象，请致剑以禳之。宣宗曰：“斗、牛吴分，盖宋境也。他国有灾，吾禳之可乎。”九月庚戌，岁星犯左执法。闰十二月戊子，荧惑犯轩辕。甲午，月犯荧惑。戊戌，镇星昼见于轸。己亥，太白昼见于室。六年正月辛酉，月犯荧惑；壬戌，犯轩辕。三月壬子，月食太白。四月癸亥，月食。丙寅，岁星犯太微左执法。七月乙亥，太白经天，与日争光。八月己卯，彗星出于亢宿、右摄提、周鼎之间，指大角。太史奏：“除旧布新之象，宜改元修政以消天变。”于是，改是年为元光元年。九月丁未，灭。壬申，月食岁星。

　　元光二年八月乙亥，荧惑入舆鬼，掩积尸气；十月壬午，犯灵台；十一月又犯心大星。

　　哀宗正大元年正月丙午，月犯昴；三月癸丑，犯荧惑。是月，荧惑逆行犯左执法。四月癸酉，荧惑犯右执法。乙未，太白、辰星相犯。三年十一月丙辰，月掩荧惑。丁巳，荧惑犯岁星；庚申，犯垒壁阵。癸酉，五星并见于西南。十二月，荧惑入月。四年正月壬戌，荧惑犯太白。六月丙辰，太白入井。七月丁亥，荧惑犯斗从西第二星。五年五月乙酉，月掩心大星。七年十月己巳，月晕，至五更复有大连环贯之，络北斗，内有戟气。十二月庚寅，有星出天津下，大如镇星而色不明，初犯辇道，二日见于东北，在织女南，乙未，入天市垣，戊申方出;癸丑,历房北,复东南行,入积薪,凡二十五日而灭。

天兴元年七月乙巳,太白、岁星、荧惑、太阴俱会于轸、翼,司天武亢极言天变,上惟叹息,竟亦不之罪也。八月甲戌,太白、岁星交。闰九月己酉,彗星见东方,色白,长丈余,弯曲如象牙,出角、轸南行,至十二日长二丈,十六日月烛不见,二十七日五更复出东南,约长四丈余,至十月一日始灭,凡四十有八日。司天奏其咎在北,哀宗曰:"我亦北人,今日之事我当灭也,何乃不先不后适丁此乎。"

金史卷二一
志第二

历　上

步气朔　　步卦候　　步日躔　　步晷漏

　　昔者圣人因天道以授人时,厘百工以熙庶政,步推之法,其来尚矣。自汉太初迄于前宋,治历者奚啻七十余家,大概或百年或数十年,率一易焉。盖日月五星盈缩进退,与夫天运,至不齐也,人方制器以求之,以俾其齐,积寡至多不能无爽故尔。

　　金有天下百余年,历惟一易。天会五年,司天杨级始造大《明历》,十五年春正月朔,始颁行之。其法,以三亿八千三百七十六万八千六百五十七为历元,五千二百三十为日法。然其所本,不能详究,或曰因宋《纪元历》而增损之也。正隆戊寅三月辛酉朔,司天言日当食,而不食。大定癸巳五月壬辰朔,日食,甲午十一月甲申朔,日食,加时皆先天。丁酉九月丁酉朔,食乃后天。由是占候渐差,乃命司天监赵知微重修《大明历》,十一年历成。时翰林应奉耶律履亦造《乙未历》。二十一年十一月望,太阴亏食,遂命尚书省委礼部员外郎任忠杰与司天历官验所食时刻分秒,比校知微、履及见行历之亲疏,以知微历为亲,遂用之。明昌初,司天又改进新历,礼部郎中张行简言:“请俟他日月食,覆校无差,然后用之。”事遂寝。是以终金之世,惟用知微历,我朝初亦用之,后始改《授时历》焉。今其书存乎太史,采而录之,以为《历志》。

步气朔第一

演纪：上元甲子距今大定庚子，八千八百六十三万九千六百五十六年。

日法：五千二百三十分。

岁实：一百九十一万二百二十四分。

通余：二万七千四百二十四分。

朔实：一十五万四千四百四十五分。

通闰：五万六千八百八十四分。

岁策：三百六十五日，余一千二百七十四分。

朔策：二十九日，余二千七百七十五分。

气策：一十五日，余一千一百四十二分，六十秒。

望策：一十四日，余四千二分，四十五秒。

象策：七日，余二千二分，二十二秒半。

没限：四千八十七分，三十秒。

朔虚分：二千四百五十五分。

旬周：三十一万三千八百分。

纪法：六十。

秒母：九十。

求天正冬至。

置上元甲子以来积年，岁实乘之，为通积分。满旬周去之，不尽以日法约之为日，不盈为余。命甲子算外，即所求天正冬至日大小余。

求次气

置天正冬至大小余，以气策累加之，秒盈秒母从分，分满日法从日，即得次气日及余秒。

求天正经朔

以朔实去通积分，不尽为闰余，以减通积为朔积分。满旬周去之，不尽如日法而一为日，不盈为余，即所求天正经朔大小余也。

求弦望及次朔

置天正经朔大小余，以象策累加之，即各得弦、望及次朔经日及余秒也。

求没日

置有没之恒气小余，如没限已上，为有没之气。以秒母乘之，内其秒，用减四十七万七千五百五十六，余满六千八百五十六而一，所得并恒气大余，命为没日。

求灭日

置有灭之朔小余，<small>经朔小余不满朔虚分者。</small>六因之，如四百九十一而一，所得并经朔大余，命为灭日。

步卦候第二

候策：五，余三百八十，秒八十。

卦策：六，余四百五十七，秒六。

贞策：三，余二百二十八，秒四十八。

秒母：九十。

辰法：二千六百一十五。

半辰法：一千三百七半。

刻法：三百一十三，秒八十。

辰刻：八，一百四分，秒六十。

半辰刻：四，五十二分，秒三十。

秒母：一百。

求七十二候

置中气大小余，命之为初候，以候策累加之，即次候及末候也。

求六十四卦

置中气大小余，命之为公卦；以卦策累加之，得辟卦；又加之，得侯内卦。以贞策加之，得节气之初，为侯外卦；又以贞策加之，得大夫卦。又以卦策加之，为卿卦。

求土王用事

以贞策减四季中气大小余，即土王用事日也。

求发敛

置小余，以六因之，如辰法而一为辰。如不尽，以刻法除之为刻。命子正算外，即得加时所在辰刻及分。如加半辰法，即命子刻初。

恒气 月中节 四正卦	初　候	次　候	末　候	始　卦	中　卦	终　卦
冬至十一月中， 《坎》初六。	蚯蚓结	麋角解	水泉动	公《中孚》	辟《复》	侯《屯》内
小寒十二月节， 《坎》九二。	雁北乡	鹊始巢	野难鸡 始雊	侯《屯》外	大夫《谦》	卿《睽》
大寒十二月中， 《坎》六三。	鸡始乳	鸷鸟厉 疾	水泽腹 坚	公《升》	辟《临》	侯《小过》 内
立春正月节， 《坎》六四。	东风解 冻	蛰虫始 振	鱼上冰	侯《小过》 外	大夫《蒙》	卿《益》
雨水正月中， 《坎》九五。	獭祭鱼	鸿雁来	草木萌 动	公《渐》	辟《泰》	侯《需》内
惊蛰二月节， 《坎》上六。	桃始华	仓庚鸣	鹰化为 鸠	侯《需》外	大夫《随》	卿《晋》
春分二月中， 《震》初九。	玄鸟至	雷乃发 声	始　电	公《解》	辟《大壮》	侯《豫》内
清明三月节， 《震》六二。	桐始华	田鼠化 为鴽	虹始见	侯《豫》外	大夫《讼》	卿《蛊》
谷雨三月中， 《震》六三。	萍始生	鸣鸠拂 其羽	戴胜降 于桑	公《革》	辟《夬》	侯《旅》内
立夏四月节， 《震》九四。	蝼蝈鸣	蚯蚓出	王瓜生	侯《旅》外	大夫《师》	卿《比》

小满四月中，《震》六五。	苦菜秀	靡草死	小暑至	公《小畜》	辟《乾》	侯《大有》内
芒种五月节，《震》上六。	螳螂生	鵙始鸣	反舌无声	侯《大有》外	大夫《家人》	卿《井》
夏至五月中，《离》初九。	鹿角解	蜩始鸣	半夏生	公《咸》	辟《姤》	侯《鼎》内
小暑六月节，《离》六二。	温风至	蟋蟀居壁	鹰乃学习	侯《鼎》外	大夫《丰》	卿《涣》
大暑六月中，《离》九三。	腐草化为萤	土润溽暑	大雨时行	公《履》	辟《遁》	侯《恒》内
立秋七月节，《离》九四。	凉风至	白露降	寒蝉鸣	侯《恒》外	大夫《节》	卿《同人》
处暑七月中，《离》六五。	鹰乃祭鸟	天地始肃	禾乃登	公《损》	辟《否》	侯《巽》内
白露八月节，《离》上九。	鸿雁来	玄鸟归	群鸟养羞	侯《巽》外	大夫《萃》	卿《大畜》
秋分八月中，《兑》初九。	雷乃收声	蛰虫坯户	水始涸	公《贲》	辟《观》	侯《归妹》内
寒露九月节，《兑》九二。	鸿雁来宾	雀入大水化为蛤	鞠有黄华	侯《归妹》外	大夫《无妄》	卿《明夷》
霜降九月中，《兑》六三。	豺乃祭兽	草木黄落	蛰虫咸俯	公《困》	辟《剥》	侯《艮》内
立冬十月节，《兑》九四。	水始冰	地始冻	野鸡入水化为蜃	侯《艮》外	大夫《既济》	卿《噬嗑》
小雪十月中，《兑》九五。	虹藏不见	天气上升地气下降	闭塞而成冬	公《大过》	辟《坤》	侯《未济》内

大雪十一月节,《兑》上六。	鹖鸟不鸣	虎始交	荔挺出	侯《未济》外	大夫《蹇》	卿《颐》

步日躔第三

周天分:一百九十一万二百九十三分,五百三十秒。

岁差:六十九,五百三十秒。秒母一万。

周天度:三百六十五度,二十五分,六十八秒。

象限:九十一,三十一分,九秒。

二十四气日积度及盈缩

恒气	日积度 分秒	损益率	初末率	日　差	盈缩积
冬至	空	益七千五十九	初四百九十八　八十　六十五　末四百七十八　八十　八　一十一	四　九十一　七十九	盈空
小寒	一十五　九十二　四十三	益五千九百二十	初四百二十五　八十　九　七十二　末三百五十二　一十　四十一	五　一十八　九十九	盈七千五十九
大寒	三十一　七十三　四十八	益四千七百一十八	初三百四十八　八十　四　八十　末二百七十一　一十　八　七十四	五　四十六　一十九	盈一万二千九百七十九
立春	四十七　四十二　五十一	益三千四百五十三	初二百六十七　六十　二　八十六　末一百八十六　一十　六　一十六	五　七十二　九十六	盈一万七千六百九十七

雨水 六十二 九十八 八十九	益二千一百二十六	初一百八十二 二十七 三十八 末九十七 一十二 三十二	五 九十八 八十七	盈二万一千一百五十
惊蛰 七十八 四十二 空	益七百三十九	初九十一 一十三 四十六 末五 九十八 四十	五 九十八 八十七	盈二万三千二百七十六
春分 九十三 七十一 二十四	损七百三十九	初五 九十八 四十 末九十一 一十三 四十六	五 九十八 八十七	盈二万四千一十五
清明 一百八 八十五 六十九	损二千一百二十六	初九十八 九十六 五十 末一百八十 四十三 二十	五 七十二 九十六	盈二万三千二百七十六
谷雨 一百二十三 八十六 二十八	损三千四百五十三	初一百八十八 六 四十八 末二百六十五 七十 二 五十四	五 四十六 一十九	盈二万一千一百五十
立夏 一百三十八 七十三 六十	损四千七百一十八	初二百七十三 一十 九十七 末三百四十六 九十一 四十二	五 一十八 九十九	盈一万七千六百九十七
小满 一百五十三 四十八 二十七	损五千九百二十	初三百五十四 三 七十九 末四百二十三 九十 六 三十	四 九十一 七十九	盈一万二千九百七十九

芒种	一百六十八 一十 九十二	损七千五十九	初四百二十八 八十八 一十二 末四百九十八 八十 六十五	四 九十一 七十九	盈七千五十九
夏至	一百八十二 六十二 一十八	益七千五十九	初四百九十八 八十 六十五 末四百二十八 八十八 一十一	四 九十一 七十九	缩空
小暑	一百九十七 一十三 四十三	益五千九百二十	初四百二十五 八十九 七十二 末三百五十二 一十 四十一	五 一十八 九十九	缩七千五十九
大暑	二百一十一 七十八 八	益四千七百一十八	初三百四十八 八十四 末二百七十一 一十八 七十四	五 四十六 一十九	缩一万二千九百七十九
立秋	二百二十六 五十 七十五	益三千四百五十三	初二百六十七 六十一 八十二 末一百八十六 一十 六 一十六	五 七十三 九十六	缩一万七千六百九十七
处暑	二百四十一 三十八 七	益二千一百二十六	初一百八十二 二十七 三十八 末九十七 一十二 三十二	五 九十八 八十七	缩二万一千一百五十
白露	二百五十六 三十八 六十六	益七百三十九	初九十一 一十三 四十六 末五 九十八 四十	五 九十八 八十七	缩二万三千二百七十六

秋分	二百七十一五十三十二	损七百三十九	初五 九十八 四十 末九十一 一十三 四十六	五 九十八 八十七	缩二万四千一十五
寒露	二百八十六 八十二 三十五	损二千一百二十六	初九十八 九十六 五十 末一百八十 四十三 二十	五 七十二 九十六	缩二万三千二百七十六、
霜降	三百二 二十五 四十六	损三千四百五	初一百八十八 四十八 末二百六十五 七十 二 五十四	五 四十六 一十九	缩二万一千一百五十
立冬	三百一十七 八十一 八十四	损四千七百一十八	初二百七十三 一十 一 九十一 末三百四十六 九十一 四十三	五 一十八 九十九	缩一万七千六百九十七
小雪	三百三十三 五十 八十七	损五千九百二十	初三百五十四 三 七十九 末四百二十三 九十六 三十二	四 九十一 七十九	缩一万二千九百七十九
大雪	三百四十九 三十一 九十二	损七千五十九	初四百二十八 八十 一十一 末四百九十八 八十 六十五	四 九十一 七十九	缩七千五十九

二十四气中积及朓朒

恒气	中积 经分约分	损益率	初末率	日　差	朓朒积
冬至	空	益二百七十六	初一十九　四十八　六十四　末一十六　七十八　五十二	一十九　空	朒　空
小寒	十五日一千一百四十二　六十　二十一　八十四	益二百三十二	初一十六　六十八　七十四　末一十三　八十一　一　十九	二十二　十九	朒二百七十六
大寒	三十二千二百八十五　三十　四十三　六十九	益一百八十五	初一十三　六十九　一十一　末十　六十二　一十　四	二十一　五十九	朒五百八
立春	四十五三千四百二十八　六十五　五十四	益二百二十五	初十　四十六　七十　末七　二十七　四十　五	二十二　四十五	朒六百九十三
雨水	六十四千五百七十　六十　八十七　三十九	益八十三	初七　一十一　一十　四　末三　七十九　六十　三	二十三　三十二	朒八百二十八
惊蛰	七十六四百八十三　三十　九　二十四	益二十九	初三　五十八　三十　末空　二十四　八十	二十三　三十二	朒九百一十一

春分	九十一一千六百二十六 十六 三十一 九	损二十九	初空 二十四 八十 末三 五十六 三十一	二十三 三十二	朒九百四十
清明	一百六二千七百六百 十六 六十 五十二 九十三	损八十三	初三 八十五 七十六 末七 五 一	二十二 四十五	朒九百一十一
谷雨	一百二十一三千九 百一十一 三十 七十四 七十八	损一百三十五	初七 三十三 五十九 末一十 四十 五十六	二十一 五十九	朒八百二十八
立夏	一百三十六五千五十四 九十六 六十三	损一百八十五	初十 七十二 三十六 末一十三 五十九 九十一	二十二 十九	朒六百九十三
小满	一百五十二九百六 十六 六十 一十八 四十八	损二百三十二	初一十三 八十九 四十 末十六 五十九 五十二	一十九空	朒五百八
芒种	一百六十七二千一 百九 十二 四十 三十三	损二百七十六	初十六 七十八 五十二 末一十九 四十八 六十四	一十九空	朒二百七十六
夏至	一百八十二三千五 百五十一 六十二 一十八	益二百七十六	初十九 四十八 六十四 末一十六 七十八 五十二	一十九空	朒空

小暑	一百九十七四千三百九十四 六十八十四 二	益二百三十二	初一十六 六十八七十四 末一十三 八十 一十九	二十二十九	朓二百七十六
大暑	二百一十三三百七二十五 八十七	益一百八十五	初十三 六十九 一十一 末十 六十二 一十四	二十一五十九	朓五百八
立秋	二百二十八一千四百五十二十七 七十二	益一百三十五	初十 四十六 七十末七 二十七 四十五	二十二四十五	朓六百九十三
处暑	二百四十三二千五百九十二 六十四十九 五十四	益八十三	初七 一十一 一十四 末三 七十九 六十三	二十三三十二	朓八百二十八
白露	二百五十八三千七百五十五 三十七十一 四十一	益二十九	初三 五十六 三十一 末空 二十四 八十	二十三三十二	朓九百一十一
秋分	二百七十三四千八百七十八九十三 二十七	损二十九	初空 二十四 八十末 五十六 三十一	二十三三十二	朓九百四十
寒露	二百八十九七百九十 六十一十五 一十二	损八十三	初三 八十一 七十六 末七 五 一	二十二四十五	朓九百一十一

霜降	三百四十三 三十六 一千九百三十 九十六	损一百三十五	初七 三十三 五十九 末十 四十 五十六	二十一 五十九	朓八百二十八
立冬	三百一十九 十六 五十八 三千七 八十一	损一百八十五	初十 七十一 三十 六 末一十三 五十九 九十一	二十二 十九	朓六百九十三
小雪	三百三十四 百一十八 八十六 四千三 六十 十六	损二百三十二	初十三 八十九 十 四 末十六 五十九 五 十二	一十九 空	朓五百八
大雪	三百五十一 一 二 一百三十 三十 五十一	损二百七十六	初十六 七十八 五 十二 末九 四十八 六十 四	一十九 空	朓二百七十六

求每日盈缩朓朒

各置其气损益率，求盈缩用盈缩之损益，求朓朒用朓朒之损益。六因，如象限而一，为气中率。与后气中率相减，为合差。半合差加减其气中率，为初末泛率。至后：加初，减末。分后：减初，加末。又置合差，六因，如象限而一，为日差，半之，加减初末泛率，为初末定率。至后：减初，加末。分后：加初，减末。以日差累加减其气初末定率。为每日损益分。至后减，分后加。各以每日损益分加减气下盈缩、朓朒。为每日盈缩、朓朒二分前一气无后率相减为合差者，皆用前气合差。

求经朔弦望入气

置天正闰余，以日法除为日，不满为余。如气策以下，以减气策，为入大雪气。策以上去之。余亦减气策，为入小雪气。即得天正经朔入气日及余也。以象策累加之。满气策去之，即得弦、望入次气日及余。因加，后朔入气日及余也。

求每日损益、盈缩、朓朒

以日差益加减损加减其气初损益率，为每日损益率。驯积损益其气盈缩，朓朒积，为每日盈缩，朓朒积。

求经朔弦望入气朓朒定数

各以所入恒气小余，以乘其日损益率，乘如日法而一，以所得损益其下朓朒积为定数。

赤道宿度

斗二十五度　牛七度少　女十一度少　虚九度少　秒六十八　危十五度半　室十七度　壁八度太

右北方七宿九十四度　秒六十八

奎十六度半　娄十二度　胃十五度　昴十一度少　毕十七度少　觜半度　参十度半

右西方七宿八十三度

井三十三度少　鬼二度半　柳十三度太　星六度太　张十七度少　翼十八度太　轸十七度

右南方七宿一百九度少

角十二度　亢九度少　氐一十六度　房五度太　心六度少　尾十九度少　箕十度半

右东方七宿七十九度

求冬至赤道日度

置通积分，以周天分去之，余日法而一为度，不满退除为分秒。以百为母。命起赤道虚宿七度外去之，至不满宿，即所求年天正冬至加时日躔赤道宿度及分秒。

求春分夏至秋分赤道日度

置天正冬至加时赤道日度，累加象限，满赤道宿次去之，即各得春分、夏至、秋分时日在宿度及分秒。

求四正赤道宿积度

置四正赤道宿全度，以四正赤道日度及分减之，余为距后度。

以赤道宿度累加之,各得四正后赤道宿积度及分。

求赤道宿积度入初末限

视四正后赤道宿积度及分,在四十五度六十五分秒五十四半以下为入初限,以上者用减象限,余为入末限。

求二十八宿黄道度

以四正后赤道宿入初末限度及分,减一百一度,余以初末限度及分乘之,进位,满百为分,分满百为度。至后以减、分后以加赤道宿积度,为其宿黄道积度。以前宿黄道积度减之,其四正之宿,先加象限,然后前宿减之。为其宿黄道度及分。其分就近约为太、半、少。

黄道宿度

斗二十三度　牛七度　女十一度　虚九度少 秒六十八　危十六度　室十八度少　壁九度半

右北方七宿九十四度六十八秒

奎十七度太　娄十二度太　胃十五度半　昴十一度　毕十六度半 觜半度　参九度太

右西方七宿八十三度太　一百七十七、七十五、六十八

井三十度半　鬼二度半　柳十三度少　星六度太　张十七度太 翼二十度　轸十八度半

右南方七宿一百九度少　二百八十七、六十八

角十二度太　亢九度太　氐十六度少　房五度太　心六度　尾十八度少　箕九度半

右东方七宿七十八度少　三百六十五、二十五、六十八

前黄道宿度,依今历岁差所在算定。如上考往古,下验将来,当据岁差,每移一度,依术推变当时宿度,然后可步七曜,知其所在。

求天正冬至加时黄道日度

以冬至加时赤道日度及分秒,减一百一度,余以冬至赤道日度及分秒乘之,进位,满百为分,分满百为度。命日黄赤道差。用减冬至加时赤道日度及分秒,即所求年天正冬至加时黄道日度及分秒。

求二十四气加时黄道日度

置所求年冬至日躔黄赤道差,以次年黄赤道差减之,余以所求气数乘之,二十四而一,所得以加其气中积及约分,又以其气初日盈缩数盈加缩减之,用加冬至加时黄道日度,依宿次去之,即各得其气加时黄道日躔宿度及分秒。如其年冬至加时赤道宿度空分秒在岁差以下者,即加前宿全度,然后求黄赤道差,余依术算。

求二十四气每日晨前夜半黄道日度

副置其气小余,以其气初日损益率乘之,盈缩之损益。万约之为分,应益者盈加缩减,应损者盈减缩加其副,日法除之为度,不满退除为分秒,以减其气加时黄道日度,即各得其气初日晨前夜半黄道日度。每日加一度,以百约每日损益率,盈缩之损益。应益者盈加缩减,应损者盈减缩加,为每日晨前夜半黄道日度及分秒。

求每日午中黄道日度

置一万分,以所入气日盈缩损益率,应益者盈加缩减,应损者盈减缩加,皆加减损益率,余半之,满百为分,不满为秒,以加其日晨前夜半黄道日度,即其日午中日躔黄道宿度及分秒。

求每日午中黄道积度

以二至加时黄道日度,距至所求日午中黄道日度,为入二至后黄道积度及分秒。

求每日午中黄道入初末限

视二至后黄道积度,在四十三度一十二分秒八十七已下为初限,以上,用减象限,余为入末限。其积度满象限去之,为二分后黄道积度,在四十八度一十八分秒二十二以下为初限,以上,用减象限,余为入末限。

求每日午中赤道日度

以所求日午中黄道积度,入至后初限,分后末限,度及分秒,进三位,加二十万二千五十少,开平方除之,所得,减去四百四十九半,余在初限者,直以二至赤道日度加而命之。在末限者,以减象限,余以二分赤道日度加而命之。即每日午中赤道日度。以所求日午中黄道积度,入至后末限,分后初限,度及分秒,进三位,用减三十万三千五十少,开平方除之,所得,以减五百五十半,其在初限者,以所减之余,直以二分赤道日度加而命之。在末限者,以减象限,余以二至赤道日度加而命之。即每日午中赤道日度。

太阳黄道十二次入宫宿度

雨水　危十三度三十九分五十九秒外,入卫分,陬訾之次,辰在亥。

春分　奎二度三十五分八十五秒外,入鲁分,降娄之次,辰在戌。

谷雨　胃四度二十四分三十三秒外,入赵分,大梁之次,辰在酉。

小满　毕七度九十六分六秒外,入晋分,实沈之次,辰在申。

夏至　井九度四十七分一十秒外,入秦分,鹑首之次,辰在未。

大暑　柳四度九十五分一十六秒外,入周分,鹑火之次,辰在午。

处暑　张十五度五十六分三十五秒外,入楚分,鹑尾之次,辰在巳。

秋分　轸十度四十四分五秒外,入郑分,寿星之次,辰在辰。

霜降　氐一度七十七分七十七秒外,入宋分,大火之次,辰在卯。

小雪　尾三度九十七分九十二秒外,入燕分,析木之次,辰在寅。

冬至　斗四度三十六分六十六秒外,入吴越分,星纪之次,辰在丑。

大寒　女二度九十一分九十一秒外,入齐分,弦枵之次,辰在子。

求入宫时刻

各置入宫宿度及分秒,以其日晨前夜半日度减之,相近一度之间者求之。余以日法乘其分,其秒从于下,亦通乘之,为实;以其日太阳行分为法，实如法而一，所得，依发敛加时求之，即得其日太阳入宫时刻及分秒。

步晷漏第四

中限：一百八十二日，六十二分，一十八秒。

冬至初限，夏至末限：六十二日，二十分。

夏至初限，冬至末限：一百二十日，四十二分。

冬至地中晷影常数：一丈二尺八寸三分。

夏至地中晷影常数：一尺五寸六分。

周法：一千四百二十八。

内外法：一万八百九十六。

半法：二千六百一十五。

日法四分之三：三千九百二十二半。

日法四分之一：一千三百七半。

昏明分：一百三十分，七十五秒。

昏明刻：二刻，一百五十六分，九十秒。

刻法：三百一十三分，八十秒。

秒母：一百。

求午中入气中积

置所求日大余及半法，以所入之气大小余减之，为其日午中入气。以加其气中积，为其日午中中积。小余以日法除为约分。

求二至后午中入初末限

置午中中积及分，如中限已下，为冬至后。已上，去中限，为夏至后。其二至后，如在初限已下，为初限。已上，覆减中限，余为入末限也。

求午中晷影定数

视冬至后初限、夏至后末限，百通日，内分，自相乘，副置之。以一千四百五十除之，所得加五万三百八十，折半限分并之；除其副为分。分满十为寸，寸满十为尺，用减冬至地中晷影常数，为所求晷影定数。视夏至后初限、冬至后末限,百通日,内分,自相乘为上位。下置入限分,以二百二十五乘,百约之,加一十九万八千七十五为法。夏至前后半限以上者,减去半限,列于上位。下位置半限。各百通日,内分,先相减,后相乘。以七千七百除之,所得以加其法。反除上位,为分。分满十为寸,寸满十为尺,用加夏至地中晷影常数,为所求晷影定数。

　　求四方所在晷影

　　各于其处测冬夏二至晷影,乃相减之余,为其处二至晷差。亦以地中二至晷数相减,为地中二至晷差。其所求日在冬至后初限、夏至后末限者,如在半限已下,倍之;半限已上,覆减半限,余亦倍之,并入限日,三因折半,以日为分,十为寸,以减地中二至晷差为法。置地中冬至晷影常数,以所求日地中晷影定数减之,余以其处二至晷差乘之为实。实如法而一,所得,以减其处冬至晷数,即得其处其日晷影定数。所求日在夏至后初限、冬至后末限者,如在半限已下,倍之;半限已上,覆减半限,余亦倍之,并入限日,三因四除,以日为分,十为寸,以加地中二至晷差为法。置所求日地中晷影定数,以地中夏至晷影常数减之,余以其处二至晷差乘之为实。实如法而一,所得,以加其处夏至晷数,即得其处其日晷影定数。

　　二十四气陟降及日出分

恒气	增损差		加减差	陟降率	初末率			日出分
冬至增	初九　二十六	末七　九十六	减十	陟一十四十	初空　五　五十	末一　二十六　四		一千五百六十七九十二
小寒增	初七　八十九	末六　五十九	减十	陟二十八七十三	初一　三十六	末二　三十七　三十	六	一千五百五十七五十二

大寒增	初六 五十二 末五 二十二	减十	陟四十三 五十六	初二 四十三 末三 二十五 一十 八	一千五百 二十八 七十九
立春增	初五 一十八 末三 八十八	减十	陟五十五 一十九	初三 二十九 末三 九十二 四十 二	一千四百 八十五 二十三
雨水增	初三 八十二 末二 五十二	减十	陟六十三 九十	初三 九十五 五十 末四 三十九 八十 八	一千四百 三十　　四
惊蛰增	初二 四十八 末一 三十八	减十	陟六十九 一十八	初四 四十四 末四 六十七 一十 六	一千三百 六十六 一十四
春分损	初一 三十六 末二 四十	加八	陟六十四 六十九	初四 三十七 末四 一十 六十八	一千二百 九十六 九十六
清明损	初二 五十 末三 五十四	加八	陟五十九 九	初四 八 五十 末三 六十六 二十	一千二百 三十二 二十七
谷雨损	初三 六十五 末四 六十九	加八	陟五十 八十四	初三 六十二 末三 三 六十二	一千一百 七十三 一十八
立夏损	初四 八十 末五 八十四	加八	陟三十九 八十六	初二 九十八 五十 末二 二十四 二	一千一百 二十二 三十四
小满损	初五 九十六 末七 二	加八	陟二十六 六	初二 二十六 末一 二十五	一千八十 二　　四十 八

节气	初末			加减	陟降	初末				大数
芒种损	初七	一十九		加八	陟九 三十五	初一	一十五			一千五十六 四十二
	末八	二十三				末空	七	六		
夏至增	初八	三十七		减八	陟九 三十五	初空	四	五十		一千四十七 七
	末七	三十三				末一	二十四	四十		
小暑增	初七	二十		减八	降二十六 六	初一	二十三			一千五十六 四十二
	末六	一十六				末二	一十六	五十		
大暑增	初六	空		减八	降三十九 八十六	初二	二十二	五十		一千八十二 四十八
	末四	九十六				末二	九十九	二十		
立秋增	初四	八十		减八	降五十 八十四	初三	三			一千一百二十二 三十四
	末三	七十六				末三	六十二	九十		
处暑增	初三	六十		减八	降五十九 九	初三	六十五	五十		一千一百七十三 一十八
	末二	五十六				末四	八	六十二		
白露增	初二	四十		减八	降六十四 六十九	初四	一十	五十		一千二百三十二 二十七
	末一	三十六				末四	三十六	八十		
秋分损	初一	六十		加十	降六十九 一十八	初四	六十八			一千二百九十六 九十六
	末二	六十				末二	四十四	九十		
寒露损	初二	六十二		加十	降六十三 九十	初四	四十二			一千三百六十六 一十四
	末三	九十二				末三	九十六	二十		

霜降损	初三　九十八 末五　二十八	加十	降五十五 一十九	初三　九十四 末三　二十九　一十 八	一千四百 三十　　四
立冬损	初五　三十二 末六　六十二	加十	降四十三 五十六	初三　二十七 末二 四十三　四十二	一千四百 八十五 二十三
小雪损	初六　六十六 末七　九十六	加十	降二十八 七十三	初二　三十九　五十 末一　三十七　一十 六	一千五百 二十八 七十九
大雪损	初八　二 末九　三十二	加十	降一十 四十	初一　二十八　五十 末空　七　一十二	一千五百 五十七 五十二

二分前后陟降率

春分前三日太阳入赤道内,秋分后三日太阳出赤道外,故其陟降与他日不伦,今各别立数而用之。

惊蛰,十二日,陟四六十七,一十四。此为末率,于此用毕。其减差亦止于此。十三日,陟四四十一,六。十四日,陟四三十六,九十。十五日,陟四。

秋分,初日,降四三十八。一日,降四三十九。二日,降四五十七。三日,降四六十八。此为初率,始用之。其加差亦始于此。

求每日日出入晨昏半昼分

各以陟降初率,陟减降加其气初日日出分,为一日下日出分。以增损差,仍加减加减差。增损陟降率,驯积而加减之,即为每日日出分。覆减日法,余为日入分。以日出分减日入分而半之,为半昼分。以昏明分减日出分为晨分,加日入分为昏分。

求日出入辰刻

置日出入分，以六因之，满辰法而一，为辰数。不尽，刻法除之为刻数，不满为分，命子正算外，即得所求。

求昼夜刻

置日出分，十二乘之，刻法而一，为刻，不满为分，即为夜刻。覆减百刻，余为昼刻。

求更点率

置晨分，四因，退位为更率。二因更率，退位为点率。

求更点所在辰刻

置更点率，以所求更点数因之，又六因，内加昏明分，满辰法而一，为辰数。不尽，满刻法除之为刻数，不满为分，命其辰刻算外，即得所求。

求四方所在漏刻

各于所在下水漏，以定其处冬至或夏至夜刻，乃与五十刻相减，余为至差刻。置所求日黄道去赤道内外度及分，以至差刻乘之，进一位，加二百三十九而一，为刻，不尽以刻法乘之，退除为分，内减外加五十刻，即所求日夜刻，以减百刻，余为昼刻。其日出入辰刻及更点差率算等，并依术求之。

求黄道内外度

置日出分，如日法四分之一已上，去之，余为外分。如出分四分之一已下，覆减之，余为内分。置内外分，千乘之。如内外法而一，为度，不满退除为分，即为黄道去赤道内外度。内减外加象限，即得黄道去极度。

求距中度及更差度

置半法，以晨分减之，余为距中分，百乘之，如周法而一，为距中度。用减一百八十三度一十二分八十四秒，余四因退位，为每更差度。

求昏明五更中星

置距中度，以其日午中赤道日度加而命之，即昏中星所格宿次，因为初更中星。以更差度累加之，命赤道宿次去之，即得逐更及明中星。

金史卷二二
志第三

历　下

步月离　步交会　步五星　浑象

步月离第五

转中分：一十四万四千一百一十，秒六千六十六。

转终日：二十七日，余二千九百，秒六千六十六。

转中日：一十三日，余四千六十五，秒三千三十三。

朔差日：一，余五千一百四，秒三千九百三十四。

象策：七日，余二千一分，二十二秒半。

秒母：一万。

上弦：九十一度，三十一分，四十二秒。

望：一百八十二度，六十二分，八十四秒。

下弦：二百七十三度，九十四分，二十六秒。

月平行度：十三度，三十六分，八十七秒半。

分、秒母：一百。

七日：初数，四千六百四十八。末数，五百八十二。

十四日：初数，四千六十五。末数，一千一百六十五。

二十一日：初数，三千四百八十三。末数，一千七百四十七。

二十八日：初数，二千九百一。末数，二千三百二十九。

求经朔弦望入转

　　置天正朔积分，以转终分及秒去之，不尽，以日法而一，为日，不满为余秒，即天正十一月经朔入转日及余秒。以象策累加之，去命如前，即得弦、望经日加时入转日及余秒。径求次朔入转，以朔差加之。

转定分及积度朓朒率

		转定分	积度	疾	益损	朓
一	日	一千四百六十八	初　度	疾　初	益五百一十二	朓　初
二	日	一千四百五十七	一十四度六十八	疾一度三十一	益四百六十九	朓五百一十三
三	日	一千四百四十二	二十九度五十一	疾二度五十一	益四百一十一	朓九百八十二
四	日	一千四百二十二	四十三度六十七	疾三度五十六	益三百三十二	朓一千三百九十三
五	日	一千三百九十九	五十七度八十九	疾四度四十一	益二百四十三	朓一千七百二十五
六	日	一千三百七十三	七十一度八十八	疾五度三	益一百四十一	朓一千九百六十八
七	日	一千三百四十七	八十五度六十一	疾五度三十九	初益四十三 末损四	朓二千一百九
八	日	一千三百二十一	九十九度八	疾五度四十九	损六十三	朓二千一百四十八
九	日	一千二百九十五	一百一十二度二十九	疾五度三十二	损一百六十四	朓二千八十五
十	日	一千二百七十一	一百二十五度二十四	疾四度九十一	损二百五十八	朓一千九百二十一

十一日	一千二百四十七	一百三十七度九十五	疾四度二十五	损三百五十一	朓一千六百六十三
十二日	一千二百二十八	一百五十度四十二	疾三度三十五	损四百二十七	朓一千三百一十一
十三日	一千二百一十四	一百六十二度七十	疾二度二十六	损四百八十一	朓八百八十四
十四日	一千二百四	一百七十四度八十四	疾一度三	初损四百〇三 末益一百一十七	朓四百三
十五日	一千二百八	一百八十六度八十八	迟空度三十	益五百〇五	朒一百一十七
十六日	一千二百一十九	一百九十八度九十六	迟一度五十九	益四百六十二	朒六百二十二
十七日	一千二百三十六	二百一十一度十五	迟二度八十七	益三百九十五	朒一千八十四
十八日	一千二百五十八	二百二十三度五十	迟三度七十八	益三百〇九	朒一千四百七十九
十九日	一千二百八十一	二百三十六度九	迟四度五十七	益二百一十九	朒一千七百八十八
二十日	一千三百七	二百四十八度九十	迟五度十三	益一百一十七	朒二千〇七
二十一日	一千三百三十三	二百六十一度九十七	迟五度四十二	初益二十七 末损一十一	朒二千一百二十四
二十二日	一千三百五十九	二百七十五度三十	迟五度四十七	损八十六	朒二千一百三十九
二十三日	一千三百八十四	二百八十八度八十九	迟五度二十五	损一百八十四	朒二千五十四

二十四日	一千四百八	三百二度七十三	迟四度七十八	损二百七十八	朒一千八百七十
二十五日	一千四百三十一	三百一十六度八十一	迟四度七	损三百六十八	朒一千五百九十二
二十六日	一千四百四十九	三百三十一度十二	迟三度十三	损四百三十八	朒一千二百二十四
二十七日	一千四百六十三	三百四十五度六十一	迟二度一	损四百九十三	朒七百八十六
二十八日	一千四百七十二	三百六十度二十四	迟空七十七	损二百九十三	朒二百九十三

求朔弦望入转朒朓定数

置入转小余,以其日算外,损益率乘之,如日法而一,所得,以损益朒朓积为定数。其四七日下余,如初数已下,初率乘之,初数而一,以损益朒朓积为定数。如初数已上,初数减之,余乘末率,末数而一,用减初率,余加朒朓为定数。其十四日下余,如初数已上者,初数减之,余乘末率,末数而一,便为朒朓定数。

求朔弦望定日

置经朔、弦、望小余,朓减朒加入气入转朒朓定数,满与不足,进退大余,命甲子算外,各得定朔、弦、望日辰及余。定朔前干名与后干名同者,其月大;不同者,其月小。月内无中气者为闰。视定朔小余:秋分后,在日法四分之三已上者,进一日。春分后,定朔日出分与春分日出分相减之余,三约之,用减四分之三,定朔小余及此数已上者,亦进一日。或有交,亏初在日入前者,不进之。

定弦、望小余在日出分已下者,退一日。望或有交,亏初在日出前者,小余虽在日出后,亦退之。如十七日望者,又视定朔小余在四分之三已下之数,春分后用减定之数。与定望小余在日出分已上之数相较之;朔少望多者,望不退,而朔犹进之。望少朔多者,朔不进,而望犹退之。日月之行,有盈有缩,迟疾加减之数,或有四大三小;若随常理,当察其时早晚,随所近而进退之,使不过三大二小。

求定朔弦望中积

置定朔、弦、望大小余与经朔、弦、望大小余相减之余,以加减经朔、弦、望入气日,经朔、弦、望少即加之,多即减之。即为定朔、弦、望入气。以加其气中积,即为定朔、弦、望中积。其余以日法退除为分秒。

求定朔弦望加时日度

置定朔、弦、望约余,以所入气日损益率乘,盈缩损益。万约之,以损益其下盈缩积,乃盈加缩减定朔弦望中积;又以冬至加时日躔黄道宿度,依宿次去之,即得定朔、弦、望加时日所在度及分秒。又置定朔、弦、望约余,副置之。以乘其日盈缩之损益率,万约之,应益者盈加缩减,应损者盈减缩加其副,满百为分,分满百为度,以加其日夜半日度,命之,各得其日加时日躔黄道宿次。若先于历注定每日夜半日度,即为妙也。

求定朔弦望加时月度

凡合朔加时日月同度,其定朔加时黄道日度,即为定朔加时黄道月度。弦、望各以弦、望度加定弦、望加时黄道日度,依宿次去之,即得定朔、弦、望加时黄道月度及分秒。

求夜半午中入转

置经朔入转,以经朔小余减之,为经朔夜半入转,又经朔小余与半法相减之余,以加减经朔加时入转,经朔少,如半法加之;多,如半法减之。为经朔午中入转。若定朔大余有进退者,亦加减转日,否则因经为定。每日累加一日,满终日及余秒去命如前,各得每日夜半、午中入转。求夜半,因定朔夜半入转累加之。求午中,因定朔午中入转累加之。求加时入转者,如求加时入气术。

求加时及夜半月度

置其日入转算外转定分,以定朔、弦、望小余乘之,如日法而一,为加时转分。分满百为度。减定朔、弦、望加时月度,为夜半月度。以所得转定分累加之,即得每日夜半月度。或朔至弦、望,或至后朔,皆可累加之。然近则差少,远则差多。置所求前后夜半相距月度为行度,计其相距入转积度,与行度相减,余以相距日数除为日差,行度多以日差加每日转定分,行度少以日差减每日转定分,然后用之可中。或欲速求,用此数,欲究其故,宜用后术。

求晨昏月度

置其日晨分,乘其日算外转定分,日法而一,为晨转分。用减转定分,余为昏转分。又以朔、弦、望定小余,乘转定分,日法而一,为加时分。以减晨、昏转分,为前;不足,覆减之,为后。乃前加后减加时月度,即晨昏月所在宿度及分秒。

求朔弦望晨昏定程

各以其朔昏定月,减上弦昏定月,余为朔后昏定程。以上弦昏定月,减望昏定月,余为上弦后昏定程。以望晨定月,减下弦晨定月,余为望后晨定程。以下弦晨定月,减后朔晨定月,余为下弦后晨定程。

求每日转定度

累计每程相距日下转积度,与晨昏定程相减,余以相距日数除之,为日差,定程多加之,定程少减之。以加减每日转定分,为转定度。因朔、弦、望晨昏月,每日累加之,满宿次去之,为每日晨昏月度及分秒。凡注历:朔日以后注昏月,望后一日注晨月。古历有九道月度,其数虽繁,亦难削去,具其术如后。

求平交日辰

置交终日及余秒,以其月经朔加时入交泛日及余秒减之,为平交入其月经朔加时后日算及余秒。以加其月经朔大小余,其大余命甲子算外,即平交日辰及余秒。求次交者,以交终日及余秒加之,大余满纪法去之,命如前,即次平交日辰及余秒。

求平交入转朓朒定数

置平交小余,加其日夜半入转余,以乘其日损益率,日法而一,所得,以损益其下朓朒积,为定数。

求正交日辰

置平交小余,以平交入转朓朒定数,朓减朒加之,满与不足,进退日辰,即正交日辰及余秒。与定朔日辰相距,即所在月日。

求经朔加时中积

各以其月经朔加时入气日及余,加其气中积及余,其日命为度,其余以日法退除为分秒,即其经朔加时中积度及分秒。

求正交加时黄道月度

置平交入经朔加时后日算及余秒,以日法通日,内余,进二位,如三万九千一百二十一分为度,不满退除为分秒,以加其月经朔加时中积,然以冬至加时黄道日度加而命之,即得其月正交加时月离黄道宿度及分秒。如求次交者,以受终度及秒加而命之,即得所求。

求黄道宿积度

置正交时黄道宿全度,以正交加时月离黄道宿度及分秒减之,余为距后度及分秒,以黄道宿度累加之,即各得正交后黄道宿积度及分秒。

求黄道宿积度入初末限

置黄道宿积度及分秒,满交象度及分秒去之,如在半交象已下,为初限;已上者,以减交象度及分秒,余为入末限。入交积度交象度并在交会术中。

求月行九道宿度

凡月行所交:冬入阴历,夏入阳历,月行青道。冬至夏至后,青道半交在春分之宿,当黄道东。立夏后,青道半交在立春之宿,当黄道东南。至所冲之宿亦如之。冬入阳历,夏入阴历,月行白道。冬至夏至后,白道半交在秋分之宿,当黄道西。立冬立夏后,白道半交在立秋之宿,当黄道西北。至所冲之宿亦如之。春入阳历,秋入阴历,月行朱道。春分秋分后,朱道半交在夏至之宿,当黄道南。立春立秋后,朱道半交在立夏之宿,当黄道西南。至所冲之宿亦如之。春入阴历,秋入阳历,月行黑道。春分秋分后,黑道半交在冬至之宿,当黄道北。立春立秋后,黑道半交在立冬之宿,当黄道东北。至所冲之宿亦如之。四序离为八节,至阴阳之所交,皆与黄道相会,故月行有九道。

各以所入初末限度及分秒,减一百一度,余以所入初末限度及

分乘之，半而退位为分，分满百为度，命为月道与黄道泛差。凡日以
赤道内为阴，外为阳；月以黄道内为阴，外为阳。故月行正交，入夏
至后宿度内为同名，入冬至后宿度内为异名。其在同名者，置月行
与黄道泛差，九因八约之，为定差。半交后，正交前，以差减；正交
后，半交前，以差加。此加减出入六度，正，如黄赤道相交同名之差，若较之
渐异，则随交所在迁变不同也。仍以正交度距秋分度数，乘定差，如象
限而一，所得为月道与赤道定差。前加者为减，减者为加。其在异
名者，置月行与黄道泛差，七因八约，为定差。半交后，正交前，以差
加；正交后，半交前，以差减。此加减出入六度，异，如黄道赤道相交异名
之差，较之渐同，则随交所在迁变不常。仍以正交度距春分度数，乘定
差，如象限而一，所得为月行与赤道定差。前加者为减，减者为加。
各加减黄道宿积度，为九道宿积度。以前宿九道积度减之，为其宿
九道度及分。其分就近约为太半少。论春夏秋冬以四时日所在宿度为正。

　　求正交加时月离九道宿度

　　以正交加时黄道日度及分，减一百一度，余以正交度及分乘
之，半而退位为分，分满百为度，命为月道与黄道泛差。其在同名
者，置月行与黄道泛差，九因八约之，为定差，以加；仍以正交度距
秋分度数，乘定差，如象限而一，所得为月道与赤道定差以减。其在
异名者，置月行与黄道泛差，七因八约之，为定差，以减；仍以正交
度距春分度数，乘定差，如象限而一，所得为月道与赤道定差，以
加。置正交加时黄道月度及分，以二差加减之，即为正交加时月离
九道宿度及分。

　　求定朔弦望加时月所在度

　　置定朔加时日躔黄道宿次，凡合朔加时，月行潜在日下，与太
阳同度，是为加时月离宿次。各以弦、望度及分秒，加其所当弦、望
加时月躔黄道宿度，满宿次去之，命如前，各得定朔、弦、望加时月
所在黄道宿度及分秒。

　　求定朔弦望加时九道月度

　　各以定朔、弦、望加时月离黄道宿度及分秒，如前宿正交后黄

道积度,为定朔、弦、望加时正交后黄道积度。如前求九道积度,以前宿九道积度减之。余为定朔、弦、望加时九道月离宿度及分秒。其合朔加时,若非正交,则日在黄道,月在九道,所入宿度,虽多少不同,考其两极,若应绳准。故云:月行潜在日下,与太阳同度,即为加时九道月度。其求晨昏夜半月度,并依前术。

步交会第六

交终分:一十四万二千三百一十九,秒九千三百六十八。

交终日:二十七日,余一千一百九分,秒九千三百六十八。

交中日:十三,余三千一百六十九,秒九千六百八十四。

交朔日:二,余一千六百六十五,秒六百三十二。

交望日:十四,余四千二,秒五千。

秒母:一万。

交终:二百六十三度,七十九分,三十六秒。

交中:一百八十一度,八十九分,六十八秒。

交象:九十度,九十四分,八十四秒。

半交象:四十五度,四十七分,四十二秒。

日蚀既前限:二千四百。定法:二百四十八。

日蚀既后限:三千一百。定法:三百二十。

月蚀限:五千一百。

月蚀既:一千七百。定法:三百四十。

分秒母:一百。

求朔望入交

置天正朔积分,以交终分去之,不尽,如日法而一,为日,不满为余,即天正十一月经朔加时入交泛日及余秒。交朔加之,得次朔。交望加之,得次望,再加交望,亦得次朔。各为朔、望入交泛日及余秒。

求定朔每日夜半入交

各置入交泛日及余秒,减去经朔、望小余,即为定朔、望夜半入泛日及余秒。若定朔、望有进退者,亦进退交日,否则因经为定。大月加二日,小月加一日,余皆加四千一百二十秒六百三十二,即次朔夜半入交。累加一日,满交终日及余秒去之。即每日夜半入交泛日及余秒。

求定朔望加时入交

置经朔、望加时入交泛日及余秒,以入气入转朓朒定数,朓减朒加之,即定朔望加时入交泛日及余秒。

求定朔望加时入交积度及阴阳历

置定朔、望加时入交泛日,以日法通之,内余,进二位,如三万九千一百二十一而一为度,不满退除为分秒,即定朔、望加时月行入交积度。以定朔、望加时入转迟疾度,迟减疾加之,即月行入交定积度。如交中度已下,入阳历积度;已上,去之,余为入阴历积度。每日夜准此求。

求月去黄道度

视月入阴阳历积度及分,如交象已下,为少象;已上,覆减交中,余为老象。置所入老少象度于上,列交象度于下,相减相乘,倍而退位为分,满百为度,用减所入老少象度及分,余又与交中度相减相乘,八因之,以百一十除为分,分满百为度,即得月去黄道度。

求朔望加时入交常日及定日

置朔望入交泛日,以入气朓朒定数,朓减朒加之,为入交常日。

又置入转朓朒定数,进一位,一百二十七而一,所得朓减朒加之交常日,为入交定日及余秒。

求入交阴阳历交前后分

视入交定日,如交中以下,为阳历;以上,去之,为阴历。如一日上下,以日法通日为分。为交后分。十三日上下,覆减交中,为交前分。

求日月蚀甚定余

置朔、望入气入转朓朒定数,同名相从,异名相消,以一千三百三十七乘之,定朔、望加时入转算外转定分除之,所得,以朓减朒加经朔、望小余,为泛余。

日蚀：视泛余如半法已下，为中前分；半法已上，去半法，为中后分。置中前后分，与半法相减相乘，倍之，万约为分，日时差，中前，以时差减泛余为定余，覆减半法，余为午前分。中后，以时差加泛余为定余，减去半法，为午后分。

月食：视泛余在日入后、夜半前者，如日法四分之三已下，减去半法，为酉前分；四分之三已上，覆减日法，余为酉后分。又视泛余在夜半后、日出前者，如日法四分之一已下，为卯前分，四分之一已上，覆减半法，余为卯后分。其卯酉前后分，自相乘，四因，退位，万约为分，以加泛余，为定余。各置定余，以发敛加时法求之，即得日月所蚀之辰刻。

求日月食甚日行积度

置定朔、望食甚大小余，与经朔、望大小余相减之余，以加减经朔、望入气日小余，经朔、望日少加多减。即为食甚入气。以加其气中积，为食甚中积。又置食甚入气小余，以所入气日积益率盈缩之损益之。乘之，日法而一，以损益其日盈缩积；盈加缩减食甚中积，即为食甚日行积度及分。

求气差

置日食甚日行积度及分，满中限去之，余在象限已下，为初限；已上，覆减中限，为末限。皆自相乘，进二位，如四百七十八而一，所得，用减一千七百四十四，余为气差恒数。以午前后分乘之，半昼分除之，所得，以减恒数为定数。不及减，覆减之，为定数。应加者减之，减者加之。春分后，阳历减，阴历加；秋分后，阳历加，阴历减。春分前，秋分后各二日二千一百分为定气，于此加减之。

求刻差

置日食甚日行积度及分，满中限去之，余与中限相减相乘，进二位，如四百七十八而一，所得，为刻差恒数。以午前后分乘之，日法四分之一除之，所得为定数。若在恒数已上者，倍恒数，以所得之数减之为定数，依其加减。冬至后，午前阳加阴减，午后阳减阴加。夏至后，午前阳减阴加，午后阳加阴减。

求日食为交前后定分

气刻二差定数,同名相从,异名相消,为食差。依其加减去交前后分,为去交前后定分,视其前后定分,如在阳历,即不食;如在阴历,即有食之。如交前阴历不及减,反减之,反减食差。为交后阳历,交后阴历不及减,反减之,为交前阳历;即不食。亦入交前阳历不及减,反减之,为交后阳历;交后阳历,不及减,反减之,为交前阴历;即日有食之。

求日食分

视去交前后定分,如二千四百已下,为既前分,以二百四十八除为大分。二千四百已上,覆减五千五百,不足减者不食。为既后分,以三百二十除为大分。不尽,退除为秒,即得日食之分秒。

求月食分

视去交前后分,不用气刻差者。一千七百已下者,食既。已上,覆减五千一百,不足减者不食。余以三百四十除为大分,不尽,退除为秒,即为月食之分秒也。去交分在既限已下,覆减既限,亦以三百四十除,为既内之大分。

求日食定用分

置日食之大分,与三十分相减相乘,又以二千四百五十乘之,如定朔入转算外定分而一,所得,为定用分。减定余,为初亏分。加定余,为复圆分。各以发敛加时法求之,即得日食三限辰刻。

求月食定用分

置月食之大分,与三十五分相减相乘,又以二千一百乘之,如定朔入转算外转定分而一,所得,为定用分。加减定余,为初亏、复圆分。各如发敛加时法求之,即得月食三限辰刻。

月食既者,以既内大分与十五相减相乘,又以四千二百乘之,如定朔入转算外转定分而一,所得,为既内分。用减定用分,为既外分。置月食定余减定用分,为初亏。因加既外分,为食既。又加既内分,为食甚。即定余分也。再加既内分,为生光。复加既外分,为复圆。各以发敛加时法求之,即得月食五限辰刻。

求月食入更点

置食甚所入日晨分,倍之,五约为更法。又五约更法,为点。乃置月食初末诸分,昏分已上减昏分,晨分已下加晨分。如不满更法为初更。不满点法为一点。依法以次求之,即各得更点之数。

求日食所起

食在既前,初起西南,甚于正南,复于东南;食在既后,初起西北,甚于正北,复于东北。其食八分已上,皆起正西,复于正东。此据午地而论之。

求月食所起

月在阳历:初起东北,甚于正北,复于西北。月在阴历:初起东南,甚于正南,复于西南。其食八分以上,皆起正东,复于正西。此亦据正午地而论之。

求日月出入带食所见分数

各以食甚小余,与日出入分相减,余为带食差,以乘所食之分,满定用分而一,月食既者,以既内分减带食差,余乘所食分,如既外分而一。不及减者,为带食既出入。以减所食分,即日月出入带食所见之分。其食甚在昼,晨为渐进,昏为已退。食甚在夜,晨为已退,昏为渐进。

求日月食甚宿次

置日月食甚日行积度,望即更加半周天。以天正冬至加时黄道日度,加而命之,依黄道宿次去之,即各得日月食甚宿度及分。

步五星第七

木星

周率:二百八万六千一百四十二,五十四秒。

历率:二千二百六十五万五百七。

历度法:六万二千一十四。

周日:三百九十八日,八十八分。

历度:三百六十五度,二十四分,八十二秒。

历中:一百八十二度,六十二分,四十一秒。

历策：一十五度，二十一分，八十七秒。

伏见：一十三度。

段　目	段　　日	平　度	限　度	初行率
合　伏	一十六日八十六分	三度八十六	二度九十三	二十三
晨顺疾	二十八日	六度一十一	四度六十四	二十二
晨次疾	二十八日	五度五十一	四度一十九	二十一
晨顺迟	二十八日	四度三十一	三度二十八	一十八
晨末迟	二十八日	一度九十一	一度四十五	一十二
晨　留	二十四日			
晨　退	四十六日五十八	四度八十八一十八	空三十二八十二	
夕　退	四十六日五十八	四度八十八一十八	空三十二八十二	一十八
夕　留	二十四日			
夕末迟	二十八日	一度九十一	一度四十五	
夕顺迟	二十八日	四度三十一	三度二十八	一十二
夕次疾	二十八日	五度五十一	四度一十九	一十八
夕顺疾	二十八日	六度一十一	四度六十四	二十一
夕　伏	二十六日八十六	三度八十六	二度九十三	二十二

策数	损益率	盈积度	损益率	缩积度
一	益一百五十九	初	益一百五十九	初

二	益一百四十二	一度五十九	益一百四十二	一度五十九
三	益一百二十	三度一	益一百二十	三度一
四	益九十三	四度二十一	益九十三	四度二十一
五	益六十一	五度一十四	益六十一	五度一十四
六	益二十四	五度七十五	益二十四	五度七十五
七	損二十四	五度九十九	損二十四	五度九十九
八	損六十一	五度七十五	損六十一	五度七十五
九	損九十三	五度一十四	損九十三	五度一十四
十	損一百二十	四度二十一	損一百二十	四度二十
十一	損一百四十二	三度一	損一百四十二	三度一
十二	損一百五十九	一度五十九	損一百五十九	一度五十九

火星

　　周率：四百七万九千四十一，秒九十七。

　　历率：三百五十九万二千七百五十八，秒三十二。

　　历度法：九千八百三十六半。

　　周日：七百七十九日，九十三分，一十六秒。

　　历度：三百六十五度，二十四分，七十六秒。

　　历中：一百八十二度，六十二分，三十八秒。

　　历策：一十五度，二十一分，八十六秒。

　　伏见：一十九度。

| 段　目 | 段　　日 | 平　　度 | 限　　度 | 初行率 |
| 合　伏 | 六十七日 | 四十八度 | 四十五度四十八 | 七十二 |

晨顺疾六十三日	四十四度六十	四十二度二十六	七十一
晨次疾五十八日	四十度九	三十七度九十九	七十
晨中疾五十二日	三十四度六	三十二度三十二	六十八
晨末疾四十五日	二十六度三十二	二十四度九十九	六十三
晨顺迟三十七日	一十六度六十八	一十五度八十	五十四
晨末迟二十八日	五度七十五	五度四十五	三十七
晨　留一十一日			
晨　退二十八日 九十六五十八	八度 一十五六十	三度 五四十	
夕　退二十八日 九十六五十八	八度 一十五六十	三度 五四十	四十一
夕　留一十一日			
夕末迟二十八日	五度七十五	五度四十五	
夕顺迟三十七日	一十六度六十八	一十五度八十	三十七
夕末疾四十五日	二十六度三十二	二十四度九十九	五十四
夕中疾五十二日	三十四度六	三十二度三十二	六十三
夕次疾五十八日	四十度九	三十七度九十九	六十八
夕顺疾六十三日	四十四度六十	四十二度二十六	七十
夕　伏六十七日	四十八度	四十五度四十八	七十一

策数	损益率	盈积度	损益率	缩积度
一	益一千一百六十	初	益四百五十八	初

二	益八百	一十一度六十	益四百五十三	四度五十八
三	益四百六十四	一十九度六十	益四百三十三	九度一十一
四	益一百五十二	二十四度二十六	益三百九十六	一十三度四十四
五	損五十七	二十五度七十六	益三百四十一	一十七度四十
六	損一百七十二	二十五度一十九	益二百六十六	二十度八十一
七	損二百六十六	二十三度四十七	益一百七十二	二十三度四十七
八	損三百四十一	二十度八十一	益五十七	二十五度一十九
九	損三百九十六	十七度四十	損一百五十二	二十五度七十六
十	損四百三十三	十三度四十四	損四百六十四	二十四度二十四
十一	損四百五十三	九度一十一	損八百	十九度六十
十二	損四百五十八	四度五十八	損一千一百六十一	十一度六十

土星

　　周率：一百九十七万七千四百一十二，秒四十六。

　　历率：五千六百二十二万三千二百一十九。

　　历度法：一十五万三千九百二十八。

　　周日：三百七十八日，九分，三秒。

历度：三百六十五度，二十五分，六十六秒。

历中：一百八十二度，六十二分，八十三秒。

历策：一十五度，二十一分，九十秒。

伏见：一十七度。

段目	段日	平度	限度	初行率
合　伏	十九日四十八	二度四十八	一度五十六	一十三
晨顺疾	二十七日五十	三度二十二	二度二	一十二
晨次疾	二十七日五十	二度六十四	一度六十五	一十一
晨　迟	二十七日五十	一度四十八	空度九十一	八
晨　留	三十六日			
晨　退	五十一日六五十一半	三度三十九六十六半	空度二十八三十三半	
夕　退	五十一日六五十一半	三度三十九六十六半	空度二十八三十三半	九
夕　留	三十六日			
夕　迟	二十七日五十	一度四十八	空度九十一	
夕次疾	二十七日五十	二度六十四	一度六十五	八
夕顺疾	二十七日五十	三度二十二	二度二	一十一
夕　伏	一十九日四十八	二度四十八	一度五十六	一十二

策数	损益率	盈积度	损益率	缩积度
一	益二百一十三	初	益一百六十三	初

二	益一百九十七	二度一十三	益一百四十九	一度六十三
三	益一百六十八	四度一十	益一百二十八	三度一十二
四	益一百二十八	五度七十八	益一百	四度四十
五	益八十一	七度六	益六十五	五度四十
六	益三十三	七度八十七	益二十三	六度五
七	损三十三	八度二十	损二十三	六度二十八
八	损八十一	七度八十七	损六十五	六度五
九	损一百二十八	七度六	损一百	五度四十
十	损一百六十八	五度七十八	损一百二十八	四度四十
十一	损一百九十七	四度一十	损一百四十九	三度一十二
十二	损二百一十三	二度一十三	损一百六十三	一度六十三

金星

　　周率：三百五万三千八百四，秒二十三。

　　历率：一百九十一万二百四十一，秒一十一。

　　历度法：五千二百三十。

　　周日：五百八十三日，九十分，一十四秒。

　　合日：二百九十一日，九十五分，七秒。

　　历度：三百六十五度，二十四分，六十八秒。

　　历中：一百八十二度，六十二分，三十四秒。

　　历策：一十五度，二十一分，八十六秒。

　　伏见：一十度半。

段　目	段　日	平　度	限　度	初行率

合　伏	三十九日二十五	四十九度七十五	四十七度七十六	一百二十七
夕顺疾	四十七日七十五	六十度一十五五十	五十七度七十六	一百二十六
夕次疾	四十七日七十五	五十九度三十九	五十七度一	一百二十五
夕中疾	四十七日七十五	五十七度空	五十四度七十二	一百二十三
夕末疾	三十九日二十五	四十二度二十九	四十度六十	一百一十五
夕顺迟	二十九日二十五	二十四度七十二	二十三度七十三	一百
夕末迟	一十八日二十五	六度九十二五十	六度六十六	六十九
夕　留	七日			
夕　退	九日七十七	三度七十九九十三	一度六十九七	
夕退伏	六日	四度五十	二度二	六十八
合退伏	六日	四度五十	二度二	八十二
晨　退	九日七十七	三度七十九九十三	一度六十九七	六十八
晨　留	七日			
晨末迟	一十八日二十五	六度九十三五十	六度六十六	

晨順遲	二十九日二十五	二十四度七十二	二十三度七十三	六十九
晨末疾	三十九日二十五	四十二度二十九	四十度六十	一百
晨中疾	四十七日七十五	五十七度空	五十四度七十二	一百一十五
晨次疾	四十七日七十五	五十九度三十九	五十七度一	一百二十三
晨順疾	四十七日七十五	六十度一十六五十	五十七度七十六	一百二十五
晨　伏	三十九日二十五	四十九度七十五	四十七度七十六	一百二十六

策数	損益率	盈積度	損益率	縮積度
一	益五十二	初	益五十二	初
二	益四十八	空度五十二	益四十八	空度五十二
三	益四十一半	一度空	益四十一半	一度空
四	益三十二半	一度四十一半	益三十二半	一度四十一半
五	益二十一	一度七十四	益二十一	一度七十四
六	益七	一度九十五	益七	一度九十五
七	損七	二度二	損七	二度二
八	損二十一	一度九十五	損二十一	一度九十五
九	損三十二半	一度七十四	損三十二半	一度七十四
十	損四十一半	一度四十一半	損四十一半	一度四十一半

| 十一 | 损四十八 | 一度空 | 损四十八 | 一度空 |
| 十二 | 损五十二 | 空度五十二 | 损五十二 | 空度五十一 |

水星

　　周率:六十万六千三十一,秒八十四。

　　历率:一百九十一万二百四十二,秒三十五。

　　历度法:五千二百三十。

　　周日:一百一十五日,八十七分,六十秒。

　　合日:五十七日,九十三分,八十秒。

　　历度:三百六十五度,二十四分,七十一秒。

　　历中:一百八十二度,六十二分,三十五秒半。

　　历策:一十五度,二十一分,八十六秒。

　　晨伏夕见:一十四度。

　　夕伏晨见:一十九度。

段　目	段　日	平　度	限　度	初行率
合　伏	一十五日	二十九度	二十四度二十六	二百五
夕顺疾	一十五日	二十三度七十五	一十九度九十五	一百八十一
夕顺迟	一十五日	一十三度二十五	一十一度一十三	一百三十五
夕　留	二日			
夕退伏	一十日九十三八十	八度六二十	二度四十九八十	
合退伏	一十日九十三八十	八度六二十	二度四十九八十	一百
晨　留	二日			

晨顺迟	一十五日	一十三度二十五	一十一度一十三	
晨顺疾	一十五日	二十三度七十五	一十九度九十五	一百三十五
晨　伏	一十五日	二十九度	二十四度三十六	一百八十一

策数	损益率	盈积度	损益率	缩积度
一	益五十七	初	益五十七	初
二	益五十三	空度五十七	益五十三	空度五十七
三	益四十五	一度一十	益四十五	一度一十
四	益三十五	一度五十五	益三十五	一度五十五
五	益二十二	一度九十	益二十二	一度九十
六	益八	二度一十二	益八	二度一十二
七	损八	二度二十	损八	二度二十
八	损二十二	二度一十二	损二十二	二度一十二
九	损三十五	一度九十	损三十五	一度九十
十	损四十五	一度五十五	损四十五	一度五十五
十一	损五十三	一度一十	损五十三	一度一十
十二	损五十七	空度五十七	损五十七	空度五十七

求五星天正冬至后平合及诸段中积中星

置通积分，各以其星周率去之，不尽，为前合分。覆减周率，余为后合分。如日法而一，不满退除为分秒，即其星天正冬至后平合中积、中星。命为日,曰中积。命为度,曰中星。以段日累加中积,即为诸段中积。以平度累加中积,经退减之,即为诸段中星。

求五星平合及诸段入历

置前通积分,各加其星后合分,以历率去之,不尽,各以其星历度法除为度,不满退为分秒,即为其星平合入历度及分秒。以诸段限度累加之,即得诸段入历。

求五星平合及诸段盈缩差

各置其星其段入历度及分秒,如在历中已下,为在盈;已上,减去历中,余为在缩。以其星历策除之为策数,不尽为入策度及分,命策数算外,以其策数下损益率乘之,如历策而一为分,以损益其下盈缩积度,即为其星其段盈缩定差。

求五星平合及诸段定积

各置其星其段中积,以其盈缩定差盈加缩减之,即其段定积日及分。以加天正冬至大余及约分,满纪法六十去之,不尽,即为定日及加时分秒。不满命甲子算外,即得日辰。

求五星及诸段所在日月

各置其段定积日及分,以加天正闰日及分,满朔策及约分除之为月数,不尽,为入月已来日数及分。其月数命天正十一月算外,即得其段入月经朔日数及分,以日辰相距为所在定朔月日。

求五星平合及诸段加时定星

各置中星,以盈缩定差盈加缩减之,金星倍之,水星三因之,然后加减。即为五星诸段定星。以加天正冬至加时黄道日度,依宿命之,即其星其段加时所在宿度及分秒。

求五星诸段初日晨前夜半定星

各以其段初行率,乘其段定积日下加时分,百约之,乃顺减退加其日加时定星,即为其段初日晨前夜半定星所在宿度。

求诸段日率度率

各以其段日辰距后段日辰为日率。以其段夜半宿次与后段夜半宿次相减,余为度率。

求诸段平行分

各置其段度率及分秒，以其段日率除之，即其段平行度及分秒。

求诸段总差日差

以本段前后平行分相减，余为其段泛差。假令求木星次疾泛差，乃以顺疾、顺迟平行分相减，余为次疾泛差。他皆仿此。倍而退位为增减差，加减其段平行分，为初末日行分。前多后少者，加为初，减为末。前少后多者，减为初，加为末。倍增减差为总差，以日率减一除之，为日差。

求前后伏迟退段增减差

前伏者，置后段初日行分，加其日差之半，为末日行分。后伏者，置前段末日行分，加其日差之半，为初日行分。以减伏段平行分，余为增减差。前迟者，置前段末日行分，倍其日差减之，为初日行分。后迟者，置后段初日行分，倍其日差减之，为末日行分。以迟段平行分减之，余为增减差。前后近留之迟段。

木、火、土三星退行者，六因平行分，退一位，为增减差。

金星前后伏退，三因平行分，半而退位，为增减差。前退者，置后段初日行分，以其日差减之，为末日行分，后退者，置前段末日行分，以其日差减之，为初日行分。以本段平行分减，余为增减之差。

水星，半平行分为增减差，皆以增减差加减平行分，为初末日行分。前多后少，加初减末；前少后多，减初加末。又倍增减差为总差，以日率减一除之，为日差。

求每日晨前夜半星行宿次

各置其段初日行分，以日差累损益之，后少则损之，后多则益之。为每日行度及分秒。乃顺加退减之，满宿次去之，即得每日晨前夜半星行宿次。视前段末日、后段初日行分相较之数，不过一二日差为妙。或多日差数倍，或颠倒不伦，当类会前后增减之差稍损益之，使其有伦，然后用之。或前后平行俱多俱少，则平注之。或总差之秒，不盈一分，亦平注之。若有不伦而平注之得伦者，亦平注之。

求五星平合及见伏入气

　　置定积，以气策及约分除之，为气数，不满为入气日及分秒，命天正冬至算外，即所求平合及伏见入气日及分秒。

　　求五星平合及见伏行差

　　各以其段初日星行分与其太阳行分相减，余为行差。若金在退行，水在退合者，相并为行差。如水星夕伏晨见者，直以太阳行分为行差。

　　求五星定合见伏泛积

　　木、火、土三星，各以平合晨疾夕伏定积，便为定合定见定伏泛积。金、水二星，置其段盈缩差，水星倍之。各以行差除之，为日，不满退除为分秒。若在平合夕见晨伏者，盈减缩加；如在退合夕伏晨见者，盈加缩减。皆以加减定积，为定合定见定伏泛积。

　　求五星定合定积定星

　　木、火、土三星，各以平合行差除其日太阳盈缩差，为距合差日。以太阳盈缩差减之，为距合差度。日在盈历，以差日差度减之。在缩，加之。加减其星定合泛积，为定合定积定星。

　　金、水二星顺合退合，各以平合退合以差，除其日太阳盈缩差，为距合差日。顺加退减太阳盈缩差，为距合差度。顺在盈历，以差日差度加之；在缩，减之。退在盈历，以差日减之，差度加之，在缩，以差日加之，差度减之，皆以加减其星定合及再定合泛积，为定合再定合定积定星。以冬至大余及约分，加定积，满纪法去，命，即得定合日辰。以冬至加时黄道日度，加定星，满宿次去之，即得定合所在宿次。其顺退所在盈缩，太阳盈缩也。

　　求木火土三星定见伏定积日

　　各置其星定见伏泛积，晨加夕减象限日及分秒，半中限与象限。如中限已下，自相乘，已上，覆减岁周日及分秒，余亦自相乘，满七十五而一，所得，以其星伏见度乘之，十五除之，为差。其差如其段行差而一，为日，不满退除为分秒。见加伏减泛积。加命如前，即得日辰也。

　　求金水二星定见伏定日积

各以伏见日行差，除其日太阳盈缩差，为日。若晨伏夕见，日在盈历，加之，在缩，减之。如夕伏晨见，日在盈历，减之，在缩，加之。加减其星泛积为常积。视常积。如中限已下，为冬至后，已上，去之，余为夏至后。其二至后，如象限已下，自相乘，已上，覆减中限，亦自相乘，各如法而一，为分。冬至后晨，夏至后夕，以一十八为法。冬至后夕，夏至后晨，以七十五为法。以伏见度乘之，十五除之，为差。差满行差而一，为日，不满退除为分秒。加减常积为定积。冬至后晨见夕伏，加之；夕见晨伏，减之。夏至后晨见夕伏，减之；夕见晨伏，加之也。加命如前，即得定见伏日辰。

其水星，夕疾，在大暑气初日至立冬气九日三十五分已下者，不见。晨留，在大寒气初日至立夏气九日三十五分已下者，春不晨见，秋不夕见者，亦旧有之矣。

浑象

古之言天者有三家：一曰盖天，二曰宣夜，三曰浑天。汉灵帝时，蔡邕于朔方上书，言："宣夜之学，绝无师法"；《周髀》术数具存，考验天状多所违失；惟浑天为近，最得其情，近世太史候台铜仪是也。立八尺体圆而具天地之形，以正黄道赤道之表里，以行日月之度数，步五纬之迟速，察气候之推迁，精微深妙，百代所不可废者也。然传历久远，制造者众，测候占察，互有得失。张衡之制谓之《灵宪》，史失其传。魏、晋以来官有其器，而无本书，故前志亦阙。吴中常侍王蕃云："浑天仪者，羲和之旧器，谓之机衡。"积代相传，沿革不一。宋太平兴国中，蜀人张思训首创其式，造之禁中，逾年而成，诏置文明殿东鼓楼下，题曰"太平浑仪"。自思训死，玑衡断坏，无复知其法制者。景德中，历官韩显符依仿刘曜时、孔挺、晁崇之法，失之简略。景祐中，冬官正舒易简乃用唐梁令瓒、僧一行之法，颇为详备，亦失之于密而难为用。元祐时，尚书右丞苏颂与昭文馆校理沈括奉敕详定《浑仪法要》，遂奏举吏部勾当官韩公廉通《九章勾股法》，常以推考天度与张衡、王蕃、僧一行、梁令瓒、张思训法式,大纲可以寻究。若据算术考察象器,亦能成就,请置局差官制造。诏如所言。奏郑州原武主簿王沇之,太史局官周日严、于太古、张仲宣,同行监造。制度既成,诏置之集英殿,总谓之浑天仪。公廉将造仪时,先撰《九章勾股验测浑天书》一卷,贮之禁中,今失其传,故世无知者。

旧制浑仪,规天矩地,机隐于内,上布经躔,次具日月五星行度,以察其寒暑进退,如张衡浑天、开元水运铜浑仪者,是也。久而不合,乖于施用。

公廉之制则为轮三重:一曰六合仪,纵置地浑中,即天经环也,与地浑相结,其体不动;二曰三辰仪,置六合仪内;三曰四游仪,置三辰仪内。植四龙柱于地浑之下,又置鳌云于六合仪下。四龙柱下设十字水趺,凿沟道通水以平高下。别设天常单环于六合仪内,又设黄道赤道二单环,皆置三辰仪内,东西相交随天运转,以验列舍之行。又为四象环,附三辰仪,相结于天运环,黄赤道两交为直距二纵置于四游仪内。北属六合仪地浑之上,以正北极出地之度,南属六合仪地浑之下,以正南极入地之度。此浑仪之大形也。直距内夹置望筒一,于筒之半设关轴,附直距上,使运转低昂,筒常指日,日体常在筒窍中,天西行一周,日东移一度,仍以窥测四方星度,皆斟酌李淳风、孔挺、韩显符、舒易简之制也。

三辰仪上设天运环,以水运之。水运之法始于汉张衡,成于唐梁令瓒及僧一行,复于太平兴国中张思训,公廉今又变正其制,设天运环,下以天柱关轴之类上动浑仪,此新制也。

旧制浑象,张衡所谓置密室中者,推步七曜之运,以度历象昏明之候,校二十四气,考昼夜刻漏,无出于浑象。《隋志》称梁秘府中有宋元嘉中所造者,以木为之,其圆如丸,遍体布二十八宿、三家星色、黄赤道、天河等,别为横规绕于外,上下半之,以象地也。开元中,诏僧一行与梁令瓒更造铜浑象,为圆天之象,上具列宿周天度数,注水激轮令其自转,一日一夜天转一周,又别置日月五星循绕,络在天外,令得运行。每天西转一匝,日正东行一度,月行一十三度有奇，凡二十九转而日月会，三百六十五转而日行一匝。仍置木柜以为地平，令象半在地上，半在地下，又立二木偶人于地平之前，置钟鼓使木人自然撞击以报辰刻，命之曰《水运浑天俯视图》。既成，命置之武成殿。

宋太史局旧无浑象，太平兴国中，张思训准开元之法，而上以盖为紫宫，旁为周天度，而东西转之，出新意也。

公廉乃增损《隋志》制之，上列二十八宿周天度数，及紫微垣中外官星，以俯窥七政之运转，纳于六合仪天经地浑之内，同以木柜载之。其中贯以枢轴，南北出浑象外，南长北短，地浑在木柜面，横置之，以象地。天经与地浑相结，纵置之，半在地上，半隐地下，以象天。其枢轴北贯天经上杠中，末与杠平，出柜外三十五度稍弱，以象北极出地。南亦贯天经出下杠外，入柜内三十五度少弱，以象南极入地。就赤道为牙距，四百七十八牙以衔天轮，随机轮地毂正东西运转，昏明中星既应其度，分至节气亦验应而不差。

王蕃云：“浑象之法，地当在天内，其势不便，故反观其形，地为外郭，于已解者无异，诡状殊体而合于理，可谓奇巧者也。”今地浑亦在浑象外，盖出于王蕃制也。其下则思训旧制，有枢轮关轴，激水运动，以直神摇铃扣钟击鼓，置时刻十二神司辰像于轮上，时初、正至，则执牌循环而出，报随刻数以定昼夜长短。至冬水凝，运转迟涩，则以水银代之。

今公廉所制，共置一台，台中有二隔，浑仪置其上，浑象置其中，激水运转，枢机轮轴隐于下。内设昼夜时刻机轮五重；第一重曰天轮，以拨浑象赤道牙距；第二重曰拨牙轮，上安牙距，随天柱中轮转动，以运上下四轮；第三重曰时刻钟鼓轮，上安时初、时正百刻拨牙，以扣钟击鼓摇铃；第四重曰日时初、正司辰轮，上安时初十二司辰、时正十二司辰；第五重曰报刻司辰轮，上安百刻司辰。以上五轮并贯于一轴，上以天束束之，下以铁杵臼承之，前以木阁五层蔽之，稍增异其旧制矣。五轮之北，又侧设枢轮，其轮以七十二辐为三十六洪，束以三辋，夹持受水三十六壶。毂中横贯铁枢轴一，南北出轴为地毂,运拨地轮。天柱中轮动,机轮动浑象,上动浑天仪。又枢轮左设天池、平水壶,平水壶受天池水,注入受水壶,以激枢轮。受水壶落入退水壶,由壶下北窍引水入升水下壶,以升水下轮运水入升水上壶,上壶内升水上轮及河车同转上下轮,运水入天河,天河复流入天池,每一昼一夜周而复始。此公廉所制浑仪、浑象二器而通三用,总而名之曰浑天仪。

金既取汴,皆辇致于燕,天轮赤道牙距拨轮悬象钟鼓司辰刻报天池水壶等器久皆弃毁,惟铜浑仪置之太史局候台。但自汴至燕相去一千余里,地势高下不同,望筒中取极星稍差,移下四度才得窥之。明昌六年秋八月,风雨大作,雷电震击,龙起浑仪鳌云水趺下,台忽中裂而摧,浑仪仆落台下,旋命有司营葺之,复置台上。贞祐南渡,以浑仪熔铸成物,不忍毁拆,若全体以运则艰于辇载,遂委而去。

兴定中,司天台官以台中不置浑仪及测候人数不足,言之于朝,宜铸仪象,多补生员,庶得尽占考之实。宣宗召礼部尚书杨云翼问之,云翼对曰:“国家自来铜禁甚严,虽磬公私所有,恐不能给。今调度方殷,财用不足,实未可行。”他日,上又言之,于是止添测候之人数员,铸仪之议遂寝。

初,张行简为礼部尚书提点司天监时,尝制莲花、星丸二漏以进,章宗命置莲花漏于禁中,星丸漏遇车驾巡幸则用之。贞祐南渡,二漏皆迁于汴,汴亡废毁,无所稽其制矣。

金史卷二三
志第四

五　行

　　五行之精气，在天为五纬，在地为五材，在人为五常及五事。五纬志诸《天文》，历代皆然。其形质在地，性情在人，休咎各以其类，为感应于两间者，历代又有《五行志》焉。两汉以来，儒者若夏侯胜之徒，专以《洪范五行》为学，作史者多采其说，凡言某征之休咎，则以某事之得失系之，而配之以五行。谓其尽然，其弊不免于傅会；谓其不然。"肃，时雨若"、"蒙，恒风若"之类，箕子盖尝言之。金世未能一天下，天文灾祥犹有星野之说，五行休咎见于国内者不得他诿，乃汇其史氏所书，仍前史法，作《五行志》。至于五常五事之感应，则不必泥汉儒为例云

　　初，金之兴，平定诸部，屡有祯异，故世祖每与敌战，尝以梦寐卜其胜负。乌春兵至苏速海甸，世祖曰："予夙昔有异梦，不可亲战，若左军有力战者当克。"既而与肃宗等击之，敌大败。

　　太祖之生也，常有五色云气若二千斛囷廪之状，屡见东方。辽司天孔致和曰："其下当生异人，建非常之事，天以象告，非人力所能为也。"
　　温都部跋忒畔，穆宗遣太祖讨之，入辞，奏曰："昨夕见赤祥，往必克。"遂与跋忒战，杀之。

穆宗攻阿疏日,辰巳间,忽暴雨昏噎,雷电环阿疏所居,是夕有巨火声如雷,墜阿疎城中,遂攻下之。

太祖尝往宁江,梦斡带之禾场焚,顷刻而尽。觉而大戚,即驰还,斡带已寝疾,翌日不起。

斡塞伐高丽,太祖卧而得梦,亟起曰:"今日捷音必至。"乃为具于以球场以待。有二獐渡水而至,获之,太祖曰:"此休征也。"言未既,捷书至,众大异之。

他日军宁江,驻高阜,撒改仰见太祖体如乔松,所乘马如冈阜之大,太祖亦视撒改人马异常,撒改因白所见,太祖喜曰:"此吉兆也。即举酒酹之曰:"异日成功,当识此地。"师次唐括带斡甲之地,诸军介而立,有光起于人足及戈矛上,明日,至札只水,光复如初。

收国元年,上在宁江州,有光正圆,自空而坠。八月己卯,黄龙见空中。十二月丁未,上候辽军还至熟结泺,有光复见于矛端。

天辅六年三月,师攻西京,有火如斗,坠其城中。是月,城降而复叛,四月辛卯,取之。

太宗天会二年,曷懒移鹿古水霖雨害稼,且为蝗所食。秋,泰州潦,害稼。三年七月,锦州野蚕成茧。九月广宁府进嘉禾。四年十月,中京进嘉禾。六年冬,移懒路饥。九年七月丙申,上御西楼听政,闻咸州所贡白鹊音忽异常,上起视之,见东楼外光明中有像巍然高五丈许,下有红云承之,若世所谓佛者,乃擎跽修虔,久之而没。十年冬,移懒、曷懒等路饥。

熙宗天会十三年五月,甘露降于卢州熊岳县。十五年七月辛巳,有司进四足雀。丙戌夜,京师地震。

天眷元年夏,有龙见于熙州野水,凡三日。初,于水面见一苍龙,良久而没。次日,见金龙一,爪承一婴儿,儿为龙所戏,略无惧色,三日如故。又见一人,乘白马,红袍玉带,如少年官状,马前有六蟾蜍,凡三时乃没,郡人竞往观之。七月丁酉,按出浒河溢,坏民庐舍。三年十二月丁丑，地震。

皇统元年秋，蝗。十一年己酉，稽古殿火。二年二月，熙河路饥。三月辛丑，大雪。秋，燕、西东二京、河东、河北、山东、汴、平州大熟。三年，陕西旱。五月丁巳，京兆府贡瑞麦。七月丙寅，太原进獬豸及瑞麦。四年正月乙丑，陕西进嘉禾，十有二茎，一本七颖。十月甲辰，地震。五年闰月戊寅，大名府进牛生麟。壬辰，怀州进嘉禾。七年十一月，完颜秉德进三角牛。九年四月壬申夜，大风雨，雷电震寝殿鸱尾坏。有火入帝寝，烧帷幔，上惧，徙别殿。丁丑，有龙斗于利州榆林河上。大风坏民居官舍十六七，木瓦人畜皆飘扬十余里，死伤者数百，同知州事石抹里压死。

海陵天德二年十二月，野人采石炭，获异香。

贞元二年五月癸丑，南京大内灾。三年十二月己丑，雨，木冰。

正隆二年六月壬辰，蝗飞入京师。秋，中都、山东、河东蝗。四年十一月庚寅，霜附木。五年二月辛未，河东、陕西地震。镇戎、德顺等军大风，坏庐舍，民多压死。海陵问司天马贵中等曰：“何为地震？”贵中等曰：“伏阳逼阴所致。”又问：“震而大风，何也？”对曰：“土失其性，则地以震。风为号令，人君严急则有烈风及物之灾。”六年六月壬戌，大风坏承天门鸱尾。

是岁，世宗居贞懿皇后忧，在辽阳，一日方寝，有红光照其室，及黄龙见于室上，又夜有大星流入其邸。八月，复有云气自西来，黄龙见其中，人皆见之。是时，临潢府闻空中有车马声，仰视见风云杳霭，神鬼兵甲蔽天，自北而南，仍有语促行者。未几，海陵下诏南征。

世宗大定二年闰二月辛卯，神龙殿十六位焚，延及太和、厚德殿。三年三月丙申，中都以南八路蝗。四年三月庚子夜，京师地震。七月辛丑，大风雷雨，拔木。临潢府境禾黍稆生。岚州进白兔二。八月，永兴进嘉禾，异亩同颖。中都南八路蝗飞入京畿。十一月辛丑，尚书省火。是岁，有年。五年六月戊子，河南府进芝草十三本，得于

芝田石上,荐之太庙。六月甲辰,大安殿楹产芝,其色如玉。丙午,
京师地震,有声自西北来,殷殷如雷,地生白毛。七月戊申,又震。十
一月癸酉,大雾,昼晦。七年九月庚辰,地震。八年五月甲子,北望
淀大风,雨雹,广十里,长六十里。六月,河决李固渡,水入曹州。十
年正月,邓州进芝草。十一年六月戊申,西南路招讨司莤里海水之
地雨雹三十余里,小者如鸡卵。其一最大,广三尺,长丈余,四五日
始消。十二年三月庚寅,雨土。四月旱。十三年正月,尚书省奏:
"宛平张孝善有子曰合得,大定十二年三日旦以疾死,至暮复活,云
是本良乡人王建子喜儿。而喜儿前三年已死,建验以家事,能具道
之,此盖假尸还魂,拟付王建为子。"上曰:"若是则奸幸小人竞生诈
伪,渎乱人伦。"止付孝善。八月丁丑,策试进士于悯忠寺,夜半忽闻
音乐声起东塔上,西达于宫。考官完颜蒲捏、李晏等以为文运始开,
得贤之兆。十四年八月丁巳朔,次虬里舌,日午,白龙见于御帐之东
小港中,既而乘雷云而上,尾犹曳地,良久北去。十六年三月戊申,
雨豆于临潢之境,其形上锐而赤,食之味颇苦。五月戊申,南京宫殿
火。是岁,中都、河北、山东、陕西、河东、辽东等十路旱、蝗。十七年
七月,大雨,沱漠、卢沟水溢,河决白沟。二十年四月己亥,大宁宫门
火。五月丙寅,京师地震,生黑白毛。七月,旱。秋,河决卫州。二
十二年五月,庆都蝗蝝生,散漫十余里。一夕大风,蝗皆不见。二十
三年正月辛巳,广乐园灯山焚,延及熙春殿。三月乙酉,氛埃雨土。
四月庚子亦如之。五月丁亥,雨雹,地生白毛。二十四年正月辛卯
朔,徐州进芝十有八茎。真定进嘉禾二本,异亩同颖。二十六年正
月庚辰,河南府进芝三本。秋,河决,坏卫州城。二十七年四月辛丑,
京师地微震。

　　章宗大定二十九年五月丁未,地生白毛。五月,曹州河溢。十
二月,密州进白鹊、白雉各一。河间府进嘉禾。是冬无雪。

　　明昌元年正月,怀州、河间等处进芝草、嘉禾。二月,地生白毛。
六月庚子,都水进异卵。夏,旱。七月,淫雨伤稼。二年五月,桓、抚
等州旱。秋,山东、河北旱,饥。三年秋,绥德虸蚄虫生。旱。四年

三月，御史中丞董师中奏：“乃者太白昼见，京师地震，北方有赤气，迟明始散。天之示象，冀有以警悟圣主也。”上问：“所言天象何从得之？”师中曰：“前监察御史陈元升得之于一司天长行。”上曰：“司天台官不奏固有罪，其以语人尤非，朕欲令自今司天有事而不奏者长行得言之，何如？”师中曰：“善。”五月，霖雨，命有司祈晴。六月河决卫州，魏、清、沧皆被害。是岁，河北、山东、南京、陕西诸路大稔。邢、洺、深、冀及河北西路十六谋克之地，野蚕成茧。十一月壬午，木冰。五年七月丙戌，天寿节，先阴雨连日，至是开霁，有龙曳尾于殿前云间。是月，河决阳武故堤，灌封丘而东。六年二月丁丑，京师地震，大雨雹，昼晦，大风，震应天门右鸱尾坏。六年八月，大雨震电。有龙起于浑仪鳌趺，台忽中裂而摧，仪仆于台下。

承安元年五月，自正月不雨，至是月雨。六月，平晋县民利通家蚕自成绵段，长七尺一寸五分，阔四尺九寸。二年，自正月至四月不雨。六月丙午，雨雹。四年三月戊午，雨雹。五月，旱。五年五月庚辰，地震。十月庚子，天久阴，是日云色黄而风霾。癸卯晨，阴霜附木，至日入亦如之。

泰和二年八月丙申，磁州武安县鼓山石圣台，有大鸟十集于台上，其羽五色烂然，文多赤黄，赭冠鸡项，尾阔而修，状若鲤鱼尾而长，高可逾人，九子差小侍傍，亦高四五尺。禽鸟万数形色各异，或飞或蹲，或步或立，皆成行列，首皆正向如朝拱然。初自东南来，势如连云，声如殷雷，林木震动，牧者惊惶，即驱牛击物以惊之，殊不为动。俄有大鸟如雕鹗者怒来搏击之，民益恐，奔告县官。皆以为凤凰也，命工图上之。留二日西北去。按视其处，粪迹数顷，其色各异。遗禽数千，累日不能去。所食皆巨鲤，大者丈余，鱼骨蔽地。章宗以其事告宗庙，诏中外。三年四月，旱。十月己亥，大风。四年正月壬申，阴雾，木冰。三月丁卯，大风，毁宣阳门鸱尾，四月，旱。壬戌，万宁宫端门灾。十一月丁卯，阴。木冰凡三日。五年夏，旱。八年闰四月甲午，雨雹。河南路蝗。六月戊子，飞蝗入京畿。八月乙酉，有虎至阳春门外，驾出射获之。时又有童谣云：“易水流，汴水流,百年易过又休休。两家都好住,前后总成留。"至贞祐中,举国迁汴。

卫绍王大安元年,徐、邳界黄河清五百余里,几二年,以其事诏中外。临洮人杨珪上书曰:"河性本蜀,而今反清,是水失其性也。正犹天动地静,使当动者静,当静者动,则如之何,其为灾异明矣。且《传》曰:'黄河清,圣人生',假使圣人生,恐不在今日。又曰:'黄河清,诸侯为天子。'正当戒惧,以销灾变,而复夸示四方,臣所未喻。"宰相以为妖言,议诛之,虑绝言路,即诏大兴府锁还本管。十一月丙申,平阳地震,有声自西北来。戊戌夜,又震,自此时复震动,浮山县尤剧,城廧民居圮者十七八,死者凡二三千人。二年二月乙酉,地大震,有声殷殷然。六月、七月至九月晦,其震不一。十一月,京师民周修武宅前渠内火出,高二尺,焚其板桥。又旬日,大悲阁幡竿下石隙中火出,高二三尺,人近之即灭,凡十余日。自是都城连夜燔爇二三十处。是岁四月,山东、河北大旱,至六月,雨复不止,民间斗米至千余钱。三年二月乙亥夜,大风从西北来,发屋折木,吹清夷门关折。三月戊午,大悲阁灾,延烧万余家,火五日不绝。山东、河北、河东诸路大旱。是岁,有男子郝赞诣省言:"上即位之后,天变屡见,火焚万家,风折门关,非小异也,宜退位让有德。"有司问:"尔狂疾乎?"赞大言曰:"我不狂疾,但为社稷计,宰相皆非其才。"每日省前大呼,凡半月,上怒,诛之隐处。

崇庆元年七月辛未未时,有风从东来,吹帛一段高数十丈,宛转如龙,坠于拱辰门内。是岁,河东、陕西、山东、南京诸路旱。二年二月,放进士榜,有狂僧公言:"杀天子。"求之不知所在。是岁,河东、陕西大旱,京兆斗米至八千钱。

至宁元年,宣宗彰德故园竹开白花,如鹭鸶藤。紫云覆城上数日,俄而入继大统。七月,以河东、陕西诸处旱,遣工部尚书高朵剌祈雨于岳渎,至是雨足。时斗米有至万二千者。八月癸巳,卫绍王遇弑。是日,海水不潮,宝坻盐司惧其亏课,致祷无应。九月丙午,

宣宗即位乃潮。初，卫王即位改元大安，四年改曰崇庆，既而又改曰
至宁，有人谓曰："三元大崇至矣。"俄而有胡沙虎之变。

　　宣宗贞祐元年八月戊子夜，将曙，大雾苍黑，跬步无所见，至辰
巳间始散。十二月乙卯，雨，木冰。时卫州有童谣曰："团圞冬，劈半
年。寒食节，没人烟。"明年正月，元兵破卫，遂丘墟矣。二年六月，
潮白河溢，漂古北口铁裹关门至老王谷。庚申，南京宝镇阁灾。壬
戌，上次宜村，有黄龙见于西北。冬，黄河自陕州界至卫州八柳树，
清十余日，纤鳞皆见。十二月己酉，雨，木冰。三年二月戊午，大风，
隆德殿鸱尾坏。三月戊辰，大风，霾。四月，自去冬不雨，至于是月。
五月，河南大蝗。六月，京城中夜妄相惊逐狼，月余方息。十月丙申
昏，西北有雾气如积土，至二更乃散。四年正月己未旦，黑雾四塞，
巳时乃散。是春，河朔人相食。五月，河南、陕西大蝗。凤翔、扶风、
岐山、郿县蝱虫伤麦。七月，旱。癸丑，飞蝗过京师。

　　兴定元年三月，宫中有蝗。四月，单州雹伤稼。陈州商水县进
瑞麦，一茎四穗。开封府进瑞麦，一茎三穗、二茎四穗。五月乙丑，
河南大风，吹府门署以去。延州原武县雹伤稼。七月癸卯，大社坛
产嘉禾，一茎十五穗。秋，霖雨。十月，邠州进白兔。丹州进嘉禾，
异亩同颖。二年四月，河南诸郡蝗。五月，秦、陕狼害人。六月，旱。
是岁，京师屡火，遣礼部尚书杨云翼崇之。三年春，吏部火。四月癸
未，陕右黑风昼起，有声如雷，顷之地大震，平凉、镇戎、德顺尤甚，
庐舍倾，压死者以万计，杂畜倍之。夏，旱。十二月壬申，雨，木冰。
四年正月戊辰二更，天鸣有声。壬子，昼晦，有顷大雷风雨。四月丁
丑，大风吹河南府署飞百余步，户案门钥开，文牍飘散，不知所在。
六月，旱。七月，河南大水，唐、邓尤甚。十二月癸酉，火。是岁，华
州渭南县民裴德宁家伐树，破其中有赤色"太"字，表里吻合。有司
言与唐大历中成都瑞木有文"天下太平"者其事颇同，盖太平之兆
也。乞付史馆。五年三月，以久旱，诏中外，仍命有司祈祷。十一月
壬寅，京师相国寺火。十二月丁丑，霜附木。先是，有童谣云：青山

转,转山青。耽误尽,少年人。"盖言是时人皆为兵,转斗山谷,战伐不休,当至老也。

元光元年四月,京畿旱。十月,上猎近郊,获白兔,群臣以为瑞。明日,御便殿,置铃于项,将纵之,兔惊跃不已,忽毙几上。二年正月辛酉日午,有鹤千余翔于殿庭,移刻乃去。七月乙卯,丹凤门坏,压死者数人。十一月,开封有虎害人。是时屡有妖怪,二年之中,白日虎入郑门,吏部及宫中有狐狼,鬼夜哭于辇路,乌鹊夜惊,飞鸣蔽天。十二月,宣宗崩。

哀宗正大元年正月戊午,上初视朝,尊太后为仁圣宫皇太后,太元妃为慈圣宫皇太后。是日,大风飘端门瓦,昏霾不见日,黄气塞天。仁圣又梦乞丐万数踵其后,心恶之,占者曰:"后为天下母,百姓贫婆,将谁诉焉。"遂敕京城设粥与冰药以应之,人以为壬辰、癸巳之兆。又有人衣麻衣,望承天门大笑者三,大哭者三,有司拘而问之,其人曰:"我先笑者,笑许大天下将相无人。后哭者,哀祖宗家国破荡至此也。"有司以为妖言,处之重典。上曰:"近诏草泽之士并许直言,虽涉讥讪亦不治罪,况此人言亦有理,止不应哭笑阙下耳。"乃杖之。二年正月甲申,有黄黑之祲。四月,旱。京畿大雨雹。三年春,大寒。三月乙丑,有火自吏部中出,大如斛,流行展转,人皆惊避,逾时而灭。四月,旱、蝗。六月,京东雨雹,蝗死。四年六月丙辰,地震。八月癸亥,大风吹左掖门鸱尾坠,丹凤门扉坏。是日,风、霜损禾皆尽。五年春,大寒。二月,雷而雪,木之华者皆败。四月,郑州大雨雹,桑柘皆枯。京畿旱。八月,御座上闻若有言者曰:"不放舍则何?"索之不见。七年十二月,新卫州北三里许,有影在沙上,如旧卫州城状,寺塔宛然,数日乃灭。

天兴元年正月丁酉,大雪。二月癸丑,又雪。戊午,又雪。是时,钧州、阳邑、卢氏兵皆大败。五月,大寒如冬。七月庚辰,兵刃有火。闰八月己未,有箭射入宫中。九月辛丑夜,大雷,工部尚书蒲乃速震死。二年六月,上迁蔡,自发归德,连日暴雨,平地水数尺,军士漂没。及蔡始晴，复大旱数月。识者以为不祥。初，南京未破一二年间，市中有一僧不知所从来，持一布囊贮枣，日散与市人无穷，所在儿童百十从之。又有一人拾街中破瓦，复以石击碎之。人皆以为狂，不晓其理，后乃知之，其意盖欲使人早散，国家将瓦解矣。

金史卷二四
志第五

地理上

上京路　咸平路　东京路　北京路
西京路　中都路

　　金之壤地封疆,东极吉里迷兀的改诸野人之境,北自蒲与路之北三千余里,火鲁火疃谋克地为边,右旋入泰州婆卢火所浚界壕而西,经临潢、金山,跨庆、桓、抚、昌、净州之北,出天山外,包东胜,接西夏,逾黄河,复西历葭州及米脂寨,出临洮府、会州、积石之外,与生羌地相错。复自积石诸山之南左折而东,逾洮州,越盐川堡,循渭至大散关北,并山入京兆,络商州,南以唐邓西南皆四十里,取淮之中流为界,而与宋为表里。

　　袭辽制,建五京,置十四总管府,是为十九路。其间散府九,节镇三十六,防御郡二十二,刺史郡七十三,军十有六,县六百三十二。后复尽升军为州,或升城堡寨镇为县,是以金之京府州凡百七十九,县加于旧五十一,城寨堡关百二十二,镇四百八十八。虽贞祐、兴定危亡之所废置,既归大元,或有因之者,故凡可考必尽著之,其所不载则阙之。

　　上京路,即海古之地,金之旧土也。国言"金"曰"按出虎",以按出虎水源于此,故名金源,建国之号盖取诸此。国初称为内地,天眷元年号上京。海陵贞元元年迁都于燕,削上京之号,止称会宁府,称为国中者以违制论。大定十三年七月,复为上京。其山有长白、青岭、马纪岭、完都鲁,水有按出虎水、混同江、来流河、宋瓦江、鸭子河。府一,领节镇四,防御一,县六,镇一。旧有会平州,天会二年筑,契丹之周特城也,后废。其宫室有乾元殿,天会三年建,天眷元年更名皇极殿。庆元宫,天会十三年建,殿曰辰居,门曰景晖,天眷二年安太祖以下御容,为原庙。

朝殿,天眷元年建,殿曰敷德,门曰延光,寝殿曰宵衣,书殿曰稽古。又有明德宫、明德殿,熙宗尝享太宗御容于此,太后所居也。凉殿,皇统二年构,门曰延福,楼曰五云,殿曰重明。东庑南殿曰东华,次曰广仁。西庑南殿曰西清,次曰明义。重明后,东殿曰龙寿,西殿曰奎文。时令殿及其门曰奉元。有泰和殿,有武德殿,有薰风殿。其行宫有天开殿,父剌春水之地也。有混同江行宫。太庙、社稷,皇统三年建,正隆二年毁。原庙,天眷元年以春亭名天元殿,安太祖、太宗、徽宗及诸御容。春亭者,太祖所尝御之所也。天眷二年作原庙,皇统七年改原庙乾文殿曰世德,正隆二年毁。大定五年复建太祖庙。兴圣宫,德宗所居也,天德元年名之。兴德宫,后更名永祚宫,睿宗所居也。光兴宫,世宗所居也。正隆二年命吏部郎中萧彦良尽毁宫殿、宗庙、诸大族坟第及储庆寺,夷其趾,耕垦之。大定二十一年复修宫殿,建城隍庙。二十三年以甓束其城。有皇武殿,击球校射之所也。有云锦亭,有临漪亭,为笼鹰之所在,在按出虎水侧。

会宁府,下。初为会宁州,太宗以建都,升为府。天眷元年,置上京留守司,以留守带本府尹,兼本路兵马都总管。后置上京曷懒等路提刑司。户三万一千二百七十。旧岁贡秦王鱼,大定十二年罢之。又贡猪二万,二十五年罢之。东至胡里改六百三十里,西至肇州五百五十里,北至蒲与路七百里,东南至恤品路一千六百里,至曷懒路一千八百里。县三:

会宁倚,与府同时置。有长白山、青岭、马纪岭、勃野淀、绿野淀。有按出虎河,又书作阿术浒。有混同江、涞流河。有得胜陀,国言忽土皑葛蛮,太祖誓师之地也。

曲江初名镇东,大定七年置,十三年更今名。

宜春大定七年置。有鸭子河。

肇州,下。防御使。旧出河店也。天会八年,以太祖兵胜辽,肇基王绩于此，遂建为州。天眷元年十月，置防御使，隶会宁府。海陵时，尝为济州支郡。承安三年，复以为太祖神武隆兴之地，升为节镇，军名武兴。五年，置漕运司，以提举兼州事。后废军。贞祐二年复升为武兴军节镇，置招讨司，以使兼州事。户五千三百七十五。县一：

> 始兴倚，与州同时置。有鸭子河、黑龙江。

隆州，下，利涉军节度使。古扶余之地，辽太祖时，有黄龙见，遂名黄龙府。天眷三年，改为济州，以太祖来攻城时大军径涉，不假舟楫之祥也，置利涉军。天德三年置上京路都转运司，四年，改为济州路转运司。大定二十九年嫌与山东路济州同，更今名。贞祐初，升为隆安府。户一万一百八十。县一：

> 利涉倚，与州同时置。有混同江、涞流河。镇一与县同时置，有混同馆。

信州，下，彰信军刺史。本渤海怀远军，辽开泰七年建，取诸路汉民置。户七千三百五十九。县一：

> 武昌本渤海怀福县地。镇一八十户。

蒲与路，国初置万户，海陵例罢万户，乃改置节度使。承安三年，设节度副使。南至上京六百七十里，东南至胡里改一千四百里，北至北边界火鲁火疃谋克三千里。

合懒路，置总管府。贞元元年，改总管为尹，仍兼本路兵马都总管。承安三年，设兵马副总管。旧贡海蕙，大定二十七年罢之。有移鹿古水。西北至上京一千八百里，东南至高丽界五百里。

恤品路，节度使。辽时，为率宾府，置刺史。本率宾故地，太宗天会二年，以耶懒路都孛堇所居地瘠，遂迁于此。以海陵例罢万户，置节度使，因名速频路节度使。世宗大定十一年，以耶懒、速频相去千里，既居速频，然不可忘本，遂命名石土门亲管猛安曰押懒猛安。承安三年，设节度副使。西北至上京一千五百七十里，东北至胡里改一千一百，西南至合懒一千二百，北至边界斡可阿怜千户二千里。"耶懒"又书作"押懒"。

曷苏馆路，置节度使。天会七年，徙治宁州，尝置都统司，明昌四年废。有化成关，国言曰曷撒罕关。

胡里改路，国初置万户，海陵罢万户，乃改置节度使。承安三年，置节度副使。西至上京六百三十里，北至边界合里宾忒千户一千五百里。

乌古迪烈统军司，后升为招讨司，与蒲与路近。

咸平路，府一，领刺郡一，县十。

咸平府，下，总管府，安东军节度使。本高丽铜山县地，辽为咸州，国初为咸州路，置都统司。天德二年八月，升为咸平府。后为总管府。置辽东路转运司、东京咸平路提刑司。户五万六千四百四。县八：

平郭倚，旧名咸平，大定七年更。

铜山辽同州镇安军，本汉襄平县，辽太祖时以东平寨置，因名东平，军曰镇东。章宗大守二十九年，以与东平重，故更。南有柴河，北有清河，西有辽河。

新兴辽银州富国军，本渤海富州，熙宗皇统在三年废州，更名来属。有范河，北有柴河，西有辽河。

庆云辽祺州佑圣军，本以所俘檀州密云民建檀州密云，后更名。有辽河。

清安辽肃州信陵军，熙宗皇统三年降为县。

荣安东有辽河。

归仁辽旧隶通州安远军，本渤海强师县，辽更名。金因之。北有细河。

玉山章宗承安三年，以乌速集、平郭、林河之间相去六百余里之地置，贞祐二年四月升为节镇，军曰镇安。

韩州，下，刺史。辽置东平军，本渤海郑颉府。户一万五千四百一十二。旧有营。县二：

临津倚，未详何年置。

柳河本渤海粤喜县地，辽以河为名。有狗河、柳河。

东京路,领节镇一,刺郡四,县十七,镇五。皇统四年二月,立东京新官,寝殿曰保宁,宴殿曰嘉惠,前后正门曰天华、曰乾贞。七月,建宗庙,有孝宁官。七年,建御容殿。

辽阳府,中,东京留守司。本渤海辽阳故城,辽完葺之,郡名东平。天显三年,升为南京,府曰辽阳。十三年,更为东京。太宗天会十年,改南京路平州军帅司为东南路都统司之时,尝治于此,以镇高丽。后置兵马都部署司,天德二年,改为本路都总管府,后更置留守司。产白兔、师姑布、鼠亳、白鼠皮、人参、白附子。户四万六百四。县四、镇一:

辽阳倚。东梁河,国名兀鲁忽必剌,俗名太子河。

鹤野　镇一长宜,曷苏馆在其地。

宜丰辽旧衍州安广军,皇统三年废为县。有东梁河。

石城兴定三年九月,以县之灵岩寺为岩州,名其倚郭县曰东安,置行省。

澄州,南海军刺史,下。本辽海军,天德三年改州名。户一万一千九百三十五。县二、镇一:

临溟　镇一新昌

析木辽铜州广利军附郭析木县也,皇统三年废州来属。有沙河。

沈州,昭德军刺史,中。本辽定理府地,辽太宗时置军曰兴辽,后为昭德军,置节度。明昌四年改为刺史,与通、贵德、澄三州皆隶东京。户三万六千八百九十二。县五:

乐郊辽太祖俘三河之民建三河县于此,后改更今名。有浑河。

章义辽旧广州,皇统三年降为县来属。有辽河、东梁河、辽河大口。

辽滨辽旧辽州东平军,辽太宗改为始平军,皇统三年废为县。有辽河。

挹楼辽旧兴州兴中军常安县,辽尝置定理府刺史于此,本挹楼故地,大定二十九年章宗更名。有范河、清河国名叩隈必剌。

双城辽双州保安军也,皇统三年降为县,章宗时废。

贵德州,刺史,下。辽贵德州宁远军,国初废军,降为刺郡。户二万八百九十六。县二:

贵德倚。有范河。

奉集辽集州怀远军奉集县，本渤海旧县。有浑河。

盖州，奉国军节度使，下。本高丽盖葛牟城，辽辰州。明昌四年，罢曷苏馆，建辰州辽海军节度使。六年，以与“陈”同音更取盖葛牟为名。户一万八千四百五十六。县四、镇二：

汤池辽铁州建武军汤池县。镇一神乡。

建安辽县。镇一大宁。

秀岩本大宁镇，明昌四年升。泰和四年废为镇，贞祐四年复升置。

熊岳辽卢州玄德军熊岳县。辽属南女直汤河司。

复州，下，刺史。辽怀远军节度，明昌四年降为刺史。旧贡鹿筋，大定八年罢之。户一万三千九百五十。县二、镇一：

永康倚。旧名永宁，大定七年更。

化成辽苏州安复军，本高丽地，兴宗置。皇统三年降为县来属。贞祐四年五月升为金州，兴定二年升为防御。镇一归胜。

来远州，下。旧来远城，本辽熟女直地，大定二十二年升为军，后升为州。

婆速府路，国初置统军司，天德二年置总管府，贞元元年与曷懒路总管并为尹，兼本路兵马都总管。此路皆猛安户。

北京路，府四，领节镇七，刺郡三，县四十二，镇七，寨一。

大定府，中，北京留守司。辽中京。统和二十五年建为中京，国初因称之。海陵贞元元年更为北京，置留守司、都转运司、警巡院。产鼯鼠、螺盂、茱萸梳、玳瑁鞍、酥乳饼、五味子。户六万四千四十七。县十一、镇二：

大定倚，辽县旧名。有土河、七金山、阴凉河。镇一恩化。

长兴有涂河。

富庶有心河。镇一文安。

松山辽松山州胜安军松山县，开泰中置，旧置刺史。太祖天辅七年置观察使。皇统三年废州来属。承安三年隶高州，泰和四年复。有阴凉河、落马河。

神山辽泽州神山县，辽太祖俘蔚州之名置。章宗承安二年尝置惠州，升孩儿馆为滦阳县，以隶之。泰和四年罢州及滦阳县。

惠和 皇统三年以辽惠州惠和置。

金源 唐青山县，辽开泰二年置，以地有金甸为名。有骆驼山。

和众 辽榆州和众县，皇统三年罢州来属。

武平 辽筑城杏埚，初名新州，统和间更为武安州。皇统三年降为武安县来属，大定七年更名。承安三年隶高州，泰和四年复来属。

静封 承安二年以胡设务置，隶全州，三年隶高州，泰和四年来属。

三韩 辽伐高丽，迁马韩、辰韩、弁韩三国民为县，置高州。太祖天辅七年以高州置节度使，皇统三年废为县，承安三年复升为高州，置刺史，为全州支郡，分武平、松山、静封三县隶焉。泰和四年废。有落马河、涂河。

利州，下，刺史。辽统和十六年置。户二万一千二百九十六。县二、镇一、寨一：

阜俗 辽统和四年置，金因之。

龙山 辽故潭州广润军县故名，熙宗皇统三年废州来属。有榆河。寨一兰州。镇一漆河。

义州，下，崇义军节度使。辽宜州，天德三年更州名。户三万二百三十三。县三、镇一：

弘政 有凌河。

开义 辽海北州广化军县故名，熙宗皇统三年废州来属。镇一饶庆。

同昌 辽成州兴府军县故名，国初隶川州，大定六年罢川州，隶懿州，承安二年复隶川州，泰和四年来属。

锦州，下，临海军节度使。旧隶兴中府。后来属。户三万九千一百二十三。县三：

永乐 本慕容皝之西乐县地。

安昌

神水 辽开泰二年置，皇统三年废为镇，大定二十九年复升为县。有土河。

瑞州，下，归德军节度使。本来州，天德三年更为宗州，泰和六年以避睿宗讳，谓本唐瑞州地，故更今名。户一万九千九百五十三。

县三、镇一：

瑞安旧名来宾，唐来远县也。明昌六年更为宗安，泰和六年复更今名。

海阳辽润州海阳军故县，皇统三年废州来属。镇一迁民。

海滨本慕容皝集宁县地，辽隰州海平军故县，皇统三年废州来属。

广宁府，散，下，镇宁军节度使，本辽显州奉先军，汉望平县地，天辅七年升为府，因军名置节度。天会八年改军名镇宁。天德二年隶咸平，后废军隶东京。泰和元年七月来属。户四万三千一百六十一。县三、旧有奉玄县，天会八年改为钟秀县。镇六、寨四、镇二欢城、辽西。

广宁旧名山东县，大定二十九年更名。有辽世宗显陵。寨二闾城、兔儿窝。

望平大定二十九年升梁渔务置。镇二有梁渔务、山西店。

闾阳辽乾州广德军，以奉乾陵故名奉陵县。天会八年废州更名来属。有凌河。有辽景宗乾陵。镇二闾阳、衡家。寨二大斧山、北川。

懿州，下，宁昌军节度使。辽尝更军名庆懿，又为广顺，复更今名。金因之，先隶咸平府，泰和末来属。户四万二千三百五十一。县二：大定六年罢川州，以宜民、同昌二县来属。承安二年复以二县隶川州，泰和四年罢川州，以宜民隶兴中。同昌隶义州。

顺安

灵山本渤海灵峰县地。

兴中府，散，下。本唐营州城，辽太祖迁汉民以实之，曰霸州彰武军，重熙十一年升为府，更今名，金因之。户四万九百二十七。县四、镇三：

兴中本唐柳城地。南有凌河。镇一黔城。

永德辽安德州化平军安德县，世宗大定七年更今名。北有凌河。镇一阜安。

兴城辽严州保肃军县故名，皇统三年废州隶锦州。有桃花岛。

宜民辽川州长宁军，会同中尝名白川州，天禄五年去“白”字，国初因之，与同昌县皆隶焉。大定六年降为宜民县，隶懿州，承安二年复置川州，改徽川寨为徽川县，为懿州支郡。泰和四年罢州及徽川县来属。**镇一咸康**，辽县也，国初废为镇。

建州，下，保靖军刺史，辽初名军曰武宁，后更，金因之。户一万一千四百三十九。县一：

永霸本唐昌黎县地。

全州，下，盘安军节度使。承安二年置，改胡设务为靖封县，黑河铺为卢川县，拨北京三韩县烈虎等五猛安以隶焉。贞祐二年四月尝侨置于平州。户九千三百一十九。县一：

安丰承安元年十月改丰州铺为安丰县，隶临潢府，二年置全州盘安军节度使治。有黄河、黑河。

临潢府，下，总管府。地名西楼，辽为上京，国初因称之，天眷元年改为北京。天德二年改北京为临潢府路，以北京路都转运司为临潢府路转运司，天德三年罢。贞元元年以大定府为北京后，但置北京临潢路提刑司。大定后罢路，并入大定府路。贞祐二年四月尝侨置于平州。有天平山、好水川，行宫地也，大定二十五年命名。有撒里乃地，熙宗皇统九年尝避暑于此。有陷泉，国言曰落孛鲁。有合袅追古思阿不漠合沙地。户六万七千九百七。县五、堡三十七：大定间二十四，后增。

临潢倚。有金粟河。

长泰有立列只山，其北千余里有龙驹河，国言曰喝必剌。有撒里葛睇地。

卢川承安二年以黑河铺升，隶全州，后复来属。有潢河。

宁塞泰和元年五月置。有滑河。

长宁辽永州永昌军县故名，太祖天辅七年尝置节度使，皇统三年废州来属。

庆州，下，玄宁军刺史。境内有祖州，天会八年改为奉州，皇统三年废，辽太祖祖陵在焉，境内有辽怀州。旧置奉陵军，天会八年更为奉德军，皇统三年废，辽太宗、穆宗怀陵在焉。北山有辽圣宗、兴宗、道宗庆陵。城中有辽行宫，比他州为富庶，辽时刺此郡者非耶律、萧氏不与，辽国宝货多聚藏于此。北至界二十里，南至卢川二百二十，西至恒州九百，东至临潢一百六十。户二千七。县一：旧有孝安县，天会八年改为庆民县，皇统三年废。

朔平有榷场务。

兴州，宁朔军节度使。本辽北安州兴化军，皇统三年降军置兴化县，承安五年升为兴州，置节度，军名宁朔，改利民寨为利民县，拨梅坚河徒门必罕、宁江、速马剌三猛安隶焉。贞祐二年四月侨置于密云县。户一万五千九百七十。县二：又有利民县，承安五年以利民寨升，泰和四年废。

兴化倚。辽旧县，皇统三年降兴化军置，隶大定府，承安五年建兴州于县，为倚郭。旧有白檀镇。

宜兴本兴化县白檀镇，泰和三年陞为县来属。

泰州，昌德军节度使。辽时本契丹二十部族牧地，海陵正隆间，置德昌军，隶上京，大定二十五年罢之。承安三年复置于长春县，以旧泰州为金安县，隶焉。北至边四百里，南至懿州八百里，东至肇州三百五十里。户三千五百四。县一，旧有金安县，承安三年置，寻废。堡十九：长春辽长春州韶阳军，天德二年降为县，隶肇州，承安三年来属。有挞鲁古河、鸭子河。有别里不泉。

边堡，大定二十一年三月，世宗以东北路招讨司十九堡在泰州之境，及临潢路旧设二十四堡障参差不齐，遣大理司直蒲察张家奴等往视其处置。于是东北自达里带石堡子至鹤五河地分，临潢路自鹤五河堡河子至撒里乃，皆取直列置堡戍。评事移剌敏言："东北及临潢所置，土墙樵绝，当令所徙之民姑逐水草以居，分遣丁壮营毕，开壕堑以备边。"上令无水草地官为建屋，及临潢路诸堡皆以放良人戍守。省议："临潢路二十四堡，堡置户三十，共为七百二十，若营建毕，官给一岁之食。"上以年饥权寝，姑令开壕为备。四月，遣吏部郎中奚胡失海经画壕堑，旋为沙雪堙塞，不足为御。乃言："可筑二百五十堡，堡日用工三百，计一月可毕，粮亦足备，可为边防久计。

泰州九堡、临潢五堡之地斥卤,官可为屋外,自撒里乃以西十九堡,旧戍军舍少,可令大盐泺官木三万余,与直东堡近岭求木,每家官为构室一椽以处之。

　　西京路,府二,领节镇七,刺郡八,县三十九,镇九。大定五年建宫室,名其殿曰保安,其门南曰奉天,东曰宣仁,西曰阜成。天会三年建太祖原庙。

　　大同府,中,西京留守司。晋云州大同军节度,辽重熙十三年,升为西京,府名大同,金因之。皇统元年,以燕京路隶尚书省,西京及山后诸部族隶元帅府。旧置兵马都部署司,天德二年,改置本路都总管府,后更置留守司。置转运司及中都西京路提刑司。贡玛瑙环子、玛瑙数珠。产白驼、安息香、松明、松脂、黄连、百药煎、芥子煎、盐、捞盐、石绿、绿矾、铁、甘草、枸杞、碾玉砂、地蕈。户九万八千四百四十四。县七、镇三:

　　大同倚。辽析云中置,金因之。有牛皮关、武周山、方山、奥望山、盛乐城、御河、斗鸡台、平城外郭盐场、如浑水、桑乾河、纥真山、有辽帝后像,在华严寺。镇一奉义。

　　云中晋旧县名。

　　宣宁辽德州昭圣军宣德县,大定八年更名。有官山、弥陁山、石绿山、产碾玉砂。镇一窟龙城。

　　怀安晋故县名。

　　天成辽析云中置。

　　白登本名长清,大定七年更,有白登台、采掠山。

　　怀仁辽析云中置,贞祐二年五月升为云州。有黄花岭、锦屏山、清凉山、金龙山、早起城、日中城。镇一安七疃。

　　丰州,下,天德军节度使。辽尝更军名应天,寻复,金因之,皇统九年升为天德总管府,置西南路招讨司,以天德尹兼领之。大定元年降为天德军节度使,兼丰州管内观察使,以元管部族直撒、军马公事,并隶西南路招讨司。产不灰木、地蕈。户二万二千六百八十三。

县一、镇一：

富民晋旧名。有黑山、神山。镇一振武。

弘州，下，刺史。辽名军曰博宁，本襄阴村，统和中建。国初置保宁军，后废军。产玛瑙。户二万二千二。县二、镇二：

襄阴倚。本名永宁，大定七年改。

顺圣本安塞军故地，辽应历中置，金因之。镇二阳门，贞祐二年七月升为县。大罗。

净州，下，刺史。大定十八年以天山县升，为丰州支郡，刺史兼权讥察。北至界八十里。户五千九百三十八。县一：

天山旧为榷场，大定十八年置，为倚郭。

桓州，下，威远军节度使。军兵隶西北路招讨司。明昌七年改置刺史。北至旧界一里半。户五百七十八。县一：曷里浒东川，更名金莲川，世宗曰："莲者连也。取其金枝玉叶相连之义。"景明宫，避暑宫也，在凉陉，有殿、扬武殿，皆大定二十年命名。有查沙。有白泺，国言曰勺赤勒。

清塞倚。明昌四年以罢录事司置。

抚州，下，镇宁军节度使。辽秦国大长公主建为州，章宗明昌三年复置刺史，为桓州支郡，治柔远。明昌四年置司候司。承安二年升为节镇，军名镇宁，拨西北路招讨司所管梅坚必刺、王敦必刺、拿怜术花速、宋葛斜忒浑四猛安以隶之。户一万一千三百八十。县四：有旺国崖，大定八年五月更名静宁山。有麻达葛山，大定二十九年更名胡土白山。有冰井。

柔远倚。大定十年置于燕子城，隶宣德州。明昌三年来属。有燕子城国言曰吉甫鲁湾城，北羊城国言曰火俺榷场，查刺岭，沔山，大渔泺行宫有枢光殿。有双山，七里河，石井，虾蟆山，昂吉泺又名鸳鸯泺，得胜口旧名北望淀，大定二十年更。

集宁明昌三年以春市场置，北至界二百七十里。

丰利明昌四年以泥泺置。有盖里泊。

威宁承安二年以抚州新城镇置。

德兴府，晋新州，辽奉圣州武定军节度，国初因之。大安元年升为府，名德兴。户八万八百六十八。县六、有漫天埚，泰和二年更名拂

云,平恶崖更名垒翠岩。**镇一**:

德兴倚。旧名永兴县,大安元年更名。有涿鹿定、方水镇。有鸡鸣山。

妫川辽可汗州清平军,本晋妫州,会同元年辽太祖尝名可汗州,县旧曰怀戎,更名怀来,明昌六年更今名。西北有合河龟头馆石桥,明昌四年建。

缙山辽儒州缙阳军县故名,皇统元年废州来属,崇庆元年升为镇州。**镇一**永安。

望云本望云川地,辽帝尝居,号曰御庄,后更为县,金因之。

矾山晋故县,国初隶弘州,明昌三年来属。

龙门晋县,国初隶弘州,后来属。明昌三年割隶宣德州。有庆宁宫,行宫也,泰和五年以提举兼龙门令。

昌州,天辅七年降为建昌县,隶桓州。明昌七年以狗泺复置,隶抚州,后来属。户一千二百四十一。**县一**:

宝山有狗泺,国言曰押恩尼要。其北五百余里有日月山,大定二十年更曰抹白山,国言涅里塞一山。

宣德州,下,刺史。辽改晋武州为归化州雄武军,大定七年更为宣化州,八年复更为宣德。户三万二千一百四十七。**县二**:

宣德旧文德县,大定二十九年更名。

宣平承安二年以大新镇置,以北边用兵尝驻此地也。

朔州,中,顺义军节度使。贞祐三年七月,尝割朔州广武县隶代州。产铁、荆三棱、枸杞。户四万四千八百九十。**县二**:

鄯阳晋故县。有桑乾河、大和岭、天池、雁门关、霸德山。

马邑晋故县,贞祐二年五月升为固州。有洪涛山、灅水,又曰桑乾河。

武州,边,下,刺史。大定前仍置宣威军。户一万三千八百五十一。**县一**:

宁远晋故县。黄河。

应州,下,彰国军节度使。户三万二千九百七十七。**县三**:

金城晋故县。有黄瓜堆、复宿山、桑乾河、浑河、崞川水、黄花城。

山阴本名河阴,大定七年以与郑州属县同,故更焉。贞祐二年五月升为忠州。有黄花岭、桑乾河。

浑源晋县，贞祐二年五月升为浑源州，产盐。

蔚州，下，忠顺军节度使。辽尝更为武安军，寻复。贡地蕈。户五万六千六百七十四。县五：

灵仙北有桑乾河、代王城、薄家村。

广灵亦作"陵"，辽统和三年析灵仙置。

灵丘晋县，贞祐二年四月升为成州，四年割为代州支郡。

定安晋县。有桑乾河。贞祐二年四月升为定安州。

飞狐晋县。

云内州，下，开远军节度使。天会七年徙奚第一、第三部来戍。产青镔铁。户二万四千八百六十八。县二、镇一：

柔服夹山在城北六十里。镇一宁仁，旧县也，大定后废为镇。

云川本曷董馆，后升为裕民县，皇统元年复废为曷董馆，大定二十九年复升，更为今名。

宁边州，下，刺史。国初置镇西军，贞祐三年隶岚州，四年二月升为防御。户六千六百七十二。县一：

宁边正隆三年置。

东胜州，下，边，刺史。国初置武兴军，有古东胜城。户三千五百三十一。县一、镇一：

东胜　镇一宁化。

部族节度使：

乌昆神鲁部族节度使，军兵事属西北路招讨司，明昌三年罢节度使，以招讨司兼领。

乌古里部族节度使。

石垒部族节度使。

助鲁部族节度使。

孛特本部族节度使。

计鲁部节度使。

唐古部族，承安三年改为部罗火扎石合节度使。

迪烈又作迭剌女古部族，承安三年改为土鲁浑扎石合节度使。

详稳九处：

哶糺详稳，贞祐四年六月改为葛也阿怜猛安。

木典糺详稳，贞祐四年改为抗葛阿怜谋克。

骨典糺详稳，贞祐四年改为撒合辇必剌谋克。

唐古糺详稳。

耶剌都糺详稳。

移典糺详稳。

苏木典糺详稳，近北京。

胡都糺详稳。

霞马糺详稳。

群牧十二处：

斡独碗群牧，大定四年改为斡睹只群牧。

蒲速斡群牧。本斡睹只地，大定七年分置。

耶鲁碗群牧。

讹里都群牧。

糺斡群牧。

欧里本群牧。

乌展群牧。

特满群牧。

驼驼都群牧。

讹鲁都群牧。

忒恩群牧。承安四年创置。

蒲鲜群牧。承安四年创置。

中都路，辽会同元年为南京，开泰元年号燕京。海陵贞元元年定都，以燕乃列国之名，不当为京师号，遂改为中都。府一，领节镇三，刺史郡九。县四十九。天德三年，始图上燕城宫室制度，三月，命张浩等增广燕城。城门十三,东曰施仁、曰宣曜、曰阳春,南曰景风、曰丰宜、曰端礼,西曰丽泽、曰颢华、曰彰义,北曰会城、曰通玄、曰崇智、曰光泰。浩等取真定府潭园材木,营建宫室及凉位十六。应天门十一楹,左右有楼,门内有左、右翔龙门,及日华、月华门,前殿曰大安,左、右掖门,内殿东廊曰敷德门。大安殿之东北为东宫,正北列三门,中曰粹英,为寿康宫,母后所居也。西曰会通门,门北曰承明门,又北曰昭庆门。东曰集禧门,尚书省在其外,其东西门左、右嘉会门也,门有二楼,大安殿后门之后也。其北曰宣明门,则常朝殿门也。北曰仁政门,傍为朵殿,朵殿上为两高楼,曰东、西上阁门,内有仁政殿,常朝之所也。宫城之前廊,东西各二百余间,分为三节,节为一门。将至宫城,东西转各有廊百许间,驰道两傍植柳,廊脊覆碧瓦,宫阙殿门则纯用碧瓦。应天门旧名通天门,大定五年更。七年改福寿殿曰寿安宫。明昌五年复以隆庆宫为东宫,慈训殿为承华殿,承华殿者皇太子所居之东宫也。泰和殿,泰和二年更名庆宁殿。又有崇庆殿。鱼藻池、瑶池殿位,贞元元年建。有神龙殿,又有观会亭。又有安仁殿、隆德殿。临芳殿。皇统元年有元和殿。有常武殿,有广武殿,为击球、习射之所。京城北离宫有太宁宫,大定十九年建,后更为寿宁,又更为寿安,明昌二年更为万宁宫。琼林苑有横翠殿。宁德宫西园有瑶光台,又有琼华岛,又有瑶光楼。皇统元年有宣和门,正隆三年有宣华门,又有撒合门。

　　大兴府,上。晋幽州,辽会同元年升为南京,府曰幽都,仍号卢龙军,开泰元年更为永安析津府。天会七年析河北为东、西路时属河北东路,贞元元年更今名。户二十二万五千五百九十二。大定四年十月,命都门外夹道重行植柳各百里。产金银铜铁。药产滑石、半夏、苍术、代赭石、白龙骨、薄荷、五味子、白牵牛。县十、镇一:

　　大兴倚。辽名析津,贞元二年更今名。有建春宫。镇一广阳。

　　宛平倚。本晋幽都县,辽开泰二年。有玉泉山行宫。

　　安次晋旧名。

　　漷阴辽太平中,以漷阴村置。

　　永清晋旧名。

　　宝坻本新仓镇,大定十二年置,以香河县近民附之。承安三年升置盈州,为大兴府支郡,以香河、武清隶焉。寻废州。

　　香河辽以武清县之孙村置。

　　昌平有居庸关,国名查剌合攀。

武清_{晋县。}

良乡_{有料石冈、阎沟。}

通州，下，刺史。天德三年升潞县置，以三河隶焉。兴定二年五月升为防御。户三万五千九十九。县二：

潞_{晋县名。有潞水。}三河_{晋县名。}

蓟州，中，刺史。辽置上武军。户六万九千一十五。_{产粟。}县五、旧又有永济县，大定二十七年以永济务置，未详何年废。又有黎瓠县，废置皆未详。镇二：

渔阳_倚

遵化_{辽景州清安军。镇一石门。}

丰润_{泰和间置。}

玉田_{有行宫、偏林，大定二十年改为御林。}镇一韩城。

平峪_{大定二十七年，以渔阳县大王镇升。}

易州，下，刺史。辽置高阳军。户四万一千五百七十七。县二：

易_{有易水。}

涞水_{有涞水。}

涿州，中。刺史。辽为永泰军。_{贡罗。}户一十一万四千九百一十二。县五、镇一：

范阳_{倚。晋县。有湖梁河。有刘李河。镇一政满。}

固安_{晋县。}

新城

定兴_{大定六年以范阳县黄村置，割涞水、易县近民属之。有巨马河。}

奉先_{大定二十九年置万宁县以奉山陵，明昌二年更今名。有房山、龙泉河、盘宁宫。}

顺州，下，刺史。辽置归化军。户三万三千四百三十三。县二：

温阳_{旧名怀柔，明昌六年更。有螺山、淑水、兔耳山。}

密云_{辽檀州武威军。古北口，国言曰留斡岭。}

平州，中，兴平军节度使。辽为辽兴军。天辅七年以燕西地与宋，遂以平州为南京，以钱帛司为三司。天会四年复为平州，尝置军帅司。天会十年徙军帅司治辽阳府,后置转运司。贞元元年以转运司。贞元元年以转运司并隶中都路。贞祐二年四月置东面经略司,八月罢。贡樱桃、绫。户四万一千七百四十八。县五、镇一:

卢龙倚。

抚宁本新安镇,大定二十九年置。

海山本汉海阳故城,辽以所俘望都县民置,故名望都,大定七年更名。

迁安本汉令支县故城,辽以所俘安喜县民置,因名安喜,大定七年更今名。镇一建昌。

昌黎辽营州邻海军,以所俘定州民置广宁县。皇统二年降州来属,大定二十九年以与广宁府重,故更今名。

滦州,中,刺史。本黄落故城,辽为永安军,天辅七年因置节度使。户六万九千八百六。县四、松亭关,国名斜烈只。镇二:

义丰倚。

石城有长春行宫。长春淀旧名大定淀,大定二十年更。镇一榛子。

马城

乐亭　镇一新桥。

雄州,中。宋名易阳郡。天会七年置永定军节度使。隶河北东路,贞元二年来属。户二万四百一十一。县三:

归信倚。有易水,巨马河。

容城泰和八年割隶安州,贞祐二年隶安肃州。有南易水,大泥淀、浑泥城。

保定宋保定军,后废为县。

霸州,下,刺史。辽益津郡。隶河北东路,贞元二年来属。户四万一千二百七十六。县四:

益津倚。大定二十九年创置,倚郭。

文安

大城

信安国初因宋为信安军,大定七年降为信安县,隶霸州。元光元年四月升为镇安府,所以重高阳公张甫也。

保州，中，顺天军节度使。宋旧军事，天会七年置顺天军节度使，隶河北东路，贞元二年来属。海陵赐名清苑郡。户九万三千二十一。县二：

清苑倚。宋名保塞，大定十六年更。有抱阳山、沉水、馈军河。

满城大定二十八年以清苑县塔院村置。

安州，下，刺史。宋顺安军治高阳，天会七年升为安州，隶河北东路，后置高阳军。大定二十八年徙治葛城，因升葛城为县，作倚郭。泰和四年改混泥城为渥城县，来属，八年移州治于渥城，以葛城为属县。户三万五百三十二。县三：

渥城倚。泰和四年置。

葛城大定二十八年置。

高阳泰和八年正月改隶莫州，四月复。有徐河、百济河。

遂州，下，刺史。宋广信军，天会七年改为遂州，隶河北东路，贞元二年来隶，号龙山郡。泰和四年废为遂城县，隶保州，贞祐二年复置州。户一万一千一百七十四。县一：

遂城倚。有光春宫行宫。有遂城山、易水、漕水、鲍河。

安肃州，下，刺史。宋安肃军，天会七年升为徐州，军如旧，隶河北东路，贞元二年来属。天德三年改为安肃州，军名徐郡军。大定后降为刺郡，废军。户一万二千九百八十。县一：

安肃按金初州郡志，雄、霸、保、安、遂、安肃六州皆隶广宁府。《太宗纪》载天会七年分河北为东、西路，则隶河北东路，岂以平州为南京之后，以六州隶广宁也？不然，则郡志误。

金史卷二五
志第六

地理中

南京路　河北东路　河北西路
山东东路　山东西路

　　南京路,国初曰汴京,贞元元年更号南京。府三,领节镇三,防御八,刺史郡八,县一百五。都城门十四,曰开阳,曰宣仁,曰安利,曰平化,曰通远,曰宜照,曰利川,曰崇德,曰迎秋,曰广泽,曰顺义,曰迎朔,曰顺常,曰广智。宫城门,南外门曰南薰,南薰北新城门曰丰宜,桥曰龙津桥,北门曰丹凤,其门三。丹凤北曰舟桥,桥少北曰文武楼,遵御路而北横街也。东曰太庙,西曰郊社,正北曰承天门,其门五,双阙前引,东曰登闻检院,西曰登闻鼓院。检院东曰左掖门,门南曰待漏院。鼓院西曰右掖门,门南曰都堂。直承天门北曰大庆门,门东曰精门,又东曰左升平门。大庆门西曰月华门,又西曰右升平门。正殿曰大庆殿,前有龙墀,又南有丹墀,又南曰沙墀,东庑曰嘉福楼,西庑曰嘉瑞楼。大庆后曰德仪殿。殿东曰左升龙门,西曰右升龙门,正门曰隆德,内有隆德殿,有萧墙,有丹墀。隆德殿左曰东上阁门,右曰西上阁门,皆南向。鼓楼在东,钟楼在西。隆德之次曰仁安门、仁安殿,东则内侍局,又东曰近侍局,又东则严祗门,宫中则称曰撒合门,少南曰东楼,则授除楼也。西曰西楼。仁安之次曰纯和殿,正寝也。纯和西曰雪香亭,亭北则后妃位也,有楼,楼西曰琼香亭,亭西曰凉位,有楼,楼北少西曰玉清殿。纯和之次曰福宁殿,殿后曰苑门,内曰仁智殿,有二大湖石,左曰敷锡神运万岁峰,右曰玉京独秀太平岩,殿曰山庄,其西南曰翠微阁。苑门东曰仙韶院,院北曰翠峰,峰之洞曰大涤涌翠，东连长生殿，又东曰涌金殿，又东曰蓬莱殿。长生西曰浮玉殿，又西曰瀛州殿。长生殿南曰阅武殿，又南曰内藏库。严祇门东曰尚食局，又东曰宣徽院，院北曰御药院，又北右藏库。东则左藏库。宣徽院东曰点检司，司北曰秘书监，又北曰学士院，又北曰谏院，又北曰武器署。点检司南曰仪鸾局，又南曰尚辇局。宣徽院南曰拱卫司，又南曰尚衣局。其南为繁禧门，又南曰安泰门，门与左升龙门相直。东则寿圣宫，两宫太后位也，本明俊殿，试进士之所。宫北曰徽音院，又北曰燕寿殿，殿垣后少西曰振肃卫司，东曰中卫尉司。仪鸾局东曰小东华门，更漏在焉。中卫尉司东曰祗肃门，少东南曰将军司。徽音，寿圣东曰太后苑，苑殿曰庆春，与燕寿殿并，小东华与正东华门对。东华门内正北尚厩局，其西北曰临武殿。左掖门北，尚食局南曰宫苑司。其西北尚醖局、汤药局。侍仪司少西曰符宝局、器物局，又西则撒合门也。嘉瑞楼西曰三庙，正殿曰德昌，东曰文昭，西曰光兴。德昌后，宣宗庙也。宫西门曰西华，与东华相直，北门曰安贞。

开封府，上。留守司留守带本府尹，兼本路兵马都总管。天德二年罢行台尚书省，置转运司、提刑司。天德二年置统军司。有药市四，榷场。产蜜蜡、香茶、心红、朱红、地龙、黄柏。天德四年。户二十三万五千八百九十。泰和末，户百七十四万六千二百一十。县十五、镇十五：

　　开封东附郭。有古通津、临蔡关、汴河。镇一延嘉。

　　祥符西附郭。有岳台、浚水、沙台、崇台、夷门山、蔡河、金水河、广济河、寒泉河。镇三陈桥、八角、郭桥。

　　阳武有沙池、黑阳山、黄河、汴河、白沟河。

　　通许宋名咸平，大定二十九年以与咸平府重，更。有牛首城、衰亭。

　　泰康有鲁沟、蔡河、涡河。镇一崔桥。

　　中牟有汴河、郑河、中牟台。镇四圃田、阳武、万胜、白沙镇。

　　杞宋雍丘县，杞国也，正隆后更今名。镇一围城。

　　鄢陵有洧水、溟水、太丘城。镇一马栏桥。

　　尉氏有惠民河、长明沟。镇二朱家曲、宋楼。

　　扶沟有祁耶山、洧水、白亭。镇二建雄、义店。旧有赤仓镇。

　　陈留有皇柏山、狼丘、汴河。

延津贞祐三年七月升为延州。有土山、黄河。

洧川贞祐二年置惠民仓,兴定二年四月以尉氏县之宋楼镇升。

长垣

封丘

睢州,下,刺史。宋拱州保庆军,国初犹称拱州,天德三年更。户四万六千三百六十。县三、镇一:

襄邑古襄牛地。有汴河、睢水、涣水、承匡城。镇一重华。

考城宋隶南京,正隆前隶曹州,后来属。葵丘、黄河、黄陵冈——元光二年改为通安堡。

柘城古株林,首止地在焉。有涣水、泡水、泓水。

归德府,散,中,宣武军。故宋州,宋南京应天府河南郡归德军,国初置宣武军。户七万六千三百八十九。县六,镇四:

睢阳宋名宋城,承安五年更名。有鹰鹭池、汴水、睢水、涣水。镇一葛驿。

宁陵大定二十二年徙于汴河堤南古城。有汴水、睢水、涣水。

下邑有汴水、黄水。镇一会亭。

虞城有孟诸薮。

谷熟有汴水、谷水。镇二营城、洛阳。又有旧高辛镇。

楚丘国初隶曹州,海陵后来属,兴定元年以限河不便,改隶单州。有景山、京冈。

单州,中,刺史。宋砀郡,贞祐四年二月升为防御,兴定五年二月置招抚司,以安集河北遗黎。户六万五千五百四十五。县四:

单父有栖霞山、泡沟。

成武有堂沟。

鱼台有泗水、涓沟、五丈沟。

砀山兴定元年以限河不便,改隶归德府。有芒砀山。古汴渠、午沟。

寿州,下,刺史。宋隶寿春府,贞元元年来属,泰和六年六月升为防御。户八千六百七十七。县二、镇一:

下蔡有硖石、颍水、淮水。

蒙城宋隶亳州,国初来属。有狼山、涡水。镇一蒙馆。

陕州，下，防御。宋陕郡保平军节度，皇统二年降为防御，贞祐二年七月升为节镇。户四万一千一十。县四、镇七：

陕倚。有虢山、岘头山、三崤山、底柱山、莫河、橐水。镇一石壕。

灵宝有夸父山、黄河、稠桑泽、古函谷。镇二乾壕、关东。

湖城有荆山、铸鼎原、凤林泉、鼎湖。镇二三门、集津。

阌乡太华山、黄河、玉涧水、潼关、太谷关。镇二张店、故镇。旧又有曹张镇，恐误。

邓州，武胜军节度使。宋南阳郡，尝置榷场。户二万四千九百八十九。县三、镇六：

穰城倚。有五垄山、覆釜山、湍水、朝水。镇四顺阳、新野、穰东、板桥。

南阳有豫山、百重山、丰山、梅溪水、白水、清冷水。镇一张村。

内乡有高前山、熊耳山、黄水、菊水、浙水、富水。镇一峡口。

唐州，中，刺史。宋淮安郡，尝置榷场。户一万一千三十一。县四、镇四：

泌阳倚。有泌水、醴水。镇一胡阳。

比阳有大明湖、中阳山、比水。镇一羊棚。

湖阳贞祐元年废。镇一罗渠。

桐柏大定十年始置正官，兴定五年六月废。有桐柏山、淮水、柘河。镇一许封。大定二十八年命规措界壕于唐、邓间。

裕州，本方城县，泰和八年正月升置，以方城县为倚郭，割汝州叶县、许州舞阳隶焉。户八千三百。县三、镇四：

方城倚。有方城山、衡山、堵水。镇一青台。

叶本隶汝州，泰和八年来属。有方城山、石塘河、沣水。镇一临坟。

舞阳本隶许州，泰和八年来属。有伏牛山、马鞍山、舞水、汝水、溧水、滍水。镇二吴城、北舞。

河南府，散，中。宋西京河南府洛阳郡。初置德昌军，兴定元年八月升为中京，府曰金昌。户五万五千六百三十五。县九、正隆《郡志》有寿安县，纪录皆无。镇四：

洛阳倚。有北邙山，正隆六年更名太平山，称旧名者以违制论。有伊、洛、瀍、涧、金水，铜驼街，金粟山，金谷。镇一龙门。

渑池有天坛山、广阳山、黄河、渑河。

登封有太室山、箕山、阳城山、少室山、宣宗置御寨其上。旧有颍阳镇，后废。

孟津贞祐三年七月升为陶州，十二月复为县。镇一长泉。旧有河清镇，后废。

芝田宋名永安，贞元元年更。有辕辕山、青龙山。

新安有阙门山、长石山、金水、谷水、陂水。

偃师有北邙山、缑氏山、半石山、景山、黄河、洛水。镇一缑氏。

宜阳有锦屏山、鹿蹄山、憩鹤山、女几山、洛水、昌水、少水。

巩有侯山、九山、黄河、洛水。镇一洛口。

嵩州，中，刺史。旧名顺州，天德三年更。户二万六千六百四十九。县四、镇四：

伊阳宋隶河南府。有三涂山、陆浑山、鼓钟山、伊水、清阳水。镇一鸣皋，旧有伊阙镇，后废。

永宁宋隶河南府，正隆六年以前寄治于府，后即镇为县。有三肴山、熊耳山、嶕峣山、天柱山、黄河、杜阳水。镇一府店。

福昌宋隶河南府。有女几山、金门山。镇二韩城，三乡。

长水宋隶河南府。有坛山、松阳山、洛水、松阳水。

汝州，上，刺史。宋临汝郡陆海军节度，国初为刺郡，贞祐三年八月升为防御。户三万五千二百五十四。县四、镇二：

梁有霍阳山、崆峒山、紫逻山、汝水、广润河。正隆六年，敕环汝州百五十里内州县商贾，赴温汤置市。

郏城宋隶许州。有汝水、扈涧河。镇一黄道。

鲁山有尧山、滍水、鸦河。

宝丰有豢龙城。镇一汝南。

许州，下，昌武军节度使。宋颍昌府许昌郡忠武军。户四万五千五百八十七。县五、镇七：

长社倚。有溵水、颍水。镇二许田、椹涧。

郾城有长沙河、五沟水。镇二驼口、新寨。

长葛有小陉、洧水。

临颍镇二合流、繁城。

襄城本隶汝州，泰和七年来属。镇一颍桥。

钧州，中，刺史。旧阳翟县，伪齐升为颍顺军。大定二十二年升为州，仍名颍顺，二十四年更今名。户一万八千五百一十。县二、镇一：

阳翟倚。有具茨山、三封山、荆山、颍水。

新郑宋隶郑州。有溱、洧、溟三水。镇一郭店。

亳州，上，防御使。宋谯郡集庆军，隶扬州。贞祐三年升为节镇，军名集庆。户六万五百三十五。县六、镇五：旧有福宁、马头二镇。

谯倚。有涡水、泡水。镇一双沟。

鹿邑有涡水、明水。镇一郸城。

卫真有洵水、沙水。镇一谷阳。

城父有涡水、淝水、父水。

酂有睢水、汴河、白龙潭。镇一酂阳。

永城兴定五年十二月升为永州，以下邑、砀山、酂县隶焉。有芒山、汴河。镇一保安。

陈州，下，防御使。宋淮宁府淮阳郡镇安军。户二万六千一百四十五。县五、镇二：

宛丘有蔡河、颍水、洧水。

项城有颍水、百尺堰。

南顿　镇一殄寇。

商水本溵水，宋避宣祖讳改。有商水、颍水。

西华有宜阳山。蔡河、颍水。镇一长平。

蔡州，中，防御使。宋汝南郡淮康军，泰和八年升为节度，军曰镇南，尝置榷场。户三万六千九十三。县六、镇二：

汝阳有溱水、澺水。镇一保城。

遂平有吴房山，吴城山、龙泉山、溹水。

上蔡

西平有九头山、滚水、邓艾陂。

确山有确山、浸水、溱水。镇一毛宗。

平舆

息州,本新息县,泰和八年升为息州,以新息为倚郭,割真杨、褒信、新蔡隶焉,为蔡州支郡。户九千六百八十五。县四、镇一:

新息倚。镇一王务。

真阳本隶蔡州,泰和八年来属。有淮水、汝水、石塘陂。

褒信本隶蔡州,泰和八年来属。有汝水、葛陂。

新蔡本隶蔡州,泰和八年来属。有汝水。

郑州,中,防御。宋荥阳郡奉宁军节度。户四万五千六百五十七。县七、镇三:

管城倚。贞祐四年更名故市。有圃田泽。

荥阳有鸿沟,京、索二水。

密有大騩山。溱水、洧水。镇二大騩、镮水。

河阴

原武　镇一陈桥。

汜水有虎牢关。

荥泽有广武涧。旧有许桥、贾谷二镇,在郑境。

颍州,下,防御。宋顺昌府汝阴郡。尝置榷场,正隆四年罢榷场。户一万六千七百一十四。县四、镇十一:旧有万善镇,后废。

汝阴倚。有颍水、淮水、沘水、汝水。

颍上元光二年十一月改隶寿州。有颍水、淮水。镇十永宁、漕口、王家市、栎头、永清、椒陂、正阳、江陂、界沟、斤沟。

泰和有颍水。

沈丘有武丘。镇一永安。

宿州,中,防御。宋符离郡保静军节度,隶扬州。国初隶山东西路,大定六年来属。贞祐三年升为节镇,军曰保静。户五万五千五十八。县四、镇八:旧有荆山镇。

符离倚。有诸阳山、汴河、睢水、陴湖。镇三曲沟、符离、黄团。

临涣有嵇山、汴河、肥水。镇三柳子、蕲泽、桐墟。

灵璧宋元祐元年置。镇一西固。

蕲有涣水、涡水、蕲水。镇一静安。

泗州，中，防御使。宋临淮郡。正隆四年正月罢凤翔府、唐、邓、颍、蔡、巩、洮等州并胶西县诸榷场，但置榷场于泗州。先隶山东西路，大定六年来属。户八千九十二。县四、镇六：

淮平旧盱眙县，明昌六年以宋有盱眙军，故更。

虹有朱山、汴河、淮水、广济渠。镇二千仙、通海。

临淮镇四安河、吴城、青阳、翟家湾。

睢宁兴定二年四月以宿迁县之古城置。又有淮滨，兴定二年四月以桃园置，元光二年四月废。

边戍，皇统元年十月，都元帅宗弼与宋约，以淮水中流为界，西自邓州南四十里、西南四十里为界。泰和八年设沿淮巡检使，及朐山县完溴村创立巡路，置巡检。

河北东路。天会七年析河北为东、西路，各置本路兵马都总管。府一，领节镇二，防御一，刺郡五，县三十，镇三十五。

河间府，中，总管府，瀛海军。宋河间郡瀛海军。天会七年置总管府。正隆间升为次府，置瀛州瀛海军节度使兼总管，置转运司。后复置总管府，河北东西大名等路提刑司。产无缝绵、沧盐、蔺席、马蔺花、香附子、钱虾蟹、乾鱼。户三万一千六百九十一。县二、镇三：

河间倚。有滹沱河、君子馆。镇三束城、永宁、北林。

肃宁

蠡州，下，刺史。宋永宁军。国初因之，天会七年升为宁州博野郡军，天德三年更为蠡州。户二万九千七百九十七。县一、镇一：

博野倚。有沙河、唐河。镇一新桥。

莫州，下，刺史。宋文安郡军防御，治任丘。贞祐二年五月降为鄭亭县。户二万二千九百三十三。县一、镇一：

任丘　镇一长丰。

献州，下，刺史。本乐寿县，天会七年升为寿州，天德三年更今名。户五万六百三十二。县二、镇十：

乐寿倚。有徒骇河、房渊、汉献王陵。

交河大定七年以石家圈置。镇十景城、南大树、刘解、槐家、参军、贯河、北望、夹滩、策河、沙涡。

冀州，上。宋信都郡，天会七年仍旧置安武军节度。户三千六百七十。县五、镇三：

信都倚。有胡芦河、降水。镇一来远，后废。

南宫有降水枯渎。镇三唐阳，后增宁化、七公二镇。

衡水有长卢河、降水。

武邑有漳河、长芦河。镇一观津，后废。

枣强　镇一广川，后废。

深州，上，刺史。宋饶阳郡防御，国初为刺郡。户五万六千三百四十。县五、镇一：

静安倚。有衡漳水、大陆泽。镇一下博。

束鹿有衡漳水、滹沱河。

武强置河仓。有衡漳水、武强泉。

饶阳有滹沱河。

安平有沙水、滹沱河。

清州，中。宋乾宁郡军，国初因置军，天会七年以守边置防御。户四万七千八百七十五。县三、镇一：

会川本名乾宁，贞元元年更名。置河仓。镇一范桥。

兴济本隶仓州，大定六年来属。

靖海明昌四年以清州窝子口置。

沧州，上，横海军节度。宋景城郡。贞元二年来属。户一十万四千七百七十四。县五、镇十一：

清池置河仓。有浮阳水、徒骇河。镇五长芦、新饶安、旧饶安、乾符、郭疃。旧有郭桥，后废。

无棣有老乌山、鬲津河。**镇一**分水。

盐山有盐山、浮水。**镇四**海丰、海润，后增利丰、扑头二镇。

南皮置河仓。有大、小台山、永济渠、洁河。**镇一**马明。

乐陵有鬲津河、笃马河、钩盘河。旧有会宁河、永利、东中三镇，后废。

景州，上，刺史。宋永静军同下州，治东光。国初升为景州，贞元二年来属。大安间更为观州，避章庙讳也。户六万五千八百二十八。县六、镇四：

东光倚。置河仓。有永济渠、漳河。**镇一**建桥。

阜城有衡水、漳水河。刘豫祖茔在县南十二里。

将陵置河仓。有永济渠、钩盘河。

吴桥有永济渠。

蓨宋隶冀州。有漳河、蓨市。

宁津　**镇三**西保安、广平、会津。

河北西路。天会七年析为西路。府三，镇二，防御二，刺郡五，县六十一。

真定府，上，总管府，成德军。宋常山郡镇州成德军节度，正隆间依旧次府，置本路兵马都总管府、转运司。产瓷器、铜、铁。有丹粉场、乌梨。药则有茴香、零陵香、御米壳、天南星、皂角、木瓜、芎、井泉石。户一十三万七千一百三十七。县九、镇三：

真定倚。有大茂山、滋水、滹沱水。

槁城有滋水、滹沱水。

平山

栾城有洨水、汶水。

获鹿兴定三年三月升为镇宁州，权河北西路，以经略使武仙驻焉。有草山、滹沱水。

行唐有玉女山、常山。**镇二**嘉祐、北镇。旧有行台、新年二镇，后废。

阜平明昌四年以北镇置。

灵寿 镇一慈谷。

元氏有封龙山、槐河。

威州，下，刺史。天会七年以井陉县升，县经山郡军，后为刺郡。户八千三百一十。县一：

井陉

沃州，上，刺史。宋徽宗升为庆源府赵郡庆源军，治平棘。天会七年改为赵州，天德三年更为沃州，盖取水沃火之义，军曰赵郡军。后废军。户三万八千一百八十五。县七、镇一：

平棘倚。有㴲水、槐水。

临城有敦舆山、彭山、㴲水。

高邑有赞皇山、济水。

赞皇

宁晋有㴲水、寝水。镇一奉城。

柏乡

隆平

邢州，上，安国军节度。宋信德府巨鹿郡安国军节度，天会七年降为邢州，仍置安国军节度。产玄精石。户八万二百九十二。县八、镇四：

邢台有石门山、百岩山、蓼水、涡水。

唐山有尧山、㴲水。

内丘有干言山、内丘山、㴲水、渚水。

平乡 镇一道武。

任有㴲水、任水。镇一新店。

沙河有汤水、渭水。镇一綦村。

南和有任水、㴲水。

巨鹿有大陆泽、漳河、落漠水。镇一团城。

洺州，上，防御，广平郡。治永年。天会七年以守边置防御使。户七万三千七十。县九、镇四：

永年有榆溪山、洺水、漳水。镇一西临洺。

广平本魏县，大定七年更。

宗城

新安

成安

肥乡　镇一新安

鸡泽有洺水，漳水、沙河。

曲周　镇二平恩、白家滩

洺水

彰德府，散，下。宋相州邺郡彰德军节度，治安阳。天会七年仍置彰德军节度，明昌三年升为府，以军为名。户七万七千二百七十六。县五镇五：

安阳倚。有韩陵山、龙山、洹水、防水。镇三天禧、永和、丰乐。

林虑旧林虑镇，贞祐三年十月升为林州，置元帅府。兴定三年九月升为节镇，以安阳县水冶村为辅岩县隶焉。有隆虑山、洹水、漳水。

汤阴有牟山、羑水、荡水、通漕、羑里。镇一鹤壁。

临漳东山、漳水。镇一邺镇。

辅岩本水冶村，兴定三年置。

磁州，中，刺史。宋滏阳郡，国初置滏阳郡。户六万三千四百一十七。县三、镇八：

滏阳有滏山、磁山、漳水、滏水、镇四台城、观城、昭德，后废二祖增临水镇。

武安有锡山、武安山。镇一固镇。

邯郸有邯山、灵山、漳水、牛首山。镇三大赵、北阳、邑城。《士民须知》惟有邯山镇。

中山府。宋府，天会七年降为定州博陵郡定武军节度使，后复为府。户八万三千四百九十。县七、镇二：

安喜倚。有滱水、卢奴水、长星川。

新乐有㴲水、木刀沟。

无极有滹河。

永平贞祐二年四月升为完州。

庆都有尧山、都山、唐水。

曲阳剧。有常山、曲防水。镇一龙泉。

唐有孤山、唐山、滱水。镇一军城。

祁州，中，刺史。宋蒲阴郡，国初置蒲阴郡军。户二万三千三百八十二。县三：

蒲阴

鼓城

深泽

浚州，中，防御。宋大邳郡通利军，又改平川军。天会七年以边境置防御使。皇统八年，嫌与宗峻音同，更为通州，天德三年复。户二万九千三百一十九。县二、镇二：

黎阳有大伾山、枉人山。

卫有苏门山、鹿台、糟丘酒池、枋头城。镇二卫桥、淇门。

卫州，下，河平军节度。宋汲郡，天会七年因宋置防御使，明昌三年升为河平军节度，治汲县，以滑州为支郡。大定二十六年八月以避河患，徙于共城。二十八年复旧治。贞祐二年七月城宜村，三年五月徙治于宜村新城，以胙城为倚郭。正大八年以石甃其城。户九万一百一十二。县四、镇二：

汲有苍山、黄河。

新乡

苏门本共城，大定二十九年改为河平，避显宗讳也。明昌三年改为今名。贞祐三年九月升为辉州，兴定四年置山阳县隶焉。有白鹿山、天门山、淇山、百门陂。镇一早生。

获嘉　镇一大宁。

胙城本隶南京，海陵时割隶滑州，泰和七年复隶南京，八年以限河来属。贞祐五年五月为卫州倚郭，增置主簿。兴定四年以修武县重泉村置县，来隶。

滑州，下，刺史。宋灵河郡武成军。本南京属郡，大定六年割隶大名府。户二万二千五百七十。县二、镇二：

白马　镇二卫南、武城。

内黄本隶大名府，大定六年来属。

山东东路，为京东东路，治益都。府二，节镇二，防御二，刺郡七，县五十三，镇八十三。

益都府，上总管府。镇海军，国初仍旧置军，置南青州节度使，后升为总管府，置转运司。大定八年置山东东西路统军司。产石器、玉石、沙鱼皮、天南星、半夏、泽泻、紫草。户一十一万八千七百一十八。县七、镇七：

益都

临朐有朐山、几山、洱水、般水。

穆陵贞祐四年四月升临朐之穆陵置。

寿光有甘水、淈水。镇一广陵。有盐场。

博兴有济水、时水。镇二博昌、淳化。

临淄有南郊山、牛山、天济渊、康浪水。

乐安　镇四新镇、高家港、清河、王家。

潍州，中，刺史。户三万九百八十九。县三、镇一：

北海倚。有浮烟山、溉源山、溉水、汶水。镇一固底。

昌邑有霍侯山、潍水。

昌乐有方山、聚角山、丹水、朐水。

滨州，中，刺史。宋军事。户一十一万八千五百八十九。县四、镇十：

渤海有黄河。镇五丰国、宁海、滨海、蒲台、安平。

利津明昌三年十二月以永和镇升置。

蒲台　镇二安定、合波。

沾化本名招安，明昌六年更。镇三永丰、永阜、永科。

沂州，上，防御。宋琅邪郡。户二万四千三十五。县二、镇三：

临沂剧。镇三长任、向城、利城。

费

密州，宋为密州高密郡安化军节度。户一万一千八十二。县四、镇七：

诸城剧。有琅邪山、潍水、荆水、卢水。镇三普庆、信阳、草桥。

安丘有安丘山、刘山、汶、潍、浯水。镇一李文。

高密有砺阜山、密水、胶水。

胶西　镇三张仓、梁乡、陈村。

海州，中，刺史。户三万六百九十一。县五、镇四：

朐山。

赣榆本怀仁，大定七年更。镇二荻水、临洪。

东海

涟水本涟水军，皇统二年降为县来属。镇二太平、金城。

莒州，中，刺史。本城阳军，大定二十二年升为城阳州，二十四年更今名。户四万三千二百四十。县三、镇三：

莒

日照　镇一涛洛。

沂水　镇一沂安。旧有扶沟、洛镇二镇，后废。

棣州，上，防御。宋安乐郡。户八万二千三百三。县三、镇九：

厌次　镇五清河、归化、达多、永利、脂角。

阳信有黄河、钩盘河。镇二钦风、西界。

商河有黄河、马颊河、商河。镇二归仁、官口。

济南府，散，上。宋齐州济南郡。初置兴德军节度使，后置尹，置山东东西路提刑司。户三十万八千四百六十九。县七、镇二十九：

历城　镇六盘水、中宫、老僧口、上洛口、王舍人店、遥墙。

临邑　镇三新镇、安肃、新市。

齐河　镇三晏城、刘宏、新孙耿。

章丘有长白山、东陵山、百脉水、杨绪水。镇四普济、延安、临济、明水。

禹城有黄河、济河、淇河、湿水。镇三新安、仁水寨、黎济寨。

长清剧。有蒯笄山、隔马山、黄河、清水。镇六赤庄、莒镇、李家庄、归德、丰济、阴河。

济阳　镇四回河、曲堤、旧孙耿、仁丰。

淄州，中，刺史。宋淄川郡军。户一十二万八千六百二十二。县四、镇六：

淄川倚。有鳌山、夹谷山、商山、淄水。镇三金岭、张店、颜神店。

长山有长白山、栗水。

邹平有系河、济河。镇三淄乡、齐东、孙家岭。旧有喱店镇，后废。

高苑有济河。

莱州，上，定海军节度。宋东莱郡。户八万六千六百七十五。县五、镇一：

掖倚。有三山、夜居山、掖水。

莱阳有高丽山、七子山。镇一衡村。旧有海仓、西由、移风三镇。

即墨有牢山、不其山、天室山、沽水、曲里盐场。

胶水

招远

登州，中，刺史。宋东牟郡。户五万五千九百一十三。县四、镇二：

蓬莱有巨风盐场。

福山　镇一孙大川。

黄有莱山、蹲狗山。镇一马停。

栖霞

宁海州，上，刺史。本宁海军，大定二十二年升为州。户六万一千九百三十三。县二、镇二：

牟平有东牟山、之罘山、清阳水。镇一汤泉。

文登剧。有文登山、成山、昌阳山。镇一温水。

山东西路，府一，领节镇二，防御二，刺郡五。

东平府，上，天平军节度。宋东平郡，旧郓州，后以府尹兼总管，置转运司。产天麻、全蝎、阿胶、薄荷、防风、丝、绵、绫、锦、绢。户一十一万八千四十六。县六、镇十九：

须城有梁山、济水、清河。

东阿有吾山、谷城山、黄河、阿井。镇五景德、木仁、关山、铜城、阳刘。

阳谷有黄河、碻磝津。镇二乐安、定水。

汶上本名中都，贞元元年更为汶阳，泰和八年更今名。有汶水、大野陂。镇一柴城。

寿张大定七年河水坏城，迁于竹口镇，十九年复旧治。镇一竹口。

平阴有郁葱山、鸥夷山。镇九但欢、安宁、宁乡、翔鸾、固留、滑口、广里、石横、澄空、傅家岸。

济州，中，刺史。宋济阳郡，旧治巨野，天德二年徙治任城县，分巨野之民隶嘉祥、郓城、金乡三县。户四万四百八十四。县四、镇二：

任城倚。有承山、泗水、新河。镇一鲁桥。

金乡有桓沟。镇一昌邑。

嘉祥旧有合来、山口二镇，后废。

郓城大定六年五月徙治盘沟村以避河决。有马颊河、濮水。

徐州，下，武宁军节度使。宋彭城郡，贞祐三年九月改隶河南路。户四万四千六百八十九。县三、镇五：

彭城倚。有九里山、赭土、泗水、猴水、沛泽。镇三吕梁、利国、卞唐。又有厥圊镇，元光二年升为永固县。

萧有绥舆山、丁公山、古汴渠。镇二白土、安民。旧有晋城、双沟二镇。

丰有泡水、大泽。

邳州，中，刺史。宋淮阳军，贞祐三年九月改隶河南路。户二万七千二百三十二。县三：

下邳有峄阳山、磬石山、艾山、沂水、泗水、沭水、睢水。

兰陵本承县，明昌六年更名。贞祐四年三月徙治土娄村。

宿迁元光二年四月废。有泗水、氾水。

滕州，上，刺史。本宋滕阳军，大定二十二年升为滕阳州，二十四年更今名。贞祐三年九月为兖州支郡。户四万九千九。县三、镇一：

滕旧名滕阳，大定二十四年更。有桃山、抱犊山、漷水。

沛有微山、泗水、泡水、漷水。镇一陶阳。

邹宋隶泰宁军。有峄山、凫山、泗水、漷水。

博州，上，防御。宋博平郡。户八万八千四十六。县五、镇十一：

聊城倚。有茌山、黄河、金沙水。镇二王馆、武水。

堂邑镇二回河、侯固。

博平有漯河。镇一博平。

茌平　镇二广平、兴利。

高唐有黄河、鸣犊沟。镇四固河、齐城、灵城、夹滩。

兖州，中，泰定军节度使。宋袭庆府鲁郡。旧名泰宁军，大定十九年更。户五万九十九。县四：

嵫阳本瑕丘。

曲阜宋名仙源。有防山、曲阜山，泗、洙、沂水。

泗水有陪尾山、尼丘山、泗水、洙水。

宁阳旧名龚县，大定二十九年以避显宗讳改。

泰安州，上，刺史。本泰安军，大定二十二年升。户三万一千四百三十五。县三、镇二：

奉符倚。有泰山、社首山、龟山、徂徕山、亭亭山。有汶水、梁水。镇二太平、静封。

莱芜有肃然山、安期山、嬴汶水、牟汶水。

新泰

德州，上，防御。宋平原郡军。户一万五千五十三。县三、镇七：

安德有鬲津河。镇四磁博、向化、盘河、德安。

平原有金河。镇一水务。

德平　镇二怀仁、孔家镇。

曹州，中，刺史。宋兴仁府济阴郡彰信军。本隶南京，泰和八年来属。大定八年城为河所没，迁州治于古乘氏县。户一万二千六百七十七。县三、镇一：

济阴倚。有曹南山、定濮冈、左山、祝丘、荷水、氾水、飡城、郪城。镇一濮水。

　　定陶本宋广济军，熙宁间废为定陶县。城中有梁王台。有羿山独孤山。

　　东明初隶南京，后避河患，徙河北冤句故地。后以故县为兰阳、仪封，有旧东明城。

金史卷二六
志第七

地理下

大名府路　河东北路　河东南路
京兆府路　凤翔路　鄜延路
庆原路　临洮路

大名府路，宋北京魏郡。府一，领刺郡三，县二十，镇二十二。贞祐二年十月置行尚书省。

大名府，上，天雄军，旧为散府，先置统军司，天德二年罢，以其所辖民户分隶旁近总管府。正隆二年升为总管府，附近十二猛安皆隶焉，兼漕河事。产皲、縠、绢、梨肉、樱桃煎、木耳、硝。户三十万八千五百一十一。县十、镇十三：旧有柳林、侯固二镇。

元城有悃山、漕运御河、屯氏河。镇二安定、安贤。

大名倚。镇一。

魏县

冠氏有夆山水、沙河。镇四普通、清水、博宁、桑桥。

南乐　镇一南乐。

馆陶有漕运御河。镇一馆陶。

夏津有屯氏河、润沟河。镇一孙生。

朝城　镇一韩张。

清平有新渠金堤。镇一清平。

莘　镇一马桥。

恩州，中，刺史。宋清河郡军事，治清河，今治历亭。户九万九千一百一十九。县四、镇六：

历亭倚。有永济渠，置河仓。镇四漳南、新安乐、旧安乐、王杲。

武城有永济渠、沙河。镇一武城。

清河有永济渠、漳渠。

临清有河仓。镇一曹仁。

濮州，下，刺史。宋濮阳郡。户五万二千九百四十八，县二，镇三；

鄄城倚。有雷丘、陶丘，金堤。镇二临濮、雷泽，皆旧县，贞元二年为镇。

范　镇一定安。

开州，中、刺史。宋开德府澶渊郡镇宁军节度，降为澶州，皇统四年复更今名。户三万三千八百三十六。县四、镇一：

濮阳倚。有卫阳山、鲋鰅山、黄河、淇河、瓠子口。

清丰有广阳山、黄河。

观城有泉源河。镇一武乡。

长垣本隶南京，泰和八年以限河不便，来属。

河东北路。宋河东路，天会六年析河东为南、北路，各置兵马都总管。府一，领节镇三，刺郡九，县三十九，镇四十，堡十，寨八。

太原府，上，武勇军。宋太原郡河东军节度，国初依旧为次府，复名并州太原郡河东军总管府，置转运司。有造墨场、炼银洞、玛瑙石。药产松脂、白胶香、五灵脂、大黄、白玉石。户一十六万五千八百六十二。县十一、镇八：

阳曲倚。有罕山、蒙山、汾水。镇五阳曲、百井、赤塘关、天门关、陵井驿。

太谷有大谷山、蒋水。

平晋贞祐四年七月废，兴定元年复置。有龙山、晋水。镇二晋宁、晋祠。

清源有清源水、汾水。

徐沟本清源县之徐沟镇，大定二十九年升。

榆次有麓台山、涂水。

祁有帻山、太谷水。**镇一**团柏。

文水有隐泉山、汾水、文水。

交城有少阳山、狐突山、汾水。

盂兴定中升为州，听绛州元帅府节制，置刺史，寻复。有白马山、原仇山、滹沱水。

寿阳兴定二年九月尝割隶平定州。有方山、洞过水。

晋州。兴定四年正月以寿阳县西张寨置。

忻州，下，刺史。旧定襄郡军。户三万二千三百四十一。县二、镇四：

秀容有程候山、云母山、忻水、滹沱水。**镇四**忻口、云内、徒合、石岭。

定襄

平定州，中，刺史。本宋平定军，大定二年升为州。兴定二年为防御，十一月复降为刺郡。户一万八千二百九十六。县二、镇三：

平定倚。有浮山、浮泺水。**镇二**承天、东百井。

乐平兴定四年正月升为皋州。有乐平山、清漳水。**镇一**净阳。

汾州，上。宋西河郡军事，天会六年置汾阳军节度使，后又置河东、南、北路提刑司。户八万七千一百二十七。县五、镇二：

西河有谒泉山、比干山、文水、汾水。**镇一**郭栅。

孝义有胜水。

介休有介山、汾水。**镇一**洪山

平遥有鹿台山、汾水。

灵石贞祐三年割隶霍州，四年五月复来属。有静岩山、汾水。

石州，上，旧昌化军，兴定五年复隶晋阳，从郭文振之请也。户三万六千五百二十八。县六、镇四：

离石倚。有胡公山、离石水。**镇一**石窟。

方山贞祐四年徙治于积翠山。有方山、赤洪水。

孟门旧名定胡，明昌六年更。宋隶晋宁军。有黄河、宁乡水。**镇二**吴保、天泽。

温泉 _{贞祐四年五月改隶汾州。}有远望山、温泉。

临泉 _{宋隶晋宁军。}有黄河、临泉水。镇一_{克明。}

宁乡_{旧名平夷,明昌六年更。}

葭州,下,刺史。本晋宁军,贞元元年隶汾州,大定二十二年升为晋宁州,二十四年更今名。在黄河西,兴定二年五月以河东残破,改隶延安府。户八千八百六十四。寨八、堡九:_{神泉寨,永祚堡、乌龙寨、康定堡、宁河寨、宁河堡、太和寨、神木寨、通津堡、弥川寨、护川堡、强川堡、清川堡、通秦寨、通秦堡、晋安堡、吴堡寨,已上皆在黄河西,临西夏界。}

代州,中。宋雁门郡防御,天会六年置震武军节度使。贞祐二年四月侨置西面经略司,八月罢。户五万七千六百九十。县五、镇十三:

雁门_{倚。}有夏屋山、雁门山、滹沱水。镇三_{雁门、西陉、胡谷。}

崞_{有崞山;石鼓山、滹沱河、沙河。}镇一_{楼板。}

五台_{贞祐四年三月升为台州。}有五台山、虑虒水。镇二_{兴善、石觜。}

广武_{贞祐三年七月来属。}

繁畤_{贞祐三年九月升为坚州。}镇七_{茹越、大石、义兴、麻谷、瓶形、梅回、宝兴。}

奥州,下。本宋旧火山军,大定二十二年升为火山州,后更今名。兴定二年九月改隶岚州,四年以残破徙治于黄河滩许父寨。户七千五百九十二。县一、镇一:

河曲_{贞元元年置。}有火山、黄河。镇一_{鄡镇。}

宁化州,下,刺史。本宁化军,大定二十二年升为州。户六千□百。县一、镇一:

宁化　镇一_{窟谷。}

岚州,下。宋旧楼烦郡军事,天会六年置镇西节度使。户一万七千五百五十七。县三、镇四:

宜芳　镇一_{飞鸢。}

合河　镇三_{合河津、乳浪、盐院渡。}

楼烦

岢岚州，下，刺史。本宋岢岚军，大定二十二年为州，贞祐三年九月升为防御，四年正月升为节镇，五月复为防御。户五千八百五十一。县一、堡一：

岚谷有岢岚山、雪山、岢岚水。堡一寒光。

保德州，下，刺史。本宋保德军，大定二十二年升为州，元光元年六月升为防御。户三千一百九十一。县一：

保德大定十一年置。有大堡津、沙谷津。

管州，下，刺史。本宋宪州静乐郡，天德三年更。兴定三年升为防御。户五千八百八十一。县一：

静乐

河东南路，府二，领节镇三，防御一，刺郡六，县六十八，镇二十九，关六。

平阳府。上。宋平阳郡建雄军节度。本晋州，初为次府。置建雄军节度使。天会六年升总管府，置转运司。兴定二年十二月以残破降为散府。有书籍。产解盐、隰州绿、卷子布、龙门椒、紫团参、甘草、苍术。户一十三万六千九百三十六。县十、镇一：

临汾天会六年定临汾为次赤，余并次畿，置丞、簿、尉各一。有姑射山、平水、壶口山、汾水。

襄陵倚。有浮山、汾水、滴水。镇一故关。

洪洞有霍水、汾水。

赵城有姑射山、汾水、霍水。

霍邑贞祐三年七月升为霍州，以赵城、汾西、灵石隶焉。兴定元年七月升为节镇，军曰镇定。有霍山、汾水、彘水。

汾西有汾西山、汾水。

岳阳有鸟岭山、通军水。

浮山旧名神山，大定七年更为浮山，兴定四年更名曰忠孝。

和川

冀氏

隰州，上，刺史。宋大宁郡，团练。旧大宁郡军刺史，天会六年改为南隰州，以与北京隰州重也，天德三年去"南"字。户二万五千四百四十五。县六、关四：

隰川倚。有石马山、石楼山。

仵城兴定五年正月升隰川之午城镇置。

蒲兴定五年正月升为蒲州，以大宁隶焉。有孤石山、横木岭。

大宁有孔山、黄河、日斤水。关一马门关。

永和有楼山、黄河、仙芝水。关一永和关。

石楼有石楼山、黄河。龙泉。关二永宁、上平关。

吉州，下，刺使。宋置团练。旧名慈州，天德三年改为耿州，置文成郡军，明昌元年更名吉。户一万三千三百二十四。县二：

吉乡有壶口山、孟门山、黄河、蒲水。

乡宁

河中府，散，上。宋河东郡。旧置护国军节度使，天会六年降为蒲州，置防御使。天德元年升为河中府，仍旧护国军节度使。大定五年置陕西元帅府。户十万六千五百三十九。县七、镇四：

河东倚。有中条山、五老山、黄河、妫水、泑水。镇二永乐、合河。

荣河贞祐三年升为荣州，以河津、万泉隶焉。有黄河、汾水、睢丘。镇一北郎。

虞乡有雷首山、中条山、坛道山。

万泉　镇一胡壁。

临晋有三疑山、黄河。

河津

猗氏有涑水。

绛州，上。宋置绛郡防御。天会六年置绛阳军节度使。兴定二年十二月升为晋安府，总管河东南路兵马，三年三月置河东南路转运司。户一十三万一千五百一十。县七、镇五、关一：

正平倚。剧。有定境山、汾水、浍水、鼓水。镇一泽掌。

曲沃剧。有绛山、绛水、汾水、浍水。镇二柴村、九王。

稷山有稷山、汾水。

翼城兴定四年七月升为翼州,以垣曲、绛县隶焉。元兴二年升为节镇,军曰翼安。有浍高山、清野山、乌岭山。

太平有汾水。

垣曲有王屋山、清廉山、黄河、清水。镇一皋落。关一行台。

绛有太阴山、教山、绛水。镇一绘交。

平水兴定四年七月徙置汾河之西,从平阳公胡天作之请也。

解州,上,刺史。宋庆成军防御,国初置解梁郡军,后废为刺郡。贞祐三年复升为节镇,军名宝昌。兴定四年徙治平陆县。户七万一千二百三十二。县六、镇四:

解倚。有坛道山、盐池。

平陆有吴山、黄河。镇一张店。

芮城宋隶陕州。有中条山、黄河、龙泉。

夏有巫咸山、中条山、淡水。镇一曹张。

安邑有中条山、稷山、盐池、涑水。

闻喜有九龙山、汤山、涑水。镇二东镇、刘庄。

泽州,上,刺史。宋高平郡。天会六年以与北京泽州同,加"南"字,天德三年复去"南"字。贞祐四年隶潞州昭义军,后又改隶孟州。元光二年升为节镇,军曰忠昌。户五万九千四百一十六。县六、镇二:

晋城倚。有太行山、丹水、白水、天井关。镇二周村、巴公。旧又置星轺镇。

端氏有石门山、巨峻山。

陵川有太行山、九仙山。

阳城元光二年十一月升为勋州。有王屋山、濩泽。

高平有头颅山、米山、丹水。

沁水有鹿台山、沁水、马邑山。

潞州,上。宋隆德府上党郡昭德军节度使。天会六年,节度使兼潞南辽沁观察处置使。户七万九千二百三十二。县八、镇四：

上党倚。镇一八义。

壶关有抱犊山、紫团山、赤壤山。

屯留有盘秀山、绛水。镇一寺底。

长子有羊头山、发鸠山、尧水。镇一横水。

潞城有三垂山、伏牛山、潞水、漳水。

襄垣有鹿台山、涅水、漳水。镇一褫亭。

黎城，有白岩山、故壶口关。

涉贞祐三年七月升为崇州，以黎城县隶焉。四年八月以残破复为县。兴定五年九月复升为州。有崇山、涉水。

辽州，中，刺史。宋本乐平郡刺史，天会六年以与东京辽州同。加“南”字，天德三年复去“南”字。户一万五千八百五十。县四、镇一、关一：

辽山倚。有箕山、青谷水。镇一平城，旧县也，贞元间废为镇，属辽山县，及废旧芹泉镇。关一黄泽。

榆社有武乡水、石勒沤麻池。

和顺有九原山。

仪城旧为平城县，贞元二年废入辽山为镇，贞祐四年复升为县，更今名。

沁州，中，锦山郡。宋威胜军，天会六年升为州。元光二年升为节镇，军曰义胜。户一万八千五十九。县四、镇二：

铜鞮倚。有铜鞮山、石梯山、洹水、交水。

武乡有胡甲山、武乡水。镇一南关。

沁源元光二年十一月升为谷州。有霍山、沁水。

绵上有羊头山、沁水。

怀州，上。宋河内郡防御，天会六年以与临潢府怀州同，加“南”字，仍旧置沁南军节度使，天德三年去“南”字。皇统三年闰四月置黄沁河堤都大管勾司。大定五年置行元帅府。兴定五年置招抚司。户八万六千七百五十六。县四、镇六：

河内倚。有太行陉、太行山、黄河、沁水、淇水。**镇四**武德、柏乡、万善、清化。

修武有浊鹿城。**镇一**承恩。

山阳兴定四年以修武县重泉村为山阳县，隶辉州。

武陟有太行山、天门山、黄河、沁水。**镇一**宋郭。

孟州，上。宋济源郡节度，天会六年降河阳府为孟州，置防御，守盟津。宣宗朝置经略司。户四万一千六百四十九。县四、镇二。

河阳倚。有岭山、黄河、湛水、同水。**镇二**穀罗、沇河。

王屋有王屋山、天坛山、析城山、黄河。

济源有太行山、孔山、济水、淇水、沁水。

温有黄河、沛水。

京兆府路，宋为永兴军路。皇统二年省并陕西六路为四，曰京兆，曰庆原，曰熙秦，曰鄜延。府一，领节镇一，防御一，刺郡四，县三十六，镇三十七。

京兆府，上。宋京兆郡永兴军节度使。皇统二年置总管府，天德二年置陕西路统军司、陕西东路转运司。产白芷、麻黄、白蒺藜、茴香、细辛。户九万八千一百七十七。县十二、镇十：旧又有中桥、临泾二镇。后废。

长安倚。有终南山、龙首山、沣水、渭水、镐水。**镇一**子午。

咸宁倚。本万年，后更名。泰和四年废，寻复。**镇二**鸣犊、乾祐。

兴平有渭水、醴泉。

泾阳

临潼有骊山、渭水、戏水。**镇一**零口。

蓝田有蓝田山、黄山、灞水。

云阳　　**镇一**孟店。

高陵有泾水、渭水、白渠。**镇二**毗沙、渭城。

终南宋清平军。**镇一**甘河。

栎阳有渭水、沮河、清泉陂。**镇一**粟邑。

鄠有终南山、牛首、渼陂、渭水。镇一秦渡。

咸阳

商州，下，刺史。宋上洛郡军事。贞祐四年升为防御，寻隶陕州，兴定二年正月复来属。元光二年五月攻隶河南路，户三千九百九十九，县二、镇二：旧又有西市、黄川、青云三镇，后废。

上洛有楚山、熊耳山、丹水、峣关。镇二商洛、丰阳。皆旧为县，贞元二年废为镇。

洛南有冢岭山，洛水。

虢州，下，刺史。宋虢郡军事。贞祐二年割为陕州支郡，以备潼关。户一万二十二。县三、镇五：

虢略有鹿蹄山、黄河、烛水。镇三靖远、玉城、朱阳。

卢氏有朱阳山、熊耳山、洛水、鄢水。镇二社管，栾川旧为县，海陵贞元二年废为镇。

朱阳海陵时尝废，后复置，有地肺山。

乾州，中，刺史。宋尝改为醴州，天德三年复。户二万六千八百五十六。县四、镇三：

奉天有梁山、莫谷水、甘谷水。镇一薛禄。

醴泉有九嵕山、浪水。镇一甘北。

武亭本武功，大定二十九年以嫌显宗讳更。有敦物山、武功山、渭水。镇一长宁。

好畤有梁山、武亭河。

同州，中。宋冯翊郡定国军节度，治冯翊。后改安国军节度使。旧贡圆箸茧耳羊，大定十一年罢之。户三万五千五百六十一。县六、镇九：

冯翊倚。有洛水、渭水。镇二沙苑并监。

朝邑有黄河、渭水。镇四朝邑、新市、延祥、洿谷。

白水有五龙山、洛水、白水。

郃阳有非山、瀵水、黄河。镇一夏阳。

澄城有梁山、洛水。

韩城贞祐三年升为桢州,以郃阳县隶焉。镇二寺前、良辅。

耀州,上,刺史。宋华原郡感德军节度,皇统二年降为军事,后为刺史州。户五万二百一十一。县四、镇二:

华原有土门山、漆水、沮水。

同官有白马山、同官川。镇一黄堡。

美原有频阳山。

三原有尧门山、中白渠。镇一龙桥。

华州,中。宋华阴郡镇潼军节度,治郑,国初因之,后置节度使,皇统二年降为防御使。贞祐三年八月升为节镇,军曰金安,以商州为支郡。户五万三千八百。县五、镇六:

郑倚。有少华山、圣山、渭水、符禺水。镇一赤水。

华阴有太华山、松果山、黄河、渭水、潼关。镇二关西、敷水。

下邽有渭水、太白渠。镇二素化、新市。

蒲城有金粟山、洛水。镇一荆姚。

渭南有灵台山、渭水。

凤翔路,宋秦凤路,治秦州。府二,领防御二,刺郡二,县三十三,城一,堡四,寨十四,镇十五。

凤翔府,中。宋扶风郡凤翔军节度。皇统二年升为府,军名天兴,大定十九年更军名为凤翔。大定二十七年升总管府。产芎䓖、独活、灯草、无心草、升麻、秦艽、骨碎补、羌活。户六万二千三百三。县九、镇四:旧有横水、驿店、崔模、麻务、长清五镇,后废。

凤翔倚。有杜阳山、吴岳、雍水。旧名天兴县,大定十九年更。

宝鸡有陈仓山、渭水、汧水、大散关。镇一武城。

虢有楚山、渭水。镇一阳平。

郿有太白山、渭水。

盩厔南至巡马道二十里。贞祐四年升为桓州,以郿县隶焉。有终南山、渭水、浴谷。

扶风国初作扶兴。有渭水、沣水。镇一岐阳。

岐山有岐山、终南山、渭水、姜水、汧水。镇一马迹。

普润有杜水、漆水、岐水。

麟游有五将山、黝土山。

德顺州，上，刺史。宋德顺军，国初隶熙秦路，皇统二年升为州，大定二十七年来属。贞祐四年四月升为防御，十月升为节镇，军曰陇安。户三万五千四百四十九。县六、寨四、堡一：旧有上接镇、通安寨、王家城、牧龙城、同家堡，后废。

陇干倚。

水洛本中安堡城。堡一中安。

威戎本威戎堡城。

隆德本隆德寨。

通边本通边寨。寨三静边旧为县，行胜，宁安。

治平本治平寨。寨一怀远。

平凉府，散，中。宋渭州陇西郡平凉军节度。旧为军，后置陕西西路转运司、陕西东、西路提刑司。大定二十六年来属。户三万一千三十三。县五、镇五、寨一：

平凉倚。有羊头山、马屯山。

潘原有鸟鼠山、铜城山。

崇信有阁川水。镇一西赤城。

华亭有小陇山。

化平本名安化，大定七年更。镇四安化、安国、白岩河、耀武。寨一瓦亭。

镇戎州，下，刺史。本镇戎军，大定二十二年为州，二十七年来属。户一万四百四十七。县二、堡三、寨八：

东山本东山寨。

三川本三川寨。堡三彭阳、乾兴、开远。寨八天圣、飞泉、熙宁、灵平、通峡、荡羌、九羊、张义。

秦州，下。宋天水郡雄武军节度，后置秦凤路。国初置节度，皇统二年置防御使，隶熙秦路，大定二十七年来属。元光二年四月升为节镇,军曰镇远,后罢,贞祐三年复置。户四万四百四十八。县八、城一、寨三、镇二:旧有甘谷城、甘泉城、结藏城、定西寨、西顾堡,后废。

成纪倚。有龙马泉。

冶坊

甘谷

清水宋旧县。有中陇山、嶓冢山、渭水。

鸡川

陇城有大陇山、瓦亭山。寨一陇城。

西宁贞祐四年十月升为西宁州,以甘谷、鸡川、治平三县隶焉。

秦安　城一伏羌。寨二三阳务、弓门。镇二静戎、床穰。

陇州,下,宋汧阳郡,防御。海陵时隶熙秦路,大定二十七年来属。户一万六千四百四十二。县三、镇五:

汧阳倚。有汧水、隃麋泽。镇二安化、新兴。

汧源有吴岳山、白环水。镇三吴山、定戎、陇西。

陇安泰和八年以陇安寨升。有秦岭山、渭水。

鄜延路,府一,领节镇一,刺郡四,县十六,镇五,城二,堡四,寨十八,关二。

延安府,下。宋延安郡彰武军节度使,皇统二年置彰武军总管府。户八万八千九百九十四。县七、寨四、堡一、镇一:

肤施倚。有五龙山、伏龙山、洛水、清水、濯巾水。镇一乐盘。

延川有濯巾河、黄河、吐延水。寨一永平。

延长有独战山、濯巾水。

临真有库利山。

甘泉有洛水。

敷政有三堆山、洛水。

门山有重覆山、黄河、渭牙川水。堡二安定,置第六正将。安寨。寨四万安,兴定二年废。德安,置第五副将。招安。永平,有丹阳驿。

丹州,中,刺史。宋咸宁郡军事,国初因之。户一万三千七十八。

县一镇一、关一：

宜川有云岩山、孟门山、黄河、库利川。镇一云岩。关一乌仁。

保安州，下，刺史。宋保安军，大定二十二年升为州。户七千三百四十。县一、寨三、镇二、堡一、城一：

保安大定十二年以保安军置。寨三德靖、顺宁、平戎。镇二静边、永和。堡一园林。城一金汤。

绥德州，下，刺史。唐绥州，宋绥德军，大定二十二年升为州。户一万二千七百二十。县一、寨十、城一、堡一、关一：

清涧本宋清涧城，大定二十二年升。寨十暖泉，义合，清边，临夏，白草，米脂置第二将，怀宁，镇边，绥平，克戎置第四将。城一嗣武。堡一开光。关一永宁。

鄜州，下。宋洛交郡康定军节度，国初因之，置保大军节度使。户六万二千九百三十一。县四、镇一：

洛交倚。有疏属山、洛水、华池水。镇一三川。

直罗有水盘山、罗川水。

鄜城有杨班湫。

洛川有洛川水、圁水。

坊州，中，刺史。宋中部郡军事。户二万七百四十六。县二、镇一：

中部有沮河、桥山、石堂山、洛水、蒲谷水。

宜君有沮水。镇一玉华。

天会五年，元帅府宗翰、宗望奉诏伐宋，若克宋则割地以赐夏。及宋既克，乃分割楚、夏疆封，自麟府路洛阳沟距黄河西岸，西历暖泉堡，鄜延路米脂谷至累胜寨，环庆路威边寨逾九星原至委布谷口，泾原路威川寨略古萧关至北谷口，秦凤路通怀堡至古会州，自此距黄河，依见流分熙河路尽西边，以限楚、夏之封，或指定地名有悬邈者，相地势从便分画。

庆原路，旧作陕西西路。府一，领节镇二，刺郡三，县十八，镇二十三,城二,堡四,寨二十二,边将营八。

庆阳府,宋安化郡庆阳军节度,本庆州军事,国初改安国军,后置定安军节度使兼总管,皇统二年置总管府。户四万六千一百七十一。县三、城二、堡一、寨三、镇七:

安化倚。有马岭山、延庆水。

彭原有彭池原、睦阳川。**镇二**董志、赤城。

合水有子午山。**镇五**金柜、怀安、业乐、五交、景山。**城二**白豹,大顺。**寨三**安疆、华池、柔远。**堡一**荔原:

环州,上,刺史。宋军事,国初因之,大定间升为刺郡。户九千五百四。县一、堡三、寨六、镇三:

通远倚。有咸河、马岭坂、塔子平榷场。**堡三**木瓜、归德、兴平。旧有惠丁、射香、流井三堡,后废。**寨六**定边、平远、永乡、洪德、乌伦、安边。**镇三**合道、马岭、木波。

宁州,中,刺史。宋彭原郡兴宁军节度,国初因之,皇统二年降为军,仍加"西"字,天德二年去"西"字,为刺郡。户三万四千七百五十七。县四、镇五:

安定本名定安,大定七年更。倚。有洛水、九陵水。**镇一**交城。

定平 **镇二**枣社、大昌。

真宁有午山。罗川水。**镇二**要关、山河。

襄乐有延川水。

邠州,中。宋新平郡静难军节度使,国初因之。户四万七千二百九十一。县五、镇三、寨一:

新平倚。有泾水、潘水。

淳化有仲山、车箱坂。

宜禄有泾水、汭水。**镇一**亭口。

永寿宋隶醴州。有高泉山。**镇一**永寿。旧有邵寨镇,后割隶泾州。**寨一**常宁。

三水有石门山。泾水、罗川水。**镇一**清泉。

原州,上,刺史。宋平凉郡军事,大定二十七年为泾州支郡,后复军事。户一万七千八百。县二、镇三、寨五：

临泾倚。有阳晋水、朝那水。

彭阳有大湖河、蒲川河。**镇三**萧镇、柳泉、新城。**寨五**绥宁、平安、清安、开边、西壕。

泾州，中，彰化军节度使。本治泾川，元光二年徙治长武。户二万六千二百九十。县四、寨一、镇二：

泾川本保定县，大定七年更。寨一官地。

长武

良原

灵台　镇二百里、邵寨。

边将：

第二将营，在荔原堡西，白豹城南七十五里，户三千七百一十六。

次西第四将营，户一千二百三十二。

次西第三将营，户二千一百五。

次西第八将营，户一千二百二十二。

次西第七将营，户八百五十。

次西第九将营，户七百二十七。

次西第六将营，户九百八十九。

次西第五将营，户三百六十四。

皇统六年，以德威城、西安州、定边军等沿边地赐夏国，从所请也。正隆元年，命与夏国边界对立烽候，以防侵轶。

临洮路，皇统二年改熙州为临洮府，置熙秦路总管府，大定二十七年更今名。府一，领节镇一，防御一，刺郡四，县一十三，镇六，城六，堡十二，寨九，关二。

临洮府，中。宋旧熙州临洮郡镇洮军节度，后更为德顺军，皇统二年置总管府。产甘草、菴蔄子、大黄。户一万九千七百二十一。县三、镇一、城一、堡四：

狄道有白石山、洮水、浩亹河。镇一庆平。城一景骨。

当川　堡一通谷。

康乐　堡三渭源，临洮，南川临宋界。

积石州，下，刺史。本宋积石军溪哥城，大定二十二年为州。户五千一百八十五。县一、城三、堡三：

怀羌西至生羌界八十里。城三循化，西至生羌界一百里。大通、临河、夏界、来羌，临夏边。堡三通津、临滩、来同。

洮州，下。宋尝置团练。刺史。旧军事。临宋界，至西生羌界八十里。户一万一千三百三十七。堡二：通祐，临宋界，无民户，置军守。铁城，临宋界，无民户，置军守。

兰州，上，刺史。宋金城郡军事。户一万一千三百六十。县三、镇三、城二、堡三、关一：

定远兼第十将，去质孤堡一十五里。

龛谷宋旧寨。

阿干宋旧寨。城二宁远、安羌。堡三东关。质孤，临夏边，兼第八将。西关，临黄河、夏边。镇三原川、猪觜、纳米。关一京玉。

巩州，下，节度。宋通远军，皇统二年升军事为通元军节度使。户三万六千三百一。县五、寨四、镇一：

陇西宋旧县。

通渭

定西贞祐四年六月升为州，以通西、安西隶焉。镇一盐川。旧有赤觜镇，后废。

通西

安西　寨四熟羊，临宋界。来远，去宋界二十五里，旧为镇。永宁，去宋界三十里。南川。旧有平西、宁远二寨，及南三岔堡。

会州，上，刺史。宋前旧名汝遮。户八千九百一十八。县一、旧有会川城。寨二、关一：

保川寨二平西、通安。关一会安,旧作会宁。

河州,下,防御。宋安乡郡军事。至都四千七百一十里。皇统二年升为军事为防御,贞祐四年十月升为节镇,军曰平西。户一万四千九百四十二。县二、城一、寨三、镇一:

枹罕国初废,贞元二年复置。

宁河　城一安乡关。寨三南川、通会关、定羌城。镇一积庆。

金史卷二七
志第八

河　渠

黄河　漕渠　卢沟河　滹沱河
漳河

　　黄河　金始克宋，两河悉畀刘豫。豫亡，河遂尽入金境。数十年间，或决或塞，迁徙无定。金人设官置属，以主其事。沿河上下凡二十五埽，六在河南，十九在河北，埽设散巡河官一员。雄武、荥泽、原武、阳武、延津五埽则兼汴河事，设黄汴都巡河官一员于河阴以莅之。怀州、孟津、孟州及城北之四埽则兼沁水事，设黄沁都巡河官一员于怀州以临之。崇福上下、卫南、淇上四埽属卫南都巡河官，则居新乡。武城、白马、书城、教城四埽属浚滑都巡河官，则处教城。曹甸都巡河官则总东明、西佳、孟华、凌城四埽。曹济都巡河官则司定陶、济北、寒山、金山四埽者也。故都巡河官凡六员。后又特设崇福上下埽都巡河官兼石桥使。凡巡河官，皆从都水监廉举，总统埽兵万二千人，岁用薪百一十一万三千余束，草百八十三万七百余束，椿杙之木不与，此备河之恒制也。

　　大定八年六月，河决李固渡，水溃曹州城，分流于单州之境。九年正月，朝廷遣都水监梁肃往视之。河南统军使宗室宗叙言："大河所以决溢者，以河道积淤，不能受水故也。今曹、单虽被其患，而两州本以水利为生，所害农田无几。今欲河复故道，不惟大费工役，又卒难成功。纵能塞之,他日霖潦,亦将溃决,则山东河患又非曹、单比也。又沿河数州之地,骤兴大役,人心动摇,恐宋人乘间构为边患。"而肃亦言:"新河水六分,旧河水四分,今若塞新河,则二水复合为一。如遇涨溢,南决则害于南京,北决则山东、河北皆被其害。不若李固南筑堤以防决溢为便"。尚书省以闻,上从之。

十年三月,拜宗叙为参知政事,上谕之曰:"卿昨为河南统军时,尝言黄河堤埽利害,甚合朕意。朕每念百姓凡有差调,吏互为奸,若不早计而迫期征敛,则民增十倍之费。然其所征之物,或委积经年,至腐朽不可复用,使吾民数十万之财,皆为弃物,此害非细。卿既参朝政,凡类此者皆当革其弊,择所利而行之。"

十一年,河决王村,南京孟、卫界多被其害。

十二年正月,尚书省奏:"检视官言,水东南行,其势甚大。可自河阴广武山循河而东,至原武、阳武、东明等县孟、卫等州增筑堤岸,日役夫万一千,期以六十日毕。"诏遣太府少监张九思、同知南京留守事纥石烈遨小字阿补孙监护工作。

十三年三月,以尚书省请修孟津、荥泽、崇福埽堤以备水患,上乃命雄武以下八埽并以类从事。

十七年秋七月,大雨,河决白沟。十二月,尚书省奏:"修筑河堤,日役夫一万一千五百,以六十日毕工。"诏以十八年二月一日发六百里内军夫,并取职官人力之半,余听发民夫,以尚书工部郎中张大节、同知南京留守事高苏董役。

先是,祥符县陈桥镇之东至陈留潘岗,黄河堤道四十余里以县官摄其事,南京有司言,乞专设埽官,十九年九月,乃设京埽巡河官一员。

二十年,河决卫州及延津京东埽,弥漫至于归德府。检视官南京副留守石抹辉者言:"河水因今秋霖潦暴涨,遂失故道,势益南行。"宰臣以闻。乃自卫州埽下接归德府南北两岸增筑堤以捍湍怒,计工一百七十九万六千余,日役夫二万四千余,期以七十日毕工。遂于归德府创设巡河官一员,埽兵二百人,且诏频役夫之地与免今年税赋。

二十一年十月，以河移故道，命筑堤以备。

二十六年八月，河决卫州堤，坏其城。上命户部侍郎王寂、都水少监王汝嘉驰传措划备御。而寂视被灾之民不为拯救，乃专集众以网鱼取官物为事，民甚怨嫉。上闻而恶之。既而，河势泛滥及大名。上于是遣户部尚书刘玮往行工部事，从宜规划，黜寂为蔡州防御使。

冬十月，上谓宰臣曰："朕闻亡宋河防一步置一人，可添设河防军数。"它日，又曰："比闻河水泛溢，民罹其害者，赀产皆空。今复遣官于被灾路分推排，何耶？"右丞张汝霖曰："今推排者皆非被灾之处。"上曰："虽然，必其邻道也。既邻水而居，岂无惊扰迁避者乎，计其赀产，岂有余哉，尚何推排为。"十一月，又谓宰臣曰："河未决卫州时尝有言者，既决之后，有司何故不令朕知。"命询其故。

二十七年春正月，尚书省言："郑州河阴县圣后庙，前代河水为患，屡祷有应，尝加封号庙额。今因祷祈，河遂安流，乞加褒赠。"上从其请，特加号曰昭应顺济圣后，庙曰灵德善利之庙。

二月，以卫州新乡县令张簧、丞唐括唐古出、主簿温敦偎喝，以河水入城闭塞救护有功，皆迁赏有差。御史台言："自来沿河京、府、州、县官坐视管内河防缺坏，特不介意。若令沿河京、府、州、县长贰官皆于名衔管勾河防事，如任内规措有方能御大患，或守护不谨以致疏虞，临时闻奏，以议赏罚。"上从之，仍每岁将泛之时，令工部官一员沿河检视。于是以南京府及所属延津、封丘、祥符、开封、陈留、胙城、杞县、长垣，归德府及所属宋城、宁陵、虞城，河南府及孟津，河中府及河东，怀州河内、武陟，同州朝邑，卫州汲、新乡、获嘉，徐州彭城、萧、丰，孟州河阳、温，郑州河阴、荥泽、原武汜水，浚州卫，陕州阌乡、湖城、灵宝，曹州济阴，滑州白马，睢州襄邑，滕州沛，单州单父，解州平陆，开州濮阳，济州嘉祥、金乡、郓城，四府、十六州之长贰皆提举河防事，四十四县之令佐皆管勾河防事。

初，卫州为河水所坏，乃命增筑苏门，迁其州治。至二十八年，水息，居民稍还，皆不乐迁。于是遣大理少卿康元弼按视之。元弼还奏："旧州民复业者甚众，且南使驿道馆舍所在，向以不为水备，以故被害。若但修其堤之薄缺者，可以无虞，比之迁治，所省数倍，不若从其民情，修治旧城为便。"乃不迁州，仍敕自今河防官司怠慢失备者，皆重抵以罪。

二十九年五月，河溢于曹州小堤之北。六月，上谕旨有司曰："比闻五月二十八日河溢，而所报文字如此稽滞。水事最急，功不可缓，稍缓时顷，则难固护矣。"十二月，工部言："营筑河堤，用工六百八万余，就用埽兵军夫外，有四百三十余万工当用民夫。"遂诏命去役所五百里州、府差顾，于不差夫之地均征顾钱，验物力科之。每工钱百五十文外，日支官钱五十文，米升半。仍命彰化军节度使内族裔、都水少监大龄寿提控五百人往来弹压。

先是，河南路提刑司言："沿河居民多困乏逃移，盖以河防差役烦重故也。窃惟御水患者，不过堤埽，若土功从实计料，薪藁椿杙以时征敛，亦复何难。今春筑堤，都水监初料取土甚近，及其兴工乃远数倍，人夫惧不及程，贵价买土，一队之间多至千贯。又许州初科薪藁十八万余束，既而又配四万四千，是皆常岁必用之物，农隙均科则易输纳。自今堤埽兴工，乞令本监以实计度，量一岁所用物料，验数折税，或令和买，于冬月分为三限输纳为便。"诏尚书省详议以闻。

明昌元年春正月，尚书省奏："臣等以为，自今凡兴工役，先量负土远近，增筑高卑，定功立限，榜谕使人先知，无令增加力役。并河防所用物色，委都水监每岁于八月以前，先拘籍旧贮物外实阙之数，及次年春工多寡，移报转运司计置，于冬三月分限输纳。如水势不常，夏秋暴涨危急，则用相邻埽分防备之物，不足，则复于所近州县和买。然复虑人户道涂泥淖，艰于运纳，止依税内科折他物，更为增价，当官支付，违者并论如律，仍令所属提刑司正官一员驰驿监视体究，如此则役作有程，而河不失备。"制可之

四年十一月，尚书省奏："河平军节度使王汝嘉等言'大河南岸

旧有分流河口，如可疏导，足泄其势，及长堤以北恐亦有可以归纳排瀹之处，乞委官视之。济北埽以北宜创起月堤'。臣等以为宜从所言。其本监官皆以谙练河防故注以是职，当使从汝嘉等同往相视，庶免异议。如大河南北必不能开挑归纳，其月堤宜依所料兴修。"上从之。

十二月，敕都水监官提控修筑黄河堤，及令大名府差正千户一员，部甲军二百人弹压勾当。

五年春正月，尚书省奏："都水监丞田栎同本监官讲议黄河利害，尝以状上言，前代每遇古堤南决，多经南、北清河分流，南清河北下有枯河数道，河水流其中者长至七八分，北清河乃济水故道，可容三二分而已。今河水趋北，啮长堤而流者十余处，而堤外率多积水，恐难依元料增修长堤与创筑月堤也。可于北岸墙村决河入梁山泺故道，依旧作南、北两清河分流。然北清河旧堤岁久不完。当立年限增筑大堤，而梁山故道多有屯田军户，亦宜迁徙。今拟先于南岸王村、宜村两处决堤导水，使长堤可以固护，姑宜仍旧，如不能疏导，即依上开决，分为四道，俟见水势随宜料理。"尚书省以栎等所言与明昌二年刘玮等所案视利害不同，及令陈言人冯德舆与栎面对，亦有不合者，送工部议。复言："若遽于墙村疏决，缘濒北清河州县二十余处，两岸连互千有余里，其堤防素不修备，恐所屯军户亦卒难徙。今岁先于南岸延津县堤决堤泄水，其北岸长堤自白马以下，定陶以上，并宜加功筑护，庶可以遏将来之患。若定陶以东三埽弃堤则不必修，止决旧压河口，引导积水东南行，流堤北张彪、白塔两河间，碍水军户可使迁徙，及梁山泺故道分屯者，亦当预为安置。"宰臣奏曰："若遽从栎等所拟，恐既更张，利害非细。比召河平军节度使王汝嘉同计议，先差干济官两员行户工部事复视之，同则就令计实用工物、量州县远近以调丁夫，其督趣春工官即充今岁守涨，及与本监官同议经久之利。"诏以知大名府事内族裔、尚书户部郎中李敬义行户工部事，以参知政事胥持国都提控。又奏差德州防御使李献可、尚书户部郎中焦旭于山东当水所经州县筑护城堤，及北清河两岸旧有堤处别率丁夫修筑,亦就令讲究河防之计。

他日,上以宋阎士良所述黄河利害一帙付参知政事马琪曰:"此书所言亦有可用者,今以赐卿。"

二月,上谕平章政事守贞曰:"王汝嘉、田栎专管河防,此国家之重事也。朕比问其曾于南岸行视否?乃称'未也'。又问水决能行南岸乎?又云'不可知'。且水趋北久矣,自去岁便当经画,今不称职如是耶?可谕旨令往尽心固护,无致失备,及讲究所以经久之计。稍涉违慢,当并治罪。"

三月,行省并行户工部及都水监官各言河防利害事。都水监元拟于南岸王村、宜村两处开导河势,缘比来水势去宜村堤稍缓,唯王村岸向上数里卧卷,可以开决作一河,且无所犯之城市村落。又拟于北岸墙村疏决,依旧分作两清河入梁山故道,北清河两岸素有小堤不完,后当筑大堤。尚书省谓:"以黄河之水势,若于墙村决注,则山东州县膏腴之地及诸盐场必被沦溺。设使修筑坏堤,而又吞纳不尽,功役至重,虚困山东之民,非徒无益,而又害之也。况长堤已加固护,复于南岸疏决水势,已寝决河入梁山泺之议,水所经城邑已劝率作护城堤矣,先所修清河旧堤已遣罢之。监丞田栎言定陶以东三埽弃堤不当修,止言'决旧压河口以导渐水入堤北张彪、白塔两河之间,凡当水冲屯田户须令迁徙'。臣等所见,止当堤前作木岸以备之。其间居人未当迁徙,至夏秋水势泛溢,权令避之,水落则当各复业,此亦户工部之所言也。"上曰:"地之相去如此其远,彼中利害,安得悉知?惟委行省尽心措划可也。"

四月,以田栎言河防事,上谕旨参知政事持国曰"此事不惟责卿,要卿等同心规划,不劳朕心尔。如栎所言,筑堤用二十万工,岁役五十日,五年可毕,此役之大,古所未有。况其成否未可知,就使可成,恐难行也。迁徙军户四千则不为难,然其水特决,尚不知所归,傥有溃走,若何枝梧。如令南岸两处疏决,使其水趋南,或可分杀其势。然水之形势,朕不亲见,难为条划,虽卿亦然。丞相、左丞皆不熟此,可集百官详议以行。"百官咸谓:"栎所言弃长堤,无起新

堤,放河入梁山故道,使南北两清河分流,为省费息民长久之计。臣
等以为黄河水势非常,变易无定,非人力可以斟酌,可以指使也。况
梁山添淤填已高,而北清河窄狭不能吞伏,兼所经州县农民庐井非
一,使大河北入清河,山东必被其害。栎又言乞许都水监符下州府
运司,专其用度,委其任责,一切同于军期,仍委执政提控。缘今监
官已经添设,又于外监署司多以沿河州府长官兼领之,及令佐管勾
河防,其或急慢已有同军期断罪之决之法,凡栎所言无可用。"遂寝
其议。

八月,以河决阳武故堤,灌封丘而东,尚书省奏,都水监、行部
官有失固护。诏命同知都转运使高旭、武卫军副都指挥使女奚列奕
_{小字韩家奴}同往规措。尚书省奏:"都水监官前来有犯,已经戒谕,使
之常切固护。今王汝嘉等殊不加意,既见水势趋南,不预经划,承留
守司累报,辄为迁延,以至害民。即是故违制旨,私罪当的决。"诏汝
嘉等各削官两阶,杖七十罢职。

上谓宰臣曰:"李愈论河决事,谓宜遣大臣往,以慰人心,其言
良是。向虑河北决,措划堤防,犹尝置行省,况今方横溃为害,而止
差小官,恐失众望。自国家观之,虽山东之地重于河南,然民皆赤
子,何彼此之间。"乃命参知政事马琪往,仍许便宜从事。上曰:"李
愈不得为无罪,虽都水监官非提刑司统摄,若与留守司以便宜率民
固护,或申闻省部,亦何不可使朕闻之。徒能张皇水势而无经画,及
其已决,乃与王汝嘉一往视之而还,亦未尝有所施行。问王村河口
开导之月,则对以四月终,其实六月也,月日尚不知,提刑司官当如
是乎。"寻命户部员外郎何格赈济被浸之民。

时行省参知政事胥持国、马琪言:"已至光禄村周视堤口。以其
河水浸漫,堤岸陷溃,至十余里外乃能取土。而堤面窄狭,仅可数
步,人力不可施,虽穷力可以暂成,终当复毁。而中道淤淀,地有高
低,流不得泄,且水退,新滩亦难开凿。其孟华等四埽与孟阳堤道,
沿汴河东岸,但可施功者,即悉力修护,将于农隙兴役,及冻毕工,
则京城不至为害。"

参知政事马琪言："都水外监员数冗多，每事相倚，或复邀功，议论纷纭不一，隳废官事。拟罢都水监掾，设勾当官二员。又自昔选用都、散巡河官，止由监官辟举，皆诸司人，或有老疾，避仓库之繁，行贿请托，以致多不称职。拟升都巡河作从七品，于应入县令廉举人内选注外，散巡河依旧，亦于诸司及丞簿廉举人内选注，并取年六十以下有精力能干者。到任一年，委提刑司体察，若不称职，即日罢之。如守御有方，致河水安流，任满，从本监及提刑司保申，量与升除。凡河桥司使副亦拟同此选注。"继而胥持国亦以为言，乃从其请。

闰十月，平章政事守贞曰："马琪措划河防事，未见功役之数，加之积岁兴功，民力将困，今持国复病，请别遣有才干者往议之。"上曰："堤防救护若能成功，则财力固不敢惜。第恐财殚力屈，成而复毁，如重困何。"宰臣对曰："如尽力固护，纵为害亦轻，若恬然不顾，则为害滋甚。"上曰："无乃因是致盗贼乎？"守贞曰："宋以河决兴役，亦尝致盗贼，然多生于凶歉。今时平岁丰，少有差役，未必至此。且河防之役，理所当然，今之当役者犹为可耳。至于科征薪刍，不问有无，督输迫切则破产业以易之，恐民益困耳。"上曰："役夫须近地差取，若远调之，民益艰苦，但使津济可也。然当俟马琪至而后议之"。庚辰，琪自行省还，入见，言："孟阳河堤及汴堤已填筑补修，水不能犯汴城。自今河势趋北，来岁春首拟于中道疏决，以解南北两岸之危。凡计工八百七十余万，可于正月终兴工。臣乞前期再往河上监视。"上以所言付尚书省，而治检覆河堤并守涨官等罪有差。

他日，尚书省奏事，上语及河防事，马琪奏言："臣非敢不尽心，然恐智力有所不及。若别差官相度，倘有奇画，亦未可知。如适与臣策同，方来兴功，亦庶几稍宽朝廷忧顾。"上然之，命翰林待制奥屯忠孝权尚书户部侍郎、太府少监温昉权尚书工部侍郎，行户、工部事，修治河防，且谕之曰："汝二人皆朕所素识，以故委任，冀副朕意。如有错失，亦不汝容。"

承安元年七月，敕自今沿河傍侧州、府、县官虽部除者皆勿令员阙。

泰和二年九月，敕御史台官："河防利害初不与卿等事，然台官无所不问，应体究者亦体究之。"

五年二月，以崔守真言，"黄河危急，刍荛物料虽云折税，每年不下五六次，或名为和买，而未尝还其直"，敕委右三部司正郭瀣、御史中丞孟铸讲究以闻。瀣等言"大名府、郑州等处自承安二年以来，所科刍荛未给价者，计钱二十一万九千余贯"。遂命以各处见钱差能干官同各州县清强官一一酬之，续令按察司体究。

宣宗贞祐三年十一月壬申，上遣参知政事侯挚祭河神于宜村。

三年四月，单州刺史颜盏天泽言："守御之道，当决大河使北流德、博、观、沧之境。今其故堤宛然犹在，工役不劳，水就下必无漂没之患。而难者若不以犯沧盐场损国利为说，必以浸没河北良田为解。臣尝闻河侧故老言，水势散漫，则浅不可以马涉，深不可以舟济，此守御之大计也。若曰浸民田，则河徙之后，淤为沃壤，正宜耕垦，收倍于常，利孰大焉。若失此计，则河南一路兵食不足，而河北、山东之民皆瓦解矣。"诏命议之。

四年三月，延州刺史温撒可喜言："近世河离故道，自卫东南而流，由徐、邳入海，以此，河南之地为狭。臣窃见新乡县西河水可决使东北，其南有旧堤，水不能溢，行五十余里与清河合，则由浚州、大名、观州、清州、柳口入海，此河之故道也，皆有旧堤，补其缺罅足矣。如此则山东、大名等路，皆在河南，而河北诸郡亦得其半，退足以为御备之计，进足以壮恢复之基。"又言："南岸居民，既已籍其河夫修筑河堰，营作戍屋，又使转输刍粮，赋役繁殷，倍于他所，夏秋租税，犹所未论，乞减其稍缓者，以宽民力。"事下尚书省，宰臣谓："河流东南旧矣。一旦决之，恐故道不容，衍溢而出，分为数河，不复可收。水分则浅狭易渡，天寒辄冻，御备愈难，此甚不可。"诏但令量宜减南岸郡县居民之赋役。

五年夏四月，敕枢密院，沿河要害之地，可垒石岸，仍置撒星桩、陷马堑以备敌。

漕渠　金都于燕，东去潞水五十里，故为闸以节高良河、白莲潭诸水，以通山东、河北之粟。凡诸路濒河之城，则置仓以贮旁郡之税，若恩州之临清、历亭，景州之将陵、东光，清州之兴济、会川，献州及深州之武强，是六州诸县皆置仓之地也。其通漕之水，旧黄河行滑州、大名、恩州、景州、沧州、会川之境，漳水东北为御河，则通苏门、获嘉、新乡、卫州、浚州、黎阳、卫县、彰德、磁州、洺州之馈，衡水则经深州会于滹沱，以来献州、清州之饷，皆合于信安，海壖，溯流而至通州，由通州入闸，十余日而后至于京师。其它若霸州之巨马河，雄州之沙河，山东之北清河，皆其灌输之路也。然自通州而上，地峻而水不留，其势易浅，舟胶不行，故常从事陆挽，人颇艰之。世宗之世，言者请开芦沟金口以通漕运，役众数年，竟无成功，事见卢沟河。其后亦以闸河或通或塞，而但以车挽矣。

其制，春运以冰消行，暑雨毕。秋运以八月行，冰凝毕。其纲将发也，乃合众，以所载之粟苴而封之，先以付所卸之地，视与所封样同则受。凡纲船以前期三日修治，日装一纲，装毕以三日启行。计道里分溯流、沿流为限，至所受之仓，以三日卸，又三日给收付。凡挽漕脚直，水运盐每石百里四十八文，米五十文一分二厘七毫，粟四十文一分三毫，钱则每贯一文七分二厘八毫。陆运备直，米每石百一十二文一分五毫，粟五十七文六分八厘四毫，钱每贯三文九厘六毫。余物每百斤行百里，平路则春冬百三十一文五分，夏秋百五十七文八分，山路则春冬百四十九文，夏秋二百一文。凡使司院务纳课佣直，春冬九十文三分，夏秋百一十四文。诸民户射赁官船漕运者，其脚直以十分为率，初年克二分，二年克一分八厘，三年克一分七厘，四年克一分五厘，五年以上克一分。

初，世宗大定四年八月，以山东大熟，诏移其粟以实京师。十月，上出近郊，见运河湮塞，召问其故。主者云户部不为经画所致。上召户部侍郎曹望之，责曰："有河不加浚，使百姓陆运劳甚，罪在汝等。朕不欲即加罪，宜悉力使漕渠通也。"五年正月，尚书省奏，可调夫数万,上曰:"方春不可劳民,令宫籍监户、东宫亲王人从、及五百里内军夫,浚治。"

二十一年,以八月京城储积不广,诏沿河恩献等六州粟百万余石运至通州,辇入京师。

明昌三年四月,尚书省奏:"辽东、北京路米粟素饶,宜航海以达山东。昨以按视东京近海之地,自大务清口并咸平铜善馆皆可置仓贮粟以通漕运,若山东、河北荒歉,即可运以相济。"制可。

承安五年,边河仓州县,可令折纳菽二十万石,漕以入京,验品级养马于俸内带支,仍漕麦十万石,各支本色。乃命都水监丞田栎相视运粮河道。

泰和元年,尚书省以景州漕运司所管六河仓,岁税不下六万余石,其科州县近者不下二百里,官吏取贿延阻,人不胜苦,难近官监之亦然。遂命监察御史一员往来纠察之。

五年,上至霸州,以故漕河浅涩,敕尚书省发山东、河北、河东、中都、北京军夫六千,改凿之。犯屯田户地者,官对给之。民田则多酬其价。

六年,尚书省以凡漕河所经之地,州县官以为无与于已,多致浅滞,使纲户以盘浅剥载为名,奸弊百出。于是遂定制,凡漕河所经之地,州府官衔内皆带"提控漕河事",县官则带"管勾漕河事",俾催检纲运,营护堤岸。为府三:大兴、大名、彰德。州十二:恩、景、沧、清、献、深、卫、浚、滑、磁、洺、通。县三十三:大名、元城、馆陶、夏津、武城、历亭、临清、吴桥、将陵、东光、南皮、清池、靖海、兴济、会川、交河、乐寿、武强、安阳、汤阴、临漳、成安、釜阳、内黄、黎阳、卫、苏门、获嘉、新乡、汲、潞、武清、香河、漳阴。

十二月,通济河创设巡河官一员,与天津河同为一司,通管漕河闸岸,止名天津河巡河官,隶都水监。

八年六月,通州刺史张行信言,"船自通州入闸,凡十余日方至京师,而官支五日转脚之费",遂增给之。

贞祐三年,既迁于汴,以陈、颍二州濒水,欲借民船以漕,不便。

遂依观州漕运司设提举官，募船户而籍之，命户部勾当官往来巡督。

四年，从右丞侯挚言，开沁水以便馈运。上又念京师转输之劳，命出尚厩牛及官车，以助其力。

兴定四年十月，谕皇太子曰："中京运粮护送官，当择其人，万有一失，枢密官亦有罪矣。其船当用毛花辇所造两首尾者，仍张帜如渡军之状，勿令敌知为粮也。"

陕西行省把胡鲁言："陕西岁运粮以助关东，民力浸困，若以舟自渭入河，顺流而下，可以纾民力。"遂命严其侦候，如有警，则皆维于南岸。

时朝廷以邳、徐、宿、泗、军储，京东县挽运者岁十余万石，民甚苦之。元光元年，遂于归德府置通济仓，设都监一员，以受东郡之粟。

定国军节度使李复亨言："河南驻跸，兵不可阙，粮不厌多。比年，少有匮乏即仰给陕西，陕西地腴岁丰，十万石之助不难。但以车运之费先去其半，民何以堪。宜造大船二十，由大庆关渡入河，东抵湖城，往还不过数日，篙工不过百人，使舟皆容三百五十斛，则是百人以数日运七千斛矣。自夏抵秋可漕三千余万斛，且无稽滞之患。"上从之。

时又于灵璧县潼郡镇设仓都监及监支纳，以方开长直沟，将由万安湖舟运入汴至泗，以贮粟也。

卢沟河　大定十年，议决卢沟以通京师漕运，上忻然曰："如此，则诸路之物可径达京师，利孰大焉。"命计之，当役千里内民夫，上命免被灾之地，以百官从人助役。已而，敕宰臣曰："山东岁饥，工役兴则妨农作，能无怨乎。开河本欲利民，而反取怨，不可。其姑罢之。"十一年十二月，省臣奏复开之，自金口疏导至京城北入壕，而东至通州之北，入潞水，计工可八十日。十二年三月，上令人复按，还奏"止可五十日"。上召宰臣责曰："所余三十日徒妨农费工，卿等何为虑不及此。”及渠成，以地势高峻，水性浑浊。峻则奔流漩洄，啮岸善崩，浊则泥淖淤塞，积滓成浅，不能胜舟。其后，上谓宰臣曰："分卢沟为漕渠，竟未见功，若果能行，南路诸货至京师，而价贱矣。"平章政事驸马元忠曰："请求识河道者，按视其地。"竟不能行而罢。

二十五年五月，卢沟决于上阳村。先是，决显通塞，诏发中都三百里内民夫塞之，至是复决，朝廷恐枉费工物，遂令且勿治。

二十七年三月，宰臣以"孟家山金口闸下视都城，高一百四十余尺，止以射粮军守之，恐不足恃。倘遇暴涨，人或为奸，其害非细。若固塞之，则所灌稻田俱为陆地，种植禾麦亦非旷土。不然则更立重闸，仍于岸上置埽官廨署，及埽兵之室，庶几可以无虞也"。上是其言，遣使塞之。

夏四月丙子，诏封卢沟水神为安平侯。

二十八年五月，诏卢沟河使旅往来之津要，令建石桥。未行而世宗崩。章宗大定二十九年六月，复以涉者病河流湍急，诏命造舟，既而更命建石桥。明昌三年三月成，敕命名曰广利。有司谓车驾之所经行，使客商旅之要路，请官建东西廊，令人居之。上曰："何必然，民间自应为耳。"左丞守贞言："但恐为豪右所占，况罔利之人多止东岸，若官筑则东西两岸俱称，亦便于观望也。"遂从之。

六月，卢沟堤决，诏速遏塞之，无令泛溢为害。右拾遗路铎上疏言，当从水势分流以行，不必补修玄同口以下、丁村以上旧堤。上命宰臣议之，遂命工部尚书胥持国及路铎同检视其堤道。

滹沱河　大定八年六月，滹沱犯真定，命发河北西路及河间、太原、冀州民夫二万八千，缮完其堤岸。

十年二月，滹沱河创设巡河官二员。

十七年，滹沱决白马岗，有司以闻，诏遣使固塞，发真定五百里内民夫，以十八年二月一日兴役。命同知真定尹鹘沙虎、同知河北西路转运使徐伟监护。

漳河 大定二十年春正月,诏有司修护漳河闸,所须工物一切并从官给,毋令扰民。

明昌二年六月,漳河及卢沟堤皆决,诏命速塞之。

四年春正月癸未,有司言修漳河堤埽计三十八万余工,诏依卢沟河例,招被水阙食人充夫,官支钱米,不足则调碍水人户,依上支给。

金史卷二八
志第九

礼 一

郊　南北郊　仪注

郊　金人之入汴也，时宋承平日久，典章礼乐粲然备具。金人既悉收其图籍，载其车辂、法物、仪仗而北，时方事军旅，未遑讲也。既而，即会宁建宗社，庶事草创。皇统间，熙宗巡幸析津，始乘金辂，导仪卫，陈鼓吹，其观听赫然一新，而宗社朝会之礼亦次第举行矣。继以海陵狼顾，志欲并吞江南，乃命官修汴故宫，缮宗庙社稷，悉载宋故礼器以还。外而黩武，内而纵欲，其猷既失，奚敢议礼乐哉。

世宗既兴，复收向所迁宋故礼器以旋，乃命官参校唐、宋故典沿革，开"详定所"以议礼，设"详校所"以审乐，统以宰相通学术者，于一事之宜适、一物之节文，既上闻而始汇次，至明昌初书成，凡四百余卷，名曰《金纂修杂录》。凡事物名数，支分派引，珠贯棋布，井然有序，炳然如丹。又图吉、凶二仪：卤簿十三节以备大葬，小卤簿九节以备郊庙。而命尚书左右司、春官、兵曹、太常寺各掌一本，其意至深远也。是时，宇内阜安，民物小康，而维持几百年者实此乎基。呜呼，礼之为国也信矣夫。而况《关雎》、《麟趾》之化，其流风遗思被于后世者，为何如也。

宣宗南播，疆宇日蹙，旭日方升而爝火之燃，蔡流弗东而余尽灭矣。图籍散逸既莫可寻，而其宰相韩企先等之所论列，礼官张暐与其子行简所私著《自公纪》，亦亡其传。故书之存，仅《集礼》若干卷，其藏史馆者又残缺弗完，姑掇其郊社宗庙诸神祀、朝觐会同等仪而为书，若夫凶礼则略焉。盖自熙宗、海陵、卫绍王之继弑，虽曰："卤簿十三节以备大葬"，其行乎否耶，盖莫得而考也，故宣孝之丧礼存，亦不复纪。噫，告朔饩羊虽孔子所不去，而史之缺文则亦慎之。作《礼志》。

南北郊　金之郊祀，本于其俗有拜天之礼。其后，太宗即位，乃告祀天地，盖设位而祭也。天德以后，始有南北郊之制，大定、明昌其礼浸备。

南郊坛，在丰宜门外，当阙之巳地。圆坛三成，成十二陛，各按辰位。壝墙三匝，四面各三门。斋宫东北，厨库在南。坛、壝皆以赤土圬之。

北郊方丘，在通玄门外，当阙之亥地。方坛三成，成为子午卯酉四正陛。方壝三周。四面亦三门。

朝日坛曰大明，在施仁门外之东南，当阙之卯地，门壝之制皆同方丘。

夕月坛曰夜明，在彰义门外之西北，当阙之酉地，掘地污之，为坛其中。

常以冬至日合祀昊天上帝、皇地祇于圜丘，夏至日祭皇地祇于方丘，春分朝日于东郊，秋分夕月于西郊。

大定十一年始郊，命宰臣议配享之礼。左丞石琚奏曰："按《礼记》万物本乎天，人本乎祖，此所以祖配上帝也。"盖配之者，侑神作主也。自外至者无主不止，故推祖考配天，尊之也。两汉、魏、晋以来，皆配以一祖。至唐高宗，始以高祖、太宗崇配。垂拱初，又加以高宗，遂有三祖同配之礼。至宋，亦尝以三帝配，后礼院上议，以为对越天地，神无二主，由是止以太祖配。臣谓冬至亲郊宜从古礼"。上曰："唐、宋以私亲，不合古，不足为法。今止当以太祖配。"又谓宰臣曰："本国拜天之礼甚重。今汝等言依古制筑坛，亦宜。我国家绌辽、宋主,据天下之正,郊祀之礼岂可不行。"乃以八月诏曰:"国莫大于祀,祀莫大于天,振古所行,旧章咸在。仰惟太祖之基命,诏我本朝之燕谋,奄有万邦,于今五纪。因时制作,虽增饰于国容,推本奉承,犹未遑于效见,况天休滋至而年谷屡丰,敢不敷绎旷文、明昭大报。取阳升之至日,将亲享于圆坛,嘉与臣工,共图熙事。以今年十一月十七日有事于南郊,咨尔有司,各扬乃职,相予肆祀,罔或不钦。"乃于前一日,遍见祖宗,告以郊祀之事。其日,备法驾卤簿,躬诣郊坛行礼。

仪注　斋戒:用唐制。大祀,散斋四日,致斋三日。中祀,散斋二日,致斋一日。

天子亲祀,皆前期七日,摄太尉誓亚终献官、亲王、陪祀皇族于宫省。皇族十五以上,官虽不至七品者亦助祭受誓。又誓百官于尚书省。摄太尉南向,司徒北向,监祭御史在西,监礼博士居东,皆相向。太常卿、光禄卿在司徒后,重行北向。司天监、光禄丞、太庙令丞、大乐令丞、太官令丞、良酝令、廪牺令、郊社丞、司尊、太祝、奉礼郎、协律郎、诸执事官皆重行西上北向。礼直官以誓文授摄太尉,乃誓曰:"维某年岁次某甲,某月,某日,某甲,皇帝有事于南郊,各扬其职。其或不恭,国有常刑。"礼直官赞曰:"七品以下官皆退。"余皆再拜,退。誓于宫省之仪皆同。于是,皇帝散斋于别殿。

前致斋一日,尚舍设御坐于大安殿,当中南向。设东西房于御坐之侧,设御幄于室内,施帘于楹下。享前三日,陈设小次。享前一日,设拜褥,及皇帝版位、皇帝饮福位,及黄道毡褥,自玉辂下至升舆所。

及致斋之日,通事舍人引文武五品以上官,陪位如式。诸侍卫之官,各服其器服,并结珮,俱诣閤奉迎。上水二刻,侍中版奏"外办"。皇帝服衮冕,结珮,乘舆出,警跸、侍卫如常仪。皇帝即御座,东向坐。通事舍人承传,殿上下俱拜,讫,西面,赞"各祗候"。一刻顷,侍中跪奏:"臣某言,请降就斋。"俛伏,兴,还侍位。皇帝降座,入室,群官皆退。诸执事官皆宿于正寝,治事如故,不吊丧问疾,不判署刑杀文字,不决罚罪人,不与秽恶事。致斋日,惟祀事则行,余悉禁。已斋而阙者,通摄行事。

陈设:前祀五日,仪鸾、尚舍陈设斋宫。有司设扈从侍卫次于宫东西。又设陪祀亲王次宫东稍南,西向北上,宗室子孙位于其后。又设司徒亚终献行事执事官次于坛南外壝门之西,东向北上,重行异位。又设天名房,在坛南外壝门之东,西向。大礼使次于其后,皆西向。又设席大屋于坛外西北,驻车辂以备风雪。

祀前三日,尚舍设大次于东壝外门内道北,南向。又设小次于坛下卯陛之北,南向。有司设馔幔于东壝中门之北,南向。设兵卫,各服其器服,守卫壝门,每门二人。郊社令帅其属,扫除坛之上下及壝之内外。乃为燎位,在南中壝东门之东,坛之巳位。又为瘗坎,在中壝内戌位。

祀前二日,太乐令帅其属,设登歌之乐于坛上稍南,北向。玉磬在午陛之西,金钟在午陛之东,柷一在钟前稍北,敔一在磬前稍北,东西相向,歌工次之,余工各位于县后。琴瑟在前,匏竹在后,于坛下第一等上,皆重行异位,北向。又设宫县乐南壝外门之外,八佾二舞表于乐前。又设《采茨》乐于应天门前。

祀前一日,奉礼郎升设皇帝版位于坛上辰巳之间,北向。又设皇帝饮福位于其左稍却,北向。又帅礼直官设亚终献位于卯陛之东北,西向北上。司徒位于卯陛之东,道南西向。礼部尚书、太常卿、光禄卿、礼部侍郎位各次之,太常丞、光禄丞又次之。又设大礼使位于小次之左少却,西向。又设分献官、司天监、读册中书侍郎位于中壝门道北,西向。郊社令、廪牺令、太官令、良酝令位于其后。又设郊社丞、太祝、奉礼郎以下诸执事官于其后,皆西向,重行异位。又设从祀文武群官一品至五品位于中壝门内道南,西向,皆重行立。又设助奠祝史斋郎位于东壝门外道北,西向。又设陪祀皇族于道南,西向。六品至九品从祀群官,又于其南,皆西向,重行异位,各依其品。又设监祭御史二员，一员在午陛之西南，一员在子陛之西北，皆东向。又设监礼博士二员，一员在午陛之东南，一员在子陛之东北，皆西向。又设太乐令位于乐簴之间稍东，西向。协律郎位于乐簴之西，东向。又设奉礼郎于坛南稍东，西向。赞者次之。司尊位于酌尊所，俱北向。又设牲榜于外壝东门之外，西向。馔榜于其北稍西，南向。牲榜之东，牲位。太史、太祝各位于牲后，俱西向。又设礼部尚书、太常卿、光禄卿位于牲榜南稍北，西向。太常丞、光禄丞、太官令位于其后。监祭御史、监礼博士于礼部尚书位之西稍却，北向。廪牺令位在牲位西南，北向。又陈礼馔于馔榜之前案上。

未后三刻，陈馔之时，又设礼部尚书、太常卿、光禄卿位于案前稍东，北上，西向。太常丞、光禄丞、太官令位于其后，西向。又设监祭御史、监礼博士位于案前稍西，北上，东向。又设异宝嘉瑞位于宫县西北，太府少监位于宝后。诸州岁贡位于宫县东北，户部郎中位于其后。天子八宝位于宫县西南，符宝郎八员各于宝后。伐国毁宝位于宫县东南，少府少监位于其后。又设大乐令位于宫县之北稍东，协律郎二在大乐令南，东西相向。

司天监，未后二刻，同郊社令升设昊天上帝、皇地祇神座于坛上北方南向，地祇位在东稍却，席皆以藁秸。太祖配位座于东方西向，席以蒲越。五方帝、日、月、神州地祇、天皇大帝、北极神座于坛上第一等，席皆藁秸。内官五十四座、五神、五官、岳镇海渎二十九座于坛上第二等，中官一百五十有八座、昆仑、山林川泽二十一座于坛上第三等，外官一百六座、丘陵坟衍原隰三十座于内壝之内，众星三百六十座在内壝之外，席皆以莞。神座版各设于座首。又设礼神玉。俟告洁毕，权彻去坛上及第一等神位，祀日丑前五刻重设。

奉礼郎同司尊及执事者设者设天、地、配位各左十有一笾，右十有一豆，俱为三行。登三在笾豆间。簠一簋一于登前，簠在左，簋在右。各于神座前藉以席。又设天、地位太尊各二、著尊各二、牺尊各二、山罍各二，坛上东南隅配位著尊二，牺尊二，象尊二，在天、地位酒尊之东，俱北向西上，皆有坫，加勺、幂，为酌尊所。又天、地位象尊各二、壶尊各二、山罍各四，在坛下午陛之南，北向西上。配位壶尊二、山罍四在酉陛之北，东向北上，皆有坫，设而不酌，亦左以明水，右以玄酒。

又设五方帝、日、月，神州地祇、天皇大帝、北极，第一等皆左八笾、右八豆，登在笾豆间，簠一簋一在登前，爵坫一在神座前。第二等内官五十四座，五神、五官、岳镇海渎二十九座，每座笾二、豆二、簠一、簋一、俎一、爵坫一。第三等中官一百五十八座，昆仑、山林川泽二十一座，及内壝内外官一百六座，丘陵坟衍原隰三十座，内壝外众星三百六十座，每位笾二、豆二、簠一、簋一、俎一、爵一。又设第一等每位太尊二、著尊二，皆有坫加勺。第二等每陛山尊二，第三等每位蜃尊二，内壝内外每辰概尊二，皆加勺。自第二等已下皆用匏爵，先洗拭讫，置于尊所，其尊所皆在神位之左。凡祭器皆藉以席，笾豆各加巾盖。又设天、地及配位笾一、豆一、簠一、簋一、俎四、及毛血豆各一，并第一等神位每位俎二，于馔幔内。

又设皇帝洗二于卯陛下，道北，南向。盥洗在东，爵洗在西，匜在东，巾在西。篚南肆，宝玉爵坫。又设亚终献洗位在小次之东，南向。盥洗在东，爵洗在西，加勺。篚在西，南肆，加巾。又设第一等分献官盥洗爵洗位，及第二等分献官盥洗位，各于其辰陛道之左，罍在洗左，篚在洗右，俱内向，执罍篚者位于其后。

太府监、少府监祀前一日未后二刻，帅其属升坛陈玉币。昊天上以苍璧、苍币，皇地祇以黄琮、黄币，配位以苍币，黄帝以黄琮，青帝以青圭，赤帝以赤璋，大明以青圭璧，白帝以白琥，黑帝以玄璜，北极以青圭璧，天皇大帝以玄圭璧，神州地祇以玄色两圭有邸，皆置于匣。五帝之币各从其方色。凡币皆陈于篚。设讫，俟告洁讫权彻去，祀日重设。

祀日丑前五刻，礼部设祝册神座之右，皆藉以案。太常卿明灯燎。户部郎中设诸州岁贡于宫县东北，金为前列，玉帛次之，余为从列，皆藉以席，立于岁贡之后，北向。太府监、少府监设异宝嘉瑞于宫县西，北上，瑞居前，中下次之，皆藉以席，立于宝后，北向。少府少监设伐国毁宝于宫县东南,皆藉以席,立于宝后,北向。符宝郎设八宝于宫县西南,各分立于宝南,皆北向。司天监、太府监、少府监、郊社令、奉礼郎升设昊天上帝、皇地祇、配位、及坛上第一等神座,又设玉币,各于其位。太祝取瘗玉加于币,以礼神之玉各置于神座前,乃退。

光禄卿帅其属入实祭器。昊天上帝、皇地祇、配位每位笾三行,以右为上,形盐在前,鱼鲭糗饵次之,第二行榛实在前,干桃干橑干枣次之,第三行干菱在前,干芡干栗鹿脯次之。豆三行,以左为上,芹菹在前,笋菹葵菹次之,第二行韭菹在前,菁菹鱼醢兔醢次之,第三行豚胉在前,醓醢酏食鹿臡次之。簠黍,簋稷,登皆大羹。第一等坛上一十位,每位皆实笾三行,以右为上,形盐在前,鱼鲭次之,第二行干橑在前,桃枣次之,第三行干芡在前,榛实鹿脯次之。豆三行以左为上,芹菹在前,笋菹次之,第二行菁菹在前,韭菹鱼醢次之,第三行豚胉在前,醓醢鹿臡次之。簠黍,簋稷,登大羹。第二、第三等每位笾二,鹿脯、干枣。豆二,鹿臡、菁菹。俎,羊一段。内壝内、内壝外每位笾鹿脯,豆鹿臡,俎羊一段。

良酝令帅其属入实尊罍,昊天上帝、皇地祇大尊为上,实以泛齐;著尊次之,实以醴齐;牺尊次之,实以盎齐;象尊次之,实以醍齐;壶尊次之,实以沈齐;山罍为下,实以三酒。配位著尊为上,实以泛齐;牺尊次之,实以醴齐;象尊次之,实以盎齐;壶尊次之,实以醍齐;山罍为下,实以三酒。第一等每位大尊实以泛齐,著尊实以醴齐。第二等山尊实以醍齐。第三等及内壝内,蜃尊实以泛齐,内壝外及众星,概尊实以三酒。

省牲器:祀前一日午后八刻,去坛二百步禁止行人。未后二刻,郊社令丞帅其属扫除坛之上下,司尊、奉礼郎帅执事者以祭器入,设于位。司天监设神位,太府监、少府监陈玉币于篚。未后三刻,礼直官引廪牺令与诸太祝、祝史以牲就位。又礼直官赞者分引礼部尚书、太常卿、光禄卿、礼部侍郎、太常丞、监祭御史、监礼博士、廪牺令、太官令、太官丞诣内壝东门外省牲位。立定,乃引礼部尚书、侍

郎、太常丞、及监祭御史、监礼博士升自卯阶,视濯涤,执事者皆举
幂告洁,俱毕,降复位。礼直官稍前曰:"告洁毕,请省牲。"礼部尚书
侍郎及太常卿丞稍前,省牲讫,退,复位。次引光禄卿丞巡牲一匝,
光禄卿退,光禄丞西向折身曰:"备讫",乃复位。次引廪牺令巡牲一
匝,西向躬身曰"充",又引诸祝史巡牲一匝,首一员西向躬身,曰
"腯"。毕,俱复位,礼直官稍前曰"请省馔"。乃引礼部尚书以下各
就位,立定,省馔,讫,礼直官引礼部尚书侍郎、太常卿丞各还斋所,
余官廪牺令与诸太祝祝史以次牵牲诣厨,授太官令丞。次引光禄卿
丞、监祭、监礼诣厨,省鼎镬,视涤濯毕,乃还斋所。

　　晡后一刻,太官令帅宰人以鸾刀割牲,祝史各取毛血实以豆,
置于馔幔。遂烹牲。祝史乃取瘗血贮于盘。

　　奠玉币:祀日丑前五刻,亚终献司徒已下,应行事陪从群官,各
服其服就次。司天监复设坛上及第一等神位。太府监、少府监陈玉
币。太常卿、郊社令丞明烛燎。光禄卿丞实笾豆簠簋尊罍,俟监祭、
监礼案视讫,彻去巾盖。大乐令帅工人布于宫县之内,文舞八佾立
于县前表后,武舞八佾各为四佾立于宫县左右,引舞执纛等在前,
又引登歌乐工由卯陛而升,各就其位。歌、击、弹者坐,吹者立。奉
礼郎赞者先入就位,余礼直官、赞者分引分献官、监祭御史、监礼博
士、诸执事及太祝、祝史、斋郎、助奠、执尊罍、举幂等官,入自中壝
东门,当坛南重行西上、北向立定。奉礼郎赞"拜",分献官以下皆再
拜,讫,奉礼赞曰"各就位"。赞者、礼直官分引监祭御史、监礼博士,
按视坛之上下,纠察不如仪者,退复位。礼直官引司徒入就位,西向
立。礼直官引博士,博士引亚献,自东遗偏门入就位,西向立。又礼
直官引终献,次于其位。

　　祀日未明一刻,通事舍人引侍中诣斋殿,跪奏"请中严",俯伏,
兴。又少顷,乃跪奏"外办"。俟尚辇进舆,乃跪奏称"具官臣某,请
皇帝降座升舆"。皇帝至大次,乃跪奏称"具官臣某,请皇帝降舆"。
皇帝入次,即位于大次外。质明,诣次前跪奏"请中严",少顷,又奏

"外办"。讫，太常卿乃当次前跪称"具官臣某，请皇帝行事"，俯伏，兴。凡跪奏，准此。皇帝出次，乃前导至中壝门，殿中监进大圭，太常卿奏"请执大圭"。入自正门，皇帝入小次位，西向立，太常卿乃与博士分左右立定，乃奏"有司谨具，请行事"。降神，六成，乐止。太常卿别一员，乃升烟瘗血，讫，乃奏"拜"，讫，俟侍中升坛，请诣盥洗位。至位，奏"请搢大圭，盥手"。讫，奏"请帨手"，皇帝帨手，讫，奏"请执大圭。"乃引至坛上，殿中监进镇圭，乃奏"请搢大圭、执镇圭"。皇帝执镇圭，诣昊天上帝神座前，奏"请跪'，奠镇圭"。皇帝奠，讫，执大圭，俯伏，兴。侍中进玉币，乃奏"请搢大圭、跪尊玉币"。讫，乃奏"请执大圭"，俯伏，兴。少退，又奏"请再拜"。诣皇地祇及配位，奠镇圭玉币，并如仪。配位唯奏请奠镇圭及币。

　　奠玉币毕，皇帝还版位，乃奏"请还小次、释大圭"。皇帝入小次，乃立于小次之南稍东，以俟。

　　皇帝将奠配位之币也，赞者分引第一等分献官诣盥洗位，搢笏、盥手、帨手、执笏，各由其陛升，唯不由午陛。诣神前，搢笏，跪，太祝以玉币授之，奠讫，俯伏，兴。再拜，讫，各由本陛降，复位。初，分献将降也，礼直官引诸祝史、斋郎、应助奠者再拜，祝史各奉毛血之豆入，各由其陛升，诸太祝迎取于坛上，奠讫，退立于尊所。

　　进熟：奠玉币讫，降还小次。有司先陈牛鼎三、羊鼎三、豕鼎三、鱼鼎三，各在镬右。太官令丞帅进馔者诣厨，以匕升牛羊豕鱼，自镬各实于鼎。牛羊豕皆肩、臂、臑、肫、胳、正脊各一，长胁二、短胁二、代胁二，凡十一体。牛豕皆三十斤，羊十五斤，鱼十五头一十五斤，实讫，幂之。祝史二人以肩对举一鼎，牛鼎在前，羊豕次之，鱼又次之，有司执匕以从，各陈于每位馔幔位。从祀坛上第一等五方帝、大明、夜明、天皇大帝、神州地祇、北极，皆羊豕之体并同。光禄卿帅祝史、斋郎、太官令丞各以匕升牛羊豕鱼于俎，肩臂臑在上端，肫胳在下端，脊胁在中，鱼即横置，头在尊位，设去鼎幂。光禄卿丞同太官令丞实笾豆簠簋，笾实以粉餈，豆实以糁食，簠实稻，簋实粱。

　　俟皇帝还小次，乐止。礼直官引司徒出诣馔幔所，与荐笾豆簠簠俎斋郎,各奉天、地、配位之馔。司徒帅太官令以序入内壝正门,乐作,至坛下,俟。祝史进彻毛血豆,降自卯陛,以次出,讫,司徒与荐笾豆簠簋俎斋郎,奏昊天上帝、皇地祇之馔,升自午陛。太官令丞与荐笾豆簠簋俎斋郎,奉配位及第一等神位之馔,升自卯陛。各位太祝迎于坛陛之道间。于昊天上帝位,司徒搢笏北向跪奉,粉糍笾在糗饵之前,糁食豆在酏醓之前,簠左簋右,皆在登前,牛俎在豆前,羊豕鱼俎次之,以右为上。司徒俯伏,兴,奉馔者奉讫,皆出笏就位,一拜。司徒次诣皇地祇奉奠,并如上仪。配位亦同。司徒及奉天、地、配位馔者以次降。太官令帅奉第一等神位之馔,各于其位,并如前仪。俱毕,乐止。司徒、太官令以下皆就位,讫,侍中升自卯陛,立于昊天上帝酌尊所,以俟。

　　太常卿乃当次前俯伏,跪奏"请皇帝诣盥洗位",俯伏,兴。皇帝出次,殿中监进大圭,乃奏"请执大圭"。至盥洗位,奏"请搢大圭、盥手",皇帝盥手,讫,奏"请帨手"。皇帝帨手,讫,奏"请执大圭"。乃诣爵洗位。至位,奏"请搢大圭,受爵",又奏"请洗爵",皇帝洗爵,讫,奏"请拭爵"。皇帝拭爵"讫,奏"请执大圭",以爵授奉爵官。皇帝诣昊天上帝酌尊所,执爵,良酝令举幂,侍中跪酌太尊之泛齐,酌讫,皇帝以爵授侍中。皇帝乃诣昊天上帝神座前,侍中进爵,乃奏"请搢大圭,跪执爵三祭酒",讫,奏"请奠爵"。奠爵讫,奏"请执大圭"。俯伏,兴。又奏"请少退",立俟。中书侍郎读册文,讫,乃奏"请再拜"。诣皇地祇位及配位,并如上仪。献毕,皇帝还版位,乃奏"请还小次,释大圭"。皇帝入小次,太常卿立于小次东南。

　　礼直官引博士,博士引亚献,诣盥洗位,搢笏、盥手,帨手,讫,诣爵洗位、搢笏、洗爵、拭爵,讫,以爵授执事者,执笏升自卯陛,诣昊天上帝酌尊所,西向立。执事者以爵酌之,乃搢笏执爵。执尊者举幂,良酝令跪酌著尊之醴齐,酌讫,复以爵授执事者,执笏诣昊天上帝神座前。初,亚献至盥洗位,文舞退,武舞进,乐作。亚献诣昊天上帝神座前,搢笏跪,执事者以爵授之,乃执爵三祭酒,奠爵,执笏,俯伏,兴,少退,再拜。次诣皇地祇及配位,并如上仪。献毕,降复位。

礼直官引博士,博士引终献,诣盥洗位,盥手,洗爵,升坛奠献,并如上仪。

初,终献将升坛,礼直官分引第一等分献官诣盥洗位,搢笏,盥手,帨手。执笏,各由其陛,唯不由午陛,诣神位酌尊所,执事者以爵授之,乃酌泛齐,讫,以爵授执事者,共诣神座前,搢笏跪,执事者以爵授之,乃执爵三祭酒,奠爵,执笏,俯伏,兴,少退,再拜,讫,各引还本位。

初,第一等分献官将升,赞引引第二等、第三等、内壝内外众星位分献各诣盥洗位,搢笏、盥手、帨手、酌酒、奠拜,并同上仪。祝史、斋郎以次助奠,讫,各还本位。诸太祝各进彻笾、豆各一,少移故处,乐作。卒彻,乐止。

初,终献礼毕,降复位,太常卿乃当次前俯伏,跪奏“请皇帝诣饮福位”。皇帝出次,殿中监进大圭。乃奏“请执爵,三祭酒”,又奏“请啐酒”。皇帝啐酒,讫,以爵授侍中,乃奏“请受胙”。侍中再以爵酒进,乃奏“请受爵饮福”。皇帝饮福,讫,奏请执大圭。俯伏,兴。又奏“请再拜”,讫,乃导还版位,西向立,俟送神乐止。乃奏“请诣望燎位”,至位,南向立,俟火半柴,乃跪奏“具官臣某言礼毕”。皇帝还大次,出中壝门外,奏“请释大圭”,皇帝入大次。

初,终献礼毕,司徒、侍中、太祝各升自卯陛,太祝持胙俎进,减天、地、配位前胙肉加于俎,皆取前脚第二节,又以黍稷饭共置一笾,奉诣司徒侍中后,北向立。俟皇帝至饮福位,太常卿奏“请皇帝搢大圭啐酒”。讫,司徒乃进胙俎,皇帝受胙,讫,奉礼郎赞曰“赐胙”,赞者唱曰“再拜”,在位者皆再拜,送神,乐一成止。

皇帝既入大次,更通天冠、绛纱袍,升舆,至斋宫,乘金辂。通事舍人引门下侍郎当辂前跪奏,称“具官臣某请车驾进发”。至侍臣上马所,乃跪奏“具官臣某请车驾少驻,敕侍臣上马。侍中称“制可”,乃退,传制称“侍臣上马”。侍臣上马毕,乃跪奏,称“具官臣某请敕车右升,千牛将军升讫,跪奏称“具官臣某请车驾进发”。车驾动,前中后三部鼓吹凡十二队齐作。应行礼陪从祀官先诣应天门奉迎,再拜。大乐令先诣应天门外,准备奏乐如仪。讫,择日称贺。

承安元年,将郊,礼官言:"礼神之玉当用真玉,燔玉当用次玉。昔大定十一年,天、地之玉皆以次玉代之,臣等疑其未尽。礼贵有恒,不能继者不敢以献。若燔真玉,常祀用之恐有时或阙,反失礼制。若从近代之典及本朝仪礼,真玉礼神,次玉燔瘗,于礼为当。近代郊,自第二等升天皇大帝、北极于第一等,前八位旧各有礼玉燔玉,而此二位尚无之。按《周礼典瑞》云'以圭璧祀日月星辰',近代礼九宫贵神、大火星位,犹用《周礼》之说。其天皇大帝、北极二位,固宜用礼神之玉及燔玉也。"上命俱用真玉。

省臣又奏:"前时郊,天、地、配位各用一犊,五方帝、日、月、神州、天皇大帝、北极十位皆大祀,亦当用犊,当时止以羊代。第二等以下从祀神位则分刲羊豕以献。窃意天、地之祀,笾豆尚多者以备阴阳之物,鼎俎尚少者以人之烹荐无可以称其德,则贵质而已。故天地日月星辰之位皆用一俎,前时第一等神位偏用二俎,似为不伦。今第一等神位亦当各用犊一,余位以羊豕分献,及朝享太庙则用犊十二。"上从之。

金史卷二九
志第一〇

礼　二

方丘仪　朝日夕月仪　高禖

方丘仪　斋戒：祭前三日质明，有司设三献以下行事官位于尚
书省。初献南面，监祭御史位于西，东向，监礼博士位于东，西向，俱
北上。司徒亚、终献位于南，北向。次光禄卿、太常卿，次第一等分
献官、司天监，次第二等分献官、光禄丞、郊社令、大乐令、良酝令、
廪牺令、司尊彝，次内壝内外分献官、太祝官、奉礼郎、协律郎、诸执
事官，就位，立定。次礼直官引初献就位，初献读誓曰："今年五月几
日夏至，祭皇地祇于方丘，所有摄官，各扬其职。其或不敬，国有常
刑。"读毕，礼直官赞"七品以下官先退"，余官对拜，讫，退。散斋二
日，宿于正寝，治事如故。斋禁并如郊祀。守壝门兵卫与大乐工人，
俱清斋一宿。行礼官前期习仪于祠所。

陈设：祭前三日，所司设有三献官以下行事执事官次于外壝东
门之外，道南，北向，西上，随地之宜。又设馔幕于内壝东门之外，道
北南向。

祭前二日，所司设兵卫，各服其服，守卫壝门，每门二人。大乐
令帅其属，设登歌之乐于坛上，如郊祀。郊社令帅其属，扫除坛之上

下，为瘗坎在内遗外之壬地。

祭前一日，司天监、郊社令各服其服，帅其属，升设皇地祇神座于坛上北方，南向，席以藁秸。又设配位神座于东方，西向，席以蒲越。又设神州地祇神座于坛之第一等东南方，席以藁秸。又设五神、五官、岳镇海渎二十九座于第二等阶之间，各依方位。又设昆仑、山林川泽二十一座于内壝之内，又设丘陵坟衍原隰三十座于内壝外，席皆以莞。

又设神位版，各于座首。子陛之西，水神玄冥、北岳、北镇、北海、北渎于坛之第二等，北山、北林、北川、北泽于内壝内，北丘、北陵、北坟北衍、北原、北隰于内壝外，皆各为一列，以东为上。

卯陛之北，木神勾芒，东岳、长白山、东镇、东海、东渎于坛之第二等，东山、东林、东川、东泽于内壝内，东丘、东陵、东坟、东衍、东原、东隰于内壝外，皆各为一列，以南为上。

午陛之东，神州地祇于坛之第一等，火神祝融，南岳、南镇、南海、南渎于坛之第二等，南山、南林、南川、南泽于内壝内，南丘、南陵、南坟、南衍、南原、南隰于内壝外，皆各为一列，以西为上。

午陛之西，土神后土、中岳、中镇于坛之第二等，中山、中林、中川、中泽于内壝内，中丘、中陵、中坟、中衍、中原、中隰于内壝外，皆各为一列，以南为上。

酉陛之南，金神蓐收、西岳、西镇、西海、西渎于坛之第二等，昆仑、西山、西林、西川、西泽于内壝内，西丘、西陵、西坟、西衍、西原、西隰于内壝外，皆各为一列，以北为上。

其皇地祇、及配位、神州地祇之座，并礼神之玉，设讫，俟告洁毕权彻，祭日早重设。其第二等以下神座，设定不收。

奉礼郎、礼直官又设三献官位于卯陛之东稍北，西向。司徒位于卯陛之东，道南，西向。太常卿、光禄卿位次之。第一等分献官、司天监位于其东，光禄丞、郊社令、太官令、廪牺令位又在其东，每等异位重行，俱西向北上。

又设太祝、奉礼郎及诸执事位于内壝东门外道南，每等异位重行,俱西向北上。设监祭御史二位,一于坛下午陛之西南,一于子陛之西北,俱东向。设监礼博士二位,一于坛下午陛之东南,一于子陛之东北,俱西向。奉礼郎位于坛之东南,西向。协律郎位于乐簴西北,东向。大乐令位于乐簴之间,西向。司尊彝位于酌尊所,俱北向。设望瘗位坎之南,北向。

又设牲榜位于内壝东门之外,西向。太祝、祝史各位于牲后,俱西向。设省馔位于牲西,太常卿、光禄卿、太官令位于牲北,南向,西上。监祭、监礼位在太常卿之西稍却,西上。廪牺令位于牲西南,北向。

又陈礼馔于内壝东门之外,道北,南向。设省馔位于礼馔之南。太常卿、光禄卿、太官令位在东,西向,监祭、监礼位在西,东向,俱北上。设祝版于神位之右。

司尊及奉礼郎帅其属,设玉币篚于酌尊所,次及笾豆之位。正、配位各左有十一笾、右有十一豆,俱为三行。登三,在笾豆间。铏三,在登前。簠一,簋一,各在铏前。又设尊罍之位,皇地祇太尊二,著尊二、牺尊二、山罍二,在坛上东南隅。配位著尊二、牺尊二、象尊二、山罍二,在正位酒尊之东,俱北向西上,皆有坫,加勺、幂,为酌尊所。又设皇地祇位象尊二、壶尊二、山罍四,在坛下午陛之西,北向西上。配位牺尊二、壶尊二、山罍四,在酉陛之北,东向北上,皆有坫,加幂,设而不酌。神州地祇位左八笾、右八豆,登一在笾豆间,簠一、簋一在登前,爵坫一,在神座前。

又设第二等诸神位每位笾二、豆二、簠一、簋一、俎一、爵坫一。内壝之内外诸神每位笾一、豆一、簠一、簋一、俎一、爵坫一。陈列皆与上同。又设神州地祇太尊二、著尊二,皆有坫。第二等诸神每方山尊二,内壝内每方蜃尊二,内壝外每方概尊二,皆加勺、幂。又设正、配位笾一、豆一、簠一、簋一、俎三、及毛血豆一、并神州地祇位俎一,各于馔幕内。

又设二洗于坛下卯陛之东,北向,盥洗在东,爵洗在西,并有罍加勺。篚在洗西,南肆,实以巾。爵洗之篚实以匏爵,加坫。又设第一分献官盥洗爵洗位,第二等以下分献官盥洗位,各于其方道之左,罍在洗左,篚在洗右,俱内向。执罍篚者各于其后。

　　祭日丑前五刻,司天监、郊社令帅其属,升设皇地祇及配位神座于坛上。设神州地祇座于第一等。又设玉币,皇地祇玉以黄琮,神州地祇玉以两圭有邸,皆置于匣。正、配位币并以黄色,神州地祇币以玄色,五神、五官、岳镇海渎之币各从其方色,皆陈于篚。太祝取瘗玉加于币,于礼神之玉各置于神座前。

　　光禄卿帅其属,入实正、配位笾豆。笾三行以右为上,豆三行以左为上,其实并如郊祀。登实以大羹,铏实以和羹。又设从祭第一等神州地祇之馔。笾三行以右为上,豆三行以左为上,其实并如郊祀。登实以大羹,簠实以稷,簋实以黍。第二等每位,左二笾,栗在前,鹿脯次之。右二豆,菁菹在前,鹿臡次之。簠实以稷,簋实以黍。俎,一羊、一豕。内壝内外每位,左笾一,鹿脯。右豆一,鹿臡。簠稷,簋黍,俎以羊。

　　良酝令帅其属,入实酒尊。皇地祇太尊为上,实以泛齐。著尊次之,实以醴齐。牺尊次之,实以盎齐。象尊次之,实以醍齐。壶尊次之,实以沈齐。山罍为下,实以三酒。配位,著尊为上,实以泛齐。牺尊次之,实以醴齐。象尊次之,实以盎齐。壶尊次之,实以醍齐。山罍为下,实以三酒。皆左实明水,右实玄酒,皆尚酘代。次实从祭第一等神州地祇酒尊,太尊为上,实以泛齐。著尊次之,实以醴齐。第二等,山尊实以是齐。内壝内,蜃尊实以泛齐。内壝外,概尊实以三酒。以上尊皆左以明水,右以玄酒,皆尚酘代之。太常卿设烛于神座前。

　　省牲器:祭前一日午后八刻,去坛二百步禁止行者。未后二刻,郊社令帅其属,扫除坛之上下。司尊与奉礼郎,帅执事者以祭器入,设于位。郊社令陈玉币于篚。未后三刻,廪牺令与诸太祝、祝史,以牲就省位。礼直官、赞者分引太常卿,光禄卿、丞,监礼、祭,太官令等诣内壝东门外省牲位。其视涤濯、告洁、省牲馔,并同郊祀。俱毕,廪牺令、诸太祝、祝史以次牵牲诣厨,授太官令。次引光禄卿以下诣厨,省鼎镬,视涤溉,乃还斋所。晡后一刻,太官令帅宰人以鸾刀割牲,祝史各取毛血,实以豆,置于馔幔。遂烹牲,又祝史取瘗血贮于盘。

奠玉币:祭日丑前五刻,献官以下行事官,各服其服。有司设神位版,陈玉币,实笾豆簠簋尊罍,俟监祭、监礼按视坛之上下,乃彻去盖幂。大乐令帅工人,及奉礼郎、赞者先入。礼直官、赞者分引分献官以下,监祭、监礼、诸大祝、祝史、斋郎与执事者,入自南壝东门,当坛南,重行,北向,西上,立定。奉礼郎赞"拜",献官以下皆再拜,讫,以次分引各就坛陛上下位。次引监祭、监礼按视坛之上下,讫,退复位。

礼直官分引三献官以下行事官俱入就位。行礼官皆自南壝东门入。礼直官进立初献之左,白曰:"有司谨具,请行事"。退复位。协律郎高举麾,执麾者举麾,俯伏,兴。工戛柷,乐作《坤宁之曲》,八成,偃麾,戛敔,乐止。俟太常卿瘗血,讫,奉礼郎赞"拜",在位者皆再拜。又赞"诸执事者各就位",礼直官引诸执事各就其位俟。太祝跪取玉币于篚,立于尊所。诸位太祝亦各取玉币立于尊所。

礼直官引初献诣盥洗位,乐作《肃宁之曲》。至位,北向立,乐止。搢笏,盥手,帨手,执笏,诣坛,乐作《肃宁之曲》。凡初献升降,皆作《肃宁之曲》。升自卯阶,至坛,乐止。诣皇地祇神座前,北向立,乐作《静宁之曲》。搢笏,跪。太祝加玉于币,西向跪以授初献。初献受玉币奠讫,执笏,俯伏,兴,再拜,讫,乐止。次诣配位神座前,东向立,乐作《亿宁之曲》,奠币如上仪,乐止。降自卯陛,乐作,复位,乐止。

初献将奠配位之币,赞者引第一等分献官诣盥洗位,搢笏,盥手,帨手,执笏,由卯陛诣神州地祇神座前,执笏,跪。太祝以玉币授分献官,分献官受玉币,奠讫,执笏,俯伏,兴,再拜,讫,退。

初,第一分献官将升,赞者引第二分献官诣盥洗位,盥手,帨手,执笏,各由其陛升,唯不由午陛,诣于首位神座前,奠币如上仪。
余以次祝史、斋郎助奠讫,各引还位。初献奠币将毕,祝史奉毛血
豆,各由午陛升,诸太祝迎于坛上,进奠于正、配位神座前,太祝与
祝史俱退,立于尊所。

　　进熟:初献既升奠玉币。有司先陈牛鼎二、羊鼎二、豕鼎二于神
厨,各在镬右。太官帅进馔者诣厨,以匕升牛、羊、豕,自镬实于各
鼎。牛、羊、豕各肩、臂、臑、肫、胳、正脊一、横脊一、长胁一、短胁一、
代胁一,皆二骨一并,幂之。祝史以肩各对举鼎,有司执匕以从,陈
于馔幔内。从祀之俎实以羊,更陈于馔幔内。

　　光禄卿实以笾豆簠簋。笾实以粉粢,豆实以糁食,簠实以稷,簋
实以黍。实讫,去鼎之肩幂,匕加于鼎。太官令以匕升牛羊豕,载于
俎,肩臂臑在上端,肫胳在下端,脊胁在中。俟初献还位,乐止。礼
直官引司徒出诣馔所,同荐笾豆簠簋俎。斋郎各奉皇地祇配位之
馔,升自卯陛,诸太祝各迎于坛上。司徒诣皇地祇神座前,搢笏,奉
笾豆簠簋。次奉俎,北向跪奠,讫,执笏,俯伏,兴,设笾于糗饵之前,
豆于醓醢之前,簠簋在登前,俎右笾前。次于卯陛奉配位之馔,东向
跪奠于神座前,并如上仪。各降自卯陛,还位。太官令又同斋郎奉
神州地祇之馔,升自卯陛,太祝迎于坛陛之道间,奠于神座前,左笾
前,讫,乐止。太官令进馔者降自卯陛,还位。

　　礼直官引初献官诣盥洗位,乐作。至位,乐止。北向立,搢笏,
盥手,帨手,执笏,诣爵洗位。至位,北向立,搢笏,洗爵,拭爵,以授
执执者。执笏,诣坛、乐作。升自卯陛,至擅上,乐止。诣皇地祇酌
尊所,西向立。执事者以爵授初献,初献搢笏,执爵。司尊举幂,良
酝令跪酌太尊之泛齐,酌讫,初献以爵授执事者,执笏,诣皇地祇神
座前,北向立,搢笏,跪。执事者以爵授初献。初献执爵,三祭酒于
茅苴,奠爵,三献奠爵,皆执事者受以兴。执笏,俯伏,兴,少退,跪,乐
止。举祝官跪,对举祝版。读祝,太祝东向跪,读祝讫,俯伏,兴。举
祝奠版于案,再拜,兴。

次诣配位酌尊所，执事者以爵授初献，初献搢笏，执爵。司尊举幂，良酝令跪酌著尊之泛齐，乐作太簇宫《保宁之曲》。初献以爵授执事者，执笏，诣配位神座前，东向立，搢笏，跪。执事者以爵授初献，初献执爵，三奠酒于茅苴。奠爵，执笏，俯伏，兴，少退，跪，乐止。读祝，讫，乐作，就拜，兴，拜，兴。降自卯陛，读祝、举祝官俱从，乐作，复位，乐止。

次引亚献诣盥洗位，北向立，搢笏，盥手，帨手。执笏，诣爵洗位，北向立，搢笏，洗爵，拭爵授执事者。执笏，升自卯陛，诣皇地祇酌尊所，两向立。执事者以爵授亚献。亚献搢笏执爵，司尊举幂，良酝令酌著尊之醴齐，酌讫，以爵授执事者，执笏，诣皇地祇神座前，北向立，搢笏，跪。执事以爵授亚献，亚献执爵，三祭酒于茅苴，奠爵，执笏，俯伏，兴，少退，再拜。次诣配位酌献如上仪，唯酌牺尊为异。乐止，降复位。

次引终献诣盥洗位，盥手，帨手，洗爵，拭爵，比爵授执事者，升坛。正位，酌牺尊之盎齐，配位，酌象尊之醴齐，奠献并如亚献之仪。礼毕，降复位。

初，终献将升，赞者引第一等分献官诣盥洗位，搢笏，盥手，帨手，洗爵，拭爵，以爵授执事者。执笏，诣神州地祇酌尊所，搢笏，执事者以爵授献官。献官执爵，执事者酌太尊之泛齐，酌讫，以爵授执事者。进诣神座前，搢笏，跪，执事者以爵授献官，献官执爵，三祭酒于茅苴，奠爵，俯伏，兴，少退，跪，再拜，讫，还位。

初，第一等分献官将升，赞者分引第二等分献官诣盥洗位，搢笏，盥手，帨手，执笏诣酌尊所，执事以爵授分献官，酌以授执事者，进诣首位神座前，奠献并如上仪。祝史、斋郎以次助奠，讫，各引还位。诸献俱毕，诸太祝进彻笾豆，笾豆各一，少移故处。乐作《丰宁之曲》，卒彻，乐止。奉礼官赞曰"赐胙"，众官再拜，乐作，一成，止。

初，送神乐止，引初献官诣望瘗位，乐作太簇宫《肃宁之曲》。至位，南向立，乐止。初，在位官将拜，诸太祝、祝史各奉筐进诣神座前，玉币，从祭神州地祇以下，并以俎载牲体，并取黍稷饭爵酒，各由其阼降坛，北诣瘗坎，实于坎中，又以从祭之位礼币皆从瘗，礼直官曰"可瘗"，东西六行，置土半坎，礼直官赞"礼毕"，引初献出，礼官赞者各引祭官及监祭、监礼、太祝以下，俱复坛南，北向立定，奉礼郎赞曰："再拜"，监祭以下皆再拜，讫，奉礼以下及工人以次出。光禄卿以胙奉进，监祭、监礼展视。其祝版燔于斋坊。

朝日夕月仪　斋戒、陈设、省牲器、奠玉币、进熟，其节并如大祀之仪。朝日玉用青璧，夕月用白璧，币皆如玉之色。牲各用羊一、豕一。有司摄三献司徒行事。

其亲行朝日，金初用本国礼，天会四年正月，始朝日于乾元殿，而后受贺。天眷二年，定朔望朝日仪。皇帝服靴袍，百官常服。有司设炉案、御褥位于所御殿前阼上，设百官褥位于殿门外，皆向日。宣徽使奏导皇帝至位，南向，再拜，上香，又再拜。阁门皆相应赞，殿门外臣僚陪拜如常仪。大定二年，以无典故罢。

十五年，言事者谓今正旦并万春节，宜令有司定拜日之礼。有司援据汉、唐春分朝日，升烟奠玉如圜丘之仪。又按唐《开元礼》，南向设大明神位，天子北向，皆无南向拜日之制。今已奉敕以月朔拜日，宜遵古制，殿前东向拜。诏姑从南向。其日，先引臣僚于殿门外立，陪位立殿前班露台左右，皇帝于露台香案拜如上仪。

十八年，上拜日于仁政殿，始行东向之礼。皇帝出殿，东向设位，宣徽赞"拜"，皇帝再拜，上香，讫，又再拜。臣僚并陪拜，依班次起居，如常仪。

高禖　明昌六年，章宗未有子，尚书省臣奏行高禖之祀，乃筑坛于景风门外东南端，当阙之卯辰地，与圜丘东西相望，坛如北郊之制。岁以春分日祀青帝、伏牺氏、女娲氏，凡三位，坛上南向，西上。姜嫄、简狄位于坛之第二层，东向，北上。

前一日未三刻，布神位，省牲器，陈御弓矢弓韣于上下神位之右。其斋戒、奠玉币、进熟，皆如大祀仪。青帝币玉皆用青，余皆无玉。每位牲用羊一、豕一。有司摄三献司徒行事。礼毕,进胙,倍于他祀之肉。进胙官佩弓矢弓韣以进,上命后妃嫔御皆执弓矢东向而射,乃命以次饮福享胙。

金史卷三〇
志第一一

礼　三

宗庙　禘祫　朝享仪　时享仪

宗庙　金初无宗庙。天辅七年八月,太祖葬上京宫城之西南,建宁神殿于陵上,以时荐享。自是诸京皆立庙,惟在京师者则曰太庙,天会六年,以宋二帝见太祖庙者,是也。或因辽之故庙,安置御容,亦谓之庙,天眷三年,熙宗幸燕及受尊号,皆亲享恭谢,是也。皇统三年,初立太庙,八年,太庙成,则上京之庙也。贞元初,海陵迁燕,乃增广旧庙,奉迁祖宗神主于新都,三年十一月丁卯,奉安于太庙。正隆中,营建南京宫室,复立宗庙,南渡因之。其庙制,史不载,传志杂记或可概见,今附之。

汴京之庙,在宫南驰道之东。殿规,一屋四注,限其北为神室,其前为通廊。东西二十六楹,为间二十有五,每间为一室。庙端各虚一间为夹室,中二十三间为十一室。从西三间为一室,为始祖庙,祔德帝、安帝、献祖、昭祖、景祖祧主五,余皆两间为一室。或曰:“惟第二、第三室两间,余止一间为一室,总十有七间。”世祖室祔肃宗,穆宗室祔康宗,余皆无祔。每室门一、牖一、门在左,牖在右,皆南向。石室之龛于各室之西壁,东向。其世祖之龛六,南向者五、东向者一,其二其三俱二龛,余皆一室一龛,总十八龛。祭日出主于北墉下,南向,禘祫则并出主,始祖东向,群主依昭穆南北相向,东西序列。室户外之通廊,殿阶二级,列陛三,前井亭二。外作重垣四缭,南东西皆有门。内垣之隅有楼,南门五阖,余皆三。中垣之外东北,册宝殿也,太常官一人季视其封缄,谓之点宝。内垣之南曰大次,东南为神庖。庙门翼两庑,各二十有五楹,为斋郎执事之次。西南垣外,则庙署也。神门列戟各二十有四,植以木锜。戟下以板为掌形,画二青龙,下垂五色带长五尺,享前一日则县戟上,祭毕藏之。

室次。大定十二年,议建闵宗别庙,礼官援晋惠、怀、唐中宗、后唐庄宗升祔故事,若依此典,武灵皇帝无嗣亦合升祔。然中宗之祔始则为虚室,终则增至九室。惠、怀之祔乃迁豫章、颖川二庙,庄宗之祔乃祧懿祖一室。今太庙之制,除祧庙外,为七世十一室,如当升祔武灵,即须别祧一庙。《荀子》曰"有天下者事七世",若旁容兄弟,上毁祖考,则天子有不得事七世者矣。伏睹宗庙世次,自睿宗上至始祖,凡七世,别无可祧之庙。《晋史》云:"庙以容主为限,无拘常数。"东晋与唐皆用此制,遂增至十一室。康帝承统,以兄弟为一室,故不迁远庙而祔成帝。唐以敬、文、武三宗同为一代,于太庙东间增置两室,定为九代十一室。今太庙已满此数,如用不拘常数之说,增至十二室,可也。然庙制已定,复议增展,其事甚重,又与睿宗皇帝祧室昭穆亦恐更改。《春秋》之义不以亲亲害尊尊,《汉志》云:"父子不并坐,而孙可从王父。"若武灵升祔,太庙增作十二室。依《春秋》尊尊之典,武灵当在十一室,禘祫合食。依孙从王父之典,当在太宗之下,而居昭位,又当称宗。然前升祔睿宗已在第十一室,累遇祫享,睿宗在穆位,与太宗昭位相对,若更改祧室及昭穆序,非有司所敢轻议,宜取圣裁。十九年四月,禘祔闵宗,遂增展太庙为十二室。

二十九年,世宗将祔庙,有司言:"太庙十二室,自始祖至熙宗虽系八世,然世宗与熙宗为兄弟,不相为后,用晋成帝故事,止系七世,若特升世宗、显宗即系九世。"于是五月遂祧献祖、昭祖,陛祔世宗、明德皇后、显宗于庙。

贞祐二年,宣宗南迁,庙社诸祀并委中都,自抹捻尽忠弃城南奔,时谒之礼尽废。四年,礼官言:"庙社国之大事,今主上驻跸陪京，列圣神主已迁于此，宜重修太庙社稷，以奉岁时之祭。按中都庙制，自始祖至章宗凡十二室，而今庙室止十一，若增建恐难卒成。况时方多故，礼宜从变，今拟权祔肃宗主世祖室，始祖以下诸神主于随室奉安。"

主用栗，依唐制，皇统九年所定也。

祏室，旁及上下皆石，门东向，以木为阖，髹以朱。室中有褥，奠主讫，帝主居左，覆以黄罗帕，后主居右，覆以红罗帕。

黼扆以纸，木为筐，两足如立屏状。覆以红罗三幅，绣金斧五十四，里以红绢，覆于屏上，其半无文者垂于其后。置北墉下，南向，前设几筵以坐神主。

五席，各长五尺五寸，阔二尺五寸。莞筵，粉纯。以蔺为席，缘以红罗，以白绣蕙文及云气之状，复以红绢里之。每位二。缫席，画纯。以五色绒织青蒲为之，缘以红罗，画藻文及云气状，亦以红绢里之。每位二，在莞上。次席，黼纯。以轻筂为之，亦曰桃枝席，缘以红绡，绣铁色斧，里以红绢。每位二，在缫席上。虎席二，大者长同，惟阔增一尺。以虎皮为褥，有缊，以红罗绣金色斧缘之。又有小虎皮褥，制同三席。时暄则用桃枝次席，时寒则去桃枝加虎皮褥。夏、秋享，则用桃枝次席。二冬，则去桃枝加小虎皮褥于缫席上。腊冬，则又添大虎皮褥二于缫席上，迁小虎皮褥二在大褥之上。

曲几三足，直几二足，各长尺五寸，以丹漆之。帝主前设曲几，后设直几。

禘祫　大定十一年，尚书省奏禘祫之仪曰："《礼纬》三年一祫，五年一禘。"唐开元中，太常议，禘祫之礼皆为殷祭，祫为合食祖庙，禘谓禘序尊卑。申先君逮下之慈，成群嗣奉亲之孝。自异常享，有时行之。祭不欲数，数则黩。不欲疏，疏则怠。是以王者法诸天道，以制祀典，烝尝象时，禘祫象闰。五岁再闰，天道大成，宗庙法之，再为殷祭。自周以后，并用此礼。自大定九年已行祫礼，若议禘祭，当于祫后十八月孟夏行礼。"诏以"三年冬祫、五年夏禘"为常礼。又

言："海陵时，每岁止以二月、十月遣使两享，三年祫享。按唐礼四时
各以孟月享于太庙，季冬又腊享，岁凡五享。若依海陵时岁止两享，
非天子之礼，宜从典礼岁五享。"从之。

享日并出神主前廊，序列昭穆。应图功臣配享庙廷，各配所事
之庙，以位次为序。以太子为亚献，亲王为终献，或并用亲王。或以
太尉为亚献，光禄卿为终献。其月则停时享。仪阙。

朝享仪　大定十一年十一月，郊祀前一日，朝享太庙。斋戒如
亲郊。

享前三日，太庙令帅其属，扫除庙之内外。点检司于庙之前约
度，设兵卫旗帜。尚舍于南神门之西设馔幔十一，南向，以西为上。
殿中监帅尚舍，陈设大次殿。又设小次于阼阶下，稍南，西向。又设
皇帝拜褥位殿上，版位稍西。又设黄道褥于庙门之内外，自玉辂至
升輦之所，又自大次至东神门。又设七祀位一于殿下横街之北，西
街之西，东向，配享功臣位于殿下道东，横街之南，西向，北上。

前二日，大乐令设宫县之乐于庭中，四方各设编钟三、编磬三。
东方编钟起北，编磬间之，东向。西方编磬起北，编钟间之，西向。南
方编磬起西，编钟间之，北方编钟起西，编磬间之，俱北向。设特磬、
大钟、镈钟共十二，于编县之内，各依辰位。树路鼓、路鼗于北县之
内，道之左右。晋鼓一，在其后稍南。植建鼓、鞞鼓、应鼓于四隅，建
鼓在中，鞞鼓在左，应鼓在右。置柷敔于县内，柷一在道东，敔一在
道西。立舞表于酂缀之间。设登歌之乐于殿上前楹间，金钟一在东，
玉磬一在西，俱北向。柷一在金钟北稍西，敔一在玉磬北稍东。搏
拊二，一在柷北，一在敔北，东西相向。琴瑟在前。其匏竹者立于阶
间，重行北向。诸工人各位于县后。

前一日，太庙令开室，奉礼郎帅其属，设神位于每室内北墉下。
各设黼扆一、莞席一、繅席二、次席二、紫绫厚褥一、紫绫蒙褥一、曲
几一、直几一。

又设皇帝版位于殿东间门内，西向。又设饮福位于东序，西向。

又设亚终献位于殿下横街之北稍东,西向。助祭亲王宗室使相位在亚终献之后,助祭宗室位在横街之南,西向。奉瓒官、奉瓒盘官、进爵酒官、奉爵官等又在其南,奉匜盘巾篚官位于其后。七祀献官位在奉爵官之南,助奠读祝奉罍洗爵洗等官位于其后。司尊彝官位在七祀献官之南,亚终献司罍洗爵洗奉爵酒官等又在其南,并西向,北上。大礼使位于西阶之西稍南,与亚终献相对。太尉、司徒、助祭宰相位在大礼使之南,侍中、执政官又在其南,礼部尚书、太常卿、太仆卿、光禄卿、功臣献官在西,举册、光禄丞、太常博士又在其西,功臣助奠罍洗爵洗等官位于功臣献官之后。又设监祭御史位二于西阶下,俱东向,北上。奉礼郎、太庙令、太官令、太祝、宫闱令、祝史位于亚献终献奉爵酒官之南,荐笾豆篚籩官、荐俎斋郎又在太祝、奉礼郎之南。太庙丞、太官丞各位于令后。协律郎位二,一于殿上前楹间,一于宫县之西北,俱东向。大乐令于登歌乐县之北,大司乐于宫县之北,良酝令于酌尊所,俱北向。又设助祭文武群官位于横街之南,东向北上。又设光禄卿陈牲位于东神门外横街之东,西向,以南为上。设廪牺令位于牲西南,北向。诸太祝位于牲东,各当牲后,祝史各陪其后,俱西向。设礼部尚书省牲位于牲前稍北,又设御史位于礼部尚书之西,俱南向。

礼部帅其属,设祝册案于室户外之右。

司尊彝帅其属,设尊彝之位于室户之左,每位斝彝一、黄彝一、牺尊二、象尊二、著尊二、山罍二,各加勺、幂、坫为酌尊。又设瓒盘爵坫于篚,置于始祖尊彝所。又设壶尊二、太尊二、山罍四,各有坫、幂,在殿下阶间,北向西上,设而不酌。七祀功臣每位设壶尊二于座之左,皆加幂、坫于内,酌尊加勺,皆藉以席。

奉礼郎设祭器,每位四籩在前,四篚次之,次以六瓺,次以六铏,笾豆为后。左十有二笾,右十有二豆,皆溼而陈之,藉以席。笾豆加以巾,盖于内。笾一、豆一、篚一、籩一,并俎四,设于每室馔幔内。又设御洗二于东阶之东。又设亚终献罍洗于东横街下东南,北向,罍在洗东,篚在洗西,南肆,实以巾。又设亚终献爵洗于罍洗之西,罍在洗东,篚在洗西,南肆,实以巾、爵并坫。执巾罍巾篚各位于其后。

享日丑前五刻,太常卿帅执事者,设烛于神位前及户外。光禄卿帅其属,入实笾豆。笾之实,鱼鱐、糗饵、粉餈、干枣、形盐、鹿脯、榛实、干蓣、桃、菱、芡、栗,以序为次。豆之实,芹菹、笋菹、葵菹、菁菹、韭菹、酏食、鱼醢、兔醢、豚拍、鹿臡、醓醢、糁食,以序为次。又铏实以羹,加芼滑,登实以大羹,簠实以稻粱,簋实以黍稷,粱在稻前,稷在黍前。

良酝令入实尊彝。斝彝、黄彝实以郁鬯,牺尊、象尊、著尊实以玄酒外,皆实以酒,用香药酒。各加坫、勺、幂。殿下之尊罍,壶尊、太尊、山罍,内除山罍上尊实以玄酒外,皆实以酒,加幂、坫。

太庙令帅其属,设七祀功臣席褥于其次,每位各设莞席一、碧绡褥一,又各设版位于其座前,又笾豆簠簋各二、俎一。每位次各设壶尊二于神座之右,北向,玄酒在西。

良酝令以法酒实尊如常,加勺、幂,置爵于尊下,加坫。光禄卿实馔。左二笾,栗在前,鹿脯次之。右二豆,菁菹在前,鹿臡次之。俎实以羊熟,簠簋实以黍稷。太庙令又设七祀燎柴,及开瘗坎于西神门外之北。太府监陈异宝、嘉瑞、伐国之宝,户部陈诸州岁贡,金为前列,玉帛次之,余为后,皆于宫县之北,东西相向,各藉以席。凡祀神之物,当时所无者则以时物代之。

省牲器:前一日未后,庙所禁行人。司尊彝、奉礼郎及执事者,升自西阶以俟。少顷,诸太祝与廪牺令,以牲就位。礼直官、赞者引礼部尚书、光禄卿丞诣省牲位,立定。礼直官引礼部尚书,赞引者引御史,入就西阶升,遍视涤濯。讫,执事者皆举幂曰“洁”。俱降,就省牲位,礼直官稍前曰:“告洁毕,请省牲。”次引礼部尚书侍郎稍前,省牲讫,退复位。次引光禄卿丞出班,巡牲一匝。光禄丞西向曰“充”,曰“备”。廪牺令帅诸太祝巡牲一匝,西向躬身曰腯。礼直官稍前曰:“省牲毕,请就省馔位。”引礼部尚书以下各就位,立定。御史省馔具毕,礼直官赞"省馔讫",俱还斋所。光禄卿、丞及太祝、廪牺令以次牵牲诣厨,授太官令。礼直官引礼部尚书诣厨,省鼎镬,视濯溉,讫,还斋所。晡后一刻,太官令帅宰人,执鸾刀割牲,祝史各取毛血,每座共实一豆,遂烹牲。祝史洗肝于郁鬯,又取肝膋,每座共实一豆,俱还馔所。

銮驾出宫:前一日,有司设大驾卤簿于应天门外,尚辇进玉辂于应天门内,南向。其日质明,侍臣直卫及导驾官,于致斋殿前,左右分班立俟。通事舍人引侍中俯伏,跪,奏"请中严",皇帝服通天冠、绛纱袍。少顷,侍中奏"外办",皇帝出斋室,即御座,群官起居讫,尚辇进舆。侍中奏"请皇帝升舆",皇帝乘舆,侍卫警跸如常仪。太仆卿先诣玉辂所,摄衣而升,正立执辔。导驾官前导,皇帝至应天门内玉辂所,侍中进当舆前,奏"请皇帝降舆升辂",皇帝升辂。太仆卿立授绥,导驾官分左右步导,以里为上。门下侍郎进当辂前,奏"请车驾进发",奏讫,俯伏,兴,退复位。侍卫仪物止于应天门内,车驾动,称"警跸"。至应天门,门下侍郎奏"请车驾少驻,敕侍臣上马。"侍中奉旨退,称曰"制可"。门下侍郎退,传制,称"侍臣上马"。赞者承传"敕侍臣上马"。导驾官分左右前导,门下侍郎奏"请车驾进发"。车驾动,称"警跸",不鸣鼓吹。将至太庙,礼直官、赞者各引享官,通事舍人分引从享群官、宗室子孙,于庙门外,立班奉迎。驾至庙门,回辂南向,侍中于辂前奏称"侍中臣某言,请皇帝降辂,步入庙门"。皇帝降辂,导驾官前导,皇帝步入庙门,稍东。侍中奏"请皇帝升舆",尚辇奉舆,侍卫如常仪。皇帝乘舆至大次,侍中奏"请皇帝降舆,入就大次"。皇帝入就次,帘降,伞扇侍卫如常仪。太常卿、太常博士各分立于大次左右。导驾官诣庙庭班位,立俟。

晨祼:享日丑前五刻,诸享官及助祭官,各服其服。太庙令、良酝令帅其属,入实尊罍。光禄卿、太官令、进馔者实笾豆簠簋,并彻去盖幂。奉礼郎、赞者先入,就位。赞者引御史、太庙令、太祝、宫闱令、祝史与执事官等,各自东偏门入,就位。

未明二刻,礼直官引太常寺官属并太祝、宫闱令升殿,开始祖祏室。太祝、宫闱令捧出帝后神主,设于座。以次,逐室神主各设于内黼扆前,置定。赞者引御史、太庙令、宫闱令、太祝、祝史与太常官属,于当阶间,重行北向立。奉礼郎于殿上赞"奉神主",讫,奉礼曰"再拜"。赞者承传,御史以下皆再拜,讫,各就位。大乐令帅工人二舞入,就位。礼直官赞者各引享官,通事舍人分引助祭文武群官宗室入就位。符宝郎奉宝,陈于宫县之北。皇帝入大次。

少顷,侍中奏"请中严",皇帝服衮冕。侍中奏"外办",太常卿俯伏,跪,奏称"太常卿臣某言,请皇帝行事",俯伏,兴。帘卷,皇帝出次。太常卿、太常博士前导,伞扇侍卫如常仪,大礼使后从。至东神门外,殿中监跪进镇圭,太常卿奏"请执圭",皇帝执镇圭。伞扇仗卫停于门外,近侍者从入。协律郎跪伏举麾,兴。工鼓柷,宫县《昌宁之乐》作。至阼阶下,偃麾,戛敔,乐止。升自阼阶,登歌乐作,左右侍从量人数升至版位,西向立,乐止。前导官分左右侍立。太常卿前奏"请再拜",皇帝再拜。奉礼曰"众官再拜",赞者承传,凡在位者皆再拜。奉礼又赞"诸执事者各就位",礼直官、赞者分引执事者各就殿上下之位。太常卿奏"请皇帝诣罍洗位",登歌乐作,至阼阶,乐止。降自阼阶,宫县乐作,至洗位,乐止。

内侍跪取匜,兴,沃水。又内侍跪取盘,兴,承水。太常卿奏"请搢镇圭",皇帝搢镇圭,盥手,讫,内侍跪取巾于篚,兴,以进。帨手,讫。奉瓒盘官以瓒跪进,皇帝受瓒,内侍奉匜沃水,又内侍跪奉盘承水,洗瓒讫。内侍跪奉巾以进,皇帝拭瓒,讫,内侍奠盘匜,又奠巾于篚。奉瓒盘官以盘受瓒。太常卿奏"请执镇圭",前导,皇帝升殿,宫县乐作,至阼阶下,乐止。

皇帝升自阼阶,登歌乐作,太常卿前导,诣始祖位酌尊所,乐止。奉瓒盘官以瓒莅鬯执尊者举幂,侍中跪酌郁鬯,讫,太常卿前导,入诣始祖室神位前,北向立。太常卿奏"请搢镇圭",跪。奉瓒盘官西向跪,以瓒授奉瓒官,奉瓒西向以瓒跪进。太常卿奏"请执瓒以嘂祼地"。皇帝执瓒以嘂祼地,讫,以瓒授奉瓒盘官。太常卿奏"请执镇圭",俯伏,兴,前导出户外。太常卿奏"请再拜",皇帝再拜,太常卿前导诣次位,并如上仪。

祼毕。太常卿奏"请还版位",登歌乐作,至版位西向立,乐止。太常卿奏"请还小次",前导皇帝行,登歌乐作,降自阼阶,登歌乐止,宫县乐作。将至小次,太常卿奏"请释镇圭",殿中监跪受镇圭。皇帝入小次,帘降,乐止。少顷,宫县奏《来宁之曲》,以黄钟为宫,大吕为角,太簇为徵,应钟为羽,作《仁丰道洽之舞》,九成止。黄钟三奏,大吕、太簇、应钟各再奏,送神通用《来宁之曲》。

初,晨祼将毕,祝史各奉毛血及肝脊之豆,先于南神门外,斋郎奉炉炭萧蒿黍稷,各立于肝脊之后。皇帝既晨祼毕,至乐作六成,皆入自正门,升自太阶。诸太祝于阶上各迎毛血肝脊,进奠于神座前。祝史立于尊所,斋郎奉炉置于室户外之左,其萧蒿黍稷各置于炉炭下。斋郎降自西阶,诸太祝各取肝燔于炉,还尊所。

进熟:皇帝升祼,太官令帅进馔者,奉陈于南神门外诸馔幔内,以西为上。礼直官引司徒出诣馔所,与荐俎斋郎奉俎,并荐笾豆簠簋官奉笾豆簠簋,礼直官、太官令引以序入自正门,宫县《丰宁之乐》作。彻豆通用。至太阶,乐止。祝史俱进彻毛血之豆,降自西阶,以出。

馔升,诸太祝迎于阶上,各设于神位前。先荐牛,次荐羊,次荐豕及鱼。礼直官引司徒以下,降自西阶,复位。诸太祝各取萧蒿黍稷搤于脂,燎于炉炭,讫,还尊所。赞者引举册升自西阶,诣始祖位之右,进取祝册置于版位之西,置讫,于祝册案近南立。

太常卿跪奏"请诣罍洗位"。帘卷,出次,宫县乐作。殿中监跪进镇圭,太常卿奏"请执镇圭",前导,诣罍洗位,乐止。盥手,洗爵,并如晨祼之仪。盥洗讫,太常卿奏"请执镇圭",前导,升殿,宫县乐作,至阼阶下,乐止。升自阼阶,登歌乐作。太常卿前导,诣始祖位尊彝所,登歌乐作,至尊彝所,登歌乐止,宫县奏《大元之乐》,文舞进。奉爵官以爵莅尊，执尊者举幂，侍中跪酌牺尊之泛齐，讫，太常卿前导，入诣始祖室神位前，北向立。太常卿奏"请搢镇圭"，跪。奉爵官以爵授进爵官。进爵酒官西向以爵跪进，太常卿奏"请执爵三祭酒"。三祭酒于茅苴，讫，以爵授进爵酒官，进爵酒官以爵授奉爵官。太常卿奏"请执镇圭"兴。前导，出户外。太常卿奏"请少立"，乐止。

举册官进举祝册，中书侍郎搢笏跪读祝，举祝官举册奠讫，先诣次位。太常卿奏"请再拜"，再拜讫，太常卿前导，诣次位行礼，并如上仪。酌献毕，太常卿前导还版位，登歌乐作，至位西向立定，乐止。太常卿奏"请还小次"，登歌乐作。降自阼阶，登歌乐止，宫县乐作。将至小次，太常卿奏"请释镇圭"，殿中监跪受镇圭。入小次，帘降，乐止，文舞退，武舞进，宫县奏《肃宁之乐》，作《功成治定之舞》，舞者立定，乐止。

皇帝酌献讫，将诣小次，礼直官引博士，博士引亚献，诣盥洗位，北向立，搢圭，盥手，帨手，执圭。诣爵洗位，北向立，搢圭，洗爵，拭爵以授执事者，执圭。升自西阶，诣始祖位尊彝所，西向立。宫县乐作。执事者以爵授亚献，亚献搢圭，执爵，执尊者举幂，太官令酌象尊之醴齐，讫，诣始祖神位前，搢圭，跪。执事者以爵授亚献，亚献执爵祭酒。三祭酒于茅苴，奠爵，执圭，俯伏，兴，少退，再拜，讫，博士前导，亚献诣次位行礼，并如上仪。礼毕，乐止。

终献除本服执笏外，余如亚献之仪。

七祀功臣献官行礼毕。太常卿跪奏"诣饮福位"，帘卷，出次，宫县乐作。殿中监跪进镇圭，太常卿奏"请皇帝执镇圭"，前导，至阼阶下，乐止。升自阼阶，登歌乐作，将至饮福位，乐止。

初，皇帝既献讫，太祝分神位前三牲肉，各取前脚第二骨加于俎，又以笏取黍稷饭共置一笏，又酌上尊福酒合置一尊。又礼直官引司徒升自西阶，东行，立于阼阶上前楹间，北向。皇帝既至饮福位，西向立。登歌《福宁之乐》作。太祝酌福酒于爵，以奉侍中，侍中受爵捧以立。太常卿奏"请皇帝再拜"。讫，奏"请搢圭"，跪，侍中以爵北向跪以进，太常卿奏"请执爵"，三祭酒于沙池。又奏"请啐酒"，皇帝啐酒，讫，以爵授侍中。太常卿奏"请受胙"。太祝以黍稷饭筐授司徒，司徒跪奉进，皇帝受以授左右。太祝又以胙肉俎跪授司徒，司徒受俎讫跪进，皇帝受以授左右。礼直官引司徒退立，侍中再以爵酒跪进。太常卿奏"请皇帝受爵饮福"。饮福讫，侍中受虚爵以兴，以授太祝。太常卿奏"请执圭"，俯伏，兴。又奏"请皇帝再拜"，再拜讫，乐止。太常卿前导，皇帝还版位，登歌乐作，俟至位，乐止。

太祝各进彻笾豆，登歌《丰宁之乐》作，卒彻，乐止。奉礼曰："赐胙行事，助祭官再拜。"赞者承传，在位官皆再拜，宫县《来宁之乐》作，一成止。太常卿奏"礼毕"，前导，降自阼阶，登歌乐止，宫县乐作，出门，宫县乐止，伞扇仗卫如常仪。太常卿奏"请释镇圭"，殿中监跪受镇圭，皇帝还大次。通事舍人、礼直官、赞者各引享官、宗室子孙及从享群官，以次出。及引导驾官东神门外大次前祗候，前导如来仪。赞者引御史已下俱复执事位，立定。奉礼曰"再拜"，皆再拜。赞者引工人、舞人以次出。大礼使帅诸礼官、太庙令、太祝、宫闱令，升纳神主如常仪。礼毕，礼直官引大礼使已下降自西阶，至横街，再拜而退。其祝册藏于匮。

七祀功臣分奠，如祫享之仪。

时享仪　有司行事。前期，太常寺举申礼部，关学士院司天台，择日。以其日报太常寺。前七日，受誓戒于尚书省。其日质明，礼直官设位版于都堂之下，依已定《誓戒图》，礼直官引三献官，并应行事执事官等，各就位，立定，赞"揖"，在位官皆对揖，讫，礼直官以誓文奉初献官，初献官搢笏，读誓文："某月某日，孟春荐享太庙，各扬其职。不恭其事，国有常刑。"读讫，执笏。七品以下官先退，余官对拜讫乃退。

散斋四日，治事如故，宿于正寝，唯不吊丧、问疾、作乐、判署刑杀文字决罚罪人及预秽恶。致斋，三日于本司，唯享事得行，其余悉禁，一日于享所。已斋而阙者，通摄行事。

前三日,兵部量设兵卫,列于庙之四门。前一日,禁断行人。仪鸾司设馔幔十一所于南神门外西,南向。又设七祀司命、户二位于横街之北,道西,东向。又设群官斋宿次于庙门之东西舍。

前二日,大乐局设登歌之乐于殿上。太庙令帅其属,扫除庙殿门之内外,于室内铺设神位于北墉下,当户南向。设几于筵上。又设三献官拜褥位二。一在室内,一在室外。学士院定撰祝文讫,计会通进司请御署,降付礼部,置于祝案。祠祭局灌溉祭器与尊彝讫,铺设如仪。内太尊二、山罍二在室。牺尊五、象尊五、鸡彝一、鸟彝一在室户外之左,炉炭稍前。著尊二、牺尊二在殿上,象尊二、壶尊六在下。俱北向西上,加幂,皆设而不酌。并设献官罍洗位。礼部设祝案于室户外之右。礼直官设位版并省牲位,如式。

前一日,诸太祝与廪牺令以牲就东神门外。司尊彝与礼直官及执事皆入,升自西阶,以俟。礼直官引太常卿,赞者引御史,自西阶升,遍视涤濯。执尊者举幂告洁,讫,引降就省牲位。廪牺令少前,曰“请省牲”,退复位。太常卿省牲,廪牺令及太祝巡牲告备,皆如郊社仪。既毕,太祝与廪牺令以次牵牲诣厨,授太官令。赞者引光禄卿诣厨,请省鼎镬,申视涤溉。赞者引御史诣厨,省馔具,讫,与太常卿等各还斋所。太官令帅宰人以鸾刀割牲,祝史各取毛血,每室共实一豆,又取肝脊共实一豆,置馔所,遂烹牲。光禄卿帅其属,入实祭器。良酝令入实尊彝。

享日质明,百官各服其品服。礼直官、赞者先引御史、博士、太庙令、太官令、诸太祝、祝史、司尊彝与执罍篚官等,入自南门,当阶间,北面西上,立定。奉礼曰“再拜”,赞者承传,皆再拜。讫,赞者引太祝与宫闱令,升自西阶,诣始祖室,开祏室,太祝捧出帝主,宫闱令捧出后主,置于座。帝主在西,后主在东。赞者引太祝与宫闱令,降自西阶,俱复位。奉礼曰“再拜”,赞者承传,在位官皆再拜,讫,俱各就执事位。大乐令帅工人入。礼官、赞者分引三献官与百官,俱自南东偏门入,至庙庭横街上,三献官当中,北向西上,应行事执事官并百官,依品,重行立。奉礼曰“拜”,赞者承传,应北向在位官皆再拜。其先拜者不拜。拜讫，赞者引三献官诣庙殿东阶下西向位，其余行事执事官与百官，俱各就位。讫，礼官诣初献官前，称“请行事”。协律郎跪，俯伏，兴，乐作。礼直官引初献诣盥洗位，北向立定，乐止。搢笏，盥手，帨手，执笏。诣爵洗位，北向立，搢笏，洗瓒，拭瓒，以瓒授执事者，执笏，升殿，乐作。至始祖室尊彝所，西向立，乐止。执事者以瓒奉初献官，初献官搢笏，执瓒。执尊者举幂，太官令酌郁鬯，讫，初献以瓒授执事者，执笏，诣始祖室神位前，乐作，北向立，搢笏，跪。执尊者以瓒授初献官。初献官执瓒，以鬯祼地，讫，以瓒授执事者，执笏，俯伏，兴，出户外，北向，再拜，讫，乐止。每室行礼，并如上仪。礼直官引初献降复位。

初献将升祼，祝史各奉毛血肝膋豆，及斋郎奉炉炭萧蒿黍稷筐，各于馔幔内以俟。初献晨祼讫，以次入自正门，升自太阶。诸太祝皆迎毛血肝膋豆于阶上，俱入奠于神座前。斋郎所奉炉炭萧篙筐，皆置于室户外之左，与祝史俱降自西阶以出。诸太祝取肝膋，洗于郁鬯，燔于炉炭，讫，还尊所。

享日，有司设羊鼎十一、豕鼎十一于神厨，各在镬右。初献既升祼，光禄卿帅斋郎诣厨，以匕升羊于镬，实于一鼎，肩、臂、臑、肫、胳、正脊一、横脊一、长胁一、短胁一、代胁一，皆二骨以并。次升豕如羊，实于一鼎。每室羊豕各一鼎，皆设扃幂。斋郎对举，入镬，放馔幔前。斋郎抽扃，委于鼎右，除幂。光禄卿帅太官令，以匕升羊，载于一俎，肩臂臑在上端，肫胳在下端，脊胁在中。次升豕如羊，各载于一俎。每室羊豕各一俎。斋郎即以扃举鼎先退，置于神厨，讫，复还馔幔所。礼直官引司徒出诣馔幔前，立以俟。光禄卿帅其属，实笾以粉餈，实豆以糁食，实簠以粱，实簋以稷。俟初献祼毕，复位，祝史俱进彻毛血之豆，降自西阶以出。礼直官引司徒，帅荐笾豆簠簋官、奉俎斋郎，各奉笾豆簠簋羊豕俎，每室以序而进，立于南神门之外以俟，羊俎在前，豕俎次之，笾豆簠簋又次之。入自正门，乐作，升自太阶，诸太祝迎引于阶上，乐止。各设于神位前，讫，礼直官引司徒以下，降自西阶，乐作，复位，乐止。诸太祝各取萧蒿黍稷擩于脂，燔于炉炭，还尊所。

礼直官引初献诣罍洗位，乐作，至位，北向立，乐止。搢笏，盥手，帨手，执笏。诣爵洗位，北向立，搢笏，洗爵，拭爵，以爵授执事者，执笏，升殿，乐作，诣始祖室酌尊所，西向立，乐止。执事者以爵授初献。初献搢笏执爵，执事者举幂，太官令酌牺尊之泛齐，讫，次诣第二室酌尊所，如上仪。诣始祖神位前，乐作，北向立，搢笏跪，执事者以爵授初献，初献执爵，三祭酒于茅苴，奠爵，执笏，俯伏，兴，出室户外，北向立，乐止。赞者引太祝诣室户外，东向，搢笏，跪读祝文。读讫，执笏，兴。次诣第二室。次诣每室行礼，并如上仪。初献降阶，乐作，复位，乐止。

礼直官次引亚献诣盥洗位，北向立，搢笏，盥手，帨手，执笏。诣爵洗位，北向立，搢笏，洗爵，拭爵以授执事官。执笏，升殿，诣始祖酌尊所，西向立，执事者以爵授亚献。亚献搢笏，执爵，执尊者举幂，太官令酌象尊之醴齐，讫，次诣第二室酌尊所，如上仪。诣始祖神位前，乐作，北向立，搢笏，跪，执事者以爵授亚献。亚献执爵，三祭酒于茅苴，奠爵，执笏，俯伏，兴，出户外，北向再拜，讫，乐止。次诣每室行礼，并如上仪。降阶，乐作，复位，乐止。

礼直官次引终献诣盥洗、及升殿行礼，并如亚献之仪，降复位。次引太祝彻笾豆，少移故处。乐作，卒彻，乐止。俱复位。礼直官曰："赐胙"，赞者承传曰"赐胙，再拜"，在位者皆再拜。礼直官引太祝、宫闱令奉神主，太祝搢笏，纳帝主于匮，奉入祐室，执笏，退复位。次引宫闱令纳后主于匮，奉入祐室，并如上仪，退复位。礼直官、赞者引行事、执事官各就位，奉礼曰"再拜"，赞者承传，应在位官皆再拜。礼直官、赞者引百官次出，大乐令帅工人次出，太官令帅其属，彻礼馔，次引监祭御史诣殿监视卒彻，讫，还斋所。太庙令阖户以降。太常藏祝版于匮。光禄以胙奉进，监祭御史就位展视，光禄卿望阙再拜，乃退。

其七祀，夏灶、中溜，秋门、厉，冬行，铺设祭器，入实酒馔，俟终献将升献，献官行礼，并读祝文。每岁四孟月腊五享，并如上仪。

金史卷三一
志第一二

礼　四

奏告仪　皇帝恭谢仪　皇后恭谢仪
皇太子恭谢仪　荐新　功臣配享
陈设宝玉　杂仪

　　奏告仪　皇帝即位、加元服、受尊号、纳后、册命、巡狩、征伐、封祀、请谥、营修庙寝，凡国有大事皆告。或一室，或遍告及原庙，并一献礼，用祝币。皇统以后，凡皇帝受尊号、册皇后太子、禘祫升祔、奉安、奉迁等事于皆告，郊祀则告配帝之室。

　　大定十四年三月十七日，诏更御名，命左丞相良弼告天地，平章守道告太庙，左丞石琚告昭德皇后庙，礼部尚书张景仁告社稷，及遣官祭告五岳。

　　前期二日，太庙令扫除庙内外，设告官以下次所。前一日，行事官赴祀所清斋。

　　告日前三刻，礼直官引太庙令帅其属，入殿开室户，扫除铺筵，设几于北墉下，如时享仪。礼直官帅祀祭官陈币篚于室户之左，陈祝版于室户之右案上。及设香案祭器，皆藉以席。每位各左一笾实以鹿脯，右一豆实以鹿醢。牺尊一，置于坫，加勺、幂，在殿上室户之左，北向，实以酒，每位一瓶。设烛于神位前。又设盥爵洗位横街之南稍东。设告官褥位，于殿下东阶之南，西向，余官在其后稍南。又设望燎位于西神门外之北。

告日未明，礼直官引太庙令、太祝、宫闱令入，当阶间北面西上立定。奉礼赞"再拜"，讫，升自西阶，太祝、宫闱令各入室，出神主设于座，如常仪。次引告官入，就位。礼直官稍前，赞"有司谨具，请行事"，又赞"再拜"，在位者拜，讫，礼直官引告官就盥洗位，盥手，讫，诣神位前，搢笏，跪，三上香。执事者以币授奉礼郎，西向授告官。告官受币，奠讫，执笏，俯伏，兴，退就户外位，再拜。诣次位行礼如上仪，讫，降复位。少顷，引告官再诣爵洗位，读祝、举祝官后从。至位，北向立，搢笏，洗拭爵，讫，授执事者。执笏升，诣酒尊所，西向立，执爵，执尊者举幂酌酒，告官以授执事者。诣神位前，北向，搢笏，跪，执爵三祭酒，执笏，俯伏，兴，退就户外位，北向立俟，读祝文，讫，再拜。诣次位行礼如上仪。讫，与读祝官皆复位。礼直官赞曰"再拜"，在位者皆再拜。次引告官以下诣望燎位，执事者取币帛祝版置于燎，礼直官曰"可燎"。半柴，礼直官赞"礼毕"，告官以下退。署令阖庙门，瘗祝于坎。

贞元四年正月，上尊号。前三日，遣使奏告天地，于常武殿拜天台设褥位，昊天上帝居中，皇地祇居西少却，行一献礼。

大定七年正月十一日，上尊号。

前三日，命皇子判大兴尹许王告天地，判宗正英王文告太庙。于自来拜天处设昊天上帝位，当中南向，皇地祇位次西少却，并用坐褥位牌及香酒脯醢等。祝版三，学士院撰告祝文，书写讫，进请御署，讫，以付礼部，移文宣徽院，并差控鹤官用案舁，覆以黄罗帕，随所差告官诣祀所。

前一日，告官等就局所致斋一日。

告日质明，宣徽院、太常寺铺设供具如仪。阁门舍人一员、太常博士一员引告官各服其服，以次就位。礼直官、舍人稍前，赞"有司

谨具,请行事"。赞者曰"拜",在位者皆再拜。礼直官先引执事官各
就位。舍人博士次引告官诣盥洗、爵洗位,北向立,搢笏,盥手,帨
手,洗爵,拭爵。执笏,诣酒尊所,搢笏,执爵,司尊者举幂酌酒,告官
以爵奉授奉爵酒官,执笏诣昊天上帝、皇地祇神位前再拜,每位三
上香,跪奠酒,讫,以爵授奉爵官,执笏,俯伏,兴。举祝官跪举,读
讫,俯伏,兴。告官再拜。告毕。引告官以下降复位,再拜,讫,诣望
燎位,燔祝版,再拜。半燎,告官已下皆退。

皇帝恭谢仪　大定七年正月,世宗受尊号,礼毕恭谢。

前三日,太庙令帅其属,洒扫庙庭之内外及陈设。尚舍于庙南
门之西,设馔幔一十一室。殿中监师尚舍视大次殿,又设皇帝版位
于始祖神位前北向,又设饮福位于版位西南少却,又设随室奠拜褥
位于神座前。大乐令设登歌于殿上,宫县于殿下。又设皇太子位于
阼阶东南,又设亲王位于其南稍东,宗室王使相位于其后。又设太
尉、司徒以下行事官位于殿西阶之西,东向,每等异位。又设文武群
官位于横阶之南,东、西向。又设御洗位于阼阶之东,又设太尉洗位
于西阶下横阶之南。又设斋郎位于东班群官之后。又设盥洗等官、
并奉礼、赞者、大司乐、协律郎、大乐令等位,各如祫享之仪。又设尊
彝祭器等于殿之上下,如时享之仪。

前一日,礼官御史帅其属,省牲,视濯涤,如常仪。

其日质明,礼官御史帅太庙官、太祝官、宫闱令出神主,如时享
仪。有司列黄麾仗二千人于应天门外。尚辇进金辂于应天门内。午
后三刻,宣徽院奏请皇帝赴斋宿殿,文武群官并斋宿于所司。

谢日质明,俟诸卫各勒所部屯门列仗。导驾官分左右侍立于殿
阶下,并朝服。通事舍人引侍中诣斋殿,俯伏,跪称"臣某言,请中
严",俯伏,兴。凡侍中奏请,准此。皇帝服通天冠、绛纱袍。少顷,
侍中奏"外办",皇帝出斋殿,即御座,群官起居讫,侍中奏"请升
辇",皇帝升辇以出,侍卫警跸如常仪。导驾官前导,至应天门,侍中
奏"请降辇升辂",皇帝升辂,门下侍郎俯伏,跪奏"请车驾进发",俯

伏,兴。凡门下侍郎奏请,准此。车驾动,警跸如常仪。至应天门外,门下侍郎奏"请车驾少驻,敕侍臣上马"。侍中前承旨,退称曰"制可"。门下侍郎退,传制称"侍臣上马",通事舍人承传"敕侍臣上马"。导驾官分左右前导,门下侍郎奏"请车驾进发"。车驾动,称"警跸",不鸣鼓吹。典赞仪引皇太子常服乘马至庙中幕次,更服远游冠、朱明衣,执圭。通事舍人文武群官并朝服。于庙门外班迎。车驾至庙门,侍中于辂前奏"请降辂",导驾官步入庙门稍东,侍中奏"请升辇",皇帝升辇,伞扇侍卫如常仪。至大次,侍中奏"请降辇,入就大次"。皇帝入大次。

通事舍人分引文武群官由南神东西偏门入庙庭,东西相向立。礼直官引太尉以下行事官诣横街北向,再拜,讫,礼直官引太尉诣盥洗位,搢笏,盥手,帨手,执笏,诣爵洗位,北向立,搢笏,洗瓒,拭瓒,以瓒授执事者,执笏,由西阶升殿,诣始祖尊彝所,西向立。执事者以瓒奉太尉,太尉搢笏,执瓒酌郁,诣神位前,以郁祼地,讫,以虚瓒授执事者,执笏,俯伏,兴,出户外北向,再拜,讫。次诣随室并如上仪。礼毕,降自西阶,复位。礼直官引司徒出诣馔所,引荐俎斋郎奉俎、并荐笾豆籩篚官奉笾豆籩篚,及太官令,以序入自正门,宫县乐作,至大阶,乐止。诸太祝迎于阶上,各设于神座前。先荐牛,次荐羊,次荐豕,讫,礼直官引司徒已下降阶复位。典赞仪引皇太子、通事舍人引亲王,由南神东偏门入,诣褥位。礼直官引中书侍郎、举册官等升自西阶,诣始祖室前,东西立。

通事舍人引侍中诣大次前,奏"请中严",皇帝服衮冕。少顷,侍中奏"外办"。侍中诣庙庭本位立,皇帝将出大次,礼仪使与太常卿赞导。凡礼仪使与太常卿赞导,并博士前引,俯伏,跪称"臣某赞导皇帝行礼",俯伏,兴。前导至东神门,撤伞扇,近侍者从入。殿中监跪进镇圭,礼仪使奏"请执圭",皇帝执圭,宫县乐作。奏"请诣罍洗位",至位,乐止。内侍跪取匜兴,沃水。又内侍跪取盘,承水。时寒,预备温水。礼仪使奏"请搢镇圭",皇帝搢镇圭,盥手。内侍跪取巾于篚,兴,进,皇帝帨手,讫,奉爵官以爵跪进,皇帝受爵,内侍捧匜沃水,又内侍跪捧盘承水,皇帝洗爵,讫,内侍跪奉巾以进,皇帝拭爵,讫,内侍奠盘匜,又奠巾于筐。奉爵官受爵。礼仪使奏"请执镇圭",前导皇帝升殿,左右侍从量人数升,宫县乐作。皇帝至阼阶下,乐止。皇帝升自阼阶,登歌乐作。礼仪使前导,皇帝至版位,乐止,奏"请再拜"。奉礼郎赞"皇太子已下在位群官皆再拜"。赞者承传,皆再拜。礼仪使前导,皇帝诣始祖尊彝所,乐作,至尊所,乐止。奉爵官以爵莅尊,执尊者举幂,侍中跪酌牺尊之泛齐,讫,礼仪使导皇帝至版位,再拜,讫,礼仪使奏"请诣始祖神位前褥位",登歌乐作。礼仪使奏"请搢圭",跪,奉爵官以爵授奉爵酒官以进。礼仪使奏"请执爵",皇帝执爵,三奠酒,讫,以虚爵授奉爵酒官。礼仪使奏"请执圭",兴,乐止。奉爵酒官以爵授奉爵官。礼仪使奏"请诣随室",并如上仪。

礼直官先引司徒升自西阶,立于饮福位之侧,酌献将毕,奉胙,酌福酒。太祝从司徒立于其侧,酌献毕,侍中亦立于其侧。礼仪使奏"请皇帝诣版位",北向立,登歌乐作,至位乐止。中书侍郎跪读册,讫,举册官奠,讫,礼仪使奏"请皇帝再拜,"拜讫,礼仪使奏"请诣饮福位",登歌乐作。至位,太祝酌福酒于爵,时寒预备温酒,以奉侍中,侍中受爵奉以立。礼仪使奏"请搢圭,"跪,侍中以爵北向跪以进,礼仪使奏"请执爵",三祭酒。礼仪使奏"请饮福",饮福讫,以虚爵授侍中。礼仪使奏"请受胙",司徒跪以黍稷饭笾进,皇帝受以授左右。司徒又跪以胙肉进,皇帝受以授左右。礼仪使"请执圭",兴,再拜讫,乐止。礼仪使前导,皇帝还版位,登歌乐作,至位乐止。

太祝各进彻笾豆,登歌乐作。卒彻,乐止。奉礼曰"赐胙",赞"皇太子已下在位群官皆再拜"。赞者承传,皆再拜,宫县作,一成止。礼仪使奏"请皇帝再拜",奉礼郎赞"皇太子已下在位官皆再拜"。拜讫,礼仪使奏"礼毕",前导皇帝降阼阶,登歌乐作,至阶下乐止。宫县作,前导皇帝出东神门,乐止。伞扇侍卫如常仪。礼仪使奏"请释圭",殿中监跪受镇圭。至大次,转仗卫于还途,如来仪。礼官御史帅其属,纳神主、藏册如仪。

少顷，通事舍人引侍中奏"请中严"，皇帝服通天冠、绛纱袍。少顷，侍中奏"外办"。俟尚辇进辇，侍中奏"请降座升辇"。皇帝升辇，伞扇侍卫如常仪。至南神门稍东，侍中奏"请降辇步出庙门"。皇帝步出庙门，至辂，侍中奏"请升辂"，皇帝升辂。门下侍郎奏"请车驾少驻，敕侍臣上马"，侍臣前承旨，退称曰"制可"，门下侍郎退，传制称"侍臣上马"。通事舍人承传"敕侍臣上马"。车驾还内，鼓吹振作，至应天门外，百官班迎起居，宫县奏《采茨之曲》。入应天门内，侍中奏"请降辂乘辇"。皇帝降辂乘辇以入，伞扇侍卫警跸如常仪。皇帝入宫，至致斋殿，侍中奏"解严"。通事舍人承旨"敕群臣各还次，将士各还本所"。

皇后恭谢仪　皇后既受册，前一日，斋戒于别殿。内命妇应从入庙者俱斋戒一日。其日未明二刻，有司陈设仪仗于后车之左右，以次排列。外命妇先自太庙后门入，内命妇妃嫔已下俱诣殿庭，起居讫，宣徽使版奏"中严"，少顷，又奏"外办"。首饰袆衣，御肩舆，取便路至车所。内侍奏"请降舆升车"，既升车，奏"请进发"。车出元德东偏门，内命妇妃嫔已下自殿门外上车，由左掖门出，从至太庙门外，仪仗止于门外，回车南向。内侍奏"请降车升舆"，后降车升舆，就东神门外幄次，下帘。内命妇妃嫔已下降车，入就陪列位。内侍引外命妇诣幄次前，起居讫，并赴殿庭陪列位。

少顷，宣徽使诣幄次，赞"行朝谒之礼"，帘卷，宣徽使前导，诣殿庭阶下西向褥位立。宣徽使赞"再拜"，内外命妇皆再拜。宣徽使前导，升东阶，诣始祖皇帝神位香案前褥位，宣徽使奏"请三上香"，又奏"再拜"，拜讫。宣徽使前导，次诣献祖已下十室，并如上仪。宣徽使奏"礼毕"，导归幄次。宣徽使奏"请解严"。内外命妇还幕次。

少顷，转仗还内如来仪，外命妇退。内侍奏"请御舆"，出至车所，奏"请升车"，既升车，奏"请进发"。内命妇上车。至元德东偏门，内侍奏"请降车升舆"，后御舆，取便路还内，内命妇从入。册礼毕，百官上表称贺，并以笺贺中宫。

皇太子恭谢仪　其日质明,东宫应从官各服朝服,所司陈卤簿
金辂于左掖门外。皇太子服远游冠、朱明衣,升舆以出,至金辂所,
降舆升辂。左庶子已下夹侍。三师、三少乘马导从,余官亦皆乘马
以从。东行,由太庙西阶转至庙,不鸣铙吹。至庙西偏门外降辂步
进,由东偏门入幄次,改服衮冕。出次,执圭自南神东偏门入,宫官
并太常寺官皆从。皇太子入诣殿庭东阶之东,西向立,典仪赞“再
拜”,讫,升自西阶,诣始祖神位前北向,再拜,讫,以次诣逐室行礼,
并如上仪。讫,降自西阶,复西向位俟,典仪称“礼毕”。出东神北偏
门,谒别庙如上仪。讫,归幄次,改服远游冠、朱明衣。出次,步至庙
门外升辂,过庙门鸣铙而行。至左掖门外降辂,升舆以入。将士各
还本所。后一日于东宫受群官贺,如元正受贺之仪。

荐新　天德二年,命有司议荐新礼,依典礼合用时物,令太常
卿行礼。正月,鲔,明昌间用牛鱼,无则鲤代。二月,雁。三月,韭,
以卵、以𧅑。四月,荐冰。五月,笋、蒲,羞以含桃。六月,麷肉,小麦
仁。七月,尝雏鸡以黍,羞以瓜。八月,羞以茨、以菱、以栗。九月,
尝粟与稷,羞以枣、以梨。十月尝麻与稻,羞以兔。十一月,羞以麋。
十二月,羞以鱼。从之。大定三年,有司言“每岁太庙五享,若复荐
新。似涉繁数。拟遇时享之月,以所荐物附于笾豆荐之,以合古者
‘祭不欲数’之义。”制可。牛鱼状似鲔,鲔之类也。

功臣配享　明昌五年闰十月丙寅,以仪同三司代国公欢都、银
青光禄大夫冶诃、特进劾者、开府仪同三司盆纳、仪同三司拔达,配
享世祖庙庭。

天德二年二月,太庙祫享,有司拟上配享功臣,诏以撒改、辞不
失、斜也杲、斡鲁、阿思魁忠东向,配太祖位。以粘哥宗翰、斡里不宗
望、阇母、娄室、银术可西向,配太宗位。大定三年十月,祫享,又以
斜也、斡鲁、撒改、习不失、阿思魁配享太祖,宗望、阇母、宗翰、娄

室、银术哥配享大宗。其后，次序屡有更易。

八年，上命图画功臣于太祖庙，有司第祖宗佐命之臣，勋绩之大小、官资之崇卑以次上闻。乃定左庑：开府金源郡王撒改、皇伯太师右副元帅宋王宗望、开府金源郡王斡鲁、皇伯太师梁王宗弼、开府金源郡王娄室、皇叔祖元帅左都监鲁王阇母、开府隋国公阿离合懑、仪同三司兖国公刘彦宗、右丞相齐国简懿公韩企先、特进宗人习失；右庑：太师秦王宗翰、皇叔祖辽王杲、开府金源郡王习不失、开府金源郡王完颜希尹、太傅楚王宗雄、开府前燕京留守金源郡王完颜银术哥、开府金源郡王完颜忠、金源郡王完颜撒离喝、特进宗人斡鲁古、右丞相金源郡王纥石烈志宁。

十六年，左庑迁梁王宗弼于斡鲁上。十八年，黜辞习失，而次蒲家奴于阿离合懑下。二十二年，增皇伯太师辽王。斜也、撒改、宗干、宗翰、宗望，其下以次列。

至明昌四年，次序始定，东廊：皇叔祖辽智烈王斜也杲、皇伯太师辽忠烈王宗干斡本、皇伯太师右副元帅宋桓肃王讹鲁补宗望、开府仪同三司金源郡毅武王习不失、开府仪同三司金源郡贞宪王完颜谷神希尹、太傅楚威敏王谋良虎宗雄、开府仪同三司燕京留守金源郡襄武王完颜银术可、开府仪同三司金源郡明毅王完颜忠阿思魁、金源郡庄襄王杲撒离喝、特进宗人斡里古庄翼、特进完颜习失威敬、太师尚书令淄忠烈王徒单克宁、太师尚书令南阳郡文康王张浩；西廊：开府仪同三司金源郡忠毅王撒改、太师秦桓忠王粘罕宗翰、皇伯太师梁忠烈王斡出宗弼、开府仪同三司金源郡刚烈王斡鲁、开府仪同三司金源郡庄义王完颜娄室、皇叔祖元帅左都监鲁庄明王阇母、开府仪同三司隋国刚宪公阿离合懑、开府仪同三司豫国襄毅公蒲家奴昱、开府仪同三司兖国英敏公刘彦宗、右丞相齐国简懿公韩企先、太保尚书令广平郡襄简王李石、开府仪同三司右丞相金源郡武定王纥石烈志宁、开府仪同三司左丞相沂国公仆散忠义、仪同三司左丞相崇国公纥石烈良弼、右丞相莘国公石琚、右丞相申国公唐括安礼、开府仪同三司平章政事徒单合喜、参知政事宗叙。

每一朝为一列,著为令。

　　陈设宝玉　凡天子大祀,则陈八宝及胜国宝于庭,所以示守也。金克辽宋所得宝玉,及本朝所制,今并载焉。

　　获于辽者,玉宝四、金宝二。玉宝"通天万岁之玺"一,"受天明命惟德乃昌"之宝一,自方三寸,"嗣圣"宝一,御封不辨印文宝一。金宝:"御前之宝"一,"书诏之宝"一,二宝金初用之。

　　获于宋者,玉宝十五,金宝七、印一,金涂银宝五。玉宝:受命宝一,咸阳所得,三寸六分,文曰:"受命于天,既寿永昌",相传为秦玺,白玉盖,螭纽;传国宝一,螭纽;镇国宝一,二面并碧色,文曰"承天休,延万亿,永无极";又受命宝一,文曰"受命于天,既寿永昌";"天子之宝"一;"天子信宝"一;"天子行宝"一;"皇帝之宝"一;"皇帝信宝"一;"皇帝行宝"一;"皇帝恭膺天命之宝"二,皆四寸八分,螭纽;"御书之宝"二,一龙纽,一螭纽;"宣和御笔之宝"一,螭纽。金宝并印:"天下同文之宝"一,龙纽;"御前之宝"二;"御书之宝"一;"宣和殿宝"一"皇后之宝"一;"皇太子宝"一,龟纽;"皇太子妃"印一,龟纽。金涂银宝:"皇帝钦崇国祀之宝"一,天下合同之宝一,"御前之宝"一,"御前锡赐之宝"一,"书诏之宝"一。外有宋内府图书印三十八,"内府图书之印"一、"御书"三、"御笔"一、"御画"一、"御书玉宝"一、"天子万年"一、"天子万寿"一、"龟龙上珍"一、"河洛元瑞"二、云汉之章"一、"奎璧之文"一、"华国之瑞"一、"大观中秘"一、"大观宝篆"一、"政和"一、"宣和"三、"宣和御览"一、"宣和中秘"一、"宣和殿制"一、"宣和大宝"一、"宣和书宝"二、"宣和画宝"一、"常乐未央"一、"古文宣和二宝"一、"封"四,共三十五面,并玉。"封"字一、"御画"一,二面并马瑙。"政和御笔"一,系水晶。玄圭一,白玉圭一十九。

　　本朝所制。国初就用辽宝,皇统五年始铸金"御前之宝"一、"书诏之宝"一。大定十八年,得美玉,诏作"大金受命万世之宝",其制径四寸八分,厚寸四分,盘龙纽高厚各四寸六分。二十三年,又铸"宣命之宝",其径四寸二厘,厚一寸四分,纽高一寸九分,字深二分。敕有司议所当用，奏“今所收八宝及皇统五年造‘御前之宝’，赐宋国书及常例奏目则用之，‘书诏之宝’，赐高丽、夏国诏并颁诏则用之。大定十八年造‘大金受命万世之宝’。奉敕再议。今所铸金宝宜以进呈为始，一品及王公妃用玉宝，二品以下用金‘宣命之宝’”。又有“礼信之宝”，用铜，岁赐三国礼物缄封用之，明昌间更以银。又有太皇太后、皇太后、皇后、皇太妃宝，又有皇太子及守国宝，皆用金。大定二十四年，皇太子宝，金铸龟纽，有司定其文曰：“监国”，上命以“守”易“监”，比亲王印广长各加一分。

杂仪　大定三年八月，有司议：“袷享牺牲品物，按唐《开元礼》、宋《开宝礼》每室犊一、羊一、猪一，《五礼新仪》每室复加鱼十有五尾。天德、贞元例，与唐、宋同，有司行事则不用太牢，七祀功臣羊各二，酒共二百一十瓶。正隆减定，通用犊一，两室共用羊一豕一，酒百瓶，此于礼有阙。今七祀功臣牲酒请依天德制，宗庙每室则用宋制，加鱼。然每室一犊复恐太丰。”世宗乃命每祭共用一犊，羊豕如旧。又以九月五日袷享，当用鹿肉五十斤、獐肉三十五斤、兔十四头为蔀醢，以贞元、正隆时方禁猎，皆以羊代，此礼殊为未备，诏从古制。

十年正月，诏宰臣曰：“古礼杀牛以祭，后世有更者否？其检讨典故以闻。”有司谓：“自周以来，下逮唐、宋，袷享无不用牛者。唐《开元礼》时享每室各用太牢一，至天宝六年始减牛数，太庙每享用一犊。宋《政和五礼新仪》时享太庙，亲祀用牛，有司行事则不用。宋开宝二年诏，昊天上帝、皇地祇用犊，余大祀皆以羊豕代之。合二羊五豕足代一犊。今三年一袷乃为亲祠，其礼至重，每室一犊恐难省减。”遂命时享与祭社稷如旧，若亲祠宗庙则共用一犊，有司行事则不用。

十二年十月，袷享，以摄官行事，诏共用三犊。二十二年十月，诏袷帝共用三犊，有司行事则以鹿代。昭德皇后庙大定十九年禘祭，不用犊。

大定二十九年，章宗即位，礼官言："自大定二十七年十月祫享，至今年正月世宗升遐，故四月不行禘礼。按《公羊传》，闵公二年'吉禘于庄公，言吉者未可以吉，谓未三年也'。注：'谓禘祫从先君数，朝聘从今君数，三年丧毕，遇禘则禘，遇祫则祫。'故事，宜于辛亥岁为大祥，三月禫祭，逾月则吉，则四月一日为初吉，适当孟夏禘祭之时，可为亲祠。"诏从之。及期，以孝懿皇后崩而止。

五月，礼官言："世宗升祔已三年，尚未合食于祖宗，若来冬遂行祫礼，伏为皇帝见居心丧，丧中之吉《春秋》讥其速，恐冬祫未可行。然《周礼》王有哀惨则春官摄事，窃以世宗及孝懿皇后升祔以来，未曾躬谒，岂可令有司先摄事哉。况前代令摄事者止施于常祀，今乞依故事，三年丧毕，祫则祫，禘则禘，于明昌四年四月一日释心丧，行禘礼。"上从之。

明昌三年十二月，尚书省奏："明年亲禘，室当用牺一。钦怀皇后祔于明德之庙，按大定三年祫享，明德皇后室未尝用牺"，敕钦怀皇后亦用之。上因问拜数，右丞玮具对，上曰："世宗圣寿高，故杀其数，亦不立于位，今当从礼而已。"

大定六年，定晨祼行礼，自大次至版位先见神之礼，两拜。再至板位，又两拜。祼鬯毕，还板位，再两拜。还小次，酌献时，罍洗位盥讫，至板位，先两拜。酌献毕还板位，再两拜。止将始祖祝册于板位西南安置，读册讫又两拜。还小次，又至饮福位，先两拜，饮毕两拜。凡十六拜。

贞祐四年，命参知政事李革为修奉太庙使，七月吉日亲行祔享，有司以故事用皇帝时享仪，初至板位两拜，晨祼及酌献则每位三拜，饮福五拜，总七十九拜。今升祔则遍及祧庙五室，则为一百九拜也。明昌间尝减每位酌献奠爵后一拜，则为九十二拜而已。然大定六年，世宗尝令礼官通减为十六拜。又皇帝当散斋四日于别殿，致斋三日于大庆殿，今国事方殷，宜权散斋二日，致斋一日。上曰："拜数从大定例，余准奏。"

礼部尚书张行信言："近奉诏从世宗十六拜之礼，臣与太常参

定仪注,窃有疑焉。谨按唐、宋亲祠典礼,皆有通拜及随位拜礼。世
宗大定三年亲行奉安之礼,亦通七拜,每室各五拜,合七十二拜。逮
六年禘,始敕有司减为十六拜,仍存七十二拜之仪,其意亦可见矣。
盖初年享礼以备,故后从权,更定通拜。今陛下初庙见奉安,而遽从
此制,是于随室神位并无拜礼,此臣之所疑一也。大定间十有二室,
姑从十六拜,犹可。今十有七室,而拜数反不及之,此臣之所疑二
也。况六年所定仪注,惟于皇帝板位前读始祖一室祝册。夫祭有祝
辞,本告神明,今诸祝册各书帝后尊谥,及高曾祖考世次不一,皇帝
所自称亦自不同,而乃止读一册,余皆虚设,恐于礼未安,此臣之所
疑三也。先王之礼顺时施宜,不可多寡,惟称而已。今近年礼官酌
古今,别定四十四拜之礼。初见神二拜,晨祼通四拜,随室酌献读祝
毕两拜,饮福四拜,似为得中。”上从之,乃定祔享如时享十二室之
仪。又以祧庙五主始祖室不能容,止于室户外东西一列,以西为上。
神主阙者以升祔前三日庙内敬造,以享日丑前题写毕,以次奉升。
十月己未,亲王百官自明俊殿奉迎祖宗神主于太庙幄次。辛酉行
礼,用四十四拜之仪,无宫县乐,牺牲从俭,十七室用犊三、羊豕九
而已。以皇太子为亚献,濮王守纯为终献。皇帝权服靴袍,行礼日
服衮冕,皇太子以下公服,无卤簿仪仗,礼毕乘马还宫。

金史卷三二
志第一三

礼　五

上尊谥

　　天会三年六月，谙班勃极烈杲等表请追册先大圣皇帝。十二月二十五日，奉玉册、玉宝，恭上尊谥曰大圣武元皇帝，庙号太祖。

　　天会十三年三月七日，遣摄太尉皇叔祖大司空昱奉玉册、玉宝，上尊谥曰文烈皇帝，庙号太宗。九月，追谥皇考曰景宣皇帝，庙号徽宗。

　　十四年八月庚戌，文武百僚、太师宗磐等上议曰："国家肇造区夏，四征弗庭，太祖武元皇帝受命拨乱，光启大业。太宗文烈皇帝继志卒伐，奋张皇威。原其积德累功，所由来者远矣。且礼多为贵，固前籍之美谈；德厚流光，实本朝之先务。伏惟皇九代祖，廓君人之量，挺御世之姿，虞舜生冯，迁于负夏，太王避狄，邑此岐山，圣姥来归，天原肇发。皇八代祖、皇七代祖，承家袭庆，裕后垂芳，不求赫赫之名，终大振振之族。皇六代祖，徙居得吉，播种是勤，去暴露获栋宇之安，释负载兴车舆之利。皇五代祖字菫，雄姿迈世，美略济时，成百里日辟之功，戎车既饬；著五教在宽之训，人纪肇修。皇高祖太师，质自天成，德为民望，兼精骑射，往无不摧，始置官师，归者盖众。皇曾祖太师，威棱震远，机警绝人，雅善运筹，未尝衿甲，临敌愈奋,应变若神。皇曾叔祖太师,机独运心,公无私物,四方耸动,诸部归怀,德威两隆,风俗大定。皇伯祖太师,友于尽爱,国尔惟忠,谋必罔愆,举无不济。累代祖妣,妇道警戒,王业艰难,俱殚内助之劳,实著始基之渐。是宜采群臣之佥议,酌故事以遵行,款帝于郊,称天以诔。谨按谥法,布义行刚曰'景',主义行德曰'元',保民耆艾曰'明',温柔圣善曰'懿',请上皇九代祖尊谥曰景元皇帝,庙号始祖妣曰明懿皇后。中和纯备曰'德',道德纯一曰'思',请上皇八代祖尊谥曰德皇帝,妣曰思皇后。好和不争曰'安',好廉自克曰'节',请上皇七代祖尊谥曰安皇帝,妣曰节皇后。安民治古曰'定',明德有劳曰'昭',尊贤让善曰'恭',柔德好众曰'靖',请上皇六代祖尊谥曰定昭皇帝,庙号献祖,妣曰恭靖皇后。爱民立政曰'成',辟土有德曰'襄',强毅执正曰'威',慈仁和民曰'顺',请上皇五代祖孛堇尊谥曰成襄皇帝,庙号昭祖,妣曰威顺皇后。爱民好与曰'惠',辟土兼国曰'桓',明德有劳曰:'昭',执心决断曰'肃'请上皇高祖太师尊谥曰惠桓皇帝,庙号景祖,妣曰昭肃皇后。大而化之曰'圣',刚德克就曰'肃',思虑深远曰'翼',一德不懈曰'简',请上皇曾祖太师尊谥曰圣肃皇帝,庙号世祖,妣曰翼简皇后。申情见貌曰'穆',博闻多能曰'宪',柔德好众曰'静',圣善周闻曰'宣',请上皇曾叔祖太师尊谥曰穆宪皇帝,庙号肃宗,妣曰静宣皇后。慈爱忘劳曰'孝',执事有制曰'平',清白守节曰'贞',爱民好与曰'惠',请上皇曾叔祖太师尊谥曰孝平皇帝,庙号穆宗,妣曰贞惠皇后。爱民长悌曰'恭',一德不懈曰'简',夙夜共事曰'敬',小心畏忌曰'僖',请上皇伯祖太师尊谥曰恭简皇帝,庙号康宗,妣曰敬僖皇后。仍请以始祖景元皇帝、景祖惠桓皇帝、世祖圣肃皇帝、太祖武元皇帝、太宗文烈皇帝为永永不祧之庙。须庙室告成,涓日备物,奉上宝册,藏于天府,施之罔极。"

丙辰,奉上九代祖妣尊谥庙号,是日百僚上表称贺。

皇统五年,增上太祖尊谥,礼官议:"自古辨祀,以南北郊、太社、太稷、太庙为序。若太庙神主造毕,即合题尊谥,择日奉安,恐在郊社之前于礼未伦。候筑郊兆毕,择曰奏告昊天上帝、皇地祇,次奉安社稷神主及奏告,其次恭造太庙神主,题号奉安入室,以此为序。元奉敕旨,候到上京行礼,不见元奏目内,有无指定候修建太庙奉安神主以后行礼,或只于庆元宫奉上谥号。若候奉安太庙神主礼毕,方奉上谥号册宝,即百官并合法服,兼于皇帝所御殿合立黄麾仗及殿中省细仗,太庙殿前亦合立黄麾仗,其册宝在路亦合量设仪仗。若太庙未奉安,只于庆元宫上册宝,即行事及立班官并用常服,及依例量用大小旗、甲骑、门仗官,供奉官引从册宝彩服。若奉安后发册,即御服通天冠、绛纱袍。若只就庆元宫,即幞头红袍。并庆元宫上册宝,即将来题太庙本室神主,便可用新谥。若于太庙先奉安神主,即先题旧谥,及至就本室上册宝,又须改题新谥。有两节不同。五月九日拟奏告于太庙,上册宝,窃虑法物乐舞难办,只于庆元宫上册宝。”从之。

十月三日,奉上尊册宝仪:

前期,有司供张辰居殿神御床案。少府监、钩盾署设燎薪于殿庭西南,掘坎于其侧。仪鸾司设小次于辰居殿下东厢,又设册宝幄殿于景辉门外东仗舍。殿前司、宣徽院量差甲骑、大小旗鼓、门仗官、香舆,自制造册宝所迎奉册宝,奉安于幄殿,行事官、制造官皆骑马引从,门下中书侍郎在前,侍中中书令在后,大礼使又在其后,举昇奉册宝官、制告官分左右夹侍,以北为上,皆给人从锦帽衫带。

是日未明,翰林使、太官令丞铺设香案酒果、供具牲体膳羞于神御前。仪鸾司设皇帝拜褥四,一在阼阶上,面西,一在香案南,面北,一在殿上东栏子内,面西,一在燎薪之东,面西。设黄道,自小次至阼阶褥位。

质明,有司备常行仪仗,驾头扇筤,常朝官常服骑马执鞭前导,以北为上,造册宝官、排办管勾官常服,于庆元宫门外立班,迎驾再拜。皇帝自宫中服靴袍、御马,至景晖门外下马,步入小次。少顷,御史台催班,大礼使、行事官自幄殿奉册宝入正门,置于辰居殿西阶下。大礼使归押班位,阁门使奏“班齐”,太常卿奏“请皇帝行奉上

册宝之礼"。宣徽使、太常卿分引前导,皇帝由黄道升阼阶上面西褥
位立,赞"请再拜",阁门使胪传,在位官皆再拜。乃引皇帝由殿上正
门入殿,于香案前褥位再拜,上香,又再拜,退稍东于栏子内面西褥
位立定。仪鸾司彻香案前拜褥,设册宝褥位于香案南,举册、异册官
取册匣子床,对捧由西阶升,中书侍郎分左右前导。奉册中书令、读
册中书令并后从,候于褥位。置定,奉册中书令于褥位南再拜,退就
殿阶上西南柱外,面东立。读册官、中书令稍前,再拜。异册官取匣
盖下,置于西阶下册床。举册官对举册,读册官中书令一拜起,跪,
搢笏,读册文曰:"孝孙嗣皇帝臣某,谨拜手稽首奉玉册玉宝,恭上
尊谥曰应乾兴运昭德定功睿神庄孝仁明大圣武元皇帝。"读册毕,
就拜,兴,又再拜,退立于奉册中书令之次。奉册官进,与中书侍郎
率举册、异册官奉册匣由西阶下,引从如上仪,复置于册床。置定,
举宝官以宝盝进,至侍中读毕,由西阶下,复置于床,皆如册匣之
仪。

有司彻册宝褥位,复设香案南拜褥。宣徽使、太常卿导皇帝进
就褥位,再拜,上香、茶、酒,乐作,三酹酒,乐止。太祝读祝文,讫,皇
帝再拜,复归阼阶褥位,立定。大礼使升殿,于香案南宣徽使处授福
酒台盏,行至皇帝阼阶褥位前,宣徽使赞"皇帝再拜饮福",阁门胪
传"赐胙,再拜",应在位官皆再拜。大礼使跪,以酒盏进授皇帝,乐
作,饮讫,又再拜。大礼使受酒盏,复以授宣徽使,讫,由西阶下,归
押班位。太祝奉祝版,翰林使酌酒,太官令丞量取牲羞,自西阶下,
置于燎薪之上。文武班皆回班向燎所立,礼官赞"请皇帝就望燎
位"。宣徽使取酒盏台于翰林使,以进授皇帝。皇帝酹酒于燎薪之
上,执事者举燎,半燎,瘗于坎。宣徽使赞"皇帝再拜",阁门喝"百官
皆再拜"。太常卿、宣徽使前导,皇帝归小次,即御座,帘降。太常卿
俯伏,兴,跪奏"太常卿臣某言,礼毕"。百官皆卷班西出。大礼使以
下奉册宝床,纳于庆元宫收掌去处。皇帝进膳于别殿,侍食官取旨,
有司转仗由来路,皇帝便服还内,教坊作乐前导。

次日,大礼使率百官称贺。

是岁闰十一月，增上祖宗尊谥，始祖景元皇帝曰懿宪景元皇帝，德皇帝曰渊穆玄德皇帝，安皇帝曰和靖庆安皇帝，献祖定昭皇帝曰纯烈定昭皇帝，昭祖成襄皇帝曰武惠成襄皇帝，景祖惠桓皇帝曰英烈惠桓皇帝，世祖圣肃皇帝曰神武圣肃皇帝，肃宗穆宪皇帝曰明睿穆宪皇帝，穆宗孝平皇帝曰章顺孝平皇帝，康宗恭简皇帝曰献敏恭简皇帝，太宗文烈皇帝曰体元应运世德昭功哲惠仁圣文烈皇帝，徽宗景宣皇帝曰允恭克让孝德玄功佑圣景宣皇帝，已上庙号如故。十二月一日，奏告如仪。

大定三年，增上睿宗尊谥。先是，元年十一月十六日，追册皇考曰简肃皇帝，庙号睿宗，皇妣蒲察氏钦慈皇后，皇妣李氏贞懿皇后。二年八月一日，有司奏“祖宗谥号或十六字，或十四字，或十二字，即今睿宗皇帝更合增上尊谥，于升祔前奉册宝”。制可。十七日，左平章元宜等奏请增上尊谥曰睿宗立德显仁启圣广运文武简肃皇帝。有司奏“睿宗皇帝未经升祔，合无于衍庆宫圣武殿设神御床案”？奉旨崇圣阁借设正位。又奏“皇帝亲授册宝，太尉行事”。制可。

九月二十二日，奏告太庙。二十八日，大安殿置大乐，阅习。前一日，自衍庆宫奉迎册宝，于大安殿安置。

授册日未明三刻，有司各勒所部，整肃仪卫，群臣集于殿门，行事官各法服，陪位官公服。皇帝自宫中常服乘舆，侍卫如仪，赴大安殿后更衣幄次。御史台催班，通事舍人引太尉及群臣就位。侍中跪奏“中严”，少顷，又跪奏“外办”。皇帝服通天冠、绛纱袍出。太常卿跪奏称“太常卿臣某言，拜皇帝行奉上册宝之礼”。奏讫，俯伏，兴。宣徽使分左右前导，皇帝步诣册宝幄次。将至幄次，登歌乐作，至幄次前北向，宣徽使赞“拜皇帝再拜”。典仪赞“在位官再拜”。拜讫，奏“请皇帝搢圭”，三上香，讫，执圭。奏“请皇帝再拜”。典仪赞“在位官再拜”，讫，各分班东西序立。奏“请皇帝诣稍东褥位”，乐止。中书令、中书侍郎奉引册，侍中、门下侍郎奉引宝，行，登歌乐作。宣徽使赞导皇帝随册宝降自西阶，登歌乐止，宫县乐作，至大安殿下当中褥位。中书令、侍中奉册宝于皇帝褥位之西，乐止。宣徽使奏"皇帝再拜"，典仪赞"在位官皆再拜"，拜讫，中书令搢笏，奉册匣，宫县乐作，至皇帝褥位前，俯伏，跪，奉置讫，执笏，俯伏，兴，退稍西立，东向。太常博士引太尉至褥位，北向立。宣徽使奏"请皇帝搢圭"，跪捧册授太尉，太尉搢笏，跪受讫，执笏，少东立。宣徽使奏"请执圭"，俯伏，兴。舁册官捧册匣，中书侍郎奉册匣置于册床，乐止。侍中搢笏，奉宝盝，宫县乐作，至皇帝褥位前，俯伏，跪，奉置讫，执笏，俯伏，兴，退稍西立，东向。太常博士引太尉至褥位，北向立。宣徽使奏"皇帝搢圭"，跪捧宝盝授太尉，太尉搢笏，跪，受讫，执笏，少东立。宣徽使奏"请执圭"，俯伏，兴。舁宝官捧宝盝，门下侍郎奉置于宝床，乐止。宣徽使奏"皇帝再拜"，典仪赞"在位官再拜"。皇帝南向立，宫县乐作。太常博士引太尉奉册宝出，主节者持节前导，册床在前，宝床次之，乐止。中书门下侍郎各导于册宝之前，太尉居其后，至大安门外，太尉以次跪奉册宝于玉辂中，中书侍郎于辂旁夹侍，所司迎卫如式。太尉奉册宝讫，步出通天门外，革车用本品卤簿，导从如仪，鼓吹不振作。俟册宝出大安门，太常卿跪奏称"太常卿臣某言，礼毕"。奏讫，俯伏，兴，前导皇帝升自东阶，登歌乐作，还大安殿后幄次，乐止。侍中跪奏"解严"。乘舆还内，侍卫如来仪。

十月一日，摄太尉特进平章政事兼太子太师定国公臣完颜宗宪率百官赴衍庆宫行礼。

前一日，设册宝幄次于圣武殿门外，西向。

其日质明，太常寺官率所属，于圣武殿设神御床案，宣徽院排备茶酒果、时馔、茶食、香花等，并如太祖皇帝忌辰供备之数。大乐署设登歌之乐于殿上前楹间稍南，北向。迎卫册宝至衍庆宫门外，中书门下侍郎各奉册宝降辂，各置于床。太尉至门外降车，率中书令以下导从，赴圣武殿门外幄次，奉安如式。其仪仗兵士并退。

次引文武百官各服其服，以次就位。大乐令率工人就位，礼直官亦先就位。应执事者并先入殿庭北向立，礼直官赞"再拜"，讫，升殿。次引太尉就东阶下褥位西向立,礼直官赞"拜",在位官俱再拜。礼直官曰:"有司谨具,请行事。"礼直官赞"拜",在位官俱再拜,讫,引太尉诣罍洗盥手,升殿,诣神座前,搢笏,跪,三上香,乐作,奠茶、奠酒,讫,执笏,俯伏,兴,乐止。太尉再拜,讫,还位少立。

次引太尉出,率中书门下侍郎等,奉册宝床入自殿门,中书令侍中等并导从,登歌乐作,册宝床至殿庭,列于西阶之下,承以席褥,乐止。太尉以下各就面北褥位立定,礼直官赞"拜",在位官俱再拜,讫,太尉率中书令侍郎奉册匣升殿,登歌乐作,至殿上,册匣置于食案之前,仍设褥位,乐止。次引太尉诣神位前,俯伏,跪,称"摄太尉臣某言,谨上加尊谥册,宝"。奏讫,俯伏,兴,稍西立。次引中书令立于册匣南,举册官举册,中书令俯伏,跪读册,讫,俯伏,兴。中书令奉册匣降自西阶,置于床,登歌乐作,置讫,乐止。

次引侍中门下侍郎奉宝盝升殿,乐作,置于食案之前,仍设褥位,乐止。举宝官举宝盝,侍中俯伏,跪读宝,讫,俯伏,兴。侍中奉盝降自西阶,置于床,登歌乐作,置讫,乐止。太尉诣殿门外褥位,再拜,讫,太尉而下俱降阶,以次就位。礼直官赞"拜",在位官皆再拜,讫,以次出。寺官、署官率拱卫直,舁册宝床置于册宝殿,各退。

次日,百官称贺如常仪。

大定十九年,奉上孝成皇帝谥号。元年十一月十六日,诏曰:"前君乃太祖之长孙,受太宗之遗命,嗣膺神器,十有五年。垂拱仰成,委任勋戚,废齐国以省徭赋,柔宋人而息兵戈,世格泰和,俗跻仁寿,混车书于南北,一尉候于东西。晚虽淫刑,几于恣意,冤施弟后,戮及良工,虐不及民,事犹可谏,过之至此,古或有焉。右丞相岐国王亮不务弼谐,反行篡弒,妄加黜废,抑损微称。远近伤嗟,神人愤怒,天方悔祸,朕乃继兴,受天下之乐推,居域中之有大。将拨乱而反正,务在革非。期事亡以如存,聿思尽礼。宜上谥号曰闵宗武灵皇帝。"

十八年,有司言:"本朝祖宗尊谥或十八字,或十四字,或十二字,或四字。今拟增上闵宗尊谥曰弘基缵武庄靖孝成皇帝,仍加谥悼皇后曰悼平皇后。"又言："大定三年追尊睿宗皇帝礼仪,大安殿前立黄麾仗一千人,应天门外行仗二千人,皇帝服通天冠、绛纱袍,随册宝降自西阶,搢圭,跪,捧册宝授太尉。今拟大安殿行礼,及依唐、周典故,降阶捧册宝授太尉。所有冠冕仪仗拟依已行礼例。"上命仪仗人数约量减之,余略同前仪。明年四月十日,奉上册宝,升祔太庙。

二十六年,敕再议闵宗庙号,礼官拟上"襄、威、敬、定、桓、烈、熙"七字,奉旨用"熙"字,乃以明年四月一日,遣官奏告太庙及闵宗本室,易新庙号。

大定二十九年四月乙丑,谥大行皇帝曰光天兴运文德武功圣明仁孝皇帝,庙号世宗。五月丙午,以祔庙礼成,大赦。

大定二十九年五月甲午,上皇考尊谥曰体道弘仁英文睿德光孝皇帝,庙号显宗。

大安元年二月丁卯,谥大行皇帝曰宪天光运仁文义武神圣英孝皇帝,庙号章宗。

正大元年正月戊戌,谥大行皇帝曰继天兴统述道勤仁英武圣孝皇帝,庙号宣宗。

金史卷三三
志第一四

礼　六

原庙　朝谒仪　朝拜仪　别庙

太宗天会二年,立大圣皇帝庙于西京。熙宗天眷二年九月,又以上京庆元宫为太祖皇帝原庙。皇统七年,有司奏"庆元宫门旧曰景晖,殿曰辰居,似非庙中之名,今宜改殿名曰世德"。是岁,东京御容殿成。世宗大定二年十二月,诏以"会宁府国家兴王之地,宜就庆元宫址建正殿九间,仍其旧号,以时荐享"。

海陵天德四年,有司言:"燕京兴建太庙,复立原庙。三代以前无原庙制,至汉惠帝始置庙于长安渭北,荐以时果,其后又置于丰、沛,不闻享荐之礼。今两都告享宜止于燕京所建原庙行事。"于是,名其宫曰衍庆,殿曰圣武,门曰崇圣。

大定二年,以睿宗御容奉迁衍庆宫。

五年,会宁府太祖庙成,有司言宜以御容安置。先是,衍庆宫藏太祖御容十有二:法服一、立容一、戎衣一、佩弓矢一、坐容二、巾服一,旧在会宁府安置;半身容二、春衣容一、巾而衣红者二,旧在中都御容殿安置,今皆在此。诏以便服容一,遣官奉安,择日启行。

前一日,凤兴,告庙,用酒馔,差奏告官一员,以所差使充,进请御署祝板。

其日质明,有司设龙车于衍庆宫门外少西,东向。宰执率百官公服诣本宫殿下,班立,再拜。班首升殿,跪上香、奠酒,教坊乐作,少退,再拜。班首降阶复位,陪位官皆再拜。奉送使副率太祝捧御容匣出,宰执以下分左右前导,出衍庆宫门外,俟御容匣升车,百官上马后从,旗帜甲马锦衣人等分左右导,香舆扇等前行。至都门郊外,俟御容车少驻,导从官下马,车前立班,再拜。奉送使副侧侍不拜。班首诣香舆,跪上香,俯伏,兴,还班,再拜辞讫,退。使副遂行。

每程到馆或廨舍内安驻。其道路仪卫,红罗伞一,龙车一,其制以青布为亭子状,安车上,驾以牛。又用驼五,旗鼓共五十,舁香舆一十人,导从六十人,执扇八人,兵士百人,护卫二十人以宗室猛安谋克子孙充。所过州县,官属公服出郭香果奉迎,再拜,班首上香奠酒,又再拜。送至郊外,再拜乃退。

至会宁府,官属备香舆奉迎如上仪,乘马从至庙门外下马,分左右导引。使副率太祝四员,捧御容入庙,于中门外东壁幄次内奉置定,再拜,讫,退,择日奉安。至日质明,差去官与本府官及建庙官等并公服,诣幄次前排立,先再拜,跪上香,乐作,奠酒,讫,又再拜。太祝捧御容,众官前导引,至殿下排立。御容升殿奉安,讫,再拜,班首升殿,跪上香,读祝,奠酒,乐作,少退再拜,讫,班首降阶复位,同执事官再拜,讫,退。

十五年二月,有司言东京开觉寺藏睿宗皇帝皂衣展裹真容,敕迁本京祖庙奉祀,仍易袍色。

明年四月,诏依奉安睿宗礼,奉安世祖御容于衍庆宫。前期,有司备香案、酒果、教坊乐。至日质明,亲王宰执率百官公服迎引至衍庆宫,凡用甲骑百人、伞二人、扇十二人、香舆八人、彩舆十六人、从者二十四人、执事官二人、驾手控鹤各五十人、赞者二人、礼直官二人,六品以下官三十员公服乘马前导。奉安讫,百官再拜,礼毕,退立宫门之外,迎驾朝谒。

十六年正月,有司奏:"奉敕议世祖皇帝御容当于何处安置。臣等参详衍庆宫即汉之原庙,每遇太祖皇帝忌辰,百官朝拜。今世祖皇帝择地修建殿位,庶可副严奉之意。"从之。乃敕于圣武殿东西兴建世祖、太宗、睿宗殿位。

既而复欲择地建太宗殿于归仁馆,有司言:"山陵太祖,太宗、睿宗共一兆域,太庙世祖,太祖、太宗、睿宗亦同堂异室。今于归仁馆兴建太宗殿位,似与山陵、太庙之制不同。"诏从前议,止于衍庆宫各建殿七间、阁五间、三门五间。乃定世祖殿曰广德、阁曰燕昌,太宗德曰丕承、阁曰光昭,睿宗殿曰天兴、阁曰景福。

十九年五月六日,奏告。七日,奉安。执事礼官二人,每位香案一、祭器席一、拜褥二、盥洗一、大勺箪巾全。

前一日,太庙令率其属扫除宫内外,又各设神座于殿上,又设亲王宰执以下百官拜位于殿庭。又设盥洗位于东阶下,执罍箪者位于其后。又于神位前各设北向拜褥位,并各设香案香炉匙合香酒花果器皿物等,依前来例。又于圣武殿上设香案炉匙合香等,又于殿下各设腰舆一、舁士一十六人、伞子各二人、执扇各十二人、导从弩手各三十人。前一日,清斋,亲王于本府,百官于其第。行礼官执事人等习仪,就祠所清斋。

其日质明,礼官率太庙署官等诣崇圣阁奉世祖御容,每匣用内侍二人、太祝一员,礼官、署官前导,置于圣武殿神座。礼直官引亲王宰执百官公服于殿庭班立,七品以下班于殿门之外,赞者曰"拜",在位官皆再拜。礼直官引班首诣盥洗,盥手讫,升殿,诣神座前跪上香,讫,少退,再拜。礼直官引班首降复位,赞者曰"拜",在位官皆再拜,讫,礼直官导世祖御容升腰舆,仪卫依次序导从,至广德殿,百官后从,至庭下班位立。礼官率太庙署官就腰舆内捧御容,于殿上正面奉安讫,百官于阶下、六品已下官于殿门外,立班。赞者曰"再拜",在位官皆再拜。礼直官引班首诣盥洗,盥手讫,升殿,执事官等从升,诣御容前,跪上香,奠酒,教坊乐作,少退再拜,讫,乐止,礼直官引班首降殿复位,赞者曰"拜",在位官皆再拜。讫,礼官率太庙署官诣崇圣阁。

太祝内侍捧太宗御容，礼官导太宗御容于圣武殿，行礼毕，以次奉安于丕承殿，行礼并如上仪。

次睿宗御容奉安于天兴殿，礼亦如之。俟奉安礼毕，百官退。

二十一年闰三月，奉旨昭祖、景祖奉安燕昌阁上，肃宗、穆宗、康宗奉安阁下，明肃皇帝奉安崇圣阁下。每位设黄罗幕一、黄罗明金柱衣二、紫罗地褥一、龙床一、踏床二、衣全。前期奏告。四月一日奉安，五日亲祀。

是年五月，迁圣安寺睿宗皇帝御容于衍庆宫，皇太子亲王宰执奉迎安置。

朝谒仪　大定十六年四月十九日，奉安世祖御容，行朝谒之礼。皇帝前一日斋于内殿，皇太子斋于本宫，亲王斋于本府，百官斋于其第。太庙令率其属，于衍庆宫内外扫除，设亲王百官拜位于殿庭，又设皇太子拜褥于亲王百官位前。宣徽院率其属，于圣武门外之东设西向御幄，灵星门东设皇太子幄次。

其日，有司列仗卫于应天门，俟奉安御容讫，有司于殿上并神御前设北向拜褥位，安置香炉香案并香酒器物等。皇太子比至车驾进发已前，公服乘马，本宫官属导从，至衍庆宫门西下马，步入幄次。亲王百官于衍庆宫门外西向立班。俟车驾将至，典赞仪引皇太子出幄次，于亲王百官班前奉迎。导驾官，五品六品七品职官内差四十员于应天门外道南立班以俟。

皇帝服靴袍乘辇，从官伞扇侍卫如常仪。敕旨用大安辇、仪仗一千人。出应天门，阁门通喝"导驾官再拜"，讫，阁门传敕"导驾官上马"，分左右前导，至庙门外西偏下马。车驾至衍庆宫门外稍西降辇。左右宣徽使前导，皇帝步入御幄，帘降。阁门先引亲王、宰执、四品已上执事官，由东西偏门入，至殿庭分东西班相向立。典赞仪引皇太子入，立于褥位之西，东向。进香进酒等执事官并升阶，于殿上分东西向以次立。宣徽使跪奏"请皇帝行朝谒之礼"。帘卷，皇帝出幄。宣徽使前导，至殿上褥位，北向立。典赞仪引皇太子就褥位，阁门引亲王宰执四品已上职事官回班，并北向立。令中间歇空，不碍奏乐。五品以下圣武门外、八品以下宫门外陪拜。奏请，并宣徽使。皇帝再拜，教坊乐作。皇太子已下群官皆再拜。请皇帝诣神御前褥位，北向立，又请皇帝再拜，皇太子已下群官皆再拜。请皇帝跪，三上香，三奠酒，俯伏，兴。又请皇帝再拜，皇太子已下群官皆再拜，讫，皇帝复位。又请皇帝再拜，皇太子已下群官皆再拜。宣徽使奏"礼毕"。已上拟八拜，宣徽院奏过，依旧例十二拜。

典赞仪引皇太子复立于褥位之西，东向。阁门引亲王宰执以下群官，东西相向立。先引五品已下官出。宣徽使前导，皇帝还御幄，帘降。典赞仪引皇太子，阁门分引殿庭百官，以次出。宣徽使跪奏"请皇帝还宫"。帘卷，步出庙门外，升辇还宫，如来仪。

十九年奉安礼同。

朝拜仪　初，太祖忌辰，皇帝至褥位立，再拜。稍东，西向，诣香案前，又再拜。上香讫，复位，又再拜。进食、奠茶、辞神皆再拜而退。

二十一年五月十二日，睿宗忌辰，有司更定仪礼。前一日，宣徽院设御幄于天兴殿门外稍西。至日质明，皇太子亲王百官具公服于衍庆宫门外立班，奉迎。皇帝乘马至衍庆宫门外下马，二宣徽前导，步入宫门稍东。皇帝乘辇，伞扇侍卫如常仪，至天兴殿门外稍西。皇帝降辇，入幄次，帘降。典赞仪引皇太子、阁门引亲王宰执四品已上官由偏门入，至于殿庭，左右分班立定。二宣徽使导皇帝由天兴门正门入，自东阶升殿，诣褥位立定。皇太子已下官合班，五品以下班于殿门外。宣徽使奏"请皇帝先再拜"，"请诣侍神位立"，俟有司置香案酒卓讫，"请诣褥位"，又再拜，三上香、奠酒，复位，再拜。已上，皇太子已下皆陪拜。再奏"请诣稍东侍神位立"。典赞仪引皇太子升殿赴褥位，先两拜，奠酒再两拜，降复褥位。次阁门引终献官赵王上殿行礼。宣徽使奏"请皇帝诣褥位"，再两拜。皇太子已下官皆再拜。礼毕，百官依前分班立。皇帝出殿门外。入幄次，帘降，更衣。

次引皇太子已下官出宫门外立班。皇帝乘辇,至宫门稍东降辇,步出宫门外,上马还宫,导从侍卫如来仪。皇太子已下官,俟车驾行然后退。

大定五年,奉旨"太祖忌辰,衍庆宫荐享止用素食,诸京凡御容所在皆同。又朔望皆行朝拜礼"。

六年,有司奏:"太祖皇帝忌辰,车驾亲奠,百官陪拜。今车驾巡幸,合以宰臣为班首,率百官诣衍庆宫行礼。"从之。

十六年,奉旨"世祖、太宗忌辰,一体奉奠"。

十八年八月,太祖忌辰,世祖、太宗同在一处致祭,有司言"历代无一圣忌辰列圣预祭之典"。拟议间,敕遣太子,一位行礼,并就祭功臣。

二十六年,以内外祖庙不同,定拟"太庙每岁五享,山陵朔、望、忌辰及节辰祭奠并依前代典故外,衍庆宫自来车驾行幸,遇祖宗忌辰百官行礼,并诸京祖庙节辰、忌辰、朔、望拜奠,虽无典故参酌,恐合依旧,以尽崇奉之意"。从之。

别庙　大定二年,有司拟奏闵宗无嗣,合别立庙,有司以时祭享,不称宗,以武灵为庙号。又奏:"唐立别庙,不必专在太庙垣内。今武灵皇帝既不称宗,又不与祫享,其庙拟于太庙东墉外隙地建立。"从之。十四年,庙成,以武灵后谥孝成,又谓之孝成庙。

十五年三月戊申,奉安武灵皇帝及悼皇后。前期一日,奏告太庙十一室及昭德皇后庙,余如昭德过庙之仪。四月十七日,夏享太庙,同时行礼,命判宗正英王爽摄太尉,充初献官。兵部尚书让摄司徒,差大理卿天锡摄太常卿,充亚献。大兴少尹高居中摄光禄卿,充终献。自是,岁常五享。

十七年十月,祫享太庙,"检讨唐礼,孝敬皇帝庙时享用庙舞、宫县、登歌,让皇帝庙至禘祫月一祭,只用登歌,其礼制损益不同。今武灵皇帝庙庭与太庙地步不同,难以容设宫县乐舞,并乐器亦是阙少,看详恐合依唐让皇帝祫享典故,乐用登歌,所有牲牢樽俎同太庙一室行礼。及契勘得自来袷享,遇亲祠每室一犊,摄官行礼共用三犊。今添武灵皇帝别庙行礼,合无依已奏定共用三犊,或增添牛数"。奏奉敕旨,"太庙、别庙共用三犊,武灵皇帝庙乐用登歌,差官奏告,并准奏"。

大定十九年四月,升祔太庙,其旧庙遂毁。

昭德皇后庙。大定二年,有司援唐典,昭德皇后合立别庙,拟于太庙内垣东北起建,从之。三年十月七日,太庙袷享,升祔睿宗皇帝并昭德皇后,神主同时制造题写,奉诣殿庭,谒毕祔于祖姑钦仁皇后之左,享祀毕,奉主还本庙。十二月二十一日,腊享,礼官言:"唐礼,别庙荐享皆准太庙一室之仪,伏恐今庙享毕已过质明,请别差官摄祭"。制可。后以殿制小,又于太庙之东别建一位。十二年八月,庙成,正殿三间,东西各空半间,以两间为室,从西一间西壁上安置祐室。庙置一便门,与太庙相通。仍以旧殿为册宝殿,祐室奏毁。

十三年六月二十一日,奏告太庙,祭告别庙。二十三日,奉安,用前袷享过庙仪。有司言当用卤簿,以庙相去不远,参酌拟用清道二人,次团扇二人,次职掌八人,次衙官二十六人为十三重,供奉官充。次腰舆,舆士一十六人,伞子二人,次团扇十四为七重,方扇四,次排列职掌六人,烛笼十对,辇官并锦袄盘裹。仍令皇太子率百官行礼

前一日,行事执事官就祠所清斋一宿,仍习仪。执事者眡醴馔,太庙令帅其属扫除庙之内外。礼直官设皇太子西向位,执事官位皇太子后,近南,西向,各依品从立。监祭,殿西阶下东向立。及亲王百官位于庙庭,北向,西上。又设祝案于神位之右,设尊彝之位于左,各加勺、幂、坫。又设祭器,皆藉以席,左一笾实以鹿脯,右一豆实以鹿臡。又设盥洗、爵洗位于横街之南稍东。罍在洗东,加勺。篚在洗西,南肆,实以巾。执罍篚者位于其后。太庙令又设神位于室内北墉下,当户南向。设直几一、黼扆一、莞席一、缫席一、次席二、紫绫厚褥一、紫绫蒙褥一并幄帐等,诸物并如旧庙之仪。又设望燎

位于西神门外之北,设燎柴于位之北,预掘瘗坎于燎所。所司陈仪卫于旧庙门之外。

奉安日未明二刻,所司进方扇烛笼于旧庙殿门外,设腰舆一、伞一于殿阶之下,南向。质明,皇太子公服乘马,本宫官属导从,到庙门外下马,步入庙门,至幕。次引亲王百官常服由庙门入,于殿庭北向西上、重行立定。次引皇太子于百官前绝席位立,赞者曰"再拜",皆再拜。宫闱令升殿,捧昭德皇后神主置于座,赞者曰"再拜",皆再拜。

次引内常侍北向俯伏,跪奏"请昭德皇后神主奉安于新庙,降殿升舆",奏讫,俯伏,兴。捧几内侍先捧几匮跪置于舆,又宫闱令接神主,内侍前引,跪置于舆上几后,覆以红罗帕。内常侍已下分左右前引,皇太子步自旧庙先从行,亲王次之,百官分左右后从,仪卫导从,至别庙殿下北向。内常侍于腰舆前俯伏,兴,跪奏"请降舆升殿"。内侍捧几匮前,宫闱令捧接神主升殿,置于座。礼直官引皇太子以下亲王百官入殿庭,北向西上、重行立,皇太子在绝席立,礼直官赞曰"再拜",皆再拜。又赞曰"行事官各就位"。礼直官引皇太子西向位立定。礼直官少前赞曰:"有司谨具,请行事"。即引皇太子就盥洗位,北向,搢笏,盥手,帨手,执笏。诣爵洗位,北向立,搢笏,洗爵,拭爵以授执事者。执笏,升,诣酒尊所,西向立,执事者以爵授皇太子,搢笏,执爵。执事者举幂酌酒,皇太子以爵授执事者,诣神位前北向,搢笏,跪。执事者以爵授皇太子,执爵三祭酒,反爵于坫,执笏,俯伏,兴,少立。

次引太祝、举祝官诣读祝位东北向,举祝官跪举祝版,太祝跪读祝,讫,置祝于案,俯伏,兴。举祝官皆却立北向。赞者曰"再拜",皇太子就两拜,降阶复位,举祝、读祝官后从,复本位。礼直官曰"再拜",在位者皆再拜。宫闱令纳神主于室,赞者曰"再拜",皆再拜,礼毕,退。署令阖庙门,瘗祝于坎,仪物各还所司。

十一年,郊祀前一日朝享,与太庙同日,用登歌乐,行三献礼,有司摄事。

二十六年，敕别建昭德皇后影庙于太庙内。有司言："宜建殿三间，南面一屋三门，垣周以罳，外垣置灵星门一，神厨及西房各三间。然礼无庙中别建影庙之例，今皇后庙西有隙地，广三十四步，袤五十四步，可以兴建。"制可。仍于正南别创正门，门以坤仪为名。仍留旧有便门，遇禘祫祔享由之。每岁五享并影庙行礼于正南门出入。又于庙外起斋廊房二十三间。

宣孝太子庙。大定二十五年七月，有司奏："依唐典，故太子置庙，设官属奉祀。拟于法物库东建殿三间，南垣及外垣皆一屋三门，东西垣各一屋一门，门设九戟。斋房、神厨，度地之宜。"又奉旨，太子庙既安神主，宜别建影殿。有司定拟制度，于见建庙稍西中间，限以砖墉，内建影殿三间。南面一屋三门，垣周以罳，无阙角及东西门。外垣正南建三门一，左右翼廊二十间，神厨、斋室各二屋三间。是岁十月，庙成，十一日奉安神主，十四日奉迁画像。

神主用栗，依唐制诸侯用一尺，刻谥于背。省部遣官于本庙西南隅面北设幄次，监视制造，于行礼前一日制造讫。其日晚，奉神主官奉承以箱，覆以帕，捧诣题神主幄中。次日丑前五刻，题神主官与典仪并礼官诣幄次前，题神主官诣罍洗位，盥手、帨手讫，奉神主官先以香汤奉沐，拭以罗巾。题神主官就褥位，题谥号于背云"宣孝太子神主"，墨书，用光漆模，讫，授奉神主官，承以箱，覆以梅红罗帕，藉以素罗帕，诣座置于匵，乃下帘帷，侍卫如式。俟典仪俯伏，跪请，备腰舆伞扇诣神位。导引侍卫皆减昭德庙仪。

祭仪，有司言："当随祖庙四时祭享。初献于皇孙皇族、亚献于皇族或五品以下差。乐用登歌，今量减用二十五人，其接神用无射宫，升降彻豆则歌夹钟。牲羊、豕各一，笾豆各八，簠簋各二，登铏各一，其余祭食亦量减之。"

二十六年十一月一日，奏"神主庙，牲牢乐县官给。影庙，皇孙奉祀"。

金史卷三四
志第一五

礼　七

社稷　风雨雷师　岳镇海渎

社稷　贞元元年闰十二月，有司奏建社稷坛于上京。大定七年七月，又奏建坛于中都。

社为制，其外四周为垣，南向开一神门，门三间。内又四周为垣，东西南北各开一神门，门三间，各列二十四戟。四隅连饰罘罳，无屋，于中稍南为坛位，令三方广阔，一级四陛。以五色土各饰其方，中央覆以黄土，其广五丈，高五尺。其主用白石，下广二尺，剡其上，形如钟，埋其半。坛南，栽栗以表之。

近西为稷坛，如社坛之制而无石主。四墙门各五间，两塾三门，门列十二戟。墙有角楼，楼之面皆随方色饰之。馔幔四楹，在北墙门西，北向，神厨在要西墙门外，南向。廨在南围墙内，东西向。有望祭堂三楹，在其北，雨则于是堂望拜。堂之南北各为屋二楹，三献及司徒致斋幕次也。堂下南北相向有斋舍二十楹。外门止一间，不施鸱尾。

祭用春秋二仲月上戊日，乐用登歌，遣官行事。太尉一，司徒一，已上奏差。亚献太常卿一，终献光禄卿一，省差。太常卿一，光禄卿一，郊社令一，学士院官一，请御署祝版。大乐令一，太官令二，监祭御史二，太常博士二，廪牺令一，奉礼郎一，协律郎二，司尊罍二，奉爵酒官一，太祝七，祝史四，盥洗官二，爵洗官二，执巾篚官四，斋郎四十八，赞者一，礼直官十，已上部差。守卫十二人，各衣其方色，其服官给。举瘗四，衣皂，军人内差，其衣自备。

　　前三日质明，行事官受誓戒于尚书省、御史台，太常寺引众官就位，礼直官赞"揖"，对揖，讫，太尉誓曰："某月某日上戊，祭于太社，各扬尔职。不恭其事，国有常刑"。读讫，对拜，讫，退。凡与祭官散斋二日，致斋一日，已斋而阙者通摄行事，仍习礼于社宫。诸卫令牵其属，各以其方器服守卫社宫门。大乐工人俱清斋一宿。

　　前三日，陈设局设祭官公卿已下次于斋房之内。及设馔幔四于社宫西神门之外，门南，西向。

　　前二日，郊社令率其属，扫除坛之上下。大乐令设乐于坛上。郊社令为瘗坎二于壬地，方深取足容物，南出陛。又设望瘗位于坎之北，南向。

　　前一日，奉礼郎帅礼直官，设祭官公卿已下褥位于西神门之内道南，执事官于道北，每等异位，俱重行，东向，南上。设御史位二于坛下，一在太社东北，西向，一在太稷西北，东向，博士各在其北。设奉礼郎位于稷坛上西北，赞者一在北，东向。设协律郎位二于坛上东北隅，俱西向。设大乐令位于两坛之间，南向。设献官褥位于逐坛上神座前。设省牲位于西神门外。设牲榜于当门，黝牲二居前，又黝牲二少退，<small>三牲皆用黝。</small>北上。设廪牺令位于牲东北，南向。设诸太祝位于牲西，各当牲后，祝史陪其后，俱东向。设太常卿省牲位于前近南，北向。又设御史位于太常卿之东，北向。太常卿帅其属，设酒樽之位。太樽二、著樽二、牺樽二、山罍二在坛上北隅，南向。象樽二、壶樽二、山罍二在坛下北陛之西，南向。后土氏象樽二、著樽二、山罍二在太社酒樽之西，俱东南上。设太稷、后稷酒樽于坛之上下，如太社、后土之仪。设洗位二于社坛西北，南向。罍在洗东，篚在洗西，北肆。司樽罍篚幂者，各位于其后。设玉帛之篚于坛上樽坫之所。设四座，各笾十、豆十、簠二、簋二、铏三、盘一、俎三、坫四，内笾一、豆一、簠一、簋一、俎三各设于馔幔内。光禄卿率其属，入实。笾之实，鱼鲱、干枣、形盐、鹿脯、榛实、干蓤、桃、菱、芡、栗，以序为次。豆之实，芹菹、笋菹、葵菹、菁菹、韭菹、鱼醢、兔醢、豚拍、鹿臡、醓醢以序为次。铏实以羹，加芼滑。簠实以稻、粱，簋实以黍、稷，粱在稻前，稷在黍前。太官令入实樽罍以酒，各一樽实以玄酒。

祭日未明五刻，郊社令升设太社太稷神座，各于坛上近南，北向。设后土氏神座于太社神座之左，后稷氏神座于太稷神座之左，俱东向。席皆以莞，加褍褥如币之色。神位版各于座首。

前一日，诸卫之属禁断行人。郊社令与其属，以樽坫罍洗篚幂入设于位，司樽罍奉礼郎及执事者升自太社坛西陛以俟。其省牲器、视涤溉，并如郊庙仪。

祭日未明十刻，太官率宰人以鸾刀割牲，祝史以豆取毛血，各置于馔所，以盘取血置神座前，遂烹牲。未明三刻，诸祭官各服其服。郊社令、太官令入实玉币樽罍。太官令帅进馔者实诸笾豆簠簋。未明一刻，奉礼郎、赞者先入就位。礼直官引光禄卿、御史、博士、诸太祝、祝史、司樽罍篚幂者入自西门，当太社坛北，重行南向东上立定，奉礼曰"再拜"，赞者承传，御史以下皆再拜，讫，司罇罍篚幂者皆就位。奉盘血祝史于太祝由西陛升坛，各于樽所立，祝史以俟瘗血，大祝以俟取玉币。大乐令帅工人入。礼直官各引祭官入，就位立定，奉礼曰"众官再拜"，赞者曰"在位者皆再拜"，其先拜者不拜。礼直官进太尉之左曰："有司谨具，请行事"，退复位。礼直官引光禄卿就瘗血所，又引祝史奉盘血降自西降，至瘗位，光禄卿瘗血，讫，复位。祝史以盘还馔幔，以俟奉毛血豆。奉礼曰"众官再拜"，在位者皆再拜。诸太祝取玉币于篚，各立于尊所。礼直官引太尉诣盥洗位。协律郎跪，俯伏，举麾，乐作太簇宫《正宁之曲》。后盥洗同。至洗位南向立，乐止。

搢笏、盥手、帨手讫，诣太社坛，乐作应钟宫《嘉宁之曲》。后升坛同。升自北陛，乐止，南向立。太祝以玉帛西向授太尉，太尉受玉帛。礼神之玉奠于神前，瘗玉加于币，配位不用玉。玉用两圭有邸，盛以匣。瘗玉以玉石为之。帛用黑缯，长一丈八尺。乐作太簇宫

《嘉宁之曲》，太稷同。礼直官引太尉进，南向跪奠于太社座前，俯伏，兴。引太尉少退，诣褥位南向再拜。太祝以币授太尉，太尉受币，西向跪奠于后土神座前，俯伏，兴。礼直官引太尉少退，西向再拜，讫，乐止。

礼直官引太尉降自北陛，诣太稷坛，盥洗、升奠玉币如太社后土之仪。祝史奉毛血入，各由其陛升，毛血豆系别置一豆。诸太祝迎取于坛上，俱进奠于神座前，祝史退立于樽所。太尉既升奠玉币，太官令出帅进馔者，奉馔陈于西门外。礼直官引司徒出诣馔所，司徒奉太社之俎。诸太祝既奠毛血，礼直官太官令引太社太稷之馔入自正门，配座之馔入自左闼。

馔初入门，乐作太簇宫《正宁之曲》，馔至陛，乐止。祝史俱进彻毛血豆，降自西陛以出。太社太稷之馔升自北陛，配座之馔升自西陛，诸太祝迎引于坛上，各于神座前设讫，礼直官引司徒已下降自西陛，乐作，复位，乐止。诸太祝还樽所。礼直官引太尉诣罍洗位，乐作，至位乐止。

盥手、洗爵讫，礼直官引太尉诣太社坛，升自北陛，乐作，至太社酒樽所，乐止。执樽者举幂，执事者以爵授太尉，太尉执爵，太官令酌酒，讫，乐作太簇宫《阜宁之曲》。太稷同。太尉以爵授执事者。礼直官引太尉诣太社神座前，执事者以爵授太尉，南向跪奠爵，讫，以爵授执事者，俯伏，兴。太尉少退，乐止。读祝官与捧祝官进于神座前右，西向跪读祝，读讫，读祝官就一拜，各还樽所。太尉拜讫，诣配位酒樽所。执事者举幂，执事者以爵授太尉，太尉执爵，太官令酌酒，讫，乐作太簇宫《昭宁之曲》。太尉以爵授执事者。礼直官引太尉进后土神座前，执事者以爵授太尉，西向跪奠爵，讫，以爵授执事者，俯伏，兴。太尉少退，乐止。读祝如上仪。太尉再拜，讫，礼直官引太尉降自北陛，乐作，至罍洗位，乐止。

盥手、洗爵讫，礼直官引太尉诣太稷坛，升自北陛，并如太社后土之仪，乐曲同。讫，礼直官引太尉还本位。

亚、终献，盥洗升献并如太尉之仪。

礼直官引终献降复位，乐止。太祝各进彻豆，乐作应钟宫《娱宁之曲》，还樽所，乐止。彻者笾豆各一，少移于故处。奉礼曰"赐胙"，赞者曰："众官再拜"，在位者皆再拜。礼直官进太尉之右，请就望座位，御史博士从，南向立。于众官将拜之前，太祝执篚进于神座前取玉币，斋郎以俎载牲体、稷黍饭、爵酒，体谓牲之左牌。各由其陛降坛，以玉币馔物置于坎，讫，奉礼曰"可瘗"，坎东西各二人置土半坎，讫。礼直官进太尉之左曰"礼毕"，遂引太尉出，祭官以下以次出。礼直官引御史博士以下俱复执事位，立定。奉礼曰"再拜"，御史以下皆再拜，讫，出。工人以次出。祝版燔于斋坊。光禄卿以胙奉进，御史就位展视，光禄卿望阙再拜，乃退。

其州郡祭享，一遵唐、宋旧仪。

风雨雷师　明昌五年，礼官言："国之大事，莫重于祭。王者奉神灵，祈福佑，皆为民也。我国家自祖庙禘祫五享外，惟社稷、岳镇海渎定为常祀，而天地日月风雨雷师其礼尚阙，宜诏有司讲定仪注以闻。"尚书省奏："天地日月，或亲祀或令有司摄事。若风雨雷师乃中祀，合令有司摄之。且又州县之所通祀者也，合先举行。"制可。

乃为坛于景丰门外东南，阙之巽地，岁以立春后丑日，以祀风师。牲、币、进熟，如中祀仪。又为坛于端礼门外西南，阙之坤地，以立夏后申日以祀雨师。其仪如中祀，羊豕各一。是日，祭雷神于位下，礼同小祀，一献，羊一，无豕。其祝称"天子谨遣臣某"云。

岳镇海渎　大定四年，礼官言："岳镇海渎，当以五郊迎气日祭之。"诏依典礼以四立、土王日就本庙致祭，其在他界者遥祀。立春，祭东岳于泰安州、东镇于益都府、东海于莱州、东渎大淮于唐州。立夏，望祭南岳衡山、南镇会稽山于河南府，南海、南渎大江于莱州。季夏土王日，祭中岳于河南府、中镇霍山于平阳府。立秋，祭西岳华山于华州、西镇吴山于陇州，望祭西海、西渎于河中府。立冬，祭北岳恒山于定州、北镇医巫闾山于广宁府，望祭北海、北渎大济于孟州。其封爵并仍唐、宋之旧。明昌间，从沂山道士杨道全请，封沂山为东安王，吴山为成德王，霍山为应灵王，会稽山为永兴王，医巫闾山为广宁王，淮为长源王，江为会源王，河为显圣灵源王，济为清源王。

每岁遣使奉御署祝版牷芗，乘驲诣所在，率郡邑长贰官行事。礼用三献。读祝官一、捧祝官二、盥洗官二、爵洗官二、奉爵官一、司尊彝一、礼直官四，以州府司吏充。

前三日，应行事执事官散斋二日，治事如故，宿于正寝，如常仪。前二日，有司设行事执事官次于庙门外。掌庙者扫除庙之内外。前一日，有司牵牲诣祠所，享官以下常服阅馔物，视牲充腯。

享日丑前五刻，执事者设祝版于神位之右，置于坫，及以血豆设于馔所。次设祭器，皆藉以席，掌馔者实之。左十笾为三行，以右为上，实以干蔛、干枣、形盐、鱼鳝、鹿脯、榛实、干桃、菱、芡、栗。右十豆为三行，以左为上，实以芹菹、笋菹、韭菹、葵菹、菁菹、鱼醢、兔醢、豚拍、鹿臡、醓醢。左簠二，实以粱、稻。右簋二，实以稷、黍。俎二，实以牲体。次设牺樽二、象樽二，在堂上东南隅，北向西上。牺樽在前，实以法酒。牺樽，初献官酌。象樽，亚、终献酌。又设太樽一、山樽一，在神位前，设而不酌。有司设烛于神位前。洗二，在东阶之下，直东霤北向，罍在洗东，加勺。篚在洗西，南肆，实以巾。执罍篚者位于其后。又设揖位于庙门外，初献在西，东向，亚、终及祝在东，南向，北上。开瘗坎于庙内廷之壬地。

享日丑前五刻，执事官各就次。掌馔者帅其属，实馔具毕。凡祭官各服其服，与执事官行止皆赞者引，点视陈设讫，退就次。引初献以下诣庙南门外揖位，立定，赞礼者赞“揖”。次引祝升堂就位立。次引初献诣盥洗位北向立，搢笏、盥手、帨手，执笏，诣爵洗位北向立，搢笏，洗爵，以爵授执事者，执笏，升堂，诣酌樽所西向立。执事者以爵授初献。初献搢笏执爵，执樽者举幂，执事者酌酒。初献以爵授执事者，执笏，诣神位前北向立，搢笏，跪，执事者以爵授初献。初献执爵三祭酒，奠爵讫，执笏，俯伏，兴，少立。次引祝诣神位前东向立。搢笏，跪，读祝，讫，执笏，兴，退复位。初献再拜，赞礼者引初献复位。

次引亚献酌献，并如初献之仪。次引终献，并如亚献之仪。

赞者引初献官诣神位前北向立，执事者以爵酌清酒，进初献之右，初献跪，祭酒，啐酒，奠爵。执事者以俎进，减神座前胙肉前脚第二节，共置一俎上，以授初献，初献以授执事者。初献取爵，遂饮，卒爵，执事者进受爵，复于坫。初献兴，再拜，赞者引初献复位。赞者曰：已饮福，受胙者不拜。亚献官以下皆再拜，拜讫，次引初献已下就望瘗位，以馔物置于坎，东西厢各二人，赞者曰"可瘗"，置土半坎，又曰"礼毕"，遂引初献官已下出。祝与执樽罍篚幂者俱复位立定，赞者曰"再拜"，再拜讫，遂出。祝板燔于斋所。

金史卷三五

志第一六

礼 八

宣圣庙　武成王庙　诸前代帝王
长白山等诸神杂祠　祈禜　拜天
本国拜仪

　　宣圣庙　皇统元年二月戊子,熙宗诣文宣王庙奠祭,北面再拜,顾儒臣曰:"为善不可不勉。孔子虽无位,以其道可尊,使万世高仰如此。"

　　大定十四年,国子监言:"岁春秋仲月上丁日,释奠于文宣王,用本监官房钱六十贯,止造茶食等物,以大小楪排设,用留守司乐,以乐工为礼生,率仓场等官陪位,于古礼未合也。伏睹国家承平日久,典章文物当粲然备具,以光万世。况京师为首善之地,四方之所观仰,拟释奠器物、行礼次序,合行下详定。兼衮国公亲承圣教者也,邹国公力扶圣教者也,当于宣圣像左右列之。今孟子以燕服在后堂,宣圣像侧还虚一位,礼宜迁孟子像于宣圣右,与颜子相对,改塑冠冕,妆饰法服,一遵旧制。"

　　礼官参酌唐《开元礼》,定拟释奠仪数:文宣王、兖国公、邹国公每位笾豆各十、牺尊一、象尊一、簠簋各二、俎二、祝版各一,皆设案。七十二贤、二十一先儒,每位各笾一、豆一、爵一,两庑各设象尊二。总用笾、豆各一百二十三，簠簋各六，俎六，牺尊三，象尊七，爵九十四。其尊皆有坫。罍二，洗二，筐勺各二，幂六。正位并从祀藉尊、罍、俎、豆席，约用三十幅，尊席用苇，俎、豆席用莞。牲用羊、豕各三，酒二十瓶。

礼行三献，以祭酒、司业、博士充。分奠官二，读祝官一，太官令一，捧祝官二，罍洗官一，爵洗官一，巾筐官二，礼直官十一，学生以儒服陪位。

乐用登歌，大乐令一员，本署官充，乐工三十九人。迎神，三奏姑洗宫《来宁之曲》，辞曰：“上都隆化，庙堂作新。神之来格，威仪具陈。穆穆凝旒，巍然圣真。斯文伊始，群方所视。”初献盥洗，姑洗宫《静宁之曲》，辞曰：“伟矣素王，风猷至粹。垂二千年，斯文不坠。涓辰维良，爰修祀事。沃盥于庭，严禋礼备。”升阶，南吕宫《肃宁之曲》，辞曰：“魏乎圣师，道全德隆。修明五常，垂教无穷。增崇儒宫，遹追遗风。严祀申虔，登降有容。”奠币，姑洗宫《和宁之曲》，辞曰：“天生圣人，贤于尧、舜。仰之弥高，磨而不磷。新庙告成，宫墙数仞。遣使陈祠，斯文复振。”降阶，姑洗宫《安宁之曲》，辞曰：“禀灵尼丘，垂芳阙里。生民以来，孰如夫子。新祠岿然，四方所视。酻馂告成，祗循典礼”兖国公酌献，姑洗宫《辑宁之曲》，辞曰：“圣师之门，颜惟居上。其殆庶几，是宜配飨。桓圭衮衣，有严仪象。载之神祠，增光吾党。”邹国公酌献，姑洗宫《泰宁之曲》，辞曰：“有周之衰，王纲既坠。是生真儒，宏才命世。言而为经，醇乎仁义。力扶圣功，同垂万祀。”亚、终献，姑洗宫《咸宁之曲》，辞曰：“于昭圣能，与天立极。有承其流，皇仁帝德。岂伊立言，训经王国。焕我文明，典祀千亿。”送神，姑洗宫《来宁之曲》，辞曰：“吉蠲为饎，孔惠孔时。正辞嘉言，神之格思。是飨是宜，神保聿归。惟时肇祀，太平极致。”

承安二年，春丁，章宗亲祀，以亲王摄亚、终献，皇族陪祀，文武群臣助奠。上亲为赞文，旧封公者升为国公，侯者为国侯，郕伯以下皆封侯。

宣宗迁汴，建庙会朝门内，岁祀如仪，宣圣、颜、孟各羊一、豕一,余同小祀,共用羊八,无豕。

其诸州释奠并遵唐仪。

武成王庙　泰和六年,诏建昭烈武成王庙于阙庭之右,丽泽门内。其制一遵唐旧,礼三献,官以四品官已下,仪同中祀,用二月上戊。

七年,完颜匡等言:"我朝创业功臣,礼宜配祀。"于是,以秦王宗翰同子房配武成王,而降管仲以下。又跻楚王宗雄、宗望、宗弼等侍武成王坐,韩信而下降立于庑。又黜王猛、慕容恪等二十余人,而增金臣辽王斡也等。其祭,武成王、宗翰、子房各羊一、豕一,余共用羊八,无豕。

宣宗迁汴,于会朝门内阙庭之右营庙如制,春秋上戊之祭仍旧。

诸前代帝王　三年一祭,于仲春之月祭伏牺于陈州,神农于亳州,轩辕于坊州,少昊于兖州,颛顼于开州,高辛于归德府,陶唐于平阳府,虞舜、夏禹、成汤于河中府,周文王、武王于京兆府。

泰和三年,尚书省奏:"太常寺言:'《开元礼》祭帝喾、尧、舜、禹、汤、文、武、汉祖祝板请御署。《开宝礼》牺、轩、颛顼、帝喾、陶唐、女娲、成汤、文、武请御署,自汉高祖以下二十七帝不署。'平章政事镒、左丞匡、太常博士温迪罕天兴言:'方岳之神各有所主,有国所赖,请御署固宜。至于前古帝王,寥落杳茫,列于中祀亦已厚矣,不须御署。'参知政事即康及铉以为三皇、五帝、禹、汤、文武皆垂世立教之君,唐、宋致祭皆御署,而今降祝板不署,恐于礼未尽。不若止从外路祭社稷及释奠文宣王例,不降祝板,而令学士院定撰祝文,颁各处为常制。"敕命依期降祝板,而不请署。

长白山　大定十二年,有司言:"长白山在兴王之地,礼合尊崇,议封爵,建庙宇。"十二月,礼部、太常、学士院奏奉敕旨封兴国灵应王,即其山北地建庙宇。

十五年三月,奏定封册仪物,冠九旒,服九章,玉圭,玉册、函、香、币、册、祝。遣使副各一员,诣会宁府。行礼官散斋二日,致斋一日。所司于庙中陈设如仪。庙门外设玉册、衮冕幄次,牙杖旗鼓从物等视一品仪。礼用三献,如祭岳镇。

其册文云:"皇帝若曰:自两仪剖判,山岳神秀各钟于其分野。国将兴者,天实作之。对越神休,必以祀事。故肇基王迹,有若岐阳。望秩山川,于稽虞《典》。厥惟长白,载我金德,仰止其高,实惟我旧邦之镇。混同流光,源所从出。秩秩幽幽,有相之道。列圣蕃衍炽昌,迄于太祖,神武征应,无敌于天下,爰作神主。肆予冲人,绍休圣绪,四海之内,名山大川靡不咸秩。矧王业所因,瞻彼旱麓,可俭其礼?服章爵号非位于公侯之上,不足以称焉。今遣某官某,持节备物,册命兹山之神为兴国灵应王,仍敕有司岁时奉祀。於戏!庙食之享,亘万亿年。维金之祯,与山无极,岂不伟欤。"自是,每岁降香,命有司春秋二仲择日致祭。

明昌四年十月,备衮冕、玉册、仪物,上御大安殿,用黄麾立仗八百人,行仗五百人,复册为开天弘圣帝。

大房山　大定二十一年,敕封山陵地大房山神为保陵公,冕八旒、服七章、圭、册、香、币,使副持节行礼,并如册长白山之仪。其册文云:"皇帝若曰:古之建邦设都,必有名山大川以为形胜。我国既定鼎于燕,西顾郊圻,巍然大房,秀拔混厚,云雨之所出,万民之所瞻,祖宗陵寝于是焉依。仰惟岳镇古有秩序,皆载祀典,矧兹大房,礼可阙欤?其爵号服章俾列于侯伯之上,庶足以称。今遣某官某,备物册命神为保陵公。申敕有司,岁时奉祀。其封域之内,禁无得樵采弋猎。著为令。"是后,遣使山陵行礼毕,山陵官以一献礼致奠。

混同江　大定二十五年,有司言:"昔太祖征辽,策马径渡,江神助顺,灵应昭著,宜修祠宇,加赐封爵。"乃封神为兴国应圣公,致祭如长白山仪,册礼如保陵公故事。

其册文云:"昔我太祖武元皇帝,受天明命,扫辽季荒茀,成师以出,至于大江,浩浩洪流,不舟而济,虽穆满渡江而鼋梁,光武济河而水冰,自今观之无足言矣。执徐之岁,四月孟夏,朕时迈旧邦,临江永叹,仰艺祖之开基,佳江神之效灵,至止上都,议所以尊崇之典。盖古者五岳视三公,四渎视诸侯,至有唐以来,遂享帝王之尊称,非直后世弥文,而崇德报功理亦有当然者。矧兹江源出于长白,经营帝乡,实相兴运,非锡以上公之号,则无以昭答神休。今遣某官某,持节备物册命神为兴国应圣公。申命有司,岁时奉祀。於戏! 严庙貌,正封爵,礼亦至矣。惟神其衍灵长之德,用辅我国家弥亿年,神亦享庙食于无穷,岂不休哉。"

嘉荫侯　大定二十五年,敕封上京护国林神为护国嘉荫侯,毳冕七旒,服五章,圭同信圭,遣使诣庙,以三献礼祭告。其祝文曰:"蔚彼长林,实壮天邑,广袤百里,惟神主之。庙貌有严,侯封是享,歆时蠲洁,相厥滋荣。"是后,遇月七日,上京幕官一员行香,著为令。

泸沟河神　大定十九年,有司言:"泸沟河水势泛决啮民田,乞官为封册神号。"礼官以祀典所不载,难之。已而,特封安平侯,建庙。二十七年,奉旨,每岁委本县长官春秋致祭,如令。

昭应顺济圣后　大定十七年,都水监言:"阳武上埽黄河神圣后庙,宜依唐仲春祭五龙祠故事。"二十七年春正月,尚书省言:"郑州河阴县圣后庙,前代河水为患屡祷有应,尝加封号庙额。今因祷祈河遂安流,乞加褒赠。"上从其请,特加号曰昭应顺济圣后,庙曰灵德善利之庙。每岁委本县长官春秋致祭,如令。

镇安公　旧名旺国崖,太祖伐辽尝驻跸于此。大定八年五月,更名静宁山,后建庙。明昌六年八月,以冕服玉册,册山神为镇安公。

册文曰:"皇帝若曰:古之名山,咸在祀典。轩皇之世,神灵所奉者七千。虞氏之时,望秩每及于五载。盖惟有益于国,是以必报其功。逮乎后王,申以徽册。至于岳镇之外,亦或封爵之加。故太白有神应之称,而终南有广惠之号。礼由义起,事与时偕,载籍所传,于今犹监。朕修和有夏,咸秩无文,眷兹静宁,秀峙朔野,蕴泽布气,幽赞乎坤元,导风出云,协符乎乾造。一方之表,万物所瞻,南直都畿,北维障徼,连延广厚,宝藏攸兴,盘固高明,谹宫斯奠。昔有辽尝恃以富国,迄大定更为之锡名。洪惟世宗,功昭列圣,亦越显考,德利生民。爰即岁时,驾言临幸,兵革不试,远人辑宁。雨旸常调,品汇蕃庑,此上帝无疆之贶,亦英灵有相之符。比即舆情,载修故事。顾先皇帝驻跸之地,揖累世承平之风。逖续遗休,式甄神佑。肆象德以畀号,仍班台而阐仪。宇像一新,采章具举。今遣使某、副某,持节备物,册命神为镇安公,仍敕岁时奉祀。於戏!容典焜耀,精明感通,惟永亿年,翊我昌运。神其受职,岂不伟欤。"

瑞圣公　即麻达葛山也,章宗生于此。世宗爱此山势衍气清,故命章宗名之。后更名胡土白山,建庙。明昌四年八月,以冕服玉册,封山神为瑞圣公。建庙,命抚州有司,春秋二仲,择日致祭为常。

其册文曰:"皇帝若曰:国家之兴,命历攸属。天地元化,惟时合符。山川百神,无不受职。粹精荐瑞,明圣继生。著丕应于殊祯,启昌期于幽赞。哀对信犹之典,咸修望秩之文。嘉乃名山,奠兹胜地,下绵乾分,上直枢辉。盘析木之津,达中原之气。廓除氛祲,函毓泰和。仰惟光烈昭垂,徽音如在,即高明而清暑,克静寿以安仁。周庐安宁,厚泽浃洽。朕祗循祖武,顺讲时巡,感美号以兴怀,佩圣谟而介福。言念诞弥之初度,抑由翊卫之效灵。然犹祀秩无章,神居不屋,非所以尽报功崇德之义,副追始乐原之心。爰饰名称,载新祠宇。勒忱辞于贞琰,涓良日于元龟,彰服采以辨威,洁庶县而至祭。

阐扬茂实,敷绎多仪。今遣使某、副某,持节备物,册命神为瑞圣公,仍敕有司岁时奉祀。於戏! 尚其聪明,歆此诚意,孚休惟永,亦莫不宁。"

贞献郡王庙　明昌五年正月,陈言者谓"叶鲁、谷神二贤创制女直文字,乞各封赠名爵,建立祠庙。令女直、汉人诸生随拜孔子之后拜之"。有司谓叶鲁难以致祭,若金源郡贞献王谷神则既已配享太庙矣,亦难特立庙也。有旨,令再议之。礼官言:"前代无创制文字入孔子庙故事,如于庙后或左右置祠,令诸儒就拜,亦无害也。"尚书省谓"若如此,恐不副国家厚功臣之意"。遂诏令依苍颉立庙于盩厔例,官为立庙于上京纳里浑庄,委本路官一员与本千户春秋致祭,所用诸物从宜给之。

祈祟　大定四年五月,不雨。命礼部尚书王竞祈雨北岳,以定州长贰官充亚、终献。又卜日于都门北郊,望祀岳镇海渎,有司行事,礼用酒脯醢。后七日不雨,祈太社、太稷。又七日祈宗庙,不雨,仍从岳镇海渎如初祈。其设神座,实樽罍,如常仪。其樽罍用瓢齐,择甘瓠去柢以为尊。祝板惟五岳、宗庙、社稷御署,余则否。后十日不雨,乃徙市,禁屠杀,断伞扇,造土龙以祈。雨足则报祀,送龙水中。

十七年夏六月,京畿久雨,遵祈雨仪,命诸寺观启道场祈祷。

拜天　金因辽旧俗,以重五、中元、重九日行拜天之礼。重五于鞠场,中元于内殿,重九于都城外。其制,刳木为盘,如舟状,赤为质,画云鹤文。为架高五六尺,置盘其上,荐食物其中,聚宗族拜之。若至尊则于常武殿筑台为拜天所。

重五日质明,陈设毕,百官班俟于球场乐亭南。皇帝靴袍乘辇,宣徽使前导,自球场南门入,至拜天台,降辇至褥位。皇太子以下百官皆诣褥位。宣徽赞"拜",皇帝再拜。上香,又再拜。排令抛盏毕,又再拜。饮福酒，跪饮毕，又再拜。百官陪拜，引皇太子以下先出，皆如前导引。

皇帝回辇至幄次。更衣，行射柳、击球之戏，亦辽俗也，金因尚之。

凡重五日拜天礼毕，插柳球场为两行，当射者以尊卑序，各以帕识其枝，去地约数寸，削其皮而白之。先以一人驰马前导，后驰马以无羽横镞箭射之，既断柳，又以手接而驰去者，为上。断而不能接去者，次之。或断其青处，及中而不能断，与不能中者，为负。每射，必伐鼓以助其气。

已而击球，各乘所常习马，持鞠杖。杖长数尺，其端如偃月。分其众为两队，共争击一球。先于球场南立双桓，置板，下开一孔为门，而加网为囊，能夺得鞠击入网囊者为胜。或曰："两端对立二门，互相排击，各以出门为胜。"球状小如拳，以轻韧木枵其中而朱之。皆所以习跷捷也。

既毕赐宴，岁以为常。

本国拜仪　金之拜制，先袖手微俯身，稍复却，跪左膝，左右摇肘。若舞蹈状。凡跪，摇袖，下拂膝，上则至左右肩者，凡四。如此者四跪，复以手按右膝，毕跪左膝而成礼。国言摇手而拜谓之"撒速"。

承安五年五月，上谕旨有司曰："女直、汉人拜数可以相从者，酌中议之。"礼官奏曰："《周官》九拜，一曰稽首，拜中至重，臣拜君之礼也。乞自今，凡公服则用汉拜，若便服则各用本俗之拜。"主事陈松曰："本朝拜礼，其来久矣，乃便服之拜也。可令公服则朝拜，便服则从本朝拜。"平章政事张万公谓拜礼各便所习，不须改也。司空完颜襄曰："今诸人衽发皆从本朝之制，宜从本朝拜礼，松言是也。"上乃命公裳则朝拜，诸色人便服则皆用本朝拜。

金史卷三六
志第一七

礼　九

国初即位仪　受尊号仪
元日圣诞上寿仪　朝参常朝仪
肆赦仪　臣下拜赦诏仪

国初即位仪　收国元年春正月壬申朔，诸路官民耆老毕会，议创新仪，奉上即皇帝位。阿离合懑、宗翰乃陈耕具九，祝以辟土养民之意。复以良马九队，队九匹，别为色，并介胄弓矢矛剑奉上。国号大金，建元收国。

天会元年九月六日，皇弟谙板字极烈即皇帝位。己未，告祀天地。丙寅，大赦，改元。

受尊号仪　皇统元年正月二日，太师宗干率百僚上表，请上皇帝尊号，凡三请，诏允。七日，遣上京留守爽告天地社稷，析津尹宗强告太庙。十日，帝服衮冕御元和殿，宗干率百僚恭奉册礼。册文云云，"臣等谨奉玉册、玉宝，上尊号曰崇天体道钦明文武圣德皇帝"。是日，皇帝改服通天冠，宴二品以上官及高丽、夏国使。十二日，恭谢祖庙，还御宣和门，大赦，改元。

大定七年，恭上皇帝尊号。前三日，遣使奏告天地宗庙社稷。前二日，诸司停奏刑罚文字。百官习仪于大安殿庭。兵部帅其属，设黄麾仗于大安殿门之内外。宣徽院帅仪鸾司，于前一日设受册宝坛于大安殿中间，又设御榻于坛上，又设册宝幄次于大安殿门外，及设皇太子幕次于殿东廊，又设群官次于大安门外。大乐令与协律郎前一日设宫县于殿庭，又设登歌乐架于殿上，立舞表于殿下。符宝郎其日俟文武群官入，奉八宝置于御座左右，候上册宝讫，复舁宝还所司。

其日质明，奉册太尉、奉宝司徒、读册中书令、读宝侍中以次应行事官，并集于尚书省，俟册宝兴，乘马奉迎。册宝至应天门，下马由正门步导入，至大安殿门外，置册宝于幄次。舁册宝床弩手人等分立于左右。文武群官并朝服入次。摄太常卿与大乐令帅工人入就位，协律郎各就举麾位。舁册宝案官由西偏门先入，置案于殿东西间褥位，置讫，各退于西阶册宝位后。捧册官、捧宝官、舁册匣官、舁宝盝官由西偏门先入，至殿西阶下册宝褥位之西，东向立，俟阁门报。

通事舍人引摄侍中版奏："中严"，讫，典仪、赞者各就位。阁门官引文武百僚分左右入，于殿阶下砖道之东西，相向立。符宝郎奉八宝由西偏门分入，升置殿上东西间相向讫，分左右立于宝后。通事舍人引摄侍中版奏"外办"，扇合，服衮冕以出，曲直华盖、侍卫警跸如常仪。殿上鸣鞭，讫，殿下亦鸣鞭。初索扇，协律郎跪，俯伏，兴，举麾。工鼓柷，奏《乾宁之曲》。出自东房，即座，仪使副添香，炉烟升，扇开，帘卷，协律郎偃麾，戛敔，乐止。

太常博士、通事舍人自册宝幄次分引册，太常卿前导，吏部侍郎押册而行，奉册太尉、读册中书令、举册官捧官于册后以次从之。次太常博士、通事舍人二员分引宝，礼部侍郎押宝而行，奉宝司徒、读宝侍中、举宝官于宝后以次从之。由正门入，宫县奏《归美扬功之曲》。太常卿于册床前导，至第一墀香案南，藉册宝褥位上少置。太常卿与举册宝官退于册宝稍西，东向立。应博士、舍人立于其后，舁册宝床弩手、伞子官等又其后，皆东向。太尉、司徒、中书令、侍中皆于册后,面北以次立。吏部侍郎、礼部侍郎次立于其后。立定,乐止。

阁门舍人分引东西两班群官合班,转北向立,中间少留班路。俟立定,太常博士、通事舍人四员分引太尉、司徒、中书令、侍中、吏部礼部侍郎以次各复本班,讫,博士、舍人退以俟。初引时,乐奏《归美扬功之曲》,至位立定,乐止。典仪曰"拜",赞者承传,太尉以下应在位官皆舞蹈,五拜。班首出班起居讫,又赞:"再拜",如朝会常仪。

太常博士、通事舍人四员再引太尉、司徒、中书令、侍中、吏礼部侍郎复进至册宝所稍南,立定。舁册宝床弩手、伞子官并进前,举册宝床兴。太常博士、通事舍人二员分引册,太常卿前导,吏部侍郎押册而行,奉册太尉、读册中书令、举册官、捧册官于册后以次从之。册初行,乐奏《肃宁之曲》。次通事舍人、太常博士又二员分引宝,礼部侍郎押宝而行,奉宝司徒、读宝侍中、举宝官于宝后以次从之,诣西阶下,至册宝褥位少置,册北,宝南。乐止。舁册宝床弩手、伞子官等退于后稍西,东向立。

捧册官与舁册官并进前,取册匣升。太常博士、通事舍人分引册,太常卿侧身导册先升,奉册太尉、读册中书令、举册官于册后以次从升。册初行,乐奏《肃宁之曲》。进至殿上,博士舍人分左右于前楹立以俟,读册中书令于栏子外前楹稍西立以俟,举册官、捧册官立于其后。奉册太尉从升,至褥位,搢笏,少前跪置讫,执笏,俯伏,兴,乐止,退于前楹稍西立以俟。太常博士立于后。太常卿少退东向立。舁册官立于其后,皆东向。捧册官先入,举册官次入,读册中书令又次入。捧册官四员皆搢笏双跪捧。举册官二员亦搢笏,两边单跪对举。中书令执笏进,跪称"中书令臣某读册。"读讫,俯伏,兴。中书令俟册兴,先退。通事舍人引,降自东阶,复本班。讫,太常卿降复宝床前、舁册官并进,与捧册官等取册匣兴,置于殿东间褥位案上,西向。捧举册官等降自东阶,还本班。舁册官亦退。太常博士引奉册太尉降自西阶,东向立以俟。

次捧宝官与舁宝官俟读册中书令读讫出,并进前,取宝盝升。太常博士通事舍人分引宝,太常卿侧身导宝,先升。奉宝司徒、读宝侍中、举宝官、捧宝官于宝后以次从升。宝初行，乐奏《肃宁之曲》，进至殿上，博士舍人俱退不升，并于前楹稍西立俟。读宝侍中于栏子外前楹间稍西立以俟。举宝官、捧宝官立于其后。奉宝司徒从升，至褥位，播笏，少前跪置，讫，执笏，俯伏，兴，乐止。司徒退于前楹西，立以俟。太常卿少退，东向立。舁宝官立于其后，皆东向。捧宝官先入，举宝官次入，读宝侍中又次入。捧宝官四员皆播笏双跪捧。举宝官二员亦播笏两边单跪对举。侍中执笏进，跪称"侍中臣某读宝"，读讫，俯伏，兴。侍中俟宝兴先退，通事舍人引，降自西阶，复本班，讫，舁宝官进前，与捧宝举宝官等取宝盝兴，置于殿之西间褥位案上，东向。捧宝举宝官等与太常卿俱降自西阶，及吏部侍郎皆复本班。舁宝官亦退。太常博士引奉宝司徒次奉册太尉，东向立定。

博士舍人赞引太尉司徒进，诣第一墀香案南褥位立定，博士舍人稍退。典仪曰"拜"，赞者承传，在位官皆再拜，讫，博士舍人二员引太尉诣东阶升，宫县奏《纯诚享上之曲》，至阶，止。阁门使二员引太尉进至前，立定，乐止。阁门使揖赞太尉拜跪贺，殿下阁门揖百僚躬身，太尉称"文武百僚具官臣等言"，致贺词云云，俯伏，兴，退至阶上。博士舍人分引太尉降至东阶，初降，宫县作《肃宁之曲》，复香案南褥位立定，乐止。博士舍人少退。典仪曰"拜"，赞者承传，太尉、司徒及在位群官俱再拜舞蹈，三称万岁，又再拜。讫，通事舍人引摄侍中升自东阶，进诣前楹间，躬承旨，退临阶西向，称"有制"。典仪曰"拜"，赞者承传，太尉、司徒及在位群官俱再拜，躬身宣词云云，宣讫，通事舍人引侍中还位。典仪曰："拜"，赞者承传，阶上下应在位群官俱再拜舞蹈，三称万岁，又再拜。讫，博士舍人分引太尉、司徒就百僚位，初引，宫县作《肃宁之曲》，至位立定，乐止，阁门舍人分引应北面位群官，各分班东西相向立定。通事舍人引摄侍中升自东阶，当前楹间，跪奏"礼毕"，俯伏，兴，引降还位。扇合，帘降。协律郎俯伏，兴，举麾，工鼓柷奏《乾宁之曲》。降座，入自东房，还后阁，进膳，侍卫警跸如仪。扇开，乐止。捧册官帅舁册床人，捧宝官帅舁宝床人，皆升殿取匣、盝，盖讫，置于床前。引进司官前导，通事舍人赞引,诣东上阁门上进。通事舍人分引文武百僚等以次出,归幕次,赐食,以俟上寿。

上册宝礼毕,有司供办御床及与宴群官位,并如曲宴仪。

摄太常卿与大乐令帅工人入,并协律郎各就举麾位,俟舍人报。通事舍人引三师以下文武百僚亲王宗室等分左右入,至殿阶下稍南,东西相向立。通事舍人先引摄侍中版奏"中严",少顷,又奏"外办"。扇合,鸣鞭。协律郎跪,俯伏,兴,工鼓柷,宫县奏《乾宁之曲》。服通天冠、绛纱袍,即座,帘卷。内侍赞"扇开",殿上下鸣鞭,戛敔,乐止。仪使副等添香,炉烟升。通事舍人引班首已下合班,乐奏《肃宁之曲》,至北向位,重行立定,中间少留班路。通事舍人引摄侍中诣东阶升,至殿上少立。阁门舍人引礼部尚书出班前,北向俯伏,跪奏,称"礼部尚书臣某言,请允群臣上寿",俯伏,兴,躬身。通事舍人引摄侍中少退。舍人赞:"礼部尚书再拜",讫,赞"祗候",复本班。内侍局进御床入。次良酝令于殿下横阶南酹酒,讫,典仪曰"拜",赞者承传,在位官皆再拜,随拜三称"万岁",讫,平立。

太常博士、通事舍人分引摄上公由东阶升。初升,宫县奏《肃宁之曲》。殿上,舍人少退,二阁使揖上公进,至进酒褥位,乐止。宣徽使以爵授上公,上公搢笏,受爵,诣榻前跪进。受爵讫,上公执盘授宣徽使,讫,二阁使揖上公入栏子内,赞"拜",跪。殿下,阁门揖百僚皆躬身。通事舍人揖摄侍中进,诣前楹间,躬承旨,退临阶西向称"有制",典仪曰"拜",赞者承传,上公及在位群官皆再拜,随拜三称"万岁",讫,躬身宣曰:"得公等寿酒,与公等内外同庆。"阁门舍人赞宣谕讫,上公与百僚皆舞蹈五拜,讫,阁门舍人引百僚分班东西序北向立。

博士舍人再引上公自东阶升,宫县奏《肃宁之曲》,至进酒褥位,乐止。上公搢笏,宣徽使授上公盘,上公诣栏子内褥位,跪举酒,宫县奏《景命万年之曲》,饮讫,乐止。上公进受虚爵讫,复褥位,以爵授宣徽使,讫,二阁使揖上公退,内侍局舁御床出。博士舍人并进前分引,降自东阶,宫县作《肃宁之曲》。阁门舍人分引东西两班,随上公俱复北向位,立定,乐止。典仪曰"拜",赞者承传,在位官皆再拜,三称"万岁",讫,平立。殿上,通事舍人揖摄侍中进,诣前槛间,躬承旨,退临阶西向,阁门官先揖,百僚躬身,侍中称"有制",典仪曰"拜",赞者承传,在位官皆再拜,讫,躬身宣曰"延王公等升殿",典仪曰"拜",赞者承传,在位官皆再拜,讫,搢笏,舞蹈,又再拜。讫,太常博士、通事舍人引王公以下合赴宴群官,分左右升殿,不与宴群官分左右卷班出,宫县奏《肃宁之曲》。百僚至殿上坐后立,乐止。

内侍局进御床入。依寻常宴会,再进第一爵酒,登歌奏《圣德昭明之曲》,饮讫,乐止。执事者行群官酒,宫县作《肃宁之曲》,文舞入,觞行一周,乐止。尚食局进食,执事者设群官食,宫县奏《保大定功之舞》,三成,止,出。又进第二爵酒,登歌奏《天赞尧龄之曲》,饮讫,乐止。执事者行群官酒,宫县作《肃宁之曲》,武舞入,觞行一周,乐止。尚食局进食,执事者设群官食,宫县奏《万国来同之舞》,三成,止,出。又进第三爵酒,登歌奏《庆云之曲》,饮讫,乐止。执事者行群官酒,宫县作《肃宁之曲》,觞行一周,乐止。尚食局进食,执事者设群官食,宫县奏《肃宁之曲》,食毕,乐止。阁门官分揖侍宴群官起,立于席后。通事舍人引摄侍中诣榻前,俯伏,兴,跪奏"侍中臣某言,礼毕"。俯伏,兴。阁门舍人分引群官俱降东西阶,内侍局舁御床出,宫县作《肃宁之曲》,至北向位立定,乐止。典仪曰"拜",赞者承传,在位官皆再拜,讫,搢笏,舞蹈,又再拜,讫,再分班东西序立。扇合,帘降,殿上下鸣鞭。协律郎俯伏,跪,举麾,兴,工鼓柷,奏《乾宁之曲》。降座,入自东房,还后阁,侍卫如来仪。内侍赞"扇开",戛敔,乐止。通事舍人引摄侍中版奏"解严",所司承旨放仗,在位群官皆再拜以次出。

元日、圣诞上寿仪　皇帝升御座,鸣鞭、报时毕,殿前班小起居,各复侍立位。舍人引皇太子并臣僚使客合班入,至丹墀,舞蹈五拜,平立。阁使奏诸道表目,皇太子以下皆再拜。引皇太子升殿褥位,搢笏,捧盏盘,进酒,皇帝受置于案。皇太子退复褥位,转盘与执事者,出笏,二阁使齐揖入栏子内,拜跪致词云:"元正启祚,品物咸新,恭惟皇帝陛下与天同休。"若圣节则云:"万春令节,谨上寿卮,伏愿皇帝陛下万岁万岁万万岁。"祝毕,拜,兴,复褥位,同殿下臣僚皆再拜。宣徽使称"有制,在位旨再拜,宣答曰:"履新上寿,与卿等内外同庆。"圣节则曰:"得卿寿酒,与卿等内外同庆。"词毕,舞蹈五拜,齐立。皇太子搢笏,执盘,臣僚分班,教坊奏乐。皇帝举酒,殿上下侍立臣僚皆再拜。皇太子虚盏,退立褥位,转盘盏与执事者,出笏,左下殿,乐止,合班,在位臣僚皆再拜。

分引与宴官上殿。次引宋国人从至丹墀,再拜,不出班奏"圣躬万福",再拜,喝"有敕赐酒食",又再拜,各祗候,平立,引左廊立。次引高丽、夏人从,如上仪毕,分引左右廊立。御果床入,进酒。皇帝饮,则坐宴侍立臣皆再拜,进酒官接盏还位,坐宴官再拜,复坐。行酒,传宣,立饮,讫,再拜,坐。次从人再拜,坐。三盏,致语,揖臣使并从人立。诵口号毕,坐宴侍立官皆再拜,坐,次从人再拜,坐。食入。七盏,曲将终,揖从人立,再拜毕,引出。闻曲时,揖臣使起,再拜,下殿。果床出。至丹墀,合班谢宴,舞蹈五拜,各祗候,分引出。

大定六年正月,上御大安殿,受皇太子以下百官及外国使贺,赐宴,文武五品以上侍坐者有定员,为常制。十七年,诏以皇族祖免以上亲,虽无官爵封邑,若与宴当有班次。礼官言:"按唐典,皇家周亲视三品,大功亲、小功尊属视四品,小功亲、缌麻尊属视五品,缌麻祖免以上视六品。"上命以此制为班次。

朝参、常朝仪 天眷二年五月,详定常朝及朔、望仪,准前代制,以朔日、六日、十一日、十五日、二十一日、二十六日为六参日。后又定制,以朔、望日为朝参,余日为常朝。

凡朔、望朝参日,百官卯时至幕次,皇帝辰刻视朝,供御弩手、伞子直于殿门外,分两面排立。司辰入殿报时毕,皇帝御殿坐,鸣鞭。阁门报班齐。执擎仪物内侍分降殿阶两傍,面南立。宿卫官自都点检至左右亲卫,祗应官自宣徽阁门祗候,先两拜,班首少离位,奏"圣躬万福"，两拜。弩手、伞子先于殿门外东西向排立，俟奏"圣躬万福"时，即就位北面山呼声喏，起居毕，即相向对立。擎御伞直立左班内侍上。都点检以次升殿，副点检在少南，东西相向立。左右卫在殿下，东西相向立。阁门乃引亲王班，赞班首名以下再拜，讫，班首少离位，奏"圣躬万福"，归位再拜毕，先退。

次引文武百僚班首以下应合朝参官，并府运六品以上官，皆左入，至丹墀之东，西向鞠躬毕，阁门通唱，复引至丹墀。阁门赞班首名以下起居，舞蹈五拜，又再拜，毕，领省宰执陛殿奏事。殿中侍御史对立于左右卫将军之北少前，修起居东西对立于殿栏子内副阶下，余退，右出。

初，帝就坐，置宝匣于殿阶上东南角。后定制，师傅起居毕，御案始东入，置定，捧案内侍东西分下，侍殿隅。直日主宝捧宝当殿叩栏奏"封全"，符宝郎及当监印郎中各一员，监当手分令史用印，讫，主宝吏封授主宝，俟奏事毕进封，讫，内侍彻案。

若常朝，则亲王班退，引七品以上职事官，分左右班入丹墀，再拜。班首稍前起居毕，复位，再拜。宰执升殿，余官分班退。

大定二年五月，命台臣定朝参礼。五品已上官职趋朝朝服，入局治事则展皂。自来朝参，除殿前班外，若遇朔望，自七品已上职事官皆赴。其余朝日，五品已上职事官得赴，六品已下止于本司局治事。如左右司员外郎、侍御史、记注院等官职，虽不系五品，亦赴朝参。若拜诏，则但有职事并七品已上散官，皆赴。朝参，吏员、令译史、通事、检法各于本局待，官员朝退，赴局签押文字，不得于宫内署押。七品已下流外职，遇朝日亦不合入宫。如左右司都事有须合取奏事，乃听入宫。七品已上职事官，如遇使客朝辞见日，依朔望日，皆赴。若元日、圣节、拜诏、车驾出猎送迎、诣祖庙烧饭，但有职事并七品已上散官，皆赴。凡亲王宗室已命官者年十六以上，皆随班赴起居。

大定五年，右谏议大夫移剌子敬言，"猛安谋克不得与州镇官随班入见。非军民一体之意。"上是其言，责宣徽院令随班入见。

凡班首遇朝参,有故不赴,以次押班。

凡五品以上及侍御史、尚书诸司郎中、太常丞、翰林修撰起居注、殿中侍御史、补阙、拾遗赴召,或假一月以上若除官出使之类,皆通班入见谢、辞,除官于殿门外见。谢班皆舞蹈七拜,辞班四拜,门见谢、辞并再拜。

肆赦仪　大定七年正月十一日,上尊册礼毕。十四日,应天门颁赦。十一年制同。

前期,宣徽院使率其属,陈设应天门之内外,设御座于应天门上,又设更衣御幄于大安殿门外稍东,南向。阁门使设捧制书箱案于御座之左。少府监设鸡竿于楼下之左,竿上置大盘,盘中置金鸡,鸡口衔绛幡,幡上金书“大赦天下”四字,卷而衔之。盘四面近边安四大铁环,盘底四面近边悬四大朱索,以备四伎人攀缘。又设捧制书木鹤仙人一,以红绳贯之,引以辘轳,置于御前栏干上。又设捧鹤画台于楼下正中,台以弩手四人对举。大乐署设宫县于楼下,又设鼓一于宫县之左稍北,东向。兵部立黄麾仗于门外。刑部、御史台、大兴府以囚徒集于左仗外。御史台,阁门司设文武百官位于楼下东西相向。又设典仪位于门下稍东。西向。宣徽院设承受制书案于画台之前。又设皇太子侍立褥位于门下稍东,西向。又设皇太子致贺褥位于百官班前。又设协律郎位于楼上前楹稍东,西向。尚书省委所司设宣制书位于百官班之北稍东,西向。司天台鸡唱生于东阙楼之上。尚衣局备皇帝常服,如常日视朝之服。尚辇设辇于更衣御幄之前。

躬谢礼毕,皇帝乘金辂入应天门,至幄次前,侍中俯伏,跪奏“请降辂入幄”,俯伏,兴。皇帝降辂入幄,帘降。少顷,侍中奏“中严”。又少顷,俟典赞仪引皇太子就门下侍立位,通事舍人引群官就门下分班相向立,侍中奏“外办”。皇帝服常朝服,尚辇进辇,侍中奏“请升辇”,伞扇侍卫如常仪,由左翔龙门踏道升应天门,至御座东,侍中奏“请降辇升座”,宫县乐作。所司索扇,五十柄。扇合,皇帝临轩即御座,楼下鸣鞭,帘卷扇开,执御伞者张于轩前以障日,乐止。
东上阁门使捧制书置于箱,阁门舍人二员从,以俟引绳降木鹤仙
人。通事舍人引文武群官合班北向立,宫县乐作。凡分班、合班则
乐作,立定即止。典仪曰"再拜",在位官皆再拜,讫,分班相向立。侍
中诣御座前承旨,退,稍前南向,宣曰:"奉敕树金鸡"。通事舍人于
门下稍前东向,宣曰:"奉敕树金鸡。"退复位。

金鸡初立,大乐署击鼓,树讫鼓止。竿木伎人四人,缘绳争上
竿,取鸡所衔绛幡,展示讫,三呼"万岁"。通事舍人引文武群官合班
北向立。楼上乘鹤仙人捧制书,循绳而下至画台,阁使奉承置于案。
阁门舍人四员举案,又二员对捧制书,阁使引至班前,西向称"有
制",典仪曰"拜",在位官皆再拜,讫,以制书授尚书省长官,稍前揖
笏,跪受,讫,以付有司官,右司官揖笏,跪受,讫,长官出笏,俯伏,
兴,退复位。右司官捧制书诣宣制位,都事对捧,右司官宣读,至"咸
赦除之",所司帅狱吏引罪人诣班南,北向,躬称"脱枷",讫,三呼
"万岁",以罪人过。右司官宣制讫,西向,以制书授刑部官。跪受讫,
以制书加于笏上,退以付其属,归本班。典仪曰"拜",在位官皆再
拜,舞蹈,又再拜。

典赞仪引皇太子至班前褥位立定,典仪曰"拜",皇太子以下群
官皆再拜。典赞仪引皇太子稍前,俯伏,跪致词,俯伏,兴,典仪曰
"再拜",皇太子已下群官皆再拜,揖笏,舞蹈,又再拜。侍中于御座
前承旨,退临轩宣曰"有制"。典仪曰"再拜",皇太子已下群官皆再
拜。侍中宣答,宣讫归侍位,典仪曰"再拜",皇太子已下群官皆再
拜,揖笏,舞蹈,又再拜,讫,典赞仪引皇太子至门下褥位。通事舍人
引群官分班相向立。侍中诣御座,前,俯伏,跪奏"礼毕",俯伏,兴,
退复位。所司索扇,宫县乐作,扇合,帘降,皇帝降座乐止。楼下鸣
鞭,皇帝乘辇还内,伞扇侍卫如常仪。侍中奏"解严"。通事舍人承
敕,群臣各还次,将士各还本所。

臣下拜赦诏仪　宣赦日,于应天门外设香案,及设香舆于案

前，又于东侧设卓子，自皇太子宰臣以下序班定。阁门官于箱内捧敕书出门置于案。阁门官案东立，南向称"有敕"，赞皇太子宰臣百僚再拜，皇太子少前上香讫，复位，皆再拜。阁门官取敕书授尚书省都事，都事跪受，及尚书省令史二人齐捧，同升于卓子读，在位官皆跪听，读讫，敕书置于案，都事复位。皇太子宰臣百僚以下再拜，搢笏，舞蹈，执笏，俯伏，兴，再拜。拱卫直以下三称"万岁"，讫，退。其降诸书，礼亦准此，惟不称"万岁"。

　　其外郡，尚书省差官送敕书到京府节镇，先遣人报，长官即率僚属吏从，备旗帜音乐彩舆香舆，诣五里外迎。见送敕书官，即于道侧下马，所差官亦下马，取敕书置彩舆中，长官诣香舆前上香，讫，所差官上马，在香舆后，长官以下皆上马后从，鸣钲鼓作乐导至公厅，从正门入，所差官下马。执事者先设案并望阙褥位于庭中，香舆置于案之前，又设所差官褥位在案之侧，又设卓子于案之东南。所差官取敕书置于案，彩舆退。所差官称"有敕"，长官以下皆再拜。长官少前上香，讫，退复位，又再拜。所差官取敕书授都目，都目跪受，及孔目官二员，三人齐捧敕书，同高几上宣读，在位官皆跪听。读讫，都目等复位。长官以下再拜，舞蹈，俯伏，兴，再拜。公吏以下三称"万岁"。礼毕。明日，长官率僚属，音乐送至郭外。

金史卷三七
志第一八

礼 十

册皇后仪　奉册皇太后仪
册皇太子仪
正旦生日皇太子受贺仪
皇太子与百官相见仪

册皇后仪　天德二年十月九日，册妃徒单氏为皇后。前一日，仪鸾司设座勤政殿，南向。设群臣次于朝堂。大乐令展宫县于殿庭，设协律郎举麾位于乐县西北，东向。阁门设百官班位于庭，并如常朝之仪。又设典仪位于班位之东北，赞者二人在南少却。俱西向。设册使副位于殿门外之东，又设册使副受命位于百官班前。又设册宝幄次二于殿后东厢，俱南向。

其日，诸卫勒所部，略列黄麾细仗于庭。符宝郎奉八宝置于左右。吏部侍郎奉册，礼部侍郎奉宝匣，皆置于床，讫，出就门外班。大乐令、协律郎、乐工、典仪、赞者各入就位。群官等依时刻集朝堂，俱就次，各服朝服。侍中约刻板奏"请中严"，通事舍人引群官入，就庭东西相向立，以北为上。又引册使副立于东偏门，西向。门下待郎引主节，奉节立于殿下东廊横街北。中书令、中书侍郎帅举捧册官，奉册床立于节南。侍中、门下侍郎帅举捧宝官，奉宝床立于册床之南,俱西面。

　　侍中版奏"外办"。殿上索扇。协律郎举麾,宫县作。皇帝服通
天冠、绛纱袍,出自东房,曲直华盖、警跸侍卫如常仪。即座,南向
坐,帘卷,乐止。通事舍人引册使副入,宫县作。使副就受命位,侍
中、中书令、门下侍郎、中书侍郎、举捧官依旧西面立,群臣合班,横
行北面,如常朝之仪,立定。典仪曰"再拜",赞者承传,班首已下群
官在位者皆再拜。班首问起居,又再拜。阁门官引摄侍中出班承制,
降诣使副东北,西向称"有制"。使副稍前,鞠躬再拜,摄侍中宣制
曰:"命公等持节授后册宝。"宣制讫,又俱再拜,侍中还班。门下侍
郎引主节诣册使所,主节以节授门下侍郎,门下侍郎执节西向授太
尉,太尉受付主节,主节立于使副之左右。门下侍郎退还班位,中书
侍郎引册床,门下侍郎引宝床,立于册使东北,西向,以次授与太
尉,太尉皆捧受,册床置于北,宝床置于南。侍中、中书令、礼仪使、
举捧册宝官及舁床者,退于东西堈道之左右,相向立。门下侍郎、中
书侍郎退还班位。典仪曰"再拜",赞者承传,群官在位者皆再拜,
讫,分班东西相向立。举捧舁册宝床者进,册床先行,读册官次之,
宝床次行,读宝官次之。举舁官各分左右,通事舍人引册使随之以
行,持节者前导。太尉初行,宫县乐作,出殿门,乐止。摄侍中出班
升殿,奏"侍中臣言礼毕"。殿上索扇,帘降,宫县作。降座,入自东
房,乐止。通事舍人引群官在位者以次出。俟太尉、司徒复命,礼毕,
还内。

　　先是,有司预设太尉、司徒本品革车卤簿于门外至殿门左右排
列。俟使副出,鼓吹振作。礼仪使、举捧官、执节者并抬舁人,以册
宝少驻于泰和门,太尉、司徒及读册宝官暂归幕次。内侍阁门引入
泰和殿,俟至殿下位,鼓吹止。

　　有司预供张,泰和殿设皇后座于宸前,殿上垂廉。又设东西房
于座之左右稍北。又设受册位于殿庭西阶之南,东向。又设内命妇
次于殿之左右。大乐令设宫县于庭,协律郎设举麾位于殿上。又设
册宝次于门外。又设行事官次于门左右。又设外命妇次于门之内。

其日，诸卫于殿门外略设黄麾细仗。有司设二步障于殿之西阶。帘前设扇，左右各十。红伞一，在西阶栏干外。又设举册宝案位于使副之前，北向又设宣徽使位于北厢，南向。司赞设内外命妇以下陪列位于殿庭塼道之左右，每等重行异位北向，内命妇在后。又设司赞位于东阶东南，赞者二人在南少退，俱西向。

质明，执事官大乐令等各就位。皇后常服，乘龙饰肩舆，至泰和殿后阁，近仗导卫如常仪。宣徽使奏"中严"。册使副入门，宫县作，俟册使庭中立，乐止。册在北，宝在南，使副立于床后。礼仪使帅持节者立于前，举捧册宝官立于册宝床左右，读册宝官各立于其后。

宣徽使奏"外办"。内侍阁门官引后出后阁，宫县作。帘卷，皇后降自西阶，左右步障伞扇从，至阶下，望勤政殿御阁所在立，乐止。册使进，立于右，宣曰"有制"，阁门使内侍赞"再拜"。册使宣曰："制遣太尉臣某、司徒臣某，恭授后册宝。"阁门使内侍赞"再拜"。册使少退。中书令、侍中及举捧官率抬舁人奉册宝以次进于前，宫县作。册宝床自东阶升，并置于殿之前楹间，册床在北，宝床在南，中留读册宝官立位，并去帕及盖，抬舁人执之，退立于西朵殿。举抬官分左右相向立，读册宝官各立于床之东，西向，立既定，乐止。阁门使内侍赞"再拜"，捧谢表官以表授左立内侍，内侍以授后，受讫，以付右立内侍，内侍持表立于右。阁门使赞"再拜"，讫，册使退，宫县作。持表内侍以表付阁门官，随册使行。册使副至门，鼓吹振作如来仪，入西偏门，鼓吹止。册使副至御阁所在，俯伏，跪奏："太尉臣某、司徒臣某，奉制授册宝，礼毕。"俯伏，兴，退。持表阁门官进表，近侍接入，进读，讫，退。

初，册使退，及门乐止。阁门内侍引后自西阶升殿，宫县作。伞扇止于帘外，退于左右朵殿前。步障止于阶下，卷之。后于座前南向立，乐止。中书令诣册床南立，北向，称"中书令臣某，谨读册"。读毕，降自东阶，立于栏外第一墀上，西向。次侍中诣宝床南立，北向，揖称"侍中臣某，读宝"。读毕降阶，立于中书令之北，西向，内侍阁门引升座，宫县作，坐定，乐止。举捧官以次招抬舁人持帕盖覆匣床，奉置殿之左右，册床在东，宝床在西。置讫，举捧官以次降阶，立于中书令、侍中之后，立定，合班北向。阁门赞"再拜"，拜讫，降东阶，退出殿门。其抬舁人置册宝床于东西讫，各由朵殿下阶，于侍中等班后直出殿门，以俟复入，抬舁入宫。

受册表谢讫，内侍跪奏"礼毕"。阁门引内外命妇陪列者以次进，就北向位。班首初行，宫县作，至位乐止。阁门曰"再拜"，命妇皆再拜。阁门引班首自西阶升，乐作，至阶乐止，进当座前，北向躬致称贺，讫，降自西阶，乐作，至位乐止。阁门曰："再拜"，舍人承传，命妇等皆再拜。阁门使前承令，降自西阶，诣命妇前西北，东向，称"有教旨"。命妇皆拜，阁门使宣曰："祗奉圣恩，授以册宝，荣幸之至，竞厉增深。所贺知。"舍人曰"再拜"，命妇皆再拜，讫，内侍引内命妇还宫。班首初行，乐作，出门，乐止。内侍引外命妇出次。宣徽使奏称"礼毕"。降座，宫县作，入东房，乐止。归阁，宫县作，至阁乐止。更常服。内侍承教旨，宣外命妇入会，并如常仪。会毕，阁门引外命妇降阶，横班北向，舍人曰："再拜"，讫，以次出。还宫，如来仪。中书门下侍郎复以引进司帅抬舁人进册宝入内，付与都点检司，退。

别日，会群官，会妃主宗室等，赐酒，设食，簪花，教坊作乐，如内宴之仪。

十一日，朝永寿、永宁两宫。皇后既受册，越二日，内侍设座于所御殿，南向。其日凤兴，宣徽使版奏"中严"。质明，诸侍卫宫人俱诣寝殿奉迎，宣徽使版奏"外办"。后首饰袆衣御车，内侍前导，降自西阶以出，侍卫如常仪。至太后之里门外，降车，障扇侍卫如常仪，入立于西厢，东向。将至，宣徽使版奏"请中严"，既降车，宣徽使版奏"外办"。太后常服，宣徽使引升座，南向。宣徽使引后进，升自西阶，北面再拜，进跪致谢词。存抚赐酒食，并如家人之仪。礼毕，宣徽使赞"再拜，"讫。宣徽使引降自西阶以出。出门，宣徽使奏"礼毕"，降座入宫。

奉册皇太后仪　天德二年正月，诏有司："择日奉册唐殷国妃、岐国太妃，仍别建宫名。合行典礼，礼官检详条具以闻。"

其日质明，有司各具伞扇，侍卫如仪，及兵部约量差军兵，并文武百官诣两宫迎请，引导皇太后入内，并赴受册殿，入御幄，侍卫如式。次奉册太尉等俱以册置于案，奉宝司徒等俱以宝置于案，皆盛以匣，覆以帕，诣别殿门外幄次。教坊提点率教坊入。侍卫官各就列。皇帝常服乘舆，至别殿后幄次。通事舍人引宣徽使版奏"中严"，复位，少顷，又奏"外办"。幄帘卷，教坊乐作，扇合，两宫皇太后出自后幄，并即御座，南向，扇开，乐止，分左右少退。通事舍人引文武百僚班左入，依品，重行西向，立定，通事舍人喝"起居"，班依常朝例起居，七拜，讫，引文武百僚班分东西相向立。

通事舍人、太常博士赞引，太常卿前导，押册官押册而行，奉册太尉、读册中书令、举册官等以次从之。次押宝官押宝而行，奉宝司徒、读宝侍中、举宝官等以次从之。俱自正门入，教坊乐作，至殿庭西阶下少东，北向，于褥位少置，乐止。册北，宝南。通事舍人、太常博士赞引，太常卿前导，押册官押册升，乐作，奉册太尉等从之，进至两宫皇太后座前褥位，乐止，两宫册宝齐上，齐读。举册官夹侍。奉册太尉各搢笏，北向跪，俯伏，兴，退立。读册中书令俱进，向册前跪奏称"摄中书令具官臣某，谨读册"。举册官单跪对举，中书令各搢笏，读讫，执笏，俯伏，兴，搢笏，捧册兴，于位东回册函北向，并进，跪置于御座前褥位。中书令举册官俱降，还位。奉册太尉并降阶，东向以俟。

押宝官押宝升，乐作，奉宝司徒等从之，进至两宫皇太后座前褥位，乐止。举宝官夹侍。奉宝司徒各搢笏，北向跪，俯伏，兴，退立。读宝侍中俱进，当宝前跪奏称"摄侍中具官臣某，谨读宝"。举宝官单跪对举，侍中各搢笏，读讫，执笏，俯伏，兴，搢笏，捧宝兴，于位东回宝函北向，并进，跪置于御座前褥位册之南。通事舍人、太常博士赞引太尉、司徒以次应行事官俱降自西阶，复本班序立。

宣徽使一员诣皇帝御幄前，俯伏，跪奏"臣某谨请皇帝诣两宫皇太后前,行称贺之礼",俯伏,兴。赞引皇帝再拜,又奏"请北向跪",皇帝贺曰"嗣皇帝臣某言云云",俯伏,兴,又再拜,讫,又奏"请皇帝少立",内侍承旨退,西向称"两宫皇太后旨云云",皇帝再拜。宣徽使前引,皇帝归幄,常服乘舆还内,侍卫如来仪。

应阶下文武百僚重行立定,通事舍人喝"拜",在位皆再拜。通事舍人引太师诣西阶升,俯伏,跪奏称:"文武百僚具官臣某等稽首言,皇太后殿下显对册仪,永安帝养。仰祈福寿,与天同休。"俯伏,兴,降自西阶,复位立定。通事舍人赞"在位官皆再拜",舞蹈,三称"万岁",又再拜。宣徽使升自东阶,取旨退,临阶西向称"两宫皇太后旨",通事舍人赞"在位官皆再拜",毕,宣曰:"公等忠敬尽心,推崇协力。膺兹令典,感愧良深。"宣讫,还位。通事舍人赞"谢宣谕,拜。"在位官皆再拜,舞蹈,三称"万岁",又再拜。通事舍人分引应北向官各分班东西立。宣徽使升自东阶,奏称"具官臣等言,礼毕",降还位。扇合,皇太后并兴,教坊乐作,降座,还殿后幄次,扇开,乐止。通事舍人引宣徽使奏"解严"。中书侍郎等各帅捧册床官升殿,跪捧册并置于床,次门下侍郎等各帅捧宝床官升殿,跪捧宝并置于床,讫,通事舍人引诣东上阁门,投进所司。文武百僚以次出。皇太后常服乘舆,各还本宫,引导如来仪。文武百僚诣东上阁门拜表贺皇帝,退。

礼毕,各赴本宫,受内外命妇称贺。所司预于殿内设皇太后御座,司宾引内外命妇于殿庭北向依序立。尚仪奏请,皇太后常服即座。司赞曰"再拜",命妇皆再拜。司宾引班首诣西阶升,跪贺称:"妾某氏等言,伏惟皇太后殿下,天资圣善,昭受鸿名,凡在照临,不胜欣抃。"兴,降阶复位。司赞曰"再拜",内外命妇皆再拜。尚宫承旨,降自西阶,于命妇之北东向立,司赞曰"再拜",在位者皆再拜,尚宫乃宣答曰"膺兹典礼,感愧良深"。司赞曰"再拜",在位者皆再拜,退。

赴别殿贺皇帝,亦如贺皇太后之仪,惟不致词,不宣答。

册皇太子仪　大定八年正月，册皇太子，礼官拟奏，皇太子乘舆至翔龙门，东宫官导从，不乘马。册皇太子前三日，遣使同日奏告天地宗庙。

册前一日，宣徽院帅仪鸾司，设御座于大安殿当中，南向。设皇太子次于门外之东，西向。又设文武百僚应行事官、东宫官等次于门外之东、西廊。又设册宝幄次于殿后东厢，俱南向。又设受册位于殿庭横阶之南。工部官与监造册宝官公服，自制造所导引册宝床，由宣华门入，约宣徽院同进呈毕，赴幄次安置。大乐令帅其属，展乐县于庭。

其日，兵部帅其属，设黄麾仗于大安殿门之内外。其日质明，文武百僚应行事官并朝服入次。东宫官各朝服，自东宫乘马导从，至左翔龙门外下马，入就次。通事舍人分引百官入立班，东西相向。次引侍中、中书令、门下侍郎、中书侍郎及捧舁册宝官，诣殿后幄次前立。少顷，奉册宝出幄次，由大安殿东降，至庭中褥位，权置讫，奉引册宝官立于其后。皇太子服远游冠、朱明衣出次，执圭，三师三少已下导从，立于门外。侍中奏"中严"。符宝郎奉八宝由东西偏门分入，升置御座之左右。侍中奏"外办"。内侍承旨索扇，扇合，皇帝服通天冠、绛纱袍以出，曲直华盖侍卫如常仪，鸣鞭，宫县乐作。皇帝出自东序，即御座，炉烟升，扇开帘卷，乐止。典赞仪引皇太子入门，宫县乐作，至位乐止。师、少已下从入，立于皇太子位东南，西向。典仪赞"皇太子再拜"，搢圭，舞蹈，又再拜，奏"圣躬万福"，又再拜，引近东，西向立。师、少已下并奉引册宝官等。各赴百官东班，乐作，至位乐止。通事舍人引百官俱横班北向。典仪赞"拜"，在位官皆再拜，搢笏，舞蹈，又再拜，起居，又再拜，毕，百官各还东西班。师、少已下并行事官各还立位。典赞仪引皇太子复受册位，乐作，至位乐止。侍中承旨，称"有制"，皇太子已下应在位官皆再拜，躬身，侍中宣制曰"册某王为皇太子"。又再拜。通事舍人、太常博士引中书令诣读册位，中书侍郎引册匣置于前，捧册官西向跪捧，皇太子跪，读毕，俯伏，兴。皇太子再拜。中书令诣捧册位，奉册授皇太子，搢圭，跪受册,以授右庶子,右庶子跪受,皇太子俯伏,兴,右庶子以册,兴,置于床,中书令已下退复本班。

次通事舍人、太常博士引侍中诣奉宝位,门下侍郎引宝盝立于其右,侍中奉宝授皇太子,搢圭,跪受,以授左庶子,左庶子跪受,皇太子俯伏,兴,左庶子以宝兴,置于床,侍中已下退复本班。典仪赞"再拜",毕,引皇太子退,初行,乐作,左右庶子帅其属,舁册宝床匣以出。出门,乐止。侍中奏"礼毕",内侍承旨索扇,扇合,帘降,鸣鞭,乐作,皇帝降座,入自西序还后阁,侍卫如来仪,扇开,乐止。侍中奏"解严"。所司承旨,放仗卫以次出。皇太子入次,改服公服,还东宫,导从如来仪。

册后二日,兵部设黄麾仗于仁政殿门之内外,陈设并如大安殿之仪。百官服朝服。皇太子公服至次,改服远游冠、朱明衣。通事舍人引百官入至阶下立班,东西相向。典赞仪引皇太子执圭出次,立于门外。侍中奏"中严",少顷,又奏"外办"。皇帝出自东序,即座,帘卷。通事舍人引百官俱横班北向,典仪赞"拜",在位官皆再拜,搢笏,舞蹈,又再拜,起居,又再拜,讫,分班。皇太子捧表入,至拜表位立,俟阁门使将至,单跪捧表,阁门使接表,皇太子俯伏,兴,典仪赞"再拜",搢圭,舞蹈,又再拜。俟读表毕,侍中承旨退称"有制",典仪赞"再拜",兴,躬身,侍中宣讫,典仪赞"再拜",搢圭,舞蹈,又再拜。引皇太子退。侍中奏"礼毕"。扇合,鸣鞭,入西序,还后阁,侍卫如来仪。侍中奏"解严"。放仗,百官以次出。后二日,百官奉表称贺,如常仪。

皇太子正旦、生日受贺仪 大定二年,世宗命有司议亲王百官及妃主命妇见皇太子礼。有司按唐、宋旧仪,拟亲王宗室贺皇太子,依册毕受贺礼。然唐礼元正复有降阶见伯叔、答群官再拜之文,又无妃主命妇见太子之礼。稽诸令文,应致恭之官相见,或贵贱殊隔,或长幼亲戚,任从私礼。自今若在东宫候皇太子,便服,则当从私礼接见。若三师以下,遇皇太子诞日,在御前,则候皇太子先进酒毕,百官望皇太子再拜,班首跪进酒,又再拜。若赐酒,即当殿跪饮毕,又再拜。以为定制,命班行之。

十二月晦,皇太子奏状曰:"按礼文,亲王并一品宗室皆北面拜伏,臣但答揖而已。虽曰尊宗子,而在长幼惇叙之间诚所未安。当时遽蒙颁降,未获谦让。明日元正,有司将举此礼,伏望圣慈许臣答拜,庶敦亲亲友爱之义。"上从其请,命尚书省颁下所司。

若皇太子生日,则公服,左上露台栏子外,先再拜,二阁使齐揖入栏子内,拜跪,祝毕,就拜,兴,复位,再拜,又再拜,接台进酒,退跪,候饮毕,接盏,复位,转台与执事者,再拜。宣徽使以酒进,皇帝亲赐酒,接盏稍退跪饮,毕,宣徽使接盏,复位再拜,复揖入栏子内,跪揙笏,受赐物毕,出笏,兴,复位,再拜,退更衣,入殿稍东,西向立。皇妃等进劝生日酒,皇太子跪,皇妃等亦跪,饮毕,各再拜。

群官致贺,则其日质明,皆公服集于门外,少詹事奏"请内严",又奏"外备"。典仪引升座。文武宫臣入就庭下重行北向立,典仪曰"再拜",在位官皆再拜,班首少前跪奏"元正首祚",生日则云"庆诞令辰","伏惟皇太子殿下福寿千秋"。贺毕复位,典仪曰"再拜",宫臣皆再拜,坐受,分东西序立。次引东宫三师于殿上,三少于殿柱外,北向东上立。皇太子诣南向褥位,典仪曰"再拜",师、少皆再拜,班首同前称贺,复位。执事者酌酒一卮,班首奉进,乐作,饮讫,乐止。回劝师、少毕,各复位。典仪赞师、少再拜,皇太子答拜。师、少出,皇太子就坐。次引亲王入栏子内,一品宗室于栏子外,余宗室序班庭下,拜致贺、进酒如上仪。皇太子答拜毕,就坐。复引随朝三师三公宰执于殿上,三品以上职事官于露阶上,四品以下于庭下,北向,每等重行以东为上,立。皇太子诣褥位。典仪曰"再拜",上下皆再拜,毕,班首少前致贺,复位,执事者酌酒一卮,班首奉进,乐作,饮毕,乐止。如有进献如常仪。回劝三师三公,余殿上群官则令执事者以盘行酒,饮毕,典仪曰"再拜",上下皆再拜,乃答拜,引群官以次出。少詹事跪奏"礼毕"。自是岁贺为定制。

皇太子与百官相见仪　三师三公栏子内北向躬揖,班首稍前问候,皇太子离位稍前,正南立,答揖。宰执及一品职事官扣栏子北向躬揖,答揖同前。二品职事官栏子外稍南躬揖,皇太子起揖。三品职事官露阶稍南躬揖,皇太子坐揖。四品以下职事官庭下躬揖,跪问候,皇太子坐受。太子太师、太傅、太保与随朝三师同。东宫三少与随朝二品同。詹事已下,并在庭下面北,每品重行以东为上,再拜,稍前问候,又再拜,皇太子坐受。大定二年所定也。

七年,定制,皇太子赴朝。许与亲王宰执相见,余官宗室并回避,后亦许与枢密使副、御史大夫、判宗正、东宫三师相见。

九年,定制,凡皇太子出,于都门三里外设褥位,三公宰执以下公服重行立,皇太子便服,三公宰执以下鞠躬,班首致辞云“青宫万福”,再拜,皇太子答拜,退。迎、送皆同。

金史卷三八
志第一九

礼十一

外国使入见仪　曲宴仪　朝辞仪
新定夏使仪注

外国使入见仪　皇帝即御座，鸣鞭、报时毕，殿前班小起居毕，
至侍立位。引臣僚左右入，至丹墀，小起居毕，宰执上殿，其余臣僚
分班出。阁门使奏使者入见榜子。先引宋使、副，出笏，捧书左入，
至丹墀北向立。阁使左下接书，捧书者单跪授书，拜，起立。阁使左
上露阶，右入栏内，奏"封全"，转读毕，引使、副左上露阶，齐揖入栏
内，揖使副鞠躬，使少前拜跪，附奏毕，拜起，复位立。侍宣问宋皇帝
时并鞠躬，受敕旨，再揖鞠躬，使少前拜跪，奏毕，起复位，齐退却，
引使、副左下，至丹墀北向立。礼物右入左出，尽，揖使、副傍折通
班，再引至丹墀，舞蹈，五拜，不出班奏"圣躬万福"，再拜。揖使副鞠
躬，使出班谢面天颜，复位，舞蹈，五拜。再揖副使鞠躬，使出班谢远
差接伴、兼赐汤药诸物等，复位，舞蹈，五拜。各祗候，引右出，赐衣。
次引宋人从入，通名已下再拜不出班，又再拜，各祗候，亦引右出。

次引高丽使左入，至丹墀北向略立，引使左上露阶，立定。揖横
使鞠躬，正使少前拜跪，附奏毕，拜起，复位立。阁使宣问高丽王时
并鞠躬，受敕旨毕，再揖横使鞠躬，正使少前拜跪，奏毕，拜起，复
位，齐退却，引左下，至丹墀，面殿立定。礼物右入左出，尽，揖使傍

折通班,毕,引至丹墀,通一十七拜,各祗候,平立,引左阶立。

次引夏使如上仪,引右阶立。

次再引宋史副左入,至丹墀,谢恩,舞蹈,五拜,各祗候,平立。次引高丽、夏使并至丹墀。三使并鞠躬,有敕赐酒食,舞蹈,五拜,各祗候,引右出。次引宰执下殿,礼毕。

曲宴仪　皇帝即御座,鸣鞭、报时毕,殿前班小起居,到侍立位。引臣僚并使客左入,傍折通班,至丹墀舞蹈,五拜,不出班奏“圣躬万福”,又再拜。出班谢宴,舞蹈,五拜,各上殿祗候。分引预宴官上殿,其余臣僚右出。次引宋使从人入,至丹墀再拜,不出班奏“圣躬万福”,又再拜。有敕赐酒食,又再拜,引左廊立。次引高丽、夏从人入,分引左右廊立。果床入,进酒。皇帝举酒时,上下侍立官并再拜,接盏,毕,候进酒官到位,当坐者再拜,坐,即行臣使酒。传宣,立饮毕,再拜,坐。次从人再拜,坐。至四盏,饼茶入,致语。闻鼓笛时,揖臣使并人从立,口号绝,坐宴并侍立官并再拜,坐,次从人再拜,坐。食入,五盏,歇宴。教坊谢恩毕,揖臣使起,果床出。皇帝起入阁,臣使下殿归幕次。赐花,人从随出戴花毕,先引人从入,左右廊立,次引臣使入,左右上殿位立。皇帝出阁坐,果床入,坐立并再拜,坐,次从人再拜,坐。九盏,将曲终,揖从人至位再拜,引出。闻曲时,揖臣使起,再拜,下殿。果床出。至丹墀谢宴,舞蹈,五拜。分引出。

朝辞仪　皇帝即御座,鸣鞭、报时毕,殿前班小起居,至侍立位。引臣僚合班入,至丹墀小起居,引宰执上殿,其余臣僚分班出。阁使奏辞榜子。先引夏使左入,傍折通班毕,至丹墀再拜,不出班奏“圣躬万福”,又再拜。揖使副鞠躬,使出班,恋阙致词,复位,又再拜,喝“各好去”,引右出。次引高丽使,如上仪。亦引右出。次引宋使副左入,傍折通班毕,至丹墀,依上通六拜,各祗候,平立。阁使赐衣马,鞠躬,闻敕,再拜。赐衣马毕,平身,揖笏,单跪,受别录物过尽,出笏,拜起,谢恩,舞蹈,五拜。有敕赐酒食,舞蹈,五拜。引使副左上露阶，齐揖入栏内，揖鞠躬，大使少前拜跪受书，起复位。揖使副齐鞠躬，受传达毕，齐退，引左下至丹墀，鞠躬，喝"各好去"，引右出。次引宰执下殿，礼毕。

熙宗时，夏使入见，改为大起居。定制以宋使列于三品班，高丽、夏列于五品班，皇统二年六月，定臣使辞见，臣僚服色拜数止从常朝起居，三国使班品如旧。俟殿前班及臣僚小起居毕，宰执升殿，余臣分班毕，乃令行人见及朝辞之礼。凡入见则宋使先，礼毕夏使入，礼毕而高丽入，其朝辞则夏使先，礼毕而高丽入，礼毕而宋使入。夏、高丽朝辞之赐，则遣使之就赐于会同馆。惟宋使赐则庭授。

旧高丽使至阙皆有私进礼，大定五年，上以宋、夏使皆无此礼，而小国独有之，不可，遂命罢之。

六年，诏外国使初见、朝辞则于左掖门出入，朝贺、赐宴则由应天门东偏门出入。

大定二十九年三月，章宗以在谅闇，免宋使朝辞，太常寺言："若不面授书及传达语言，恐后别有违失。"遂令宋使先辞灵輀，然后诣仁政殿朝辞，授书。时右丞相襄言："伏见熙宗圣诞七月七日，以景宣忌辰避之，更为翌日，复用正月十七日受外国贺。今圣诞节若依期，令外方人使过界，恐为雨潦所滞，设能到阙，或值阴雨亦难行礼，乞以正月十一日或三月十五日为圣节，定宋人过界之期。"平章政事张汝霖、参知政事刘玮等言："帝王当示信，以雨潦路阻辄改之，或恐失信。且宋帝生日亦五月也，是时都在会宁，上国遣使赐生日，万里渡越江、河，沿不避霖潦，如期而至。今久与宋好，不可以小阻示以不实。彼若过界，多作程顿亦不至留滞，纵使雨水愆期而入见，犹胜更用他日也。"御史大夫唐括贡、中丞李晏、刑部尚书兼右谏议大夫完颜居贞等亦皆言不可，上初从之，既而竟用襄议，令有司移报，使明知圣诞之实，特改其日以示优侍行人之意。

承安三年正月，上谕旨有司曰："比闻宋国花宴，殿上不设肴馔，至其歇时乃备于廊下。今花宴上赐食甚为拘束，若依彼例可乎？

且向者人使见辞，殿上亦尝有酒礼，今已移在馆宴矣。"有司奏曰：
"曲宴之礼旧矣。彼方，酒一行、食一上必相须成礼。而国朝之例，
酒既罢而食始进。至于花宴日，宋使至客省幕次有酒礼，而我使至
幕则有食而无酒，各因其旧，不必相同。古者宴礼设食以示慈惠，今
遽更之，恐远人有疑，失朝廷宠待臣子之意。"乃命止如旧。

　　正大元年十月，夏国遣使修好。二年九月，夏国和议定，以兄事
金，各用本国年号，定拟使者见辞仪注云。盖夏人自天会议和，臣属
于金八十余年，无兵革事。及贞祐之初，小有侵掠，以至构难十年，
两国俱敝，至是，始以兄弟之国成和。十月，遣礼部尚书奥敦良弼、
大理卿裴满钦甫、侍御史乌古孙弘毅为报成使。三年十月，夏人告
哀，遣中大夫完颜履信为吊祭使。夏人以兵事方殷，各停使聘。四
年，遣王立之来聘，未复命而夏亡。

　　新定夏使仪注夏国使、副及参议各一，谓之使。都管三。上节、
中节各五，下节二十四，谓之三节人从。报至行省，差接伴使与书表
人迓于境。入界，则先具驿程腰宿之次。始至京兆行省，翌日赐宴，
至河南行省亦然，谓之来宴。将至京，遣内侍一人以油绢复韬三银
盒，贮汤药二十六品，逆于近境尉氏县赐之。至恩华馆旧名燕宾馆，
承安三年更名。更衣，由宜照门入，预差馆伴使、副使二员，书表四
人，牵拢官三十人以俟。来使三节人从至会同馆，谓之聚厅，先以馆
伴使名衔付之，而使者亦以其衔呈，然后使、副、都管、上中节人从
以次见馆伴使。接伴使初相见之仪亦然。次以馆伴所书表见人使，
馆伴所牵拢官与下节互相参见毕，乃请馆伴、接伴人、使、副，各公
服齐出幕次，对行上厅栏子外，馆伴在北，对立。先接伴揖，次来使
副与馆伴互展状，揖，各传示，再揖。各就位，请收笏坐，先汤，次酒
三盏，置果肴。茶罢，执笏，近前齐起，栏子外馆伴在南，对立。先馆
伴揖，次展接伴辞状，相别揖，各传示，再揖，通揖分位。

　　是日，皇帝遣使抚问。天使至馆，转衔如馆伴初见之仪。馆伴
与天使、来使副各公服，齐行至位，对立。请来使副升拜褥望阙立，

次请天使升拜褥稍前立。来使副鞠躬，天使言"有敕"，乃再拜鞠躬。
天使口宣辞毕，复位。来使再拜，舞蹈，三拜，复位立。来使与天使
各展状，相见揖，次馆伴揖。来使令人传示，请馆伴、天使与来使对
行上厅，各赴椅子立，通揖。谨收笏坐，汤酒肴茶并如前，毕，执笏，
近前，齐请起，至拜褥，依前对立。请来使副升褥位，进表谢抚问，再
拜，副使平立，使跪奉表，天使近前揩笏受之，出笏复位，来使就拜，
退，复对立。来使令人传示馆伴，依例书送天使土物，毕，展天使辞
状，相别揖，次馆伴揖，各请分位。是后，每旦幕传示，并牵扰官声喏
如仪。

到馆之明日，遣使赐酒果，天使初至转衔后，望拜传宣皆如抚
问之仪。使副单跪，以酒果过其侧，拜、舞蹈如仪。上厅汤酒茶毕，
诣拜褥位，跪进谢赐酒果表，赠天使土物皆如抚问使礼，押酒果军
亦有土物之赠。乃命阁门副使至馆习仪，初转衔前后皆如馆伴相见
之仪。汤茶罢，馆伴阁副传示使副，来日入见，例当习仪。来使副回
传示，习仪毕。第二盏后，当面劝习仪承受人酒一盏，先揖，饮酒，再
拜退。三盏果茶罢，执笏近前齐起，栏子外南为上，对立。以来日入
见，故但揖而不展辞状，分位。乃以入见榜子付阁门持去，以付礼进
司。来使副以书送土物于引进使，及交进物军员人等，阁门副及习
仪承受人各赠土物。

第三日，入见。其日质明，都管、三节人从皆裹带，馆伴与来使
副各公服，齐请赴马台，馆伴牵拢官喝"排马"，来使牵拢官喝"牵
马"，各上马张盖。都管马上奉书在使前，至中门外，以外为上，对
立。先来使牵拢官两声喏，次馆伴牵拢官亦然，齐揖，各传示，再揖，
请行。至左掖门外五百步，馆伴与使副乃左右易位而行。揖毕，去
门百步去伞下马，出笏，对行。凡后入称贺、曲宴皆同是仪。来使人
从持物者不得入门，牵拢官权收之。客省令二人传示，馆伴与来使
各令人回传示。至客省幕前，馆伴所书表在上立，齐揖，乃入幕。先
馆伴所书表传示，次来使书表传示，依前栏子外立，先揖，当面劝酒
一盏，再揖，退。引馆伴来使入客省幕，内为上，对立揖毕，请分位

立。先馆伴揖,次展客省起居状,揖,各传示,再揖,通揖。请赴位立,再揖,请收笏坐。先汤,次酒三盏,各有果肴。第二盏酒毕,客省乃传示来使,请都管、上中节劝酒。回传示毕,引都管、上中节于幕次前阶下排立,先揖,饮酒,再揖,引退。第三盏酒毕,茶罢,执笏,近前齐起,幕次前立,通揖毕,各归本幕次。

俟殿上小起居毕,宰执升殿,余臣分班退,阁使奏来使见榜子。乃先请馆伴入班。俟阁门招引,乃请客省与来使副对立于幕前,外为上。使者奉书,揖毕对行,至三门外,与引揖阁副揖。使奉书,副出笏后随,左上露台殿簷柱外,奉书单跪,旧仪于丹墀内奉书。阁使接书,使副就拜,立。阁使右入栏子内,奏“封全”,转读毕,故事皆不读。引使副入殿栏子内,揖使副鞠躬再拜,引少前跪奏:“弟大夏皇帝致问兄大金皇帝,圣躬万福。”再拜,兴,复位。皇帝乃宣问夏皇帝,使副鞠躬受旨,毕,引使少前跪奏:“弟大夏皇帝圣躬万福。”拜,复位,立。齐退,左下阶,至丹墀北向立。以礼物右入左出,尽,揖使副傍折通班。再引至丹墀,舞蹈,五拜,不出班代奏“圣躬万福”,毕,再拜。引使副前,双跪,皇帝遣人劳问,复位,谢恩,舞蹈,五拜。再揖使副出班,谢面天颜,复位,舞蹈,五拜。再揖阁副鞠躬,引使出班,谢远差接伴兼赐汤药诸物,复位,舞蹈,五拜。喝“各祗候”,引右出,至三门阶下,与阁副揖别,与客省同行至幕次前对揖,各归幕次。

引都管、上中节左入,丹墀立,下节于门外阶下立,齐鞠躬通名,先再拜,不出班奏“圣躬万福”,再拜。下节鞠躬声喏,初一拜呼“万岁”,次一拜呼“万岁”,临起呼“万万岁”,喝“各祗候”,平立,引右出。乃赐使者衣,拜舞皆如赐酒果之仪,毕,使者与天使对立。次请都管、三节人从望阙立,天使稍前立,都管人从鞠躬,天使传敕,拜谢如使仪,就拜毕,谢恩再拜。下阶鞠躬声喏,如入见仪。乃再引入,赐以酒食,阁门招、客省皆如入见仪。至丹墀,谢赐衣物,再拜,舞蹈,三拜,鞠躬。赞“有敕赐酒食”,舞蹈,五拜。喝“各祗候”,引右出,如前仪,归幕。乃请出,馆伴与使副幕前对立揖,各传示,再揖,请行。至元下马所,复左右易位而行,揖毕,各收笏,上马至馆。又左右易位入门，内为上，对立。先来使牵拢官，次馆伴牵拢官，各声喏，再拜揖，毕，请分位。乃以押伴使赐宴于管。

押伴至馆，转名衔回毕，与馆伴、来使公服，齐诣褥位对立，押伴稍前立。先请押伴、馆伴上褥位，望阙拜，谢坐，再拜，舞蹈，三拜，起。先请押伴上副阶上立，乃引使副上褥位，望阙亦谢坐，仪同上。乃与馆伴对行上厅。押伴在副阶上，与使副展参状。来使副先令人报上闻，押伴回传示，再揖。请押伴先入，于卓前椅位立。馆伴与使副对揖，各就位立，通揖，请端笏坐，汤入，乃于拜席上排立都管人从。汤盏出，揖起，押伴等离位立。都管人从鞠躬拜，下节人声喏，如入见仪。呼"万岁"，毕，喝"押伴及使副皆就坐"。引三都管、上中节分左右上厅，南入，北为上，下节在西廊下立。候押伴等初盏毕，乐声尽，坐。至三盏下，食毕，四盏下，酒毕。押伴传示来使，面劝都管、上中节酒一盏，来使答上闻，以都管、上中节于副阶下排立，先揖，饮，传台旨劝，再揖，退。至五盏下，酒毕，茶入。都管人从于拜席上排立，待茶罢，揖押伴等起，离位立，都管人从鞠躬，喝"谢恩"，拜，下节声喏如上仪，就位立。请押伴等齐下厅，赴拜褥对立。先请使副就褥位，谢恩，再拜，舞蹈，三拜，复位。乃请押伴、馆伴就褥位，谢如上仪。复位。

第四日，命押宴官、赐宴官就馆宴。先赐宴天使转衔如前仪，各公服，请馆伴、天使与来使就褥位对立。先请使副就褥位，望阙立。次请赐宴天使就褥位稍前，使副鞠躬，天使传宣，使副拜谢，皆如前仪。使副与天使互展状，起居，揖。次馆伴揖。使副令人传示馆伴，依例请赐宴天使茶酒，馆伴暂归幕。来使副与天使主宾对行上厅，于西间内各诣椅位揖，收笏坐。先汤，次酒三盏，果肴。茶罢，执笏，近前请起，赐宴天使暗退。请押宴使至褥位立，次请馆伴齐就褥位，望阙再拜，平身，搢笏，鞠躬三舞蹈，跪左膝三叩头，出笏就拜，兴，再拜复位，对立。请押宴上厅。次请来使诣褥位，谢坐，再拜，舞蹈，三拜，请分阶升厅，栏子外，内为上，对立。先馆伴揖，次互展押宴起居状，相见，揖。各传示，再揖。通揖，请就位，诣椅位立。通揖，请端笏坐，以御宴不敢用踏床。汤入，都管、三节人从于拜席上排立。汤盏出。押宴离位立揖，都管人从鞠躬，下节人从声喏，呼"万岁"，如入见仪，喝"各就坐"。请押宴等坐。

引都管、上中节分左右上厅，北入，南为上，立。下阶于西廊下南入，北为上，立。候押宴等初盏毕，乐声尽，坐。至五盏后食，六盏、七盏杂剧。八盏下，酒毕。押宴传示使副，依例请都管、上中节当面劝酒。使者答上闻，复引都管、上中节于栏子外阶下排立，先揖，饮酒，再揖，退。至九盏下，酒毕，教坊退。乃请赐宴天使于幕次前。候茶入，乃于拜席排立都管、三节人从。茶盏出，揖起，押宴官等离位立，揖，都管人从鞠躬，喝"谢恩"，拜，下节声喏，呼"万岁"，如入见仪，且鞠躬，喝"各祗候"。请押宴等官齐出，分阶下厅，与天使对行至拜褥前立。请使副就位望阙谢恩，再拜，舞蹈，三拜，毕，依位立。请押宴、馆伴齐诣褥位谢恩。来使乃进谢御宴表，先再拜，平身立。使跪捧表，天使近前揖笏受表，出笏复位。使就拜，退复位，立。

使副上闻，依例书送天使土物，领毕，天使即以物报之，然后展天使辞状，再揖，次馆伴揖，通揖，请分位。是日，来使于宴下监酒等官及教坊人等皆有所赠。

第五日，称贺。比至客省幕次对立，皆如入见仪。至收笏坐，先汤，次酒三盏，毕，客省传示来使，辞曰："请都管、上中节当面劝酒。"回传示毕，引都管、上中节于幕次前阶下排立，先揖，饮酒，再揖，引退。至三盏酒毕，茶罢，出笏近前，齐请出幕次，前外为上，对立，通揖，分位，各归幕次。候阁门招引时。请客省与使副幕次前，外为上，对立揖，对行至门外阶下，与引揖阁副揖。引使副左入，与臣僚合班，至丹墀北向立定。同臣僚先再拜，平身，揖笏，鞠躬，三舞蹈，跪左膝三叩头，出笏就拜，兴，再拜，平立。俟进酒致辞毕，再拜，宣徽使称"有制"，又再拜，宣答毕，先再拜，舞蹈，平立，分班。俟皇帝举酒时，再拜，合班又再拜，上殿，夏使副在御座右第二行北端立。

次引都管、上中节左入，至丹墀立，下节门外阶下排立，齐鞠躬，通名毕，先再拜，鞠躬，不出班奏"圣躬万福"。喝"拜"，又再拜，下节声喏呼"万岁"，如前仪。喝"各祗候"，毕，平立，再鞠躬，喝"赐酒食"，声喏再拜呼"万岁"，如前仪。引左廊立。待床入，进酒。皇帝饮酒时，上下侍立皆再拜。俟进酒官至位，合坐官再拜，皆坐。即行臣使酒，普传宣，立饮，再拜，复坐。次人从鞠躬声喏再拜呼"万岁"之仪如前。皆坐。至第三盏，传宣立饮，毕，再拜，复坐。次人从如前，毕，坐。俟致语，闻鼓笛时，揖臣使皆立，俟口号绝，臣使再拜，坐，次人从如前仪，复坐。次至五盏，将曲终，人从立，再如前仪，毕，先引出。臣使起再拜，退至丹墀，合班，谢宴，再拜，舞蹈，三拜，喝"各祗候"。引出，至三门阶下，与阁门副使相揖别，与客省同行，至幕次前对立，先揖，各传示，再揖，请分位，就幕次。少顷，请馆伴与使副出幕次，外为上，对立，先揖，各传示，再揖，引行，至元下马处，请左右易位，对立揖，收笏上马，至馆，声喏相揖分位，与初入见还礼同。

第六日，赐分食，并赐酒果礼。天使至馆，与第二日赐酒果礼同。是日，支押分食酒果军土物，并在馆随局分官员承应人例物。凡里外门将军、监厨直长、馆都监、监酒食官、承应班祗候、众厨子、馆子、巡护军、馆伴所牵拢官，皆溥及之。

第七日，曲宴礼，如前仪。

第八日，奉辞之仪。至小起居毕，阁使先奏来使辞榜子。引使者左入，傍折通班，至丹墀再拜，不出班奏"圣躬万福"，又再拜。揖副鞠躬，使出班恋阙致词，复位，再拜，喝"各好去"，引右出，次引宰执下殿，礼毕。

第九日，聚厅，送至恩华馆，更衣而行。

凡使将至界，报至则差接伴使，至则差馆伴使，去则差送伴使，皆有副，皆差书表以从。凡行省来宴、回宴之押宴官，皆从行省定差，就借以文武高爵长官之职，以为转衔之光。来回之赐宴天使，皆以阁门祗候往，诏书、口宣皆禀命于都省，以翰林院定撰焉。

夏使至，或许贸易于市二日。使至，所差者馆伴使、副各一，监

察、奉职、省令史各一，书表四，总领提控官、酒食官、监厨、称肉官
各一，牵拢官三十，尚食局直长、知书、都管、接手、汤药直长、长行
各一，厨子五，奉饮直长一、长行二，奉珍二，仪鸾直长一，长行十，
把内外门官二，馆外巡防军三十，把馆甲军六十二，杂役军六十，过
位不通汉语军十，凡杂役皆衣皂，过食司吏八十，街市厨子四十，方
脉杂科医各一，兽医一，鞍马二十四匹，后止备八匹，押马官一员。
又差说仪承受礼直官一员。凡在馆铺陈缴络器皿什物，户部差官与
东上直阁同点检。所经桥道皆先期命工部修治之。凡赐衣，使副各
三对，人从衣各二对，使副币帛百四十段，旧又赐貂裘二，无则使者
代以银三锭，副代以帛六十四，后削之。惟生饩则代以绫罗三十九
匹、帛六十二匹、布四匹。金带三，金镀银束带三，金涂银闹装鞍辔
三，金涂银浑裹书匣，间金涂银装钉黑油诏匣及包书、诏匣复各一。
朝辞，赐人从银二百三十五两，绢二百三十五匹。

　　赐宋、高丽使之物，其数则无所考。

金史卷三九
志第二〇

乐 上

雅乐 散乐 鼓吹乐 本朝乐曲
郊祀乐歌 方丘乐歌

《传》曰："王者功成作乐,治定制礼。"岂二帝三王之弥文哉,盖有天下者,将一轨度、正民俗、合人神、和上下,舍礼乐何以焉。

金初得宋,始有金石之乐,然而未尽其美也。及乎大定、明昌之际,日修月葺,粲然大备。其隶太常者,即郊庙、祀享、大宴、大朝会宫县二舞是也。隶教坊者,则有铙歌鼓吹,天子行幸卤簿导引之乐也。有散乐。有渤海乐。有本国旧音,世宗尝写其意度为雅曲,史录其一,其里者弗载云。

雅乐 凡大祀、中祀、天子受册宝、御楼肆赦、受外国使贺则用之。

初,太宗取汴,得宋之仪章钟磬乐簴,挈之以归。皇统元年,熙宗加尊号,始就用宋乐,有司以钟磬刻"晟"字者犯太宗讳,皆以黄纸封之。大定十四年,太常始议"历代之乐各自为名,今郊庙社稷所用宋乐器犯庙讳,宜皆刮去,更为制名"。于是,命礼部、学士院、太常寺撰名,乃取大乐与天地同和之义,名之曰"太和"。

文、武二舞。皇统年间,定文舞曰《仁丰道洽之舞》,武舞曰《功成治定之舞》。《贞元仪》又改文舞曰《保大定功之舞》,武舞曰《万国来同之舞》。大定十一年又有《四海会同之舞》,于是一代之制始备。

明昌五年,诏用唐、宋故事,置所,讲议礼乐。有司谓:"雅乐自周、汉以来止存大法,魏、晋而后更造律度,讫无定论。至后周保定中,得古玉斗于地中,以造尺律,其后牛弘以为不可,止用苏绰铁尺,至隋亦用之。唐兴,因隋乐不改,及黄巢之乱,乐县散失,太常博士殷盈孙以周法铸镈钟、编钟,处士萧承训等校石磬,合而奏之。至周显德以黍定律,议者谓比唐乐高五律。宋初亦用王朴所制乐,时和岘以周显德律音近哀思,乃依西京铜望臬、石尺重造十二管,取声下王朴一律。景祐初,李照取黍累尺成律,以其声犹高,更用太府布帛尺,遂下太常乐三律。皇祐中,阮逸、胡瑗改造止下一律,或谓其声弇郁不和,依旧用王朴乐。元丰间,杨杰参用李照钟磬加四清声,下王朴乐二律,以为新乐。元祐间,范镇又造新律,下李照乐一律,而未用。至崇宁间,魏汉津以范镇知旧乐之高,无法以下之,乃以时君指节为尺,其所造钟磬即今所用乐是也。然以王朴所制声高,屡命改作,李照以太府尺制律,人习旧听疑于太重。其后范镇等论乐,复用李照所用太府尺,即周、隋所用铁尺,牛弘等以谓近古合宜者也。今取见有乐,以唐初开元钱校其分寸亦同,则汉津所用指尺殆与周、隋、唐所用之尺同矣。汉津由李照、范镇之说,而耻同之,故用时君指节为尺,使众人不敢轻议。其尺虽为诡说,其制乃与古同,而清浊高下皆适中,非出于法数之外私意妄为者也。盖今之钟磬虽崇宁之所制,亦周、隋、唐之乐也。阅今所用乐律,声调和平,无太高太下之失,可以久用。唯辰钟、辰磬自昔数缺,宜补铸辰钟十五,辰磬二十一,通旧各为二十四簴。"上曰:"尝观宋人论乐,以为律主于人声,不当泥于其器,要之在声和而已。"于是,命礼部符下南京,取宋旧工,更铸辰钟十有二。又以旧钟姑洗、夷则皆高五律,无射高二律,别铸以补之,乃协。又琢辰磬各十有二,以其半少劣,择其谐者而用之。

初,正隆间,海陵营太庙于汴,贞祐南迁,宣宗修之,以祔诸帝神主。其地,故宋景灵宫之址也,掘其下,得编钟十三,编磬八,皆刻"大晟"字,时朝廷多故,礼器散亡,竟亦不能备也。

大定十一年,太常议:"按《唐会要》旧制,南北郊宫县用二十架,周、汉、魏、晋、宋、齐六朝及唐《开元》、宋《开宝礼》其数皆同。《宋会要》用三十六架,《五礼新仪》用四十八架,其数多,似乎太侈。今拟《太常因革礼》,天子宫县之乐三十六簴,宗庙与殿庭同,郊丘则二十簴。宜用宫县二十架,登歌编钟、编磬各一簴。又按《周礼大司乐》,'凡乐,圆钟为宫。黄钟为角,太蔟为徵,姑洗为羽。雷鼓、雷鼗孤竹之管、云和之琴瑟、云门之舞,冬至日至地上之圜丘奏之,若乐六变,则天神皆降,可得而礼矣',六变,谓六成也。唐、宋因之。盖圜钟,夹钟也,用为宫者以上应房、心,有天帝明堂之象也。宫声三奏,角徵羽各一奏,合阳之奇数,欲神听之也。凡乐起于阳,至少阴而止,圜钟自卯至申其数有六,故六变而乐止,则天神皆降,可得而礼也。乐曲之名,唐以'和',宋以'安',本朝定乐曲以'宁'为名,今止有太庙祫享乐曲,而郊祀乐曲未备,皇统九年拜天用《乾宁之曲》,今圜丘降神固可就用。今太庙祫享,皇帝升降行止奏《昌宁之曲》,迎俎奏《丰宁之曲》,酌献、舞出入奏《肃宁之曲》,饮福奏《福宁之曲》,宋《开宝礼》亦可就用。余有郊祀曲名,皇帝入中壝、奠玉币、迎俎、酌献、舞出入乐曲,宜皆以'宁'字制名。"遂命学士院撰焉。皇帝入中壝奏《昌宁之曲》,降神、送神奏《乾宁之曲》,昊天上帝奏《洪宁之曲》,皇地祇奏《坤宁之曲》,配位奏《永宁之曲》,饮福奏《福宁之曲》,升降、望燎、出入大小次,并与入中壝同,余载仪注及乐章。又命太常议文武二舞所当先后,太常议:"按唐、宋郊庙之礼,并先文后武,本朝自行禘祫之礼亦然。惟唐韦万石建议谓先儒相传,以揖让得天下则先奏文,以征伐得天下则先奏武。当时虽从,寻复改之。其以《开元礼》先文后武为定。方丘如圜丘之仪,社稷则用登歌。"

宗庙。皇帝入门,宫县以无射宫,升殿,登歌以夹钟,皆奏《昌宁之曲》。迎神、送神奏《来宁之曲》,九成。天德二年,晨裸毕,还小次,方奏迎神曲。大定十一年,朝享,奏依《开元》、《开宝礼》,至版位,即奏黄钟宫三,大吕角二、太蔟徵二,应钟羽二,曲词皆同。进俎,奏《丰宁之曲》。酌献,宫县奏无射《大元之曲》。

诸室之曲,德帝曰《大熙》,安帝曰《大安》,献帝曰《大昭》,昭祖曰《大成》,景祖曰《大昌》,世祖曰《大武》,肃宗曰《大明》,穆宗曰《大章》,康宗曰《大康》,太祖曰《大定》,太宗曰《大惠》,熙宗曰《大同》,睿宗曰《大和》,昭德皇后庙曰《仪坤》,世宗曰《大钧》,显宗曰《大宁》,章宗曰《大隆》,宣宗曰《大庆》。

皇帝还板位及亚终献,皆奏无射宫《肃宁之曲》。饮福,登歌奏夹钟宫《福宁之曲》。彻豆,奏《丰宁之曲》,皆用无射宫。大宁十二年制,祫褅时享有司摄事,初献盥洗,奏无射宫《肃宁之曲》。升阶,登歌奏夹钟宫《嘉宁之曲》。余并与亲享同。其别庙昭德皇后、宣孝太子所用,并载仪注、乐章。

旧制,太庙、皇考庙乐工各三十九人。大定二十九年,升祔显宗,有司以为“宋之太庙、别庙,堂上乐各四十八人,今之乐工少十八人,拟令皇考庙旧乐工皆充两庙堂上乐,以应前代九十六人之数”。尚书省议“古乐工无定数”,遂奏太庙、别庙通以百人为定。明昌六年,创设宫县,乐工一百五十六人。

承安三年,敕“祭庙用教坊奏古乐,非礼也。其自今召百姓材美者,给以食直,教阅以待用。”泰和元年,命宫县乐工月给钱粟二贯石,遇正乐工阙,验色收补。四年,尚书省奏:“宫县乐工总用二百五十六人,而旧所设止百人,时或用之即以贴部教坊阅习。自明昌间,以渤海教坊兼习,而又创设九十二人。且宫县之乐须行大礼乃始用之,若其数复阙,但前期遣汉人教坊及大兴府乐人习之,亦可备用。”遂诏罢创设者。

宣宗南迁,祔诸帝主于汴京太庙。礼官言:“祔享礼毕,车驾还宫,至承天门外,百官奉迎,宫县奏《采茨》。”以乐簴未备,遂止用教坊乐。哀宗迁蔡,天兴二年七月丁巳,太祖、太宗及后妃御容至自汴京,奉安于乾元寺。左宣徽使温敦七十五奏当用乐。上曰:"乐须太常,奈何?"七十五曰:"市有优乐,可假用之。"权左右司员外郎王鄂奏曰:"世俗之乐,岂可施于帝王之前。"遂止。

乐舞名数。太庙登歌,钟一簴,声一簴,歌工四,籥二,埙二,箎二,笛二,巢笙二,和笙二,箫二,七星匏一,九耀匏一,闰余匏一,搏拊二,柷一,敔一,麾一,一弦琴、三弦琴、五弦琴、七弦琴、九弦琴各二,瑟四。别庙登歌并同。亲祠则用金钟、玉磬,摄祭则用编钟、编磬。

宫县乐三十六簴:编钟十二簴,编磬十二簴,大钟、镈钟、特磬各四簴。建鼓、应鼓、鞞鼓各四,路鼓二,路鼗二,晋鼓一,巢笙、竽笙各十,箫十,籥十,箎十,笛十,埙八,一弦琴三,三弦、五弦、七弦、九弦琴各六,瑟十二,柷一,敔一,麾一,文舞所执籥、翟各六十四,武舞所执朱干、玉戚各六十四,引舞所执旌二,纛二,牙杖二,单鼗二,单铎二,双铎二,金铙二,金錞二,金钲二,相鼓二,雅鼓二。

有司摄祭,宫县二十簴:编钟四,编磬四,辰钟十二。建鼓四,路鼓四,路鼗二,晋鼓一,巢笙、竽笙、箫、埙、箎、笛各八,一弦琴三,三弦、五弦、七弦、九弦琴各六,瑟八,柷、敔各一,麾一。登歌及二舞引舞所执与亲祠同。

皇帝受册宝。前期,大乐令与协律郎设乐县于殿廷。又设举麾位二,一于殿西阶,一于乐县西北。又设登歌乐架于殿上。至日,侍中奏"外办",宫县乐,皇帝乃出,即坐,乐止。奉宝入门,乐作,置褥位上,乐止。初引时宫县乐作,至位立定,乐止。宝初行,乐作,至御前置讫,乐止,皇帝受宝讫,乐作,侍中奏"称贺",乐止。皇太子升殿,登歌乐作,复位,乐止。侍中奏"礼毕",宫县乐作,皇帝还幕次,乐止。

御楼宣赦。前期,大乐署设宫县于楼下,又设鼓一于宫县之左。至日,金鸡初立,大乐署击鼓:立讫,鼓止。侍中奏"外办",大乐令撞黄钟之钟,右五钟皆应,《昌宁之乐》作,皇帝乃出。宣读讫,百官舞蹈,礼毕,大乐令撞蕤宾之钟,左五钟皆应,《昌宁之乐》作,皇帝降座,乐止。凡皇帝出入升降及分班合班,皆乐作,坐、立定乃止。

其册命中宫、皇太子、太孙,受外国使贺,宴外国使,皆用宫县。

散乐　元日、圣诞称贺,曲宴外国使,则教坊奏之。

其乐器名曲不传。皇统二年宰臣奏:“自古并无伶人赴朝参之例,所有教坊人员只宜听候宣唤,不合同百寮赴起居。”从之。章宗明昌二年十一月甲寅,禁伶人不得以历代帝王为戏及称万岁者,以不应为事重法科。泰和初,有司又奏太常工人数少,即以渤海、汉人教坊及大兴府乐人兼习以备用。

鼓吹乐　马上乐也。

天子鼓吹、横吹各有前、后部,部又各分二节。金初用辽故物,其后杂用宋仪。海陵迁燕及大定十一年卤簿,皆分鼓吹为四节,其他行幸惟用两部而已。

　　　　前部第一:
　　　　鼓吹令二人
　　　　𫔌鼓十二　金钲十二
　　　　大鼓百二十　长鸣百二十
　　　　铙鼓一十二　歌二十四
　　　　拱辰管二十四箫　二十四
　　　　笳二十四　大横吹一百二十
　　　　前部第二:
　　　　节鼓二　笛二十四
　　　　箫二十四　筚篥二十四
　　　　笳二十四　桃皮筚篥二十四
　　　　𫔌鼓十二　金钲十二
　　　　小鼓百二十　中鸣百二十

羽葆鼓十二　　歌二十四

拱辰管二十四　　箫二十四

后部第一：

鼓吹丞二人

抃鼓三　　金钲三

羽葆鼓十二　　歌二十四

拱辰管二十四　　箫二十四

笳二十四　　节鼓二

铙鼓十二　　歌十六

箫二十四　　笳二十四

小横吹百二十

后部第二：

笛二十四　　箫二十四

笙篥二十四　　笳二十四

桃皮笙篥二十四

　　本朝乐曲　世宗大定九年十一月庚申，皇太子生日，上宴于东宫，命奏新声，谓大臣曰：“朕制此曲，名《君臣乐》，今天下无事，兴卿等共之，不亦乐乎。”辞律不传。

　　十三年四月乙亥，上御睿思殿，命歌者歌女直词，顾谓皇太子曰：“朕思先朝所行之事，未尝暂忘，故时听此词，亦欲令汝辈知女直醇质之风。至于文字、语言或不通晓，是忘本也。”

　　二十五年四月，幸上京，宴宗室于皇武殿，饮酒乐，上谕之曰：“今日甚欲成醉，此乐不易得也。昔汉高祖过故乡，与父老欢饮，击筑而歌，令诸儿和之。彼起布衣，尚且如是，况我祖宗世有此土，今天下一统，朕巡幸至此，何不乐饮。”于时宗室妇女起舞，进酒毕，群臣故老起舞，上曰：“吾来故乡数月矣，今回期已近，未尝有一人歌本曲者，汝曹来前，吾为汝歌。”乃命宗室子叙坐殿下者皆上殿，面听上歌。曲道祖宗创业艰难，及所以继述之意。上既自歌，至慨想祖宗音容如睹之语,悲感不复能成声,歌毕,泣下数行。右丞相元忠暨群臣宗戚捧觞上寿,皆称万岁。于是诸老人更歌本曲,如私家相会,畅然欢洽。上复续调歌曲,留坐一更,极欢而罢。其辞曰:

猗欤我祖,圣矣武元。诞膺明命,功光于天。拯溺救焚,深根固蒂。克开我后,传福万世。无何海陵,淫昏多罪。反易天道,荼毒海内。自昔肇基,至于继体。积累之业,渝胥且坠。望戴所归,不谋同意。宗庙至重,人心难拒。勉副乐推,肆予嗣绪。二十四年,竞业万几。亿兆庶姓,怀保安绥。国家闲暇,廓然无事。乃眷上都,兴帝之第。属兹来游,恻然予思。风物减耗,殆非昔时。于乡于里,皆非初始。虽非初始,朕自乐此。虽非昔时,朕无异视。瞻恋慨想,祖宗旧宇。属属音容,宛然如睹。童嬉孺慕,历历其处。庄岁经行,恍然如故。旧年从游,依稀如昨,欢诚契阔,旦暮之若。于嗟阔别兮,云胡不乐。

　　郊祀乐歌　皇帝入中壝,宫县黄钟宫《昌宁之曲》:凡步武同。
衮服穆穆,临于中壝。瞻言圜坛,皇皇后帝。禋祀肇称,馨香维德。爰暨百神,于昭受职。

　　降神,宫县《乾宁之曲》、《仁丰道洽之舞》。圜钟为宫,黄钟为角,太族为徵,姑洗为羽。圜钟三奏,黄钟、太族、姑洗皆一奏,词并同:
我金之兴,皇天锡羡。惟神之休,爰兹郊见。有玉其礼,有牲其荐。将受厥明,来宁来燕。

　　皇帝盥洗,宫县黄钟宫《昌宁之曲》:
因天事天,惇宗将礼。爰饬攸司,奉时罍洗。挹彼注兹,乃升坛陛。先事而虔,神劳岂弟。

　　皇帝升坛,登歌大吕宫《昌宁之曲》:
相在国南,崇崇其趾。烝哉皇王,维时莅止。至诚通神,克禋克祀。于万斯年,昊天其子。

　　昊天上帝,奠玉币,登歌大吕宫《洪宁之曲》:

穆穆君王,有严有翼。珮环锵然,圜坛是陟。嘉德升闻,馨非黍稷。
高明降监,百神受职。

皇地祇,《坤宁之曲》:

肃敬明祇,躬行奠贽。其贽维何?黄琮制币。从祀群灵,咸秩厥位。
惟皇能飨,允集熙事。

配位太祖皇帝,《永宁之曲》:

肇举明禋,皇天后土。皇祖武元,爰作神主。功昭眚定,歌以大吕。
绥我思成,有秩斯祜。

司徒迎俎,宫县黄钟宫《丰宁之曲》:

穆穆皇皇,天子躬祀。群臣相之,罔不敬止。俎豆毕陈,物其嘉矣。
馨香始升,明神燕喜。

昊天上帝,酌献,登歌大吕宫《嘉宁之曲》:

郊禋展敬,昭事上灵。太尊在席,有醑斯馨。酌言献之,灵其醉止。
福禄来宜,以答明祀。

皇地祇,《泰宁之曲》:

衮服穆穆,临彼泰折。于昭神宫,埋币瘗血。爰称匏爵,斝言荐洁。
方舆常安,扶我帝业。

配位太祖皇帝,《燕宁之曲》:

烝哉高后,肇迪丕基。功与天合,配天以推。荐时清旨,孔肃其仪。
来宁来燕,福禄绥之。

文舞退,武舞进,宫县黄钟宫《咸宁之曲》:

奉祀郊丘,《云门》变舞。进秉朱干,停挥翟羽。于昭睿文,复肖圣武。
无疆维烈,天子受祜。

亚终献,宫县黄钟宫《咸宁之曲》、《功成治定之舞》:

扫地南郊,天神以俟。于皇君王,克禋克祀。交于神明,玄酒陶器。
诚心靖纯,非贵食味。

皇帝饮福,登歌大吕宫《福宁之曲》:

所以承天,无过乎质。天其佑之,惟精惟一。泰尊爰挹,馨香荐德。
惠我无疆,子孙千亿。

彻豆,登歌大吕宫《丰宁之曲》:

大礼爰陈,为豆孔硕。肃肃其容,于显百辟。皇灵降监,馨闻在德。
明禋斯成,孚休罔极。

送神,宫县圜钟宫《乾宁之曲》:

赫赫上帝,临监禋祀。居然来歆,昭答祖配。圜坛四成,神安其位。
升歌赞送,天人悦喜。

方丘乐歌　迎神,《镇宁之曲》。林钟宫再奏,太蔟角再奏,姑洗
徵再奏,南吕羽再奏,词同:

至哉坤仪,万汇资生。称物平施,流谦变盈。礼修泰折,祭极精诚。
皇皇灵睠,永奠环瀛。

初献盥洗,太蔟宫《肃宁之曲》:

礼有五经,无先祭礼。即时伸虔,惟时盥洗。品物吉蠲,威仪济济。
锡之纯嘏,来歆恺悌。

初献升坛,应钟宫《肃宁之曲》:

无疆之德,至哉坤元。沉潜刚克,资生实蕃。方丘之仪,惟敬无文。
神其来思,时歆荐殷。

初献奠玉币,太蔟宫《亿宁之曲》:

礼行方泽,文物备举。惟皇地祇,昭假来下。奠瘗玉帛,纯诚内著。
神保是享,陟降斯祜。

司徒捧俎,太蔟宫《丰宁之曲》:

四阶秩仪,坛于方泽。昭事皇祇,即阴以墟。洁肆于祊,孔嘉且硕。
神其福之,如几如式。

正位酌献,太蔟宫《溥宁之曲》:

荡荡坤德,物无不载。柔顺利贞,含洪光大。笾豆既陈,金石斯在。
四海永宁,福禄攸介。

配位酌献,配太宗也。太蔟宫《保宁之曲》:

词阙。

亚终献升坛,太蔟宫《咸宁之曲》:

卓彼嘉坛,奠玉方泽。百辟祗肃,八音纯绎。祀事孔明,柔祇感格。

彻豆,应钟宫《丰宁之曲》:

修理方丘,吉蠲是宜。笾豆静嘉,登于有司。芬芬馨香,来享来仪。郊仪将终,声歌彻之。

送神,林钟宫《镇宁之曲》:

因地方丘,济济多仪。乐成八变,灵祇格思。荐余彻豆,神贶昭垂。亿万斯年,永佑丕基。

诣望燎位,太蔟宫《肃宁之曲》。词同升坛。

金史卷四○
志第二一

乐　下

宗庙乐歌　　殿庭乐歌　　鼓吹导引曲
采茨曲

　　宗庙乐歌　禘祫亲飨，皇帝入门，宫县无射宫《昌宁之曲》：出、入步武同。

惟时升平，礼仪肇兴。鸣鸾至止，穆穆造庭。百辟卿士，恪谨迎承。
恭款祖考，神宇攸宁。

　　皇帝升殿，登歌夹钟宫《昌宁之曲》：升阶及将还板位，皆同登歌。

笙镛既陈，罍樽在户。升降有容，惟规惟矩。恭敬明神，上仪交举。
永言保之，承天之祐。

　　皇帝盥洗，宫县无射宫《昌宁之曲》：

惟水之功，洁净精微。洗爵奠斝，于德有辉。皇皇穆穆，宗庙之威。
宜其感格，福祉交归。

　　皇帝降阶，宫县无射宫《昌宁之曲》：

于皇神宫，象天清明。有来肃肃，相维公卿。礼仪卒度，君子攸宁。
孔时孔惠，绥我思成。

　　迎神，宫县《来宁之曲》。黄钟宫三奏，大吕角二奏，大蔟徵二
奏，应钟羽二奏，词同：

八音克谐，百礼具举。明德维清，至诚永慕。神之格思。云轩风驭。

来止来临，千祀燕处。

　　司徒引俎，宫县无射宫《丰宁之曲》：

维牲维牺，齐明致祠。我将我享，吉蠲奉之。博硕肥腯，神嗜为宜。
千秋歆此，永绥黔黎。

　　始祖酌献，宫县无射宫《大元之曲》：

惟酒既清，惟殽既馨。苾芬孝祀，在庙之庭。羞于皇祖，来燕来宁。
象功昭德，先祖是听。

　　德皇帝，《大熙之曲》：

万方欣戴，鸿业创基。瑶源垂裕，绵胾重熙。式崇毖祀，爰考成规。
笾豆有楚，益臻皇仪。

　　安皇帝，《大安之曲》：

爰图造邦，载德其昌。皇仪允穆，诞集嘉祥。明诚昭格，积厚流光。
祗严清庙，钟石琅琅。

　　献祖，《大昭之曲》：

惟圣兴邦，经始之初。鸠民化俗，还定攸居。迪德纯俭，志规远图。
时哉显祀，精诚有孚。

　　昭祖，《大成之曲》：

天启璇源，贻庆定基。率义为勇，施德为威。耀武拓境，功烈巍巍。
永昌皇祚，均福黔黎。

　　景祖，《大昌之曲》：

丕显鸿烈，基绪隆昌。圣期诞集，邦宇斯张。尊严庙祏，昭格休祥。
煌煌缛典，亿载弥光。

　　世祖，《大武之曲》：

桓桓伐功，天监其明。惟威震叠，惟德绥宁，神策无遗，鸿图以兴。曾
孙孝祀，遹昭厥成。

　　肃宗，《大明之曲》：

于皇神人，武烈文谟。左右世祖，怀柔扫除。威震遐尔，化渐虫鱼。
垂光绵永，成帝之孚。

　　穆宗，《大章之曲》：

烝哉文祖，钦圣弘渊。慈爱忠信，典策昭然。歆此明祀，繁祉绵绵。
时纯熙矣，流庆万年。

康宗，《大康之曲》：

惟明惟听，晔晔神功。仪刑世业，昭格上穹。持盈孝孙，荐芳斯丰。
锡我祉福，皇化益隆。

太祖，《大定之曲》：

功超殷、周，德配唐、虞。天人协应，平统寰区。开祥垂裕，肇基永图。
明明天子，敬承典谟。

太宗，《大惠之曲》：

巍巍德鸿，地为端宸。祚承神功，究驯俗媺。清宫缉熙，孝愍时祀。
钦奠羞诚，牺樽嘉旨。

熙宗，《大同之曲》：

昭显令德，神基丕承。对越在天，享用跻升。于穆清庙，来燕来宁。
神其醉止，惟钦克诚。

睿宗，《大和之曲》：

皇祖开基，周武、殷汤。猗欤圣考，嗣德弥光。启佑洪绪，长发其祥。
严恭庙享，万世烝尝。

世宗，《大钧之曲》：

神之来思，甫登于堂。祼圭有瓒，秬鬯芬芳。巍巍先功，启佑无疆。
万年肆祀，孝心不忘。

显宗，《大宁之曲》：

于皇宫宫，有严惟清。吉蠲孝祀，惟神之宁。对越在天，绥我思诚。
敷佑亿年，邦家之庆。

章宗，《大隆之曲》：

两纪践阼，万方宁康。文经天地，武服遐荒。礼备制定，德隆业昌。
居歆典祀，亿载无疆。

宣宗，《大庆之曲》：

猗欤圣皇，三代之英。功光先后，德被群生。牲粢惟馨，鼓钟其铿。
神兮来思，歆于克诚。

文舞退,武舞进,宫县无射宫《肃宁之曲》:

明明先皇,神武维扬。开基垂统,万世无疆。干戚象功,威仪有光。
神保是飨,昭哉降康。

亚终献,无射宫《肃宁之曲》:

涓辰之休,昭祀惟恭。威仪陟降,惟礼是从。笾豆静嘉,于论鼓钟。
惟皇受祉,监斯德容。

皇帝饮福,登歌夹钟宫《福宁之曲》:

牺牲充洁,粢盛馨香。来格来享,精神用彰。饮此纯禧,简简穰穰。
文明天子,万寿无疆。

彻豆,登歌夹钟宫《丰宁之曲》:

孝祀肃睦,明德以荐。乐奏九成,礼终三献。百辟卿士,进彻以时。
小大稽首,神保聿归。

送神,宫县黄钟宫《来宁之曲》:

洁兹牛羊,清兹酒醴。三献攸终,神既燕喜。神之去兮,载锡繁祉。
万寿无疆,永保禋祀。

郊祀前,朝享太庙乐歌。

皇帝入门,宫县无射宫《昌宁之曲》:

郊将升禋,庙当告虔。锡銮庋止,孝实奉先。祀事斯举,有序无愆。
祗见祖考,神意欢然。

皇帝升殿,登歌夹钟宫《昌宁之曲》:

皇皇天子,升自阼阶。奠见祖祢,肃然有怀。百礼已洽,八音克谐。
既昌且宁,万福沓来。

迎神,宫县《来宁之曲》。黄钟三奏,大吕角二奏,太蔟徵二奏,
应钟羽二奏,词同:

以实应天,报本反始。洁粢丰盛,礼先肆祀。风马云车,神之吊矣。
来止来宜,而燕翼子。

皇帝盥洗,宫县无射宫《昌宁之曲》:

有水于罍,有巾于篚。帨手拭爵,圭瓒有炜。玄酒大羹,德馨维菲。

万年昌宁，皇皇负扆。

　　皇帝升阶，宫县无射宫《昌宁之曲》：降阶，同。
巍巍京师，有严神宫。圣主戾止，多士云从。来享来献，肃肃其容。
将昭大报，庸示推崇。

　　司徒奉俎，宫县无射宫《丰宁之曲》：
陈其牺牲，惟纯与精。苾芬孝祀，于昭克诚。不疾瘯蠡，或剥或亨。
洋洋在上，以交神明。

　　始祖酌献，宫县《大元之曲》：
猗欤初基，兆我王迹。其命维新，贻谋丕赫。绵绵瓜瓞，国步日辟，
堂构之成，焜煌今昔。

　　献祖，《大昭之曲》：
以圣继兴，成王之孚。民从其化，咸奠攸居。清庙观德，猗欤伟欤。
金石备乐，以奉神娱。

　　昭祖，《大成之曲》：
东夷不庭，皇祖震怒。神武削平，贻厥圣绪。犹室有基，垣墉乃树。
亿万斯年，天保孔固。

　　景祖，大昌之曲：
于皇艺祖，其智如神。修法施令，百度惟新。疆宇日广，海隅咸宾。
功高德厚，耀耀震震。

　　世祖，《大武之曲》：
于皇先王，昭假于天。长驾远驭，麾斥无前。王业犹生，孙谋有传。
圆坛展礼，敢先告虔。

　　肃宗，《大明之曲》：
猗欤前人，简惠昭融。相我世祖，成兹伐功。敷佑来叶，帝图其隆。
将修熙事，先款神宫。

　　穆宗，《大章之曲》：
仁慈忠信，惟祖之休。功光岐下，迹掩商丘。言瞻清庙，怀想前修。
神其来格，歆兹庶羞。

　　康宗，《大康之曲》：

猗欤前王,惠我无疆。仪刑典法,日靖四方。永言孝思,于乎不忘。
昭告大祀,祗率旧章。太祖,《大定之曲》:
天生聪明,俾乂蒸人。惟此二国,为我驱民,挞彼威武,万邦咸宾。明
昭大报,推而配神。

　　太宗,《大惠之曲》:
维清缉熙,于昭明德。我其收之,骏奔万国。南郊肇修,大典增饰。
清庙吉蠲,纯禧申锡。

　　睿宗,《大和之曲》:
维时祖功,肇开神基。昭哉圣考,其德增辉。上动天监,明命攸归。
谋贻翼子,无疆之辞。

　　文舞退,武舞进,宫县《肃宁之曲》:
先皇开基,比迹殷汤。功加天下,武德弥光。容舞象成,干戈威扬。
于昭报本,怀哉不忘。

　　亚终献,宫县《肃宁之曲》:
于皇宗祏,朝献维时。芬芬酒醴,棣棣威仪。诚则有余,神之格思。
神孙千亿,神其相之。

　　皇帝饮福,登歌夹钟宫《福宁之曲》:
皇皇穆穆,丕承丕基。躬亲于裎,载肃载祗。对越在天,神歆其诚。
于以饮酒,如川之增。

　　彻豆,登歌夹钟宫《丰宁之曲》:
物维其时,既丰且旨。苾苾德馨,或将或肆。神之居歆,洽于百礼。
于万斯年,穰穰介祉。

　　送神,宫县黄钟宫《来宁之曲》:
济济多仪,皇皇雅奏。献终反爵,荐余彻豆。神监昭回,有秩斯佑,
无疆之福,申锡厥后。

　　昭德皇后别庙,郊祀前荐享,登歌乐曲。

　　初献盥洗,夷则宫《肃宁之曲》:
神无常享,时歆精诚,惟诚惟洁,感通神明。先事盥涤,注兹清冷。巾

篚既奠。尊彝荐馨。

初献升、降殿，中吕宫《嘉宁之曲》：

有来肃肃，登降以敬。粲粲袨服，锵锵佩声。金石节奏，既协且平。其仪不忒，乃终有庆。

司徒奉俎，奏夷则宫《丰宁之曲》：

馨我黍稷，洁我牲牷。降升有节，荐是吉蠲，工祝致告，威仪肃然。神之吊矣，元吉其旋。

酌献，奏夷则宫《仪坤之曲》：

伣天之妹，坤德利贞。圆丘有事，先荐以诚。我酒既旨，我肴既盈。神其居飨，福禄来成。

彻豆，奏中吕宫《丰宁之曲》：

明昭祀事，旧典无违。乐既云阕，神其聿归。礼之克成，神保斯飨。于万斯年，迓续丕贶。

禘祫有司摄事。

初献盥洗，宫县无射宫《肃宁之曲》：

祀事之大，齐栗为先。洁精以献，沃盥于前。既濯以升，乃荐豆笾。神其感格，歆于吉蠲。

升自西阶，登歌奏夹钟宫《嘉宁之曲》：余并同亲祀

国有太宫，合食以礼。跻阶肃肃，降陛济济。锵然纯音，节乃容止。神之格思，永绥福履。

时享，摄事登歌乐章。

初献盥洗，无射宫《肃宁之曲》：

酌彼行潦，维挹其清。洁齐以祀，祀事昭明。显允辟公，沃盥乃升。神之至止，歆于克诚。

初献升殿，夹钟宫《嘉宁之曲》：余同亲祀，惟不用宫县。

济济在庭，祇荐有序。雍容令仪，旋规折矩。爰徂于基，鸣珮接武。敬恭神明，来宁来处。

昭德皇后时享，登歌乐章。

初献盥洗，无射宫《肃宁之曲》：

时祀有章，礼备乐举。爰洁其盥，亦丰其俎。俯仰升降，中规中矩。神其来格，百福是与。

初献升殿，夹钟宫《嘉宁之曲》：三献及司徒降，同。

假哉神宫，神宫有俨。惟时吉蠲，登降翼翼。歌钟锵煌，笙磬翕绎。于昭肃恭，灵厘来格。

司徒奉俎，无射宫《丰宁之曲》：

宫庭枚枚，钟磬喤喤。既仪圭瓒，既奠菁芗。齐壮奉馈，笾豆大房。灵之右飨，流庆无疆。

酌献，无射宫《仪坤之曲》：

于皇坤德，作合乾仪。涂山懿范，京室芳徽。容声如在，典祀惟时。神其克享，荐祉来宜。

亚终献，无射宫《仪坤之曲》：

嘉羞实俎，高张在庭。申献合礼，终献改申为三。坤德仪刑。神其是听，用旤清明。清明既旤，来享来宁。

彻豆，夹钟宫《丰宁之曲》：

礼成于终，神心禩禩。苾萧发馨，乐阕献已。徒驭孔多，灵舆载轪。青玄悠悠，归且亿矣。

宣孝太子别庙，登歌乐章。

初献升殿，夹钟宫《承安之曲》：

有脂斯牲，有馨斯齐，美哉洋洋，升降以礼。礼容既庄，乐亦谐止。神之格思，式歆明祀。

酌献，无射宫《和宁之曲》：

于惟光灵，孝德昭宣。高丽有奕，来宁来燕。于荐惟祫，既时既蠲。从我烈祖，载享亿年。

亚终献，《和宁之曲》：

金石和奏,豆笾惟丰。祠宫奉事,齐敬精衷。笙吟伊浦,鹤驻缑峰。
是保是飨,灵德无穷。

　　彻豆,夹钟宫《和安之曲》:
寝成奕奕,今兹其时。明称肇祀,将礼之仪。侯安以怿,羞嘉且时。
乐阕献已,神其飨思。

　　大定三年十月,追上睿宗册宝,应钟宫《显宁之曲》:
天开休运,积仁而昌。命兹昭考,敢忘显扬。上仪肇举,涓日之良。
来格来享,惠我无疆。
　　大定十九年,升祔熙宗册宝乐曲:
恢大帝业,敉宁多方。懿德茂烈,金书发扬。肇举上仪,涓择吉日。
鸿名赫赫,与天无极。
　　上册宝,宫县《静宁之曲》:
日卜其吉,承祀孔肃。广号追崇,孝心克笃。于乎悠哉,来思晬穆。
宝册既陈,委于宗祝。
　　皇帝降殿,宫县《鸿宁之曲》:
继世隆昌,临朝静默。追谥鸿名,发辉潜德。玉质金章,煌煌简册。
涓辰展仪,永传无极。

　　殿庭乐歌　大定七年正月,上册宝,皇帝将升御座,宫县乐太
蔟宫《泰宁之曲》:降座,同。
　　德隆帝位,承天而兴。侯邦来庭,民居安宁。归美以报,传之无
极。鸿名徽称,寿时万亿。
　　册宝入门,奏《天保报上之曲》:
四方既平,功归圣明。定功巍巍,丕享鸿名。股肱良哉,揄扬元首。
储精优游,南山等寿。
　　奉册宝官将复班位,奏《归美扬功之曲》:
圣德高明,万邦咸休。锱铢唐、虞,糠秕商、周。维时群臣,对敭稽首。
天子明明,令闻不朽。

册宝初行，奏《和宁之曲》：册宝将升殿，皇太子自侍立位至降阶，曲并同。

四方攸同，昭哉成功。时和年丰，诸福来崇。英声昭腾，和气充塞。于乎皇王，维寿时亿。

皇太子升殿贺，奏《同心戴圣之曲》：

穆清皇风，遐方来同。于昭于天，物和岁丰。丕受鸿名，对扬伟迹。纯厘穰穰，敷锡罔极。

上寿，皇帝将升御座，宫县《和宁之曲》。同前。

举酒，《万寿无疆之曲》：

四海太平，吾皇之功。群臣对扬，诞受鸿名。霞觞琼腴，君王乐岂。皇天垂休，万寿无极。

皇太子升阶、降阶，及与宴官升殿，并奏《和宁之曲》。同前。

进第一爵，登歌奏《王道昌明之曲》：

对天鸿休，于以铺张。巍巍煌煌，超冠百王。皇图皇纲，时维明昌。祉福无疆，于民敷扬。

行群官酒，宫县《和宁之曲》。文舞入，设群官食，奏《功成治定之舞》，三成止：

圣德高明，如天强名。多方治平，功大有成。流于声音，形于蹈舞。颂觞群臣，以昭礼遇。

进第二爵，登歌奏《天子万年之曲》：

惟明后，驭寰瀛。跻升平，飞英声。功三王，德五帝。游岩廊，亿万岁。

行群官酒，宫县《和宁之曲》。武舞入，设群官食，奏《四海会同之舞》，三成止：

地平天成，时和岁丰。迂衡弗迷，率惟敉功。受天之祜，四方来荷。于万斯年，不遐有佐。

进第三爵，登歌《嘉禾之曲》：

景命赫斯归吾皇，仁风洋洋被远荒。琛贽旅庭趋明光，气和薰蒸为嘉祥。殊本合穗真异常，庾如坻京岁且穰。猗欤鸿休超前王，播为声诗传无疆。行群官酒、设群官食、群官降阶,宫县并奏《和宁之曲》,皇帝将降御座,奏《泰宁之曲》,并用太蔟宫。

大定十一年十一月,行册礼,皇帝升御座,宫县《泰宁之曲》:
皇皇穆穆,衮服玉趾。如日之升,如山仰止。九宾在列,媚兹天子。愿言无疆,介以繁祉。

册宝入门,奏《天保报上之曲》:
穆穆元圣,天迪子保。相维臣工,以奏丕号。扬于路朝,玉牒神宝。于万斯年,吾君寿考。

奉册宝官将复班位,奏《归美扬功之曲》:
玉册玉宝,尊圣天子。丕扬鸿名,昭受帝祉。闳休对天,其隆孰比。臣下同心,翼戴归美。

皇太子升殿贺,奏《同心戴圣之曲》:
大矣我后,徽册膺受。欢趋彤庭,拜手稽首。休明御辰,无疆万寿。灵贶沓来,天地长久。

举酒,奏《万寿无疆之曲》:
圣德懋昭,民归天佑。煌煌金书,典册光受。备乐在庭,八音谐奏。群公奉觞,天子万寿。

进第一爵,登歌《王道昌明之曲》:
明明我皇,道光化溥。百度惟新,礼修乐举。藻饰太平,烂然可睹。超跻三王,晖映千古。

设群官食,奏《和宁之曲》、《功成治定之舞》:
穆穆我君,威折群丑。辉光日新,仁洽九有。容典藏蕤,超前绝后。端拱深严,宝册膺受。

第二爵,登歌奏《天子万年之曲》:
典礼修,惟明后。扬鸿名,灿琼玖。罗华绅,为万寿。歌南山,坚且久。

行群官酒,奏《和宁之曲》、《四海会同之舞》:
道隆政平,天开有德。万国和宁,来王来极。昭受鸿名,俯徇列辟。

锡饮行觞,欢心各得。

第三爵,登歌奏《嘉禾之曲》:

众瑞毕至昭升平,爰生嘉禾乃合穗。肫肫大田无南东,稼茂如云成丰岁。既刈既获百室盈,击壤歌沸野老声。陶唐之民兹其比,帝力何有若自遂。

大定十八年十二月,上"受命宝",皇帝将升御座,宫县奏泰宁之曲。并大吕宫:

上帝有赫,怀此明德。畀之神宝,庸镇万国。临轩是膺,登降维则。群臣拜首,年卜万亿。

宝入门,奏《天保报上之曲》:

受命大宝,昭答眷佑。珍符明贶,人为天授。文物具举,《韶》、《濩》迭奏。群臣上之,天子万寿。

群臣合班,奏《归美扬功之曲》:

德昌生民,明明元后。端冕临轩,神宝是受。群工来员,咸拜稽首。无疆无期,享祚长久。

皇太子升殿、并自侍立位降阶,宫县《称觞介寿之曲》:

上仪昭举,膺时瑞玉。群辟在列,跄跄肃肃。衮衣桓圭,归美稽首。升降惟时,天子万寿。

举酒,登歌奏《万寿无疆之曲》:

上帝眷命,纯休兹至。诞膺洪宝,光临大器。称觞封扬,嵩岳万岁。其宁惟永,无疆卜世。

天德二年十月,册立中宫,皇帝将升御座,宫县奏《乾宁之曲》:降座,同。

人道大伦,王化所基。明圣稽古,阴教欲施。临轩发册,备举彝仪。《麟趾》、《关雎》,宜播声诗。

册宝入门,奏《昌宁之曲》:出门,同。

羽卫充庭,淑旗徽章。礼仪具举,涓辰以良。相我内训,来仪椒房。

亿万斯年,邦家之光。

　　将受册宝、以册宝入门,宫县奏《肃宁之曲》:命妇升、降,同。

涂山兴夏,《关雎》美周。坤仪之尊,母临九州。瑶册袆衣,光配凝旒。
地久天长,福禄是遒。

　　后出阁,奏《顺宁之曲》:升、降座,同。

天立厥配,任、姒比隆。母仪四海,化行六宫。日月并明,乾坤合德。
于万斯年,作俪宸极。

　　受册,奏《坤宁之曲》:

风化之始,由于壼闱。礼文斯备,爰正坤仪。维顺以慈,俪圣同德。
则百斯男,垂统无极。

　　天德四年二月,册皇太子,皇帝将升御座,宫县奏《乾宁之曲》:
皆用夹钟宫。

大君有为,先图本固。涓辰之吉,礼成储副。文物备陈,声乐皆具。
人心载宁,克昌福祚。

　　册使入门,《昌宁之曲》:

在天成象,焕乎前星。惟圣时宪,典礼以行。一人有庆,万邦以贞。
社稷之福,浸昌浸明。

　　皇太子入门,奏《元宁之曲》:出门,同。

皇矣上帝,纯佐明圣。笃生元良,日跻德性。册命主器,万邦以正。
龙楼问寝,亿年之庆。

　　大定八年正月,册皇太子,皇帝将升御座,宫县《洪宁之曲》:并
用太蔟宫。

会朝清明,临轩备礼。天威皇皇,臣工济济。于昭元良,膺兹典册。
对扬闳休,卜年万亿。

　　皇太子入门,奏《肃宁之曲》:

光昭前星,惟天垂象。稽古而行,主器以长。曲礼告成,迤逦属望。
国本既隆,繁厘永享。

群臣合班，奏《嘉宁之曲》：

于皇临轩，礼崇上嗣。维眷之祺，俨方正位。言观其仪，翔翔济济。美归吾君，太平万岁。

皇太子复受册位，奏《和宁之曲》：

祖功艰难，经营缔构。基牢根深，枝繁叶茂。于昭贻谋，骈休集佑。元良斯贞，吾皇万寿。

大定二十七年三月，册皇太孙，皇帝将升御座，宫县《泰宁之曲》：并姑洗宫。

上天丛休，申锡祚胤。孙谋有诒，临轩体正。煌煌上仪，欣欣众听。隆我邦本，无疆惟庆。

皇太孙入门，奏《庆宁之曲》：出门，同。

宝源流光，流光惟远。孙谋有贻，庆序昭衍。于乐众望，于皇备典。动容周旋，承兹嘉羡。

群臣合班奏《顺宁之曲》：

冕旒当宁，徽章备举。彩仗充庭，金石列簴。济济多士，翼翼就序。海润山晖，倾听乐府。

皇太孙复受册位，奏《保宁之曲》：

礼之攸闻，丕建世嫡。众论协从，天心不易。名崇震宫，辞著瑞册。社稷宗庙，无疆夷怿。

鼓吹导引曲 天眷三年九月，驾幸燕京，导引曲：无射宫。

五年一狩，仙仗到人间，问稼穑艰难。苍生洗眼秋光里，今日见天颜。金戈玉斧临香火，驰道六龙闲。歌谣到处皆相似，天子寿南山。

天德二年三月，袷享回銮，导引曲：

礼成庙享，御卫拱飞龙，诸道起祥风。太平天子多受福，孝德与天通。凤箫龙管《韶》音奏，声在五云中。粲然文物昭治世，万亿禩无穷。

贞元元年三月,驾幸中都,导引曲:并姑洗宫。

銮舆顺动,嘉气满神京,辇路宿尘清。钩陈万旅随天仗,缥缈转霓旌。都人望幸倾尧日,鳌抃溢欢声。临观八极辰居正,寰宇庆升平。

《采茨曲》　新都春色满,华盖定全燕。时运千龄协,星辰五纬连。六龙承晓日,丹凤倚中天。王气盘山海,皇居亿万年。

贞元三年十一月,祫享回銮,采茨曲:并用。

庆成回大驾,仙仗紫云深。龙衮辉千骑,嵩呼间八音。太平兴缛礼,万国得欢心。孝格迎遐福,穰穰永降临。

正隆六年六月,驾幸南京,导引曲:并林钟宫。
神宫壮丽,宫殿压蓬莱,向晓九门开。圣明天子初巡幸,遥驾六龙来。五云影里排仙仗,清跸绝纤埃。都人齐唱升平曲,更进万年杯。
《采茨》曲:
双阙层云表,澄景开清晓。六龙天上来,驰道平如扫。虞巡五载合,夏谚一游同。都人欣豫意,写入颂声中。

大定三年十月,祫享回銮,《采茨》、导引曲:皆应钟宫。自后亲祀,二曲并用。
太宫崇烈考,大礼庆初成。彩仗回云步,天阶严跸声。舜宫合至孝,周《颂》咏维清。介福应穰简,欢交万国情。
导引曲:
礼行清庙,华黍荐年丰,圣孝与天通。六龙回驭千官卫,玉振珮环风。黄麾金辂严天仗,非雾郁葱葱。工歌叠奏升平曲,福禄自来崇。

大定二十七年三月,皇太孙受册,谢庙,导引曲:

璇源浚发,衍庆自灵长,圣运日隆昌。震闱显册遵彝典,基绪焕重光。练时庙见严昭报,礼乐粲成章。精诚潜格神明助,福禄永无疆。

金史卷四一
志第二二

仪卫上

常朝仪卫　　内外立仗　　行仗　　法驾
黄麾仗

　　金制,天子之仪卫,一曰立仗,二曰行仗。其卫士,曰护卫,曰亲军,曰弩手,曰控鹤,曰伞子,曰长行。立仗则有殿庭内仗、殿庭外仗,凡大礼、大朝会则用之;其朔望常朝,弩手百人分立两阶而已。行仗则有法驾、大驾、黄麾仗,凡行幸及郊庙祀享则用之。其非大礼远出,则有常行仪卫、宫中导从焉。大抵模仿宋制,错综增损而用之。其宿卫则见《兵志》云。

　　初,国制,凡朔望常朝日,殿下列卫士,帝下置甲兵,正隆元年,海陵去甲兵,惟存锦衣弩手百人,分立两阶。其仪,都副点检,公服偏带。常朝则展紫。左右卫将军,宿直将军,展紫,金束带,各执玉、水晶及金饰骨朵。左右亲卫,盘裹紫袄,涂金束带,骨朵,佩兵械。供御弩手、伞子百人,并金花交脚幞头,涂金铜钑襟花束带,骨朵。左右班执仪物内侍二十人,展紫,涂金束带。

　　朝参日,弩手、伞子直于殿门外,分两面排立。司辰报时毕,皇帝御殿坐,鸣鞭,阁门报班齐。执擎仪物内侍分降殿阶,南向立。点检司起居,弩手、伞子于殿门外北面山呼声喏,讫,即于殿门外东西相向排立。都点检以次三员升殿,都点检在东近南,左副又少南,右副在西,东向对立。左右卫将军在殿下东西对立。省臣随班起居毕,左右司侍郎从宰执奏事。殿中侍御史随班起居毕,东西对立于左右卫将军之北,少前。修起居注分殿陛东西对立于殿栏外副阶下,以俟。奏事毕,皇帝还阁,侍卫者乃退。

凡遇大礼、大朝会,则有内外立仗。熙宗皇统元年正月,上册宝,立仗一千一百八十人。自是以后,至海陵时,俱用三千人。世宗大定七年,上册宝,颇损其数,且以天德、贞元不设车辂,遂并去之。是后,或减至二千,或一千,或八百,或六百人。

天德二年,海陵立后,发册勤政殿,设黄麾细仗,用前六部,摄官七十一,擎执六百七十八人。受册泰和殿,用后六部,摄官三十六,擎执三百二十二人。

大定八年正月,册皇太子于大安殿,用黄麾半仗二千二百六十五人,奉表于仁政殿用黄麾细仗一千四百二人。二十七年,册皇太孙,亦如之。

大定八年,黄麾半仗,摄官一百七十五人,擎执二千八十一人,编排职掌九人。

殿庭内仗。以中心东西相向一重,并面北旗帜为中道。左行,自北西向排列。黄麾幡一首,执者三人。碧襕官一,大雉扇二。碧襕官一,中雉扇六。碧襕官一,小雉扇六。碧襕官一,朱团扇六。碧襕官一,睥睨四。碧襕官一,红大伞一。碧襕官一,紫方伞二。碧襕官一,华盖一。右行,东向列者,并同。面北,第一行,牙门旗八,共二十四人,分左右,留中道。第二行,监门校尉十二,分左右。第三行,长寿幢一,押旗大将军一,居中。次东五方龙旗十五,次西五方凤旗十五。第四行,自内而东,青龙旗五,红龙旗二十。自内而西,青龙旗五,红龙旗二十。第五行,同上,又君王万岁旗一,五人居中。日旗一,五人在左。月旗一,五人在右。第六行,自内而东,天下太平旗、苣纹

旗、日月合璧旗、苣纹旗、青龙旗、赤龙旗、河渎旗、江渎旗各一，旗
五人，排仗通直官一，排仗大将一。未、午、巳、辰、卯、寅旗各一，青
天王旗、白天王旗各一。自内而西，祥云旗、五星连珠旗、祥云旗、黄
龙旗、白龙旗、黑龙旗、淮渎旗、济渎旗各一，旗五人，通直官一，大
将一。申、酉、戌、亥、子、丑旗各一，绯天王旗、皂天王旗各一。第七
行，自内而东，孔雀旗一，五人。苍乌旗、兕旗、犛牛旗、䮷騟旗、赤熊
旗、白狼旗、金鹦鹉旗、驯犀旗、角端旗、鸐鸐旗、驺牙旗、野马旗、瑞
麦旗、甘露旗各一，旗五人。自内而西者同。

外仗。在门外。左边，西向，自北排列。第一部，第一行，侍御史、
大将军、折冲都尉各一，主帅三。第二行，降引幡五首十五人，龙头
竿四、弓矢五、揭鼓二、龙头竿四、仪锽斧五、龙头竿四、朱刀盾五、
龙头竿四、绿刀盾五、龙头竿四、小戟五。第三行，与第一行同。第
四行，与第二行同。第二部、第三部、第四部、第五部以次而南，各为
前后四行，其名数与第一部同，惟无降引幡。右五部，东向排列，色
数皆同。左第五行，从北，每大旗一，均用小红龙旗二间之。角宿旗
一，三人，均用二。亢宿旗一，三人，均用二。氐宿旗一，三人，均用
二。房宿旗一，三人，均用二。心宿旗一，三人，均用二。尾宿旗一，
三人，均用二。箕宿旗一，三人，均用二。斗宿旗一，三人，均用二。
牛宿旗一，三人，均用二。女宿旗一，三人，龙旗并黄排襕旗各一。虚
宿旗一，三人，红、黄排襕旗二。危室宿旗一，三人，红、紫排襕旗二。
室宿旗一，三人，黄、紫排襕旗二。壁宿旗一，三人，红、黄排襕旗二。
重轮旗一，三人，红、紫排襕旗二。左摄提旗一，三人，黄、紫排襕旗
二。青龙旗一，三人，红、黄排襕旗二。木星旗一，三人，红、紫排襕
旗二。火星旗一，三人，黄、紫排襕旗二。土星旗一，三人，红、黄排
襕旗二。金星旗一，三人，红、紫排襕旗二。水星旗一，三人，吏兵并
紫排襕旗各一。北岳旗一，三人，吏兵并龙君旗各一。东岳旗一，三
人，龙君并黄熊旗各一。中岳旗一，三人，黄熊并赤豹旗各一。西岳
旗一，三人，赤豹并力士旗各一。南岳旗一，三人，力士并虎君旗各
一。朱雀旗一，三人，虎君并天马旗各一。右第五行，从北。奎旗一，

三人。娄旗一,三人。胃旗一,三人。昴旗一,三人。毕旗一,三人。觜旗一,三人。参旗一,三人。井旗一,三人。鬼旗一,三人。皆均用二旗如前。柳宿旗一,三人,红龙并黄排襕旗各一。星宿旗一,三人,红、黄排襕旗二。张宿旗一,三人,红、紫排襕旗二。翼宿旗一。三人,紫、黄排襕旗二。轸宿旗一,三人,红、黄排襕旗二。重轮旗一,三人,红、紫排襕旗二。右摄提旗一,三人,紫、黄排襕旗二。白虎旗一,三人,红、黄排襕旗二。东方神旗一,三人,红、紫排襕旗二。南方神旗一,三人,黄、紫排襕旗二。中央神旗一,三人,红龙排襕旗二。西方神旗一,三人,红、紫排襕旗二。北方神旗一,三人,力士并紫排襕旗各一。风伯旗一,三人,力士并虎君旗各一。雨师旗一,三人,虎君并黄熊旗二。雷公旗一,三人,黄熊并赤豹旗二。电母旗一,三人,赤豹并吏兵旗二。北斗旗一,三人,吏兵并龙君旗二。玄武旗一,三人,龙君并天马旗二。三人执一旗者重立,二人各执小旗者亦重立。

殿门外仗,亦从北,留中道。飞麟旗、驮骈旗、鸾旗、麟旗、驯象旗各二,共十人,从中分列为第一重。鹖鸡旗、貔旗、玉马旗、三角兽旗、黄鹿旗各二,共十人,次外分列为第二重。其次,第一部都尉三员,第二部至第五部俱二员,为第三重。又其次五部,各刀盾二十,为第四重。又其次五部,各弓矢二十,为第五重。左右同。

黄麾细仗,摄官八十八人,擎执一千三百五人,编排职掌九人。

内仗,中道左一行,自北西向排列。黄麾幡一首,执者三人。大雉扇六、中雉扇六、小雉扇六、朱团扇六、晬晄四、红大伞一、紫方伞二,华盖一,凡伞扇之上皆有碧襕官一。右行东向,排次同。面北,第一行,长寿幢一,居中。牙门旗八,共二十四人,分左右。第二行,君王万岁旗五人,居中。日旗五人,监门校尉五人,在左。月旗五人,监门校尉五人,在右。第三行,五方龙旗十五在左,五方凤旗十五在右。第四行,红龙旗三十四,第五行,红龙旗三十四,皆分左右。第六行,自内而东,太平、茝纹、合璧、茝纹、赤龙、青龙旗各一,旗五人，通直一人，大将一人。未、午、巳、辰、卯、寅旗各一，青天王旗、白天王旗各一。自内而西，祥云、连珠、祥云、黄龙、白龙、黑龙旗各一，旗五人，通直一人，大将一人。申、酉、戌、亥、子、丑旗各一，绯天王旗、皂天王旗各一。第七行，自内而东，河渎、江渎、兕、赤熊、驯犀、角端、鸐鸐、纲子旗各一，旗五人。自内而西，淮渎、济渎、兕赤熊、驯犀、角端、鸐鸐、纲子旗各一，旗五人。

外仗，左边西向，自北排列，第一行，五部，侍御史、大将军、折冲都尉各一，主帅各二。第二行，第一部，绛引幡五首，十五人。龙头竿四、弓矢五、揭鼓二、仪镫斧五，龙头竿四、弓矢五、朱刀盾五、绿刀盾五，龙头竿四、仪镫斧五、朱刀盾五、绿刀盾五，龙头竿四、小戟五，龙头竿四、小戟五。第二部至五部无绛引幡，余色并同，以次相接而南。右五部东向，亦如之。左第三行，从北，角、亢、氐、房、心、尾、箕、斗、牛、女、虚、危、室、壁旗各一，旗三人。次重轮，左摄提、青龙旗各一，木、火、土、金、水星旗各一，北、东、中、南、西岳旗各一，旗三人。次紫排襕四、黄排襕四、红排襕四、吏兵旗二、天马旗一。右第三行，从北，奎、娄、胃、昴、毕、觜、参、井、鬼、柳、星、张、翼、轸旗各一，旗三人。次重轮，右摄提、白虎旗各一，东、南、中、西、北方神旗各一，风伯、雨师、雷公、电母、北斗旗各一，旗三人。次紫排襕四、黄排襕四、红排襕四、吏兵旗二、天马旗一。

行仗。天子非祀享巡幸远出，则用常行仪卫。弩手二百人、军使五人，控鹤二百人、首领四人，俱服红地藏根牡丹锦袄、金凤花交脚幞头、涂金银束带，控鹤或皂帽碧袄，各执金镀银蒜瓣骨朵。长行四百人，拳脚幞头、红锦四褉袄、涂金束带，二人紫衫前导，无执物，余执列糸骨朵七十八、瓜八十八、镫三十四，在控鹤前，金吾仗八十、金花大剑六十俱垂红绒结子、仪镫斧五十八，在控鹤后。其常朝、御殿、郊庙、临幸，凡步辇出入则有近侍导从，执金镀银骨朵者二人，左右扇十人，拂子四人，香盒二人，香球二人，节二人，幢二人，盂一人，唾壶一人，净巾一人，镝锣一人，水罐一人，交椅一人，

斧一人，皇帝出閤则分立门之外，导引至殿，皇帝升座则降阶以俟，
入閤然后放仗。

天眷三年，熙宗幸燕，始备法驾，凡用士卒万四千五十六人，摄
官在外。海陵迁都于燕，用黄麾仗万三百四十八人。天德二年祀庙，
用黄麾四千人。世宗即位，凡行幸祀享并用三千人，间亦不满其数。
大定十一年前，祀南郊、朝享太庙及郊坛，用大驾七千人，此其大较
也。

天眷法驾人数。摄官六百九十九人：将军、大将军四十三人，折
冲、果毅一百二十六人，校尉五十六人，郎将三十四人，帅兵官二百
四十六人，统军六人，都头六人，千牛一人，旅帅二人，部辖指挥使
二人，押纛二人，押衙四人，四色官四人，押旗二人，引驾官四人，进
马四人，押仗通直二人，押仗大将二人，碧襕一十六人，长史二人，
鼓吹令二人，鼓吹丞二人，典事五人，太史令一人，太史正一人，司
丞一人，府牧一人，刻漏生四人，县令一人，御史大夫一人，僚佐一
十人，进辂职掌二人，夹辂将军二人，陪辂将军二人，教马官二人，
四省局官八人，导驾官四十八人，抱驾头官一人，执扇筤一人，尚辇
奉御二人，殿中少监二人，供奉职官二人，令史四人，书令史四人，
押仗二人，殿中侍御史二十四人。

诸班直队二千九百四十五人：钧容直三百六人，人员六，长行三
百。执旗一百三十六人，引驾六十二人，人员二，长行六十。驾头天武
官一十二人，执从物茶酒班一十一人，御龙直仗剑六人，天武把行
门八人，殿前班击鞭一十人，御龙直四十人，人员二，长行三十八。骨
朵直一百三十四人，部押二人，殿前班行门三十五人，捧日马队七
百人，奉宸步队七百人，天武骨朵大剑三百一十人，人员一十，长行三
百。东第四班三十一人，人员一，长行三十。扇筤天武二十人，捧日队
从领人员一十七人，簇辇茶酒班三十一人，人员一，长行三十。钧容直
三十一人，人员一，长行三十。招箭班三十三人，人员三，长行三十。天武
约襕三百一十人。人员一十，长行三百。

車輅下駕士六百三十八人：玉輅下一百四十人，控馬踏路四，駕士一百二十八，挾輅八。金輅下六十四人，控馬踏路四，駕士六十。象輅下駕士四十人，革輅、木輅、耕根車駕士同上，革車二，共五十人，指南、記里車各三十人，輅車、鸞旗、皮軒車各十八人，黃鉞、豹尾車各十五人，屬車八，共八十人。

輦輿下六百八十五人：小輿一，長行二十四人，逍遙一，共三十五人，什將節級九，長行二十六。平輦下四十二人，什將節級九，人員七，長行二十六。腰輿共一十九人，人員一，什將虞候二，長行一十六。大輦下三百七十一人，掌輦人員四，什將十二，長行三百五十五，分五番。芳亭輦一，長行六十人，御馬三十二，共百三十四人。控馬，天武官六十四。挾馬，騎御馬直長行六十四人。騎御馬直人員三，天武節級三人。押馬六人，象二十三人。

擎執人、舁士共八千七百七十一人。

鼓吹樂工九百九十四人。

馬六千七十八匹。

天德五年，海陵遷都于燕，用黃麾仗一萬八百二十三人，攝官在內。騎三千九百六十九，分八節。

第一節。中道，象二十二人。節級二人，銅鑼，七寶、碯石、銀鉤各一，鐵鉤二，小旗十五，並服花腳幞頭、青錦絡縫緋裌衫、金鍍銀雙鹿束帶。

第一引，七十二人：清道一，武弁、緋雲鶴袍、褲、革帶，執黑漆杖。幰弩一，赤平巾幘，緋辟邪衫、革帶、赤褲。誕馬二，控四人，赤平巾幘、緋繡寶相花衫、銀革帶，纓轡涼韂二副。輅車一，赤馬二，駕士十八人，武弁、緋繡雉大袖衫、白褲。馬，纓轡涼韂、銅面、包尾。縣令一員，朝服，坐軺車。僚佐四員，並朝服。控馬八人，錦帽、絡縫紫衫，大佩，銀帶。紫方傘一，黃抹額、寶相花衫、銀帶、大口褲。朱團扇一，曲蓋一，緋抹額、寶相花衫、革帶、褲。青衣二，表平巾、青衫、褲、革帶，執青竹杖。車輻棒二，赤平巾、緋白澤衫、革帶、赤褲。告止幡二，執者六人，緋抹額、寶相花衫、革帶、褲。傳教幡一，信幡一，各三人，并黄抹额、宝相花衫、革带、大口裤。小戟十六。服同上。

第二引，二百六十四人：清道二，幰弩一，诞马四，控八人，服并如前。挝鼓一，金钲一，平巾帻、绯鸾衫、抹带、裤、锦滕蛇。大鼓六，黄雷花衫、裤、抹额、抹带。节一，幢一，麾一，夹稍二，角四，仪刀十，并平巾帻、绯绣宝相花衫、银革带、大口裤。革车一，赤马四，驾士二十五人，武弁、獬豸大袖、勒帛，马饰如前。府牧一员，朝服坐车。僚佐四员，控马八人，服并如前。铙鼓一，箫二，笳二，笛一，筚篥一，并平帻、绯宝相花衫、银褐抹带。大横吹一，绯苣纹袍、裤、抹额、抹带。青衣四，车辐棒四，紫方伞一，朱团扇四，曲盖一，告止幡二，六人，传教幡二，六人，信幡二，六人，小戟四十，服并如前。刀盾三十六，银褐抹额、宝相花衫、银革带、裤。弓矢三十六，锦帽、青宝相花衫，银革带、裤。稍三十六。锦帽、紫宝相花袍、革带、裤。

朱雀旗队三十四人：折冲都尉三人，平巾帻紫辟邪衫、革带、大口裤、锦滕蛇、横刀弓矢。辇稍二，平巾帻、绯绣宝相花衫、革带、裤朱雀旗一，五人，绯抹额、宝相花衫、革带、大口裤、横刀，引夹人加弓矢。弩六，弓矢六，稍十二。并平巾、绯宝相花衫、横刀、革带、裤。

龙旗队七十一人：大将军一人，朝服，引旗四人，黄抹额、宝相花衫、革带、大口裤。旗十二，风伯旗一，雨师旗一，雷公旗一，电母旗一，北斗旗一，五星旗五，左右摄提旗二，执、夹共六十人，皆五色宝相花衫，抹额、革带、裤，横刀，引夹人加弓矢，后凡执旗者并同。副竿二，锦帽、黄宝相花衫、革带、裤。护旗四人。加黄抹额、弓矢。

太仆三车八十一人：指南车，驾士三十人，武弁、绯绝绣孔雀大袖、银褐带、裤。记里鼓车，驾士三十人，獬豸大袖。鸾旗车，驾士十八人，瑞鹰大袖。驾车赤马十二，执黑杖者三人。

外仗。牙门旗队二十八人：分左右。白泽旗二，执夹各五人，绿具装冠、人马甲、锦臂鞲、横刀，引夹加弓矢。金吾牙门旗第一门，牙门旗四，执夹十二人，青宝相花、抹额、革带、大口裤、横刀，引夹人加弓矢。监门校尉六人。长脚幞头、绯抹额、狮子裲裆、银带、横刀、弓矢、乌皮靴，后队同。

前部马队，第一队七十人：折冲、果毅都尉二人，锦帽，绯辟邪袍、袴、革带、横刀、弓矢。角宿、亢宿、斗宿、牛宿旗四，旗各五人，并五色宝相花衫、抹额、革带、横刀，引夹加弓矢。弩六，弓矢十四，并锦帽、青宝相花衫、革带、裤。稍二十八。绯色衫，余同上。

第二队七十人：折冲、果毅都尉二人，白泽衫。氐宿、女宿、房宿、虚宿旗四，旗五人，弩六，弓矢十四，稍二十八。服、执如前。

第三队七十人：折冲、果毅都尉二人，心宿、危宿、尾宿、室宿旗四，旗五人，弩六，弓矢十四，稍二十八。服、执如前。

第二节。中道，金吾引驾骑二十人：折冲都尉二人，平巾帻、绯辟邪衫、革带、袴、横刀、弓矢。

弩六，弓矢六。稍六。并平巾帻、绯丝宝相花褠裆、革带、裤。

前部鼓吹五百四十七人：鼓吹令二人，长脚幞头、绿公服、角带、絲鞭、乌皮靴。府史四人，长脚幞头、绿宽衫、角带、黄绢半臂、乌靴。部辖指挥使一人，平巾帻、紫宝相花衫、革带、锦螣蛇。主帅四十八人，分五项，平巾帻、绯鸾衫、革带、裤、执仪刀。抈鼓、金钲各十二，平巾帻、绯鸾衫、银褐抹带、锦螣蛇。大鼓、长鸣各百二十，黄雷花衫、抹额、抹带。铙鼓十二，绯苣纹衫、抹额、抹带。歌二十四，拱辰管二十四，箫二十四，笳二十四，服如钲鼓，无螣蛇。大横吹百二十。服如铙鼓。

外仗。马部第四队六十人：分左右。折冲都尉二人，绯麟衫。箕宿、壁宿旗各一，旗五人，弩六，弓矢十四，稍二十八。服、执并如前队。

第五队六十人：折冲都尉二人，奎宿、井宿旗各一，旗五人，弩六，弓矢十四，稍二十八。服、执并如前队。

第六队六十人：折冲都尉二人，绯瑞鹰袍。娄宿、鬼宿旗各一，旗五人，弩六，弓矢十四，稍二十八。服、执并如前队。

第七队六十人：折冲都尉二人，胃宿、柳宿旗各一，旗五人，弩六，弓矢十四，稍二十八。服、执并如前队。

第八队六十人：折冲都尉二人，昴宿、星宿旗各一，旗五人，弩六,弓矢十四,稍二十八,服、执并如前队。

第九队六十人:折冲都尉二人,赤豹袍。毕宿、张宿旗各一,旗五人,弩六,弓矢十四,稍二十八。服、执同前。

第十队七十人:折冲都尉二人,瑞马袍。觜宿、翼宿、参宿、轸宿旗各一,旗五人,弩六,弓矢十四,稍二十八。服、执如前。

步甲队,第一、第二两队百一十八人:领军卫将军二人,平巾帻、紫白泽袍、裤、带、锦螣蛇、横刀、弓矢。暴稍四,平巾帻、绯宝相花袍、大口裤。折冲都尉四人,服如将军。鹖鸡旗二,貔旗二,旗各五人,朱牟甲弓矢四十,朱牟甲刀盾四十。兜牟、甲身、披膊、锦臂韝、行縢鞋袜、勒甲、革带。

第三节。中道,前部鼓吹第二,五百二十三人:侍御在外。节鼓二,笛二十四,箫二十四,笳箫二十四,笳二十四,桃皮笳箫二十四,黑平巾帻、绯对鸾衫、银褐勒帛、大口裤。主帅二十六人,分四项,革带、执仪刀,服如上,无勒帛。挧鼓、金钲各十二,黑平巾帻、绯绣对鸾衫、银褐勒帛、大口裤、锦螣蛇。小鼓百二十,中鸣百二十,黄雷花袍、裤、抹额、抹带。羽葆鼓十二,青苣纹袍、抹额、抹带。歌二十四,拱辰管二十四,箫二十四,笳二十四,服如前色。侍御史二员,朝服。黄麾幡一,三人。武弁、绯宝相花衫、银褐勒帛、大口裤,执者马、绋者步。

外仗。步甲,第三队五十二人:折冲、果毅都尉二人,紫瑞马袍。玉马旗二,旗五人,青牟甲弓矢四十。服、执并同前队。

第四队五十二人:折冲、果毅都尉二人,瑞鹰袍。三角兽旗二,旗五人,青牟甲刀盾四十。

第五队五十二人:折冲、果毅都尉二人,白泽袍。黄鹿旗二,旗五人,黑牟甲弓矢四十。

第六队五十二人:折冲、果毅都尉二人,服同。飞麟旗二,旗五人,黑牟甲刀盾四十。

第七队五十二人:折冲、果毅都尉二人,赤豹袍。驮騠旗二,旗五人,银褐牟甲弓矢四十。

第八队五十二人:折冲、果毅都尉二人,服同。鸾旗二,旗五人,银褐牟甲刀盾四十。

　　第九队五十二人：折冲、果毅都尉二人，瑞鹰袍。麟旗二，旗五人，黄牟甲弓矢四十。

　　第十队五十二人：折冲、果毅都尉二人，驯象旗二，旗五人，黄牟甲刀盾四十。服、执如前。

　　金吾牙门旗第二门，牙门旗四，执夹十二人，监门校尉六人。服、执同第一门。左右屯卫将军二人，平巾帻、紫飞麟袍、大口袴锦螣蛇、革带、横刀、弓矢。绛引幡二十，执者六十人，武弁、绯绣宝相花衫、银褐勒帛、大口裤。共八十人。

　　第四节。中道，六军仪仗二百五十二人：统军六人，花脚幞头、紫绣抹额、孔雀袍、革带、横刀、鞘鞯、器仗、珂马。都头六人，长脚幞头。紫宝相花大袖、革带、横刀。神武军旗二、羽林军旗二、龙武军旗二，旗各五人，执人锦帽，引夹人贴金帽。排襕旗四十八，吏兵旗四、力士旗四、赤豹旗四、黄熊旗四、龙君旗四、虎君旗四、掩尾天马旗六，旗一人，锦帽、五色宝相花衫、革带、锦臂鞲。白簳枪九十，交脚幞头、五色宝相花衫、抹额、革带、汗裤。柯舒二十四，镫杖十八。并贴金帽、五色宝花衫、革带。

　　引驾龙墀旗队六十五人：排仗通直二人，排仗大将二人，并长脚幞头、紫公服、红鞓带、丝鞭、乌皮靴。天王旗四、十二辰旗各一，旗一人，并锦帽、五色宝相花衫、革带、臂鞲。天下太平旗一、五方龙旗五，旗五人，执人锦帽，引夹人贴金帽，服并如上，横刀、弓矢。君王万岁旗一、日月旗各一，旗五人。执人锦帽，引夹人贴金帽，服、执已见前例。

　　御马六十六人：马十六匹，匹四人，控马三十二人，贴金帽、紫宝相花衫。革带。夹马三十二人，皂帽、青锦袄、涂金铜束带。广武节级一人，锦帽，执黑杖，服同控马。管押骑御马直人员一人。皂帽、红锦袄、涂金、铜束带。

　　中道队三十二人：大将军一人，朝服、丝鞭。日月合璧旗一、莒纹旗二、五星连珠旗一、祥云旗二，旗各五人。服、执见前例。长寿幢一。平巾帻、绯宝相花衫、革带、大口裤。

金吾细仗一百人：青龙旗一、白虎旗一、五岳神旗五、五方神旗五，旗各四人，并四色宝相花衫、青黄银褐皂抹额、抹带、横刀，引夹如前。押旗二人，长脚幞头、紫公服、红鞓角带、乌皮靴。五方龙旗各三、五方凤旗各三，旗一人，并五色衫、抹额、革带、横刀。四渎旗四，旗五人。并皂宝相花衫、抹额、革带、横刀，引夹如前。

外仗。黄麾前第一部二百七十二人：殿中侍御史二人，朝服。左右屯卫大将军二人，折冲都尉二人，平巾帻、紫飞麟袍、革带、大口裤、锦螣蛇、横刀、弓矢。主帅二十人，平巾帻、绯宝相花衫、革带、裤、仪刀。龙头竿一百，揭鼓六，仪锽斧二十，小戟二十，弓矢四十，朱縢、络刀盾二十，稍二十，绿縢络刀盾二十。并青宝相花衫、抹额、抹带、行縢、鞋袜。

第二部二百七十二人：殿中侍御史二人，左右领军卫大将军二人，折冲都尉二人，紫绣白泽袍。主帅二十人，龙头竿一百，揭鼓六，仪锽斧二十，小戟二十，弓矢四十，朱縢络刀盾二十，稍二十绿縢络刀盾二十。服并绯。

第三部二百七十二人：殿中待御史二人，左右屯卫大将军二人，折冲都尉二人，紫瑞鹰袍。主帅二十人，龙头竿一百，揭鼓六，仪锽斧二十，小戟二十，弓矢四十，朱縢络刀盾二十，稍二十，绿縢刀盾二十，服并黄，余同上部。

第五节。中道，八宝香案共三百人：举士九十六人，平巾帻、绯宝相花衫、大口裤、涂金银束带。烛笼三十二，大珮银腰带、服同舆士。行马十六，服同烛笼。碧襕官十六人，弓脚幞头、碧襕衫、金铜束带、乌皮靴，靴后四人执长刀。符宝郎八人，长脚幞头、绿公服、角带、槐简、步导。援宝三十二人，人员二人，武弁、紫宝相花衫，革带、执黑漆杖。长行三十人，绯宝相花衫、执黑漆杖。香案八，举士三十二人，服同烛笼、行马。案后金吾仗六，方伞二，大雉扇四，服并同碧襕官。金吾仗十二人，四色官四人，长脚幞头、绿公服、大口裤、金铜腰带，前二人执槐简，后二人执金铜仪刀。押仗二人，长脚幞头、紫公服、红鞓带、乌皮靴、乌皮鞬。金甲二人，披膊、兜牟、钺斧、锦臂韝、勒甲絛。进马四人。平巾帻、紫犀牛裲裆、革带、袴、刀、矢弓。

金吾引驾四十九人：**千牛将军一人**，千牛十人，郎将二人，并绯绣抹额、紫犀牛裲裆、革带、大口裤、横刀、弓矢、珂马，将军平巾帻、无抹额，千牛郎将花脚幞头，余同。长史二人，长脚幞头、绿公服，金铜腰带，裤、乌皮靴，引驾官四人。长脚幞头、紫公服、红鞓带、乌皮靴。

中雉扇十二，大伞二，小雉扇四，华盖二，香蹬一座，八人，火燎一，二人。武弁，绯宝相花大袖、革带、大口裤。

腰舆人员，什将三人，皂帽，红锦袄、涂金银束带。人员执杖。长行十六人，拳脚幞头，红锦四裸袄、涂金银腰带。排列官二人，长脚幞头，紫公服、红鞓带、乌皮靴。小舆二十四人，白鞓银束带，服同长行人。逍遥辇人员、什将共十六人，皂帽、涂金银束带、红锦方胜练鹊。人员执黑漆杖。长行二十六人，红地白狮锦袄、涂金银带，冠同。平辇人员、什将十六人，皂帽红锦团袄、涂金银带。舆辇共一百三人。

诸班开道旗队一百七十七人：开道旗一，铁甲、兜牟、红背子、剑、绯马甲。皂纛旗十二，旗一人，黑漆铁笠、皂皮人马甲。引驾六十二人，皂帽、红锦团袄、红背子、铁人甲马、箭、兵械、骨朵。辅龙直一百二人。皂帽、红背子、骨朵、铁人马甲。

外仗。黄麾前第四部二百七十二人：殿中侍御史二人，左右武卫大将军二人，折冲都尉二人，主帅二十人，龙头竿一百，揭鼓六，仪镗斧二十，小戟二十，弓矢四十，朱縢络刀盾二十，矟二十，绿縢络刀盾二十。黄宝相花衫，余并如前第一部。

第五部二百七十二人。除左右骁卫大将军与都尉服赤豹袍，龙竿以下服银褐花衫，余名色并如前第二部。

第六部二百七十二人。除将军、都尉服瑞马袍，龙竿以下服皂花衫，余名色并如前第三部。

第六节。中道，门旗队一百二十三人：骑执门旗四十，五方色龙旗十，步执红龙门旗六十，麾旗一，簇辇红龙旗八，日月旗二，麟旗一，凤旗一，旗皆一人。并铁甲、兜牟、红锦袄、红背子，马执者惟红背子，步执门旗仍带剑。

金辂，皇太后乘之，公主侍坐，故在玉辂之前。驾士九十四人，赤平巾帻、绯绣对凤大袖、绯抹额、赤裤、鞋袜。击鞭内侍十人，皂帽、红锦袄、涂金银束带。驾头下，御床也。抱驾头内侍一人，长脚幞头、紫罗公服、涂金银束带。控马二人，锦帽、锦络缝宽衫、银大珮腰带。广武官十二人，锦帽、白鞓银束带、袄。茶酒班执从物十一人，水罐二、香球二、唾盂一、斯罗一、手巾一、御椅三人、踏床一，皂帽、碧锦团袄、红锦背子、涂金银束带。共百三十人。

拱圣直，人员二人，长行三十八人。真珠头巾、红锦四褉袄，涂金银束带。

导驾官四十二人，朝服。从人八十四，锦帽、紫络缝宽衫、大珮银腰带。仗剑六人，皂帽、红锦团袄、红锦背子、铁甲、弓矢、器械。广武把行门八人，殿班把行门三十五人。服并如仗剑。

玉辂，帝后同乘，太子陪坐。驾士百二十八人，服如金辂，惟用青色。千牛将军一人，具装，执长刀于辂右。左右点检二人，披金甲。夹辂大将军二人，陪辂将军二人，并朝服。进辂职掌二人，长脚幞头、紫宽衫、涂金银腰带。教马官二人，长脚幞头、绯抹额、紫宝相花衫、涂金银腰带。部押二人，皂帽、铁甲、红锦袄、执骨朵。挟辂八人，控踏路马四人，马二匹，铜面。包尾、凉扇，人服如驾士。共一百五十三人。

龙翔马队二十队，六百二十人，分左右，每队人员三人，皂帽、铁甲、红锦袄、红背子、弓矢、剑、骨朵、甲马。殿侍二十八人。铁甲、红锦背子、弓矢、器械、甲马。

东第五班，金枪六队，每队旗三人，枪二十五人，内二十人佩弓矢。共一百六十八人，并裹铁兜车、金枪。银枪六队，每队旗三人、枪二十五人，内二十人佩弓矢。共一百六十八人。并裹铁笠，银枪。

东第四班，二队，每队旗三人、弩二十五人，共五十六人。铁笠、兜车。

神勇步队七百人：分左右作四重，每重人员十，皂帽、红锦团袄、弓矢、器械、骨朵。长行六百六十人，并铁兜车、甲。内拱圣弩骨朵直一百六十四人，拱圣枪直一百六十四人，内执子旗者二人，余执枪。拱圣弓箭直一百六十六人，弓矢、器械、执骨朵。拱圣弩直一百六十六人。
挟弩、鞠鞴。

广武骨朵大剑三百一十人：指挥使五人，红锦袄、红背子。都头
五人，红袄，红背子、并皂帽、涂金腰带、骨朵。长行三百人。内一百人簇四
金雕锦帽、紫孔雀宽袄、白鞓银束带、骨朵，二百人金镀银花朱红笠、绯对凤宽
袄、银带、执银花大剑。导驾官四十二员，从者八十四人。服已见前。

外仗。青龙白虎队五十二人：果毅都尉二人，青龙旗一、白虎旗
一，旗五人，弩六人，弓矢十四，矟二十。服已见前。

第七节。中道，驾后辅龙直乐三十一人：拍板一，笙箫十五，笛
十四，人员一人。长行三十人，乐器自备，并皂帽，红锦袄、涂金束带，并马。
人员执骨朵。

扇筤二十五人：执筤官一人，控马二人，服并如前例。红龙扇二，
长脚幞头、紫公服、涂金银束带。广武二十人。锦帽、绣宽袄、白鞓银束带、紫
对凤十领、绯对凤十领。

七宝辇舆士四十二人：什将、人员十六人，皂帽、红锦团袄。长行
二十六人。盘裹幞头、红锦四揆袄、涂金束带。

持钑队五十人：旅帅二人，服如都尉。重轮旗二，旗五人，服同前
例。红罗大伞二，大雉扇八，小雉扇八，红罗绣华盖一，武车，绯宝相花
衫，革带、裤、锦膝蛇。朱团扇八，黄宝相花衫。真武幢一，皂宝相花衫。睥
睨八，绯宝相花大袖。麾一，幢一。紫宝相花衫、银褐抹带。

后部鼓吹三百三十七人：鼓吹丞二人，典士四人，部辖指挥使
一人，主帅十八人，金钲、㧒鼓各三，羽葆十二，歌二十四，拱辰管
二十四，箫二十四，笳二十四，节鼓二，铙鼓十二，歌十六，箫二十
四，笳二十四，小横吹一百二十。青苣纹袍抹额、抹带，余并与前同。

金吾牙门第三门，牙门旗四，旗三人，监门校尉六人。服、执同第
一门。

黄麾后第一部二百七十二人，第二部二百七十二人，第三部二
百七十二人，殿中侍御、卫大将军、折冲都尉、龙头竿以下名色，并

如前三部。

第八节。中道,后部鼓吹第二,百二十人:笛二十四,箫二十四,筚篥二十四,笳二十四,桃皮筚篥二十四。服并如前。

属车八,牛二十四,驾士八十人。武弁、绯绣云鹤大袖、银褐抹带、大口裤。黄钺车,赤马二,驾士十五人。武弁、绯对鹅大袖、银褐抹带、大口裤。豹尾车,赤马二,驾士十五人。武弁、绯立豹大袖、银褐抹带、大口裤。

玄武队六十一人:金吾折冲都尉一人,平巾帻、紫辟邪袍、革带、裤、螣蛇、横刀、弓矢。揮矟二,平巾帻、绯宝相花衫、革大带。仙童旗一,玄武旗一,螣蛇旗一,神龟旗一,旗五人,服、执如前例,矟十九,弓矢十五,弩四。平由帻、绯宝相花衫、革带、裤。

黄麾后第四部二百七十二人,第五部二百七十二人,第六部二百七十二人,摄官名数服色并如前第四、第五、第六部。绛引幡二十,执者六十人。并武弁、绯绣宝相花衫、银褐抹带、大口裤。诸从驾官并于仗后陪从,朝服不足者公服。凡应乘马者,并同宋制。

金史卷四二
志第二三

仪卫下

大驾卤簿　　皇太后皇后卤簿
皇太子卤簿　　亲王僚从
诸妃嫔导从　　百官仪从
内外官僚从

　　大驾卤簿　世宗大定三年，袷享，用黄麾仗三千人，分四节。第一节，无县令、府牧，即用黄麾前三部，次前部鼓吹，次金吾牙门旗，次驾头，次引驾龙墀队，次天王、十二辰等旗。第二节，黄麾第四、第五部，次君王万岁日月旗，次御马，内增控马司圉、挟马司圉各一十六人，次日月合璧、五星连珠等旗，次八宝，内增执黑杖传喝一十八人在香案前，次七宝辇。第三节，黄麾后第一、第二部，次玉辂，次栲栳队，次导驾门仗官。第四节，黄麾后第三、第四、第五部、次金辂，次牙门旗，次后部鼓吹。

　　大定六年九月，西京还都，用黄麾仗二千五百四十二人，摄官在内。骑七百六十二匹，分四节。第一节，摄官五十四人，执擎三百二人，乐工一百七十人。第二节，摄官三十二人，执擎三百七十六人。第三节，仗内摄官四十四人，导驾官四十二人，门仗官一百人，玉辂青马八、驾士一百四十人，护驾栲栳队五百人，执擎二百四十二人。第四节,摄官五十人,金辂赤马八、驾士九十四人,控鹤二十二人,乐工八十四人,执擎二百九十人。

是岁,上还自西京,有司备仪仗,皇太子乘金辂,上疑其非礼,以问礼官,无能知者,上怒,皆责降之。明年,将册皇太子,宰臣奏当备仪仗告庙,上曰:“前朕受尊号谒谢,但令朕用宋真宗故事,朝服乘马,于礼甚轻,今皇太子乃用备礼何耶?”丞相良弼谢,上徐曰:“此文臣因循,不加意尔。”先是,凡行幸皆役民执仗,是后诏以军士易之。

大定十一年,将有事于南郊,朝享太庙,右丞石琚奏其礼,上曰:“前朝汉人祭天,惟务整肃仪仗,此自奉耳,非敬天也。朕谓祭天在诚,不在仪仗之盛也,其减半用之。”于是,遂增损黄麾仗为大驾卤簿,凡用七千人,摄官在内。分八节。

第一节,第一引,七十人,县令。第二引,二百六十四人,府牧。第三引,二百二十九人,御史大夫,名色与府牧同,颇损其数,而增行止旗一。

第二节,金吾皂纛旗一十二人,朱雀队三十四人,指南、记里鼓车皆五十二人,鸾旗车一十八人。前部鼓吹一百二十九人。清游队七十二人:内白泽旗二,旗五人,绿具装冠、绿皮甲勒皮、锦臂韝、横刀,引夹加弓矢、绿皮马甲、包尾全。折冲都尉二人,黑平巾帻、紫绣辟邪袍、革带、银褐大口裤、锦螣蛇、横刀、弓矢。弩六,弓矢二十四,稍三十。并锦帽、青绣宝相花衫、革带、银褐大口裤。飲飞队四十八人:内果毅都尉二,黑平巾帻、紫绣飞麟袍、革带、银褐大口裤、锦螣蛇、佩横刀、弓矢。虞候飲飞三十人,铁甲、兜牟、横刀弓矢,黑马甲全。铁甲飲飞一十六人。服、执如上。前部马队,第一队六十四人,第二、第三队皆六十人,第四、第五队皆五十八人。叉仗五十四人:内帅兵官二人,黑平巾帻、绯宝相花衫、革带、银褐大口裤,执仪刀。叉二十六,又二十六。五色宝相花衫、抹额、抹带、行縢、鞋袜。行止旗一。绯绣宝相花衫、抹额、银褐抹带、大口裤。

第三节,前部鼓吹第二,三百六十九人。前步甲队,第一至第五队皆四十二人。衙门旗二十人,黄麾前第一部一百五十人,第二部一百二十人。殳叉仗五十八人。行止旗一。

第四节，黄麾幡三人，六军仪仗二百二十六人，御马三十三人，黄麾前第三至第五部皆一百二十人，青龙白虎队五十二人，殳叉仗五十六人，行止旗一。

第五节，八宝二百三十二人，平头辇三十人，七宝辇四十二人。班剑、仪刀队二百人：内将军二人、折冲都尉二人，平巾帻、绯辟邪袍、革带、银褐大口裤、锦腾蛇，执仪刀。班剑、仪刀各九十八。并平巾帻、绯绣宝相花衫、革带、银褐大口裤、锦腾蛇，执仪刀。骁卫翊卫队六十人：内供奉郎将二员，黑平巾帻、绯绣瑞马袍、革带、银褐大口裤，执仪刀。凤旗二，旗五人，服、执如前。弩、弓矢、稍皆一十六。服如班剑，横刀。夹毂队，第一队九十二人内折冲都尉二人，平巾帻，绯绣飞麟袍、革带、银褐大口裤，执仪刀。宝符旗二，旗五人，朱鍪甲刀盾八十。朱甲、锦臂鞲、行縢、鞋袜。第二队八十二人：内果毅都尉二人，白泽袍。飞黄旗二，旗五人，银褐鍪甲刀盾七十。第三队八十二人：内果毅都尉二人，赤豹袍。吉利旗二，旗五人，皂鍪甲刀盾七十。殳叉仗五十六人。行止旗一。

第六节，马步门旗队一百人，驾头一十五人，广武官、茶酒班执从物者二十三人。御龙直四十人。红锦团袄、镀金束带，内人员二皂帽，三十八人真珠头巾。玉辂一百五十一人。栲栳队五百人：内金枪队一百二十六人，分左右，人员十八、并铁甲、皂帽、红锦背子，执小旗，马甲，红锦包尾。长行一百八人，铁甲、兜牟、红锦背子、锦臂鞲、甲马、红锦包尾，执金枪。银枪队一百二十六人，人员十八、长行一百八人，服并如上，银枪。弓箭直步队一百二十四人，人员四、铁甲、皂帽、红锦团花战袍、弓矢，执银骨朵，马甲全。长行一百二十人，铁笠、红锦团花战袍、铁甲、弓矢、骨朵。骨朵直步队一百二十四人，人员四、长行一百二十人。服甲同上，无弓矢。金吾牙门旗二十人，黄麾后第一部一百五十人，第二部一百二十人，殳叉仗五十二人，行止旗一。

第七节，扇筤二十五人，金辂九十四人。大安辇一百八十一人：内尚辇奉御二人，殿中少监二人，奉职官二人，并公服。令史四人，

书令史四人，七人乌介帻、绯四褉素衫、银褐抹带、大口裤、皂靴，一人长脚
幞头、紫罗公服、角带皂靴。掌辇四人，武弁、黄绣宝相花衫、银褐抹带、大口
裤。人员十二，皂帽、红锦团袄、铜束带，内指挥使一人执银骨朵，舁士一百
五十一人。服同掌辇。御马三十三人。持锨队三十九人。后部鼓吹
一百六十人。黄麾后第三至第五部皆一百二十人。后步甲队第一
至第二队皆四十二人。叉叉仗五十六人。行止旗一。

　　第八节，后部鼓吹第二，一百四十人。象辂、革车、木辂皆五十
人，进贤车二十六人，豹尾车一十八人，属车八十人。玄武队六十一
人。后步甲队第三至第五队皆四十二人。金吾牙门旗二十人。后
部马队第一队七十六人，第二队六十四人，第三队六十人。叉叉仗
六十人。行止旗一。后分行旗、止旗为二。以上名数与黄麾同者不重
述。

　　章宗明昌五年六月，尚书省奏："大定六年，世宗自西京还都，
采宋省方还京之仪，用黄麾仗二千人，及金玉辂、栲栳队甲骑五百
人，导驾官四十二员，自后遂不复用。今车驾幸景明宫，还都之日宜
依用之。"制可。

　　承安元年，省臣奏："南郊大礼，大驾卤簿当用人二万一千二百
一十八，马八千一百九十八。世宗亲行郊祀，仗用七千人。今拟大
定制外量添甲卒三百，栲栳队、执树人二百四十八，通七千五百四
十八人，仍分八节。"从之。

　　泰和六年，上欲亲行禘享，命有司计其役费，尚书省奏："当用
仗三千五百人，钱一万余贯，马八百六十五匹。旧例，马皆借取于
民，亲军、班祗皆自备从事。今军旅方兴，官马以备缓急，不可借用，
民亦不可重扰，宜令有司摄事。"上诏再议之。

　　八年四月，禘于太庙，依元年例，用黄麾仗三千人，屯门仗五百
人。

　　皇太后、皇后卤簿　　用唐、宋制，共二千八百四十人。清游队三
十人，清游旗一，执一人，引二人，夹二人。并平巾帻、绯裲裆、大口裤、

佩弓矢，横刀、执 矟、弩、骑。次金吾卫折冲都尉一人，平巾帻。紫裲裆、大口裤、锦螣蛇、弓矢、横刀。㠶、矟二人，平巾帻、绯衫、大口裤，夹折冲。领四十骑：二十人执矟、四人弩、十六人横刀。并平巾帻、绯裲裆、大口裤、横刀、弓矢。次虞候佽飞二十八人。并平巾帻、绯裲裆、大口裤、弓矢、横刀，骑夹道，分左右均布至黄麾仗。次内仆令一人、丞一人，依本品服，分左右。各书令史二人。平巾帻、绯衫、大口裤，骑从。次黄麾一，执一人、夹二人。武弁、朱衣、革带，正道骑。次左右厢黄麾仗，厢各三行，行百人，从内第一行，短戟、五色氅，执者并黄地白花綦袄、帽、行縢、鞋、袜。次外第二行，戈、五色氅，执人并赤地黄花綦袄、帽、行縢、鞋、袜。次外第三行，仪鍠、五色幡。并青地赤花綦袄、帽、行縢、鞋、袜。次左右领军卫、左右威卫、左右武卫、左右骁卫、左右卫等，卫各三行，行二十人，分前、后。卫各主帅六人，唯左右领军卫各三人，并平巾帻、绯裲裆、大口裤，领军卫前后狮子文袍、帽，余卫豹文袍、帽，各执鍮石装长刀，骑领，分前、后。每卫各果毅都尉一人检校。被绣袍，以上各一名步从。左右领军卫有绛引幡，引前、掩后各三。执者六人，并平巾帻、绯衫、大口裤。次内谒者监四人，给事二人，内常侍二人，内侍少监二人。并骑，分左右。以上各有内给使一人，步从。次内给使百二十人。皆宫人，并平巾帻、绯衫、大口裤，分左右，在车后。次偏扇、团扇、方扇各二十四。分左右，以宫人执之，皆服间彩大袖裙襦、彩衣、革带、履。次香蹬一，执擎内给使四人。平巾帻、绯裲裆、大口裤，在重翟车前。次重翟车，马四，驾士二十四人。平巾帻、青衫、大口裤、鞋袜。次行障二，坐障二。分左右夹车，宫人执之，服同执扇。次内寺伯二人，领寺人六。分左右，平巾帻、绯裲裆、大口裤、执御刀，并骑，夹重翟车。次腰舆一，舁士八人。团雉扇二。夹舆。次大伞四，次大雉扇八。分左右，横行为二重。次锦华盖二。单行，正道。次小雉扇、朱团扇各十二。并横行，分左右。次锦曲盖二十四。横行，为二重。次锦六柱八扇。分左右。自腰舆以下并内给使执之，服同前。次宫人车。次绛麾二。分左右，执各一人，武弁、朱衣、革带、鞋袜。次后黄麾一，执一人，夹二人。并骑，武弁、朱认，革带，正道。次供奉宫人。在黄麾后。次厌翟车，马四，驾士二十四人。次翟车、安车皆四马，驾士各二十四人。次四望车、金根车,皆驾牛三,驾士各十二人。服同前。次左右厢牙门各二,每门执二人,夹四人。并赤綦袄、黄袍、帽。第一门在前黄麾前,第二门在后黄麾后。次左右领军卫,每厢各一百五十人,执殳,并赤地黄花綦袄、帽、行縢、鞋袜。前与黄麾仗齐,后尽卤簿。厢各主帅四人,检校。平巾帻、绯衫、大口裤、被黄袍帽,执输角长刀,骑。其服豹文者二在内,服狮文者二,一引前,一护后。次左右领军卫、折冲都尉各一人,检校殳仗。以上各一人骑从。次后殳仗内正道置牙门一,每门监门校尉二人,皆平巾帻、绯裲裆、大口裤,执银装长刀,骑。每厢各巡检校尉一人,往来检校。服仗同前。前后部鼓吹,金钲、抲鼓、大鼓、长鸣、中鸣、铙吹、羽葆、鼓吹、横吹、节鼓、御马并减大驾之半。

是岁,重翟等六车改用圆方辂辇,及行障、坐障、锦六柱、宫人等车,其制度人数并见《舆服志》。

天德二年,海陵立后,皇后乘龙饰肩舆,有司设二步障于殿之西阶,设扇左右各十,伞一,此盖殿庭导引之仪也。又设皇太后导从六十人,伞子不在数内,并服簇四盘雕团花红锦袄、金花幞头、涂金银束带。永寿、永宁宫导驾各三十人,伞子各二人,此亦常行之仪也。

皇太子卤簿　　受册宝谢庙,凡大礼、大朝会则用之。有司奏当用唐、宋仪礼,诏止用千人。

中道,清游队二十四人:折冲都尉一人,白泽旗一,五人,弩四、弓六、稍八。并骑。清道直荡队一十八人;折冲都尉二人,橐稍四,弓矢十二。并骑。诞马四,八人。正直旗队三十三人:果毅都尉一人,重轮旗一、驯犀旗二,野马旗一、驯象旗二,旗各五人,副竿二。并骑。细引队一十四人:果毅都尉二人,弓矢六,稍六。稍与弓矢相间,并骑。前部鼓吹九十八人:并骑。府史二人,金钲、抲鼓各二,大鼓十二,长鸣八,铙鼓二,箫六,笳六,帅兵官二、节鼓二、小鼓十二、中鸣八、桃皮觱篥四、歌四、拱辰管六、觱篥六、大横吹十二、羽葆鼓二,帅兵官二。伞扇八:梅红伞二,大雉扇四,中雉扇二。小舆一十八人。导引官一十二人：中允二人，谕德二人、庶子二人、詹事二人、太师一人、太傅一人、太保一人、少师一人在金辂后。并骑。亲勋翊卫围子队七十四人：郎将二人，仪刀七十二。并骑。金辂七十人。三卫队一十八人。执仪刀。厌角队六十二人：郎将一人，祥云旗一，五人，弩三，弓七，稍十五，并骑。又郎将一人，祥云旗一，五人，弩三，弓七，稍十五。并骑。朱团扇一十六人：司御率府校尉四人，骑。朱团扇三，紫曲盖三，朱专扇三，紫曲盖三。大角一十八。后部鼓吹五十四人：并骑。管辖指挥一人，金钲、挏鼓各一，铙鼓二，箫六，歌六，笙箫六，节鼓一，主帅二人，笛六，筋四，拱辰管六，小横吹十，主帅二人。后拒队四十六人：果毅都尉一人，骑。三角兽旗一，五人，弩四，弓矢十六，稍二十。

　　外仗。左行二百四人。牙门十六人：并骑。牙门旗一，三人，监门校尉三人，郎将一人，班剑九。前第一队二十七人：司御率府一人，果毅都尉一人，折冲都尉一人，主帅一人，并骑。绛引幡三首，九人，麟头竿二，仪镗斧二，弓矢二，麟头竿二，仪镗斧二，朱刀盾二，小戟二。第二、第三、第四、第五队各一十四人。与第一部麟头竿已下同。后第一队四十七人：牙门旗一，三人，监门校尉三人，果毅都尉一人，主帅一人，绛引幡三，九人，鹖鸡旗一，五人，稍四，弩三，稍四，弓矢三，稍四，弓矢三，朱刀盾二，小戟二。并骑。后第二队二十九人：果毅都尉一人，纲子旗一，五人，稍五，弩三，稍五，弓矢三，稍三，弓矢四。并骑。后第三队二十九人，果毅都尉一人，黄鹿鹿旗一，五人，稍五，弩三，稍五，弓矢三，稍三，弓矢四。并骑。右行二百四人，排列同。

　　太子常行仪卫，导从六十二人，伞子二人，并服梅红绣罗双盘凤袄、金花幞头、涂金银束带。凡从物镟锣、唾盂、水罐等事并用银金饰。伞用梅红罗、坐麒麟金浮图。椅用金镀银圈，双戏麒麟椅背，红绒绦结。殿庭与宴，襚用绣罗间金盘凤，卓衣则用绣罗独角间金盘兽。东宫视事，朱髹饰椅，涂金银兽衔、红绒绦结、明金团花椅背，案衣则用素罗，色皆梅红，蒙帕踏脚同。

　　亲王僚从　引接十人，皂衫、盘裹、束带、乘马。牵拢官五十人，首领紫罗袄、素幞头，执银裹牙杖、伞子紫罗团答绣芙蓉袄、间金花交脚幞头、余人紫罗四襈绣芙蓉袄、两边黄绢义襕，并用金镀银束带，幞头同。邀喝四人。伞用青表紫里，金镀银浮图。椅用银裹圈背。水罐、锄锣、唾盂并用银。郡王牵拢官三十人，未出宫者二十人。国公牵拢二十人，未出宫者十四人。郡王引接六人，国公四人，未出宫者各减半。人从仪物并依一品职事官制。

　　诸妃嫔导从　诸妃嫔导从四十人，幞头，绣盘蕉紫衫、涂金束带。妃用偏扇、方扇、团扇各十六，诸嫔各十四，皆宫人执，服云脚纱帽、紫四襈衫、束带、绿鞾。大伞各一，伞子二人，就用本服锦袄幞带。大长公主导从一十二人，皇妹皇女一十人，并服紫罗绣胸背葵花夹袄、盘裹、幞头、大佩银腰带，牙杖各二。其诸宗室女，各以亲疏差降之。伞制，皇太子三位妃皆青罗表紫里、金浮图，亲王公主王妃金镀银浮图，郡主县主夫人银浮图，皆青表紫里，诸臣下母妻各从其夫子勋封品级用伞。

　　百官仪从　正一品：三师、三公、尚书令，朱衣直省各十人，三公称直府。牵拢官各六十人，并服紫衫帽、银偏带，内执藤棒二对、骨朵三对、牙杖三对、簇马六人，伞子二人。交椅、水罐、锄锣、盂子、唾碗等事以次执之，服皂衫帽、涂金铜束带。后凡执色人并同。邀喝四人。伞用青罗紫里、银浮图。从一品：尚书左右丞相、平章政事、都元帅、枢密使，直省同，枢密称直院，以班祗人充。牵拢官五十人，邀喝四人。判大宗正，引接十人，牵拢官四十人。大兴尹，面前两对，余并同。以上交椅并用银裹圈背、紫丝绦结。

　　正二品：东宫三师、左右副元帅、尚书左右丞，直省八人，牵拢官四十人，邀喝三人，伞用朱浮图。从二品：参知政事、枢密副使、御史大夫，直省同，御史台称通引，以爆使班祗人充。牵拢官三十六人，邀喝数同。

正三品：东宫三少、元帅左右监军、殿前都点检、六部尚书、诸京留守、宣徽、劝农使、翰林学士承旨等官，凡同品者，各引接六人，牵拢官二十人。以上交椅并用直背银间妆、青丝绦结。诸京都转运使，招讨使，诸路提刑使，诸府尹兼本路兵马都总管及留守，牵拢官五十人。外任、统军使、都运、诏讨使、副使、诸府尹兼总管，牵拢官四十五人，公使七十人。从三品：元帅左右都监、劝农副使、殿前副都点检及御史中丞等官，凡同品者，各引接六人，牵拢官一十八人，内中丞引从则给绯衫。外任，运使、节度使，牵拢官四十人，诸节镇、诸部族节度同，公使上镇七十人、中镇六十五人、下镇六十人。以上外任官人从服色，除诸招讨、总管、部族节度、群牧使自来无射粮军人力者并仍旧外，留守、统军、总管、都运、招讨、府尹、转运、节度使人力亦仍旧，其数虽多，俱不得过四十人，并服紫衫、银带、银裹圈背交椅、银水罐、镦锣、盂、碗、牙杖，内银裹骨朵、大剑各两对，及邀喝，唯运使无骨朵、大剑。

正四品：左右谏议大夫、国子祭酒、六部侍郎等官，凡同品者，各引接八人，本破十二人。外任，留守同统军都监、提刑副使，各牵拢官三十人。从四品：殿前左右卫将军、诸猛安千户、亲王府尉、诸京同知转运等官，凡同品者，各引接四人，本破十二人。外任，牵拢官三十五人，公使上防御六十人、中防御五十五人、下防御五十人。

正五品：尚书左右司郎中、翰林待制、太常少卿等官，凡同品者，各本破八人。外任，牵拢官三十人，公使上州五十人、中州四十五人、下州四十人。凡防御、刺史、知军、并京府统军司、节镇佐贰官人从，并服紫衫、角束带，直背银交椅、镦锣、盂子、唾碗、牙杖，伞用青表碧里青浮图。防御、刺史、知军仍用银裹骨朵、大剑一对，邀喝，唯随路副统军则不邀喝。从五品：六部郎中、侍御史、大理少卿等官，凡同品者，本破七人，侍御引从则给绯衫。外任，本破十人。以上职事官并许张盖。

正六品：尚书左右司员外等官，凡同品者，本破六人。外任，本破九人。从六品：尚书六部员外等官，凡同品者，本破五人。外任，本破九人。

正七品：殿中侍御史等官，凡同品者，本破四人。外任，本破七人。县令，公使十人。都军，公使六人。从七品：应奉翰林文字等官，凡同品者，本破四人。外任，本破六人。县令，公使十人。

正八品：大理评事等官，凡同品者，本破二人。外任，本破六人。从八品：太常太祝等官，凡同品者，本破二人。外任，本破五人。

正九品：御药都监等官，凡同品者，本破一人。外任，本破三人。从九品：随殿位承应、同监等官，凡同品者，本破一人。外任，本破一人。

尚书省枢密院令译史通事、六部御史台及统军司通事、诰院令史、国史院书写等职，各设本破一人。

以上职官，人力从物不得僭越。其外任官，人从服执，以本处公用或赃罚钱置。

内外官傔从　凡内外官自亲王以下，傔从各有名数差等，而朱衣直省不与。其贱者，一曰引接，亦曰引从。内官从四品以上设之。二曰牵扰官，内外正五品以上设之。三曰本破，内外正四品以下设之。四曰公使，外官正三品以下设之。五曰从己人力，外官正三品京都留守、大兴府尹以下等官设之。本破如牵拢之职，公使从公家之事，从己执私家之役者也。五等皆以射粮军充，其军非验物力以事攻讨，特招募民年十七以上、三十以下魁伟壮健者收刺，以资粮给之，故曰射粮。其首领则有将节、承局、什将等名，而皆统于随路都兵马总管府焉。金之所以礼臣下、足任使者，其亦先代之遗法欤。

外任官从己人力，诸京留守、大兴府尹，五十人。统军、都转运、招讨、按察使，诸路兵马都总管，四十五人，转运、节度使，四十人。提控、诸群牧、防御使，三十五人。外任亲王傅、同知留守、副统军、按察副使、诸州刺史知军事，三十人。同知都转运使事，副招讨、副留守，同知府尹兼总管，提举漕运司、诸五品盐使，二十五人。都转运副使、按察司签事、少尹、副总管、同知转运节度使事，二十人。京都兵马都指挥使，一十八人。转运节度副使，十七人。兵马都铃辖，十五人。亲王府尉、诸京留守总判官、同知防御使事，十三人。警巡使、兵马副都指挥、同提举漕运司，正六品，盐副使，从六品，酒麹盐税使、同知州军事，一十人。统军都转运司京府总管散府等判官、京推官，九人。亲王府司马、招讨判官、赤剧县令、提举上京皇城兵马铃辖，正七品，酒曲盐税副使、都转运判官、府推官、节度观察判官，八人。京县次剧县令、都巡检史、正将、府军都指挥使，七人，司属令、亲王府文学、招讨司勘事官、诸县令、警巡副使、知城堡寨镇，从七品，盐判、同提举上京皇城、节镇军都指挥使、都巡河、同七品酒使、防御判官，六人。市令、录事、赤剧县丞、副都巡检使、副将、都巡检、州军判官，五人。统军司知事、亲王府记室参军、司属丞，正八品，酒使副、京县次剧县丞、诸司使，四人。大兴府招讨、按察司知事、京府运司节镇司狱、管勾河桥关度讥察官，从八品，盐判官、漕运司勾当官、警巡判官、诸县丞、市丞、司候、主簿、录事司判官、县尉、副都巡检、诸巡检、巡河官，正九品，酒使、诸司副使，三人。盐场管勾、防剌以下司狱、部队将、同管勾河桥、副讥察、司候判官、教授、统军按察司知法、军辖、诸司都监、节镇以上知法，二人。监场同管勾、防剌以下知法、诸司同监、统军按察司书史、统军司译书通事，一人。

婆速公使、从己人力，于附近东京澄州招募汉人百姓投充。谓非猛安谋克所管者。合懒、恤品、胡里改、蒲与路并于各管猛安谋克所管上中户内轮差驱丁，依射粮军例支给钱粮，周年一易。部罗火、土鲁浑扎石合亦同。其诸乣及群牧官员，若猛安谋克应差本管户民充人力者，并上中户轮当。

诸内外官有兼职各应得人从者，从多给，余各验品类差。

诸亲王引接、引从，在都兵马司差，公主随朝者从守部本破内差，外路者并所在州府就差。

诸王府引从、相府牵拢官、引接，周年替代，自余十月满代，并以射粮军充。

诸随朝六品以下职官、并诸局承应者,愿令从已输庸者听,仍具姓名申部,本处官司周年内不得占使。

诸职官之任、以理去官者,按送人力于从己人内给半,取接者皆于所在官司出给印券差取,送还者须到本所给券发还,如无验者权阁支请,候会问别无逃亡将带,然后放支。

诸致仕官职俱至三品者,从己人力于愿往处给半,不得输庸。身故应送还者又减半给之,若年未六十而致仕及罢去者,则不给。

金史卷四三
志第二四

輿服上

天子車輅　　皇后妃嬪车輦
皇太子车制
王公以下车制及鞍勒饰

輿服中

天子衮冕　　视朝之服　　皇后冠服
皇太子冠服
宗室外戚及一品命妇服用
臣下朝服　　祭服　　公服

輿服下

衣服通制

古者车舆之制，各有名物表识，以祀以封，以田以戎，所以别上下、明等威也。历代相承，互有损益，或因时创始，或袭旧致文，奇巧日滋，浮靡益荡。加以后世便习骑乘，车用盖寡，惟于郊庙祀享法驾导引，为一代令仪而不敢废也。其于先王经世立法之意，寥乎阔哉。

金初得辽之仪物，既而克宋，于是乎有车辂之制。熙宗幸燕，始用法驾。迨至世宗，制作乃定，班班乎古矣。考礼文，证国史，以见一代之制度云。

大定十一年，将有事于南郊，命太常寺检宋南郊礼，卤簿当用玉辂、金辂、象辂、革辂、木辂、耕根车、明远车、指南车、记里鼓车、崇德车、皮轩车、进贤车、黄钺车、白鹭车、鸾旗车、豹尾车、韬车、羊车各一，革车五，属车十二。除见有车辂外，阙象、木、革辂、耕根、明远、皮轩、进贤、白鹭、羊车、大辇各一、革车三、属车四。

按《五礼新仪》玉辂以青，金辂以绯，象辂以银褐，革辂以黄，木辂以皂，盖其物有合随辂之色者，有当用别色者，如玉辂用青丝绣云龙络带，青罗绣宝相花带，青画轮辕，青氂牛尾，此随辂之色者也。若象、木、革辂则当用绯、用银褐、用黄及皂。若至尊乘御步武所及，非若余物但为美观，其踏床、倚背、踏道之褥皆用红锦，座褥、及行马褥、透壁软帘三，用银褐、黄、青罗锦三色。又大辇，宋陶谷创意为之，至祥符中以其太重，减七百余斤，可见当时亦无定制，各以意从长斟酌造之。其制，金玉辂阙，可见者象辂、革辂、木辂、耕根、皮轩、进贤、明远、白鹭、羊车，革车，大辇，凡十有一。

象辂，黄质，金涂铜装，以象饰诸末。轮衣以银褐。建大赤。余同玉辂。

革辂，黄质，鞔之以革，金涂铜装，轮衣以黄，建大白。余同玉辂。

木辂，黑质，漆之，轮衣以皂，建大麾。余同玉辂。

耕根车，青质，盖三重，制如玉辂而无玉饰。

皮轩车，赤质，上有漆柱，贯五轮相重，画虎纹，一辕。

进贤车，赤质，如革车，绯输衣、络带、门帘并绣凤。上设朱漆床、香案，紫绫衣。一辕。

明远车，制如屋，锐顶，重檐，勾栏。顶上有金，四角垂铎。上层四面垂帘，下层周以花板。三辕。

白鹭车，赤质，周施花板，上有漆柱，柱杪刻为鹭鸶，衔鹅毛筩，红绶带。柱贯五轮相重。轮衣、皂顶、绯裙、绯络带，交绣飞鹭。一辕。

羊车，赤质，两壁油画龟纹，金凤翅。幰衣、结带并绣瑞羊。二辕。

大辇，赤质，正方，油画，金涂银叶龙凤装。其上四面施行龙、云朵、火珠，方鉴、银丝囊网，珠翠结云龙，钿窠霞子。四角龙头衔香囊。顶轮施耀叶，中有银莲花、坐龙。红绫里，碧牙压帖。内设圆鉴、香囊，银饰勾栏台坐，紫丝絛网帉错。中施黄褥，上置御座、曲几，香炉、锦结绶。几衣、轮衣、络带并绯绣云龙宝相花，金线压。长竿四，饰以金涂银龙头。画梯、托义、行马。

七宝辇，制如大辇，饰以玉裙网，七宝，滴子用真珠。宋钦宗为上皇制，海陵自汴取而用之。

皇后之车六。一曰重翟车，青质，金饰金涂铜钑花叶段装钉，耀叶二十四，明金立凤一，紫罗销金生色宝相帷一，青罗、青油幰衣各一，朱丝络网、紫罗明金生色云龙络带各二，两厢明金五彩间装翟羽二，金涂鍮石长辕凤头三，横辕立鸾八，香炉香宝子一副，宜男锦带结，朱红漆杌子、踏床各一，扶板扶鱼一副，红罗明金衣褥，红罗�褥一，青罗行道褥四，青罗明金生色云凤夹幔一，红罗明金缘红竹帘二，金涂铜叶段行马二，朱红漆金涂银叶装钉胡梯一，青罗胡梯寻仪褥二，踏道褥十，青绢裹大麻索二，油蒙帕一。

二曰厌翟车，赤质，倒仙锦帷一，紫罗、紫油幰衣各一，朱丝络网，宜男锦络带各二，余同重翟，惟行道、夹幔、寻仪褥罗及裹索等用红。

三曰翟车，黄质、金饰输石叶段装钉，宜男锦帷，黄罗油幰衣，输石长辕凤头三，而无横辕立鸾，余同厌翟，而罗色用黄。

四曰安车，赤质，倒仙锦帷，紫、油幰衣，朱丝络网，天下乐锦络带，输石长辕凤头三，无横辕立鸾及香炉香宝子，余同翟车，而色皆用红。

五曰四望车，朱质，宜男锦帷，青、油幰衣，辕端螭头二，余并同安车。

六曰金根车，朱质，紫罗、紫油幰衣，朱丝络网、倒仙锦络带各二，踏床衣褥用红绫，寻仪褥、踏道褥并用绫，余并同安车。

造六车成后，复改造圆辂、重檐、方辂、五华、亭头、平头六等之制，又增制九龙车一，高二丈、广一丈一尺、长二丈六尺。五凤车四，各高一丈八尺，长广如之。圆辂车一、方辂车一、重檐车一，各高一丈七尺，长一丈八尺，广八尺。皆驾马四，驾士各五十人，并平巾帻、生色青绯黄三色宝相花衫、银褐抹带、大口裤。平头辇一、五华辇一、亭头辇一，各高一丈九尺，广丈五寸，长三丈。舁士各九十六人作两番代，并生色绯宝相花衫，余如前制。管押人员三十五人，长脚幞头、紫罗窄衫、金铜带束。驾马繁缨、凉屉、铃拂、包尾皆从车色，金铜面，插翟尾，朱镳，朱总。龙车合用红罗伞一，伞子二人用本服锦帽幞带。

又检定扇、障等制。偏扇如仙人羽扇。行障六扇，各长八尺、高六尺，用红罗表、朱里、画云凤，龙首竿衔擎结，每障用宫人四。坐障三扇，各长七尺、高五尺，画云凤，红罗表、朱里，余同行障。锦六柱八扇，各阔二尺、高三尺，冒以锦，内给使八人执。

宫人车制如属车，驾士八人，平巾帻、绯衫、大口裤、鞋袜，供奉宫人三十人，云脚纱帽、紫衫束带、绿靴。

明昌元年三月，定妃嫔车辇同镀金凤头、黄结，御妻、世妇用间金凤头、梅红结子。

皇太子车制。大定六年十二月，奏皇太子金辂典故制度，及上用金辂仪式,奉敕详定。辀、旗、旂首及应用龙者更以麟为饰,省去障尘等物。上用金辂名件色数,依上公以九为节,减四分之一。上用辂,轼前有金龙改为伏鹿,轼上坐龙改为凤,旂十二旒减为九,驾赤骝六减为四,及帝褥用黄罗处改用梅红,余并具体成造。其制,赤质,金饰诸末,重较。箱画虞文鸟兽,黄屋。轼作赤伏鹿,龙辀。金凤一,轼前。设障尘。朱盖黄里。轮画朱牙。左建九旒,右载阘戟。旂首衔金龙头,结绶及铃绥。八鸾在衡,二铃在轼。驾赤骝四,金锼方钚,插翟尾,镂锡鞶,缨九就。皇帝辂自顶至地高一丈七尺,今缩四分之一为一丈三尺二寸,修广之缩亦如之。

王公以下车制。一品,辕用银螭头,凉棚杆子、月板并许以银装饰。三品以上,螭头不得施银,凉棚杆子、月板亦听用银为饰。五品以上,辕狮头。六品以下,辕云头。庶人坐车平头,止用一色黑油。

亲王鞍,涂金银裹,仍钑以开花。障泥用紫罗,饰以锦。鞸以涂金银装,束用丝结。皇家小功以上、太皇太后皇太后大功以上、皇后期亲以上、并一品官、及官职俱至三品以上者,障泥许用金花。若经赐或御球场内,不在禁限。

旧制,亲王、宰执任外者,与大兴尹,皆服小帽、束带、银鞍、丝鞭。大定中,世宗以京尹亦外官三品,而与亲王无别,遂命不得御银鞍、丝鞭,惟同外三品例,幞头、带、展皂视事。

承安二年,制护卫铜装鞍鞸不得借人。庶人马鞍许用黑漆,以骨、角、铁为饰,不得用玉较具及金、银、犀、象饰鞍鞸。

昔者圣人制为玄黄黼黻之服,以象天地之德,以章贵贱之仪,夏、商损益,至周大备,不可以有加矣。自秦灭弃礼法,先王之制靡敝不存,汉初犹服袀玄以从大祀,历代虽渐复古,终亦不纯而已。金制皇帝服通天、绛纱、衮冕、偪舄,即前代之遗制也。其臣有貂蝉法服,即所谓朝服者。章宗时,礼官请参酌汉、唐,更制祭服,青衣朱裳,去貂蝉竖笔,以别于朝服。惟公朝则又有紫、绯、绿三等之服,与夫窄紫、展皂等事,悉著于篇云。

天眷三年,有司以车驾将幸燕京,合用通天冠、绛纱袍,据见阙名件,依式成造。礼服,袍、裳、方心曲领、中单、蔽膝、革带、大带、玉具剑、绶、佩、舄、袜。乘舆服,大绶六彩,黑、黄、赤、白、缥、绿,小绶三色,同大绶,间施三玉环,大绶五百首,小绶半之。白玉双佩、革带、玉钩䚢。

冕制。天板长一尺六寸,广八寸,前高八寸五分,后高九寸五分,身围一尺八寸三分,并纳言,并用青罗为表,红罗为里,周回用金棱。天板下有四柱,四面珍珠网结子,花素坠子,前后珠旒共二十四,旒各长一尺二寸。青碧线织造天河带一,长一丈二尺,阔二寸,两头各有真珠金碧旒三节,玉滴子节花。红线组带二,上有真珠金翠旒,玉滴子节花,下有金铎子二。梅红线款幔带一。䌂纩二,真珠垂系,上用金萼子二。簪窠,款幔、组带钿窠,各二,内组带钿窠四并玉镂尘碾造。玉簪一,顶方二寸,导长一尺二寸,簪顶刻镂尘云龙。

衮,用青罗夹制,五彩间金绘画,正面日一、月一、升龙四、山十二,上下襟华虫、火各六对,虎、蜼各六对、背面星一、升龙四、山十二、华虫、火各十二对,虎、蜼各六对。中单一,白罗单制,罗领、襈、裾。裳一,带、襈、裾,红罗八幅夹制,绣藻三十二、粉十六、米十六、黼三十二、黻三十二。蔽膝一,带、襈、裾,并红罗夹制,绣升龙二。绶一副:大绶以赤黄黑白绿缥六彩织,红罗托里,小绶三色,同大绶,销金黄罗绶头,上间施三玉环,刻皆云龙,大授五百首,小绶半之。绯白大带一,销金黄罗带头,钿窠二十四。红罗勒帛一,青罗抹带一。玉佩二,白玉上中下璜各一,半月各二,皆刻云龙,玉滴子各二,皆以真珠穿制。金篦钩、兽面、水叶、环、钉。凉带一,红罗裹,缕金,上有玉鹅七,铊尾束各一,金攀龙口,以玳瑁板褾钉脚。舄,重底,红罗面,白绫托里,如意头,销金黄罗缘口,玉鼻仁饰以珠。袜用绯罗加绵。

凡大祭祀、加尊号、受册宝,则服衮冕。行幸、斋戒出宫或御正殿,则通天冠、绛纱袍。

镇圭,大圭。皇统九年十月二十四日,礼部下太常,画镇圭式样,大礼使据《三礼图》以进,用之。大定十一年,太常寺按《礼》"大圭长三尺,抒上终葵首,天子服之。"自西魏、隋、唐以来,大圭长尺二寸,与镇圭同。盖镇圭以镇天下,以四镇山为饰,今其圭已依古制,惟无大圭。今御府有故宋白玉圭,圆,无上敛及终葵首。自西魏以来,所制玉笏皆长尺有二寸,方而不折,虽非先王之法,盖后世玉难得,随宜故也。拟合以御府所藏,行礼就用。

视朝之服 初,太宗即位,始服赭黄,自后视百官朝御袍带。章宗即位,以世宗之丧,有司请御纯吉,不从,乃服淡黄袍、乌犀带。常朝则服小帽、红襕、偏带或束带。

皇后冠服 花株冠,用盛子一,青罗表、青绢衬金红罗托里,用九龙、四凤,前面大龙衔穗球一朵,前后有花株各十有二,及鸿鹚、孔雀、云鹤、王母仙人、浮动插瓣等,后有纳言,上有金蝉镶金两博鬓,以上并用铺翠滴粉缕金装珍珠结制,下有金圈口,上有七宝细窠,后有金钿窠二,穿红罗铺金款幔带一。

袆衣,深青罗织成翟翚翟之形,素质,十二等,领、褾、襈并红罗织成云龙。中单以素青纱制,领织成黼形十二,褾、袖、襈织成云龙,并织红縠造。裳,八副,深青罗织成翟文六等,褾、襈织成红罗云龙,明金带腰。蔽膝,深青罗织成翟文三等,领缘、缬色罗织成云龙。明金带大绶一,长五尺,阔一尺,黄赤白黑缥绿六彩织成,小绶三色同大绶,间七宝钿窠,施三玉环,上碾云龙,捻金线织成大小绶头,红罗花衬。大带,青罗朱里,纰其外,上以朱锦,下以绿锦,纽约用青组,捻金线织成带头。玉佩二朵,每朵上中下璜各一,半月坠子各二,并玉碾。缕金打钑兽面、篦钩佩子各一,水叶子真珠穿缀。青衣革带,用缕金青罗裹造,上用金打钑水地龙,鹅眼铊尾,龙口攀束子共八事,以玳瑁衬金钉脚。抹带二,红罗、青罗各一,并明金造,各长一丈五寸。舄，以青罗制，白绫里，如意头，明金、黄罗准上用，玉鼻仁真珠装，缀系带。袜，青罗表里，缀系带。

犀冠，减拨花样，缕金装造，上有玉簪一，下有玳瑁盘一。

皇太子冠服　冕用白珠九旒，红丝组为缨，青纩充耳，犀簪导。衮，青衣朱裳，五章在衣，山、龙、华虫、火、宗彝，四章在裳，藻、粉米、黼、黻。白纱中单，青襈、襈裾。革带，涂金银钩𫚖。蔽膝，随裳色，为火、山二章。瑜玉双佩，四彩织成大绶，间施玉环三。白袜，朱舄，舄加金涂银钿。谒庙则服之。

远游冠，十八梁，金涂银花，饰博山附蝉，红丝组为缨，犀簪导。朱明服，红裳，白纱中单，方心曲领，绛纱蔽膝，白袜黑舄。余同衮冕。册宝则服之。

桓圭，长九寸、广三寸、厚半寸，用白玉，若屋之桓楹，为二棱。

太子入朝起居与宴，则朝服，紫袍、玉带、双鱼袋。其视事及见师少宾客，则服小帽、皂衫、玉束带。

宗室及外戚并一品命妇　衣服听用明金，期亲虽别籍、女子出嫁并同。又五品以上官母、妻，许披霞帔。唯首饰、霞帔、领袖、腰带，许用明金、笼金、间金之类。其衣服止用明银、象金及金条压绣。正班局分承应带官人，虽未出职系班，其祖母及母、妻、子孙之妇、同籍兄弟之妻、及在室女、孙、姊妹并同。又禁私家用纯黄帐幕陈设，若曾经宣赐鸾舆服御，日月云肩、龙文黄服、五个鞘眼之鞍皆须更改。

臣下朝服　凡导驾及行大礼，文武百官皆服之。正一品：貂蝉笼巾，七梁额花冠，貂鼠立笔，银立笔，犀簪导，佩剑，绯罗大袖、绯罗裙、绯罗蔽膝各一，绯白罗大带，天下乐晕锦玉环绶一，白罗方心曲领、白纱中单、银褐勒帛各一，玉珠佩二，金涂银革带，乌皮履，白绫袜。正二品：七梁冠，银立笔，犀簪导，不佩剑，绯罗大袖，杂花晕锦玉环绶,余并同。正四品:五梁冠,银立笔,犀簪,白狮锦银环绶,珠佩,银革带,御史中丞则獬豸冠,青荷莲绶,余并同。正五品:四梁冠,簇四金雕锦铜环绶,银珠佩,余并同。正六品至七品,三梁冠,黄狮锦铜环授,铜珠佩,铜束带,余并同。

大定二十二年祫享,摄官,导驾二品冠七梁,三品四品冠六梁,服有金花,五品冠五梁,六品冠四梁,七品冠三梁,监察御史獬豸冠、青绶,八品九品冠二梁,余制并同。

祭服　皇统七年,太常寺言:"太庙成后,奉安神主,祫享行礼,凡行事、执事、助祭、陪位官,准古典当服衮冕、九章画降龙,随品各有等差。《通典》云:"虞、夏、殷并十二章,日、月、星、辰、山、龙、华虫作绘于衣,宗彝、藻、火、粉米、黼、黻绣于裳。周升三辰于旂,登龙于山,登火于宗彝,作九章之服,龙、山、华虫、火、宗彝绘于衣,藻、粉米、黼、黻绣于裳。"公之服自衮冕而下如王之服,侯伯之服自鷩冕而下如公之服。'又后魏帝服衮冕,与祭者皆朝服。又《开元礼》一品服九章。又《五礼新仪》正一品服九旒冕、犀簪、青衣画降龙。今汴京旧礼直官言,自宣和二年已后,一品祭服七旒冕、大袖无龙。唐虽服九章服,当时司礼少常伯孙茂道言,'诸臣之章虽殊,然饰龙名衮,尊卑相乱,请三公服鷩冕八章为宜。'臣等窃谓历代衣服之制不同,若从后魏则止服朝服,或用宋服则为七章,若遵唐九章,则有饰龙名衮尊卑相乱之议。"尚书省乃奏用后魏故事,止用燕京大册礼时所服朝服以祭。

大定三年八月,诏遵皇统制,摄官则朝服,散官则公服,以皇太子为亚献,服衮冕。

十四年,用唐制,若祭遇雨雪则服常服,谓今之公服也。

泰和元年八月,礼官言:"祭服所以接神,朝服所以事君,虽历代损益不同,然未尝不有分别。是以衮冕十二旒,玄衣纁裳备十二章,天子之祭服也。通天冠、绛纱袍、红罗裳,天子之视朝服也。臣下之服则用青衣朱裳以祭,朱衣朱裳以朝。国朝惟天子备衮冕、通

天冠二等之服,今群臣但有朝服,而祭服尚阙,每有祀事但以朝服
从事,实于典礼未当。请依汉、唐故事,祭服冕旒画章,然君冕服虽
章数各殊而俱饰龙名衮,而唐孙茂道已有尊卑相乱之论。然三公法
服有龙,恐涉于僭,国初礼官亦尝驳议。乞参酌古今,改置祭服,其
冠则如朝冠,而但去其貂蝉、竖笔,其服用青衣、朱裳、白袜、朱履,
非摄事者则用朝服,庶几少有差别。”上曰:“朝、祭之服,固宜分
也。”

公服 《大定官制》,文资五品以上官服紫。三师、三公、亲王、
宰相一品官服大独科花罗,径不过五寸,执政官服小独科花罗,径
不过三寸。二品、三品服散搭花罗,谓无枝叶者,径不过寸半。四品、
五品服小杂花罗,谓花头碎小者,径不过一寸。六品、七品服绯芝麻
罗。八品、九品服绿无纹罗。应武官皆服紫。凡散官、职事皆从一
高,上得兼下,下不得僭上,窄紫亦同服色,各依官制品格。其诸局
分承应人并服无纹素罗。十五年制曰:“袍不加襕,非古也。”。遂命
文资官公服皆加襕。

带制,皇太子玉带,佩玉双鱼袋。亲王玉带,佩玉鱼。一品玉带,
佩金鱼。二品笏头球文金带,佩金鱼。三品、四品荔枝或御仙花金
带,并佩金鱼。五品服紫者红鞓乌犀带,佩金鱼,服绯者红鞓乌犀
带,佩银鱼,服绿者并皂鞓乌犀带。武官,一品、二品佩带同,三品、
四品金带,五品、六品、七品红鞓乌犀带,皆不佩鱼,八品以下并皂
鞓乌犀带。司天、太医、内侍、教坊,服皆同文武官。惟不佩鱼。应
殿庭承应五品以下官,非入内不许金带,又展紫入殿庭者,并许服
红鞓,不佩鱼。又二品以上官,许兼服通犀带,三品官若治事及见宾
客,许兼服花犀带。

大定二年制,百官趋朝、赴省,并须裹带。五品以上官,趋朝则
朝服,赴省则展皂,雨雪沾衣则从便。凡朝参,主宝、主符展紫,御仙
花或太平花金束带。近侍给使、供御笔砚、直长、符宝吏紫袄子,涂
金束带。轮直,则近侍给使并常服,常服则展紫。阁门六尚,遇朝参

侍立则服本品服，若宫中当直则窄紫、金带。学士院官、修起居注、补阙、拾遗、秘书丞、秘书郎，朝参侍立则服本品服、色带，当直则窄紫、金带。东宫左右卫率、仆正、副仆正、典仪、赞仪、内直郎丞，当直亦许服之。太子太师出入宫中则展紫，至东宫则展皂，三少则展紫。

君子之服，以称德也，故德之备者其文备。古者王公及士庶人莫不各有一定之制，而不敢相逾者，盖风俗之奢俭，法令之齐一，必于是而观焉。《诗》曰："彼都人士，狐裘黄黄。其容不改，出言有章。"其三章曰："彼都人士，充耳琇实。彼君子女，谓之尹吉。"此言都邑之盛，人物之懿也。明昌间，章宗谓宰臣曰："今风俗侈靡，莫若律以制度，使贵贱有等。其令礼部具典故以闻。"他日又谓参知政事张万公曰："山东风俗如何？"万公对以奢，左丞守贞因言衣服之制，上曰："如卿所言，正恐失人心耳。"守贞曰："止是商贾有不悦者。"万公曰："乞宽与之期，三年之内当如制矣。"于是，上以礼部所拟太繁，以尚书省所拟而行之。嗟乎，人君以风俗为言，其亦知所务矣。

金人之常服四：带，巾，盘领衣，乌皮靴。其束带曰吐鹘。

巾之制，以皂罗若纱为之，上结方顶，折垂于后。顶之下际两角各缀方罗径二寸许，方罗之下各附带长六七寸。当横额之上，或为一缩襞积。贵显者于方顶，循十字缝饰以珠，其中必贯以大者，谓之顶珠。带旁各络珠结绶，长半带，垂之，海陵赐大兴国者是也。

其衣色多白，三品以皂，窄袖，盘领，缝腋，下为襞积，而不缺裤。其胸臆肩袖，或饰以金绣，其从春水之服则多鹘捕鹅，杂花卉之饰，其从秋山之服则以熊鹿山林为文，其长中骭，取便于骑也。

吐鹘，玉为上，金次之，犀象骨角又次之。銙周鞓，小者间置于前，大者施于后，左右有双铊尾，纳方束中，其刻琢多如春水秋山之饰。左佩牌，右佩刀。刀贵镔，柄尚鸡舌木，黄黑相半，有黑双距者为上，或三事五事。室饰以酱瓣桦。镖口饰以鲛，或屑金输和漆，涂鲛隙而硙平之。酱瓣桦者，谓桦皮班文色殷紫如酱中豆瓣也，产其国,故尚之。

初,女直人不得改为汉姓及学南人装束,违者杖八十,编为永制。

妇人服襜裙,多以黑紫,上编绣全枝花,周身六襞积。上衣谓之团衫,用黑紫或皂及绀,直领,左衽,掖缝,两傍复为双襞积,前拂地,后曳地尺余。带色用红黄,前双垂至下齐。年老者以皂纱笼髻如巾状,散缀玉钿于上,谓之玉逍遥。此皆辽服也,金亦袭之。许嫁之女则服绰子,制如妇人服,以红或银褐明金为之,对襟彩领,前齐拂地,后曳五寸余。

明昌六年制,文武官六贯石以上承应人并及荫者,许用牙领,紫圆板皂绦罗带,皂靴,上得兼下。系籍儒生止服白衫领,系背带并以紫圆绦罗带,乾皂靴。余人用纯紫领,不得用缘,杂色圆板绦罗带不得用紫,靴用黄及黑油皂蜡等,妇人各从便。

泰和四年,以亲王品官既分领缘,而复有皂靴之禁,似涉太烦,遂听亲王用银褐领紫缘,品官皆紫领白缘,余从明昌制。

书袋之制。大定十六年,世宗以吏员与士民之服无别,潜入民间受赇鬻狱,有司不能检察,遂定悬书袋之制。省、枢密院令、译史用紫纻丝为之,台、六部、宗正、统军司、检察司以黑斜皮为之,寺、监、随朝诸局,并州县,并黄皮为之,各长七寸,阔二寸,厚半寸,并于束带上悬带,公退则悬于便服,违者所司纠之。

大定十三年,太常寺拟士人用僧尼道女冠有师号、并良闲官八品以上,许服花纱绫罗丝䌷。在官承应有出身人、带八品以下官,未带官亦同,许服花纱绫罗丝绸,家属同,妇人许用珠为首饰。其都孔目与八品良闲官同,京府州县司吏皆与庶人同。

庶人止许服绸绸、绢布、毛褐、花纱,无纹素罗、丝绵,其头巾、系腰、领帕许用芝麻罗、绦用绒织成者,不得以金玉犀象诸宝玛瑙玻璃之类为器皿、及装饰刀把鞘、并银装钉床榻之类。

妇人首饰,不许用珠翠钿子等物,翠毛除许装饰花环冠子,余外并禁。

兵卒许服无纹压罗、绅绸、绢布、毛褐。

奴婢止许服绅绸、绢布、毛褐。

倡优遇迎接、公筵承应,许暂服绘画之服,其私服与庶人同。